U0503456

本书的出版得到
国家重点文物保护专项补助经费资助

江西省文物考古研究院考古发掘报告之一

角 山 窑 址

——1983~2007 年考古发掘报告

（上）

江西省文物考古研究院
鹰潭市博物馆　编著

文物出版社
北京·2017

图书在版编目（CIP）数据

角山窑址：1983–2007年考古发掘报告／江西省文物考古研究院，
鹰潭市博物馆编著. —北京：文物出版社，2017.9

ISBN 978–7–5010–4607–2

Ⅰ.①角… Ⅱ.①江… ②鹰… Ⅲ.①窑址（考古）–发掘报告–鹰潭市–
1983–2007 Ⅳ.①K878.55

中国版本图书馆 CIP 数据核字（2016）第 122981 号

角山窑址——1983~2007年考古发掘报告

编　　著：江西省文物考古研究院　鹰潭市博物馆

责任编辑：谷艳雪　陈　峰
封面设计：程星涛
责任印制：张　丽

出版发行：文物出版社
社　　址：北京市东直门内北小街 2 号楼
邮　　编：100007
网　　址：http://www.wenwu.com
邮　　箱：web@wenwu.com
经　　销：新华书店
印　　刷：北京鹏润伟业印刷有限公司印刷
开　　本：889mm×1194mm　1/16
印　　张：59.75
插　　页：1
版　　次：2017 年 9 月第 1 版
印　　次：2017 年 9 月第 1 次印刷
书　　号：ISBN 978–7–5010–4607–2
定　　价：750.00 元（全二册）

本书版权独家所有，非经授权，不得复制翻印

Archaeological Excavation Report of Jiangxi Provincial Institute of Cultural Relics and Archaeology
VOLUME I

Jiaoshan Kiln Site

Archaeological Excavation Report from 1983 to 2007

(I)

(with an English abstract)

by

Jiangxi Provincial Institute of Cultural Relics and Archaeology

Yingtan Municipal Museum

Cultural Relics Press

Beijing · 2017

序

2004 年 4 月，我去江西考察时，去过角山遗址，看了角山遗址发掘出土的资料。南方青铜时代文化遗存的考古学文化的分类与聚类和考古学文化的时空框架与文化谱系研究若明若昧。我认为只有扎实的田野考古工作和认真地编写考古报告，才能推进这些问题的研究，实现从昧到明。角山遗址的继续发掘与报告编写，或可能确定一个坐标点。同我一起观察角山遗址及其发掘出土资料的江西朋友要我题写几个字，我即顺手写了"角山遗址是继续求索的基点"，寄望角山遗址的继续发掘、资料的整理和考古报告的编写及出版，能在南方青铜文化研究中起到"基点"的作用。

时隔五年，《角山窑址——1983～2007 年考古发掘报告》已完成初稿，付梓之际，樊昌生所长要我看看稿子，看看报告是否达到了学术上的要求，角山是否真正成了继续探索南方青铜文明的"基点"。通读全稿，感觉角山报告是以实事求是的态度把材料全面系统地披露了出来，并在所确定的时空框架的基础上做了较深入的探索。考古发掘报告是站在一定时代的学术水平以文字、照片、绘图形式保存考古发掘破坏了的遗存及其信息的载体，是考古发掘结果的重要传媒形式，也是文物保护的一种形态。同时，相对于其他的考古研究论著来说，考古报告是"经"，考古研究论著是这个"经"的"注""疏"。一般而言，一本好的考古报告要具备以下四个要素：

一、较为完整地表述发掘所见到的遗存；

二、从类型学和层位学两个角度准确地说明遗存所在的时空位置，即给遗存予以客观的时空定位，同时报告所定遗存的类、型、式基本上客观地表述了遗存自在的文化谱系；

三、文字对遗存的表述客观、准确、全面，绘图准确反映客体的特点，照片清晰表达遗存的特征；

四、充分运用已基本成熟的科技测试，分析、观察遗存，并将其成果客观地发表出来。

简而言之，如果其他考古学家看完考古报告之后能够大体复原发掘者所见到的遗存及其相关现象，以及它们的基本的堆积形态，就可以算为一本好的考古报告。"复原"是田野考古、室内整理、编写报告乃至专题与综合研究的根本追求，也是衡量它们是非、得失、深浅的唯一标准。

《角山窑址——1983～2007 年考古发掘报告》分八章撰写。第一章概述角山地理位置、历史沿革和发掘及分区的情况；第二至五章分区对遗迹进行了分类介绍，并按单位较详细地叙述了出土遗物；第六章对各种出土遗物进行了细致的探讨；第七章把角山出土的刻划符号单独列出做出了说明；第八章为结语，研究了遗存的分期、年代，在探讨遗存的文化面貌、特征、性质与分布的基础上，给角山这类遗存做出了定性，命名为"角山文化"。此外，还另有三个附录，即《角山窑址加速器质谱（AMS）碳十四测试报告》、《角山窑址商代古陶的核分析研究报告》、《角山窑址原始瓷及印纹硬陶的化学成分分析报告》。后两份《报告》对研究角山这类遗存既是必要的，又是很重要的。通读《角山窑址——1983～2007 年考古发掘报告》可知，作者力图在客观、清晰、全面地将发掘所见的遗物、遗迹及现象叙述清楚的前提下努力将发掘所见的遗物、遗迹及现象纺成经线和纬线，并将这纺成的经、纬线织成一块布，即对撰成的经做了"注""疏"。至于这《报告》作者纺成的经、纬线和由这些经线和纬线织成的这块布，是否符合研究对象的实际情形，乃至接近研究对象自在真实的程度，由于我对这类遗存缺乏深入的研究，不便贸然说出自己的认识，但我认为作者在客观、清晰、全面地端出材料和研究材料提出认识是两回事，能否客观、清晰、全面地将发掘所见遗物、遗迹及现象叙述出来，则是评论考古报告的一个最重要的标准。从这一角度来看，我见到的是作者本着实事求是的态度，将五次发掘所见的遗存和盘托了出来，进行了客观、清晰、全面的介绍，图文并茂地完成了"撰经"的工作，因此这本报告当是一本合格的报告。

苏秉琦师生前说过：角山遗址的发现"活了闽赣两省一大片地区的青铜文化。"《角山窑址——1983～2007 年考古发掘报告》，在迄今所见同类遗存的考古报告中，是规模最大和分量最重的考古报告。我相信随着这部报告的问世，并以此为基点，将盘活同类及其相关青铜文化的研究，"活了闽赣两省一大片地区的青铜文化。"

张忠培

09—9—6，小石桥

目　录

上　册

下　册

插图目录

图片目录

拓片目录

彩版目录

第一章　概　论

第一节　地理位置与历史沿革

一　地理位置

鹰潭市位于江西省东北部，信江中下游。地处北纬27°35′至28°41′、东经116°41′至117°30′之间。面向珠江、长江、闽南三个"三角洲"，是内地连接东南沿海的重要通道之一，历来有"东连江浙，南控瓯闽，扼鄱水之咽喉，阻信江之门户"[①]的说法。辖区东接弋阳、铅山，西连东乡，南临金溪、资溪，北靠万年、余干，东南一隅与福建省光泽县毗邻。鹰潭市辖贵溪市、余江县、月湖区及龙虎山风景区，东西宽约38千米，南北长约81千米。全市土地总面积3555.4平方千米。（图一、二）

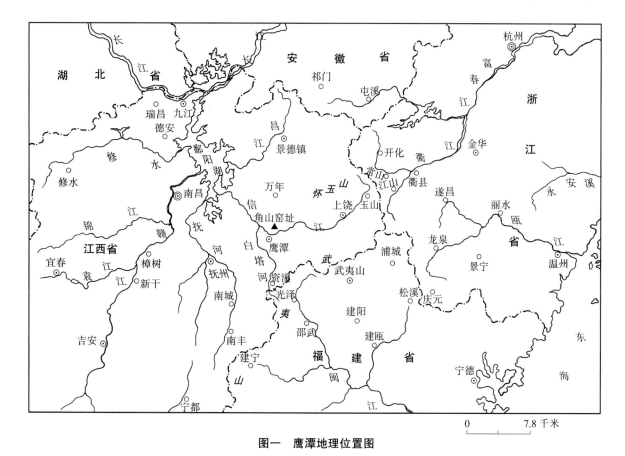

0　　　　　7.8千米

图一　鹰潭地理位置图

---

① 同治壬申年（1872年）版《饶州府志》。

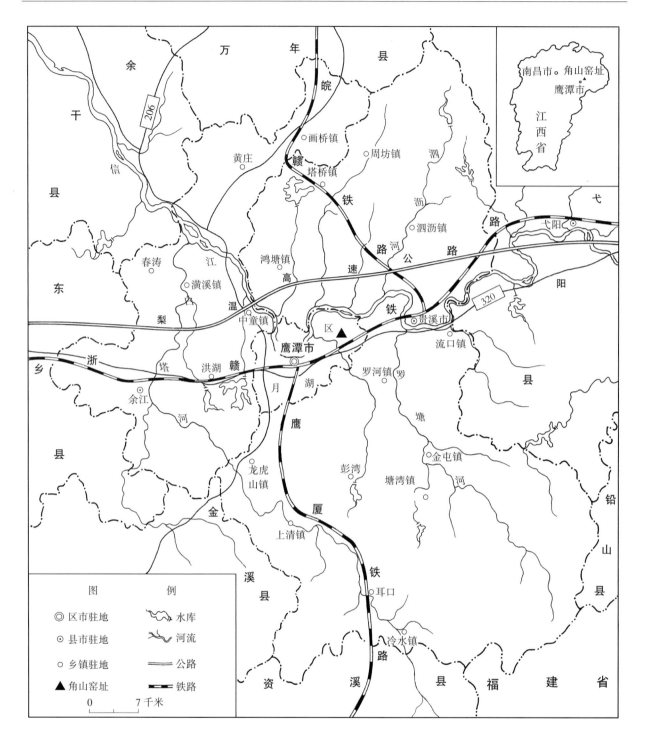

图二　角山窑址地理位置图

　　境内地势东南高，西部低，是武夷山区向鄱阳湖平原过渡地带。东南部属中山地貌，为武夷山系支脉的延伸，最高山峰阳际坑，海拔 1540.9 米；北部属中高丘陵，是怀玉山系东部支脉；西部多中低丘陵；中部为贵溪盆地。信江自东向西横贯市域中部。白塔河由南部入境，干流流经贵溪西南部、龙虎山风景区和余江中部汇入信江。全市地形以河谷平原为中心，由信江向南北两侧、白塔河向东西两侧逐渐抬升，形成盆地、丘陵和山地等多种地貌类型。

　　境内主要水系为信江。信江，干流发源于浙赣两省交界的怀玉山高峰东侧、仙霞岭西侧，在玉山县城以上有金沙溪、甘溪、八都溪、三都水四条水合流于玉山，称玉山水，干流至上饶市纳入丰溪河后称信江。信江自上饶由东向西流经铅山、弋阳、贵溪、月湖区，折向西北经余江至余干县八字咀分东西两支流入鄱阳湖。信江干流在鹰潭市域流程62千米，流域面积3728平方千米，可常年通航。童家河为信江在鹰潭市内的一条小支流。

区域内属亚热带季风气候，四季分明，雨量充沛，日照充足，年平均气温18℃，年无霜期长达262天。区域内土质以红壤为主，偏酸性，约占总面积的85%，适宜种植水稻、油菜等。

角山窑址位于鹰潭市月湖区童家镇大塘村角山徐家自然村北面，距鹰潭市区约7千米。据《鹰潭市地名志》记载，此地原为葛姓建村，曾称葛家山，葛姓衰落后，明正统五年（1440年）金溪徐姓迁入，沿用原名，称葛家山徐家，因方言"葛""角"同音，遂演变成角山徐家。窑址处于狭长的童家河二级台地上，童家河由东南流经角山徐家向西北注入信江，稍远为浙赣铁路及320国道，北面为童家河古河道及低矮的丘陵。童家河南岸为角山坡地，北岸为河旁台地，北岸100米以外地势又变得稍高，俗称板栗山，板栗山东部称为上板栗山，西部称为下板栗山。板栗山以北地势低洼，呈带状蜿蜒分布，多为水田和水塘，我们认为可能是古河道。角山窑址堆积主要分布于童家河南北两岸及上、下板栗山上。（图三；彩版一、二）

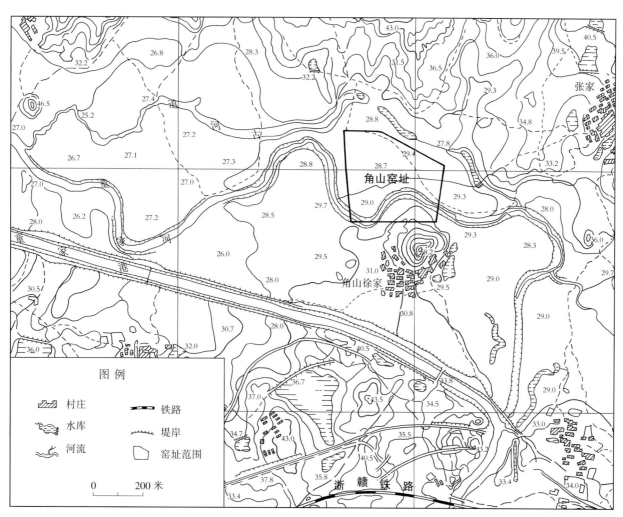

图三　角山窑址地形图

鹰潭市境内地质地貌结构复杂，岩石矿产较多。角山窑址所在地裸露地层为白垩系下统茅店组（K_1m），紫红色砾岩、砾砂岩、含长石岩屑杂砂岩、含钾细砂岩等。白垩系下统茅店组中的一套红色含长石岩屑杂砂岩、粗粉砂岩，呈半风化状态，是陶器制作的重要原料。另外境内盛产瓷土矿。如贵溪市塘土湾镇上就有一个大型瓷土矿，为石英斑岩脉经热液蚀变和风化而成。深部为瓷石矿，浅部为瓷土矿，共分 6 个矿体。1～4 号矿体雁列裸露地表，矿石质量好，曾是景德镇传统名瓷的原料基地。此外在余江县马荃镇、黄庄乡、杨溪乡及贵溪市流口镇新溪、到樟树、余家乡等处也有瓷土矿矿点，均具一定规模，并已开采。尤其是余江县马荃镇瓷土矿为流纹质凝灰岩风化而成，储量规模大，已露天开采多年。

优越的地理位置和自然条件，为鹰潭角山的早期人类提供了良好的生存环境。这里有丰富、优质的制作陶器的原料，在贵溪市罗河镇湖塘徐家一带，含矿岩系宽约 3 千米，长约 8 千米，共17 层，一般厚约数米至 20 米。至今民间仍有陶器生产场，生产出来的陶器当地人称为"鹰潭罐"，在周边地区极负盛名。烧制陶器的燃料，多为杂木和松柴。窑址背靠角山和连绵的丘陵，盛产松柴、杂木、柴薪，为陶器的烧制提供了用之不竭的燃料。信江、童家河又为陶器的淘洗、炼制、烧成及运输提供了必要的水资源。各种自然条件决定了角山是一处理想的窑场所在地。

二 历史沿革

秦至唐代永泰元年（765 年）以前，鹰潭一直由余汗县（今余干县）管辖（中间曾一度划入晋兴县），唐代称鹰潭坊。唐永泰元年，置贵溪县，鹰潭划为贵溪县辖地。明万历初，在鹰潭设巡检司。清乾隆三十年（1765 年），鹰潭设司。同治三年（1864 年），鹰潭改设镇，仍属贵溪县，直至中华人民共和国成立后的 1956 年。1957 年 1 月升格为县级镇。1958 年 4 月又降格为贵溪县辖地。1960 年 7 月再次升格为县级镇，由上饶专区直辖。1979 年撤镇设市，属上饶地区。1983 年 7月升格为省辖市，原县级鹰潭市区域改为市辖月湖区，同时辖贵溪县（1996 年撤县设市）、余江县；1993 年又增加龙虎山风景区。

第二节 工作概况

一 窑址的发现、发掘与分区

1982 年春，江西省进行全国第二次文物普查，由鹰潭市文化馆杨巨源、姜良爵和鹰潭市文教局文化组倪任福等同志组成的文物普查小组，在月湖区童家乡的徐家自然村调查时发现了该窑址，从河旁的灰坑和陶片堆积中，采集到不少陶器残片及可以复原的器物。同年 7 月，省文物工作队李家和、刘林、程应林等同志对其进行了复查。

1983 年 10 月 3 日至 10 月 17 日，江西省文物工作队李家和（领队）、刘林、黄水根，鹰潭市文化馆杨巨源，玉山县文化馆余盛华，横峰县文化馆黄国胜和广丰县文化馆易伯涛等同志，组成考古队，对角山窑址进行首次发掘。发掘主要集中在现在的童家河南岸 100 米区域内，共布 1 米 ×10米探沟 7 条，编号为 T2～T8，并清理了两处陶片堆积，编号为角 A、角 B。同时对童家河北岸裸露在岸边的灰坑进行了清理，在童家河北岸 100 米区域内还布了一条 4 米 ×8 米探沟，编号为 T1。本次发掘总面积为 150 平方米，出土和采集各种完整和可复原器物 350 余件。（图四）

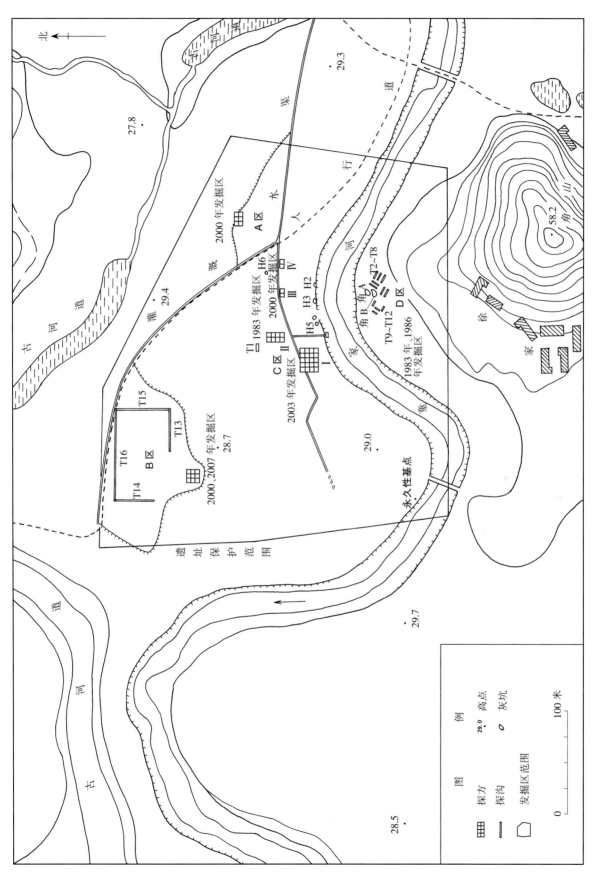

图四 角山窑址发掘区及探方分布图

1986 年 8 月，江西省文物工作队李家和（领队）、曹柯平、廖根深、周广明、邓金香，会同鹰潭市博物馆杨巨源、曲利平、杨彩娥等，对窑址进行第二次发掘。在童家河南岸 100 米区域内布 1 米 × 5 米探沟 4 条，编号为 T9～T12，发掘面积 25 平方米，出土完整和可复原器物 70 余件。（图四）

这两次发掘总面积为 175 平方米，出土完整和可复原器 420 余件。根据调查和发掘获取的相关资料，初步推断角山遗址是一处重要的商代窑场。同时这批考古资料也引起了考古界广泛而深切的关注，苏秉琦先生说：角山遗址的发现活了闽、赣一大片地区的青铜文化。

进入 21 世纪初期，为进一步搞清角山窑址的考古学文化性质和内涵，在国家文物局专项经费的资助下，2000 年 10 月至 2001 年 1 月，江西省文物考古研究所李荣华（领队）、周广明、柯传伦、李牙生，玉山博物馆余盛华，德安博物馆余志忠，鹰潭市博物馆杨彩娥、赵雪娟、李萍，组成考古发掘队，对角山窑址进行了较大规模的第三次发掘。发掘前首先对角山窑址及附近地区进行了考古调查和初步的钻探，结果表明窑址主要分布在古河道南岸的二级台地，即上、下板栗山和现在的童家河两岸地区，遗址面积约 3 万平方米。考古发掘队将整个窑址分为四个区：东部的上板栗山、西部的下板栗山、童家河北岸边缘地区、童家河南岸边缘地区。在遗址西南设一永久性基点，用钢筋水泥固定，采用直角坐标系第一象限覆盖整个遗址统一布方，以 X 轴向东序数（取二位）与 Y 轴向北序数（取二位）相并成四位数字作为探方编号。此次发掘主要在上、下板栗山及童家河北岸的个别区域。在上板栗山布 5 米 × 5 米探方 9 个，编号为 T5937～T5939、T6037～T6039、T6137～T6139（其中 T5939、T6139 两个探方布在水田中，未作发掘）；在下板栗山布 5 米 × 5 米探方 9 个，编号为 T0543～T0545、T0643～T0645、T0743～T0745；在童家河北岸 100 米区域内的机耕道附近布 5 米 × 5 米探方 4 个，编号为 T4329、T4429、T4929、T5029（部分位于机耕道上，不便发掘）。共布 5 米 × 5 米探方 22 个，发掘面积 400 平方米，揭露了一批重要遗迹，出土了大量的遗物。在上板栗山发现龙窑、马蹄窑等重要遗迹，当时将上板栗山发掘区简称为"龙窑区"；在下板栗山发现圆窑、马蹄窑等重要遗迹，当时将下板栗山发掘区简称为"圆窑区"，圆窑区发掘的 9 个探方由于时间关系及丰富的遗迹现象未清理完，采取回填保护的方法对重要遗迹进行保护。（图四）

为揭示角山窑址文化遗迹的空间分布状况，2002 年 3～4 月，江西省文物考古研究所李荣华（领队）、严振洪、余盛华、陈正兴、肖国光，对窑址进行了全面调查和重点钻探，钻探面积 5 万余平方米，采用梅花桩式布孔，孔距 1 米，钻孔 15200 个。基本确定角山窑址现存范围东西最宽处 390 米，南北最长处 350 米，总面积约 7 万平方米。核心分布范围与 2000 年的考古调查、钻探的结果一致，即位于上、下板栗山和童家河南北两岸 100 米区域内。（图四）

为便于以后的发掘，我们将角山窑址的四个发掘区分别定为 A、B、C、D，即 A 区为上板栗山、B 区为下板栗山、C 区为童家河北岸 100 米区域内、D 区为童家河南岸 100 米区域内。

在 2002 年春全面调查、钻探的基础上，2003 年 3 月中旬至 9 月初，江西省文物考古研究所李荣华（领队）、赖祖龙、柯传伦、陈正兴、邹俭平，玉山县博物馆余盛华，新余市博物馆彭振声，组成考古队，对角山窑址进行第四次发掘。在 C 区开 5 米 × 5 米探方 28 个，编号为 T2822～T2825、T2922～T2925、T3022～T3025、T3122～T3125、T3222～T3225、T3429～T3432、T3529～T3532，在 B 区开 1 米 × 45 米（T13）、1 米 × 50 米（T14）、1 米 × 60 米（T15）、1 米 × 95 米（T16）探沟 4 条，共揭露面积 950 平方米，揭示出一批与制陶相关的作坊遗迹，出土完整和复原器物近 700 件。（图四）

2007 年 3～5 月，江西省文物考古研究所李荣华（领队）、赖祖龙、陈有根，玉山县博物馆余盛华，鹰潭市博物馆江陵，组成考古发掘队，对2000年B区回填的重要遗迹重新揭露并发掘到生土，揭露出角山窑址早期的文化遗迹和丰富的遗物。

角山窑址自发现起经过5次考古发掘，历时25年，发掘面积1525平方米。共发现遗迹64处，其中作坊遗迹14个，包括陈腐池8个、练泥池1个、蓄泥池1个、蓄水池1个、辘轳车基座1个、成品坑2个；窑炉遗迹9座，包括烧成坑3座、圆窑3座、马蹄窑2座、龙窑1座；生活遗迹41处，包括房子6座、灰坑28个、灰沟5条、陶片堆积2处。虽然角山窑址地层堆积在20世纪70年代"开荒造田"的过程中受到严重破坏（第1层为表土层，除B区出现第2、3、4层外，其他各区第1层下即为各种遗迹单位，遗迹被破坏得很严重，多仅残留下半部分），但出土小件遗物达2111件，其中石器64件、陶器1946件、原始瓷59件、工艺标本42件。在陶器的口沿等位置发现2359个（组）刻划符号。2000年度的发掘入围"2000年中国重要考古发现"。

2003年10月，著名考古学家、国家文物局专家组组长黄景略先生对角山遗址进行了考察，对角山遗址在南方青铜文明中的重要地位给予了高度评价。2004年4月，著名考古学家、国家文物局专家组核心成员张忠培先生视察角山遗址并题词"角山遗址是继续求索的基点"，再次肯定了角山遗址的重要地位。

二 资料整理与报告编写

角山窑址的资料整理与报告编写工作开始于2006年10月26日，完成于2009年9月26日，历时近三年。主要参加人员有李荣华、赖祖龙、胡胜、余盛华、江陵、何财山、戴仪辉、管永义、刘晓春等。领队李荣华2007年5月调任江西省博物馆副馆长后，整理工作由赖祖龙主持。

报告包括1983、1986、2000、2003、2007年五次发掘的全部资料。

各年度发掘的编号，均为"发掘年度＋发掘地点＋遗迹单位"。1983、1986年的发掘地点，C区采用了"板栗山"简称"板"，如83板H1、86板H1，D区的采用了"角山"简称"角"，如83角A、83角B、83角采、86角采。行文中直接采用上述编号。

2000、2003、2007年的发掘编号，发掘地点采用"鹰潭角山"的拼音简写"YJ"，Y代表鹰潭，J代表角山。行文中，遗迹均采用简称，但因为有的遗迹有两个年度的发掘，遗物编号均从"1"开始，所以遗物编号采用全称以示区别，如"2000YJY7∶3"云雷纹标本，"2007YJY7∶3"器底标本。

遗物包括石器、陶器和原始瓷。陶器又分软陶和硬陶。原始瓷在器类、形制等方面没有特殊性，59件原始瓷中，有不少其实是能看到釉的硬陶器，不能确定是否人工釉，也许不是严格意义上的原始瓷。本书中器物名称除石器和制陶工具"陶垫""陶拍"等标明质地外，其余均不显示质地，如"甑形器""三足盘"等，其质地只在行文描述中表现。

出土遗物上的刻划符号，是角山窑址的重要发现。只是目前对其认知有限，所以以发表材料为主。刻符在器物内沿和内壁的，刻符方向暂以器内中心为视角发表，其实际方向可能与此视角的观察并不一致。

各遗迹单位的小件登记表和陶片统计表，主要遗迹单位的完整器物和陶片标本的纹样拓片，以及陶片和完整器物的典型刻符拓片，这些内容均附录于正文之后。

报告编写按2002年确定的四个发掘区分开介绍，每个发掘区则以遗迹为单位，遗物随着遗迹单位介绍，着重体现各遗迹单位的器物组合状况。

第二章　A 区文化遗存

A 区位于上板栗山，现为旱地。此地名为"上板栗山"，推测其开辟为旱地前应为岗阜地形，只是地势相对较低而已。该区主要为 2000 年发掘的龙窑区，包括 T5937、T5938，T6037～T6039，T6137、T6138。该区域发现龙窑、马蹄窑及灰坑、房子等。（图五；彩版三）

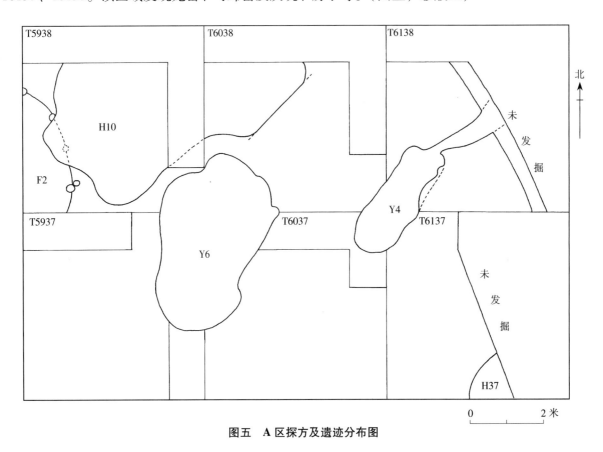

图五　A 区探方及遗迹分布图

第一节　地层堆积及其出土遗物

一　地层堆积

相对于农田而言，A 区地势较高，发掘过程中按照土质土色的变化曾经将地层划分得很细，达 6 层之多，但发掘至第 6 层时仍出土晚期的瓷片，第 1～6 层均是开荒造田时候形成的二次堆积，故可统归为第 1 层（地层出土遗物仍保留原始编号），为表土层。现以该区所有探方的四壁剖面图为依据，简要归纳其地层堆积特点。（图六、七）

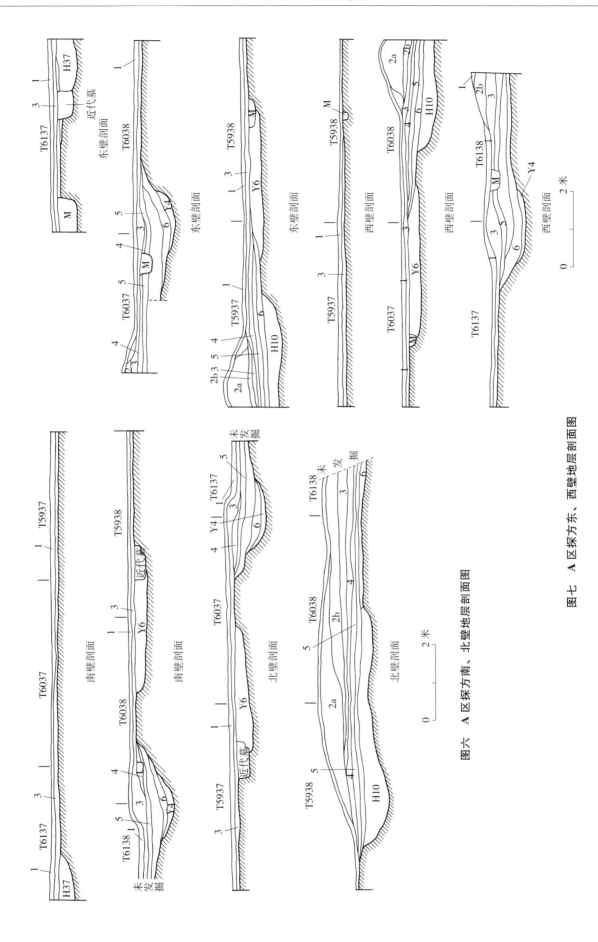

图六　A 区探方南、北壁地层剖面图

图七　A 区探方东、西壁地层剖面图

第 1 层　表土层。灰黄色土，土质细软，多呈胶泥质，较紧密。厚 0.10～1.55 米。出土遗物以陶片为主，有罐、釜、三足盘等，还见有少量石镞、石料等，伴出近现代遗物并开口有近现代的墓葬。1 层下开口的商代遗迹单位有 Y4、Y6、H10、F2、H37。

二　小件遗物

1. 2000YJT5937①出土小件遗物

（1）高领鼓肩罐　1 件。灰硬陶。

2000YJT5937①：1，修复。侈口，折沿外卷，斜腹，凹底。口领部轮制修整，肩至底内壁有垫窝。肩部饰云雷纹，腹、底部饰篮纹。口径 26.0、底径 14.0、通高 33.0 厘米。（图八，1）

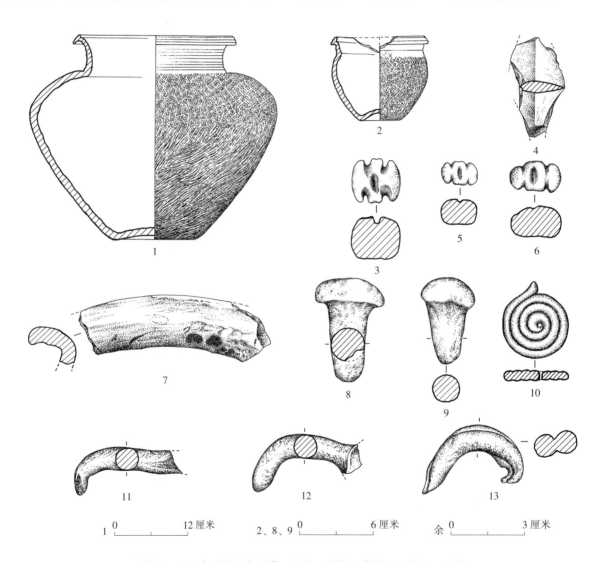

1　0　　　　　　　　　12 厘米　　　　2、8、9　0　　　　　　　6 厘米　　　余　0　　　　　　3 厘米

图八　A 区地层堆积出土罐、网坠、陶垫、装饰品、錾手，石镞

1. 高领鼓肩罐 2000YJT5937①：1　2. 矮领鼓肩小罐 2000YJT5937①：4　3. 网坠 2000YJT5937①：2　4. 石镞 2000YJT6038②：3
5. 网坠 2000YJT6038②：5　6. 网坠 2000YJT6038②：1　7. 罐 2003YJT6038⑥：1　8. 陶垫 2000YJT5937①：3　9. 陶垫
2000YJT6038②：2　10. 装饰品 2000YJT6038②：4　11. 錾手 2000YJT6038⑥：2　12. 錾手 2000YJT6038⑥：1　13. 錾手
2000YJT6038⑥：3

（2）**矮领鼓肩小罐**　1件。泥质灰陶。

2000YJT5937①:4，残。侈口，斜沿，斜腹，凹底。口领部轮制，肩至底内壁有垫窝。肩至上腹部饰云雷纹，肩部纹样紊乱，底部饰篮纹。口径7.4、底径3.3、通高6.6厘米。（图八，2）

（3）**网坠**　1件。泥质红陶。

2000YJT5937①:2，完整。圆柱体，两面各横刻两道凹槽，中部加刻一道横向凹槽，两端较圆。素面。长2.0、宽1.8、厚1.8厘米。（图八，3；彩版四，1）

（4）**陶垫**　1件。泥质灰陶。

2000YJT5937①:3，残。蘑菇状，垫面隆起，圆柱形把手。手工制作。素面。垫径5.6、长8.4厘米。（图八，8）

2. 2000YJT6038②出土小件遗物

（1）**石镞**　1件。青石质。

2000YJT6038②:3，残。有铤。两面有脊，侧边对磨成薄刃，铤部两侧弧收，余残。残长4.0、残宽2.0、厚0.5厘米。（图八，4；彩版四，3）

（2）**装饰品**　1件。泥质灰陶。

2000YJT6038②:4，完整。扁圆形，盘蛇状，中有一穿孔。手工盘绕泥条按压成型。素面。用途不明。宽2.7、厚0.4厘米。（图八，10）

（3）**网坠**　2件。

1）泥质灰陶，1件。

2000YJT6038②:5，完整。圆柱体，两面各横刻两道凹槽，中部加刻一道横向凹槽，两端较圆。素面。长1.5、宽0.9、厚1.0厘米。（图八，5；彩版四，2左）

2）泥质红陶，1件。

2000YJT6038②:1，略残。圆柱体，两面各横刻两道凹槽，中部加刻一道横向凹槽，两端较圆。素面。长2.1、宽1.2、厚1.2厘米。（图八，6；彩版四，2右）

（4）**陶垫**　1件。夹砂灰陶。

2000YJT6038②:2，残。圆锥状。垫面隆起，锥形把手。手工制作。素面。垫径4.4、长6.8厘米。（图八，9）

3. 2000YJT6038⑥出土小件遗物

鋬手　3件。均为泥质灰陶。

2000YJT6038⑥:2，残。长鹰嘴状。手工捏制。素面。残长4.5、径0.9厘米。（图八，11）

2000YJT6038⑥:1，残。长鹰嘴状。手工捏制。素面。残长4.4、径0.9厘米。（图八，12）

2000YJT6038⑥:3，完整。双条并列，内弧成半环形，头尾稍压扁，以利粘接器物。手工捏制。素面。长4.2、径0.9厘米。（图八，13）

4. 2003YJT6038⑥出土小件遗物

罐　1件。原始瓷。

2003YJT6038⑥:1，仅存残口沿。斜折沿，圆唇。胎呈灰白色，胎质细腻紧密，夹砂量少。轮制修整。器物略有变形。残长7.8厘米。（图八，7）

第二节　窑炉遗迹及其出土遗物

2座，包括Y4和Y6。

一　龙窑Y4

位于T6037关键柱下、T6138西南部、T6038东南部和T6137西北部。开口于6层下，口部距地表约0.70米，长条形。呈西南—东北走向，西南高东北低，西南部圆弧形，东北部近方形。坡度西南段较大，为17度，应为窑床，长3.20米，宽1.3米；东北段平缓，应为火膛，长约0.70米。火膛与窑床交界处略窄，为1.0米。火膛前端有一焚烧口，宽约0.40米。焚烧口前端有一喇叭形沟，近焚烧口处窄、远离焚烧口处较宽，沟内填土多灰烬，当为燃烧时清理灰烬所用。火膛焚烧口前端与窑顶端连线夹角为11度。在窑顶及窑体边缘有被火熏红的痕迹。烟道不明。窑顶已毁。窑底经火烧形成厚约0.80米的坚硬的暗灰色窑壁，窑床底部有一层厚薄不甚均匀的河沙。窑内填土有一层灰褐色土，含大量烧土颗粒及碎陶片，较为坚硬。在窑床与火膛交界处发现两片原始青瓷片。焚烧口前端喇叭形沟内的填土多为灰烬，包含物较少。（图九；彩版四，4）

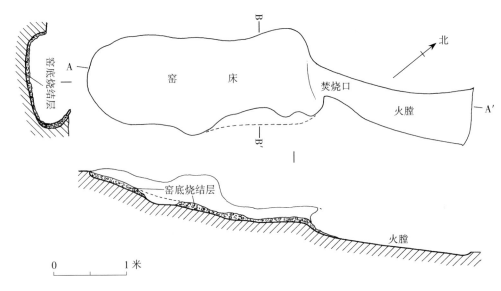

图九　A区·Y4平、剖面图

二　马蹄形窑Y6

1. 遗迹

位于T6037西北部、T5937东北部、T6038西南角和T5938东南角。开口于表土层下，被多座现代墓葬打破。平面形状似马蹄形，最长径5.00米，窑床位于北端，火膛位于南端，北宽南略窄，窑床与火膛交界处明显。窑床残高0.50米，窑床北端靠东残存一烟道。火膛残高0.40米。窑壁、底烧结现象明显，烧结块坚硬致密，呈青灰色。窑内堆积有大量的红烧土块和灰褐色土，包含物中有大量的完整器物，器形有甗形器、釜、器盖、瓮、三足盘、罐等。（图一〇A；彩版五，1、2）

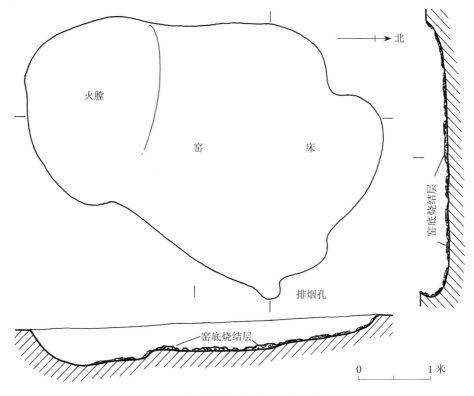

图一〇A　A 区・Y6 平、剖面图

2. 小件遗物

（1）**甑形器**　5 件。泥质或夹砂红陶。从保存较好的器物观察，甑素面，有轮制修整痕迹；釜表通饰篮纹，釜内壁有陶垫垫窝；甑、釜手工粘接。

1）泥质红陶　2 件。

2000YJY6：87，甑口沿、上腹残，下斜腹内折为箅托；釜鼓腹，凹圜底。腰径 10.0、底径 6.2、残高 18.9 厘米。（图一〇B，1）

2000YJY6：5，修复。甑侈口，圆唇，腹为上下两段粘接，粘接处稍鼓，箅托与甑体弧连；釜鼓腹，凹圜底。内沿下有刻符。口径 23.0、底径 9.0、腰径 12.0、通高 27.7 厘米。（图一〇B，4；刻符图片 1；彩版六，1）

2）夹砂红陶　3 件。

2000YJY6：61，仅残剩甑上部。尖唇，高领，下腹斜收内折。口径 22.0、残高 11.5 厘米。（图一〇B，2）

刻符图片 1　2000YJY6：5 甑形器

2000YJY6：13，修复。甑侈口，尖圆唇，中腹微鼓，下腹斜收，箅托平折微翘；釜鼓折肩，内弧腹，凹圜底。口径 25.5、底径 8.5、腰径 15.5、通高 29.5 厘米。（图一〇B，3；彩版六，2）

2000YJY6：62，仅残剩甑体上部。侈口，高领。腹分上、下两段粘接成型。口径 28.0、残高 10.2 厘米。（图一〇B，5）

（2）**小鼎**　1 件。灰硬陶。

2000YJY6：75，仅存一鼎足。圆锥状，顶部宽圆。素面。残高 6.4 厘米。（图一〇B，6）

（3）**釜**　10 件。口、领部见轮制修整痕迹，肩至底内壁有陶垫垫窝。

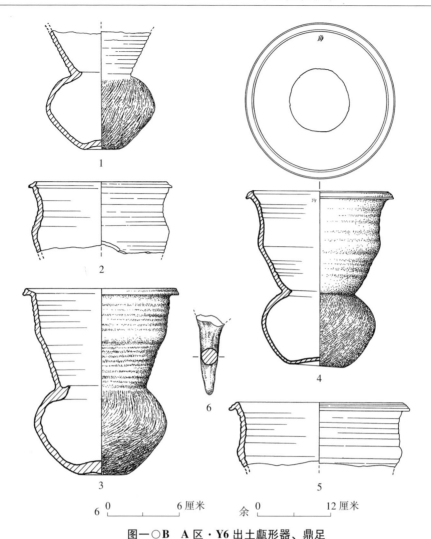

图一○B　A 区·Y6 出土甂形器、鼎足

1. 甂形器 2000YJY6:87　2. 甂形器 Y6:61　3. 甂形器 2000YJY6:13　4. 甂形器
2000YJY6:5　5. 甂形器 2000YJY6:62　6. 小鼎足 2000YJY6:75

1）泥质灰硬陶　5 件。

2000YJY6:34，下腹及底残。直口，斜折沿，圆唇，垂腹。腹部饰云雷纹。口径 19.0、残高 15.5 厘米。（图一○C，1）

2000YJY6:40，仅肩部以上存。敛口，平折宽沿，束颈。肩部饰云雷纹。口径 22.6、残高 9.2 厘米。（图一○C，2）

2000YJY6:39，仅肩部以上存。敛口，平折宽沿，圆唇外翻，束颈。腹部饰席纹。口径 17.8、残高 11.0 厘米。（图一○C，4）

2000YJY6:35，底残。直口，斜折宽沿，尖唇外翻，垂腹。唇面有凹弦纹，腹部饰云雷纹。口径 14.6、残高 15.7 厘米。（图一○C，7）

2000YJY6:72，下腹及底残。直口，平折宽沿，圆唇，短颈。唇面有三道凹弦纹，腹部饰云雷纹。口径 19.0、残高 10.2 厘米。（图一○C，9）

2）泥质灰陶　2 件。

2000YJY6:73，下腹及底残。直口微侈，斜折宽沿，圆唇，短颈。腹部饰云雷纹。口径 21.0、残高 11.0 厘米。（图一○C，3）

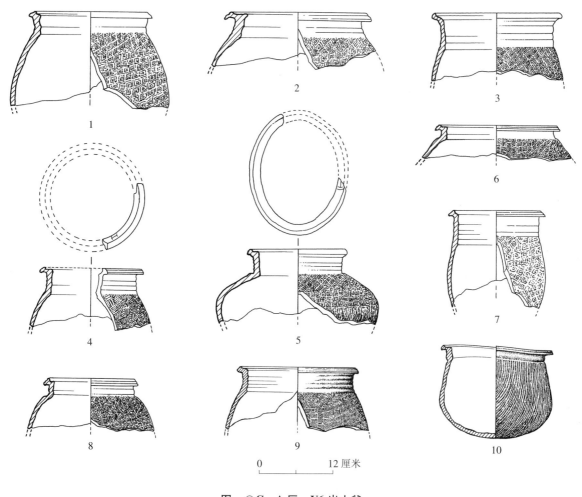

图一〇C　A区·Y6出土釜

1. 2000YJY6：34　2. 2000YJY6：40　3. 2000YJY6：73　4. 2000YJY6：39　5. 2000YJY6：60　6. 2000YJY6：71　7. 2000YJY6：35
8. 2000YJY6：59　9. 2000YJY6：72　10. 2000YJY6：77

2000YJY6：71，仅肩部以上存。直口，平折宽沿，短颈。腹部饰云雷纹。口沿上有刻符。口径20.0、残高5.6厘米。（图一〇C，6；刻符图片2）

3）泥质红陶　2件。

2000YJY6：60，下腹及底残。侈口，平折宽沿，短颈。肩部饰云雷纹，腹部饰篮纹。口沿上有刻符。口径16.4、残高11.0厘米。（图一〇C，5；刻符图片3）

2000YJY6：59，下腹及底残。敛口，平折宽沿，圆唇外翻，短颈。沿面形成凹槽，肩部饰云雷纹。口径14.5、残高8.5厘米。（图一〇C，8）

4）夹砂灰陶　1件。

2000YJY6：77，修复。直口，斜折宽沿，矮领，垂腹，圜底。通体饰篮纹。口径18.5、通高14.8厘米。（图一〇C，10；彩版七，1）

（4）高领鼓肩罐　20件。口、领部轮制修整，肩至底内壁有陶垫垫窝。

刻符图片2　2000YJY6：71 釜

刻符图片3　2000YJY6：60 釜

　　1）泥质红硬陶　1件。

　　2000YJY6：103，修复。侈口，沿外卷，斜腹，凹底。肩部饰云雷纹，腹、底部饰篮纹。口部轻度变形。口径13.6、底径9.0、高18.4厘米。（图一〇D，1；彩版七，2）

　　2）泥质灰硬陶　15件。

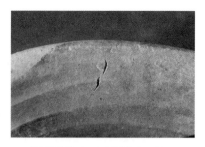

刻符图片4　2000YJY6：67 高领鼓肩罐

　　2000YJY6：67，下腹及底残。侈口，卷沿。肩部饰云雷纹，肩以下饰篮纹。内沿下有刻符。口径17.0、残高12.0厘米。（图一〇D，2；刻符图片4）

　　2000YJY6：23，仅肩部以上存。侈口，沿外卷。肩部饰云雷纹。口径31.0、残高10.5厘米。（图一〇D，3）

　　2000YJY6：66，仅残剩口及上腹部。侈口，斜沿。沿面有凹弦纹，肩部饰云雷纹，肩以下饰篮纹。口径17.0、残高12.0厘米。（图一〇D，4）

　　2000YJY6：21，仅残剩口、肩部。侈口，斜折沿，肩存一扁体半环形系纽。肩饰云雷纹。纽与

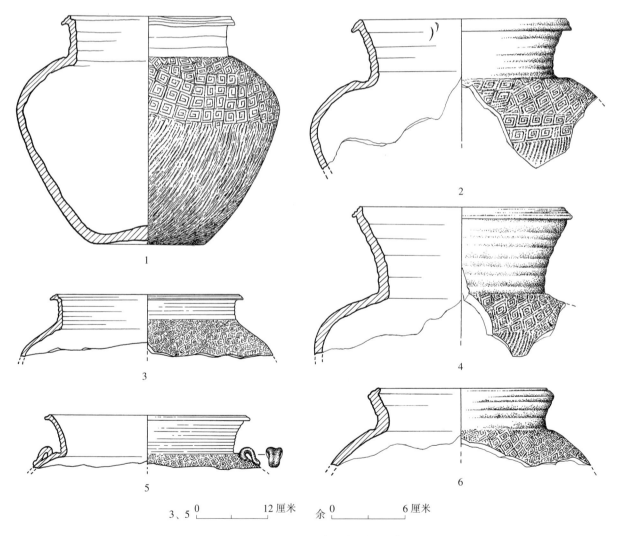

3、5 ├─────────┤ 12厘米　　余 ├─────────┤ 6厘米

图一〇D　A区·Y6出土高领鼓肩罐

1. 2000YJY6：103　2. 2000YJY6：67　3. 2000YJY6：23　4. 2000YJY6：66　5. 2000YJY6：21　6. 2000YJY6：70

器身系为粘接。口径33.0、残高9.0厘米。（图一〇D，5）

2000YJY6：70，仅残剩口、肩部。侈口，沿内敛。肩部饰云雷
纹。口径14.0、残高6.3厘米。（图一〇D，6）

2000YJY6：11，修复。侈口，方唇，斜腹，凹底。肩部饰云雷
纹，腹、底部饰篮纹。内沿下有刻符。口径11.6、底径5.6、通高
13.5厘米。（图一〇E，1；刻符图片5；彩版七，3）

刻符图片5　2000YJY6：11
高领鼓肩罐

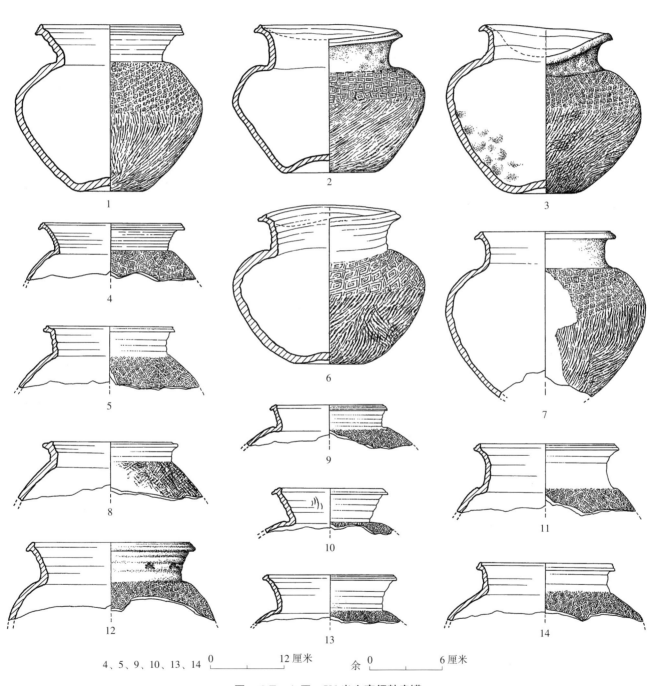

4、5、9、10、13、14 ⊢0————12厘米⊣　　余 ⊢0————6厘米⊣

图一〇E　A区·Y6出土高领鼓肩罐

1. 2000YJY6：11　2. 2000YJY6：3　3. 2000YJY6：2　4. 2000YJY6：24　5. 2000YJY6：26　6. 2000YJY6：88　7. 2000YJY6：42　8. 2000YJY6：27
9. 2000YJY6：25　10. 2000YJY6：22　11. 2000YJY6：53　12. 2000YJY6：52　13. 2000YJY6：50　14. 2000YJY6：51

2000YJY6:3，修复。侈口，尖唇，唇外翻，斜腹，凹底。肩部饰云雷纹，腹、底部饰篮纹。口径11.2、底径7.5、通高12.0厘米。（图一〇E，2；彩版七，4）

2000YJY6:2，修复。侈口，圆唇外翻，斜腹，凹底。肩部饰云雷纹，腹、底部饰篮纹。口径10.2、底径5.4、通高13.4厘米。（图一〇E，3；彩版七，5）

2000YJY6:24，仅残剩口及肩部。侈口，沿外卷。肩部饰云雷纹。口径23.2、残高9.4厘米。（图一〇E，4）

2000YJY6:26，仅残剩口及肩部。侈口，平折宽沿，尖唇。肩部饰云雷纹。口径21.2、残高10.2厘米。（图一〇E，5）

2000YJY6:88，修复。侈口，圆唇，斜腹，凹底。肩部饰云雷纹，腹、底部饰篮纹。口径10.6、底径6.8、通高12.8厘米。（图一〇E，6；彩版七，6）

2000YJY6:42，底残。侈口，尖圆唇，斜腹。肩部饰云雷纹，腹部饰篮纹。口径10.8、残高13.5厘米。（图一〇E，7）

2000YJY6:27，仅残剩口、肩部。侈口，斜沿，尖唇。肩部饰席纹。口径10.2、残高4.7厘米。（图一〇E，8）

2000YJY6:25，仅残剩口及肩部。侈口，沿外卷。沿面有凹弦纹，肩部饰云雷纹。口径18.0、残高7.2厘米。（图一〇E，9）

2000YJY6:22，仅残剩口及肩部。侈口，沿外卷。肩饰篮纹。内沿下有刻符。口径17.4、残高7.4厘米。（图一〇E，10；刻符图片6）

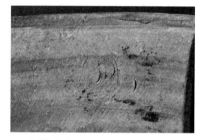

刻符图片6　2000YJY6:22
高领鼓肩罐

3）泥质红陶　4件。

2000YJY6:53，仅残剩口及肩部。侈口，方唇。唇面有凹弦纹，肩部饰云雷纹。口径11.4、残高5.6厘米。（图一〇E，11）

2000YJY6:52，仅残剩口及肩部。侈口，尖圆唇。唇面有一道凹弦纹，肩部饰云雷纹。口径13.0、残高5.6厘米。（图一〇E，12）

2000YJY6:50，仅残剩口及肩部。侈口，尖圆唇。唇面有凹弦纹，肩部饰云雷纹。口径21.2、残高8.0厘米。（图一〇E，13）

2000YJY6:51，仅残剩口及肩部。侈口，圆唇。唇面有一道凹弦纹，肩部饰云雷纹。口径22.0、残高9.2厘米。（图一〇E，14）

（5）矮领鼓肩罐　6件。肩部饰云雷纹。口、领部轮制修整，肩至底内壁有陶垫垫窝。

1）泥质灰硬陶　2件。

2000YJY6:29，仅残剩口及肩部。敛口，宽沿，尖唇外翻，沿面成凹槽状。口径21.0、残高7.2厘米。（图一〇F，1）

2000YJY6:69，仅残剩口及肩部。直口微侈，宽沿，尖唇外翻。口径19.2、残高9.5厘米。（图一〇F，2）

2）夹砂灰硬陶　2件。

2000YJY6:43，底残。侈口，尖唇外翻，斜腹，凹底。腹、底部饰篮纹。口径7.7、底径5.6、高11.5厘米。（图一〇F，3）

2000YJY6:28，仅残剩口及肩部。直口微敛，宽沿，尖唇外翻。口径17.3、残高6.6厘米。

（图一〇F，4）

　　3）灰硬陶　1件。

　　2000YJY6：68，仅残剩口及肩部。直口微敛，宽沿，尖唇外翻。口径20.2、残高6.0厘米。（图一〇F，5）

　　4）泥质红陶　1件。

　　2000YJY6：85，修复。直口，圆唇，斜腹，凹底。腹、底部饰篮纹，腹中部饰五乳钉纹。口径6.9、底径4.8、通高8.0厘米。（图一〇F，6；彩版八，1）

　　（6）垂腹罐　6件。肩部饰云雷纹。口领部轮制修整，肩至底内壁有垫窝。

　　1）泥质灰硬陶　4件。

　　2000YJY6：30，下腹及底残。直口微敛，宽沿，矮领，溜肩。口径11.0、残高7.7厘米。（图一〇G，1）

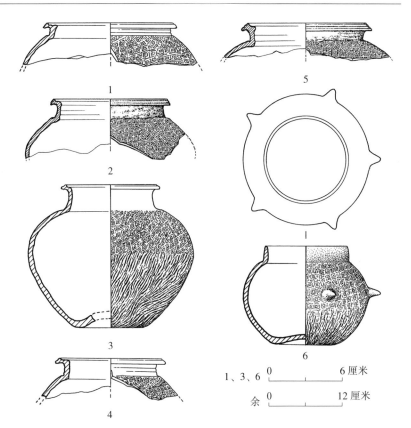

图一〇F　A区·Y6出土矮领鼓肩罐

1. 2000YJY6：29　2. 2000YJY6：69　3. 2000YJY6：43　4. 2000YJY6：28　5. 2000YJY6：68
6. 2000YJY6：85

　　2000YJY6：14，修复。直口，宽沿，矮领，溜肩，凹底。腹部饰云雷纹，底部饰篮纹。外沿下有积釉现象。口径9.4、底径4.0、通高9.4厘米。（图一〇G，2；彩版八，2）

　　2000YJY6：32，下腹及底残。直口微敛，圆唇，矮领，溜肩。唇面有凹弦纹。口径9.3、残高6.8厘米。（图一〇G，3）

　　2000YJY6：31，下腹及底残。侈口，尖唇，矮领，溜肩。口径11.6、残高7.3厘米。（图一〇G，4）

　　2）夹砂灰硬陶　1件。

　　2000YJY6：109，下腹及底残。敛口，宽沿，圆唇，矮领，溜肩。口径10.2、残高6.8厘米。（图一〇G，5）

　　3）泥质红陶　1件。

　　2000YJY6：55，下腹及底残。侈口，方唇，矮领，溜肩。沿面有凹弦纹。口径9.5、残高5.6厘米。（图一〇G，6）

　　（7）直腹罐　5件。腹部饰篮纹。口沿部轮制修整，腹内有垫窝。

　　1）泥质灰硬陶　1件。

　　2000YJY6：33，下腹及底残。侈口，平折宽沿，方唇。口径12.7、残高8.8厘米。（图一〇G，7）

　　2）夹砂灰陶　1件。

　　2000YJY6：74，底残。侈口，斜折沿，尖唇外翻。口径14.6、残高9.0厘米。（图一〇G，8）

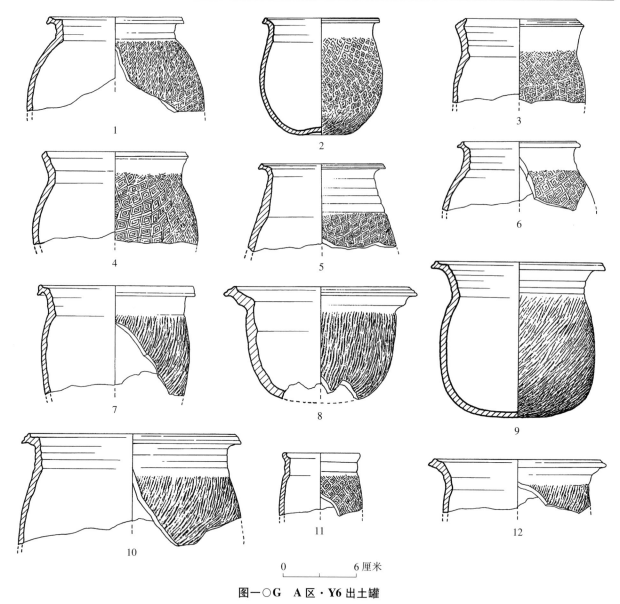

0   6 厘米

图一〇G A 区·Y6 出土罐

1. 垂腹罐 2000YJY6:30　2. 垂腹罐 2000YJY6:14　3. 垂腹罐 2000YJY6:32　4. 垂腹罐 2000YJY6:31　5. 垂腹罐 2000YJY6:109
6. 垂腹罐 2000YJY6:55　7. 直腹罐 2000YJY6:33　8. 直腹罐 2000YJY6:74　9. 直腹罐 2000YJY6:15　10. 直腹罐 2000YJY6:56
11. 小罐 2000YJY6:58　12. 直腹罐 2000YJY6:57

3）夹砂红陶　3 件。

2000YJY6:15，修复。直口微侈，平折宽沿。沿面有凹弦纹。口径 14.0、底径 5.0、通高 12.5 厘米。（图一〇G，9；彩版八，3）

2000YJY6:56，下腹及底残。侈口，平折宽沿，圆唇。唇面有一道凹弦纹。口径 17.2、残高 9.0 厘米。（图一〇G，10）

2000YJY6:57，下腹及底残。侈口，方唇。唇面有凹弦纹。口径 13.7、残高 4.5 厘米。（图一〇G，12）

（8）小罐　1 件。泥质红陶。

2000YJY6:58，下腹及底残。侈口，圆唇。口领部轮制，肩、腹内有垫窝。肩、腹部饰云雷纹。口径 6.4、残高 5.0 厘米。（图一〇G，11）

（9）**器盖**　5件。喇叭状圈足纽与盖顶按接成型。素面。轮制成型。

1）灰硬陶　3件。

2000YJY6:76，仅存喇叭状圈足纽。纽径9.8、残高4.6厘米。（图一〇H，1）

2000YJY6:46，残。盖面曲弧隆起，平顶。器内见一组轮旋纹。纽径7.3、残高3.9厘米。（图一〇H，2）

2000YJY6:94，修复。盖面斜直较深，平顶。顶边缘饰五乳钉，其中三钉尖下弯、两钉尖上翘。器内有一组轮旋纹，乳钉捏制拼接。口径11.3、纽径4.2、通高6.6厘米（图一〇H，3；彩版八，4）

2）泥质红陶　2件。

2000YJY6:65，残。盖面曲弧隆起，平顶。胎体均匀。残高3.5厘米。（图一〇H，4）

2000YJY6:96，修复。盖面斜直较深，平顶。顶边缘饰五乳钉，钉尖上翘。器壁内外及圈足均有轮制弦纹，乳钉手制，与器物拼接成型。口径12.8、顶径5.6、通高7.0厘米。（图一〇H，5；彩版八，5）

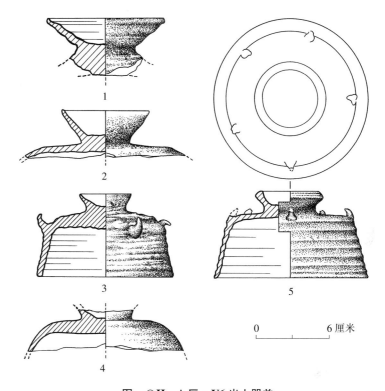

图一〇H　A区·Y6出土器盖
1. 2000YJY6:76　2. 2000YJY6:46　3. 2000YJY6:94　4. 2000YJY6:65
5. 2000YJY6:96

（10）**盆**　1件。灰硬陶。

2000YJY6:17，修复。子口内敛，浅腹内弧，平底。器壁内外尚见轮制痕迹。素面。口径17.8、底径13.4、通高4.1厘米。（图一〇I，1；彩版八，6）

（11）**瓮**　7件。

1）灰硬陶　6件。

2000YJY6:18，残。敛口，平折宽沿，矮领。口、领部轮制修整，唇面轮制凹弦纹，肩内见陶垫按压痕迹。肩部饰云雷纹。口径38.0、残高5.0厘米。（图一〇I，9）

2000YJY6:19，口径29.5、残高7.0厘米。（图一〇I，2）

2000YJY6:38，口径22.0、残高6.8厘米。（图一〇I，5）

2000YJY6:37，口径26.4、残高12.0厘米。（图一〇I，6）

2000YJY6:36，口径23.0、残高8.3厘米。（图一〇I，7）

2000YJY6:20，口径26.5、残高4.0厘米。（图一〇I，8）

2）泥质红陶　1件。

2000YJY6:49，残。敛口，平折宽沿，唇外翻，矮领。口、领部轮制修整，肩内见有垫窝。肩部饰云雷纹。口径35.5、残高4.5厘米。（图一〇I，4）

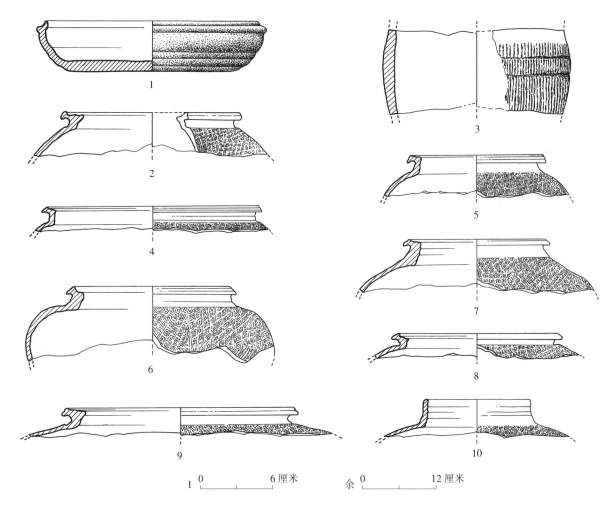

图一〇I　A 区·Y6 出土盆、瓮、缸、坛

1. 盆 2000YJY6：17　2. 瓮 2000YJY6：19　3. 缸 2000YJY6：47　4. 瓮 2000YJY6：49　5. 瓮 2000YJY6：38　6. 瓮 2000YJY6：37　7. 瓮 2000YJY6：36　8. 瓮 2000YJY6：20　9. 瓮 2000YJY6：18　10. 坛 2000YJY6：41

（12）**缸**　1 件。泥质黄陶。

2000YJY6：47，残。直腹微弧，腹部间以两道凹弦纹带。腹部饰篮纹。口部轮制，腹内见陶垫按压印迹。腹径 30.5、残高 13.6 厘米。（图一〇I，3）

（13）**坛**　1 件。灰硬陶。

2000YJY6：41，残。直口微敛，高圆领，鼓肩。口、领部内外尚见轮制痕迹，肩内有垫窝。肩部饰云雷纹。口径 17.5、残高 6.4 厘米。（图一〇I，10）

（14）**三足盘**　8 件。素面。盘部轮制，三足为手工捏制。

1）原始瓷　2 件。

2000YJY6：104，修复。侈口，斜沿，斜直腹，平底，下承三足，足呈长三角形，面略凹，足外张。沿面轮制一组细凹弦纹，器内外壁见轮制痕迹。口径 9.8、通高 10.5 厘米。（图一〇J，1；彩版九，1）

2000YJY6：9，为三足盘口沿。敞口，方唇。唇面轮制两道凹弦纹，外壁尚见轮制痕迹。口径 9.6、残高 1.8 厘米。（图一〇J，4；彩版九，5）

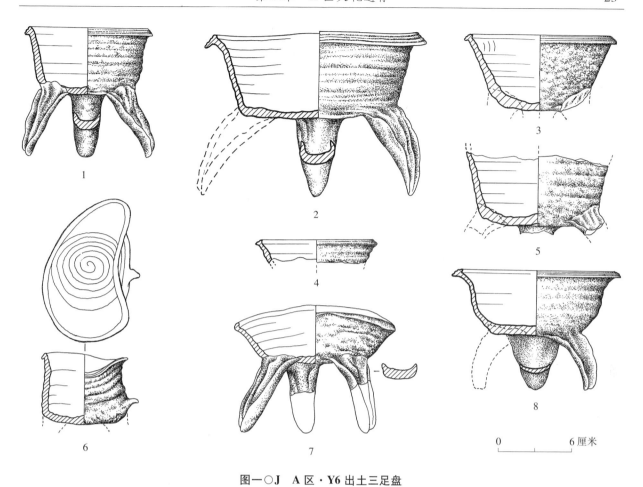

图一〇J　A区·Y6出土三足盘

1. 2000YJY6：104　2. 2000YJY6：83　3. 2000YJY6：107　4. 2000YJY6：9　5. 2000YJY6：48　6. 2000YJY6：78　7. 2000YJY6：105
8. 2000YJY6：90

2）灰硬陶　5件。

2000YJY6：83，修复。敞口，斜沿，斜直腹，平底，下承三足，足呈凹面三角形，足外撇。唇面有一组细凹弦纹，器内外壁见轮制痕迹。器表有分布不匀的积釉。口径17.0、通高13.3厘米。（图一〇J，2；彩版九，2）

2000YJY6：107，三足残。敞口，圆唇，斜直腹，平底。唇面轮制两道细凹弦纹，内有一组轮旋纹。内壁、底见轮制痕迹。内沿下有刻符。口径12.0、残高6.0厘米。（图一〇J，3；刻符图片7）

刻符图片7　2000YJY6：107三足盘

2000YJY6：48，口、足残。斜直腹深，平底。器内外壁见轮制痕迹。残高6.4厘米。（图一〇J，5）

2000YJY6：78，足残。侈口，口部变形，斜沿，直腹，外腹近底处饰一乳钉。唇面轮制三道凹弦纹，器内外壁见有轮旋痕。器物烧制变形。口径6.8～11.8、残高5.6厘米。（图一〇J，6）

2000YJY6：105，修复。敞口，圆唇，斜直腹，平底，下承三足，足呈长三角形，面略凹，足外张。器内外壁有轮制痕迹。器物烧制变形。口径13.0、通高10.4厘米。（图一〇J，7；彩版九，3）

3）红硬陶　1件。

2000YJY6：90，修复。侈口，斜沿较宽，曲腹，平底，下承三足，足呈梯形，面内凹。沿面轮制一组凹弦纹，器内外壁有轮制痕迹。口径13.2、通高9.7厘米。（图一〇J，8；彩版九，4）

刻符图片8　2000YJY6：7盉形钵

（15）盉形钵　10件。均为灰硬陶。口、沿部轮制。腹、底内见陶垫按压印迹（垫窝）。

2000YJY6：110，修复。侈口，圆唇微内敛，斜直腹，腹较深，圜底。唇面轮制一道凹弦纹。腹部饰云雷纹，底部饰篮纹。口径10.6、高7.0厘米。（图一〇K，1；彩版一〇，1）

2000YJY6：7，修复。侈口，尖唇，斜直腹，圜底。唇面有两道凹弦纹，腹部饰云雷纹，底部饰篮纹。内沿下有刻符。烧制变形。口径13.6、高8.7厘米。（图一〇K，2；刻符图片8；彩版一〇，2）

2000YJY6：93，修复。侈口，斜折沿，圆唇外翻，斜直腹，腹较深，圜底。腹、底部通饰变形云雷纹。口径13.4、高7.3厘米。（图一〇K，3；彩版一〇，3）

2000YJY6：89，修复。侈口，斜沿，斜直腹。平底。唇面有凹弦纹。腹部饰云雷纹，底

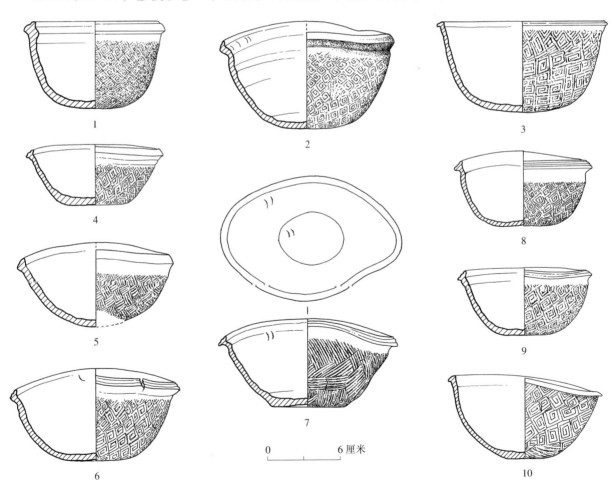

图一〇K　A区·Y6出土盉形钵

1. 2000YJY6：110　2. 2000YJY6：7　3. 2000YJY6：93　4. 2000YJY6：89　5. 2000YJY6：82　6. 2000YJY6：81　7. 2000YJY6：80
8. 2000YJY6：91　9. 2000YJY6：95　10. 2000YJY6：106

部饰篮纹。口径 10.6、底径 4.5、高 4.9 厘米。（图一〇K，4；
彩版一〇，4）

2000YJY6：82，修复。侈口，斜沿，斜腹，圜底。唇面有
两道凹弦纹。腹、底部通饰席纹。器物烧制变形。口径 12.0、
高 6.8 厘米。（图一〇K，5；彩版一〇，5）

刻符图片 9　2000YJY6：81 盔形钵

2000YJY6：81，完整。侈口，斜沿，斜腹，圜底。唇面有两
道凹弦纹。腹部饰云雷纹，底部饰篮纹。内沿下有刻符。器物烧
制口裂变形。口径 13.2、底径 4.4、通高 7.4 厘米。（图一〇K，
6；刻符图片 9；彩版一〇，6）

2000YJY6：80，修复。侈口，斜沿，尖唇，斜腹，平底。腹、
底部通饰席纹。内沿下和内底均有刻符。器物烧制变形。口径
14.0、底径 6.0、高 7.1 厘米。（图一〇K，7；刻符图片 10；彩版
一一，1）

刻符图片 10　2000YJY6：80 盔形钵

2000YJY6：91，修复。侈口，斜沿，斜腹，平底略凹。唇面有三道凹弦纹。腹、底部通饰云雷
纹。器物略有变形开裂。口径 10.4、底径 4.5、高 6.0 厘米。（图一〇K，8；彩版一一，2）

2000YJY6：95，修复。侈口，圆唇外卷，斜腹，平底。唇面轮制三道凹弦纹。腹部饰云雷纹，
底部饰篮纹。口径 10.0、底径 3.8、高 5.4 厘米。（图一〇K，9；彩版一一，3）

2000YJY6：106，修复。侈口，平折沿，斜直腹，圜底。沿面有三道凹弦纹。腹部饰云雷纹，
底部饰篮纹。口径 11.8、通高 6.6 厘米。（图一〇K，10；彩版一一，4）

（16）带把钵　4 件。素面。圆唇。

1）灰硬陶　2 件。

2000YJY6：84，修复。敞口，口部附一近长方形把手，把体斜外翘，顶部稍尖下翻，腹较深，
呈两段弧收，平底。器壁尚见轮制痕迹，把手捏制，制作工艺粗糙。口径 12.0、底径 6.3、通高
9.6 厘米。（图一〇L，1；彩版一二，1）

2000YJY6：45，底残。敛口，口部附一矮三角形把手，把手直立微内弧，浅圆腹，底残。器壁
尚见轮制痕迹。口径 9.0、残高 5.0 厘米。（图一〇L，2）

2）夹砂灰陶　1 件。

2000YJY6：98，修复。侈口，口部附一舌形把手，把体直立微外倾，斜直腹，平底。外壁及内
底均见轮旋纹，外底有旋削痕，把手捏制。口径 10.4、底径 6.9、通高 8.0 厘米。（图一〇L，3；
彩版一二，2）

3）夹砂红陶　1 件。

2000YJY6：79，修复。敞口，口部附一舌形把手，把体下部直立上部外折，深腹，圜底。器壁
内外均见轮旋纹，把手为手工捏制。口径 11.0、通高 8.2 厘米。（图一〇L，4；彩版一二，3）

（17）平底钵　3 件。素面。平底。

1）灰硬陶　2 件。

2000YJY6：1，修复。圆唇，敛口。腹较浅。器壁内尚见轮制痕迹，外底有旋削痕。口径 8.0、
底径 5.2、高 3.1 厘米。（图一〇L，8；彩版一二，4）

2000YJY6：10，修复。口微敛，圆唇，弧腹，深腹。外壁尚见轮制痕迹，内底有一组弦

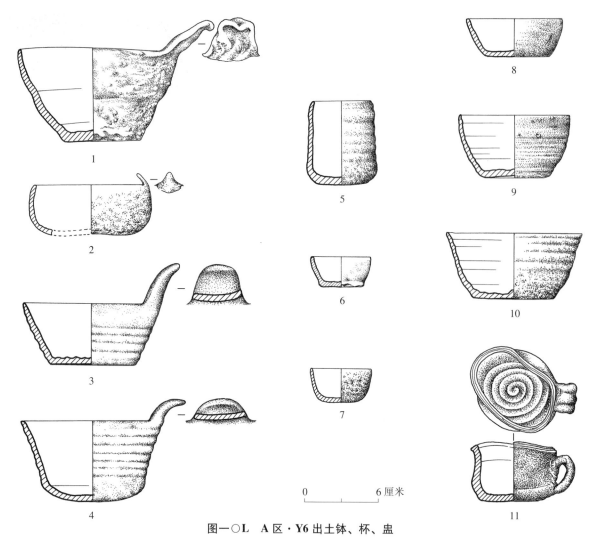

图一〇L　A 区·Y6 出土钵、杯、盉

1. 带把钵 2000YJY6∶84　2. 带把钵 2000YJY6∶45　3. 带把钵 2000YJY6∶98　4. 带把钵 2000YJY6∶79　5. 杯 2000YJY6∶6　6. 杯 2000YJY6∶12　7. 杯 2000YJY6∶92　8. 平底钵 2000YJY6∶1　9. 平底钵 2000YJY6∶10　10. 平底钵 2000YJY6∶86　11. 盉 2000YJY6∶4

纹。外底边缘有刻符。口径 9.0、底径 5.0、高 5.1 厘米。（图一〇L，9；刻符图片 11；彩版一二，5）

2）泥质红陶　1 件。

2000YJY6∶86，修复。微侈口，尖唇，斜腹，腹较深。外壁与内底各见一组轮制弦纹。内底中心饰一乳钉。口径 11.0、底径 6.6、高 5.4 厘米。（图一〇L，10；彩版一二，6）

（18）**壶**　3 件。无流。口、领部轮制修整。圆唇，高圆领，鼓肩。肩部饰云雷纹。

1）灰硬陶　2 件。

2000YJY6∶44，腹部以下残。侈口，肩部饰乳钉。领面轮制一组弦纹，肩、腹内有陶垫按压印迹。腹部饰篮纹。口径 7.8、残高 10.6 厘米。（图一〇M，1）

2000YJY6∶108，肩部以下残。敛口。领面轮制一组弦纹，肩内有垫窝。口径 10.0、残高 5.6 厘米。（图一〇M，2）

**刻符图片 11　2000YJY6∶10
平底钵**

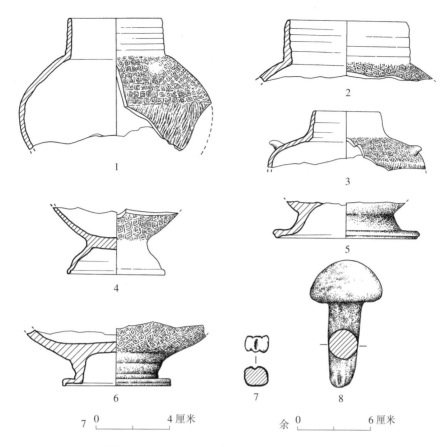

图一〇M　A区·Y6出土壶、尊、网坠、陶垫

1. 壶 2000YJY6：44　2. 壶 2000YJY6：108　3. 壶 000YJY6：54　4. 尊 2000YJY6：8
5. 尊 2000YJY6：63　6. 尊 2000YJY6：64　7. 网坠 2000YJY6：16　8. 陶垫 2000YJY6：97

2）泥质红陶　1件。

2000YJY6：54，残。侈口，肩部饰乳钉。肩、腹内有陶垫按压印迹。腹部饰篮纹。口径5.6、残高4.7厘米。（图一〇M，3）

（19）**盅**　1件。灰硬陶。

2000YJY6：4，修复。侈口，斜平沿，束颈，垂腹，平底，腹底侧附一宽扁状把手，把面有两道凹槽。器内有轮制痕迹，把手系用泥条手工捏制。器物烧制略有变形。素面。口径6.6、底径4.8、高4.9厘米。（图一〇L，11；彩版一三，1）

（20）**杯**　3件。均为灰硬陶。素面。

2000YJY6：6，修复。敛口，尖圆唇，深斜腹，腹略垂，平底。外壁有一组轮旋纹。口径4.8、底径4.0、高6.8厘米。（图一〇L，5；彩版一三，2）

2000YJY6：12，修复。圆唇，侈口，斜腹，内弧收，近平底。轮制修整，外底有旋削痕迹。口径4.9、底径3.7、高2.4厘米。（图一〇L，6；彩版一三，3）

2000YJY6：92，修复。器形较小。侈口，圆唇，斜腹。轮制修整，表面光洁。口径5.0、底径3.0、高2.7厘米。（图一〇L，7；彩版一三，4）

（21）**尊**　3件。均为灰硬陶。圈足。

2000YJY6：8，仅残剩腹底及圈足。下腹内弧收，圜底，喇叭状圈足。腹内有陶垫按压痕迹，圈足尚见轮旋纹。腹部饰云雷纹。足径8.1、残高5.0厘米。（图一〇M，4）

2000YJY6：63，仅存喇叭状浅圈足。轮制修整。素面。足径12.0、残高2.9厘米。（图一〇M，5）

2000YJY6：64，仅残剩腹底及圈足。下腹微弧，平底，圈足。腹内有垫窝，圈足有轮旋修整痕迹。腹部饰云雷纹。足径8.9、残高5.3厘米。（图一〇M，6）

（22）网坠 1件。灰硬陶。

2000YJY6：16，完整。圆柱体，两面各刻两道横向凹槽，中部加刻一道横向凹槽，两端较圆。素面。长1.4、宽0.9、厚1.1厘米。（图一〇M，7；彩版一三，5）

（23）陶垫 1件。灰硬陶。

2000YJY6：97，修复。蘑菇状，垫面圆鼓，中连圆柱体把手，把末端稍细。素面。垫顶宽6.0、长10.4厘米。（图一〇M，8；彩版一三，6）

第三节　灰坑遗迹及其出土遗物

2个，为H10和H37。

一　H10

1. 遗迹

位于T5938东部、T6038西北部。开口于1层下，打破生土。灰坑北部压在隔梁下，未发掘。坑口距地表0.15米，最大径6.70、深0.75～1.50米。弧壁，凹底，壁及底未见加工痕迹。坑内堆积黄褐色土并夹杂大量红烧土颗粒，土质松软。包含物丰富，出土大量陶片、可复原陶器及少量完整器，以夹砂灰陶和夹砂红陶居多，分别占46.39%、31.16%。纹饰有云雷纹、篮纹、席纹、方格纹以及云雷纹、篮纹组合和方格纹、篮纹组合，以篮纹和云雷纹为主，分别占49.25%、32.36%，素面占13.89%。完整器为盔形钵，已复原和其他可辨器形有罐、釜、瓮、器盖、甗形器、缸、三足盘、尊、盂等，未见石器及生产工具。（图一一A）

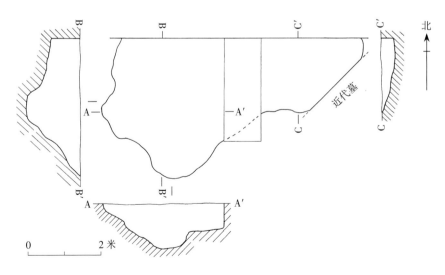

图一一A　A区·H10平、剖面图

2. 小件遗物

（1）甗形器 8 件。甑体内外见轮旋纹。釜面多饰篮纹。

1）夹砂红陶 5 件。

2000YJH10:16，修复。甑体侈口，斜折沿，直腹下斜内收，算托微上翘与甑体弧连；釜体溜折肩，斜腹内收，凹底。甑体轮制，器壁内外均有轮旋纹，釜内有垫窝。口径25.0、腰径13.4、底径9.0、通高26.4厘米。（图一—B，1；彩版一四，1）

2000YJH10:52，修复。甑体敞口，尖唇外翻，斜腹内收，算托平折与甑体相连；釜体溜折肩，浅腹弧收，凹底。甑体轮制修整，器壁内外均见轮旋纹，釜内有垫窝。口径18.6、腰径14.0、底径9.5、通高17.4厘米。（图一—B，2；彩版一四，2）

2000YJH10:111，釜体残。甑体敞口，斜折沿，沿部断面呈等腰三角形，直腹下斜内收。甑体器壁内外尚见轮旋纹。口径20.7、残高10.5厘米。（图一—B，3）

2000YJH10:110，仅存甑体残部。侈口，斜折沿，尖唇，直腹下斜内收。器壁有轮旋纹。口径21.5、残高13.5厘米。（图一—B，4）

2000YJH10:112，剩甑腰残部。上甑下釜，束腰处有一折棱算托。甑体尚见轮旋纹，釜体内有垫窝。腰径14.7、残高10.0厘米。（图一—B，5）

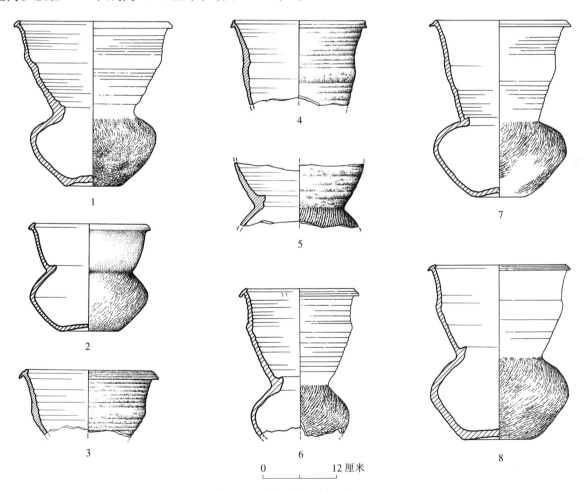

图一—B　A区·H10 出土甗形器

1. 2000YJH10:16　2. 2000YJH10:52　3. 2000YJH10:111　4. 2000YJH10:110　5. 2000YJH10:112　6. 2000YJH10:14

7. 2000YJH10:53　8. 2000YJH10:23

2）夹砂灰陶　1件。

2000YJH10：14，残。甗体侈口，卷沿，直腹下斜内收。箅托与甗体弧连；釜体斜折肩，底残。甗体轮制，器壁内、外均有轮旋纹；釜内有陶垫按压印迹。口沿下有刻符。口径18.0、腰径9.4、残高23.8厘米。（图一一B，6；刻符图片12）

3）泥质红陶　2件。

2000YJH10：53，修复。甗体侈口，斜折沿，直腹下斜内收，

刻符图片 12　2000YJH10：14 甗形器

箅托微上翘与甗体弧连；釜体溜折肩，斜腹内收，凹底。甗体轮制，器壁内外均有轮旋纹；釜内有垫窝。口径22.0、腰径13.0、底径8.0、通高28.3厘米。（图一一B，7；彩版一四，3）

2000YJH10：23，修复。甗体侈口，斜折沿，直腹下斜内收，箅托微上翘与甗体弧连；釜体溜折肩，斜腹内收，凹底。甗体轮制，器壁内外均有轮旋纹；釜内有垫窝。口径22.0、腰径14.3、底径11.2、通高28.0厘米。（图一一B，8；彩版一四，4）

（2）釜　15件。

1）灰硬陶　8件。

2000YJH10：87，腹部以下残。敛口，平折宽沿，圆唇外翻，矮领，垂腹。口领部轮制修整，沿面有轮旋纹，腹内壁有垫窝。腹部饰云雷纹。口径25.3、残高16.0厘米。（图一一C，1）

2000YJH10：50，修复。直口，宽沿，矮领，垂腹，凹底。口领部轮制修整，唇面有两道凹弦纹，腹、底内壁有陶垫按压痕迹。上腹部饰云雷纹，下腹、底部饰篮纹。口径18.5、底径10.4、高21.0厘米。（图一一C，2；彩版一五，1）

2000YJH10：86，腹部以下残。侈口，尖唇，矮领，直腹。口领部轮制修整，腹内壁有垫窝。腹部饰云雷纹。口径17.3、残高14.2厘米。（图一一C，3）

2000YJH10：83，底残。侈口，平折沿，尖唇，矮领，垂腹。口领部轮制修整，腹内壁有垫窝。腹部饰云雷纹。口径13.2～16.5、残高16.6厘米。（图一一C，4）

2000YJH10：82，腹部以下残。直口微敛，平折宽沿，圆唇外翻，矮领，垂腹。口领部轮制修整，腹内壁有垫窝。腹部饰云雷纹。口径20.1、残高16.5厘米。（图一一C，5）

2000YJH10：59，下腹部以下残。直口微侈，平折宽沿，圆唇外翻，矮领，直腹。口领部轮制修整，腹内壁有垫窝。腹部饰云雷纹。口径15.4、残高14.8厘米。（图一一C，6；彩版一五，2）

2000YJH10：85，腹部以下残。直口微侈，平折沿，尖圆唇，矮领，垂腹。口领部有轮制痕迹，腹内有垫窝。腹部饰云雷纹。口径19.8、残高9.6厘米。（图一一C，7）

2）泥质红陶，5件。

2000YJH10：103，腹部以下残。直口微侈，平折沿，圆唇，矮领，垂腹。口领部尚见轮制痕迹，腹内有垫窝。腹部饰云雷纹。口径18.4、残高10.0厘米。（图一一C，8）

2000YJH10：104，底残。侈口，平折沿，圆唇，矮领，垂腹。口领部尚见轮制痕迹，腹内有垫窝。腹部饰云雷纹。口径20.0、残高17.8厘米。（图一一C，9）

2000YJH10：107，下腹部以下残。侈口，平折宽沿，圆唇，高领，直腹。口领部轮制修整，腹内见陶垫按压印迹。腹部饰云雷纹。口径26.8、残高20.3厘米。（图一一C，10）

2000YJH10：106，腹部以下残。敛口，宽沿平折，圆唇外翻，矮领，垂腹。口领部尚见轮制痕迹，腹内有垫窝。腹部饰云雷纹。口径29.0、残高7.0厘米。（图一一C，11）

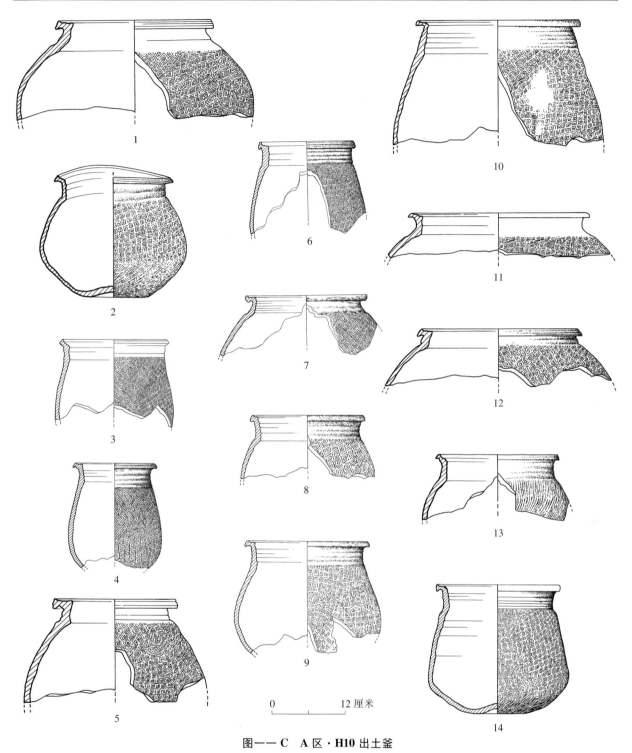

1　　　　　　　　　　　　10

6

11

2

7

12

3

8

13

4

9

14

5

0　　　　　　　12 厘米

图——C　A 区·H10 出土釜

1. 2000YJH10：87　　2. 2000YJH10：50　　3. 2000YJH10：86　　4. 2000YJH10：83　　5. 2000YJH10：82　　6. 2000YJH10：59　　7. 2000YJH10：85

8. 2000YJH10：103　　9. 2000YJH10：104　　10. 2000YJH10：107　　11. 2000YJH10：106　　12. 2000YJH10：105　　13. 2000YJH10：84

14. 2000YJH10：118

　　2000YJH10：105，腹部以下残。直口微敛，平折宽沿，矮领，垂腹。口领部轮制修整，腹内有垫窝。腹部饰云雷纹。口径 26.0、残高 9.5 厘米。（图一一 C，12）

　　3）夹砂灰陶　1 件。

　　2000YJH10：84，腹部以下残。侈口，平折宽沿，矮领，垂腹。口领部轮制修整，腹内有陶垫

按压痕迹。腹部饰篮纹。口领部烧制变形口径19.7、残高10.6厘米。（图一一C，13）

4）夹砂红陶 1件。

2000YJH10：118，修复。直口，宽沿，圆唇外翻，高领，垂腹，凹底。口领部有轮制痕迹，腹、底内有陶垫按压痕迹。肩、腹部饰云雷纹，底部饰篮纹。内沿有刻符。口径20.7、底径9.0、高20.6厘米。（图一一C，14；刻符图片13；彩版一五，3）

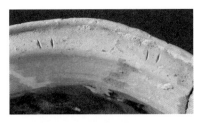

刻符图片13   2000YJH10：118 釜

（3）高领鼓肩罐 13件。

1）灰硬陶 11件。

2000YJH10：13，修复。侈口，尖唇，斜腹，凹底。口、领部轮制修整，肩至底内有垫窝。肩部饰云雷纹，腹、底部饰篮纹。沿内有刻符。口径10.0、底径3.6、高10.4厘米。（图一一D，1；刻符图片14；彩版一六，1）

刻符图片14   2000YJH10：13
高领鼓肩罐

2000YJH10：25，修复。侈口，尖圆唇，斜腹，凹底。口、领部轮制修整，腹、底内有垫窝。肩部饰云雷纹，腹、底部饰篮纹。口径11.2、底径5.0、高12.2厘米。（图一一D，2；彩版一六，2）

2000YJH10：20，修复。侈口，尖唇。斜腹，凹底。口、领部尚见轮制痕迹，腹、底内有垫窝。肩部饰云雷纹，腹、底部饰篮纹。内沿有刻符。器物烧制变形。口径9.1、底径4.1、高10.2厘米。（图一一D，3；刻符图片15；彩版一六，3）

刻符图片15   2000YJH10：20
高领鼓肩罐

2000YJH10：18，修复。敞口，斜折沿，唇外翻，肩部置三半环形系，斜腹，凹底。口领部轮制修整，肩至底内有陶垫按压印迹，系为捏制后捺压粘接。肩部饰云雷纹，腹、底部饰篮纹。口径17.5、肩径23.4、底径6.0、高25.7厘米。（图一一D，4；彩版一六，4）

刻符图片16   2000YJH10：35
高领鼓肩罐

2000YJH10：35，肩部以下残。侈口，宽沿斜折，尖唇。口、领部见轮制痕迹，肩内有垫窝。肩部饰云雷纹。内口沿和外口沿均有刻符。口径19.2、残高9.7厘米。（图一一D，6；刻符图片16）

2000YJH10：74，肩部以下残。侈口，斜折沿，圆唇。口、领部轮制，领下有一组细凹弦纹，唇面轮压三道弦纹，肩内有垫窝。肩部饰云雷纹。口径19.0、残高5.5厘米。（图一一D，7）

2000YJH10：75，肩部以下残。侈口，斜折沿，圆唇。口领部尚见轮制痕迹，肩内有垫窝。肩部饰云雷纹。口径19.0、残高9.3厘米。（图一一D，8）

2000YJH10：76，肩部以下残。侈口，圆唇外翻。口领部尚见轮旋修整痕迹，肩内有垫窝。肩部饰云雷纹。口径21.0、残高9.5厘米。（图一一D，9）

2000YJH10：34，口残。斜腹，凹底。肩、腹内有陶垫按压印迹。肩部饰云雷纹，腹、底部饰篮纹。底径5.0、残高11.2厘米。（图一一D，10）

2000YJH10：48，口残。斜腹，凹底。领部轮制修整，肩至底内有陶垫按压痕迹。肩部饰云雷

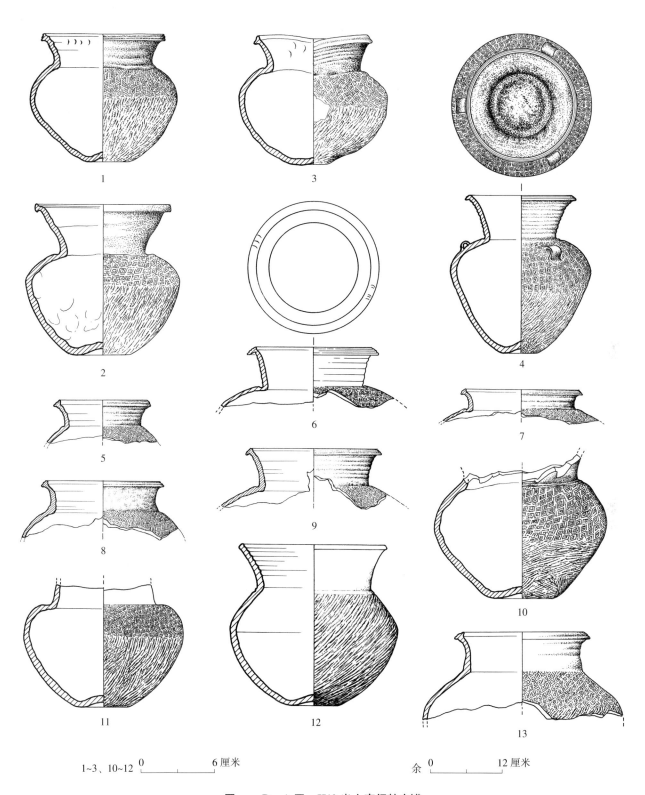

1~3、10~12 ⊢0————6厘米⊣　　　　　　余 ⊢0————12厘米⊣

图——D　A区·H10出土高领鼓肩罐

1. 2000YJH10：13　2. 2000YJH10：25　3. 2000YJH10：20　4. 2000YJH10：18　5. 2000YJH10：101　6. 2000YJH10：35　7. 2000YJH10：74
8. 2000YJH10：75　9. 2000YJH10：76　10. 2000YJH10：34　11. 2000YJH10：48　12. 2000YJH10：61　13. 2000YJH10：102

纹，腹、底部饰篮纹。底径4.3、残高9.6厘米。（图一一D，11）

2000YJH10：61，修复。侈口，圆唇，斜腹，凹底。口、领部轮制修整，肩至底内见陶垫按压印迹。肩部饰云雷纹，腹、底部饰篮纹。口沿上有刻符。口径11.8、底径4.2、高13.0厘米。（图一一D，12；刻符图片17；彩版一六，5）

刻符图片17　2000YJH10：61
高领鼓肩罐

2）泥质红陶　2件。

2000YJH10：101，肩部以下残，侈口，圆唇。口领部轮制，唇面有凹弦纹，肩内有垫窝。肩部饰云雷纹。口径14.7、残高7.0厘米。（图一一D，5）

2000YJH10：102，腹部以下残。侈口，斜折沿。口领部尚见轮制痕迹，肩、腹内有垫窝。肩部饰云雷纹，腹部饰篮纹。口径20.2、残高14.0厘米。（图一一D，13）

（4）矮领鼓肩罐　4件。肩部多饰篮纹。

1）灰硬陶　3件。

2000YJH10：32，肩部以上残。斜腹，圜凹底。腹内胎体较厚，凹凸不平。肩部饰云雷纹，腹、底部饰篮纹。腹径13.8、残高10.3厘米。（图一一E，1）

2000YJH10：78，腹部以下残。敛口，平折宽沿，圆唇。口、领部轮制修整，肩、腹内壁有垫窝。肩部饰云雷纹，腹部饰篮纹。口径21.5、残高15.0厘米。（图一一E，2）

2000YJH10：77，腹部以下残。敛口，平折宽沿。口、领部轮制修整，肩内壁有垫窝。肩部饰云雷纹。口径21.0、残高4.6厘米。（图一一E，4）

2）泥质红陶　1件。

2000YJH10：93，残。敛口，圆唇，肩部饰乳钉纹，斜腹，凹底。口沿部轮制修整，肩、腹内有陶垫按压印迹。肩部饰篮纹，腹部饰云雷纹。口径6.4、残高5.4厘米。（图一一E，3）

（5）鼓腹罐　6件。均为灰硬陶。矮领，溜肩。肩部饰云雷纹，腹、底部饰篮纹。

2000YJH10：37，修复。侈口，方唇。凹底。口领部轮制修整，腹、底内壁有垫窝。口径8.6、底径3.6、高10.0厘米。（图一一E，5；彩版一七，1）

2000YJH10：80，底残。侈口，方唇。口、领部轮制修整，肩、腹内壁有垫窝。口、领部见少量积釉。口径13.5、残高11.2厘米。（图一一E，6；彩版一七，2）

2000YJH10：19，修复。侈口，卷沿，凹底。口领部轮制修整，腹、底内壁有陶垫按压印迹。口部烧制变形。口径5.5～8.5、底径5.0、高10.4厘米。（图一一E，7；彩版一七，3）

2000YJH10：115，修复。侈口，尖唇，凹底。口领部轮制，唇面轮压两道凹弦纹，腹、底内壁有垫窝。口径11.2、底径5.4、高11.3厘米。（图一一E，8；彩版一七，4）

2000YJH10：79，底残。侈口，圆唇，矮领，溜肩。口领部轮制修整，肩、腹内壁有垫窝。口径8.2、残高6.9厘米。（图一一E，9）

2000YJH10：113，修复。侈口，圆唇，束颈，矮领，溜肩，凹底。口领部轮制修整，腹底内有垫窝。腹部饰云雷纹，底部饰篮纹。器物烧制变形。口径8.0、底径5.0、高6.6厘米。（图一一E，10；彩版一六，6）

（6）垂腹罐　3件。均为灰硬陶。矮领，溜肩。

2000YJH10：54，修复。直口，平折沿，凹底。口领部轮制修整，腹、底内壁有陶垫按压印迹。肩、腹部饰云雷纹，底部饰篮纹。口沿上有刻符。口径13.0、底径7.5、高16.0厘

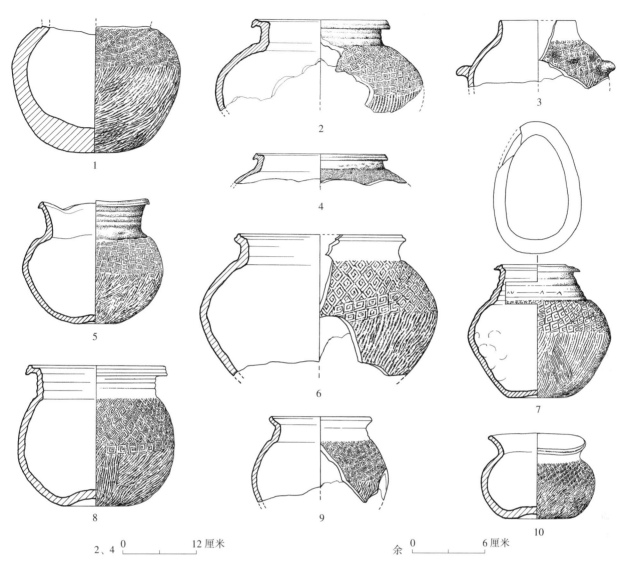

图一一E　A区·H10 出土罐

1. 矮领鼓肩罐 2000YJH10：32　2. 矮领鼓肩罐 2000YJH10：78　3. 矮领鼓肩罐 2000YJH10：93　4. 矮领鼓肩罐 2000YJH10：77　5. 鼓腹罐 2000YJH10：37　6. 鼓腹罐 2000YJH10：80　7. 鼓腹罐 2000YJH10：19　8. 鼓腹罐 2000YJH10：115　9. 鼓腹罐 2000YJH10：79　10. 鼓腹罐 2000YJH10：113

米。（图一一F，1；刻符图片 18；彩版一七，5）

　　2000YJH10：81，底残。侈口，斜沿。口领部轮制修整，肩、腹内有垫窝。肩、腹部饰云雷纹。口径 15.0、残高 9.0 厘米。（图一一F，2）

　　2000YJH10：96，底残。斜沿。口领部变形，肩、腹内有垫窝。腹部饰篮纹。口径 9.2～13.0、残高 7.0 厘米。（图一一F，3）

　　（7）直腹罐　3件。

　　1）夹砂灰陶，2件。无领。口沿部轮制修整，腹内有垫窝。腹部饰篮纹。

　　2000YJH10：95，底残。直口微侈，方唇。口径 15.4、残高 9.3 厘米。（图一一F，5）

　　2000YJH10：49，修复。直口，平折沿，尖唇。底内有垫窝。底部通饰篮纹。口径 16.0、底径 7.6、高 10.8 厘米。（图一一F，6；彩版一七，6）

刻符图片 18　2000YJH10：54 垂腹罐

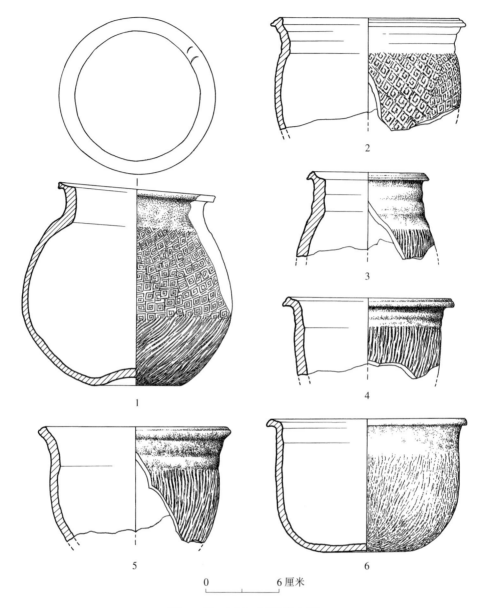

0   6 厘米

图——F　A 区·H10 出土罐

1. 垂腹罐 2000YJH10：54　2. 垂腹罐 2000YJH10：81　3. 垂腹罐 2000YJH10：96　4. 直腹罐
2000YJH10：97　5. 直腹罐 2000YJH10：95　6. 直腹罐 2000YJH10：49

2）夹砂红陶　1 件。

2000YJH10：97，底残。侈口，尖唇。圜底。口径 13.6、残高 6.3 厘米。（图一一 F，4）

（8）**器盖**　7 件。器壁内外多轮制痕迹。素面。

1）灰硬陶　5 件。

2000YJH10：88，残。覆钵状盖，侈口，圈足状纽，盖面斜直，平顶。器壁内外均见轮旋纹，外底有压印痕迹。纽径 11.0、残高 7.2 厘米。（图一一 G，1）

2000YJH10：90，提手残。覆钵状盖，盖面斜直，平顶。器壁内外均有轮旋纹。残高 5.2 厘米。（图一一 G，2）

2000YJH10：89，口残。覆钵状盖，圈足状纽，盖面斜直，平顶。器壁内外均见轮旋纹，外底有按压痕迹。残径 8.8、残高 7.2 厘米。（图一一 G，3）

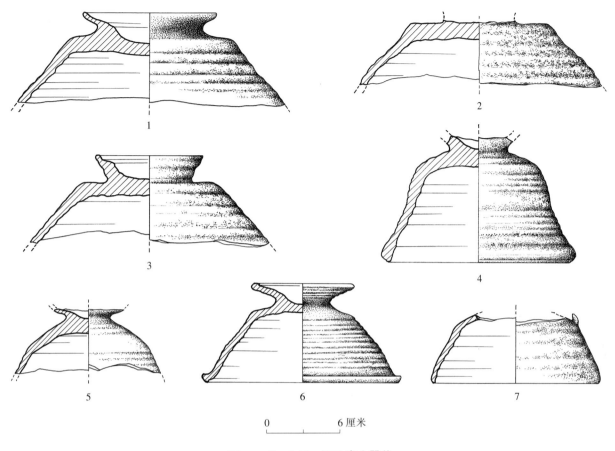

图一一G　A区·H10出土器盖

1. 2000YJH10：88　2. 2000YJH10：90　3. 2000YJH10：89　4. 2000YJH10：45　5. 2000YJH10：91　6. 2000YJH10：67　7. 2000YJH10：94

　　2000YJH10：45，纽残。覆钵状盖，盖面曲弧隆起。器壁尚见轮旋纹，器表粘连残片和窑渣。口径16.0、残高10.2厘米。（图一一G，4）

　　2000YJH10：91，纽、口残。圈足状纽，盖面隆起。器壁内外均有轮制痕迹。残高5.0厘米。（图一一G，5）

　　2）泥质红陶　1件。

　　2000YJH10：94，纽残。盖面斜直隆起，端沿内敛，盖面上部见一残纽。壁内外有轮旋痕迹，纽为捏制按接。口径14.0、残高5.2厘米。（图一一G，7）

　　3）夹砂灰陶　1件。

　　2000YJH10：67，修复。覆钵状盖，圈足状纽，盖面斜直，盖沿外撇。器壁内外均见轮制痕迹，外底有旋削痕。口径16.2、纽径8.4、通高8.0厘米。（图一一G，6；彩版一八，1）

　　（9）瓮　9件。口领部轮制修整，肩内有垫窝。

　　1）泥质红硬陶　2件。

　　2000YJH10：58，底残。敛口，宽沿，圆唇外翻，矮领，溜肩，斜腹。肩、腹内见陶垫按压印迹。肩部饰云雷纹，腹部饰篮纹。口径35.2、肩径52.0、残高31.0厘米。（图一一H，1）

　　2000YJH10：57，腹部以下残。敛口，平折宽沿，尖唇外翻，矮领，溜肩。唇面有两道凹弦纹，肩、腹内有垫窝。肩、腹部饰云雷纹。口径29.5、残高12.5厘米。（图一一H，2）

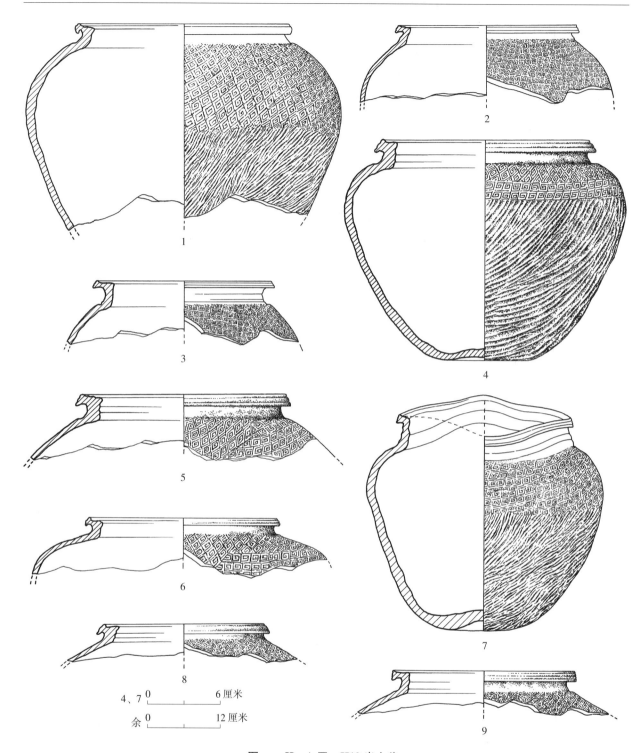

图——H　A区·H10出土瓮

1. 2000YJH10：58　2. 2000YJH10：57　3. 2000YJH10：73　4. 2000YJH10：56　5. 2000YJH10：71　6. 2000YJH10：72　7. 2000YJH10：40
8. 2000YJH10：109　9. 2000YJH10：108

　　2）灰硬陶　4件。

　　2000YJH10：56，残。直口微敛，平折宽沿，尖唇外翻，矮领，鼓折肩，斜腹，圜凹底。肩至底内有陶垫按压印迹。肩部饰云雷纹，腹、底部饰篮纹。口径17.0、底径7.0、高17.8厘米。（图——H，4）

2000YJH10：73，肩部以下残。敛口，平折宽沿，尖唇外翻，矮领，斜肩。肩部饰云雷纹。口径29.2、残高10.3厘米。（图一一H，3）

2000YJH10：71，肩部以下残。敛口，平折宽沿，圆唇外翻，矮领，斜肩。沿面有凹弦纹，肩内有垫窝。肩部饰云雷纹。口径34.5、残高10.5厘米。（图一一H，5）

2000YJH10：72，肩部以下残。敛口，平折宽沿，方唇，矮领，鼓肩。肩内见陶垫按压印迹。肩部饰云雷纹。口径31.3、残高9.6厘米。（图一一H，6）

3）泥质红陶 3件。

2000YJH10：40，修复。直口微敛，平折宽沿，方唇，矮领，斜折肩，直腹内收，凹底。唇面有轮旋纹，肩至底内有陶垫按压印迹。肩部饰云雷纹，腹、底部饰篮纹，器物烧制变形。口径14.4、肩径19.6、高18.0厘米。（图一一H，7；彩版一五，4）

2000YJH10：109，肩部以下残。敛口，平折宽沿，斜肩。肩部饰云雷纹。口径26.7、残高6.4厘米。（图一一H，8）

2000YJH10：108，肩部以下残。敛口，平折宽沿，斜肩。肩部饰云雷纹。口径30.0、残高7.0厘米。（图一一H，9）

（10）缸 1件。夹砂红陶。

2000YJH10：100，腹部以下残。直口微侈，斜沿，圆唇，高领。口领部有轮旋纹，腹内有垫窝。领、腹间附一周条形附加堆纹，腹部饰篮纹。口径32.5、残高9.5厘米。（图一一I，1）

（11）坛 3件。敛口，直领。口领部轮制修整。肩部饰云雷纹。

1）灰硬陶 1件。

2000YJH10：47，腹部以下残。鼓肩，斜直腹。口领部有轮旋纹，肩、腹内壁有垫窝。肩部附乳钉状堆塑纹，腹部饰篮纹。口径16.0、残高14.0厘米。（图一一I，2）

2）红硬陶 1件。

2000YJH10：51，修复。圆唇，鼓肩，弧腹，凹底。肩部对距附四半环形系，系为捏制拼接。腹、底内有陶垫按压痕迹。腹、底部饰篮纹。口径16.0、肩径35.0、底径11.5、高29.2厘米。（图一一I，4；彩版一五，5）

3）夹砂灰陶 1件。

2000YJH10：98，肩部以下残。尖圆唇，斜肩。肩内有垫窝。口径12.0、残高7.6厘米。（图一一I，3）

（12）三足盘 20件。钵形。足多为捏制拼接。

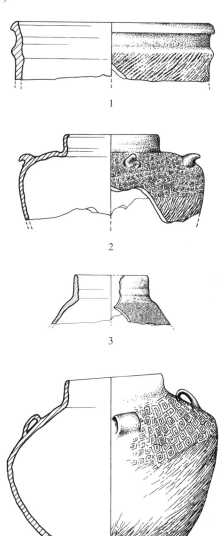

1

2

3

0   12厘米

4

图一一I A区·H10出土缸、坛

1. 缸 2000YJH10：100   2. 坛 2000YJH10：47
3. 坛 2000YJH10：98   4. 坛 2000YJH10：51

1）原始瓷　5件。

2000YJH10：36，修复。侈口，斜沿，尖唇，直腹，平底，下承三足外张，足为长三角形，凹面。器腹、底内有轮旋纹，足为捏制拼接成型。素面。口径9.4、通高10.5厘米。（图一一J，1；彩版一八，2）

2000YJH10：7，足残。敞口，方唇，斜直腹，平底，下承三足残。轮制修整。素面。口径13.4、残高6.0厘米。（图一一J，2；彩版一八，4）

2000YJH10：65，修复。侈口，圆唇，直腹，平底，下承三足，足为长三角形，面略凹、弧内收。器壁内外均有轮旋纹，足为捏制拼接。外壁及足凹面有积釉。素面。口径15.1、通高13.6厘米。（图一一J，4；彩版一八，3）

2000YJH10：8，足残。腹较直。敞口，平沿，尖唇，平底，下承三足残。腹、底内有一组轮旋纹。素面。口径12.6、残高5.8厘米。（彩版一八，5）

2000YJH10：55，足残。腹较直。平底，下存二足残，足面略凹。器身有轮制痕迹，足为捏制拼接。素面。口径13.2、残高6.8厘米。（彩版一九，1）

2）灰硬陶　13件。

2000YJH10：11，残。两器叉足叠烧，外底产生粘连，器物残损。腹直，平底，下承三足，足面略凹。器腹、底尚见轮制痕迹。素面。二器通残高10.6厘米。（彩版一九，2）

2000YJH10：26，残。两器叉足叠烧，足底产生粘连，器物残损。敞口，方唇，腹较直，平底，下承三足外张，足为长三角形，面略凹。器壁及内底尚见轮制痕迹，足为手制拼接。素面。二器通残高9.6厘米。（彩版一九，3）

2000YJH10：66，修复。敞口，尖圆唇，腹较直，平底，下承三足外张，足面为长三角形，两侧边凸起、中有脊、形成双凹槽。器腹、底有轮旋纹，足为捏制拼接。素面。口径10.0、通高7.3厘米。（图一一J，3；彩版一九，4）

2000YJH10：21，足残。敞口，斜沿，尖圆唇，深腹，平底，下承三足残。唇面有一道凹弦纹，器内外有轮制痕迹。素面。内沿下和内底均有刻符。口径12.0、残高6.2厘米。（图一一J，5；刻符图片19）

刻符图片19　2000YJH10：21 三足盘

2000YJH10：9，足残。敞口，圆唇，唇面轮压一道弦纹，腹较直，平底，底下存一断足，足面略凹。器壁有轮制痕迹，足为捏制拼接，内沿下有刻符。素面。口径9.5、残高5.6厘米。（图一一J，6；刻符图片20）

刻符图片20　2000YJH10：9 三足盘

2000YJH10：38，足残。侈口，尖唇，腹较直，平底，下承三断足，足面凹。器壁内外均有轮旋纹，外底用快轮直削并饰篮纹，又在其上刻符；足为手制拼接。口径10.1、残高7.0厘米。（图一一J，7；刻符图片21）

2000YJH10：29，修复。敞口，斜沿，尖圆唇，平底，下承三足外张，足为长三角形，两侧边凸起，中有脊，面呈双凹槽。器

刻符图片21　2000YJH10：38 三足盘

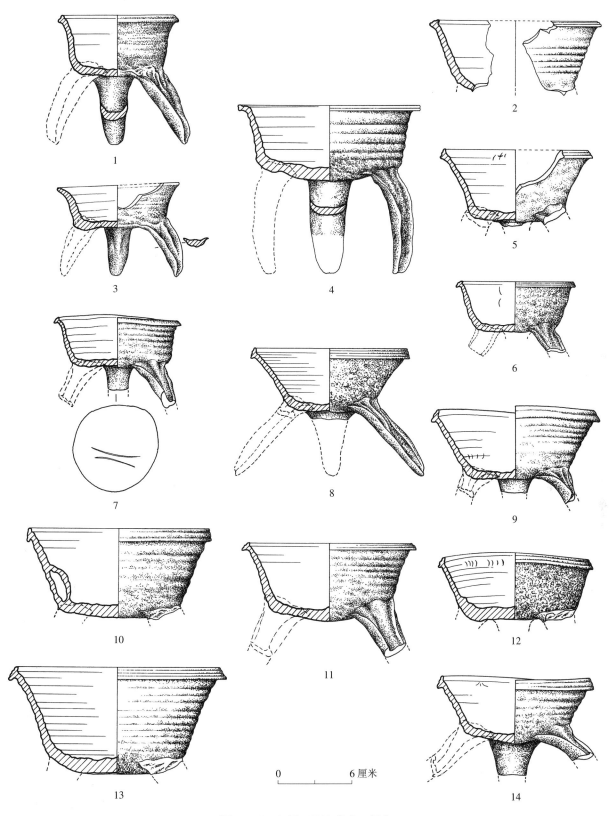

图——J　A 区·H10 出土三足盘

1. 2000 YJH10：36　2. 2000 YJH10：7　3. 2000 YJH10：66　4. 2000 YJH10：65　5. 2000 YJH10：21　6. 2000 YJH10：9　7. 2000 YJH10：38

8. 2000 YJH10：29　9. 2000 YJH10：24　10. 2000 YJH10：5　11. 2000 YJH10：15　12. 2000 YJH10：30　13. 2000 YJH10：4　14. 2000 YJH10：17

身轮制，唇面有三道凹弦纹，内腹、底尚见细弦纹，足为捏制拼接。素面。口径12.6、通高10.3厘米。（图一一J，8；彩版一九，5）

2000YJH10：24，足残。敞口，斜沿，尖唇内敛，腹较深，平底，下存三断足，面略凹。器壁内外均有轮制痕迹，内底有一乳凸，三足为手工捏制拼接。素面。内腹有刻符。口径13.2、残高7.6厘米。（图一一J，9；刻符图片22）

2000YJH10：5，足残。敞口，斜沿，尖唇，腹较直，平底，下承三足残。器壁内外均见轮旋纹，外底有削修痕迹。素面。下腹及内底有鼓泡。口径15.0、残高7.2厘米。（图一一J，10）

2000YJH10：15，足残。敞口，斜沿，尖唇，腹较直，下存一断足，面略凹。器壁内外均见轮制痕迹，足为手制拼接。素面。口径13.7、残高9.0厘米。（图一一J，11）

2000YJH10：30，足残。敛口，斜沿，直腹，平底，下承三足残。器壁及内底均有轮制痕迹，器底在烧制时产生鼓泡变形。内沿下有刻符。素面。口径12.2、残高5.6厘米。（图一一J，12；刻符图片23）

2000YJH10：4，足残。敞口，斜沿，尖唇，直腹，平底，下承三足残。器壁内外均见轮旋纹，外底有削修痕迹。素面。口径17.0、残高8.6厘米。（图一一J，13）

2000YJH10：17，残。敞口，斜沿，尖唇，直腹，内底稍平，外底略凸，下存二断足，面略凹。器壁内外均见轮制痕迹，足为手工捏制拼接。内沿下有刻符。素面。口径12.5、残高7.8厘米。（图一一J，14；刻符图片24）

3）泥质红硬陶　1件。

2000YJH10：31，残。敞口，尖唇，深腹，腹较直，平底，下承三足残。器壁内外均见轮制痕迹，外底有削修痕迹。素面。外底有刻符。口径11.8、残高5.0厘米。（刻符图片25）

4）泥质红陶　1件。

2000YJH10：27，残。腹较直。敞口，尖圆唇，腹较深，平底，下承三足残。器壁内外均有轮旋纹，外底有切削痕迹。素面。口径11.8、残高5.4厘米。

（13）盔形钵　9件。侈口，多圜底。腹、底内有拍印按压痕迹。

1）灰硬陶　5件。

2000YJH10：33，完整。斜沿，斜直腹。唇面轮制三道凹弦纹，腹部饰云雷纹，底部饰篮纹。内沿下有刻符。口径11.5、高6.9厘米。（图一一K，1；刻符图片26；彩版二〇，1）

2000YJH10：68，修复。口外撇，斜折沿，方唇，矮领，腹内弧。口领部轮制修整。上腹部饰云雷纹，下腹及底部饰篮纹。口径103、高9.4厘米。（图一一K，2；彩版二〇，2）

刻符图片22　2000YJH10：24 三足盘

刻符图片23　2000YJH10：30 三足盘

刻符图片24　2000YJH10：17 三足盘

刻符图片25　2000YJH10：31 三足盘

刻符图片26　2000YJH10：33 盔形钵

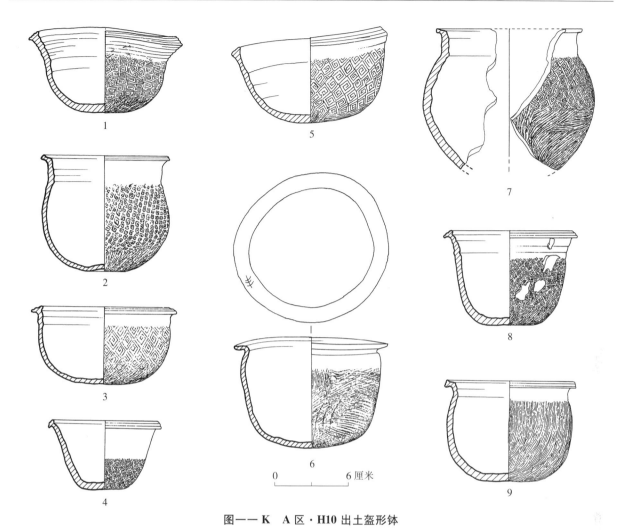

图——K A区·H10 出土盔形钵

1. 2000YJH10：33　　2. 2000YJH10：68　　3. 2000YJH10：69　　4. 2000YJH10：117　　5. 2000YJH10：2　　6. 2000YJH10：43
7. 2000YJH10：28　　8. 2000YJH10：114　　9. 2000YJH10：116

2000YJH10：69，修复。平沿，斜腹。唇面轮制两道凹弦纹。腹部饰云雷纹，底部饰篮纹。口径10.7、高6.2厘米。（图一一K，3；彩版二〇，3）

2000YJH10：117，修复。斜沿内敛，斜直腹。唇面轮制一道凹弦纹。腹、底内有拍印垫窝，下腹部饰云雷纹，底部饰篮纹。口径8.8、高5.5厘米。（图一一K，4；彩版二〇，4）

2000YJH10：28，残。口外撇，平折沿，尖唇，腹内弧。口领部轮制修整。腹部饰云雷纹，底部饰篮纹。口径12.2、残高11.2厘米。（图一一K，7）

2）泥质红陶　2件。

2000YJH10：2，修复。斜沿，斜腹。口沿部尚见轮制痕迹。腹部饰云雷纹，底部饰篮纹。口径11.7、高7.0厘米。（图一一K，5；彩版二〇，5）

2000YJH10：43，修复。口外撇，平折宽沿，尖唇，腹内弧。口沿部轮制修整。腹、底部饰篮纹为主，间或加拍少许云雷纹。沿上有刻符。口径12.6、高8.8厘米。（图一一K，6；刻符图片27；彩版二〇，6）

刻符图片27 2000YJH10：43 盔形钵

3）夹砂灰陶　2件。

2000YJH10：114，修复。斜折沿，斜直腹。唇面轮制二道凹弦纹，腹、底内有拍印垫窝，腹部饰云雷纹，底部饰篮纹。领、腹部黏附窑渣。口径10.2、高7.6厘米。（图一一K，8；彩版二一，1）

2000YJH10：116，修复。口外撇，平折沿，圆唇，腹内弧。唇面轮制两道凹弦纹，腹、底内壁有拍印垫窝，腹、底部通饰篮纹。口径10.8、高8.1厘米。（图一一K，9；彩版二一，2）

（14）**带把钵**　2件。外底有旋削痕迹。素面。

1）灰硬陶　1件。

2000YJH10：63，修复。微敛口，圆唇，唇部对距附二把手，矮把，把体向上、尖顶，斜腹，平底。器壁尚见轮制痕迹。器物烧制时腹部粘连残片及窑渣，内腹变形产生鼓泡。内沿下有刻符。口径6.6、底径5.0、通高4.1厘米。（图一一L，2；刻符图片28；彩版二一，3）

2）夹砂灰陶　1件。

2000YJH10：42，修复。侈口，尖圆唇，唇部附一把手，把面呈三角形、直立外翻，直腹微斜，平底。器壁内外均见轮制弦纹。口径11.4、底径6.3、通高7.5厘米。（图一一L，1；彩版二一，4）

刻符图片28　2000YJH10：63带把钵

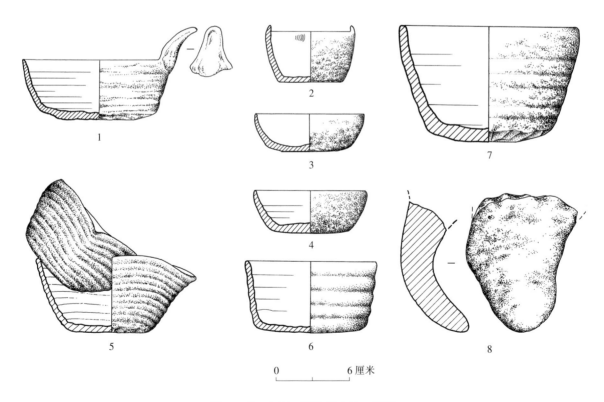

0　　　　　　6厘米

图一一L　A区·H10出土钵、把手

1. 带把钵 2000YJH10：42　2. 带把钵 2000YJH10：63　3. 平底钵 2000YJH10：70　4. 平底钵 2000YJH10：22　5. 平底钵 2000YJH10：62　6. 平底钵 2000YJH10：39　7. 平底钵 2000YJH10：64　8. 把手 2000YJH10：99

（15）**平底钵**　5件。素面。平底。

1）灰硬陶　3件。

2000YJH10：70，修复。敛口。圆唇，浅腹。器壁内外尚见轮旋痕迹。口径9.0、高3.0厘米。（图一一L，3；彩版二二，1）

2000YJH10：22，修复。微侈口，尖圆唇，斜腹。器内壁见一组轮旋纹，外底有旋削痕迹，器物烧制变形。口径9.3、底径6.2、高3.4厘米。（图一一L，4；彩版二二，2）

2000YJH10：62，修复。两器相套叠烧，产生粘连变形。敛口，圆唇。器壁内外有轮旋纹，外底有旋修痕迹。上器内沿下有刻符。下器口径13.2、高6.1厘米。（图一一L，5；刻符图片29；彩版二二，3）

刻符图片29　2000YJH10：62 平底钵

2）泥质红硬陶　1件。

2000YJH10：64，修复。微侈口，尖圆唇，斜腹。器壁内外均有轮制痕迹。口径14.6、底径9.4、高9.3厘米。（图一一L，7；彩版二二，4）

3）夹砂红陶　1件。

2000YJH10：39，修复。直口，尖圆唇，直腹。器壁内外有轮旋纹，外底有旋削痕迹。口径10.8、底径8.4、高5.8厘米。（图一一L，6；彩版二二，6）

（16）**豆**　2件。素面。

1）灰硬陶　1件。

2000YJH10：60，豆盘残。弧腹，底近平，喇叭形柄较高，柄部下端外撇。内底轮制一组螺旋纹，豆柄有旋削痕迹。底径8.8、柄高4.0、残高5.4厘米。（图一一M，1）

2）泥质红陶　1件。

2000YJH10：46，仅存残底座。圆柱形豆把，高把节状，底座下部较平。把面有轮制痕迹。残高6.2厘米。（图一一M，2）

（17）**鬶**　1件。泥质红陶。

2000YJH10：41，修复。敞口，口部饰一凹形流口，深腹微鼓，底承三空心矮袋足。领腹间饰一宽幅把手，把体上部弯曲，下部斜平。口领部轮制修整，腹内有垫窝，三足为手制拼接。腹部饰篮纹，余素。口径18.5~20、通高25.0厘米。（图一一M，4；彩版二二，5）

（18）**壶**　2件。无流。高领，鼓肩，口领部见轮制痕迹。

1）灰硬陶　1件。

2000YJH10：6，口残。直斜腹，凹底。肩部附一舌形鋬手，斜立内弯。腹底内有垫窝，鋬手为捏制拼接。肩部饰云雷纹，腹、底部饰篮纹。颈径8.2、腹径11.4、残高10.6厘米。（图一一M，3）

2）夹砂灰陶　1件。

2000YJH10：10，残。侈口，圆唇。肩内有垫窝。肩部饰篮纹。口径11.5、残高10.0厘米。（图一一M，5）

（19）**背壶**　1件。灰硬陶。

2000YJH10：3，残口沿。直口微敛，圆领，鼓肩。肩中部等距附四半环形系，两系残。口领部见轮制痕迹，肩内有垫窝，系为捏制按压拼接。肩部饰云雷纹。口径11.6、残高9.6厘米。（图一一M，7）

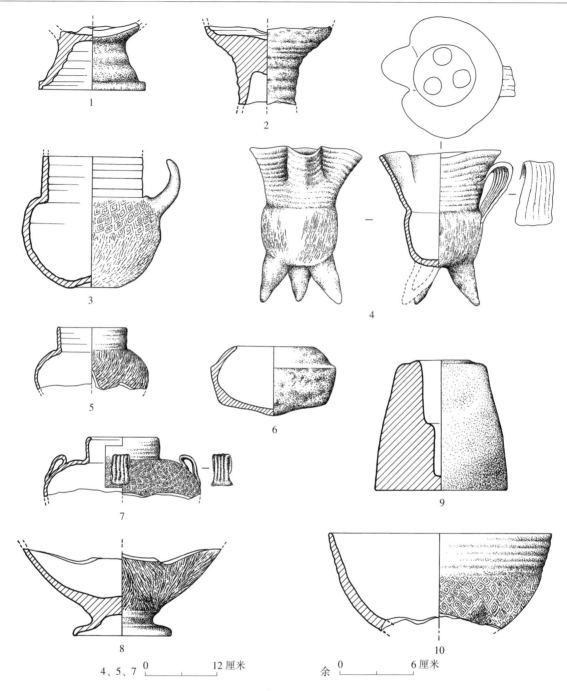

4、5、7 0 —————— 12 厘米

余 0 ——— 6 厘米

图——M A区·H10 出土豆、壶、斝、盂、尊、插座

1. 豆 2000YJH10:60 2. 豆 2000YJH10:46 3. 壶 2000YJH10:6 4. 斝 2000YJH10:41 5. 壶 2000YJH10:10 6. 盂
2000YJH10:1 7. 背壶 2000YJH10:3 8. 尊 2000YJH10:44 9. 插座 2000YJH10:12 10. 尊 2000YJH10:92

（20）**盂** 1件。泥质红陶。

2000YJH10:1，修复。敛口，圆唇，折肩，浅垂腹，平底。轮制修整，外底有旋削痕迹。素面。口径6.7、高5.6厘米。（图一一 M，6；彩版二一，5）

（21）**尊** 2件。腹微弧。腹内有垫窝。

1）灰硬陶 1件。

2000YJH10:44，口残。圈足外张。圈足见轮制痕迹，外底旋削而成。腹部饰篮纹。足径8.0、残高6.6厘米。（图一一 M，8）

2）泥质红陶 1件。

2000YJH10：92，足残。敞口。尖圆唇。口、领部尚见轮制痕迹。腹部饰云雷纹。口径18.3、残高7.6厘米。（图一一M，10）

（22）插座 1件。泥质红陶。

2000YJH10：12，修复。圆锥形柱体，圆口，中空近底，平底，腹壁较厚，有裂痕。腹、底部有手捺及刮削痕迹。素面。口径4.3、底径10.8、高10.6、插孔深9.3厘米。（图一一M，9；彩版二一，6）

（23）把手 1件。夹砂红陶。

2000YJH10：99，残。面呈三角形，中部弧卷。素面。残高11.0厘米。（图一一L，8）

二 H37

H37位于T6137东南部，部分压在田埂下，因属灌溉区，此部分未清理。开口于1层下，打破生土。因未全面揭露，平面形状不明。开口距地表0.25米，最大径1.25米，深0.48米。揭露部分剖面呈刀形，西壁向东部斜收至未发掘东壁底端，未见特殊加工迹象。坑内堆积灰褐色土，土质疏松，包含炭粒、红烧土块、碎陶片。以灰硬陶为主，纹饰多见篮纹、云雷纹，可辨器形为罐、钵等。（图一二）

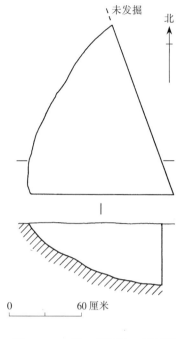

图一二 A区·H37平、剖面图

第四节 房 址

F2

位于T5938西部，被H10打破，仅见三个柱洞，往北延伸至T5939（水田区未发掘），往西则为机耕道（不便清理），发现的三个柱洞中，其中两个紧密连在一起，直径0.26～0.28米，应是起相互支撑的作用，另外一个柱洞直径0.35、深0.30米。从仅见的三个柱洞分析，该房子规模应比F1大，房内包含物少见。（图一三）

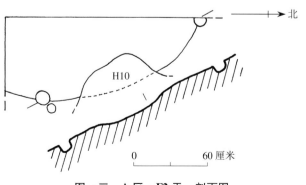

图一三 A区·F2平、剖面图

第三章　B 区文化遗存

B 区位于下板栗山，现为旱地，是目前角山窑址核心区的最高点。据现在的地势推测，其开辟为旱地前地势也应该较高，应属于岗阜、丘陵地形。该区主要为 2000、2007 年发掘的圆窑区，包括 T0543～T0545，T0643～T0645，T0743～T0745 以及 T13～T16 四条探沟（参见图四）。该区域发现圆窑、马蹄窑、房子等重要遗迹，应是一处延续时间较长的制陶区。（图一四）

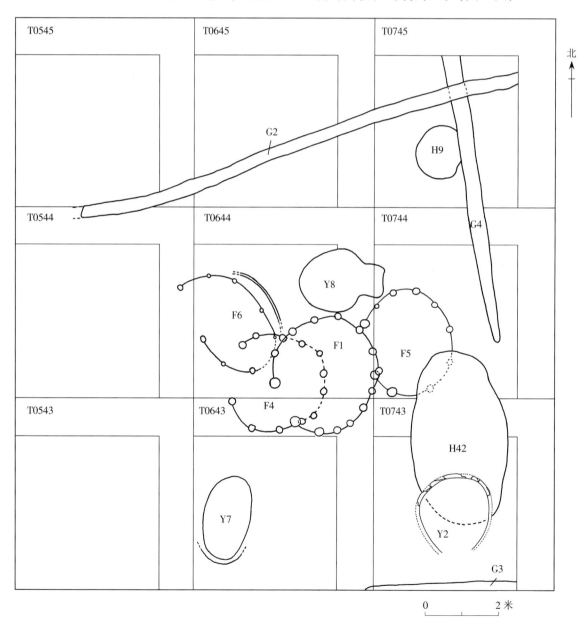

图一四　B 区探方及遗迹分布图

第一节　地层堆积及其出土遗物

一　地层堆积

该区域位于角山窑址核心分布区的最高点，是一块旱地，地势较高，地层堆积也如A区一样，在开荒造田过程中形成很厚的二次堆积。发掘过程中根据土质土色的变化曾经划分为多层。现以该区所有探方的四壁剖面图为依据，简要介绍其地层堆积。（图一五A、B；图一六）

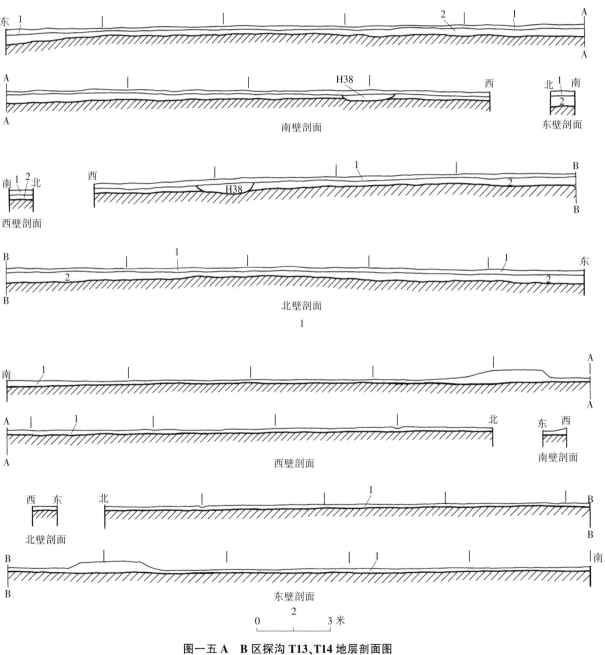

图一五A　B区探沟 T13、T14 地层剖面图

1. T13　2. T14

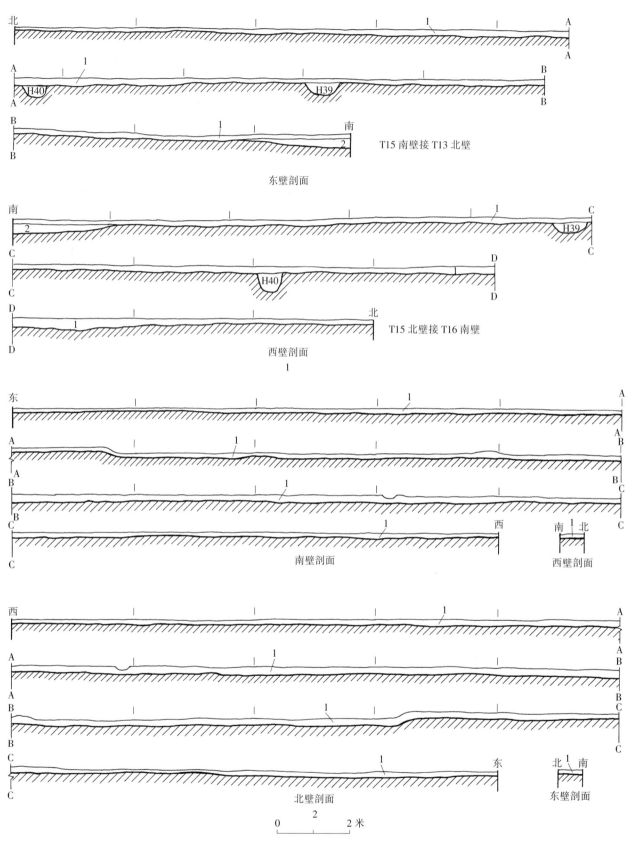

东壁剖面

T15 南壁接 T13 北壁

西壁剖面

T15 北壁接 T16 南壁

南壁剖面

西壁剖面

北壁剖面

东壁剖面

0　　　2　　　2 米

图一五 B　B 区探沟 T15、T16 地层剖面图
1. T15　2. T16

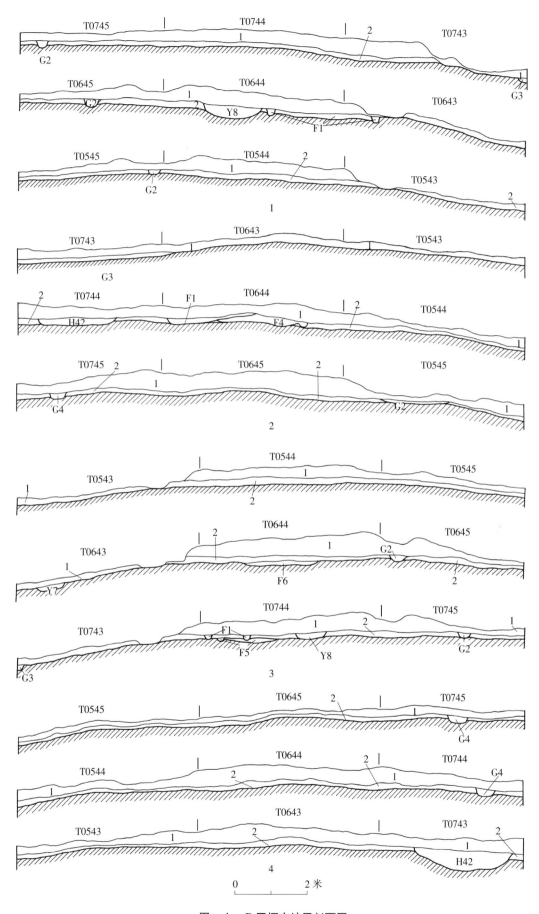

0   2米

图一六　B区探方地层剖面图

1. 东壁　2. 南壁　3. 西壁　4. 北壁

第1层　耕土层。灰黄色土，土质细软，多为沙质，较疏松。厚0.10~1.15米。出土遗物以陶片为主，有罐、釜、瓮、三足盘等，还见有少量陶拍、陶网坠等，伴出近现代遗物。1层下开口的商代遗迹单位有H38、H39、H40、Y7、Y8、G2、G3、G4、F1、F4等。

第2层　商代文化层。灰褐色土，土质较紧密。厚0~0.20米。分布于T0644、T0645、T0744、T0745等探方，出土遗物以陶片为主，有罐、三足盘等，2层下开口的遗迹单位有F5、F6。

第3层　仅在T0644有一小薄层分布。出土有残碎陶片。

第4层　仅在T0644和T0744有零星分布。出土有残碎陶片。

二　小件遗物

1. 2000YJT0543①出土小件遗物

釜　1件。夹砂灰陶。

2000YJT0543①：1，修复。侈口，斜折沿，尖圆唇，矮领，垂腹，凹底。口、领部轮制修整，腹、底内有陶垫按压印迹。腹部饰云雷纹，底部饰篮纹。内沿上有刻符。口径20.6、腹径24.5、高18.8厘米。（图一七，1；刻符图片30；彩版二三，1）

2. 2007YJT0544①出土小件遗物

（1）直腹罐　1件。夹砂灰陶。

2007YJT0544①：2，修复。直口，平折沿，方唇，无领，鼓腹，圜底。口沿部轮制修整，腹、底部内见陶垫按压印迹。腹底部通饰篮纹。口径14.6、腹径14.2、高9.9厘米。（图一七，2；彩版二三，2）

（2）支座　1件。夹砂红陶。

2007YJT0544①：3，支撑点残。捉手为方柱形，顶面近圆。手工制作。素面。通高18.0厘米。（图一七，4）

（3）平底钵　1件。夹砂灰陶。

2007YJT0544①：1，修复。敛口，圆唇，浅弧腹，平底。内腹、底轮制一组弦纹，外底见旋修痕迹。素面。内沿下有刻符。口径10.2、底径6.0、通高4.4厘米。（图一七，3；刻符图片31；彩版二三，3）

3. 2000YJT0643①出土小件遗物

（1）支座　1件。夹砂红陶。

2000YJT0643①：3，捉手残。椭圆形柱体，中部分叉，外伸一个三角形支撑点，底部斜平。手工制作。素面。底径9.3、残高12.6厘米。（图一七，7）

（2）三足盘　1件。夹砂灰陶。

2000YJT0643①：1，三足残。敞口，斜沿，尖唇，斜腹浅，平底。内壁轮制一组凹弦纹，外壁修抹。内沿下有刻符。素面。口径12.2、残高4.2厘米。（图一七，5；刻符图片32）

（3）平底钵　1件。灰硬陶。

2000YJT0643①：2，残。敛口，尖唇，深腹。内壁存轮制凹弦

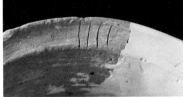

刻符图片30　2000YJT0543①：1 釜

刻符图片31　2007YJT0544①：1
平底钵

刻符图片32　2000YJT0643①：1
三足盘

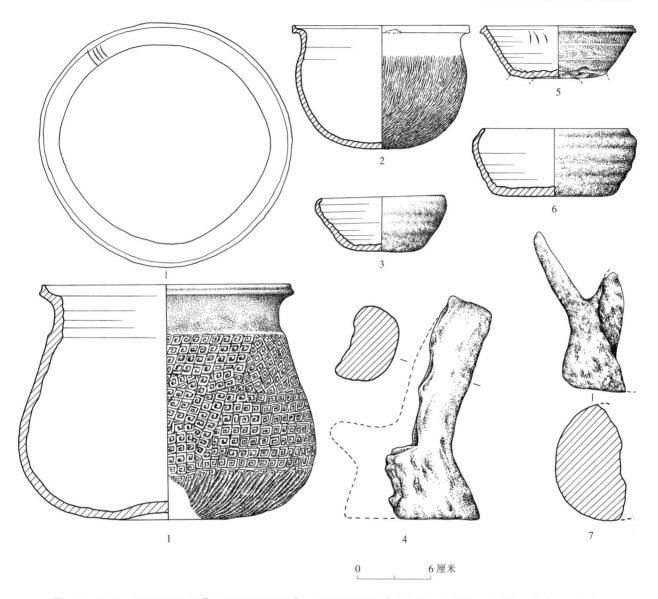

0　　　　　　6厘米

图一七　B区·2000YJT0543①、2007YJT0544①、2000YJT0643①出土釜、直腹罐、平底钵、支座、三足盘

1. 釜 2000YJT0543①:1　2. 直腹罐 2007YJT0544①:2　3. 平底钵 2007YJT0544①:1　4. 支座 2007YJT0544①:3　5. 三足盘 2000YJT0643①:1　6. 平底钵 2000YJT0643①:2　7. 支座 2000YJT0643①:3

纹。素面。口径 12.4、高 5.4 厘米。（图一七，6）

4. 2000YJT0644①出土小件遗物

（1）**甑形器**　1件。夹砂灰陶。

2000YJT0644①:1，修复。上为甑体，敞口，尖唇，斜折沿，斜腹，底内翘折为箅托，下与釜体相连；釜鼓肩，浅斜腹，凹底。甑壁内外均见轮压凹弦纹，釜内有垫窝。甑面素，釜面通饰篮纹。口径 20.0、腰径 14.6、通高 19.4 厘米。（图一八 A，1；彩版二三，4）

（2）**支座**　1件。夹砂红陶。

2000YJT0644①:6，残。近圆锥体，体裂残。器面有按压痕迹。素面。高 16.2 厘米。（图一八 A，9）

（3）**直腹罐**　1件。泥质红陶。

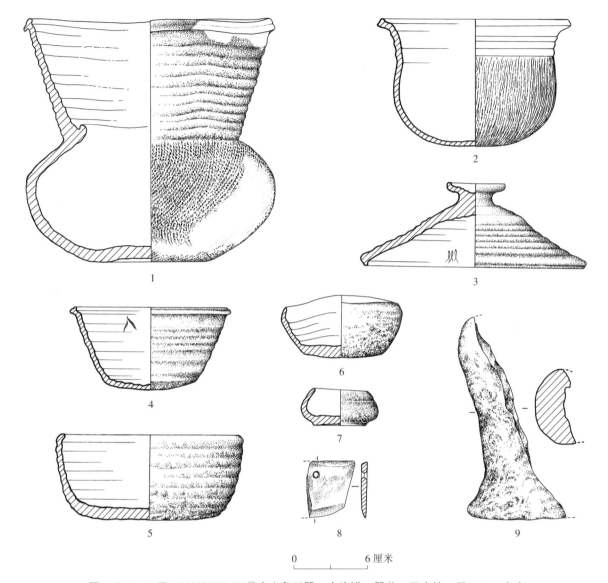

0　　　　　　6厘米

图一八 A　B 区·2000YJT0644①出土甂形器、直腹罐、器盖、平底钵、盂、刀、支座

1. 甂形器 2000YJT0644①：1　2. 直腹罐 2000YJT0644①：8　3. 器盖 2000YJT0644①：3　4. 平底钵 2000YJT0644①：7　5. 平底钵
2000YJT0644①：9　6. 平底钵 2000YJT0644①：4　7. 盂 2000YJT0644①：2　8. 刀 2000YJT0644①：5　9. 支座 2000YJT0644①：6

　　2000YJT0644①：8，修复。侈口，斜折沿，圆唇，无领，圜底。口沿部轮制修整，腹、底内有拍印垫窝。通体面饰篮纹。口径 15.4、腹径 13.2、高 10.3 厘米。（图一八 A，2；彩版二三，5）

　　（4）器盖　1 件。泥质灰陶。

　　2000YJT0644①：3，修复。侈口，浅弧腹，盖面曲弧隆起，端缘内敛。圈足纽。器内底轮制一组弦纹。素面。内沿下有刻符。口径 18.5、纽径 4.8、通高 6.8 厘米。（图一八 A，3；刻符图片33；彩版二三，6）

　　（5）平底钵　3 件。素面。

　　1）泥质红陶　1 件。

　　2000YJT0644①：4，修复。微敛口，尖唇内折，浅弧腹，平

刻符图片 33　2000YJT0644①：3 器盖

底。内腹有一组轮旋纹。外沿下有刻符。器物略有变形。口径9.3、底径6.3、高5.0厘米。（图一八 A，6；刻符图片34；彩版二四，1）

2）夹砂灰陶　1件。

2000YJT0644①：7，修复。敞口，斜沿，尖唇内敛，深斜腹内收，圜底。器内外均见轮制弦纹，器底有削修痕迹。内沿下有粗线刻符。口径12.7、高6.8厘米。（图一八 A，4；刻符图片35；彩版二四，2）

刻符图片34　2000YJT0644①：4
平底钵

3）夹砂红陶　1件。

2000YJT0644①：9，修复。敛口，圆唇，深弧腹，平底。外壁有一组轮制凸弦纹。口径14.7、底径8.0、高6.8厘米。（图一八 A，5；彩版二四，3）

（6）盂　1件。夹砂灰陶。

2000YJT0644①：2，修复。敛口，圆唇，浅垂腹，平底。器壁有轮制痕，外底见旋修痕迹。素面。口径4.4、底径4.2、高2.9厘米。（图一八 A，7；彩版二四，4）

刻符图片35　2000YJT0644①：7
平底钵

（7）刀　1件。泥质红陶。

2000YJT0644①：5，残。马鞍形，近平脊，一端明显内斜，器中部近脊处有一圆形穿孔，单面弧刃。手工制作。素面。残长3.8、宽4.6、厚0.5厘米。（图一八 A，8）

5. 2007YJT0644①出土小件遗物

（1）甗形器　1件。

2007YJT0644①：4，残。仅存甑体残片，中部略弧折。上部为夹砂红陶，胎呈浅红色，胎质粗糙，夹砂颗粒大小不均；下部为夹砂黄陶，胎呈浅黄色，胎质较红陶紧密，夹细砂少许，分布较均匀。内有轮制压弦纹。素面。残高9.3厘米。（图一八 B，1）

（2）缸　4件。均为夹砂红陶。直口。多有轮制痕迹。

2007YJT0644①：8，底残。方唇，斜腹。腹部有轮制痕迹。口沿下贴饰一周条形附加堆纹，口外壁有滚压竖条纹，腹部饰横篮纹。口径26.0、残高18.5厘米。（图一八 B，2）

2007YJT0644①：11，足以上残，仅存饼形圈足。有轮制痕迹。底径11.8、残高3.6厘米。（图一八 B，3）

2007YJT0644①：9，腹部以下残。平折沿，沿面起凹槽，直腹。器面有轮制痕迹。沿下贴饰一周方形附加堆纹，沿下及腹部饰横篮纹。口径32.0、残高8.6厘米。（图一八 B，4）

2007YJT0644①：10，腹部以下残。平折宽沿，圆唇，直腹。口、颈部轮制修整。颈肩交接处贴饰一周方形附加堆纹。口径38.5、残高9.5厘米。（图一八 B，5）

（3）平底钵　4件。多有轮制痕迹。

1）泥质灰陶　1件。

2007YJT0644①：6，底残。敛口，圆唇，斜直腹，口沿外附一錾手，錾面呈舌形，横立、下翻。轮制修整。口径10.1、残高3.0厘米。（图一八 B，6）

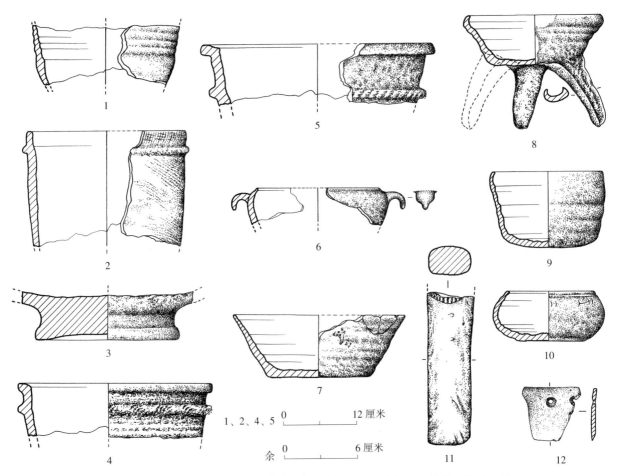

图一八 B　B区·2007YJT0644①出土甗形器、缸、平底钵、三足盘、陶拍、刀

1. 甗形器 2007YJT0644①：4　2. 缸 2007YJT0644①：8　3. 缸 2007YJT0644①：11　4. 缸 2007YJT0644①：9　5. 缸 2007YJT0644①：10
6. 平底钵 2007YJT0644①：6　7. 平底钵 2007YJT0644①：2　8. 三足盘 2007YJT0644①：12　9. 平底钵 2007YJT0644①：7　10. 平底钵
2007YJT0644①：1　11. 陶拍 2007YJT0644①：3　12. 刀 2007YJT0644①：5

　　2）泥质红陶　1件。

　　2007YJT0644①：2，口残。微侈口，尖唇，斜腹，平底。内外壁有轮制痕迹，外底见旋削痕。素面。口径14.2、高5厘米（图一八 B，7）

　　3）夹砂灰陶　2件。

　　2007YJT0644①：7，修复。直口微侈，圆唇，深直腹，平底。轮制，内外壁见轮制痕迹。素面。外底部有刻符。口径9.0、底径4.4、高6.1厘米。（图一八 B，9；刻符图片36；彩版二四，5）

　　2007YJT0644①：1，修复。敛口，尖唇，浅鼓腹，圜底。内壁有轮制痕迹，口沿外有两道凹弦纹。素面。外腹有刻符。口径7.0、底径5.4、高4.0厘米。（图一八 B，10；刻符图片37；彩版二四，6）

　　（4）三足盘　1件。夹砂灰陶。

　　2007YJT0644①：12，修复。盘敞口，斜沿，尖唇微敛，浅斜

刻符图片36　2007YJT0644①：7
平底钵

刻符图片37　2007YJT0644①：1
平底钵

腹，平底，下承三足。足呈长三角形，凹面。内腹有轮制痕迹，足为手工捏制拼接。素面。口径10.8、通高9.2厘米。（图一八B，8；彩版二四，7）

（5）**刀**　1件。夹砂红陶。

2007YJT0644①：5，残。马鞍形，平脊，一端明显内弧。器中部近脊处有两圆形穿孔，单面斜刃。素面。残长4.8、宽4.2、厚0.35厘米。（图一八B，12）

（6）**陶拍**　1件。灰硬陶。

2007YJT0644①：3，扁平状拍面，残，存把手，体为长方形，一面稍圆。面有刮削痕迹。素面。残长12.3、宽3.8、厚2.3厘米。（图一八B，11）

6. 2000YJT0645①出土小件遗物

（1）**支座**　1件。夹砂红陶。

2000YJT0645①：8，圆柱体，裂残。中部分叉，外伸一个近三角形支撑点，底斜平。表面凹凸不平。素面。底径11.0、残高14.0厘米。（图一九A，2）

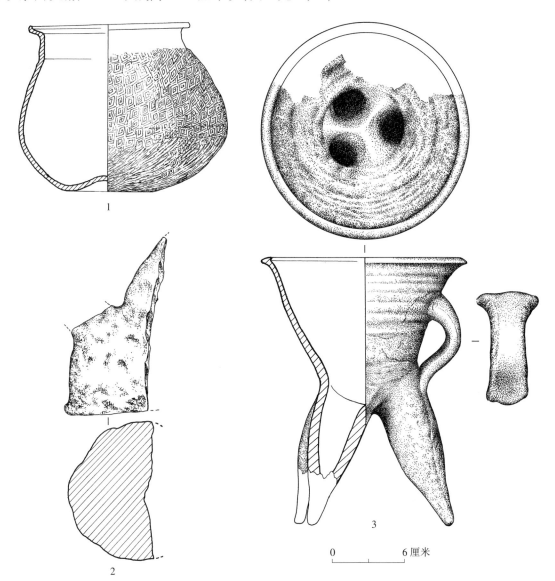

0　　　　　　6厘米

图一九A　B区·2000YJT0645①出土垂腹罐、支座、鬶

1. 垂腹罐 2000YJT0645①：6　2. 支座 2000YJT0645①：8　3. 鬶 2000YJT0645①：5

（2）**垂腹罐**　1件。夹砂灰陶。

2000YJT0645①：6，修复。直口，斜折沿，尖唇，矮领，溜肩，垂腹，凹底。口领部轮制修整，肩至底内有陶垫按压印迹。肩、腹部饰云雷纹，底部饰篮纹。口沿上有刻符。器有裂痕。口径13.2、底径7.4、高13.4厘米。（图一九A，1；刻符图片38；彩版二五，1）

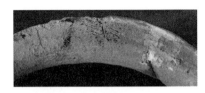

刻符图片 38　2000YJT0645①：6
垂腹罐

（3）**器盖**　1件。夹砂灰陶。

2000YJT0645①：15，纽残。盖面斜直，盖顶缘附宽扁半环形纽。器内外轮制凹弦纹，纽为手工贴接成型。素面。口径13.8、残高6.8厘米。（图一九B，1）

刻符图片 39　2000YJT0645①：11
三足盘

（4）**三足盘**　1件。泥质灰陶。

2000YJT0645①：11，三足残。钵形盘，敞口，圆唇，腹较直，平底。内壁尚见轮制痕迹。素面。内沿下有刻符。口径9.3、残高4.6厘米。（图一九B，2；刻符图片39）

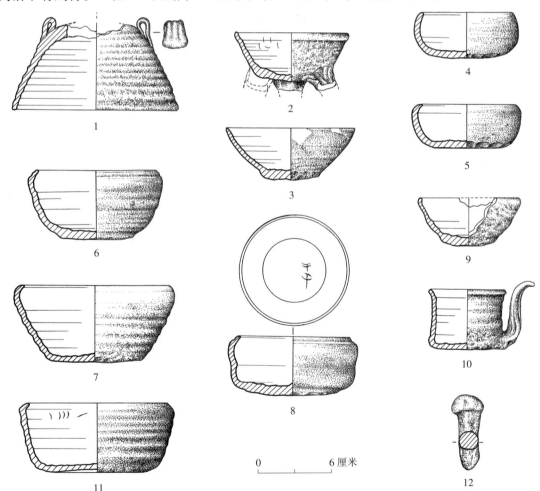

图一九B　B区·2000YJT0645①出土器盖、三足盘、平底钵、盅、陶垫

1. 器盖 2000YJT0645①：15　2. 三足盘　2000YJT0645①：11　3. 平底钵 2000YJT0645①：7　4. 平底钵 2000YJT0645①：10　5. 平底钵 2000YJT0645①：2　6. 平底钵 2000YJT0645①：12　7. 平底钵 2000YJT0645①：1　8. 平底钵 2000YJT0645①：4　9. 平底钵 2000YJT0645①：14　10. 盅 2000YJT0645①：13　11. 平底钵 2000YJT0645①：3　12. 陶垫 2000YJT0645①：9

（5）**平底钵**　8件。素面。器内外壁多见轮制痕迹。

1）泥质灰陶　2件。

2000YJT0645①：7，修复。微侈口，尖唇，深斜腹，平底下凹。内底轮制一组弦纹，外底凹凸不平。内沿下有浅刻符。口径10.5、底径4.8、高4.2厘米。（图一九B，3；刻符图片40；彩版二六，1）

刻符图片40　2000YJT0645①：7
平底钵

2000YJT0645①：10，修复。敛口，圆唇，浅圆腹，圜底。轮制修整。口径7.3、底径3.0、高3.7厘米。（图一九B，4；彩版二六，2）

2）泥质红陶　1件。

2000YJT0645①：12，修复。敛口，尖圆唇，深斜腹，平底。壁内外有轮制痕，沿面下轮制一道凹弦纹。口径9.8、底径5.8、高5.6厘米。（图一九B，6；彩版二六，4）

刻符图片41　2000YJT0645①：2
平底钵

3）夹砂灰陶　4件。

2000YJT0645①：1，修复。敛口，尖圆唇，深斜腹，平底。慢轮制作，器壁内外均见轮制痕迹，器物稍有变形。口径12.2、底径7.4、高6.2厘米。（图一九B，7；彩版二六，5）

2000YJT0645①：2，完整。敛口，圆唇，浅弧腹，平底。轮制修整，腹部有刻符。口径7.6、底径5.2、高3.5厘米。（图一九B，5；刻符图片41；彩版二六，3）

刻符图片42　2000YJT0645①：4
平底钵

2000YJT0645①：4，修复。敛口，尖圆唇，浅弧腹，平底。沿面及内腹均见轮制痕迹。内底有粗线刻符。口径9.0、底径6.0、通高4.8厘米。（图一九B，8；刻符图片42；彩版二六，6）

2000YJT0645①：14，口残。微敛口，圆唇，浅弧腹，平底下凹。内底尚见轮制痕迹。口径8.1、底径4.3、残高3.9厘米。（图一九B，9）

4）夹砂红陶　1件。

2000YJT0645①：3，修复。敛口，尖圆唇，深腹近直，平底。外壁及内底见一组轮旋纹。内沿下有刻符。口径10.6、底径8.0、通高5.6厘米。（图一九B，11；刻符图片43；彩版二六，7）

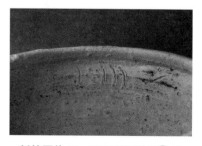

刻符图片43　2000YJT0645①：3
平底钵

（6）**鬶**　1件。泥质红陶。

2000YJT0645①：5，修复。侈口，平沿，深斜腹，束腰，下连三空心高袋足。腹、底间附一宽面拱形把手。腹部轮制两道凹弦纹，把手及袋足为手工制作拼接。素面。口径17.2、通高21.4厘米。（图一九A，3；彩版二五，2）

（7）**盉**　1件。夹砂灰陶。

2000YJT0645①：13，修复。侈口，尖唇，垂腹，平底。底部附一錾手，錾面呈长舌形，斜立，顶部外翻。内见轮制痕迹，鋬手为手工捏制拼接。内沿下有刻符。素面。口径6.1、底径5.0、通高5.4厘米。（图一九B，10；刻符图片44；彩版二五，3）

（8）**陶垫**　1件。泥质红陶。

2000YJT0645①：9，完整。圆锥体，垫径较小，垫面隆起，把手凹凸不平。手工捏制，面有捺窝。素面。垫径2.7、长6.1厘米。（图一九B，12；彩版二五，4）

7. 2007YJT0645①出土小件遗物

（1）**釜**　1件。夹砂灰陶。

2007YJT0645①：7，腹部以下残。直口，平折宽沿，沿外卷，矮领，垂腹。口领部轮制，腹内有陶垫按压印迹。腹部饰云雷纹。口沿上有刻符。口径10.2、残高9.0厘米。（图一九C，1；刻符图片45）

（2）**三足盘**　2件。均为夹砂灰陶。

2007YJT0645①：1，修复。盘形，敞口，尖唇微敛，浅斜腹，平底，下承三足，足呈长三角

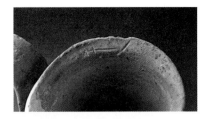

刻符图片44　2000YJT0645①：13 盉

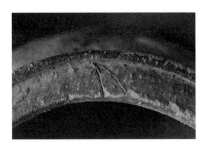

刻符图片45　2007YJT0645①：7 釜

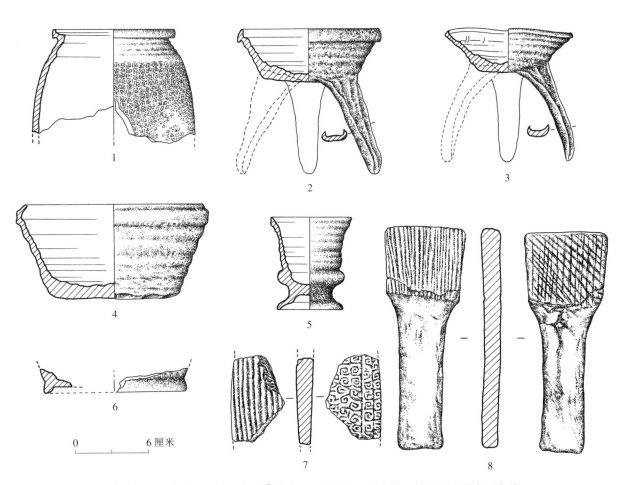

图一九C　B区·2007YJT0645①出土釜、三足盘、平底钵、觚形杯、器底、陶拍

1. 釜 2007YJT0645①：7　2. 三足盘 2007YJT0645①：1　3. 三足盘 2007YJT0645①：2　4. 平底钵 2007YJT0645①：3　5. 觚形杯 2007YJT0645①：4　6. 器底 2007YJT0645①：5　7. 陶拍 2007YJT0645①：6　8. 陶拍 2007YJT0645①：8

形，凹面。壁内见轮制痕迹，足为手工捏制拼接。素面。口径
11.6、通高11.6厘米。（图一九C，2；彩版二七，1）

2007YJT0645①：2，修复。盘形，敞口，尖唇内敛，浅斜腹，
平底，下承三足，足呈长三角形，凹面。盘身有轮制痕迹，足为
手工捏制拼接。素面。内沿下有刻符。口径10.6、通高10.7厘
米。（图一九C，3；刻符图片46；彩版二七，2）

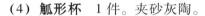

刻符图片46　2007YJT0645①：2
三足盘

（3）**平底钵**　1件。夹砂红陶。

2007YJT0645①：3，修复。敛口，尖圆唇，深弧腹，平底下
凹。器壁内外有轮压凹弦纹。素面。口径14.6、底径9.0、高7.6厘米。（图一九C，4；彩版
二七，3）

（4）**瓿形杯**　1件。夹砂灰陶。

2007YJT0645①：4，修复。侈口，尖唇，直腹，平底，下附浅喇叭状圈足。器壁内外均有轮制
痕迹。口径6.7、足径5.4、通高7.5厘米。（图一九C，5；彩版二七，4）

（5）**器底**　1件。夹砂红陶。

2007YJT0645①：5，残。黏附圈足。轮制修整。素面。底径11.8、残高1.8厘米。（图一九C，
6）

（6）**陶拍**　2件。

1）泥质灰陶　1件。

2007YJT0645①：6，仅存残拍面。扁平
状拍面，一面刻云雷纹，一面刻篮纹。残长
7.0、残宽4.5、厚1.4厘米。（图一九C，
7；图一九D，1）

2）夹砂灰陶　1件。

2007YJT0645①：8，修复。方形拍面，
一面刻方格纹，一面刻篮纹，长扁条形把
手，尾端方整。长17.8、宽6.7、厚1.5厘
米。（图一九C，8；图一九D，2；彩版
二七，5、6）

8.2000YJT0743①出土小件遗物

（1）**石锛**　1件。有段。

2000YJT0743①：3，残。黄白沉积岩质。
器呈梯形，上宽下窄，段在上部，凹顶，单
面弧刃，两侧稍平。残长5.0、宽3.0、厚
1.5厘米。（图二〇，3；彩版二八，1）

（2）**瓿形器**　1件。夹砂红陶。

2000YJT0743①：2，修复。上为甑体，
敞口，无沿，圆唇，斜腹，底内平折上翘
成箅托，下与釜体相连；釜鼓肩，斜腹内

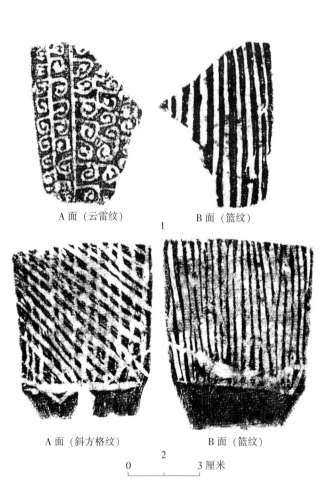

A面（云雷纹）　　1　　B面（篮纹）

A面（斜方格纹）　　　B面（篮纹）

0　　　2　　　3厘米

图一九D　B区·2007YJT0645①出土陶拍纹样拓片

1. 2007YJT0645①：6　2. 2007YJT0645①：8

收，凹底。甑体尚见轮制痕迹，釜内有垫窝。釜面通饰篮纹。口径30.0、腰径15.0、通高28.6厘米。（图二○，1；彩版二八，3）

（3）**三足盘**　1件。夹砂红陶。

2000YJT0743①：1，足残。钵形盘，敞口，斜沿，深腹较直，平底，三足残。唇面轮制两道凹弦纹，器壁轮修痕迹明显。内沿下和内腹中有刻符。素面。口径12.3、残高6.9厘米。（图二○，2；刻符图片47）

刻符图片47　2000YJT0743①：1
三足盘

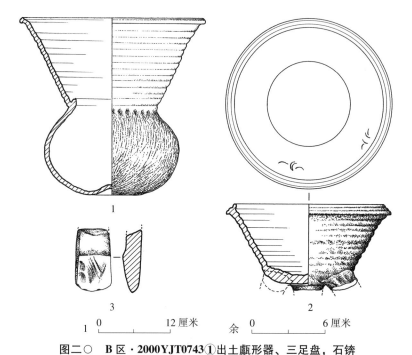

1　余　0　6厘米　12厘米

图二○　B区·2000YJT0743①出土甑形器、三足盘，石锛
1. 甑形器 2000YJT0743①：2　2. 三足盘 2000YJT0743①：1　3. 石锛 2000YJT0743①：3

9. 2000YJT0744①出土小件遗物

（1）**石镞**　1件。

2000YJT0744①：3，稍残。有铤。青灰色流纹石质。镞身呈长三角形，通体精磨，前锋稍残，两面有脊，两侧边对磨成薄刃，挺部两侧斜弧后收为扁尖顶。残长6.2、宽2.4、厚0.5厘米。（图二一A，11；彩版二八，2）

（2）**釜**　1件。夹砂灰陶。

2000YJT0744①：11，修复。侈口，斜折宽沿，尖圆唇，矮领，垂腹，圜底。领面轮制三道凹弦纹，腹、底内有陶垫按压印迹。通体面饰篮纹。内沿上有刻符。口径29.0、腹径28.5、通高21.6厘米。（图二一A，1；刻符图片48；彩版二八，4）

刻符图片48　2000YJT0744①：11 釜

（3）**支座**　1件。夹砂红陶。

2000YJT0744①：13，修复。下部近圆柱体，中部分叉，一个长舌形支撑点，捉手顶面呈圆形，

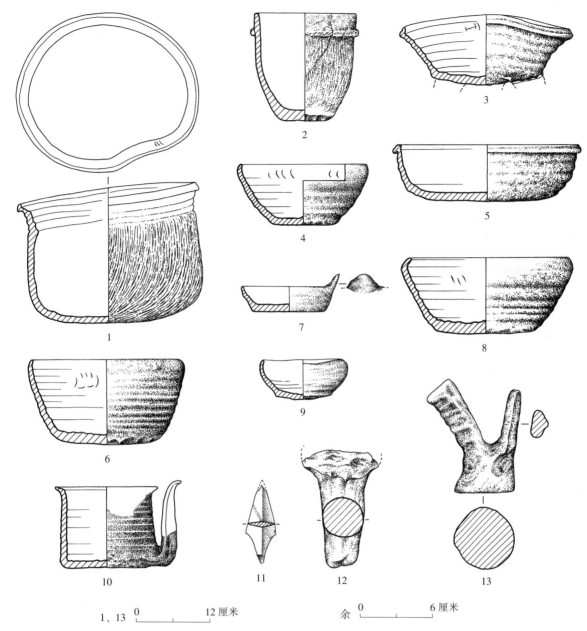

图二一A　B区·2000YJT0744①出土釜、缸、三足盘、平底钵、盏、盅、盂、陶垫、支座，石镞

1. 釜 2000YJT0744①: 11　2. 缸 2000YJT0744①: 5　3. 三足盘 2000YJT0744①: 10　4. 平底钵 2000YJT0744①: 8　5. 平底钵 2000YJT0744①: 2　6. 平底钵 2000YJT0744①: 6　7. 盏 2000YJT0744①: 12　8. 平底钵 2000YJT0744①: 7　9. 盂 2000YJT0744①: 4　10. 盅 2000YJT0744 ①: 9　11. 石镞 2000YJT0744①: 3　12. 陶垫 2000YJT0744①: 1　13. 支座 2000YJT0744①: 13

底斜平。手工制作，表面凹凸不平。素面。底径 10.0、通高 18.2 厘米。（图二一A，13；彩版二八，5）

（4）**缸**　1件。夹砂红陶。

2000YJT0744①: 5，修复。敞口，方唇，深腹较直，平底。手工制作，外见刮削痕迹。上腹部饰一周条形附加堆纹，腹部浅饰篮纹。口径 8.3、底径 3.6、高 8.6 厘米。（图二一A，2；彩版二九，1）

（5）**三足盘**　1件。泥质灰陶。

2000YJT0744①: 10，三足残。敞口，沿内折，浅斜腹，平底。器壁内外均见轮制痕迹。素面。

内沿下有刻符，器身略有变形。口径13.8、底径9.0、残高5.6厘米。（图二一A，3；刻符图片49）

（6）**平底钵**　4件。平底。多轮制修整。素面。

1）灰硬陶　1件。

2000YJT0744①：2，修复。敛口，圆唇微，浅弧腹。轮制修整。口径15.0、底径8.6、高4.6厘米。（图二一A，5；彩版二九，2）

2）夹砂灰陶　3件。

2000YJT0744①：6，修复。敞口，尖唇，深斜腹。器内外见一组轮制弦纹。内沿下有刻符。器物略有变形。口径12.2、底径7.0、高6.9厘米。（图二一A，6；刻符图片50；彩版二九，3）

2000YJT0744①：8，修复。微敛口，尖唇，深斜腹。轮制修整。内沿下有刻符。口径10.2、底径5.0、高4.9厘米。（图二一A，4；刻符图片51；彩版二九，4）

2000YJT0744①：7，完整。敛口，圆唇，深圆腹。内壁有轮制痕迹，外底削修不平。内腹近中部排列四组刻符。口径13.1、底径8.0、高6.1厘米。（图二一A，8；刻符图片52；彩版二九，5）

（7）**盏**　1件。泥质红陶。

2000YJT0744①：12，残。敞口，尖唇，浅腹，平底，口沿部饰一矮三角形錾手。表面粗糙疏松。素面。口径7.5、底径5.8、通高2.0厘米。（图二一A，7）

（8）**盅**　1件。夹砂灰陶。

2000YJT0744①：9，修复。侈口，平折宽沿，尖圆唇，垂腹，平底，底部附一錾手，面呈长舌形，直立、顶部外翻。器面轮制一组细弦纹，錾体手制后拼接成型。素面。口径8.4、底径6.5、高6.4厘米。（图二一A，10；刻符图片53；彩版二九，6）

（9）**盂**　1件。灰硬陶。

2000YJT0744①：4，修复。敛口，尖圆唇，浅垂腹，平底。内壁有轮制痕迹。素面。口径6.2、底径4.4、高3.2厘米。（图二一A，9；彩版二九，7）

（10）**陶垫**　1件。夹砂灰陶。

2000YJT0744①：1，残。蘑菇状，垫面残，圆锥形把手。手工捏制，面有捺窝。素面。残长9.4厘米。（图二一A，12）

10. 2007YJT0744①出土小件遗物

（1）**砺石**　1件。

2007YJT0744①：9，残。红岩石质。器呈长方形，一端斜平，一端残，两面稍平，一侧面有磨制加工痕迹。残长10.2、宽5.2、厚2.6厘米。（图二一B，1）

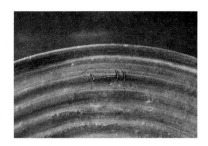

刻符图片49　2000YJT0744①：10
三足盘

刻符图片50　2000YJT0744①：6
平底钵

刻符图片51　2000YJT0744①：8
平底钵

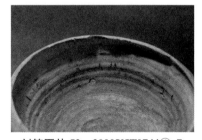

刻符图片52　2000YJT0744①：7
平底钵

刻符图片53　2000YJT0744①：9 盅

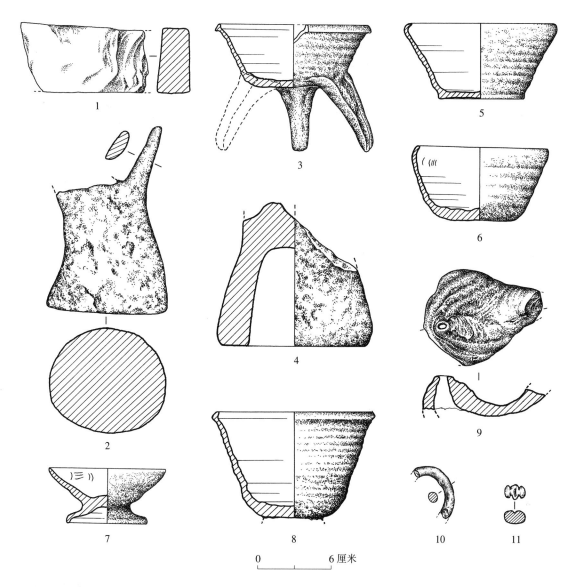

图二一 B B 区·2007YJT0744①出土砺石，支座、三足盘、平底钵、豆、尊、水注、环、网坠

1. 砺石 2007YJT0744①：9 2. 支座 2007YJT0744①：11 3. 三足盘 2007YJT0744①：10 4. 支座 2007YJT0744①：6 5. 平底钵 2007YJT0744①：1 6. 平底钵 007YJT0744①：4 7. 豆 2007YJT0744①：2 8. 尊 2007YJT0744①：3 9. 水注 2007YJT0744①：5 10. 环 2007YJT0744①：8 11. 网坠 2007YJT0744①：7

（2）**支座** 2 件。均为泥质红陶。

2007YJT0744①：11，残。近圆锥体，中部分叉，一个三角形支撑点，上部残。手工制作，面有捺痕。素面。底径 9.6、残高 15.2 厘米。（图二一 B，2）

2007YJT0744①：6，残。器呈圆锥体，内空，中上部均残。表面粗糙。素面。底径 12.0、残高 11.6 厘米。（图二一 B，4）

（3）**三足盘** 1 件。夹砂灰陶。

2007YJT0744①：10，修复。盘敞口，圆唇，斜腹，平底，下承三足，足呈长三角形、凹面。盘身轮制修整，足为手制拼接成型。素面。口径 12.4、通高 10.2 厘米。（图二一 B，3；彩版三〇，1）

（4）**平底钵** 2 件。圆唇，斜腹，平底。外壁有轮制痕迹。

1) 泥质红陶　1件。

2007YJT0744①:1，修复。侈口，浅腹，素面。口径12.0、底径7.0、高6.1厘米。（图二一B，5；彩版三〇，2）

2) 夹砂灰陶　1件。

2007YJT0744①:4，修复。敛口，浅腹。内壁亦有轮制痕迹。素面。内沿下有刻符。口径10.8、底径5.4、高5.8厘米。（图二一B，6；刻符图片54；彩版三〇，3）

刻符图片54　2007YJT0744①:4 平底钵

（5）**豆**　1件。夹砂灰陶。

2007YJT0744①:2，修复。敞口，圆唇，浅斜腹，浅喇叭状矮圈足。轮制修整。素面。内沿下有刻符。口径9.6、底径6.6、通高4.4厘米。（图二一B，7；刻符图片55；彩版三〇，4）

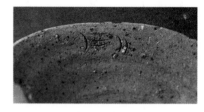

刻符图片55　2007YJT0744①:2 豆

（6）**尊**　1件。灰硬陶。

2007YJT0744①:3，足残。侈口，圆唇，小内折沿，斜腹较深，平底，圈足残。器壁内外有轮制痕迹。素面。口径12.8、残高8.6厘米。（图二一B，8）

（7）**水注**　1件。夹砂红陶。

2007YJT0744①:5，残剩流。面呈船形，两头翘起，一头为流口，内空。轮制器面。素面。残长9.6、残宽7.8厘米。（图二一B，9）

（8）**环**　1件。泥质灰陶。

2007YJT0744①:8，残。残器呈半环形，圆条状。手工拉捏制作。素面。残径1.0、环径4.8厘米。（图二一B，10）

（9）**网坠**　1件。泥质灰陶。圆柱体，刻槽。

2007YJT0744①:7，稍残。两端圆形，两面各横刻两道凹槽，中部加刻一道横凹槽。长1.7、宽1.0、厚0.9厘米。（图二一B，11；彩版三〇，5）

11. 2000YJT0745①出土小件遗物

（1）**直腹罐**　1件。灰硬陶。

2000YJT0745①:3，修复。直口略侈，平折沿外卷，无领，圜底。口沿轮制修整，腹、底内见陶垫按压印迹。腹部饰云雷纹，底部饰篮纹。口沿上有刻符。口径13.0、底径8.0、通高9.4厘米。（图二二，1；刻符图片56；彩版三一，1）

刻符图片56　2000YJT0745①:3 直腹罐

（2）**三足盘**　1件。灰硬陶。

2000YJT0745①:5，足残。盘敛口，尖唇，浅斜腹，平底，下附三足残。内底有轮制痕迹。素面。口径9.4、残高3.2厘米。（图二二，2）

（3）**盔形钵**　1件。夹砂灰陶。

2000YJT0745①:1，修复。侈口，口外撇，圆唇微内折，深腹内弧，圜底。口沿见轮制修整痕迹，腹、底内有陶垫按压印迹。通体面饰篮纹。口径11.3、通高9.7厘米。（图二二，3；彩版三一，2）

（4）**平底钵**　3件。平底。器壁内外轮制一组弦纹。素面。

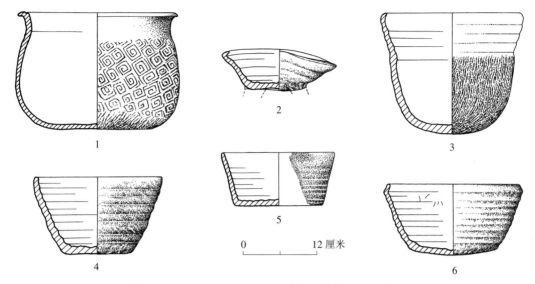

图二二　B区·2000YJT0745①出土直腹罐、三足盘、钵

1. 直腹罐 2000YJT0745①:3　　2. 三足盘　 2000YJT0745①:5　　3. 盉形钵 2000YJT0745①:1　　4. 平底钵
2000YJT0745①:6　　5. 平底钵 2000YJT0745①:4　　6. 平底钵 2000YJT0745①:2

1）夹砂灰陶　2件。

2000YJT0745①:6，修复。敛口，圆唇，深弧腹。器物略有变形。口径 10.4、底径 5.6、通高 6.1 厘米。（图二二，4；彩版三一，3）

2000YJT0745①:4，修复。直口，尖唇，直腹。口径 9.2、底径 7.1、通高 4.3 厘米。（图二二，5；彩版三一，4）

2）夹砂红陶　1件。

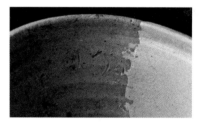

**刻符图片 57　2000YJT0745①:2
平底钵**

2000YJT0745①:2，修复。敛口，圆唇，深弧腹。内腹有刻符。口径 11.0、底径 7.3、通高 5.7 厘米。（图二二，6；刻符图片 57；彩版三一，5）

第二节　窑炉遗迹及其出土遗物

3 座，为 Y2、Y8、Y7，其中 Y2，Y8 为圆窑，Y7 为马蹄形窑。

一　圆窑 Y2

1. 遗迹

Y2 位于 T0743 中部偏南，开口于表土层下，打破 H42 及生土。Y2 距地表约 0.21 米，表土层系开荒造田时期形成，也即该窑。已经遭到严重破坏，仅残存窑底及残断窑壁。2000 年未清理到底，2007 年进行了补充发掘。平面形状呈圆形，直径约 1.76 米。窑膛、火膛分界不甚明显，窑门在南端，窑顶坍塌，烟囱不详。北部残存的窑壁高 0.16 米。窑壁和底部有明显的烧结痕迹和烧土块。窑内堆积为大量的红烧土块和陶器残片，可辨器形有甑形器、罐、釜等。（图二三 A）

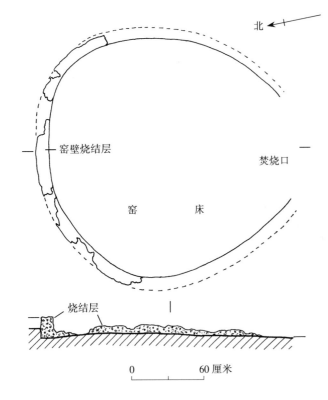

图二三 A　B 区·Y2 平、剖面图

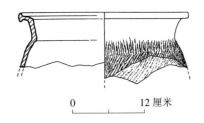

图二三 B　B 区·Y2 出土釜 2000YJY2：1

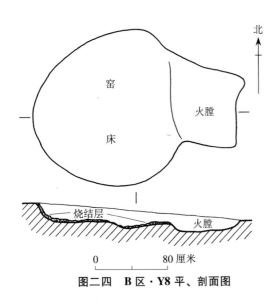

图二四　B 区·Y8 平、剖面图

2. 小件遗物

釜　1 件。夹砂红陶。

2000YJY2：1，肩部以下残。侈口，平折宽沿，尖圆唇，高领，垂腹。口领部轮制修整，腹内见陶垫按压印迹。腹部饰篮纹。口径 28.8、残高 11.0 厘米。（图二三 B）

二　圆窑 Y8

Y8 位于 T0644 东北部，大部分压在东隔梁下，火膛延伸至 T0744 西北部。2003 年未清理完毕，2007 年进行了补充发掘。开口于表土层下，打破 F1。窑膛平面形状呈圆形，直径 1.68 米。窑壁及窑底均有烧结现象，呈青灰色，厚约 0.03~0.08 米，窑顶坍塌，窑壁残高 0.20 米，近顶部有弧弯现象，未见烟道。窑内堆积为灰褐色土，土质疏松，伴出红烧土块，个别已经烧成青灰色。出土遗物多为陶片，可辨器形有三足盘、甑形器等。（图二四）

三　马蹄形窑 Y7

1. 遗迹

位于 T0643 南部偏西，开口于耕土层下，窑体基本破坏殆尽，仅残存窑底和依稀可辨的残断窑壁，坍塌的窑壁散落于窑体周围。该窑平面形状为马蹄形，最长径 2.16 米，宽径 1.20 米。窑壁砌建较宽，达 0.20 米，窑壁残高 0~0.20 米，南端窑壁残存较高，还见有两个烟道，为半倒焰马蹄形窑。窑内堆积为红烧土块及灰褐色土，土质致密。包含物有陶器残片，可辨器形有罐、钵、圆形陶片等。（图二五 A）

2. 小件遗物

（1）高领鼓肩罐　1 件。夹砂灰陶。

2007YJY7：4，肩部以下残。侈口，

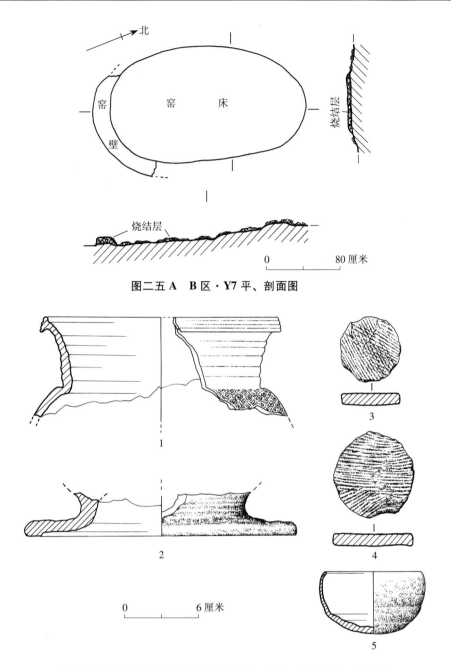

图二五 A　B 区·Y7 平、剖面图

图二五 B　B 区·Y7 出土高领鼓肩罐、器底、圆形陶片、平底钵
1. 高领鼓肩罐 2007YJY7∶4　2. 器底 2007YJY7∶3　3. 圆形陶片　2007YJY7∶2
4. 圆形陶片 2007YJY7∶1　5. 平底钵 2007YJY7∶5

斜沿，尖唇，斜腹，凹底。口领部见轮制痕迹，肩内有垫窝。肩部饰云雷纹。口径 19.4、残高 7.8 厘米。（图二五 B，1）

（2）**器底**　1 件。泥质灰陶。

2007YJY7∶3，足以上残。足呈喇叭状。足沿面有一道凹弦纹，轮制修整，器面轮制痕迹明显。素面。底径 22.6、残高 3.4 厘米。（图二五 B，2）

（3）**圆形陶片**　2 件。均为泥质灰陶。胎体厚薄不均。面饰篮纹。

2007YJY7∶2，残。由器物腹片二次改制而成。内面有垫压痕迹。圆径 5.1、厚 0.9 厘米。（图二五 B，3）

2007YJY7：1，残。由器物腹片二次改制而成。内面有垫压痕迹。圆径5.8、厚0.9厘米。（图二五B，4）

（4）平底钵　1件。夹砂灰陶。

2007YJY7：5，修复。敛口，尖唇内折，浅弧腹，圜底。器壁内外均有轮制痕迹，外底有旋削痕。素面。口径8.0、高5.0厘米。（图二五B，5；彩版三二，1）

第三节　作坊遗迹及其出土遗物

2个，H40、H9，均为陈腐池。

一　陈腐池H40

1. 遗迹

位于T15中部偏北，延伸出探沟部分未清理。开口于1层下，打破生土。平面呈长圆形，开口距地表0.12米，最长径2.16米，深1.10米。西壁开始外撇，至0.4米深处内凹略呈袋状，东壁分两段斜收，在中下部平折成一生土"台阶"，近平底。坑内堆积分3层：第1层，层厚0.28～0.34米，土色米黄，土质疏松，夹杂少量炭屑和陶片；第2层，层厚0.72～0.80米，土色灰黑，土质松软，包含炭屑、红烧土及部分残陶器；第3层，层厚0～0.08米，黄白色胶泥，分布于底部中央，泥质紧密，伴有少许残片。遗迹中陶片分夹砂灰陶、夹砂红陶，各占40.32%和59.68%，部分饰有云雷纹、篮纹，以篮纹及素面陶居多，分别占46.87%和40.31%。出土完整器纺轮，其他已复原及可辨器形有钵、釜、器盖、斝、罐、杯、盂、刀、陶拍、陶垫等。根据底层有胶泥沉积，上中层出土窑具、生活用具残器，推测H40原为陈腐池，较早废弃后成为垃圾坑。（图二六A；彩版三二，3）

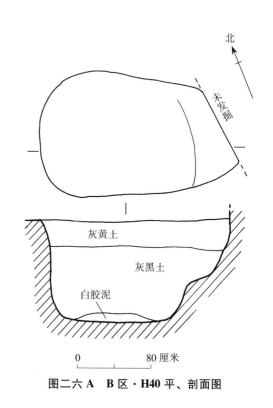

北

未发掘

灰黄土

灰黑土

白胶泥

0　　　　80厘米

图二六A　B区·H40平、剖面图

2. 小件遗物

（1）甑形器　1件。红硬陶。

2003YJH40：4，修复。上部甑体敞口，平折沿，斜直深腹，腹稍鼓，腹由两段连接而成，下束腰与釜体相连；釜鼓腹，圜凹底。口沿、甑壁尚见轮弦纹，釜腹及内底有陶垫按压痕迹。釜腹及底部饰篮纹。口径27.5、底径8.0、通高28.0厘米。（图二六B，1；彩版三三，1）

（2）斝　1件。红硬陶。

2003YJH40：9，修复。侈口，沿内折，尖唇，斜腹，腹较深，高袋足。腹、底间附一半环形把手，把上两侧各附一乳突，圆锥状空心袋足。器壁尚见轮旋修整痕迹，把手手制拼接。素面。口径14.0、底径7.2、通高18.0厘米。（图二六B，2；彩版三三，2）

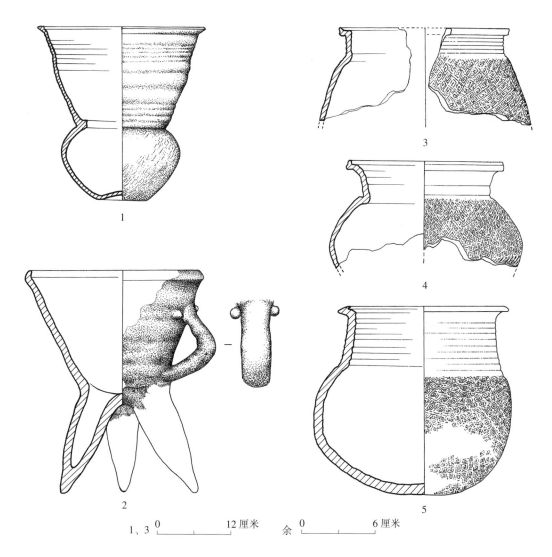

图二六 B　B区·H40 出土甗形器、斝、釜、罐

1. 甗形器 2003YJH40：4　2. 斝 2003YJH40：9　3. 釜 2003YJH40：2　4. 高领鼓肩罐 2003YJH40：13　5. 垂腹罐 2003YJH40：17

（3）**釜**　1件。灰硬陶。

2003YJH40：2，腹部以下残。直口微侈，平折宽沿，高领，垂腹。口、领部内外有轮制痕迹，腹内有陶垫按压痕迹。腹部饰云雷纹。口径28.4、残高15.6厘米。（图二六 B，3）

（4）**高领鼓肩罐**　1件。灰硬陶。

2003YJH40：13，底残。侈口，平折沿，尖唇，斜腹，凹底。口领部尚见轮旋纹，肩、腹内有陶垫按压痕迹。肩部饰云雷纹，腹部饰篮纹。口径12.8、残高8.3厘米。（图二六 B，4）

（5）**垂腹罐**　1件。夹砂灰陶。

2003YJH40：17，修复。侈口，平折沿，圆唇，矮领，溜肩，凹底。口领及肩部有轮制修整痕迹，腹、底内壁有垫窝。腹、底部饰云雷纹。口径13.2、底径5.6、通高15.2厘米。（图二六 B，5；彩版三四，1）

（6）**器盖**　1件。红硬陶。

2003YJH40：3，残。覆钵状，侈口，盖面曲弧隆起，盖沿外撇，平顶，纽残。器壁内外均见轮

制痕迹。素面。内沿下有刻符。口径20.8、残高6.0厘米。（图二六C，1；刻符图片58）

（7）**平底钵**　2件。均为灰硬陶。浅弧腹。腹内见轮旋痕迹。素面。

2003YJH40：5，修复。敛口，尖唇，圜底。口内亦有轮旋纹。内沿下有刻符。口径8.1、通高3.5厘米。（图二六C，3；刻符图片59；彩版三四，2）

2003YJH40：8，修复。直口微敛，方唇，平底。口径7.2、底径4.4、通高3.2厘米。（图二六C，4；彩版三四，3）

（8）**带把钵**　1件。夹砂灰陶。

2003YJH40：1，修复。侈口，弧腹，圜底。沿上附一三角形把手，把端微外卷。腹部有轮旋痕，外底见削修痕迹。素面。器物在烧制时产生变形。残高4.2厘米。（图二六C，2）

（9）**豆**　1件。灰硬陶。

2003YJH40：16，修复。敞口，尖圆唇，曲腹，喇叭底座较高。口部、内腹及座面均见轮制痕

刻符图片58　2003YJH40：3 器盖

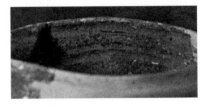

刻符图片59　2003YJH40：5 平底钵

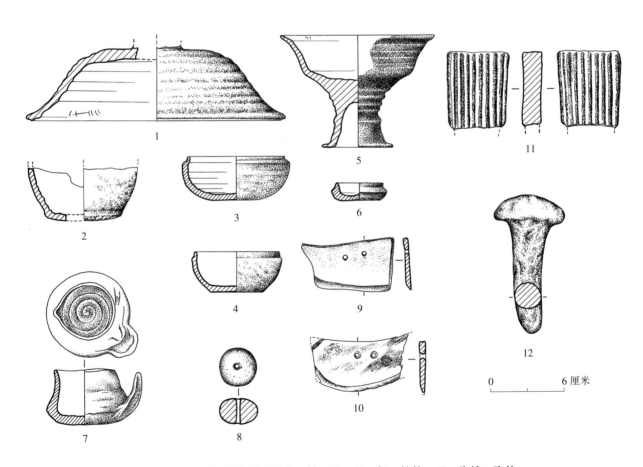

图二六C　B区·H40出土器盖、钵、豆、盂、杯、纺轮、刀、陶拍、陶垫

1. 器盖 2003YJH40：3　2. 带把钵 2003YJH40：1　3. 平底钵 2003YJH40：5　4. 平底钵 2003YJH40：8　5. 豆 2003YJH40：16　6. 盂 2003YJH40：11　7. 杯 2003YJH40：12　8. 纺轮 2003YJH40：10　9. 刀 2003YJH40：14　10. 刀 2003YJH40：15　11. 陶拍 2003YJH40：6　12. 陶垫 2003YJH40：7

迹，腹部压印一组凹弦纹，把上有凸棱。素面。内沿下有刻符。口径12.6、底径5.8、通高9.0厘米。（图二六C，5；刻符图片60；彩版三四，4）

刻符图片60 2003YJH40：16 豆

（10）**盂** 1件。灰硬陶。

2003YJH40：11，修复。敛口，尖唇，浅垂腹，平底。轮制修整。素面。口径3.8、底径3.0、通高1.5厘米。（图二六C，6；彩版三四，5）

（11）**杯** 1件。灰硬陶。

2003YJH40：12，修复。敛口，圆唇，斜腹，平底，尖状流口，底部附一三角形把手，把尖向上与口部齐平。器内腹、底均见轮制痕迹，把手捏制拼接。素面。口径5.0、底径4.8、通高4.5厘米。（图二六C，7；彩版三四，6）。

（12）**纺轮** 1件。红硬陶。

2003YJH40：10，完整。算珠形。双面略凸，周壁隆起，中有一圆形穿孔。素面。面径3.2、孔径0.3、厚2.0厘米。（图二六C，8；彩版三三，3）

（13）**刀** 2件。均为灰硬陶。马鞍形，单面弧刃，脊微曲。器中部近脊处饰二圆形穿孔。

2003YJH40：14，完整。一端内弧，一端斜直。长7.6、宽4.2、厚0.4厘米。（图二六C，9；彩版三三，4）

2003YJH40：15，略残。两端斜直，一端成锯齿状，一面有横向刻痕。残长7.6、宽4.0、厚0.6厘米。（图二六C，10；彩版三三，5）

（14）**陶拍** 1件。红硬陶。

2003YJH40：6，残。扁平状拍面，拍面近正方形，侧面平整。两面均刻篮纹。残长6.2、宽5.2、厚1.6厘米。（图二六C，11）

（15）**陶垫** 1件。红硬陶。

2003YJH40：7，修复。蘑菇状，垫面隆起，把手呈圆锥状，尾端稍残。素面。顶宽5.8、长11.3厘米。（图二六C，12；彩版三三，6）

二 陈腐池 H9

1. 遗迹

H9位于T0745中部。开口于1层下，打破生土，H9东部又被G4打破。坑口距地表0.35米，近圆形，直径1.42米。2000年未发掘完毕，2007年进行了补充发掘。坑内堆积黄土并夹杂红烧土颗粒，土质较松软。包含物主要为陶片，有夹砂灰、红陶和泥质灰、红陶，以夹砂灰陶、夹砂红陶居多，分别占47.36%和51.07%。纹饰有云雷纹、篮纹、方格纹、曲折纹、席纹，云雷纹和篮纹分别占26.61%、28.76%，素面占41.20%。已复原及可辨器形有钵及釜、罐、瓮、缸、甗形器。（图二七）

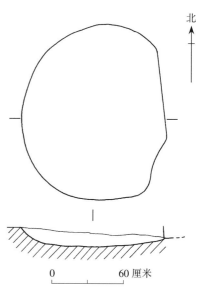

北

0   60厘米

图二七 B区·H9平、剖面图

2. 小件遗物

平底钵　1件。夹砂灰陶。

2007YJH9：1，修复。敛口，圆唇，浅弧腹，平底。器壁内外均见轮旋纹。素面。口径10.2、底径4.0、通高4.8厘米。（彩版三二，2）

第四节　灰坑及其出土遗物

3个，包括H38、H39、H42。

一　H38

1. 遗迹

H38位于T13西端，探方外部分未清理。开口于1层下，打破生土。平面形状不明，开口距地表0.12米，最长径2.30米，深0.28米。南北两端为未发掘垂直壁，近平底，底部未见加工痕迹。坑内堆积灰褐色土，土质松软，包含少量陶片。有泥质灰、红陶及夹砂红陶，饰云雷纹、篮纹，可辨器形有罐、缸等。（图二八A）

2. 小件遗物

（1）高领鼓肩罐　1件。灰硬陶。

2003YJH38：1，底残。直口微侈，平折宽沿，尖圆唇，斜腹。口、领部有轮制痕迹，肩内有陶垫按压印迹。肩部饰云雷纹。口径9.3、残高4.2厘米。（图二八B，1）

（2）缸　1件。红硬陶。

2003YJH38：2，口、底残。直腹。腹内有陶垫按压痕迹。腹部加饰一道绳索状条形堆纹，腹部饰篮纹。腹径38.0、残高10.5厘米。（图二八B，2）

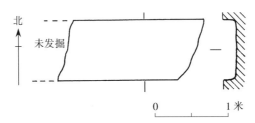

图二八A　B区·H38平、剖面图

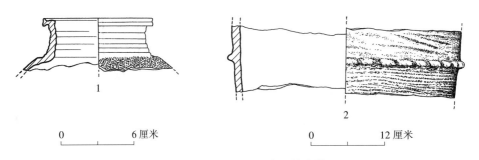

图二八B　B区·H38出土高领鼓肩罐、缸

1. 高领鼓肩罐 2000YJH38：1　2. 缸 2000YJH38：2

二　H39

H39 位于 T15 中部偏南。开口于 1 层下，打破生土。平面形状不明，开口距地表 0.15 米，最大径 1.60 米，深 0.50 米。东、西两端为未发掘垂直壁，底部大致由西至东倾斜，未见特殊加工痕迹。坑内堆积灰褐色土，土质较紧密，包含少量夹砂红陶片及原始瓷。纹饰有云雷纹、篮纹及云雷纹、篮纹组合，篮纹及素面陶分别占 30.12%、66.27%，可辨器形为甗形器。（图二九）

三　H42

1. 遗迹

H42 位于 T0743 北部和 T0744 南部。开口于 1 层下，被 Y2 打破，打破 F5 及生土。平面呈椭圆形，开口距地表 0~0.50 米，长 4.5 米，宽 2.7 米，深 0~0.75 米。北壁约呈 45 度弧收至底，南壁浅显，与北壁开口连成

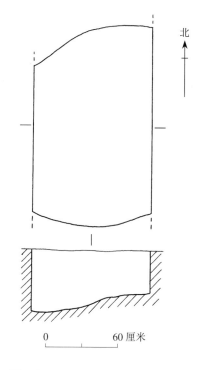

0　　　　　　　60厘米

图二九　B区·H39平、剖面图

弧线，底近平略有凹凸，壁、底未见特殊加工痕迹。坑内堆积分 2 层：第 1 层，层厚 0~0.55 米，土色红褐，土质疏松，包含红烧土块及陶片；第 2 层，层厚 0~0.55 米，土色红、灰褐夹杂，土质紧密呈板结状，包含少量陶片。H42 陶分夹砂灰陶及夹砂红陶二类，分别占 50.23% 和 49.77%。多饰云雷纹、篮纹，各占 46.95%、43.98%，已复原及可辨器形有钵、罐、陶拍、釜、甗形器、盘、支座、尊等。（图三〇A）

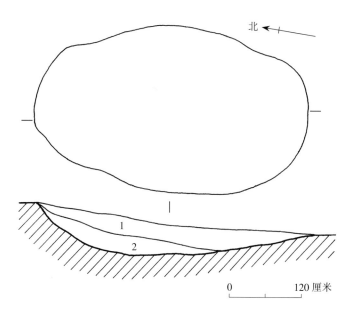

0　　　　　　　120厘米

图三〇A　B区·H42平、剖面图

2．小件遗物

2007YJH42①出土

（1）**高领鼓肩罐**　1件。泥质红陶。

2007YJH42①：2，肩部以下残。侈口，斜沿，尖唇内敛，肩部存一残系。器壁内外有轮旋纹；肩内见陶垫按压痕迹。肩部饰云雷纹。口径24.0、残高9.0厘米。（图三〇B，1）

（2）**平底钵**　2件。均为夹砂灰陶。素面。圆唇，浅腹，平底。器壁内外有轮制痕迹。

2007YJH42①：3，修复。侈口，斜腹。内沿有刻符。口径11.4、底径5.8、高6.2厘米。（图三〇B，2；刻符图片61；彩版三五，1）

2007YJH42①：1，修复。微敛口，斜直腹。器壁内外均有轮旋纹，外底尚见旋削痕迹。内腹近底处有刻符。口径10.8、底径8.5、高4.6厘米。（图三〇B，3；刻符图片62；彩版三五，2）

2007YJH42②出土

（1）**平底钵**　2件。浅腹，平底。素面。

1）夹砂灰陶　1件。

2007YJH42②：1，修复。敛口，圆唇内折，斜腹。内底见一组轮旋纹，口沿及外底有旋修痕迹。口径9.6、底径7.8、高3.2厘米。（图三〇B，4；彩版三五，3）

刻符图片 61　2007YJH42①：3
平底钵

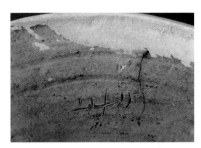

刻符图片 62　2007YJH42①：1
平底钵

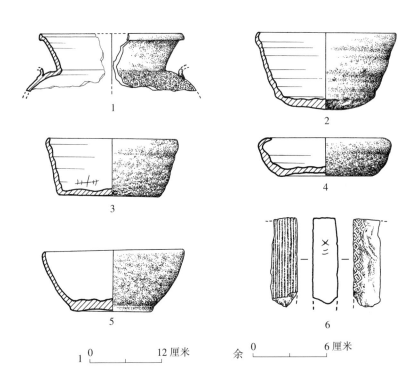

1　0　　　　　　　12厘米

余　0　　　　　　　6厘米

图三〇B　B区·H42出土高领鼓肩罐、平底钵、陶拍

1．高领鼓肩罐2007YJH42①：2　2．平底钵2007YJH42①：3　3．平底钵2007YJH42
①：1　4．平底钵2007YJH42②：1　5．平底钵2007YJH42②：3　6．陶拍2007YJH42②：2

2）泥质红陶　1件。

2007YJH42②:3，修复。微侈口，圆唇，内弧腹。器内尚见轮旋纹，外底有明显旋削痕迹。口径11.7、底径6.9、高5.2厘米。（图三○B，5；彩版三五，4）

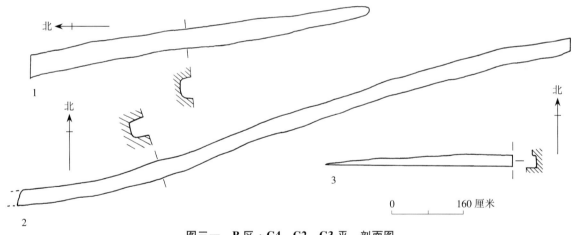

刻符图片63　2007YJH42②:2陶拍

（2）**陶拍**　1件。泥质灰陶。

2007YJH42②:2，残。扁平状拍面，仅存残拍面。手工制作。一面刻云雷纹，一面刻篮纹。一侧端平整并有刻符。残长6.8、残宽1.1、厚1.0厘米。（图三○B，6；刻符图片63）

第五节　灰沟遗迹及其出土遗物

3条，为G2、G3、G4。

一　G2

G2位于T0745北部、T0645中南部、T0545东南部，呈西南—东北走向。开口于1层下，口部被另一条东西向现代沟打破，东段被现代农耕流水沟打破，G2同时打破G4和生土。长条形，沟口距地表0.35米，长13.0米，宽0.26~0.46米，深0.32~0.34米，东部较窄、较深，西部较宽、较浅，壁略斜，平底。沟壁和沟底未见加工痕迹。沟内堆积黄色黏土，土质较硬，纯净度较高。未出土包含物。（图三一，2）

北

北

北

0　　　　160厘米

图三一　B区·G4、G2、G3平、剖面图
1. G4　2. G2　3. G3

二　G3

G3位于T0743和T0643的南面，不规则长条形，呈东西走向。开口于1层下，打破生土。沟口距地表0.25米，长4.2米，宽0.29米，深0.7米。东部较宽，西部较窄。斜壁，近平底，壁及底未见加工痕迹。沟内堆积灰褐色土，土质疏松。包含物较少，仅出土数片红、灰色陶片，分别饰有篮纹及云雷纹，器形不明。（图三一，3）

三　G4

G4位于T0745和T0744的东部。开口于1层下，打破生土及H9，北端同时又被G2打破。长

条形，呈南北走向。沟口距地表 0.25～0.35 米，长 7.5 米，宽 0.16～0.53 米，深 0～0.33 米，北部较宽、南部稍窄。沟壁较直，斜平底，壁、底未见加工痕迹。沟内堆积灰褐色土、土质疏松。包含物极少，仅出土 4 陶片，分别为 3 片灰陶、1 片红陶，饰有云雷纹，器形不明。（图三一，1）

第六节　房址及其出土遗物

有 F1、F4、F5、F6，共 4 座。

一　F1

位于 T0643 北部、T0644 东南部。开口于表土层下，被 Y8 打破，同时又打破 F4、F5、F6。房子平面形状为圆形，直径 3.00 米，周边有 14 个柱洞，柱洞间间隔约 0.5～0.9 米，房子坐东朝西，门向 270°，门左右两边的柱洞较其余柱洞大，直径为 0.26～0.28 米，其余直径则多为 0.20 米，柱洞深 0.12～0.38 米，房子周边坍塌大量红褐色烧土块，系草拌泥烧土块。从房子周边的坍塌堆积分析，房子构筑方法是先立柱，然后再以草拌泥糊墙，房内堆积为细腻胶泥，致密坚硬。房外柱洞周边为坍塌的烧土块，松软。包含物少见。（图三二）

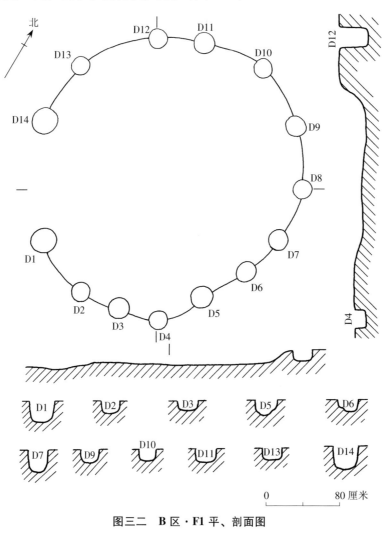

图三二　B 区·F1 平、剖面图

二　F4

1. 遗迹

F4 位于 T0643 北隔梁下及 T0644 南部。开口于表土层下，被 F1 打破，同时又打破 F6，房子平面形状为圆形，直径 2.60 米，周边有 12 个柱洞，柱洞间间隔 0.35～0.90 米，房子基本坐东朝西，门向 305°，柱洞大小基本一致，直径为 0.16～0.18 米，柱洞深 0.04～0.16 米，房子周边坍塌大量红褐色烧土块，系草拌泥烧土块。从房子周边的坍塌堆积分析，房子构筑方法也是先立柱，然后再以草拌泥糊墙，房内堆积为红褐色土，包含物为少量陶片，可辨器形有罐、钵等。房外柱洞周边为坍塌的烧土块，较松软。包含物少见。（图三三 A；彩版三六，1）

2. 小件遗物

（1）**直腹罐**　1 件。夹砂红陶。

2007YJF4:1，修复。侈口，斜折沿，尖唇，无领，圜底。口沿部轮制修整，腹至底内有陶垫按压印迹。腹、底部通饰篮纹。口径 16.7、腹径 18.2、高 17.0 厘米。（图三三 B，1；彩版三六，2）

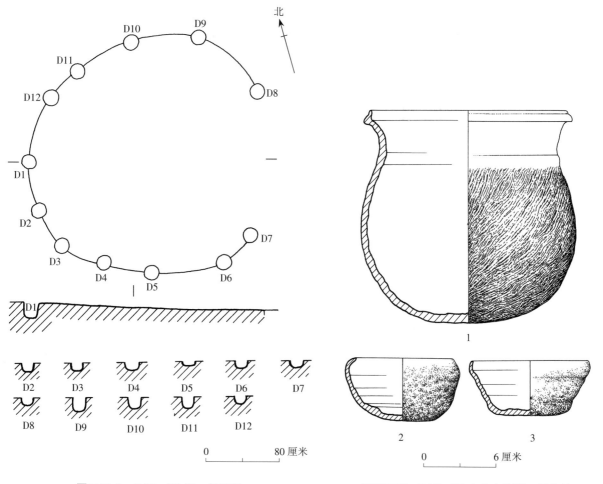

图三三 A　B区·F4 平、剖面图

图三三 B　B区·F4 出土直腹罐、平底钵

1. 直腹罐 2007YJF4:1　2. 平底钵 2007YJF4:3　3. 平底钵 2007YJF4:2

（2）**平底钵**　2件。素面。

1）泥质灰陶　1件。

2007YJF4:3，修复。敛口，圆唇，深弧腹，圜底。轮制修整，外底见旋修痕迹。口径8.3、高5.0厘米。（图三三，2；彩版三六，3）

2）夹砂灰陶　1件。

2007YJF4:2，修复。侈口，尖唇，浅斜腹，平底。器面有轮制痕迹。口径10.0、底径5.6、高4.4厘米。（图三三，3；彩版三六，4）

三　F5

1. 遗迹

F5位于T0644东隔梁下及T0744西部。开口于表土层下，西部被F1打破，东南部被H42打破，房子平面形状为圆形，直径2.64米，周边残存8个柱洞，柱洞间间隔0.60～0.75米，房子基本坐东朝西，门向240°，门左右两边的柱洞较其余柱洞大些，直径为0.28～0.30米，其余直径则多为0.12～0.24米，柱洞深0.08～0.16米，房子周边坍塌大量红褐色烧土块，系草拌泥烧土块。从房子周边的坍塌堆积分析，房子构筑方法也是先立柱，然后再以草拌泥糊墙，房内堆积为红褐色土，包含物为少量陶片。房外柱洞周边为坍塌的烧土块，较松软。包含物少见。（图三四A）

2. 小件遗物

器底　1件。泥质红陶。

2007YJF5:1，底以上残。斜腹，内凹底，饼足。内底有轮制痕迹。素面。足径4.9、残高3.0厘米。（图三四B）

四　F6

1. 遗迹

位于T0644中部偏西。开口于2层下，被F1、F4打破。房子平面形状为椭圆形，长径3.00米，短径1.80米，周边残存9个柱洞，柱洞间间隔0.40～0.80米，房子坐东北朝西南，门向225°，门左右两边的柱洞较其余柱洞大些，直径为0.16～0.18米，其余直径则多为0.06～0.10米，柱洞残深0.04～0.10米。房子坐东北朝西南，在东北方柱洞后面0.20米内发现一周胶泥墙，厚0.05米，残长约2米，往东南被F1、F4打破，往西北也渐渐消失，不甚明显，应该是对房子的一

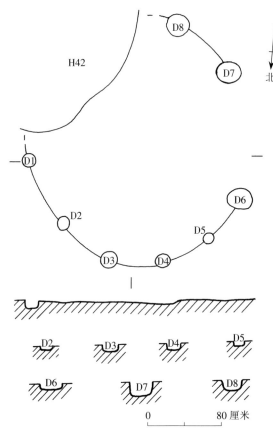

图三四A　B区·F5平、剖面图

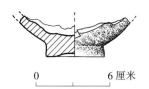

图三四B　B区·F5出土器底 2007YJF5:1

种防护墙。房内堆积为胶泥土，较致密，含烧土粒和大量炭粒，包含物少见。（图三五 A；彩版三七，1）

2. 小件遗物

石矛　1 件。青石质。

2007YJF6:1，残。器呈柳叶形，两面有脊，尖锋残，两侧斜磨成薄刃，后部弧收为扁圆形柄，磨制光滑。残长 9.6、宽 2.6、厚 0.6 厘米。（图三五 B；彩版三七，2）

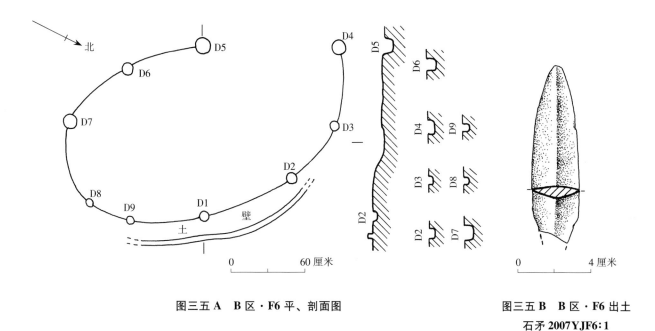

图三五 A　B 区·F6 平、剖面图

图三五 B　B 区·F6 出土
石矛 2007YJF6:1

第七节　2000 年地表采集遗物

（1）**直腹罐**　2 件。均为夹砂红陶。侈口，尖唇外翻，无领，圜底。口沿部见轮制痕迹，腹、底内有垫窝。通体面饰篮纹。

2000YJ 采:1，修复。平折宽沿。口径 17.0、高 13.0 厘米。（图三六，1；彩版三八，1）

2000YJ 采:2，修复。斜折沿。口径 14.8、高 11.4 厘米。（图三六，2；彩版三八，2）

（2）**三足盘**　2 件。均为夹砂灰陶。钵形，平底，足面凹。器壁尚见轮制痕迹，足为手工捏制拼接。素面。

2000YJ 采:7，足残。敞口，尖唇，浅腹，下存一足，足面呈三角形。内沿下有刻符。口径 11.6、高 7.0 厘米。（图三六，3；刻符图片 64）

2000YJ 采:8，修复。钵形，直口微侈，斜沿，深腹，腹较直，下承三足，足呈长三角形。内沿下有刻符。口径 10.4、通高 13.3 厘米。（图三六，4；刻符图片 65；彩版三八，3）

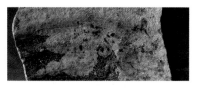

刻符图片 64　2000YJ 采:7 三足盘

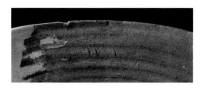

刻符图片 65　2000YJ 采:8 三足盘

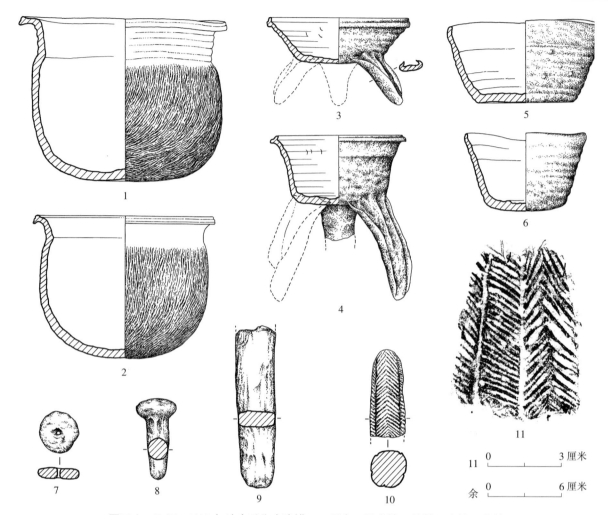

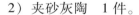

图三六　B区·2000年地表采集直腹罐、三足盘、平底钵、纺轮、陶垫、陶拍

1. 直腹罐 2000YJ 采：1　2. 直腹罐 2000YJ 采：2　3. 三足盘 2000YJ 采：7　4. 三足盘 2000YJ 采：8　5. 平底钵 2000YJ 采：3　6. 平底钵 2000YJ 采：4　7. 纺轮 2007YJ 采：2　8. 陶垫 2000YJ 采：6　9. 陶拍 2007YJ 采：1　10. 陶拍 2000YJ 采：5　11. 陶拍 2000YJ 采：5 纹样拓片

（3）平底钵　2件。敛口，尖唇，深斜腹，平底。素面。

1）泥质红陶　1件。

2000YJ 采：3，修复。壁有轮制痕迹。口径 12.4、底径 8.0、高 6.6 厘米。（图三六，5；彩版三八，4）

2）夹砂灰陶　1件。

刻符图片 66　2000YJ 采：4 平底钵

2000YJ 采：4，修复。外壁及内底见一组轮旋纹。内沿下有刻符。器物略有变形。口径 9.8、底径 6.4、高 6.3 厘米。（图三六，6；刻符图片 66；彩版三八，5）

（4）纺轮　1件。泥质灰陶。

2007YJ 采：2，略残。扁平状。圆形，中有一圆形穿孔，周壁较弧。素面。直径 3.4、厚 0.8 厘米（图三六，7；彩版三八，6）

（5）陶垫　1件。泥质灰陶。

2000YJ 采：6，完整。圆锥状，垫面近平，锥形把手。手工制作，面有捺痕。素面。垫径 3.3、长 6.5 厘米。（图三六，8；彩版三八，7）

（6）**陶拍**　2件。

1）泥质红陶　1件。

2007YJ采:1，残。扁平状拍面，仅存扁长条形把手，尾径略小。素面。残长13.2、把宽3.1厘米。（图三六，9）

2）夹砂灰陶　1件。

2000YJ采:5，残。伞状拍面，圆锥体，顶部及把手残。手工制作。拍面刻划叶脉纹。径3.0、残长7.2厘米。（图三六，10、11）

第四章　C 区文化遗存

　　C 区位于童家河北岸 100 米区域内。C 区由于做工作较多，1983、1986、2003 年均对该区进行了发掘，我们又将 C 区划分为 CⅠ、CⅡ、CⅢ、CⅣ四亚区。CⅠ区位于该区西端，为 1983、1986 年发掘的零星灰坑及 2003 年发掘的制陶作坊区，包括 T2822～T2825、T2922～T2925、T3022～T3025、T3122～T3125、T3222～T3225（参见图四），主要遗迹有陈腐池、练泥池、蓄泥池、蓄水池、陶车遗迹、房子等；CⅡ区位于该区西端靠北，为 2003 年发掘的制陶区，包括 T3429～T3432、T3529～T3532 和探沟 83 板 T1（参见图四），主要遗迹有烧成坑、成品坑等；CⅢ区位于该区东端，包括 T4329、T4429，为 2000 年发掘的两个探方，主要遗迹为两个灰坑；CⅣ区位于该区最东端，包括 T4929、T5029，为 2000 年发掘的一个探方，主要遗迹为一个烧成坑。（图三七 A、B、C、D；彩版三九）

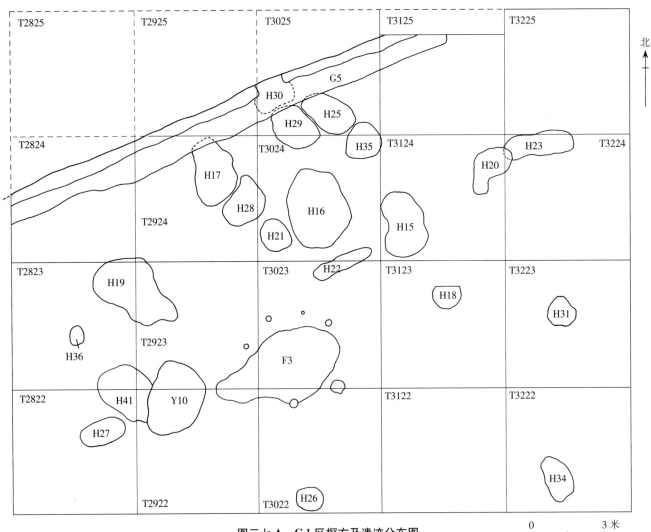

图三七 A　CⅠ区探方及遗迹分布图

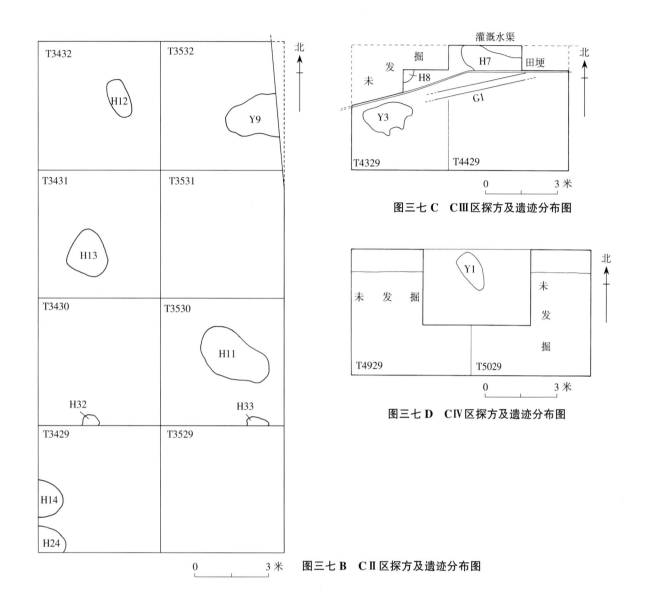

图三七 C　CⅢ区探方及遗迹分布图

图三七 D　CⅣ区探方及遗迹分布图

图三七 B　CⅡ区探方及遗迹分布图

第一节　地层堆积及其出土遗物

一　地层堆积

该区域主要为农田，地层堆积破坏很严重，是典型的"揭开稻田见文明"现象。现以该区所有探方的四壁剖面图为依据，简要归纳其地层堆积特点。（图三八 A、B；图三九 A、B；图四〇 A、B）

第 1 层：耕土层。灰褐色土，土质细软，疏松。厚 0.06～0.20 米。多见近现代遗物。1 层下开口的遗迹单位很多，遗迹间的叠压打破关系很少，大多数遗迹单位直接打破生土。

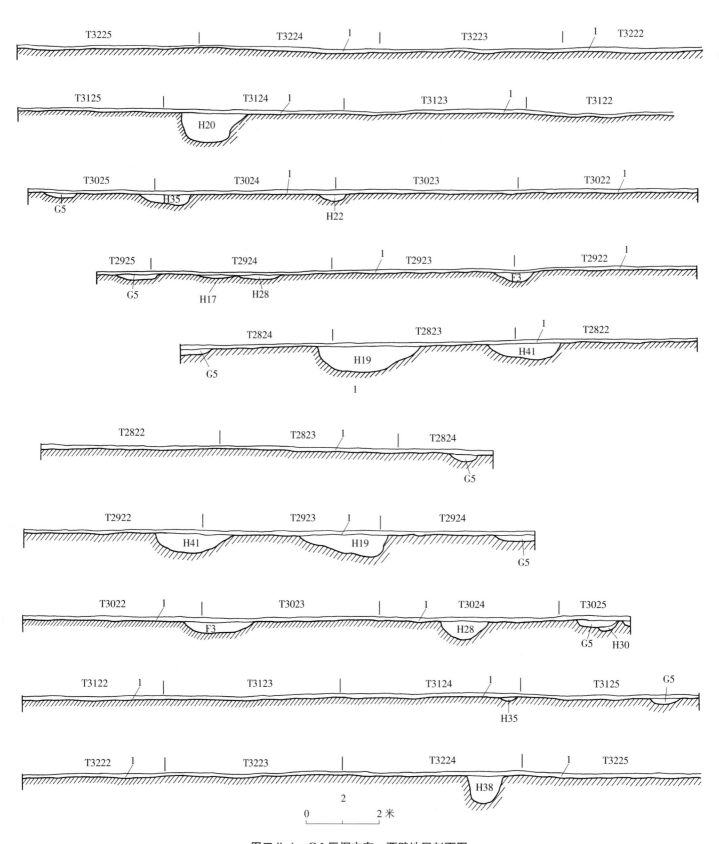

图三八 A　C I 区探方东、西壁地层剖面图

1. 东壁　2. 西壁

图三八B CⅠ区探方南、北壁地层剖面图

1. 南壁　2. 北壁

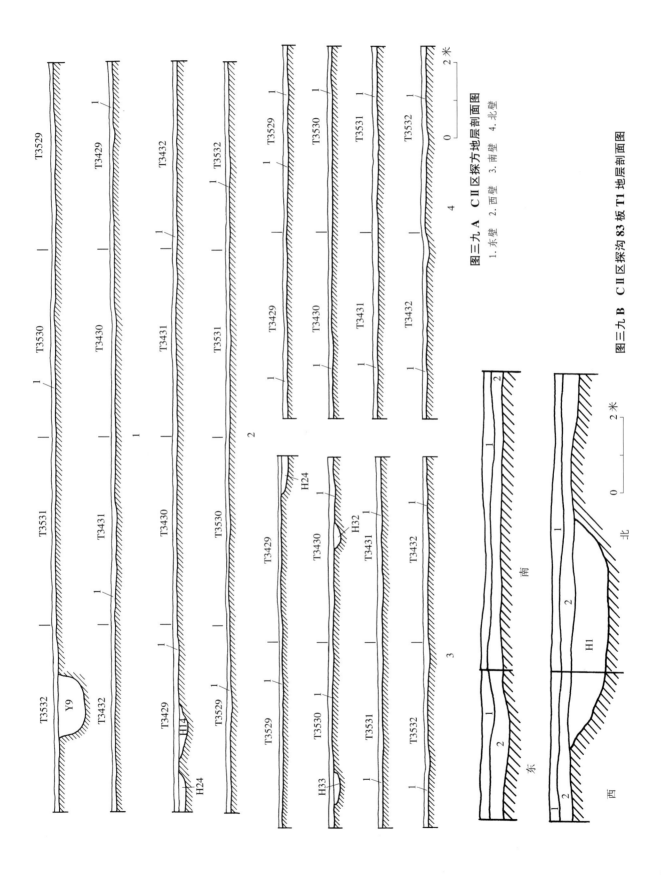

图三九 A　C II 区探方地层剖面图
1. 东壁　2. 西壁　3. 南壁　4. 北壁

图三九 B　C II 区探沟 83 版 T1 地层剖面图

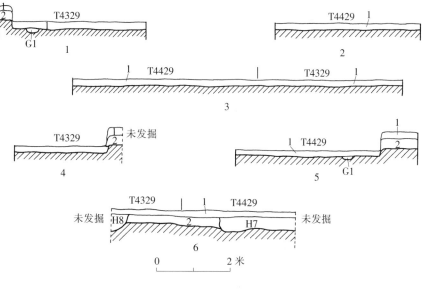

图四〇A　CⅢ区探方地层剖面图

1、2. 东壁　3. 南壁　4、5. 西壁　6. 北壁

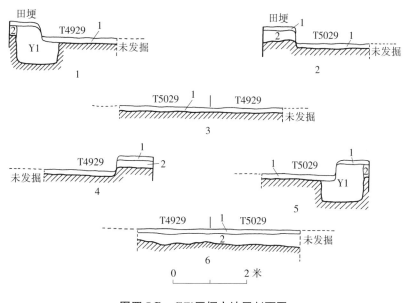

图四〇B　CⅣ区探方地层剖面图

1、2. 东壁　3. 南壁　4、5. 西壁　6. 北壁

二　小件遗物

1. 83板 T1 出土小件遗物

（1）石锛　3件。有段。

83板 T1:1，修复。青石质。面呈梯形，顶部及两侧稍平，中部有段，段以下磨制斜面，单面弧刃。长14.0、宽6.1、厚1.9厘米。（图四一A，1；彩版四〇，1）

83板 T1:8，残。灰色石灰岩。面呈梯形，顶部略残，器面有自然凸棱，磨制痕迹不明显，单面弧刃。残长9.4、刃宽5.0、厚2.0厘米。（图四一A，2；彩版四〇，2）

83板 T1:7，残。黄白沉积岩。仅存下部，一侧平整，一侧略弧，一面磨制斜面，单面弧刃。

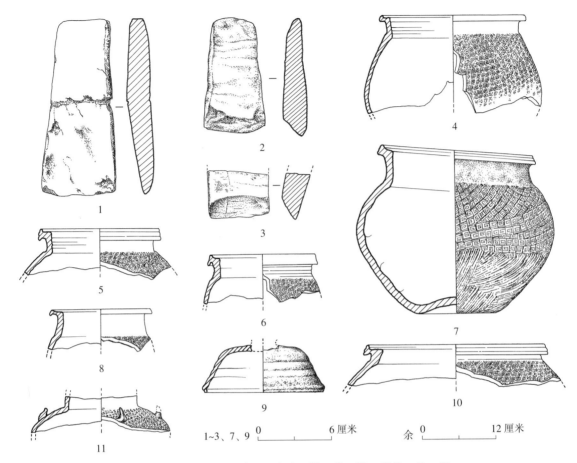

图四一 A　C 区·83 板 T1 出土石锛，釜、罐、器盖、瓮、坛

1. 石锛 83 板 T1：1　2. 石锛 83 板 T1：8　3. 石锛 83 板 T1：7　4. 釜 83 板 T1：24　5. 矮领鼓肩罐 83 板 T1：22　6. 垂腹罐 83
板 T1：25　7. 鼓腹罐 83 板 T1：3　8. 垂腹罐 83 板 T1：23　9. 器盖 83 板 T1：19　10. 瓮 83 板 T1：21　11. 坛 83 板 T1：26

刃宽 5.0、残长 3.8 厘米。（图四一 A，3；彩版四〇，3）

（2）釜　1 件。灰硬陶。

83 板 T1：24，腹部以下残。直口微侈，平折沿，方唇，矮领，垂腹。口领部有轮制痕迹，腹内壁有垫窝。腹部饰云雷纹。口径 24.0、残高 15.7 厘米。（图四一 A，4）

（3）矮领鼓肩罐　1 件。灰硬陶。

83 板 T1：22，肩部以下残。直口，平折宽沿，尖唇外翻。口领部轮制修整，肩内有垫窝。肩部饰云雷纹。口径 19.7、残高 8.2 厘米。（图四一 A，5）

（4）鼓腹罐　1 件。灰硬陶。

83 板 T1：3，修复。微侈口，斜折沿，方唇，矮领，溜肩，凹底。口、领部轮制，肩至底内有垫窝。肩部饰云雷纹，腹、底部饰篮纹。口径 12.4、底径 6.4、高 13.2 厘米。（图四一 A，7；彩版四一，1）

（5）垂腹罐　2 件。方唇。口领部轮制修整，肩内有垫窝。肩部饰云雷纹。

1）灰硬陶　1 件。

83 板 T1：25，肩部以下残。直口，斜折宽沿，矮领，溜肩。口径 17.8、残高 7.7 厘米。（图四一 A，6）

2）泥质红陶 1件。

83板T1：23，肩部以下残。直口微侈，平折宽沿。口径17.0、残高6.9厘米。（图四一A，8）

（6）器盖 1件。灰硬陶。

83板T1：19，纽残。盖顶略弧，盖面斜直。器壁内外有轮旋痕迹。口径10.0、残高3.8厘米。（图四一A，9）

（7）瓮 1件。灰硬陶。

83板T1：21，肩部以下残。敛口，平折宽沿，圆唇，矮领，鼓肩。口领部轮制修整，肩内壁有垫窝。肩部饰云雷纹。口径29.5、残高6.5厘米。（图四一A，10）

（8）坛 1件。灰硬陶。

83板T1：26，残。圆领，鼓肩，肩部存两乳钉。口领部轮制修整，肩、腹内壁有垫窝，乳钉系手工捏制粘贴成型。肩部饰云雷纹。肩径23.0、残高5.6厘米。（图四一A，11）

（9）三足盘 6件。

1）灰硬陶 5件。

83板T1：4，修复。盘钵形，敛口，尖唇，腹较直，圜底，下承三足，足呈长三角形，面凹。外壁有轮旋纹，足为手工捏制拼接。口径12.6、通高11.2厘米。（图四一B，1；彩版四一，2）

83板T1：20，足残。盘盆形，敞口，方唇，深腹稍鼓，平底下凹，三足残。器壁及内底轮制一组弦纹。口径14.8、残高7.0厘米。（图四一B，2）

83板T1：12，修复。盘钵形，敞口，尖唇，腹较直，平底，下承三足，足呈长三角形，凹面。唇面轮制一道凹弦纹，足为手制拼接。一足上部有刻符。素面。口径12.8、通高12.6厘米。（图四一B，3；刻符图片67；彩版四一，3）

刻符图片67 83板T1：12三足盘

83板T1：10，修复。盘钵形，敞口，尖圆唇，腹较直，平底下凹，下承三足，足呈长三角形、面凹。外壁有轮旋纹，足为手制拼接。内沿下有刻符。口径9.3、通高9.2厘米。（图四一B，4；刻符图片68；彩版四一，4）

刻符图片68 83板T1：10三足盘

83板T1：11，足残。盘钵形，微敛口，斜沿，尖圆唇，腹较直，平底上凸，三足残。盘身轮制修整。素面。内沿下有刻符。口径8.2、残高4.6厘米。（图四一B，5；刻符图片69）

2）泥质灰陶 1件。

83板T1：13，腹部以上残，只存一足。盘钵形，腹较直，平底，足呈长三角形，面略凹。内底有轮制痕迹，足为手制拼接。素面。内腹下有一组不规则月牙印刻符组合。残高6.1厘米。（图四一B，6；刻符图片70）

刻符图片69 83板T1：11三足盘

（10）盔形钵 3件。均为灰硬陶。侈口，圜底，腹部饰云雷纹，底部饰篮纹。

83板T1：9，修复。圆唇，斜直腹，器物变形成蚌壳状。唇部轮制两道凹弦纹。口径12.5、高5.0厘米。（图四一B，9；彩版四二，1）

刻符图片70 83板T1：13三足盘

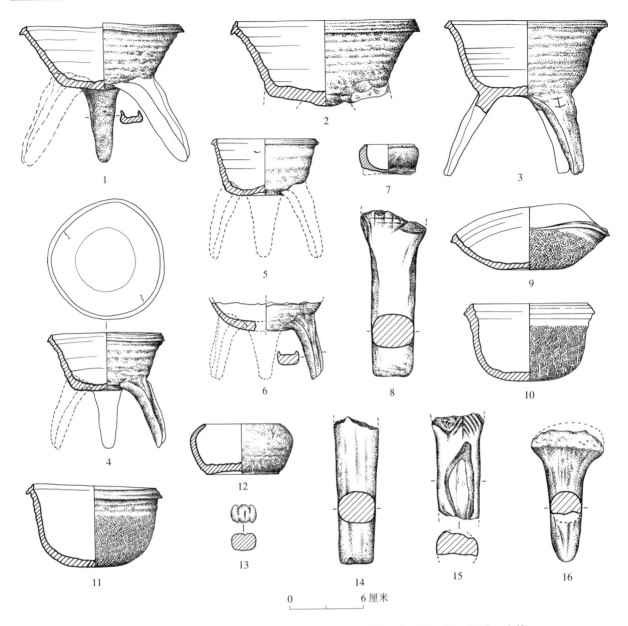

0 ————— 6厘米

图四一B　C区·83板T1出土三足盘、杯形器、陶拍、盔形钵、盂、网坠、陶垫

1. 三足盘 83 板 T1：4　2. 三足盘 83 板 T1：20　3. 三足盘 83 板 T1：12　4. 三足盘 83 板 T1：10　5. 三足盘 83 板 T1：11　6. 三足盘
83 板 T1：13　7. 杯形器 83 板 T1：18　8. 陶拍 83 板 T1：14　9. 盔形钵 83 板 T1：9　10. 盔形钵 83 板 T1：5　11. 盔形钵 83 板 T1：2
12. 盂 83 板 T1：17　13. 网坠 83 板 T1：6　14. 陶拍 83 板 T1：15　15. 陶拍 83 板 T1：16　16. 陶垫 83 板 T1：27

　　83 板 T1：5，修复。尖唇，深直腹。唇面轮制一组凹弦纹，腹、底内壁有垫窝。口径 9.6、高
6.2 厘米。（图四一 B，10；彩版四二，2）

　　83 板 T1：2，完整。尖唇，深直腹。轮制修整，内腹有鼓泡。
口径 10.2、高 6.6 厘米。（图四一 B，11；彩版四二，3）

　　（11）盂 1件。灰硬陶。

　　83 板 T1：17，修复。敛口，圆唇，浅垂腹，平底。轮制修整。
素面。外沿下和内底均有刻符。口径 6.4、底径 6.0、高 4.1 厘米。
（图四一 B，12；刻符图片 71；彩版四二，4）

刻符图片 71　83 板 T1：17 盂

（12）**杯形器**　1件。夹砂红陶。

83板T1：18，外底残。微敛口，圆唇，鼓腹，内弧底。轮制。素面。口径4.1、残高2.4厘米。（图四一B，7）

（13）**网坠**　1件。灰硬陶。

83板T1：6，完整。圆柱状，两面各横刻两道凹槽，中部加刻一道横凹槽，两端较圆。长2.1、宽1.4、厚1.4厘米。（图四一B，13；彩版四○，4）

（14）**陶垫**　1件。灰硬陶。

83板T1：27，残。蘑菇状，垫面隆起，圆锥形把手，顶至中段裂损。表面凹凸不平。垫径6.0、残长10.6厘米。（图四一B，16）

（15）**陶拍**　3件。

1）泥质灰陶　2件。

83板T1：14，残。扁平状拍面，圆柱形拍把，顶部略扁，尾部稍圆，尾端平整。手工制作。把径3.5、残长13.2、厚2.6厘米。（图四一B，8）

83板T1：15，残。仅存拍把，圆柱形，尾部稍细，尾端平整。面有刮削痕迹。把径3.0、残长12.0、厚2.5厘米。（图四一B，14）

2）泥质红陶　1件。

83板T1：16，残。伞状拍面，截面呈半圆形，拍面部隆起，刻叶脉纹。残径3.6、残长8.6厘米。（图四一B，15）

2. 2003YJT2822①出土小件遗物

陶拍　1件。圆锥状。

2003YJT2822①：1，残。夹砂灰陶。仅存把手。手工捏制，经刮削。素面。残径2.5、残长8.0厘米。（图四二，1）

3. 2003YJT3430①出土小件遗物

（1）**陶拍**　1件。夹砂灰陶。

2003YJT3430①：1，残。锥状拍面，拍面刻划叶脉纹。把首部加刻一云雷纹饰符号。手工制作。残宽3.8、残长8.5厘米。（图四二，2、7）

（2）**网坠**　1件。

2003YJT3430①：2，完整。刻槽。长1.6、宽1.2、厚1.1厘米。（图四二，3）

4. 2003YJT3523①出土小件遗物

（1）**石坯料**　1件。

2003YJT3523①：1，残。青石质。体呈近方形，一端斜翘磨制成

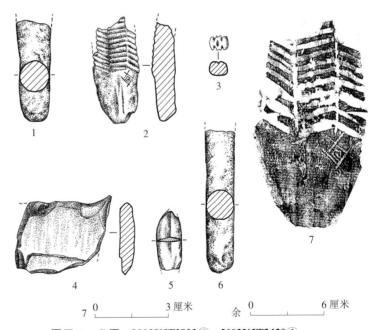

图四二　C区·2003YJT2822①、2003YJT3430①、2003YJT3523①、2000YJT4429②出土陶拍、网坠，石坯料、镞
1. 陶拍2003YJT2822①：1　2. 陶拍2003YJT3430①：1　3. 网坠2003YJT3430①：2　4. 石坯料2003YJT3523①：1　5. 石镞2000YJT4429②：1　6. 陶拍2003YJT3523①：2　7. 陶拍2003T3430①：1纹样拓片

尖角，一面磨平，一面凹凸。素面。长 7.2、宽 5.8、厚 1.2。（图四二，4；彩版四〇，5）

（2）**陶拍**　1 件。泥质灰陶。

2003YJT3523①：2，残。仅存圆柱形把手，把体较长。手工制作，面有刮削痕迹。素面。残径 2.5、残长 11.3 厘米。（图四二，6）

5. 2000YJT4429②出土小件遗物

石镞　1 件。

2000YJT4429②：1，残。青石质。有铤，前锋与铤部残，平面呈柳叶形，脊不明显，侧边磨成薄刃。残长 4.7、宽 2.1、残厚 0.4 厘米。（图四二，5；彩版四〇，6）

第二节　窑炉遗迹及其出土遗物

4 座，为 Y1、Y3、Y9 和 Y10，均为烧成坑。

一　烧成坑 Y1

1. 遗迹

Y1 位于 CⅣ区，T4929 东北部、T5029 西北部。开口于表土层下，口部距地表约 0.20 米，平面形状近椭圆形，呈西北—东南走向，西北端较大，东南端较窄，西北部靠近田埂，保存较好，东南端为稻田，破坏较严重。Y1 直接挖坑于生土上，窑腔长径 1.60 米，短径 0.80 米，残高 0.48～0.96 米。无火膛，无火道，斜壁平底，窑壁清晰可见，厚约 0.05～0.08 米，呈青灰色，局部泛红。窑底有烧土层。窑顶残，烟囱不详。窑内堆积为红烧土、灰烬土混合物，呈灰褐色，较松软，包含物主要为陶器，器形有支座、罐、甗形器、陶拍、陶垫、纺轮、网坠等，也见有少量的石器。根据 Y1 的平剖面形状及出土的器物等分析，Y1 应是一个烧成坑，废弃后为垃圾坑。（图四三 A）

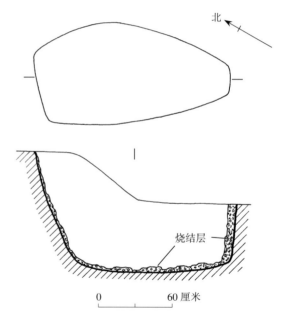

图四三 A　C 区·Y1 平、剖面图

2. 小件遗物

（1）**石镞**　8 件。青石质。通体精磨，面体光滑扁平，缘侧斜磨成薄刃。

2000YJY1：6，略残。有铤，镞身平面呈三角形，两面有脊，刃前聚成锋，扁尖铤。残长 7.8、宽 2.8、厚 0.6 厘米。（图四三 B，1；彩版四三，1）

2000YJY1：28，完整。有铤，镞身平面呈三角形，两面有脊，刃前聚成锋，锋刃锐尖，扁尖铤。长 6.5、宽 2.5、厚 0.5 厘米。（图四三 B，2；彩版四三，2）

2000YJY1：30，完整。有铤，镞身平面呈三角形，两面有脊，刃前聚成锋，锋刃锐尖，扁尖铤。长 6.7、宽 2.7、厚 0.6 厘米。（图四三 B，3；彩版四三，3）

2000YJY1：2，残。有铤。残长 4.6、残宽 1.6、厚 0.4 厘米。（图四三 B，4；彩版四三，4）

2000YJY1：3，残。无铤，刃前聚成锋，锋刃锐尖。残长2.9、宽2.1、厚0.3厘米。（图四三B，5；彩版四三，5）

2000YJY1：18，略残。无铤，刃前聚成锋，锋刃锐尖，尾部分叉呈双翼状。长5.2、宽3.0、厚0.3厘米。（图四三B，6；彩版四三，6）

2000YJY1：13，略残。无铤，刃前聚成锋，锋刃锐尖。长5.1、宽2.2、厚0.3厘米。（图四三B，7；彩版四三，7）

2000YJY1：4，修复。无铤，刃前聚成锋，锋刃锐尖，尾部分叉呈双翼状。长7.8、宽3.2、厚0.3厘米。（图四三B，8；彩版四三，8）

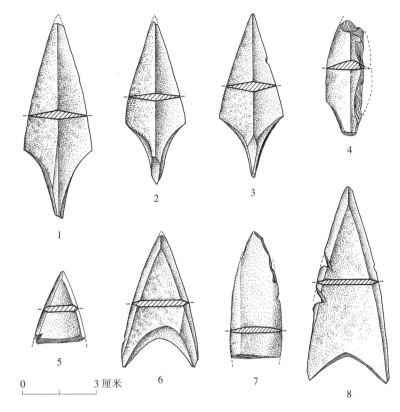

图四三B C区·Y1出土石镞

1. 2000YJY1：6 2. 2000YJY1：28 3. 2000YJY1：30 4. 2000YJY1：2 5. 2000YJY1：3
6. 2000YJY1：18 7. 2000YJY1：13 8. 2000YJY1：4

（2）垂腹小罐 1件。夹砂灰硬陶。

2000YJY1：7，修复。敛口，圆唇，溜肩，垂腹，凹底。轮制修整。素面。口径2.4、底径3.0、高2.4厘米。（图四三C，2；彩版四四，1）

（3）直腹罐 1件。泥质红陶。

2000YJY1：23，修复。侈口，尖唇，无领，圜底。口沿部见轮制痕迹，内腹有陶垫按压痕迹。口、腹部烧制变形。腹部饰云雷纹，底部饰篮纹。口径15.2、底径7.1、高14.0厘米。（图四三C，1）

（4）三足盘 5件。平底，素面，器内有轮制痕迹。

1）泥质灰硬陶 3件。

2000YJY1：15，略残。钵形盘，敛口，尖唇，腹较直，下附三凹面长三角形足，足外撇。足为手制拼接。口、腹部见一道裂痕。内沿下有刻符。口径12.2、底径6.8、通高9.8厘米。（图四三C，4；刻符图片72；彩版四四，2）

2000YJY1：35，三足残。盘钵形，侈口，尖圆唇；腹较直。器身轮制修整。内沿下有刻符。口径13.2、底径7.0、残高6.6厘米。（图四三C，5；刻符图片73）

2000YJY1：25，三足残。盘钵形，侈口，尖唇，腹较直。内沿下有刻符。残口径12.8、底径7.4、残高7.0厘米。（图四三C，6；刻符图片74）

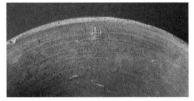
刻符图片72 2000YJY1：15 三足盘

刻符图片73 2000YJY1：35 三足盘

刻符图片74 2000YJY1：25 三足盘

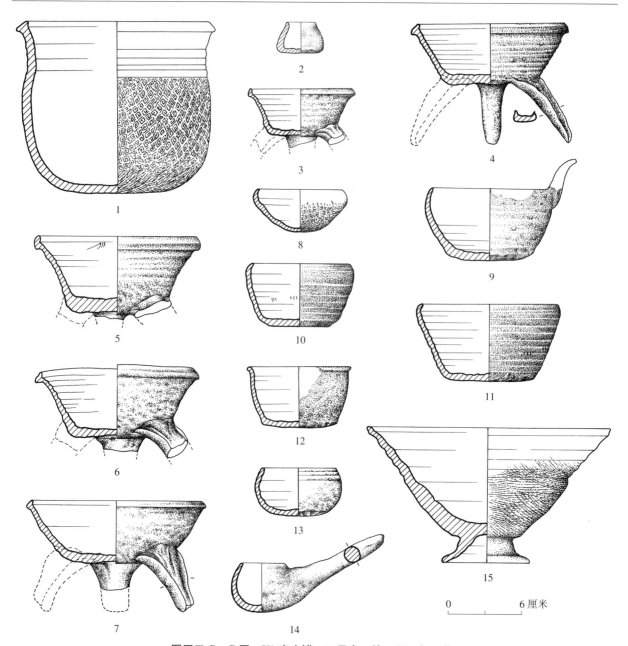

图四三C　C区·Y1出土罐、三足盘、钵、盂、勺、尊

1. 直腹罐 2000YJY1：23　2. 平底小罐 2000YJY1：7　3. 三足盘 2000YJY1：5　4. 三足盘 2000YJY1：15　5. 三足盘 2000YJY1：35　6. 三足盘 2000YJY1：25　7. 三足盘 2000YJY1：20　8. 盉形钵 2000YJY1：27　9. 带把钵 2000YJY1：19　10. 平底钵 2000YJY1：12　11. 平底钵 2000YJY1：14　12. 平底钵 2000YJY1：33　13. 盂 2000YJY1：34　14. 勺 2000YJY1：32　15. 尊 2000YJY1：26

2）泥质红陶　2件。

2000YJY1：5，三足残。盘钵形，侈口，尖唇，腹较直。口径8.5、残高4.6厘米。（图四三C，3）

2000YJY1：20，三足残。泥质红陶。盘钵形，侈口，方唇，腹较直。口径14.2、通高9.0厘米。（图四三C，7）

（5）盉形钵　1件。泥质灰硬陶。

2000YJY1：27，修复。侈口，尖唇内敛，斜直腹，圜底。口、腹部有轮旋痕迹。腹、底部饰云雷纹。口径7.2、通高3.4厘米。（图四三C，8；彩版四五，1）

（6）**平底钵**　3件。圆唇，平底，腹部见轮制痕迹，素面。

1）泥质灰硬陶　2件。

2000YJY1:12，修复。敛口，深腹，外腹微弧内收。底部亦见轮制痕迹。内腹有刻符。口径8.2、底径5.2、通高5.0厘米。（图四三C，10；刻符图片75；彩版四五，2）

2000YJY1:14，修复。敛口，斜深直腹。底部亦见轮制痕迹。外腹有刻符。口部烧制变形。口径11.2、底径7.0、通高6.2厘米。（图四三C，11；刻符图片76；彩版四五，3）

2）泥质红陶　1件。

2000YJY1:33，修复。微侈口，斜腹。口部亦有轮制痕迹。口径8.6、底径6.2、通高5.0厘米。（图四三C，12；彩版四五，4）

（7）**带把钵**　1件。夹砂灰陶。

2000YJY1:19，修复。敛口，斜腹，平底。沿上附一三角形矮把，把体微外翻。腹、底部见轮制痕迹。素面。口径9.8、底径5.2、通高8.6厘米。（图四三C，9；刻符图片77；彩版四五，5）

（8）**盂**　1件。夹砂灰硬陶。

2000YJY1:34，修复。微敛口，圆唇，鼓腹较深，圜底。腹、底部见轮制痕迹。素面。口径6.0、底径3.8、通高4.0厘米。（图四三C，13；彩版四四，3）

（9）**勺**　1件。泥质灰硬陶。

2000YJY1:32，修复。体作杯形，敛口，鼓腹，圜底，柄为圆柱状略往上翘。手制。素面。口径3.6、柄长8.0、通高6.4厘米。（图四三C，14；彩版四四，4）

（10）**尊**　1件。泥质红陶。

2000YJY1:26，修复。敞口，圆唇，高斜领，腹微弧，浅喇叭状圈足。口领部有轮制痕迹，底部与圈足粘接。腹部饰篮纹。内沿下有刻符。口径20.0、底径7.2、通高11.0厘米。（图四三C，15；刻符图片78；彩版四四，5）

（11）**支座**　1件。夹砂红陶。

2000YJY1:17，残。中部分叉，对距斜翘两个柱状支撑点，顶面圆形，下体残裂，内面略凹，外面堆塑凸形提手，分叉部有明显切割痕迹。素面。残长14.8厘米。（图四三D，1）

（12）**纺轮**　3件。两面平。素面。均泥质灰硬陶。

2000YJY1:16，完整。扁平形，周壁中间凸起一周折棱，折棱上下斜面略弧，中间有一两头大、中间小的穿孔。直径6.4、面径5.6、厚1.6厘米。（图四三D，2；彩版四六，1）

2000YJY1:1，完整。算珠形，中间有一直壁圆孔，周壁中间凸起一周折棱，折棱上下斜面斜直。斜面有刻符。直径4.3、面径2.6、厚2.0厘米。（图四三D，3；刻符图片79；彩版四六，2）

2000YJY1:9，完整。算珠形，中间有一直壁圆孔，周壁中间凸起一周折棱，折棱上下斜面斜

刻符图片75　2000YJY1:12 平底钵

刻符图片76　2000YJY1:14 平底钵

刻符图片77　2000YJY1:19 带把钵

刻符图片78　2000YJY1:26 尊

刻符图片79　2000YJY1:1 纺轮

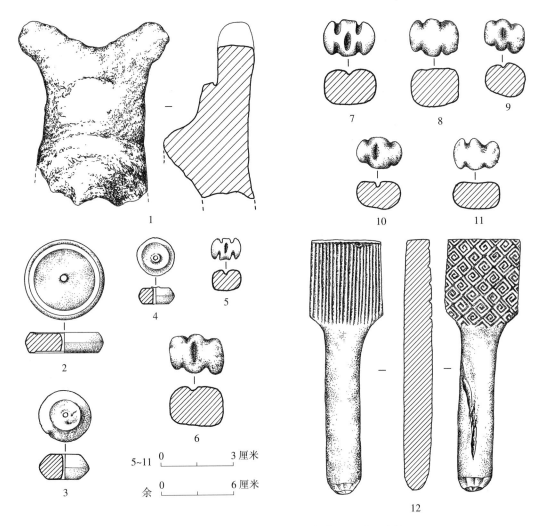

图四三 D　C 区·Y1 出土支座、纺轮、网坠、陶拍

1. 支座 2000YJY1：17　2. 纺轮 2000YJY1：16　3. 纺轮 2000YJY1：1　4. 纺轮 2000YJY1：9　5. 网坠 2000YJY1：8　6.

网坠 2000YJY1：24　7. 网坠 2000YJY1：29　8. 网坠 2000YJY1：10　9. 网坠 2000YJY1：11　10. 网坠 2000YJY1：21

11. 网坠 2000YJY1：22　12. 陶拍 2000YJY1：31

直。直径 3.0、面径 2.2、厚 1.2 厘米。（图四三 D，4；彩版四六，3）

（13）**网坠**　7 件。圆柱状，刻槽。

1）泥质灰硬陶　3 件。

2000YJY1：8，完整。两端圆弧，两面各刻两条凹槽，中间加刻一道凹槽。长 1.2、宽 0.8、厚 0.8 厘米。（图四三 D，5；彩版四六，4）

2000YJY1：24，完整。两端圆弧，两面共刻四条凹槽，中间加刻一条凹槽。长 2.3、宽 1.5、厚 1.5 厘米。（图四三 D，6；彩版四六，4）

2000YJY1：29，完整。两端圆弧，两面共刻四条凹槽，中间加刻一条凹槽。长 2.1、宽 1.5、厚 1.4 厘米。（图四三 D，7；彩版四六，4）

2）泥质灰陶　2 件。

2000YJY1：10，完整。两端较平，两面各刻两道凹槽。长 2.1、宽 1.5、高 1.5 厘米。（图四三 D，8；彩版四六，4）

2000YJY1:11，略残。两端圆弧，两面各刻两条凹槽，中间加刻一条凹槽。长 1.6、宽 1.3、高 1.4 厘米。（图四三 D，9；彩版四六，4）

3）泥质红陶　1 件。

2000YJY1:21，略残。两端较平，两面各刻两条凹槽，中间加刻一条凹槽。长 1.8、宽 1.3、厚 1.2 厘米。（图四三 D，10；彩版四六，4）

4）夹砂灰陶　1 件。

2000YJY1:22，完整。一端圆弧，一端较平，两面共刻四条凹槽。长 1.9、宽 1.3、厚 1.1 厘米。（图四三 D，11；彩版四六，4）

（14）陶拍　1 件。泥质灰硬陶。扁平状拍面。

2000YJY1:31，修复。拍面长方形，把手圆柱状，有裂纹。拍面一面刻云雷纹，一面刻篮纹。手工制作。长 20.3、宽 6.0、厚 2.3 厘米。（图四三 D，12；图四三 E；彩版四六，5）

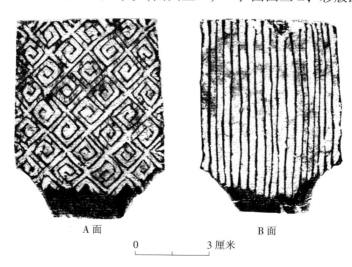

A 面　　　　　　　　　　B 面

0　　　　3 厘米

图四三 E　C 区·Y1 出土陶拍 2000YJY1:31 纹样拓片

A 面：云雷纹　B 面：篮纹

二　烧成坑 Y3

1. 遗迹

Y3 位于 CⅢ区，T4329 中部。开口于表土层下，打破生土。口部距地表约 0.15 米，平面形状不规则，北部呈圆弧状，南部两侧突起，中部内凹，保存较好。窑膛最大径 2.00 米，短径 1.04 米，残高 0.20～0.40 米。无火膛，无火道，斜壁平底，南部两侧及东部外凸的圆弧形明显经火熏烤，形成坚硬的窑壁，厚约 0.03～0.08 米，呈青灰色，局部泛红。窑底有烧土块。窑顶残，东部外凸的圆弧形壁可能是烟囱。窑内堆积为松软的灰土，包含物主要为陶器，器形有三足盘、支座、罐、甑形器、陶拍、陶垫、网坠等，也见有少量的石镞。根据 Y3 的平剖面形状及出土的器物等分析，Y3 应是一个烧成坑，废弃后为垃圾坑。（图四四 A）

2. 小件遗物

（1）石镞　1 件。

2000YJY3:11，残。青灰色沉积岩质。有铤，通体精磨，一面有脊，缘侧斜磨成薄刃。残长 3.6、宽 1.9、厚 0.3 厘米。（图四四 B，1；彩版四七，1）

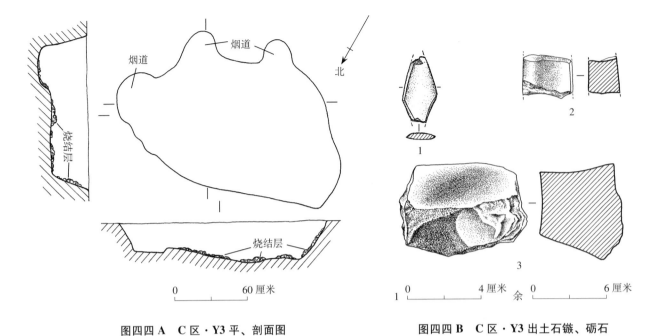

图四四 A　C区·Y3 平、剖面图

图四四 B　C区·Y3 出土石镞、砺石

1. 石镞 2000YJY3：11　2. 砺石 2000YJY3：13　3.
砺石 2000YJY3：8

（2）**砺石**　2件。

2000YJY3：8，残。黄白沉积岩质。器呈长方体，三面有磨制痕迹，外观光滑、平整，一面较粗糙，凹凸不平。残长10.6、宽7.8、厚6.6厘米。（图四四 B，3；彩版四七，2）

2000YJY3：13，残。青灰色沉积岩质。器呈长方形，四面都有磨制痕迹。残长3.2、宽4.0、厚2.4厘米。（图四四 B，2；彩版四七，3）

（3）**釜**　1件。泥质红陶。

2000YJY3：3，修复。直口微侈，宽沿，方唇，垂腹，圜底。口沿部见轮制修整痕迹，肩、腹、底内壁有陶垫按压痕迹。肩、腹饰云雷纹兼少量方格斜线纹，底部饰篮纹。沿上有刻符。口径18.4、腹径26.6、高19.8厘米。（图四四 C，1；刻符图片80；彩版四七，4）

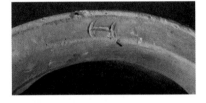

刻符图片80　2000YJY3：3 釜

（4）**器盖**　1件。泥质灰硬陶。

2000YJY3：24，修复。盖面斜直，平顶，圈足纽，纽周边对距饰四乳钉。器壁见轮制修整痕迹，纽和乳钉为粘接成型。素面。口径7.6、纽径4.1、通高5.2厘米。（图四四 C，2；彩版四七，5）

刻符图片81　2000YJY3：2 三足盘

（5）**三足盘**　2件。钵形，腹较直，平底。素面。

1）泥质灰硬陶　1件。

2000YJY3：7，三足残。侈口，圆唇，唇外翻。器壁内有轮制修整痕迹。口径11.4、底径7.6、残高7.2厘米。（图四四 C，3）

2）夹砂灰硬陶　1件。

2000YJY3：2，三足残。侈口，尖唇。外腹见轮制修整痕迹。内沿下有刻符。口径9.0、底径4.8、残高5.2厘米。（图四四 C，4；刻符图片81）

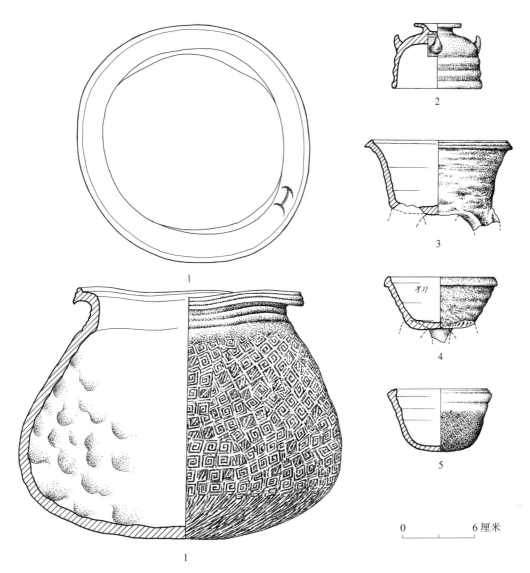

0   6厘米

图四四 C　C区·Y3 出土釜、器盖、三足盘、盂形钵

1. 釜 2000YJY3:3　2. 器盖 2000YJY3:24　3. 三足盘 2000YJY3:7　4. 三足盘 2000YJY3:2　5. 盂形钵 2000YJY3:12

（6）盂形钵　1 件。泥质灰硬陶。

2000YJY3:12，修复。侈口，圆唇，斜直腹，圜底。口、腹部有轮制修整痕迹。腹饰云雷纹，底饰篮纹。口径 7.8、高 5.0 厘米。（图四四 C，5；彩版四七，6）

（7）网坠　16 件。圆柱状，两端平，两面各刻两条凹槽，中间加刻一条凹槽。

1）泥质灰硬陶。15 件（彩版四八，1、2）。

2000YJY3:23，完整。长 1.4、宽 1.2、高 0.9 厘米。（图四四 D，1；彩版四八，2）

2000YJY3:10，略残。长 1.8、宽 1.2、高 1.0 厘米。（图四四 D，2；彩版四八，1）

2000YJY3:25，完整。长 1.5、宽 1.1、高 0.8 厘米。（图四四 D，3；彩版四八，2）

2000YJY3:20，完整。长 2.3、宽 1.5、高 1.5 厘米。（图四四 D，4；彩版四八，2）

2000YJY3:15，完整。长 1.9、宽 1.4、高 1.1 厘米。（图四四 D，5；彩版四八，1）

2000YJY3:21，完整。长 1.3、宽 1.0、高 1.0 厘米。（图四四 D，6；彩版四八，2）

2000YJY3:17，完整。手制。长 1.4、宽 1.1、高 0.8 厘米。（图四四 D，7；彩版四八，1）

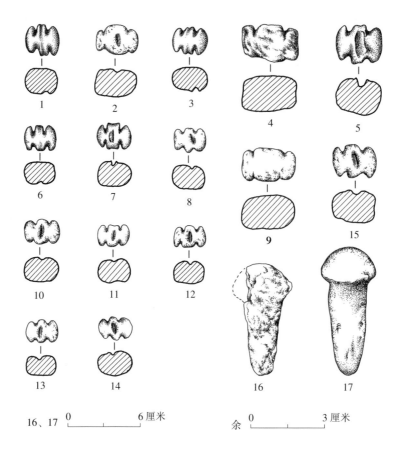

16、17　0 —————— 6厘米

余　0 —————— 3厘米

图四四D　C区·Y3出土网坠、陶垫

1. 网坠 2000YJY3：23　2. 网坠 2000YJY3：10　3. 网坠 2000YJY3：25　4. 网坠
2000YJY3：20　5. 网坠 2000YJY3：15　6. 网坠 2000YJY3：21　7. 网坠
2000YJY3：17　8. 网坠 2000YJY3：18　9. 网坠 2000YJY3：26　10. 网坠
2000YJY3：1　11. 网坠 2000YJY3：19　12. 网坠 2000YJY3：16　13. 网坠
2000YJY3：6　14. 网坠 2000YJY3：22　15. 网坠 2000YJY3：9　16. 陶垫
2000YJY3：14　17. 陶垫 2000YJY3：5

2000YJY3：18，完整。长1.3、宽1.0、高0.8厘米。（图四四D，8；彩版四八，1）

2000YJY3：26，略残。长2.2、宽1.3、高1.3厘米。（图四四D，9；彩版四八，1）

2000YJY3：1，完整。长1.5、宽1.0、高0.9厘米。（图四四D，10；彩版四八，1）

2000YJY3：19，完整。长1.4、宽0.9、高0.8厘米。（图四四D，11；彩版四八，2）

2000YJY3：16，完整。长1.4、宽0.8、高0.8厘米。（图四四D，12；彩版四八，2）

2000YJY3：6，完整。长1.3、宽0.9、高0.7厘米。（图四四D，13；彩版四八，2）

2000YJY3：22，完整。长1.4、宽0.9、高0.9厘米。（图四四D，14；彩版四八，1）

2000YJY3：4，完整。长1.2、宽0.9、高1.0厘米。（彩版四八，2）

2）泥质灰陶　1件。

2000YJY3：9，完整。长1.8、宽1.3、高1.1厘米。（图四四D，15；彩版四八，1）

（8）陶垫　2件。蘑菇状。圆锥状柄，垫面略鼓，两侧弧鼓。素面。

1）泥质灰硬陶　1件。

2000YJY3：5，完整。柄上见有刻符。垫面宽4.6、长10.4厘米。（图四四D，17；刻符图片

82；彩版四八，3）

2）泥质红陶　1件。

2000YJY3：14，残。背面微弧近平。垫面宽5.0、长9.2厘米。（图四四D，16；彩版四八，4）

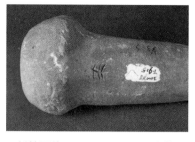

刻符图片82　2000YJY3：5 陶垫

三　烧成坑 Y9

1. 遗迹

Y9 位于 CⅡ区，T3532 东部，部分压在东隔梁下，因东隔梁处于灌溉渠主干道位置，不便清理，故 Y9 未清理完。Y9 开口于表土层下，打破生土。开口距地表0.10米，可见的平面形状为圆角三角形，窑膛最大径2.00米，窑壁平缓倾斜，从剖面看，由西端向东部逐渐向下倾斜，底部渐平，四壁及底部烧结成红褐色硬块，厚约0.05～0.07米，火膛、火道、烟道不清。坑内填土分2层：第1层深0～0.15米，厚0.08～0.15米，灰褐色土，土质紧密、细腻，含大量灰烬。包含物以陶器为主，可辨器形有垂腹罐、三足盘、盏等。第2层深0.08～0.86米，厚0～0.71米，西部较薄，东部较厚，灰黑色土，土质疏松，含大量炭屑，窑壁与灰黑土之间有一层细沙。出土遗物以陶器、石器为主，陶器有甗形器、罐、三足盘、器盖、支座、陶拍、陶垫、纺轮、杯、豆、网坠等，有很多器物有变形。石器则多见镞、斧等。根据 Y9 的结构和出土器物分析，Y9 应是烧成坑，废弃后作为垃圾坑使用。废弃的原因根据窑壁与填土间的细沙推断可能与洪水有关。（图四五A；彩版四九）

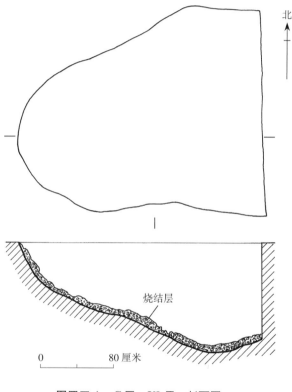

北

烧结层

0　　　　80 厘米

图四五A　C区·Y9平、剖面图

2. 小件遗物

（1）石斧　1件。

2003YJY9：53，完整。青石质。器呈长方形，平顶，两侧磨平，双面弧刃。长12.2、宽7.6、厚2.0厘米。（图四五B，1；彩版五〇，1）

（2）石镞　5件。有铤。

2003YJY9：63，略残。青石质。镞身呈长三角形，前为尖锋，两面有脊，两侧边对磨成薄刃，铤部两侧弧收。长4.6、宽1.4、厚0.3厘米。（图四五B，2；彩版五〇，5）

2003YJY9：17，完整。黄石质。镞身呈三角形，前为尖锋，两面有脊，两侧边对磨成刃，铤部两侧斜直，后收为尖顶。长4.5、宽2.0、厚0.5厘米。（图四五B，3；彩版五〇，5）

2003YJY9：13，残。青石质。锋残，两面有脊，两侧边对磨成刃，铤部两侧斜直，后收为尖

顶。通体磨制光滑。素面。残长 3.0、宽 2.1、厚 0.4 厘米。（图四五 B，4；彩版五〇，5）

2003YJY9：32，残。黄石质。残，脊不明显，一侧边单磨成刃。残长 3.2、残宽 1.8、厚 0.3 厘米。（图四五 B，5；彩版五〇，3）

2003YJY9：27，残。流纹青石质。镞身呈长三角形，前锋稍残，两面有脊，两侧边对磨成薄刃，铤部两侧斜直。残长 10.1、宽 3.2、厚 0.6 厘米。（图四五 B，7；彩版五〇，2）

（3）石凿 1 件。

2003YJY9：2，残。青石质。面呈梯形，刃部较宽，平顶，单面斜刃，中部对钻一圆孔，两侧平滑。长 3.6、宽 1.8、厚 0.5 厘米。（图四五 B，6；彩版五〇，4）

（4）甑形器 3 件。器壁内外多有轮制痕。

1）泥质灰陶 1 件。

2003YJY9：44，修复。上为甑体，敞口，宽卷沿，尖唇，直腹微收，底内折成箅托，下连釜体；釜鼓折肩，斜腹内收，凹底。甑体轮制痕迹明显，釜内壁有垫窝。釜面通饰篮纹。口径 21.8、腰径 13.7、通高 18.3 厘米。（图四五 C，1；彩版五〇，6）

2）泥质红陶 1 件。

2003YJY9：84，修复。上为甑体，敞口，斜折沿，尖圆唇，中腹微鼓，下腹斜收，底内平折为箅托，下与釜体相连；釜体鼓折肩，斜腹内收，凹底。甑体内外有轮旋纹，釜内壁有垫窝。釜面通饰篮纹。口径 27.4、腰径 13.0、通高 30.8 厘米。（图四五 C，2；彩版五〇，7）

3）夹砂红陶 1 件。

2003YJY9：92，残，仅存甑体。斜折沿。侈口，圆唇，中腹微鼓，下腹斜收，底内平折为箅托。素面。内沿下有刻符。口径 27.0、残高 15.2 厘米。（图四五 C，3；刻符图片 83）

（5）釜 5 件。口领部轮制修整。

1）灰硬陶 2 件。

2003YJY9：46，腹部以下残。直口，平折宽沿，尖圆唇，高领，垂腹。腹内壁有垫窝。腹部饰席纹。口径 18.0、残高 16.2 厘米。（图四五 C，4）

2003YJY9：45，修复。直口，平折宽沿，圆唇，矮领，垂腹，凹底。唇面轮制二道凹弦纹，腹、底内见陶垫按压印迹。腹部饰云雷纹，底部饰篮纹。口沿上有刻符。口径 18.8、腹径 24.8、

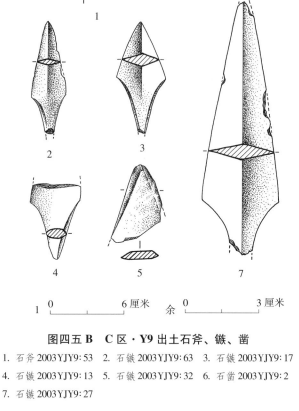

图四五 B　C 区·Y9 出土石斧、镞、凿

1. 石斧 2003YJY9：53　2. 石镞 2003YJY9：63　3. 石镞 2003YJY9：17
4. 石镞 2003YJY9：13　5. 石镞 2003YJY9：32　6. 石凿 2003YJY9：2
7. 石镞 2003YJY9：27

刻符图片 83　2003YJY9：92 甑形器

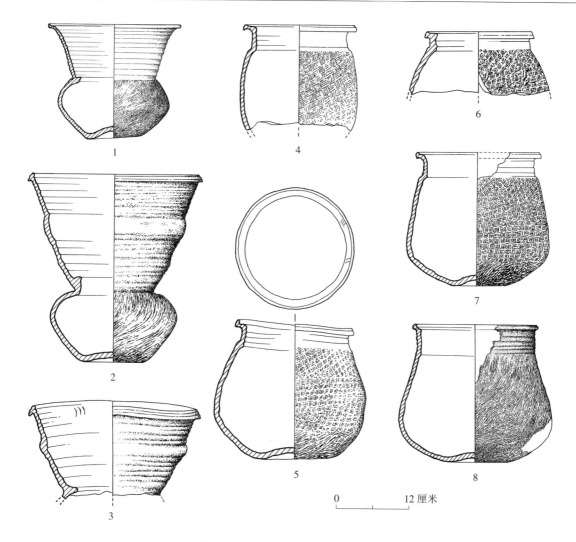

图四五 C　C 区·Y9 出土甑形器、釜

1. 甑形器 2003YJY9:44　2. 甑形器 2003YJY9:84　3. 甑形器 2003YJY9:92　4. 釜 2003YJY9:46　5. 釜 2003YJY9:45

6. 釜 2003YJY9:85　7. 釜 2003YJY9:67　8. 釜 2003YJY9:95

底径 12.0、通高 21.6 厘米。（图四五 C，5；刻符图片 84；彩版五一，1）。

2）泥质红硬陶　1 件。

2003YJY9:85，腹部以下残。敛口，平折宽沿，矮领。唇面轮制二道凹弦纹，腹内壁有陶垫按压印迹。腹部饰云雷纹。口径 17.6、残高 10.0 厘米。（图四五 C，6）

刻符图片 84　2003YJY9:45 釜

3）泥质灰陶　1 件。

2003YJY9:67，修复。直口微敛，平折宽沿，圆唇，高领，垂腹，凹底。腹、底内壁见陶垫按压印迹。腹部饰云雷纹，底部饰篮纹。口径 20.4、腹径 23.6、底径 8.5、通高 21.6 厘米。（图四五 C，7；彩版五一，2）

4）夹砂灰陶　1 件。

2003YJY9:95，修复。直口，斜折沿，圆唇，高领，垂腹，凹底。唇面有一道凹弦纹，腹、底内壁有陶垫按压印迹。腹、底部通饰篮纹。口径 20.5、腹径 25.5、底径 10.4、通高 22.0 厘米。

（图四五 C，8；彩版五一，3）

　　（6）**支座**　4件。素面。

　　1）灰硬陶　1件。

　　2003YJY9：42，修复。上体斜翘，圆形顶面，中部前后延伸两个圆形支撑点，下体较粗，厚饼足。器表尚见明显按捺痕迹。底径10.5、顶径3.6、通高19.6厘米。（图四五 D，1）

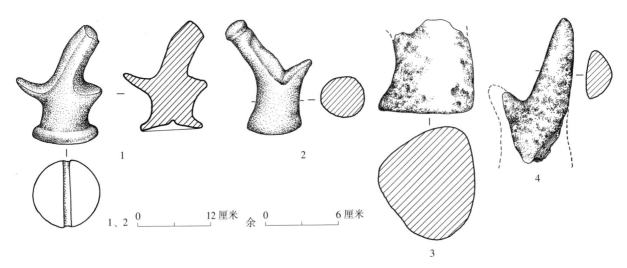

图四五 D　C区·Y9 出土支座

1. 2003YJY9：42　2. 2003YJY9：7　3. 2003YJY9：26　4. 2003YJY9：12

　　2）夹砂红陶　3件。

　　2003YJY9：7，修复。中部分叉，上体斜翘，圆面顶，中部外伸一矮三角形支撑点，底斜平。器面尚见捏制、刮削痕迹。底径9.2、顶径4.0、通高19.0厘米。（图四五 D，2；彩版五一，4）

　　2003YJY9：26，上部残缺。残高7.6厘米。（图四五 D，3）

　　2003YJY9：12，柱体残。仅存三角形支撑点，弧背。残高11.6厘米。（图四五 D，4）

　　（7）**高领鼓肩罐**　5件。口领部轮制修整，肩部饰云雷纹，肩内壁有垫窝或按压痕迹。

　　1）灰硬陶　2件。

　　2003YJY9：35，肩部以下残。侈口，斜沿外卷，圆唇。唇面轮制一组凹弦纹。口径20.5、残高8.0厘米。（图四五 E，1）

　　2003YJY9：76，肩部以下残。侈口，平折宽沿。唇面有一道凹弦纹，口径25.2、残高10.0厘米。（图四五 E，2）

　　2）泥质灰陶　1件。

　　2003YJY9：90，肩部以下残。侈口，斜折沿。口径19.6、残高10.4厘米。（图四五 E，3）

　　3）泥质红陶　1件。

　　2003YJY9：43，修复。直口微侈，平折宽沿，圆唇，斜腹，凹底。底内壁有陶垫按压印迹。腹、底部饰篮纹。口径21.2、底径10.0、高28.8厘米。（图四五 E，4；彩版五二，1）

　　4）夹砂灰陶　1件。

　　2003YJY9：34，残。侈口，斜沿。口径23.3、残高7.2厘米。（图四五 E，5）

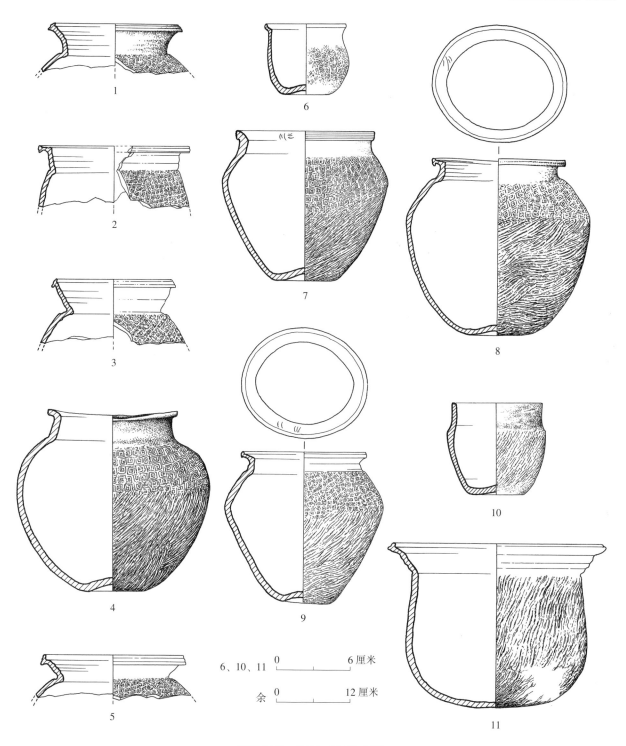

图四五E　C区·Y9出土罐

1. 高领鼓肩罐 2003YJY9:35　2. 高领鼓肩罐 2003YJY9:76　3. 高领鼓肩罐 2003YJY9:90　4. 高领鼓肩罐 2003YJY9:43　5. 高领鼓
肩罐 2003YJY9:34　6. 鼓腹小罐 2003YJY9:49　7. 矮领鼓肩罐 2003YJY9:77　8. 矮领鼓肩罐 2003YJY9:33　9. 矮领鼓肩罐
2003YJY9:64　10. 直腹小罐　2003YJY9:60　11. 直腹罐 2003YJY9:79

（8）鼓腹小罐　1件。夹砂红陶。

2003YJY9:49，修复。侈口，尖圆唇，矮领，鼓肩，内弧腹，凹底。口领部轮制，肩至
底内壁有陶垫按压印迹。通体面饰云雷纹。口径6.6、底径4.0、高5.6厘米。（图四五E，

6；彩版五一，5）

（9）**矮领鼓肩罐**　3件。矮领，斜腹，凹底。口领部多轮制修整，肩至底内壁见陶垫按压印迹。肩部饰云雷纹，腹、底部饰篮纹。

1）灰硬陶　2件。

2003YJY9：77，修复。敛口，斜折宽沿，圆唇。唇面有一组轮制细弦纹。口沿上有刻符。口径22.6、肩径27.0、底径10.0、高24.4厘米。（图四五E，7；刻符图片85；彩版五二，2）

刻符图片85　2003YJY9：77
矮领鼓肩罐

2003YJY9：33，修复。直口，平折宽沿，圆唇外翻。唇面有一组轮制细弦纹。口沿上有刻符。口径22.4、底径10.4、高28.4厘米。（图四五E，8；刻符图片86；彩版五二，3）

刻符图片86　2003YJY9：33
矮领鼓肩罐

2）泥质红陶　1件。

2003YJY9：64，修复。微敛口，平折宽沿，尖唇。口领部尚见轮旋复原痕迹，肩至底内壁有垫窝。口沿上有刻符。口径20.4、底径8.3、肩径26.0、高24.4厘米。（图四五E，9；刻符图片87；彩版五二，4）

刻符图片87　2003YJY9：64
矮领鼓肩罐

（10）**直腹小罐**　1件。泥质红陶。

2003YJY9：60，残。直口，近直腹，凹底。腹内见陶垫按压印迹。通体面饰云雷纹。口径7.6、肩径8.2、底径4.3、高7.6厘米。（图四五E，10）

（11）**直腹罐**　1件。泥质红陶。

2003YJY9：79，修复。敞口，尖圆唇，无领，圜底。口沿部尚见轮制痕迹，腹、底内壁有垫窝。腹、底部通饰篮纹。口径17.4、腹径15.2、高13.3厘米。（图四五E，11；彩版五一，6）

刻符图片88　2003YJY9：74 器盖

（12）**器盖**　6件。素面。

1）泥质红陶　3件。

2003YJY9：19，纽残。侈口，端缘内敛，盖面斜直，顶起台面。器内外有轮旋痕迹。口径18.2、残高5.6厘米。（图四五F，1）

2003YJY9：56，修复。侈口，盖面斜折起台面，圈足纽。器内底有轮旋纹。口径18.4、纽径9.2、通高8.0厘米。（图四五F，2；彩版五三，1）

2003YJY9：37，纽残。盖面斜直，平顶。内底有一组轮旋纹，器面见轮制痕迹。素面。残高4.8厘米。（图四五F，3）

2）泥质黄陶　2件。

2003YJY9：74，修复。口外撇，盖面斜折，顶起台面，圈足纽。轮制修整。内沿有刻符。口径23.2、纽径8.6、通高8.0厘米。（图四五F，4；刻符图片88；彩版五三，2）

2003YJY9：69，修复。口外撇，盖面斜折，顶起台面，圈足纽。器壁有轮旋纹。口径23.3、纽径9.4、通高9.2厘米。（图四五F，5；彩版五三，3）

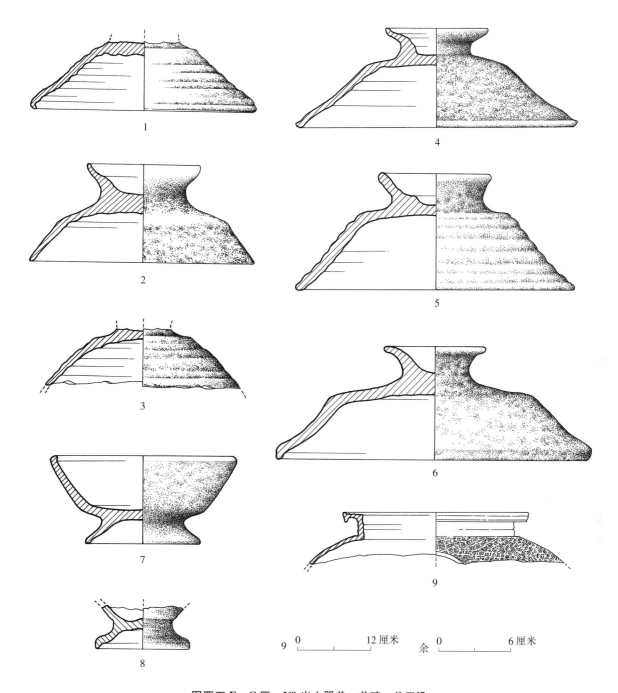

图四五F　C区·Y9 出土器盖、盖碗、瓮口沿

1. 器盖 2003YJY9：19　2. 器盖 2003YJY9：56　3. 器盖 2003YJY9：37　4. 器盖 2003YJY9：74　5. 器盖 2003YJY9：69　6. 器盖
2003YJY9：94　7. 盖碗 2003YJY9：91　8. 盖碗 2003YJY9：10　9. 瓮口沿 2003YJY9：93

3）夹砂红陶　1件。

2003YJY9：94，修复。盖面曲弧起台面，圈足纽。内壁见一组轮旋纹，器表有旋削痕迹。口径
26.0、纽径8.4、通高9.0厘米。（图四五F，6；彩版五三，4）

（13）**盖碗**　2件。平底，轮制，素面。

1）灰硬陶　1件。

2003YJY9：10，腹以上残。直腹，内底中心饰乳钉，底下附圈足。器面尚见轮制痕迹。

圈足上有刻符。足径7.8、残高3.4厘米。（图四五F，8；刻符图片89）

2）泥质灰陶　1件。

2003YJY9：91，修复。敞口，尖唇，弧腹。下附圈足，足外撇。器壁内外有轮制痕迹。口径14.8、足径9.4、通高7.2厘米。（图四五F，7；彩版五三，5）

（14）瓮　1件。红硬陶。

2003YJY9：93，肩部以下残。敛口，平折宽沿，圆唇外翻，矮领，鼓肩。口领部轮制修整，沿面轮制一组细弦纹，肩内壁有陶垫按压印迹。肩饰云雷纹。口径30.8、残高8.4厘米。（图四五F，9）

（15）三足盘　16件。平底。

1）灰硬陶　9件。

2003YJY9：47，三足残。盘钵形，敞口，斜沿，尖唇，斜直腹较深。器内外有轮制弦纹。口径12.0、残高6.6厘米。（图四五G，1）

2003YJY9：57，修复。盘钵形，侈口，斜沿，尖唇微内敛，下承三足。足呈长三角形，面凹。器壁内外均有轮制痕迹，足为手工捏制拼接。素面。口径14.0、通高12.6厘米。（图四五G，2；彩版五四，1）

2003YJY9：21，三足残。盘钵形，侈口，尖圆唇。器壁内外有轮制痕迹。内底有刻符。素面。口径12.1、残高4.4厘米。（图四五G，3；刻符图片90；彩版五三，6）

2003YJY9：72，足尖残。盘形。敞口，斜沿，尖唇微敛，下附三足，足呈长三角形、面凹。内底有轮制痕迹，足为手工捏制拼接。素面。内沿下有刻符。口径12.6、残高8.0厘米。（图四五G，4；刻符图片91）

2003YJY9：24，足残。盘敞口，圆唇微内敛，斜腹，下承三足，足面略凹。盘身轮制，器内外有一组轮旋纹，足为手工捏制拼接。素面。内沿下有刻符。内底粘连外器残片。口径12.6、残高7.4厘米。（图四五G，5；刻符图片92）

2003YJY9：31，修复。盘敞口，尖唇微内敛，浅斜腹，下承三足，足呈长三角形，面凹。内壁尚见轮制痕迹，足为手工捏制拼接。素面。内沿下有刻符。口径11.8、残高6.2厘米。（图四五G，6；刻符图片93；彩版五四，2）

2003YJY9：65，修复。盘敞口，尖唇微内敛，斜腹，下承三足，足呈长三角形，凹面。器壁内外有轮制痕迹，足为手工捏制。素面。内沿下和内底均有刻符。口径11.0、通高10.4厘米。（图四五G，7；刻符图片94；彩版五四，3）

刻符图片89　2003YJY9：10 盖碗

刻符图片90　2003YJY9：21 三足盘

刻符图片91　2003YJY9：72 三足盘

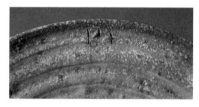

刻符图片92　2003YJY9：24 三足盘

刻符图片93　2003YJY9：31 三足盘

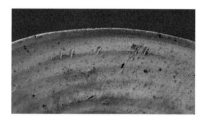

刻符图片94　2003YJY9：65 三足盘

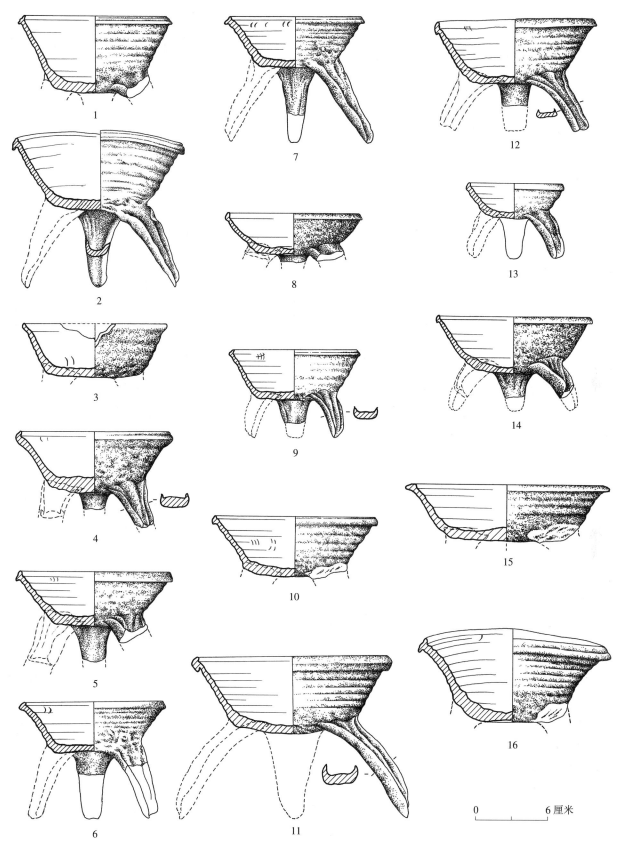

图四五 G C区·Y9 出土三足盘

1. 2003YJY9：47　2. 2003YJY9：57　3. 2003YJY9：21　4. 2003YJY9：72　5. 2003YJY9：24　6. 2003YJY9：31　7. 2003YJY9：65
8. 2003YJY9：16　9. 2003YJY9：38　10. 2003YJY9：71　11. 2003YJY9：55　12. 2003YJY9：8　13. 2003YJY9：36　14. 2003YJY9：3
15. 2003YJY9：48　16. 2003YJY9：28

2003YJY9：16，足残。盘敞口，尖唇，浅斜腹，近平底，下附三足。内壁尚见轮制痕迹，足为手工捏制拼接。素面。口径11.0、残高4.0厘米。（图四五G，8）

2003YJY9：38，修复。盘敞口，尖唇，斜腹，下承三足，足呈长三角形，凹面。内壁有一组轮旋纹，足为手工捏制拼接。素面。内沿下有刻符。口径10.4、通高7.2厘米。（图四五G，9；刻符图片95；彩版五四，4）

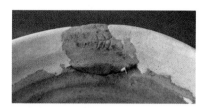

刻符图片95　　2003YJY9：38 三足盘

2）泥质灰陶　1件。

2003YJY9：71，三足残。盘钵形，敞口，尖唇外翻，浅斜腹。内底有一组轮制弦纹。素面。内腹有刻符。口径13.4、残高5.2厘米。（图四五G，10；刻符图片96）

刻符图片96　　2003YJY9：71 三足盘

3）泥质红陶　5件。

2003YJY9：55，修复。盘钵形，敞口，卷沿，下承三足，足呈长三角形，面凹、外张。器壁有轮制痕迹。素面。口径16.2、通高13.2厘米。（图四五G，11；彩版五四，5）

2003YJY9：8，修复。盘钵形，敞口，尖唇，浅腹，下承三足，足呈长三角形，面凹。壁内外有轮旋痕迹，足面尚见刮削修整痕迹。素面。内沿下有刻符。口径13.4、通高9.2厘米。（图四五G，12；刻符图片97；彩版五四，6）

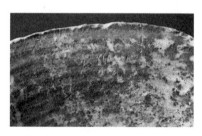

刻符图片97　　2003YJY9：8 三足盘

2003YJY9：36，足残。盘钵形，敞口，尖圆唇，浅腹，下存一足，足呈三角形，面略凹。器壁内见轮制痕迹，足为手工捏制。素面。口径8.0、残高6.2厘米。（图四五G，13）

2003YJY9：3，足残。盘敞口，尖唇，斜腹，下承三足，足面凹。内壁有轮制痕迹，足为手工捏制。素面。内沿下有刻符。口径12.8、残高6.6厘米。（图四五G，14；刻符图片98）

刻符图片98　　2003YJY9：3 三足盘

2003YJY9：48，三足残。盘盆形，敞口，卷沿，浅腹稍鼓。内底尚见轮制痕迹，表面光洁。素面。口径16.4、残高4.8厘米。（图四五G，15）

4）夹砂灰陶　1件。

2003YJY9：28，足残。盘钵形，敞口，斜沿，尖圆唇，腹较深。器内外有轮制弦纹。内沿下有刻符。烧制时器内产生鼓泡。口径15.2、残高7.6厘米。（图四五G，16；刻符图片99）

刻符图片99　　2003YJY9：28 三足盘

（16）**盂形钵**　1件。灰硬陶。

2003YJY9：39，腹部以下残。侈口，斜沿，尖唇，斜直腹。口沿部尚见轮制痕迹，腹内壁有垫窝。腹部饰云雷纹。口径13.0、残高6.4厘米。（图四五H，1）

（17）**平底钵**　10件。

1）灰硬陶　4件。

2003YJY9：11，修复。微侈口，尖唇，斜腹较深，平底。器壁见轮制痕迹，外底有旋削痕。素

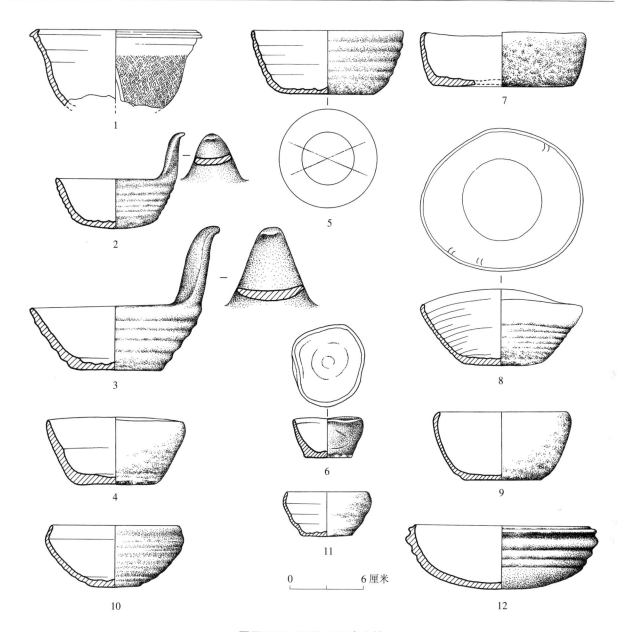

图四五 H　C区·Y9 出土钵

1. 盔形钵 2003YJY9∶39　2. 带把钵 2003YJY9∶54　3. 带把钵 2003YJY9∶23　4. 平底钵 2003YJY9∶11　5. 平底钵
2003YJY9∶66　6. 平底钵 2003YJY9∶73　7. 平底钵 2003YJY9∶87　8. 平底钵 2003YJY9∶68　9. 平底钵 2003YJY9∶22
10. 平底钵 2003YJY9∶80　11. 平底钵 2003YJY9∶89　12. 平底钵 2003YJY9∶9

面。口径 11.2、底径 6.6、高 5.4 厘米。（图四五 H，4；彩版
五五，1）

　　2003YJY9∶66，修复。敛口，尖唇，腹较深，平底。外壁及内
底有一组轮制弦纹。素面。外底有刻符。口径 12.4、底径 8.2、
高 5.2 厘米。（图四五 H，5；刻符图片 100；彩版五五，2）

　　2003YJY9∶73，修复。敛口，尖唇，内底饰乳钉，外底平，器
形较小，器物部分变形。器壁有轮制痕迹，外底见旋削痕。口径
5.6、底径 4.0、高 3.1 厘米。（图四五 H，6；彩版五五，3）

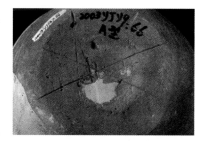

刻符图片 100　2003YJY9∶66 平底钵

2003YJY9:9，修复。子口内敛，圆唇，浅圆腹，圜底。外壁有一组凸弦纹，外底有旋修痕迹。素面。口径14.6、高5.1厘米。（图四五H，12；彩版五五，4）

2）泥质灰陶　4件。

2003YJY9:87，残。敛口，圆唇，浅腹，平底。器壁尚见轮制痕迹，外底有旋削痕。口径13.4、高4.4厘米。（图四五H，7）

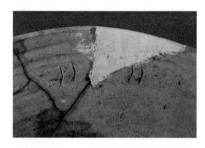

刻符图片 101　2003YJY9:68 平底钵

2003YJY9:68，修复。敛口，尖圆唇，腹较深，平底。器壁内外尚见轮制痕迹，内底有一组轮制弦纹。素面。内沿下有刻符。烧制变形。口径13.4、底径6.4、高6.1厘米。（图四五H，8；刻符图片101；彩版五五，5）

2003YJY9:22，修复。敛口，圆唇，内弧腹，腹较深，平底。轮制修整。素面。口径10.6、底径6.6、高5.6厘米。（图四五H，9；彩版五五，6）

刻符图片 102　2003YJY9:54 带把钵

2003YJY9:89，残。敛口，尖唇，浅圆腹，平底。腹部起凸棱，内底有一组轮制弦纹，外底有旋削痕，器物略有变形。素面。口径6.6、底径4.1、高3.6厘米。（图四五H，11）

3）泥质红陶　2件。

2003YJY9:80，修复。敛口，圆唇，浅圆腹，平底。器表尚见轮制痕迹，表面光洁。素面。口径10.6、底径4.2、高5.0厘米。（图四五H，10；彩版五五，7）

2003YJY9:59，修复。微侈口，尖圆唇，斜腹较深，平底。轮制修整，外底见旋削痕。素面。口径10.6、底径5.2、高4.8厘米。（彩版五五，8）

（18）带把钵　2件。敞口，圆唇，口部附一把手，把面呈舌形，直立、顶部外翻。把手为手工捏制拼接。素面。

1）泥质灰陶　1件。

2003YJY9:54，修复。唇微内敛，深腹内弧，圜底。器壁内外有轮制弦纹。外底有刻符。口径9.4、通高8.1厘米。（图四五H，2；刻符图片102；彩版五六，1）

2）泥质红陶　1件。

2003YJY9:23，修复。把直立、尖顶外翻，斜腹，平底。外壁及内底有一组轮制弦纹。口径13.0、通高12.1厘米。（图四五H，3；彩版五六，2）

（19）豆　3件。素面。

1）灰硬陶　2件。

2003YJY9:25，修复。敞口，平沿，浅斜腹，下承空心高节把，圈足底座。器面有轮制痕迹。把体有竹节状凸弦纹。口径19.4、足径11.0、通高12.0厘米。（图四五I，1；彩版五六，3）

2003YJY9:20，残。敛口，尖唇，斜直腹，外底平，把残。器内尚见轮制痕迹。口径13.6、残高5.0厘米。（图四五I，3；彩版五六，5）

2）泥质灰陶　1件。

2003YJY9:83，修复。微敛口，尖唇，内弧腹，平底，喇叭状矮圈足。内底尚见轮旋纹。口径10.0、足径7.0、通高6.0厘米。（图四五I，2；彩版五六，6）

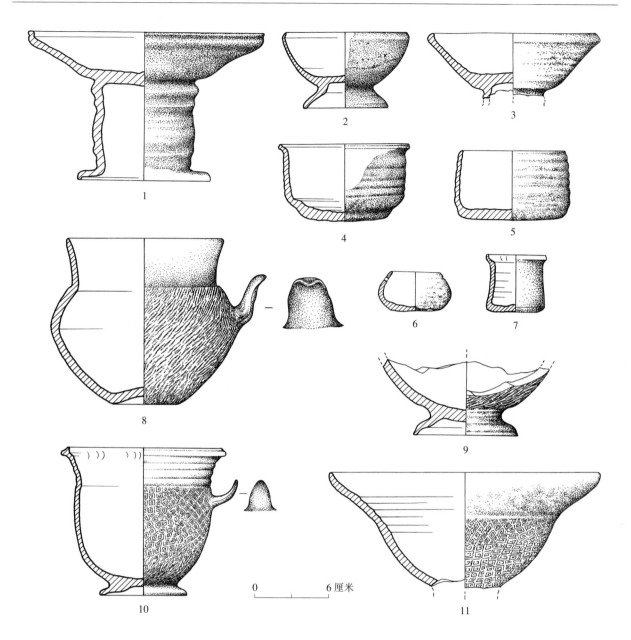

图四五I　C区·Y9 出土豆、盂、杯、壶、尊

1. 豆 2003YJY9∶25　2. 豆 2003YJY9∶83　3. 豆 2003YJY9∶20　4. 盂 2003YJY9∶30　5. 盂 2003YJY9∶82　6. 盂 2003YJY9∶5　7. 杯 2003YJY9∶86　8. 壶 2003YJY9∶75　9. 尊 2003YJY9∶62　10. 尊 2003YJY9∶40　11. 尊 2003YJY9∶6

（20）壶　1件。泥质红陶。

2003YJY9∶75，修复。无流，直口微侈，尖圆唇，高领，鼓肩，斜腹内收，凹底，肩部附一舌形錾手，錾体斜立，外弧卷。口领部尚见轮制痕迹，肩至底内壁有垫窝，錾体手工捏制后拼接成型。通体面饰篮纹。口径 12.8、底径 5.4、高 13.6 厘米。（图四五I，8；彩版五六，4）

（21）盂　3件。均为灰硬陶。平底，外底有旋削痕迹，素面。

2003YJY9∶30，修复。侈口，圆唇，直腹下收。唇面有一道凹弦纹，器内外均有轮旋纹。口径10.8、底径7.0、高6.2厘米。（图四五I，4；彩版五七，1）

2003YJY9∶82，略残。直口，尖唇微敛，直腹。器壁内外均有轮制弦纹。外壁有刻符。表面光

洁。口径 8.6、底径 8.2、高 5.6 厘米。（图四五 I，5；刻符图片
103；彩版五七，2）

2003YJY9：5，修复。敛口，圆唇，口径小于腹径，垂腹，腹
部有一穿孔，并等距饰凹点纹。内腹有轮制痕迹。口径 4.1、底径
3.6、高 3.2 厘米。（图四五 I，6；彩版五七，3）

（22）**杯**　1 件。泥质红陶。

2003YJY9：86，修复。侈口，尖唇，束颈，深腹略垂，平底。
内壁尚见轮旋纹，内底中心饰乳突。素面。内沿有刻符。口径
5.0、底径 5.0、高 4.6 厘米。（图四五 I，7；刻符图片 104；彩版
五七，4）

刻符图片 103　2003YJY9：82 盂

刻符图片 104　2003YJY9：86 杯

（23）**尊**　3 件。均为灰硬陶。腹内有陶垫按压印迹。

2003YJY9：62，腹部以上残。斜腹，内弧底，下承圈足。内
底见陶垫按压印迹，圈足轮制修整。腹部饰篮纹。足径 8.8、残
高 6.0 厘米。（图四五 I，9）

2003YJY9：40，修复。侈口，尖唇，高领，弧腹，内底弧，下
承圈足。腹部附一錾手，錾面舌形，横立、上折，口领部见轮制
痕迹，底内亦有垫窝，錾手及圈足为手工捏制拼接。口沿内有刻
符。腹部饰云雷纹。口径 12.8、足径 7.2、通高 12.0 厘米。（图四
五 I，10；刻符图片 105；彩版五七，5）

2003YJY9：6，圈足残。敞口，圆唇微内敛，腹微弧，高领。
口领部见一组轮旋纹。腹部饰云雷纹。口径 22.4、残高 9.6 厘米。（图四五 I，11）

刻符图片 105　2003YJY9：40 尊

（24）**纺轮**　1 件。泥质灰陶。

2003YJY9：81，完整。扁平状，体圆，中有一圆形穿孔。周壁中间凸起一周凸棱。轮制修整。
素面。直径 4.6、面径 3.9、厚 1.2 厘米。（图四五 J，1；彩版五八，1）

（25）**网坠**　9 件。均为灰硬陶。圆柱状，两面各刻两道横凹槽，中部加刻一道横凹槽。

2003YJY9：1，完整。一端较圆，一端稍平。长 1.9、宽 1.5、厚 1.4 厘米。（图四五 J，2；彩
版五八，3）

2003YJY9：78，完整。两端稍圆。长 1.7、宽 1.1、厚 1.0 厘米。（图四五 J，3；彩版五八，3）

2003YJY9：58，完整。一端较平，一端稍圆。长 1.5、宽 1.3、厚 0.8 厘米。（图四五 J，4；彩
版五八，3）

2003YJY9：51，完整。一端较平，一端稍圆。长 1.4、宽 0.9、厚 1.1 厘米。（图四五 J，5；彩
版五八，3）

2003YJY9：15，完整。两端稍圆。长 1.7、宽 1.1、厚 0.7 厘米。（图四五 J，6；彩版五八，3）

2003YJY9：14，完整。两端较圆。长 1.5、宽 1.1、厚 0.7 厘米。（图四五 J，7；彩版五八，3）

2003YJY9：52，完整。一端较平，一端稍圆。长 1.4、宽 0.9、厚 0.9 厘米。（图四五 J，8；彩
版五八，3）

2003YJY9：18，完整。两端较圆。长 1.2、宽 0.9、厚 0.4 厘米。（图四五 J，9；彩版五八，3）

2003YJY9：88，完整。两端稍平。长 1.5、宽 0.9、厚 0.6 厘米。（图四五 J，10；彩版五八，3）

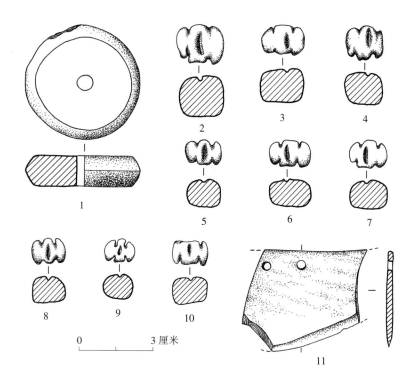

图四五J　C区·Y9出土纺轮、网坠、刀

1. 纺轮 2003YJY9：81　2. 网坠　2003YJY9：1　3. 网坠 2003YJY9：78　4. 网坠 2003YJY9：58　5. 网坠 2003YJY9：51　6. 网坠 2003YJY9：15　7. 网坠 2003YJY9：14　8. 网坠 2003YJY9：52　9. 网坠 2003YJY9：18　10. 网坠 2003YJY9：88　11. 刀 2003YJY9：61

（26）**刀**　1件。灰硬陶。

2003YJY9：61，残。马鞍形，弧背，一端明显内弧，器中部近背处饰两圆形穿孔，单面斜刃。一面有横向刻划细线，另面素。残长4.9、中宽3.8、厚0.3厘米。（图四五J，11）

（27）**陶垫**　2件。蘑菇状。素面。

1）泥质红陶　1件。

2003YJY9：29，完整。垫面较宽，微弧，中连圆锥形把手。垫顶宽7.4、长10.2厘米。（图四五K，1；彩版五八，2）

2）泥质黄陶　1件。

2003YJY9：50，把手残。垫面圆弧。垫顶宽7.6、残长4.2厘米。（图四五K，2）

（28）**陶拍**　3件。均为灰硬陶。扁平状拍面。

2003YJY9：70，残。拍面为长方形，一面刻云雷纹，一面刻篮纹，两侧平整，把手扁圆状，断裂。残长7.6、宽4.0、厚1.8厘米。（图四五K，3；图四五L，2）

2003YJY9：41，完整。拍面为长方形，一面刻云雷纹，一面刻篮纹，在篮纹刻面一侧加刻曲折纹，把手为扁状圆柱体，尾端平整。长17.6、宽5.6、厚2.2厘米。（图四五K，5；图四五L，1；彩版五八，4、5）

2003YJY9：4，残。仅存拍把，扁圆柱体，尾端平整。器面削修痕迹明显。素面。残长6.2、宽2.6、厚2.0厘米。（图四五K，4）

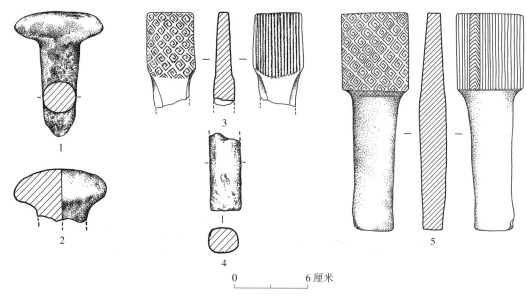

图四五 K　C 区·Y9 出土陶垫、陶拍

1. 陶垫 2003 YJY9：29　2. 陶垫 2003 YJY9：50　3. 陶拍 2003 YJY9：10　4. 陶拍 2003 YJY9：4　5. 陶拍 2003 YJY9：41

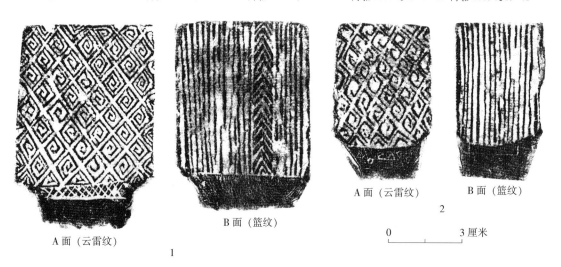

图四五 L　C 区·Y9 出土陶拍纹样拓片

1. 2003 YJY9：41　2. 2003 YJY9：70

四　烧成坑 Y10

1. 遗迹

Y10 位于 C Ⅰ区，T2922 北部，T2923 南端。开口于表土层下，打破 H41 及生土。窑室平面形状近圆形，直径 2.85 米，深 1.60 米。四壁有坚硬致密的经火烧烤的窑壁，厚 0.03～0.08 米，窑顶保存有弧度，窑膛与火膛分界不甚明显，未见明显烟道。窑内堆积为灰黑色土，土质松软，近窑底部位有大量相互叠压的完整器物，器形为甗形器、垂腹罐、鬶等，底部则发现多个陶支座，且有大量炭屑，应为起支撑作用的窑具。（图四六 A；彩版五九）

2. 小件遗物

（1）石锛　1 件。

2003 YJY10：13，残。花岗岩质。无段。平面呈长方形，近平顶，单面斜磨，平刃，两端凹凸

不平，体较厚有自然皱痕。长5.9、宽2.7、厚1.8厘米。（图四六B，1；彩版六〇，1）

（2）石镞　5件。

2003YJY10：102，残。青石质。仅存铤部，后部斜收，铤尖呈扁锥状。残长4.9、宽2.8、厚0.4厘米。（图四六B，2；彩版六〇，2）

2003YJY10：101，前锋及铤部残。灰色沉积岩质。镞身呈长三角形，两侧对磨成薄刃，两面有脊，通体精磨。残长4.0、宽2.1、厚0.4厘米。（图四六B，3；彩版六〇，4）

2003YJY10：95，完整。灰色沉积岩质。有铤，镞身呈三角形，前锋尖锐，两侧对磨成刃，两面脊不明显，后部斜收为扁圆铤。长3.9、宽1.8、厚0.5厘米。（图四六B，4；彩版六〇，4）

2003YJY10：84，前锋残。青石质。无铤，缘侧斜磨成薄刃，刃部有打击痕迹，尾部分叉呈双翼状，通体精磨。残长5.1、宽2.7、厚0.4厘米。（图四六B，5；彩版六〇，3）

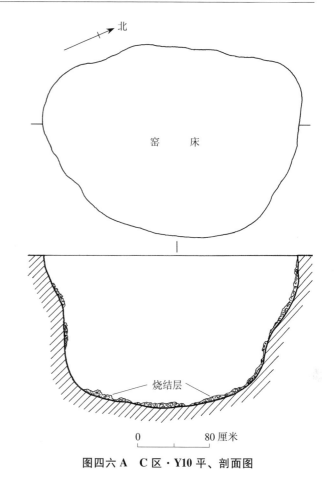

图四六A　C区·Y10平、剖面图

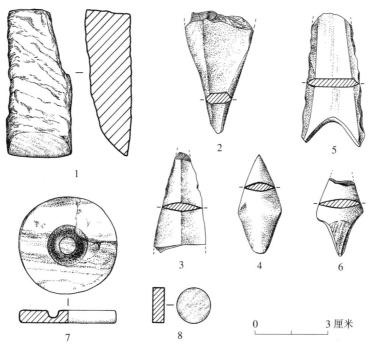

图四六B　C区·Y10出土石铸、镞、饼、饰件

1. 石铸 2003YJY10：13　2. 石镞 2003YJY10：102　3. 石镞 2003YJY10：101　4. 石镞 2003YJY10：95　5. 石镞 2003YJY10：84　6. 石镞 2003YJY10：87　7. 石饰件 2003YJY10：76　8. 石饼 2003YJY10：6

2003YJY10:87,残。青石质。有铤,镞身呈柳叶形,铤部为三角形,前锋残,两侧对磨成薄刃,后部弧收为扁圆铤,铤尖锥状,通体精磨。残长 3.2、宽 2.0、厚 0.4 厘米。(图四六 B, 6; 彩版六○, 4)

(3) **石饼**　1 件。

2003YJY10:6,完整。麻石质。矮圆柱体,通体精磨。素面。直径 1.4、厚 0.5 厘米。(图四六 B, 8; 彩版六○, 5)

(4) **石饰件**　1 件。

2003YJY10:76,修复。青石质。圆形,一面在中部刻一环形凹槽,通体磨制精细。素面。直径 4.0、厚 0.5 厘米。(图四六 B, 7; 彩版六○, 6)

(5) **甗形器**　4 件。釜凹底,内有垫窝。甑多见轮制痕迹。

1)泥质红陶　1 件。

2003 YJY10:62,修复。斜折沿。上为甑体,侈口,尖唇,腹微鼓,底内平折成箅托,下与釜体捏接;釜体鼓折肩,腹斜收。甑体器壁内外均有轮制痕迹,腹部内凹变形。釜面通饰篮纹。口径 25.0、腰径 14.5、底径 12.0、通高 28.3 厘米。(图四六 C, 1; 彩版六一, 1)

2)夹砂红陶　3 件。

2003YJY10:63,修复。上为甑体,敞口,圆唇,无沿,中腹微鼓,下腹斜收,底内平折为箅托,下与釜体粘接而成;釜体鼓折肩,斜腹内收。甑内见轮制痕迹。釜面通饰篮纹。口径 24.5、腰径 13.5、底径 9.5、通高 30.0 厘米。(图四六 C, 2; 彩版六一, 2)

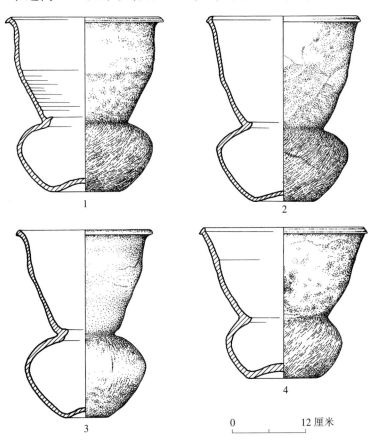

图四六 C　C 区·Y10 出土甗形器

1. 2003YJY10:62　2. 2003YJY10:63　3. 2003YJY10:92　4. 2003YJY10:71

2003YJY10：92，修复。上为甑体，敞口，圆唇，卷沿，上腹较直，下腹斜收，底内平折成箅托，下连釜体；釜体鼓折肩，斜腹内收。甑体见轮制痕迹。釜面纹饰残损不清。口径22.1、腰径9.8、底径7.2、通高30.5厘米。（图四六C，3；彩版六一，3）

2003YJY10：71，修复。上为甑体，侈口，斜折沿，圆唇，斜腹微弧，下与釜体捏接。釜体斜折肩，腹斜收。甑体器面有轮制痕迹。釜面通饰篮纹。口径26.6、腰径14.8、底径11.8、通高24.4厘米。（图四六C，4；彩版六一，4）

（6）釜　11件。腹内多有垫窝（按压痕迹）。

1）灰硬陶　5件。

2003YJY10：3，腹部以下残。直口，平折宽沿，尖唇，矮领，垂腹。口领部有轮制弦纹，腹内壁见陶垫按压印迹。腹部饰云雷纹。口径17.2、残高12.8厘米。（图四六D，1）

2003YJY10：140，底残。直口，平折宽沿，尖唇，矮领，垂腹。口领部轮制修整，唇面有一组

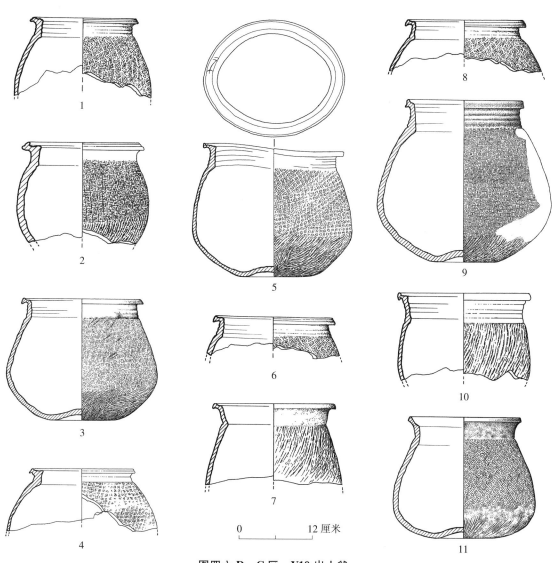

图四六D　C区·Y10出土釜

1. 2003YJY10：3　2. 2003YJY10：140　3. 2003YJY10：149　4. 2003YJY10：139　5. 2003YJY10：38　6. 2003YJY10：126
7. 2003YJY10：125　8. 2003YJY10：150　9. 2003YJY10：40　10. 2003YJY10：138　11. 2003YJY10：4

轮制弦纹，腹内壁有陶垫按压印迹。腹部饰云雷纹，底饰篮纹。器物略有变形。口径18.5、残高16.0厘米。（图四六D，2）

2003YJY10∶149，修复。直口，平折沿，圆唇，垂腹，凹底。口领部见轮制痕迹，腹、底内壁有垫窝。腹部饰云雷纹，底部饰篮纹。烧制时腹部产生鼓泡。口径19.8、底径10.1、高19.5厘米。（图四六D，3；彩版六二，1）

2003YJY10∶139，腹部以下残。敛口，平折宽沿，圆唇外翻，矮领。口领部轮制修整，唇面有一组轮制细弦纹，腹内有垫窝。腹部饰云雷纹。口径16.8、残高10.0厘米。（图四六D，4）

2003YJY10∶38，修复。直口，平折宽沿，尖圆唇，高领，垂腹，凹底。口领部轮制修整，沿面轮制一组细弦纹，腹、底内壁见陶垫按压印迹。腹部饰云雷纹，底部饰篮纹。口沿上有刻符。口径23.0、底径11.0、高20.5厘米。（图四六D，5；刻符图片106；彩版六二，2）

刻符图片106　　2003YJY10∶38 釜

2）泥质红陶　4件。

2003YJY10∶126，腹部以下残。直口，平折宽沿，圆唇外翻，矮领。口领部轮制，唇面有一组弦纹，腹内壁有垫窝。腹部饰云雷纹。口径19.5、残高6.5厘米。（图四六D，6）

2003YJY10∶125，腹部以下残。泥质红陶。侈口，斜折沿，圆唇，矮领。口领部轮制修整，腹内壁有垫窝。腹部饰篮纹。口径20.0、残高13.0厘米。（图四六D，7）

2003YJY10∶150，腹部以下残。泥质红陶。直口微侈，平折宽沿，圆唇外翻，矮领。口领部轮制修整，唇面轮制一组弦纹，腹内有垫窝。腹部饰云雷纹。口径19.6、残高8.5厘米。（图四六D，8）

2003YJY10∶40，修复。直口，斜折沿，方唇，高领，垂腹，凹底。口领部轮制，领面有一组轮制弦纹，腹、底内壁见陶垫按压印迹。腹部饰云雷纹，底部饰篮纹。口径19.2、底径10.6、高25.7厘米。（图四六D，9；彩版六二，3）

3）夹砂灰陶　1件。

2003YJY10∶138，腹部以下残。夹砂灰陶。直口微侈，平折沿，尖圆唇，高领。口领部轮制，领面有一组轮弦纹，腹内有垫窝。腹部饰篮纹。口径21.6、残高14.2厘米。（图四六D，10）

4）夹砂红陶　1件。

2003YJY10∶4，修复。夹砂红陶。直口微侈，斜折宽沿，方唇，束颈，垂腹，凹底。口领部轮制修整，腹、底内壁有垫窝。腹部饰云雷纹，底部饰篮纹。口径18.6、底径10.2、高19.0厘米。（图四六D，11；彩版六二，4）

（7）**支座**　8件。一个支撑点。素面。

1）夹砂红陶　7件。

2003YJY10∶112，修复。圆柱体，中部分叉，外伸一个舌形支撑点，提手高翘，顶面为圆形，斜平底。顶径4.2、底径9.5、通高22.0厘米。（图四六E，1；彩版六三，1）

2003YJY10∶114，修复。圆柱体，中部分叉，一个舌形支撑点，捉手高翘，顶面为圆形，斜平底。顶径4.0、底径10.0、通高18.0厘米。（图四六E，2；彩版六三，2）

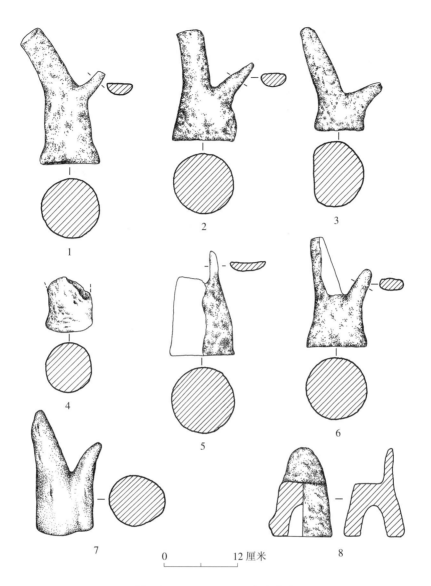

图四六 E C区·Y10 出土支座

1. 2003YJY10：112   2. 2003YJY10：114   3. 2003YJY10：116   4. 2003YJY10：14
5. 2003YJY10：115   6. 2003YJY10：113   7. 2003YJY10：85   8. 2003YJY10：26

2003YJY10：116，修复。底部椭圆形，中部有一个舌形支撑点，捉手宽厚，顶面扁平。顶径3.5、底径10.3、通高16.5厘米。（图四六 E，3；彩版六三，3）

2003YJY10：115，上部残。上部扁平。近圆柱体，中部分叉，斜平底。底径10.5、通高16.7厘米。（图四六 E，5；彩版六三，4）

2003YJY10：14，仅存残柱体。底较宽，上部扁平，表面粗糙。素面。底径8.0、残高9.0厘米。（图四六 E，4）

2003YJY10：113，修复。圆柱体，中部分叉，一个舌形支撑点，捉手高翘，顶面呈扁平状，斜平底。底径10.0、通高17.5厘米。（图四六 E，6；彩版六三，5）

2003YJY10：85，修复。圆柱体，中部分叉，一个舌形支撑点，捉手高翘，顶面呈扁平状，斜平底。底径9.0、通高20.3厘米。（图四六 E，7；彩版六三，6）

2）夹砂黄陶　1件。

2003YJY10：26，修复。近圆柱体，内空，中部分叉，有一舌形支撑点，捉手残，斜平底。底径9.8、高14.4厘米。（图四六E，8）

（8）**高领鼓肩罐**　8件。侈口。肩内壁有垫窝。

1）灰硬陶　5件。

2003YJY10：17，修复。斜折沿，尖唇，斜腹，凹底。口领部轮制修整，肩至底内有陶垫按压印迹。肩部饰云雷纹，腹，底部饰篮纹。内沿下有刻符。口径10.2、底径4.6、高11.5厘米。（图四六F，1；刻符图片107；彩版六四，1）

刻符图片107　2003YJY10：17
高领鼓肩罐

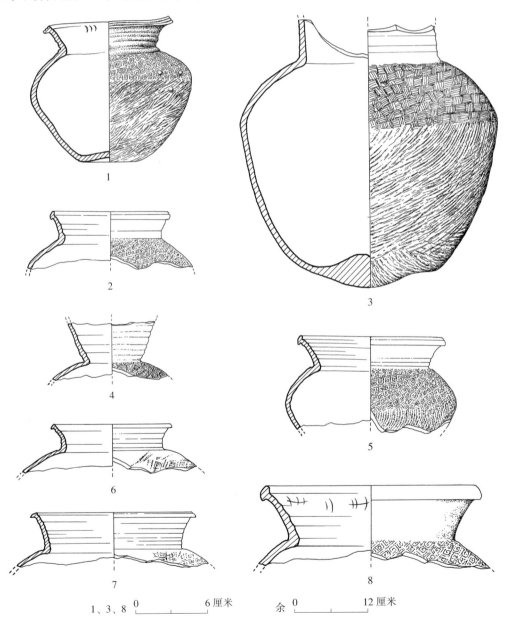

图四六F　C区·Y10出土高领鼓肩罐

1. 2003YJY10：17　2. 2003YJY10：134　3. 2003YJY10：32　4. 2003YJY10：135　5. 2003YJY10：133
6. 2003YJY10：121　7. 2003YJY10：120　8. 2003YJY10：75

2003YJY10:134，肩部以下残。尖圆唇。口领部有一组轮弦纹。肩部饰云雷纹。口径19.5、残高9.3厘米。（图四六F，2）

2003YJY10:32，口残。斜腹，凹底。领部尚见轮制痕迹，肩至底内有垫窝。肩部饰席纹，腹、底部通饰篮纹。凹底处有气泡外鼓。颈径11.3、肩径21.3、残高21.2厘米。（图四六F，3）

2003YJY10:135，口、肩部以下残。领部有一组轮制凸弦纹。肩部饰席纹。残高8.9厘米。（图四六F，4）

2003YJY10:133，腹部以下残。尖圆唇。口领部有一组轮弦纹，腹内有垫窝。肩部饰云雷纹，腹部饰篮纹。口径23.5、残高15.4厘米。（图四六F，5）

2）泥质黄陶　1件。

2003YJY10:121，肩部以下残。尖唇。口领部有一组轮弦纹。肩部纹饰残损不清。口径19.5、残高8.0厘米。（图四六F，6）

3）泥质红陶　2件。

2003YJY10:120，残。圆唇。器壁内外均有轮旋纹。肩部饰云雷纹。口径26.0、残高9.0厘米。（图四六F，7）

2003YJY10:75，肩部以下残。圆唇。口领部有轮制痕迹。肩部饰云雷纹。口沿下有刻符。口径17.3、残高6.5厘米。（图四六F，8；刻符图片108）

刻符图片108　2003YJY10:75
高领鼓肩罐

（9）矮领鼓肩罐　9件。直口，肩内壁有垫窝（按压痕迹）。

1）原始瓷　2件。

2003YJY10:144，肩部以下残。平折宽沿，圆唇。领面有三道轮制凹弦纹。肩部饰云雷纹。口领内外侧有灰褐色釉，局部剥落。口径13.8、残高5.0厘米。（图四六G，1；彩版六四，4）

2003YJY10:143，肩部以下残。口微侈，平折宽沿，尖圆唇。领面有一组轮制弦纹。肩部饰云雷纹。口领内外侧均见灰褐釉。口径16.0、残高5.4厘米。（图四六G，2；彩版六四，5）

2）灰硬陶。2件。

2003YJY10:137，肩部以下残。口微侈，斜折沿，尖唇。口领部轮制修整，唇面轮制一组弦纹，肩内见陶垫按压印迹。肩部饰席纹。口径17.0、残高4.8厘米。（图四六G，3）

2003YJY10:136，残。口微侈，斜折宽沿，尖唇，斜腹，凹底。领部有轮制痕迹。肩部饰云雷纹。口径16.0、残高9.0厘米。（图四六G，4）

3）泥质红陶　4件。

2003YJY10:33，完整。平折沿，方唇，斜腹，凹底。口领部轮制修整，肩至底内有陶垫按压印迹。肩部饰云雷纹，腹、底部饰篮纹。口径13.0、底径7.0、高15.8厘米。（图四六G，5；彩版六四，2）

2003YJY10:10，修复。泥质红陶。平折沿，尖唇，斜腹，凹底。口领部轮制修整，肩至底内有陶垫按压印迹。肩部饰云雷纹，腹、底部饰篮纹。口沿上有两组刻符。口径11.2、底径6.0、高13.2厘米。（图四六G，6；刻符图片109；彩版六四，3）

刻符图片109　2003YJY10:10
矮领鼓肩罐

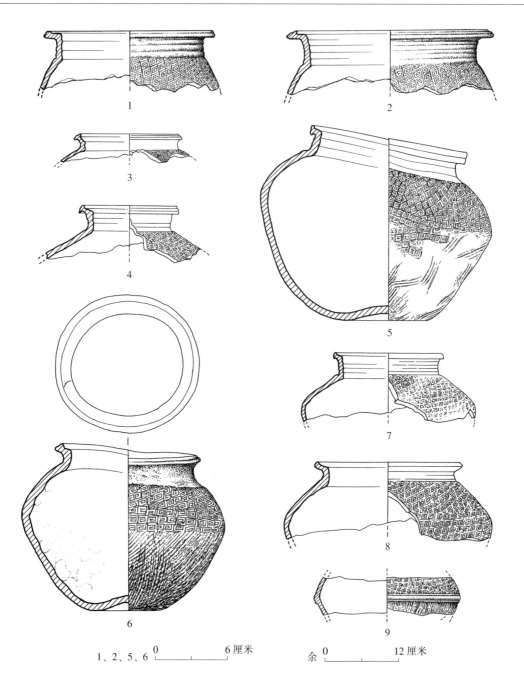

1、2、5、6 ⊢———————⊣ 0   6厘米

余 ⊢———————⊣ 0   12厘米

图四六 G   C区·Y10 出土矮领鼓肩罐

1. 2003YJY10：144   2. 2003YJY10：143   3. 2003YJY10：137   4. 2003YJY10：136   5. 2003YJY10：33
6. 2003YJY10：10   7. 2003YJY10：122   8. 2003YJY10：123   9. 2003YJY10：64

2003YJY10：122，肩部以下残。泥质红陶。斜折沿，方唇。口领部轮制，领面有一组轮制弦纹。肩部饰云雷纹。口径 17.8、残高 11.0 厘米。（图四六 G，7）

2003YJY10：123，肩部以下残。泥质红陶。平折宽沿，尖圆唇。领部有三道轮制细弦纹，肩内见陶垫按压印迹。肩部饰云雷纹。口径 23.5、残高 12.6 厘米。（图四六 G，8）

4）夹砂灰陶   1件。

2003YJY10：64，仅存肩腹残片。肩腹内见陶垫按压印迹。肩腹连接处装饰附加堆纹，堆饰泥片上有两道凹槽，肩部饰云雷纹，腹部饰篮纹。肩径 24.0、残高 6.0 厘米。（图四六 G，9）

（10）**鼓腹罐**　2 件。矮领，溜肩，凹底。口沿部轮制修整，肩至底部内见陶垫按压印迹。

1）泥质灰硬陶　1 件。

2003 YJY10∶27，修复。直口，平折沿，方唇。肩部饰云雷纹，腹、底部饰篮纹。口径 11.4、底径 5.0、高 12.9 厘米。（图四六 H，1；彩版六五，1）

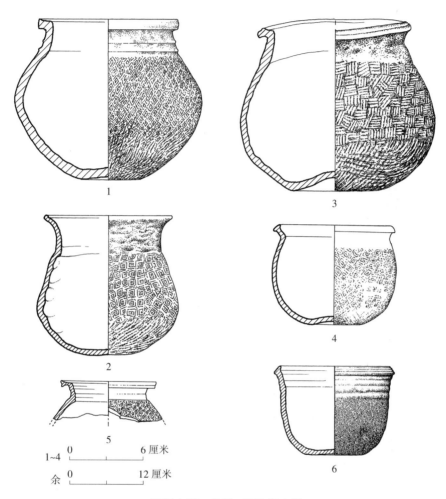

图四六 H　C 区·Y10 出土罐

1. 鼓腹罐 2003 YJY10∶27　2. 垂腹罐 2003 YJY10∶52　3. 垂腹罐 2003 YJY10∶22　4. 鼓腹罐
2003 YJY10∶66　5. 垂腹罐 2003 YJY10∶128　6. 直腹罐 2003 YJY10∶151

2）泥质黄陶　1 件。

2003 YJY10∶66，修复。侈口，斜折沿，尖唇。腹部饰云雷纹，底部饰篮纹。口径 9.3、底径 4.2、高 7.9 厘米。（图四六 H，4；彩版六五，2）

（11）**垂腹罐**　3 件。口沿部轮制修整。肩内有垫窝（按压痕迹）。

1）泥质红陶　2 件。

2003 YJY10∶52，修复。直口，斜沿，圆唇，矮领，溜肩，凹底。肩至底内见陶垫按压印迹。肩、腹部饰云雷纹，底部饰篮纹。口径 10.4、底径 4.2、高 11.0 厘米。（图四六 H，2；彩版六五，3）

2003 YJY10∶128，肩部以下残。直口，平折宽沿，方唇，矮领，溜肩。肩部饰云雷纹。口径 15.5、残高 6.5 厘米。（图四六 H，5）

2）夹砂红陶　1 件。

2003YJY10:22，修复。直口，斜折沿，尖圆唇，矮领，溜肩，凹底。口沿部轮制，肩至底内有垫窝。肩部饰席纹，腹、底部饰篮纹。口径 12.0、底径 7.0、高 13.6 厘米。（图四六 H，3；彩版六五，4）

（12）直腹罐　1 件。泥质红硬陶。

2003YJY10:151，修复。侈口，尖唇，无领，圜底。唇面轮制一组弦纹，腹至底内有陶垫按压印迹。腹、底部饰云雷纹。口径 18.8、底径 9.6、高 14.3 厘米。（图四六 H，6；彩版六五，5）

（13）器盖　7 件。浅腹，素面。器多见轮旋纹。

1）灰硬陶　5 件。

2003YJY10:59，口残。圈足纽，盖面隆起，平顶。器壁内外均有轮弦纹。纽径 8.2、残高 5.2 厘米。（图四六 I，1）

2003YJY10:94，纽残。侈口。盖缘内敛，盖面隆起，平顶。器内底有一组轮弦纹。内沿下有刻符。口径 21.2、残高 5.0 厘米。（图四六 I，2；刻符图片 110）

2003YJY10:74，仅存盖面残片，侈口，斜折隆起，平顶。器

刻符图片 110　2003YJY10:94 器盖

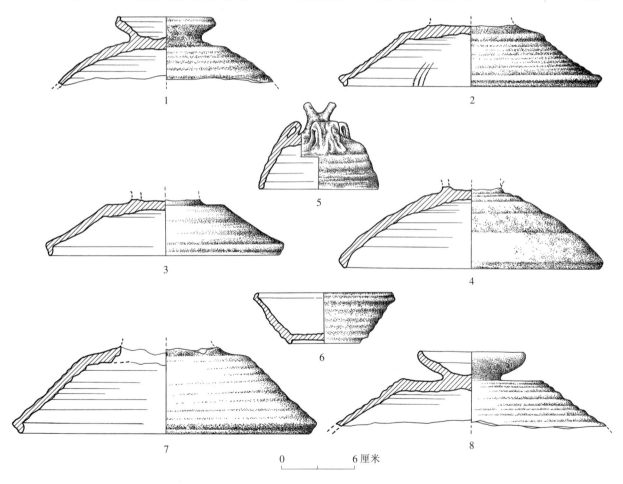

0　　　　　6 厘米

图四六 I　C 区·Y10 出土器盖、盘

1. 器盖 2003YJY10:59　2. 器盖 2003YJY10:94　3. 器盖 2003YJY10:74　4. 器盖 2003YJY10:39　5. 器盖 2003YJY10:105　6. 盘 2003YJY10:152　7. 器盖 2003YJY10:83　8. 器盖 2003YJY10:56

壁内外尚见轮制痕迹。口径 19.5、残高 4.6 厘米。（图四六 I，3）

2003YJY10：39，纽残。侈口，圈足纽。盖面隆起，平顶。器面有轮制痕迹。口径 21.4、残高 6.8 厘米。（图四六 I，4）

2003YJY10：105，修复。端缘内敛，盖面隆起，顶部饰 "Y" 形柱体纽，周边等距饰三宽扁半环形纽。器壁内外有轮弦纹，纽为手工捏制拼接成型。口径 10.2、通高 7.1 厘米。（图四六 I，5；彩版六六，1）

2）泥质红陶　2 件。

2003YJY10：83，纽残。侈口，盖面曲弧隆起，平顶。器内有轮旋弦纹。口径 24.8、残高 7.0 厘米。（图四六 I，7）

2003YJY10：56，口残。圈足纽，盖面斜直微弧，平顶。器面有一组轮弦纹。纽径 8.8、残高 6.0 厘米。（图四六 I，8）

（14）**盘**　1 件。夹砂灰陶。

2003YJY10：152，修复。敞口，圆唇微敛，斜腹，平底，矮圈足。轮制修整，器壁尚见轮制痕迹，圈足手捏痕迹明显。素面。口径 11.8、顶径 5.8、通高 4.2 厘米。（图四六 I，6；彩版六六，2）

（15）**筒形器**　2 件。均为夹砂红陶。直口，方唇，直腹，通体面饰篮纹。

2003YJY10：109，底残。口沿下饰一周凸线附加堆纹。器壁内有陶垫按压印迹。口径 31.6、残高 31.6 厘米。（图四六 J，1；彩版六六，3）

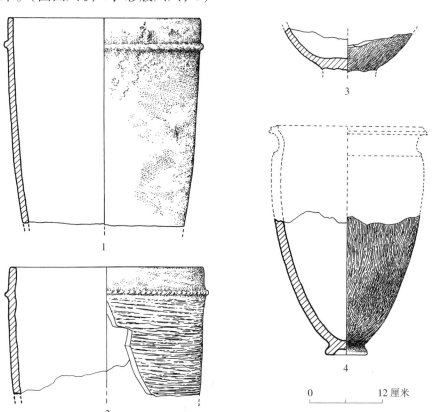

图四六 J　C区·Y10 出土筒形器、缸

1. 筒形器 2003YJY10：109　2. 筒形器 2003YJY10：108　3. 缸 2003YJY10：9　4. 缸 2003YJY10：31

2003YJY10:108，腹部以下残。口沿下饰一周绳索状附加堆纹。器壁内见轮制痕迹。口径32.0、残高 21.0 厘米。（图四六 J，2）

（16）**缸**　2件。

1）灰硬陶　1件。

2003YJY10:31，修复。腹斜收，平底，小圈足。腹内有陶垫按压印迹。腹部饰篮纹。足径7.0、残高 22.3 厘米。（图四六 J，4；彩版六六，4）

2）夹砂红陶　1件。

2003YJY10:9，仅存腹、底残片。腹片圆鼓至底，底部外黏附一周泥片为足。腹底内有陶垫按压痕迹。面饰篮纹。残高 6.5 厘米。（图四六 J，3）

（17）**瓮**　6件。口颈部轮制修整，肩内有垫窝。肩部饰云雷纹。

1）灰硬陶　2件。

2003YJY10:141，肩部以下残。敛口，平折宽沿，尖唇，束颈。口径 36.1、残高 4.6 厘米。（图四六 K，1）

2003YJY10:142，肩部以下残。敛口，宽平沿，尖圆唇，束颈。唇面有一组弦纹。口径 29、残高 6.8 厘米。（图四六 K，2）

2）泥质红陶　4件。

2003YJY10:29，腹部以下残。直口，平折宽沿，方唇，矮领。口径 30.8、残高 14.0 厘米。（图四六 K，3）

2003YJY10:81，腹部以下残。直口，平折宽沿，方唇，矮领，鼓肩。腹内亦有陶垫按压印迹。腹部饰篮纹。口径 30.0、残高 12.8 厘米。（图四六 K，4）

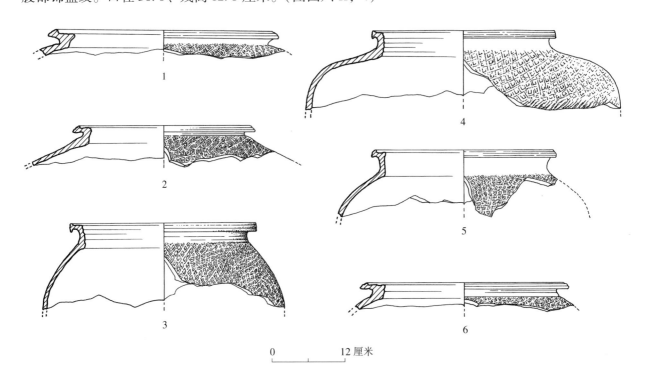

0　　　　　　12 厘米

图四六 K　C 区·Y10 出土瓮

1. 2003YJY10:141　2. 2003YJY10:142　3. 2003YJY10:29　4. 2003YJY10:81　5. 2003YJY10:37　6. 2003YJY10:124

2003YJY10:37，肩部以下残。直口，平折宽沿，圆唇外翻，圆领。唇面轮制一组弦纹。口径29.5、残高11.0厘米。（图四六K，5）

2003YJY10:124，肩部以下残。敛口，宽平沿，圆唇，束颈。口径33.0、残高4.8厘米。（图四六K，6）

（18）三足盘　16件。素面。

1）原始瓷　2件。

2003YJY10:5，三足残。钵形，敞口，圆唇外翻，腹较直，厚平底。轮制，内底及内腹均有轮弦纹。口径13.8、残高6.8厘米。（图四六L，1）

2003YJY10:34，修复。钵形，敞口，圆唇，腹较直，平底，下承三足，足呈长三角形，面微凹，足外张。内腹尚见轮制痕迹，足为手工捏制拼接。内沿下有刻符。口径9.5、通高8.4厘米。（图四六L，2；刻符图片111；彩版六七，1）

刻符图片111　2003YJY10:34
三足盘

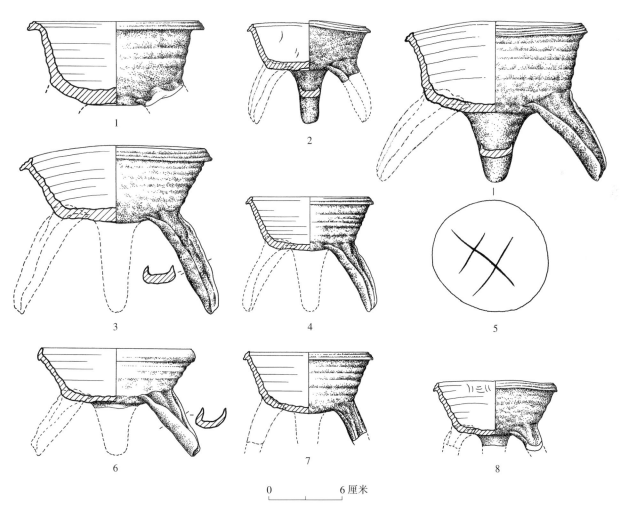

图四六L　C区·Y10出土三足盘

1. 2003YJY10:5　2. 2003YJY10:34　3. 2003YJY10:91　4. 2003YJY10:48　5. 2003YJY10:46　6. 2003YJY10:82　7. 2003YJY10:67　8. 2003YJY10:25

2）灰硬陶　10件。

2003YJY10：46，修复。泥质灰硬陶。钵形，敞口，斜沿，尖唇，腹较直，平底，下附三足，足呈长三角形，面略凹，足外张。器壁内外有轮制弦纹，足为手工捏制拼接成型。外底有刻符。口径14.2、通高13.0厘米。（图四六 L，5；刻符图片112；彩版六七，2）

刻符图片112　2003YJY10：46 三足盘

2003YJY10：48，修复。钵形，敞口，斜沿，腹较直，平底，下承三足，足近似长三角形，面略凹。唇面有两道凹弦纹，壁内外有轮旋痕迹，足为手工捏制拼接成型。口径9.8、通高9.4厘米。（图四六 L，4；彩版六七，3）

2003YJY10：67，修复。钵形，敞口，斜沿，腹较直，平底下凹，下承三足。器壁内外有轮制痕迹，足为手工捏制拼接。外底有刻符。口径9.5、残高7.2厘米。（图四六 L，7；刻符图片113；彩版六七，4）

刻符图片113　2003YJY10：67 三足盘

2003YJY10：25，足残。钵形，敞口，尖唇微内敛，浅腹，腹较直，平底下凹，下附三足，足面凹、断损。内腹、底有轮旋纹，外壁修抹，足为手工捏制。内沿下有刻符。口径9.6、残高5.2厘米。（图四六 L，8；刻符图片114）

刻符图片114　2003YJY10：25 三足盘

2003YJY10：91，修复。钵形，敞口，斜沿外卷，腹较直，平底，下承三足，足两侧外卷成凹槽状。器壁内外均有轮制弦纹，足为手工捏制拼接。口径14.3、通高13.5厘米。（图四六 L，3；彩版六七，5）

2003YJY10：82，残。钵形，敞口，尖圆唇，腹较直，平底，下存一凹面三角形足。器壁内外有轮旋痕，足为手工捏制拼接。口径12.4、高8.6厘米。（图四六 L，6）

2003YJY10：65，足残。钵形，敞口，斜沿，深腹，腹较直，平底下凹，下附三足残。外壁及内底有轮制弦纹，足为手工捏制拼接。外底有刻符。口径14.6、残高8.7厘米。（图四六 M，1；刻符图片115）

刻符图片115　2003YJY10：65 三足盘

2003YJY10：2，三足残。钵形，敞口，圆唇内敛，腹较直，平底。轮制修整，唇面轮制细凹弦纹。口径10.4、残高4.4厘米。（图四六 M，3）

2003YJY10：89，修复。钵形，敛口，圆唇，腹较直，平底，下承三足，足呈长三角形，面略凹。内壁、底轮制一组弦纹，外壁修抹，足为手工捏制拼接。内沿下有刻符。盘身略有变形。口径12.0、残高9.0厘米。（图四六 M，4；刻符图片116；彩版六七，6）

刻符图片116　2003YJY10：89 三足盘

2003YJY10：54，修复。盘形，敞口，方唇，斜腹，平底下凹，下承三足，足呈长三角形，凹面。器壁内外有轮旋痕，足为手工捏制拼接。内腹近底处有刻符。口径9.7、残高5.3厘米。

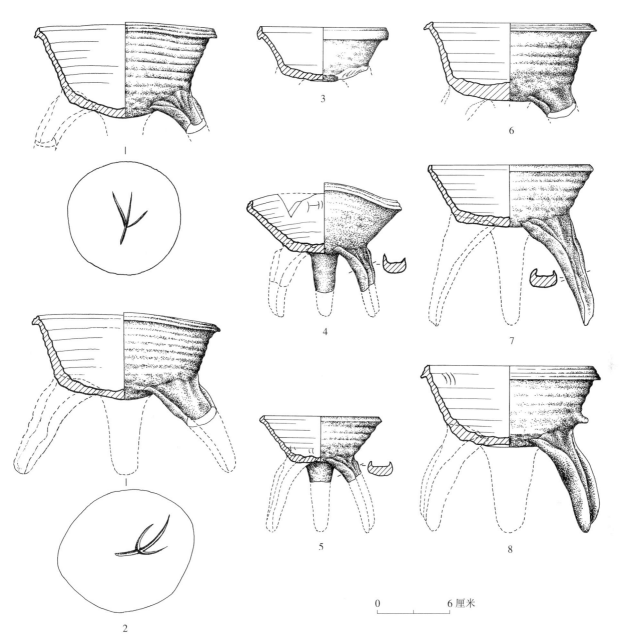

图四六M　C区·Y10 出土三足盘

1. 2003YJY10∶65　2. 2003YJY10∶28　3. 2003YJY10∶2　4. 2003YJY10∶89　5. 2003YJY10∶54　6. 2003YJY10∶148　7. 2003YJY10∶79
8. 2003YJY10∶47

（图四六M，5；刻符图片117；彩版六八，1）

3）泥质灰陶　2件。

2003YJY10∶148，足残。钵形，敞口，斜沿外卷，腹较直，平底，下存一断足，足面略凹。外壁及内底有轮制弦纹，足为手工捏制拼接。口径13.2、残高7.6厘米。（图四六M，6）

2003YJY10∶47，修复。钵形，直口微侈，斜沿外卷，深腹，腹较直，内底略下凹，下附三足，足两侧外卷成凹槽状，一足上部近底沿处饰一乳钉。外壁及内底有一组轮旋纹，三足及乳钉为

**刻符图片117　2003YJY10∶54
三足盘**

手工捏制拼接成型。内沿下有刻符。口径13.8、通高13.6厘米。（图四六 M，8；刻符图片118；彩版六八，4）

　　4）泥质红陶　2件。

　　2003YJY10：28，修复。钵形，敞口，尖圆唇，腹较直，平底。下承三足，足呈长三角形，面微凹。盘身轮制，器壁内外均有轮旋纹，足为手工捏制。外底有粗线刻符。口径14.8、残高8.6厘米。（图四六 M，2；刻符图片119；彩版六八，2）

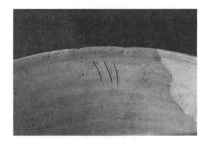

刻符图片118　2003YJY10：47 三足盘

　　2003YJY10：79，修复。盘形，敞口，尖唇，斜腹，平底，下承三足，足两侧内卷成凹槽形。内腹、底轮制一组弦纹，足捏制拼接成型。口径13.5、通高12.8厘米。（图四六 M，7；彩版六八，3）

　　（19）**盔形钵**　3件。均为灰硬陶。侈口，斜直腹，圜底。腹、底内有垫窝。腹部饰云雷纹，底部饰篮纹。

刻符图片119　2003YJY10：28 三足盘

　　2003YJY10：19，完整。方唇。沿面轮制两道细弦纹。内沿下有刻符。器物烧制变形。口径12.0、高6.8厘米。（图四六 N，1；刻符图片120；彩版六八，5）

　　2003YJY10：16，修复。圆唇内敛。沿面轮制一道凹弦纹，腹、底内有陶垫按压印迹。器物烧制变形。口径16.0、高7.2厘米。（图四六 N，2；彩版六八，6）

刻符图片120　2003YJY10：19 盔形钵

　　2003YJY10：147，底残。平沿。口沿部见轮制痕迹，腹、底内有垫窝。口径9.0、残高7.0厘米。（图四六 N，3）

　　（20）**平底钵**　9件。平底。多轮制修整。

　　1）灰硬陶　5件。

　　2003YJY10：99，修复。敛口，尖唇。外壁尚见轮制痕迹。素面。口径10.8、底径5.8、高5.3厘米。（图四六 N，10；彩版六九，1）

刻符图片121　2003YJY10：30 平底钵

　　2003YJY10：80，修复。敛口，尖唇。轮制修整，表面光洁，外底有旋削痕迹。素面。口径8.6、底径4.0、高4.8厘米。（图四六 N，11；彩版六九，2）

　　2003YJY10：30，修复。敛口，尖唇，浅腹。器壁内外尚见轮弦痕迹。素面。内沿下有刻符。口径9.3、底径5.4、高3.8厘米。（图四六 N，12；刻符图片121；彩版六九，3）

　　2003YJY10：106，修复。敛口，圆唇，鼓肩，深腹，腹内弧。口至肩部轮制修整，腹、底内见陶垫按压印迹。腹、底部通饰篮纹。口径7.8、底径4.6、高7.0厘米。（图四六 N，13；彩版六九，4）

　　2003YJY10：72，残。深腹。敛口，尖圆唇，直斜腹。器壁内外均有轮制痕迹。素面。口径12.0、底径6.0、残高8.0厘米。（图四六 N，14）

　　2）泥质灰陶　1件。

　　2003YJY10：42，修复。直口，尖唇，矮圆领，浅圆腹。轮制修整，外底有旋削痕迹。素面。

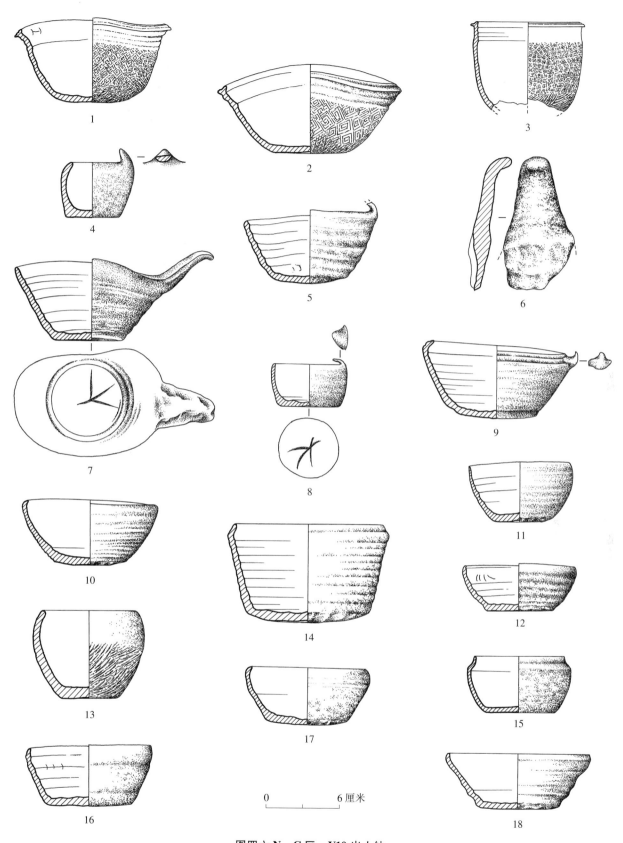

图四六N　C区·Y10 出土钵

1. 盂形钵 2003YJY10：19　2. 盂形钵 2003YJY10：16　3. 盂形钵 2003YJY10：147　4. 带把钵 2003YJY10：36　5. 带把钵 2003YJY10：20
6. 带把钵 2003YJY10：132　7. 带把钵 2003YJY10：60　8. 带把钵 2003YJY10：61　9. 带把钵 2003YJY10：100　10. 平底钵 2003YJY10：
99　11. 平底钵 2003YJY10：80　12. 平底钵 2003YJY10：30　13. 平底钵 2003YJY10：106　14. 平底钵 2003YJY10：72　15. 平底钵
2003YJY10：42　16. 平底钵 2003YJY10：78　17. 平底钵 2003YJY10：77　18. 平底钵 2003YJY10：119

口径7.5、底径5.8、高4.5厘米。（图四六N，15；彩版六九，5）

3）泥质红陶 1件。

2003YJY10：78，修复。敛口，尖唇。器内轮制一组弦纹。素面。内腹有刻符。口径10.0、底径7.0、高5.0厘米。（图四六N，16；刻符图片122；彩版六九，6）

4）夹砂灰陶 2件。

2003YJY10：77，完整。敛口，圆唇。表面粗糙，器面尚见轮制痕迹，外底有旋削痕。素面。口径9.6、底径6.4、高4.6厘米。（图四六N，17；彩版七〇，1）

2003YJY10：119，残。敛口，尖唇。器壁内外均有轮制痕迹，表面粗糙。素面。口径11.8、底径6.0、高4.5厘米。（图四六N，18）

（21）带把钵 6件。多素面。平底。

1）原始瓷 1件。

2003YJY10：36，修复。口部附一矮三角形錾手，錾体微内弧，敞口，圆唇，圆腹，平底。内壁尚见轮制痕迹，錾手为手工捏制拼接。素面。内腹有刻符。器物略有变形。器面有积釉。口径4.4、底径4.4、通高5.6厘米。（图四六N，4；刻符图片123；彩版七〇，2）

2）灰硬陶 2件。

2003YJY10：20，口部附一矮三角形錾手，錾体内折，錾手略残。敞口，圆唇，斜腹内收，平底。器壁内外均轮制一组弦纹，錾手为手工捏制拼接。素面。内腹近底部有刻符。器物烧制变形。口径10.4、底径6.0、残高6.6厘米。（图四六N，5；刻符图片124；彩版七〇，3）

2003YJY10：132，仅存把手及腹片。把手为舌形，顶部外翻。腹内有轮弦纹，把体手工捏制拼接。残长10.6厘米。（图四六N，6）

3）泥质灰陶 1件。

2003YJY10：100，修复。唇外侧饰一矮三角形錾手。敛口，圆唇，斜腹内收，平底。内腹、底轮制一组弦纹，錾手为手工捏制拼接。素面。口径11.0、底径6.4、通高5.9厘米。（图四六N，9；彩版七〇，4）

4）夹砂灰陶 2件。

2003YJY10：60，完整。敞口，圆唇，口部附一把手，把面呈舌形，把体斜立，顶部外翻，斜腹内收，平底。器内轮制一组弦纹，把手为人工捏制拼接。素面。外底有粗线刻符。口径12.0、底径5.7、通高7.4厘米。（图四六N，7；刻符图片125；彩版七〇，5）

2003YJY10：61，完整。微敛口，圆唇，口部附一矮三角形錾手，錾体内折。圆腹，平底。器壁内见轮制痕迹，錾体手制按接。素面。外底有粗线刻符。口径5.5、底径4.8、通高3.8厘米。

刻符图片122　2003YJY10：78 平底钵

刻符图片123　2003YJY10：36 带把钵

刻符图片124　2003YJY10：20 带把钵

刻符图片125　2003YJY10：60 带把钵

（图四六 N，8；刻符图片 126；彩版七〇，6）

(22) 豆　8 件。

1）灰硬陶　5 件。

2003YJY10：12，修复。敞口，浅斜腹，下承竹节状把柱，底座下部较平，圈足。器壁内有轮制弦纹。素面。口径 11.6、底径 8.0、通高 6.8 厘米。（图四六 O，1；彩版七一，1）

2003YJY10：18，残，仅存柱状把体。圆柱形，空心，柱面饰七道凹弦纹。轮制修整。素面。残高 8.2 厘米。（图四六 O，2）

2003YJY10：44，底座残。敞口，尖唇内敛，浅弧腹，平底。器内外有轮旋纹。素面。内沿下有刻符。口径 14.4、残高 5.3 厘米。（图四六 O，3；刻符图片 127）

2003YJY10：1，修复。敞口，平沿内折，浅斜腹，喇叭底座较高。内腹，底轮制一组弦纹，把体饰五道凸弦纹，素面。内沿下有刻符。口径 11.0、足径 8.0、高 9.1 厘米。（图四六 O，4；刻符图片 128；彩版七一，2）

2003YJY10：43，底及以下残。敞口，圆唇，浅斜腹。器面尚见轮制痕迹。口径 13.6、残高 3.8 厘米。（图四六 O，6）

2）泥质红陶　1 件。

2003YJY10：129，圈足及盘残。内弧腹，平底，下承竹节状把

刻符图片 126　2003YJY10：61 带把钵

刻符图片 127　2003YJY10：44 豆

刻符图片 128　2003YJY10：1 豆

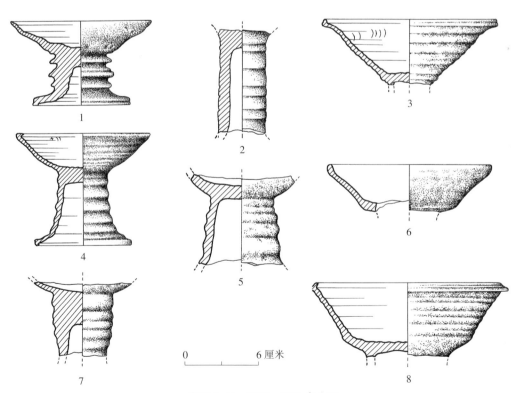

图四六 O　C 区·Y10 出土豆

1. 2003YJY10：12　2. 2003YJY10：18　3. 2003YJY10：44　4. 2003YJY10：1　5. 2003YJY10：73　6. 2003YJY10：43

7. 2003YJY10：129　8. 2003YJY10：58

柱，底座下部较平。轮制。把面饰四道凸弦纹。残高 5.7 厘米。（图四六 O，7）

3）夹砂红陶　2 件。

2003YJY10：58，把柱、圈足残。敞口，平折沿，尖唇，浅斜腹，平底，高把节状，底座下部较平。器壁内外均轮制一组弦纹。素面。口径 15.6、残高 5.9 厘米。（图四六 O，8）

2003YJY10：73，仅存竹节状把柱，高把节状，空心，底座下部较平。轮制。残高 6.8 厘米。（图四六 O，5）

（23）斝　2 件。侈口，素面。

1）泥质黄陶　1 件。

2003YJY10：69，修复。平折沿，斜腹，腹较深，束腰，高袋足。腹、底间附一宽面半环形把手，把部结口处左右各饰一乳钉。下腹部轮制三道凹弦纹，把手为人工捏制拼接。口径 15.5、足高 10.5、通高 22.0 厘米。（图四六 P，1；彩版七一，3）

2）夹砂灰陶　1 件。

2003YJY10：49，修复。侈口，圆唇，浅斜腹，口部有一凹形流口，外腹下部附一鋬手，鋬面呈舌形、横立，顶部上翻，平底，下承三足。足面呈长三角形，足尖外撇。器身轮制修整，足为手工捏制拼接。口径 10.6、残高 7.2 厘米。（图四六 P，2；彩版七一，4）

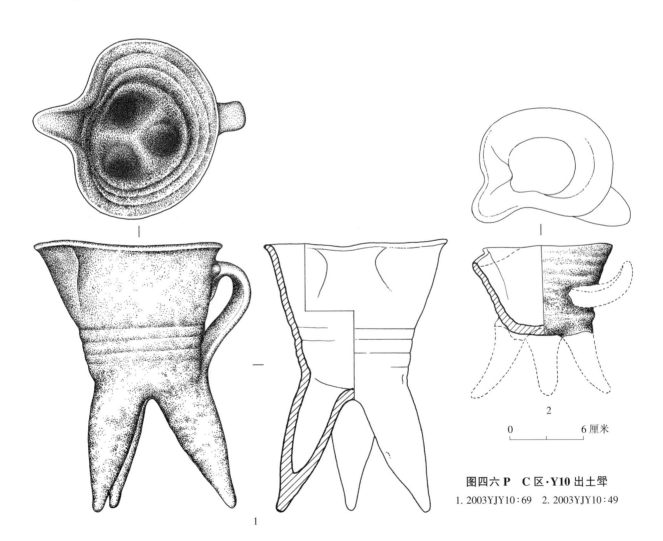

0　　　　6厘米

图四六 P　C 区·Y10 出土斝
1. 2003YJY10：69　2. 2003YJY10：49

（24）**壶**　4件。多饰篮纹并多有垫窝。

1）夹砂灰硬陶　1件。

2003YJY10：146，肩部以下残。无流。侈口，微束颈，溜肩。口颈部轮制修整，肩内有垫窝。肩部饰篮纹。口径10.8、残高5.5厘米。（图四六Q，1）

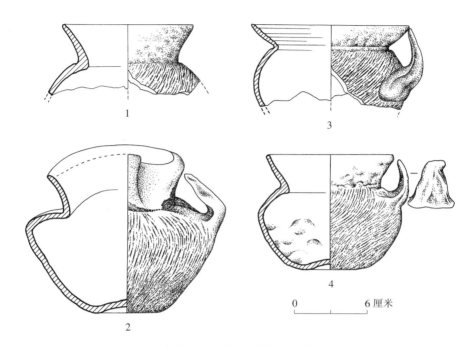

图四六Q　C区·Y10出土壶

1. 2003YJY10：146　　2. 2003YJY10：93　　3. 2003YJY10：131　　4. 2003YJY10：50

2）灰硬陶　1件。

2003YJY10：93，修复。无流。侈口，束颈，折肩，肩部附一鋬手，鋬面呈舌形、斜立上折，斜腹内收，凹底。口颈部轮制修整，肩至底内有陶垫按压印迹，颈部有装接工艺痕迹，并略有变形。通体面饰篮纹。口径11.0、底径5.2、高13.5厘米。（图四六Q，2；彩版七二，1）

3）泥质红陶　1件。

2003YJY10：131，腹部以下残。无流。侈口，束颈，溜肩，肩部附一鋬手，鋬面呈舌形、斜立上折。口、颈部见轮制痕迹，肩、腹内有垫窝，鋬体为手工捏制按接。通体面饰篮纹。口径13.0、残高6.8厘米。（图四六Q，3）

4）夹砂红陶　1件。

2003YJY10：50，修复。无流。侈口，尖圆唇，束颈，鼓肩，斜腹内收，凹底。口颈部轮制修整，腹底内有垫窝。通体面饰篮纹。口径10.4、底径5.0、通高9.3厘米。（图四六Q，4；彩版七二，2）

（25）**盅**　1件。泥质红陶。

2003YJY10：55，完整。侈口，圆唇，浅垂腹，圜底。轮制修整，外底有旋削痕迹。素面。口径7.4、底径4.9、高3.1厘米。（图四六R，1；彩版七一，5）

（26）**盂**　1件。泥质红陶。

2003YJY10：110，修复。微敛口，尖圆唇，弧鼓腹，圜底。轮制修整，表面光洁。素面。内腹

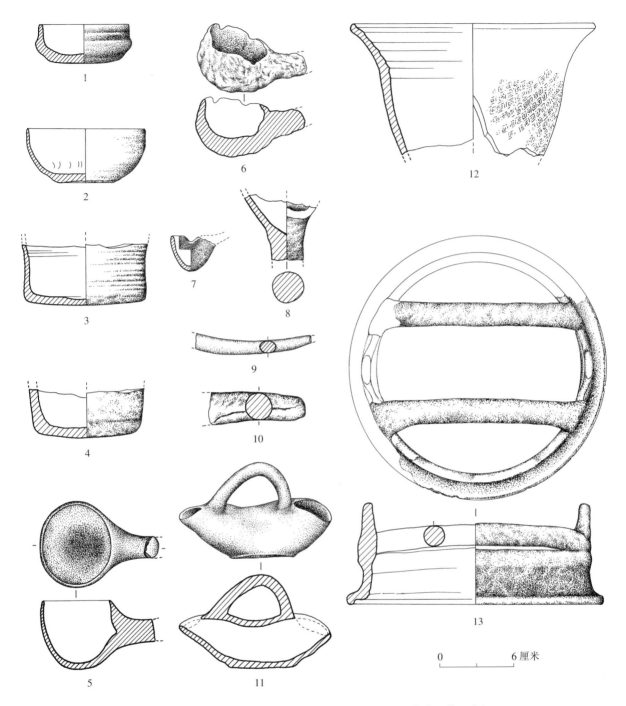

图四六 R　C区·Y10 出土盅、盂、杯、勺、把手、水注、尊、支架

1. 盅 2003YJY10:55　2. 盂 2003YJY10:110　3. 杯 2003YJY10:145　4. 杯 2003YJY10:130　5. 勺 2003YJY10:53　6. 勺 2003YJY10:51　7. 勺 2003YJY10:70　8. 勺柄 2003YJY10:57　9. 把手 2003YJY10:97　10. 把手 2003YJY10:118　11. 水注 2003YJY10:96　12. 尊 2003YJY10:127　13. 支架 2003YJY10:117

近底处有刻符。口径 9.6、底径 4.6、高 4.4 厘米。（图四六 R，2；刻符图片 129；彩版七二，3）

（27）**杯**　2件。垂腹，平底下凹。素面。

1）灰硬陶　1件。

2003YJY10:145，腹部以上残。器面及内底轮制一组弦纹，外

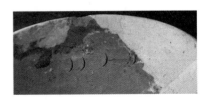

刻符图片 129　2003YJY10:110 盂

底旋修光滑。底径 10.0、残高 4.8 厘米。（图四六 R，3）

2）泥质红陶　1 件。

2003YJY10:130，腹部以上残。器壁内外尚见轮制痕迹。底径 8.0、残高 3.8 厘米。（图四六 R，4）

（28）勺　4 件。素面。

1）泥质红硬陶　1 件。

2003YJY10:57，体、柄残。杯形体，圆柱形柄。手工制作。残长 5.0 厘米。（图四六 R，8）

2）泥质灰陶　1 件。

2003YJY10:70，柄残。体作杯形，侈口，斜腹微弧，圜底，口部有凹状流口。手工制作。口径 3.5、残长 3.9 厘米。（图四六 R，7）

3）泥质红陶　2 件。

2003YJY10:53，柄残。体作杯形，敛口，鼓腹，圜底，柄为圆柱形。手工制作。口径 5.6、残长 9.3 厘米。（图四六 R，5；彩版七三，1）

2003YJY10:51，柄残。泥质红陶。体作杯形，敛口，鼓腹，圜底，柄为圆柱形。手工制作。口径 5.0、残长 9.1 厘米。（图四六 R，6；彩版七三，2）

（29）尊　1 件。泥质红陶。

2003YJY10:127，腹部以下残。敞口，尖圆唇，高领，腹微弧。领腹间形成折角。口领部有轮制弦纹，腹内尚见陶垫按压印迹。腹部饰云雷纹。口径 19.8、残高 10.7 厘米。（图四六 R，12）

（30）把手　2 件。均为灰硬陶。圆柱状。手工制作。素面。

2003YJY10:97，残。中部略弧，尾部稍细。径宽 1.2、残长 9.7 厘米。（图四六 R，9）

2003YJY10:118，残。中部至尾端渐细，表面粗糙。径宽 2.2、残长 8.2 厘米。（图四六 R，10）

（31）水注　1 件。泥质红陶。

2003YJY10:96，完整。船形，两头微翘，中部低束，前开一凹形小口，后张圆口，两口连接处附一半环形提手，内弧腹，平底。器物分步制作：轮制平底钵、捏撮钵口、按接提手。素面。大口径 3.2、底径 5.2、通高 7.8、通长 12.7 厘米。（图四六 R，11；彩版七二，4）

（32）支架　1 件。泥质红陶。

2003YJY10:117，修复。体呈环形，罐口领部覆置而成，口部搭接两圆柱状泥条横梁，横梁之间对饰两三角形錾手。器内有轮制痕迹，横梁及錾手为手工捏制拼接成型。素面。底径 21.6、通高 8.2 厘米。（图四六 R，13；彩版七二，5）

（33）纺轮　2 件。扁平形，中穿一圆孔。手工制作。素面。

1）灰硬陶　1 件。

2003YJY10:7，略残。两面稍平略下凹，周壁中间凸起一周折棱，上下斜面较弧。面径 2.9、直径 3.5、厚 1.2 厘米。（图四六 S，1；彩版七三，3）

2）夹砂红陶　1 件。

2003YJY10:11，略残。两面平，周壁弧鼓。面径 2.7、直径 3.5、厚 1.6 厘米。（图四六 S，2；彩版七三，4）

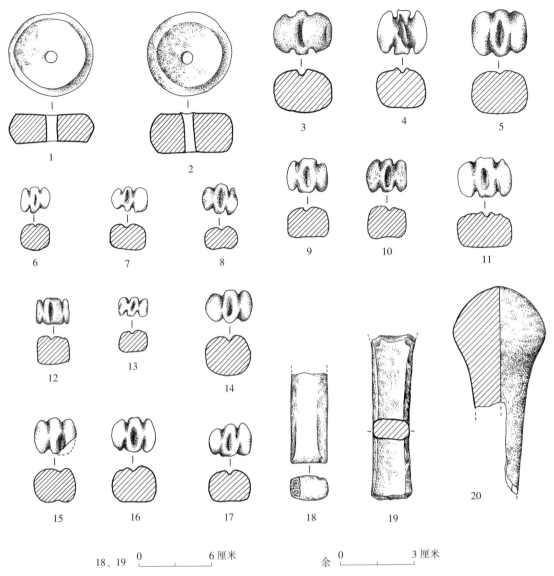

18、19　0　　　　6厘米　　　　　余　0　　　　3厘米

图四六S　C区·Y10 出土纺轮、网坠、陶拍、陶垫

1. 纺轮 2003YJY10:7　2. 纺轮 2003YJY10:11　3. 网坠 2003YJY10:98　4. 网坠 2003YJY10:168　5. 网坠 2003YJY10:21　6. 网坠 2003YJY10:88　7. 网坠 2003YJY10:90　8. 网坠 2003YJY10:45　9. 网坠 2003YJY10:23　10. 网坠 2003YJY10:15　11. 网坠 2003YJY10:86　12. 网坠 2003YJY10:8　13. 网坠 2003YJY10:103　14. 网坠 2003YJY10:24　15. 网坠 2003YJY10:35　16. 网坠 2003YJY10:41　17. 网坠 2003YJY10:68　18. 陶拍 2003YJY10:111　19. 陶拍 2003YJY10:107　20. 陶垫 2003YJY10:104

（34）网坠　15件。

1）灰硬陶　11件。

2003YJY10:98、168、21、88、90、45、23、15、86、8，完整。圆柱状，两面各刻两道横向凹槽，中部加刻一道横向凹槽，一端较平，一端椭圆。素面。长1.3～2.4、宽1.1～1.8、厚1.1～1.7厘米。（图四六S，3、4、5、6、7、8、9、10、11、12；彩版七三，5、6）

2003YJY10:103，略残。圆柱状，两面各刻两道横向凹槽，中部加刻一道横向凹槽，一端较平，一端椭圆。素面。长1.2、宽0.7、厚0.8厘米。（图四六S，13；彩版七三，5）

2）泥质红陶　2件。

2003YJY10:24、35（24完整，35稍残），圆柱状，两面各刻两道横向凹槽，中部加刻一道横

向凹槽，两端较圆。素面。长1.9、宽1.3、厚1.6厘米。（图四六 S，14、15；彩版七三，6）

3）泥质灰陶　2件。

2003YJY10:41、68，完整。圆柱状，两面各刻两道横向凹槽，中部加刻一道横向凹槽，两端椭圆。素面。长1.8、宽1.4、厚1.2~1.4厘米。（图四六 S，16、17；彩版七三，5、6）

（35）陶拍　2件。残，仅存把手。长方体，手工制作。

1）灰硬陶　1件。

2003YJY10:111，灰色。尾端平整，端面单线刻划一组云雷纹。表面有刮修痕迹。残长7.3、宽3.0、厚2.0厘米。（图四六 S，18）

2）泥质红陶　1件。

2003YJY10:107，扁平状。素面。残长13.4、宽3.0、厚1.7厘米。（图四六 S，19）

（36）陶垫　1件。灰硬陶。

2003YJY10:104，把尾残。圆锥状，垫径较小，垫面隆起。手工制作，面有捺窝。素面。垫径3.8、残长8.5厘米。（图四六 S，20）

第三节　作坊遗迹及其出土遗物

有陈腐池 H16、H17、H25、H28、H29、H35，练泥池 H15，蓄泥池 H19，蓄水池 H20，辘轳车基座 H26，成品坑 H11、H13。

一　陈腐池 H16

1. 遗迹

H16分布于C Ⅰ区，位于T3024中部偏东。开口于1层下，打破生土。平面近似圆形，开口距地表0.1米，最大径3.20米，最小径2.5米，深0.24米。口大底小，坑壁缓缓弧收，近平底，壁及底未见特殊加工迹象。坑内堆积分2层：第1层，土色灰褐，土质略显疏松，含少量炭屑、烧土块，层厚0.16~0.2米。出土完整器盔形钵以及其他可辨器形，如罐、缸、瓮、坛、三足盘；第2层，为胶泥沉积层，色黄白，质细腻，相对纯净，层厚0.05~0.10米。H16包含物多为陶器，另见少量原始瓷。陶器有夹砂红、灰陶和泥质红、灰陶，以夹砂红陶、夹砂灰陶为主，分别占49.68%和41.90%。多印纹陶，纹饰有云雷纹、篮纹、席纹、叶脉纹以及云雷纹与篮纹组合，其中篮纹占45.47%，素面占33.01%。遗迹底层发

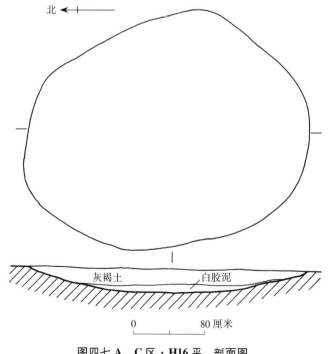

图四七A　C区·H16平、剖面图

现块状白胶泥，应与练泥有关，推测 H16 为陈腐池，废弃后成为垃圾坑。（图四七 A）

2. 小件遗物

（1）**釜**　1 件。夹砂灰陶。

2003YJH16：13，腹部以下残。侈口，平折沿，尖圆唇，垂腹。口、领部轮制弦纹，腹内有垫窝。腹部饰篮纹。口径 15.5、残高 11.2 厘米。（图四七 B，1）

（2）**高领鼓肩罐**　4 件。均为灰硬陶。侈口。口、领部有轮制痕迹。

2003YJH16：15，肩部以下残。方唇。肩内见陶垫按压痕迹。肩部饰变形云雷纹。口径 8.5、残高 7.2 厘米。（图四七 B，2）

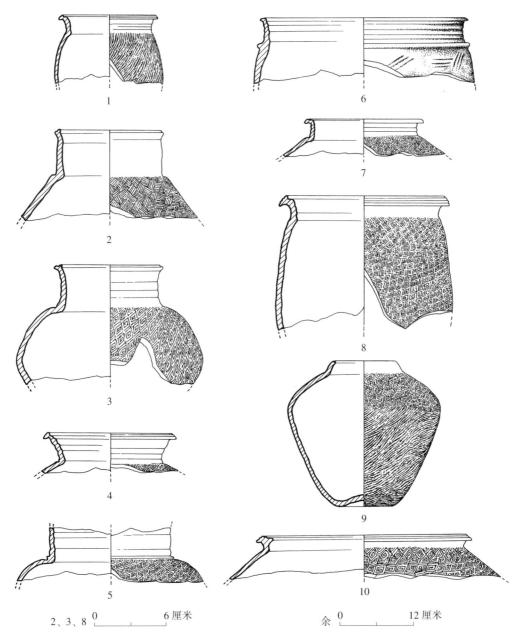

图四七 B　C 区·H16 出土釜、罐、缸、坛、瓮

1. 釜 2003YJH16：13　2. 高领鼓肩罐 2003YJH16：15　3. 高领鼓肩罐 2003YJH16：7　4. 高领鼓肩罐 2003YJH16：12
5. 高领鼓肩罐 2003YJH16：6　6. 缸 2003YJH16：10　7. 矮领鼓肩罐 2003YJH16：16　8. 垂腹罐 2003YJH16：14　9.
坛 2003YJH16：21　10. 瓮 2003YJH16：11

2003YJH16:7，肩部以下残。平折沿，尖圆唇。肩内壁有垫窝并见一鼓泡。肩部饰云雷纹。口径8.4、残高9.6厘米。（图四七 B，3）

2003YJH16:12，肩部以下残。斜折沿，圆唇外翻。肩部饰云雷纹。口径20.8、残高6.4厘米。（图四七 B，4）

2003YJH16:6，口、肩部以下残。颈面有一组轮制凸弦纹，肩内见陶垫按压痕迹。肩部饰云雷纹。残颈径20.4、残高8.8厘米。（图四七 B，5）

（3）**矮领鼓肩罐**　1件。灰硬陶。

2003YJH16:16，肩部以下残。侈口，宽沿平折，方唇。口、领部轮制修整，肩内见陶垫按压痕迹。肩部饰席纹。口径17.6、残高6.0厘米。（图四七 B，7）

（4）**垂腹罐**　1件。灰硬陶。

2003YJH16:14，腹部以下残。直口微侈，平折沿，圆唇，矮领，溜肩。口、沿部见一组轮旋纹，肩内有陶垫按压痕迹。肩部饰云雷纹。口径13.0、残高10.8厘米。（图四七 B，8）

（5）**缸**　1件。夹粗砂红陶。

2003YJH16:10，肩部以下残。直口微侈，高领，领下饰一圈凸线附加堆纹。口、领部轮制，肩内见陶垫按压痕迹。纹饰残损不清。口径32.8、残高10.4厘米。（图四七 B，6）

（6）**瓮**　1件。灰硬陶。

2003YJH16:11，肩部以下残。直口，尖宽沿，圆唇外翻。口、沿部轮制修整，肩内壁见陶垫按压痕迹。肩部饰云雷纹。口径33.2、残高6.8厘米。（图四七 B，10）

（7）**坛**　1件。红硬陶。

2003YJH16:21，修复。敛口，圆唇，斜领，鼓肩，弧腹，凹底。口、领部轮制修整，表面光洁，肩、腹内壁见陶垫按压痕迹。肩部饰云雷纹，腹、底部饰篮纹。口径10.4、底径8.8、通高23.4厘米。（图四七 B，9；彩版七四，1）

（8）**三足盘**　3件。敞口，平底。素面。

1）灰硬陶　2件。

2003YJH16:17，三足残。钵形，斜沿，尖唇外翻，直腹。腹、底部有轮旋纹。内沿下有刻符。口径13.2、残高5.2厘米。（图四七 C，1；刻符图片130）

2003YJH16:18，足残。盘形，斜腹，一足呈凹面三角形附于盘底，余残。器内有轮旋纹，足为捏制拼接。口径11.4、通高8.0厘米。（图四七 C，2）

刻符图片130　2003YJH16:17 三足盘

2）泥质红陶　1件。

2003YJH16:19，足残。盘形，尖唇微内敛，斜腹。器内有轮弦纹。口径8.8、通高7.0厘米。（图四七 C，3）

（9）**盔形钵**　6件。侈口，斜直腹，多平底。轮制修整。

1）灰硬陶　5件。

2003YJH16:20，修复。斜折沿，尖唇。腹部饰云雷纹，底部饰菱形纹。口径11.6、底径2.2、高8.3厘米。（图四七 C，4；彩版七五，1）

2003YJH16:2，修复。圆唇，平底。腹饰云雷纹，底饰篮纹。内沿下有刻符。器物在烧制中产生

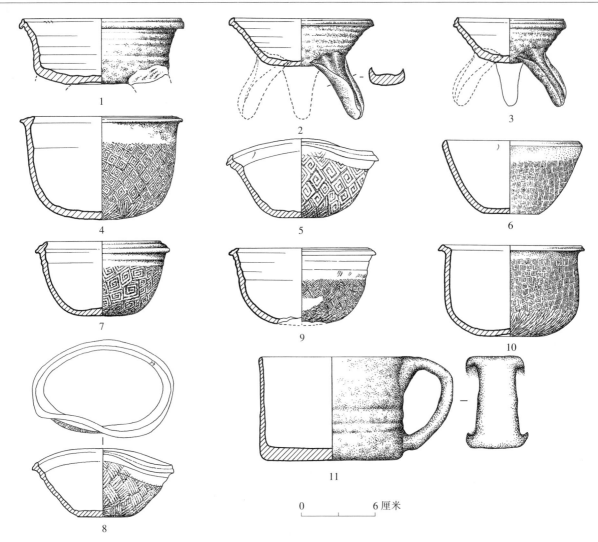

图四七 C　C 区·H16 出土三足盘、钵、杯

1. 三足盘 2003YJH16：17　2. 三足盘 2003YJH16：18　3. 三足盘 2003YJH16：19　4. 盔形钵 2003YJH16：20　5. 盔形钵
2003YJH16：2　6. 盔形钵 2003YJH16：8　7. 盔形钵 2003YJH16：3　8. 盔形钵 2003YJH16：1　9. 盔形钵 2003YJH16：4　10. 凹底
钵 2003YJH16：9　11. 杯 2003YJH16：5

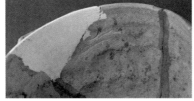

刻符图片 131　2003YJH16：2 盔形钵　　刻符图片 132　2003YJH16：8 盔形钵　　刻符图片 133　2003YJH16：3 盔形钵

变形。口径 12.6、底径 3.6、高 6.4 厘米。（图四七 C，5；刻符图片 131；彩版七五，2）

2003YJH16：8，修复。尖唇，平底。腹、底部均饰云雷纹。内沿下有刻符。口径 10.8、底径
4.6、高 6.0 厘米。（图四七 C，6；刻符图片 132；彩版七五，3）

2003YJH16：3，残。尖唇，平底。腹部饰云雷纹，底部饰篮纹及菱形纹。口沿上有刻符。口径
9.4、高 6.0 厘米。（图四七 C，7；刻符图片 133）

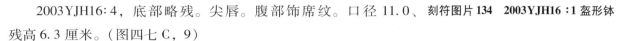

2003YJH16：1，完整。圆唇，平底。腹、底部饰席纹。口沿下有刻符，器物在烧制中产生变形。口径11.6、底径4.4、高5.6厘米。（图四七C，8；刻符图片134；彩版七五，4）

刻符图片134　2003YJH16：1盉形钵

2）泥质红陶　1件。

2003YJH16：4，底部略残。尖唇。腹部饰席纹。口径11.0、残高6.3厘米。（图四七C，9）

（10）**凹底钵**　1件。灰硬陶。

2003YJH16：9，修复。敛口，斜折沿，尖唇，腹弧内收。轮制。腹部饰云雷纹，底部饰篮纹。口径11.4、底径5.0、高7.4厘米。（图四七C，10；彩版七四，2）

（11）**杯**　1件。夹砂红陶。

2003YJH16：5，修复。直口，尖唇，直腹，口、底部附一宽幅弓形把手。口、腹部轮制修整，底部人工捏制，把手系粘接成型。素面。口径11.8、底径10.6、高8.4厘米。（图四七C，11；彩版七四，3）

二　陈腐池H17

1. 遗迹

H17分布于CⅠ区，位于T2924东北部。开口于1层下，打破生土，西北部被G5打破。平面形状不规则，开口距地表0.12米，最大径2.70米，深0.20米。坑壁北面缓缓斜收，南面陡斜，平底，壁、底未见特殊加工迹象。坑内堆积分2层：第1层，土色灰褐，土质略显疏松，层厚0.06～0.10米。出土可辨器形有三足盘、器盖、瓮、釜、壶、盅、尊等；第2层，土色黄褐泛白，土质胶结、紧密，呈较大颗粒状，层厚0.12～0.14米。包含物较少，出土可辨器形有钵、罐等类。H17包含物多为陶器，另有少量原始瓷。陶器有夹砂红、灰陶和泥质红、灰陶，以夹砂灰陶为主，占总类的61.88%。多印纹陶，纹饰有云雷纹、篮纹、席纹，其中篮纹占42.25%，素面陶占35.38%。遗迹下层发现胶泥层并与G5连接，推测H17为陈腐池，与G5共同完成"供水——陈腐——排水"程序。（图四八A；彩版七六，1）

北　←

灰褐土　　　　　1

白胶泥　　　　　2

0　　　　　80厘米

图四八A　C区·H17平、剖面图

2. 小件遗物

（1）**瓿形器**　1件。泥质红陶。

2003YJH17：14，釜体残。瓿体卷沿，侈口，尖圆唇，上腹斜直，中部微鼓，下部斜收，算托微平。瓿腹内外尚见轮旋纹。素面。内沿下有刻符。口径23.2、残高16.8厘米。（图四八B，1；刻符图片135）

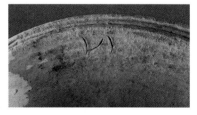

刻符图片135　2003YJH17：14瓿形器

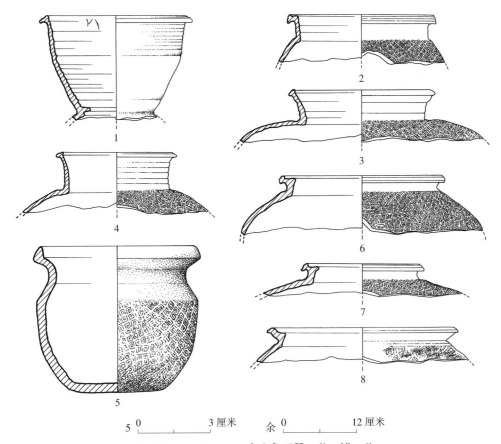

5 ⊢—————0————————3厘米——┤   余 ⊢——————0——————12厘米——┤

图四八 B   C 区·H17 出土甑形器、釜、罐、瓮

1. 甑形器 2003YJH17：14   2. 釜 2003YJH17：23   3. 高领鼓肩罐 2003YJH17：18   4. 高领鼓肩罐
2003YJH17：17   5. 高领折肩小罐 2003YJH17：30   6. 瓮 2003YJH17：22   7. 瓮 2003YJH17：13   8. 瓮
2003YJH17：31

（2）**釜**   1 件。泥质红陶。

2003YJH17：23，腹部以下残。侈口，宽沿，圆唇，垂腹。口、沿部轮制修整，腹内有垫窝。
腹部饰云雷纹。口径 24.0、残高 8.0 厘米。（图四八 B，2）

（3）**高领鼓肩罐**   2 件。敞口，尖唇。口、领尚见轮制痕迹，肩内见陶垫按压印迹。肩部饰
云雷纹。

1）泥质灰硬陶   1 件。

2003YJH17：18，肩部以下残。口径 22.8、残高 8.2 厘米。（图四八 B，3）

2）夹砂灰陶   1 件。

2003YJH17：17，肩部以下残。口径 18.4、残高 10.0 厘米。（图四八 B，4）

（4）**高领折肩小罐**   1 件。灰硬陶。

2003YJH17：30，修复。侈口，尖唇，高领，鼓肩，弧腹，平底。口领部轮制修整，腹内有拍
印垫窝。腹部饰云雷纹，底部饰篮纹。口径 6.4、腰径 6.7、底径 3.8、高 5.9 厘米。（图四八 B，
5；彩版七七，1）

（5）**瓮**   3 件。肩部以下残。敛口，宽沿，圆唇外翻，斜肩。口颈部轮制刮修，肩内壁见陶
垫按压痕迹。肩部饰云雷纹。

1）灰硬陶　1件。

2003YJH17：22，口径26.4、残高9.4厘米。（图四八B，6）

2）泥质红陶　2件。

2003YJH17：13，口径18.8、残高5.8厘米。（图四八B，7）

2003YJH17：31，口径30.4、残高5.6厘米。（图四八B，8）

（6）器盖　4件。素面。纽多为人工拼接。

1）灰硬陶　3件。

2003YJH17：5，修复。盖面斜直，平顶，浅喇叭状纽。器内有轮旋纹，纽为人工拼接。口径17.3、纽径5.0、通高5.8厘米。（图四八C，1；彩版七七，2）

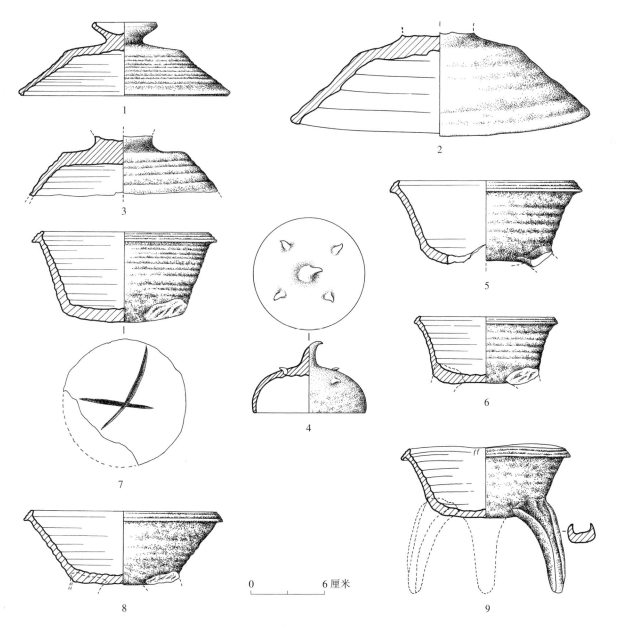

图四八C　C区·H17 出土器盖、三足盘

1. 器盖 2003YJH17：5　2. 器盖 2003YJH17：16　3. 器盖 2003YJH17：7　4. 器盖 2003YJH17：9　5. 三足盘 2003YJH17：26　6. 三足盘 2003YJH17：32　7. 三足盘 2003YJH17：21　8. 三足盘 2003YJH17：3　9. 三足盘 2003YJH17：2

2003YJH17：16，纽残。盖面斜直，顶面隆起。器内见轮制痕迹，器物烧制时轻度变形并出现鼓泡。口径25.0、残高8.4厘米。（图四八C，2）

2003YJH17：9，修复。盖面隆起，顶部附一鹰嘴状纽，纽下对距饰四乳钉。器内见轮制痕迹，纽及乳钉为人工捏制拼接成型。口径9.0、通高5.8厘米。（图四八C，4；彩版七七，3）

2）泥质红陶　1件。

2003YJH17：7，纽残。盖面斜直，平顶。器内有轮旋纹，提手为人工拼接。残高4.6厘米。（图四八C，3）

（7）三足盘　5件。钵形，尖唇，素面。器多见轮旋痕迹。

1）原始瓷　2件。

2003YJH17：26，足残。敞口，平底。腹、底内外均有轮旋纹。口径14.8、残高6.4厘米。（图四八C，5；彩版七六，2）

2003YJH17：32，足残。钵形，敞口，腹较直，平底。器内有轮制痕迹。口径11.4、残高5.2厘米。（图四八C，6；彩版七六，3）

2）灰硬陶　2件。

2003YJH17：21，足残。钵形，敞口，斜沿，尖唇，腹较直，平底，内底中心有一乳钉。腹、底内有轮旋修整痕迹。底部有刻符。口径13.8、残高7.2厘米。（图四八C，7；刻符图片136）

刻符图片136　2003YJH17：21 三足盘

2003YJH17：3，足残。钵形，侈口，平底。腹、底内有轮制痕迹。内沿下有刻符。口径15.2、残高6.0厘米。（图四八C，8；刻符图片137）

3）夹砂灰陶　1件。

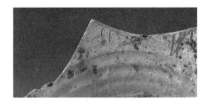

刻符图片137　2003YJH17：3 三足盘

2003YJH17：2，修复。钵形，侈口，腹较直，平底下凹，底沿下附三凹面长三角形足，足外撇。壁见轮制痕迹，三足为手工捏制与盘底粘接成型。口径13.0、底径8.0、通高11.8厘米。（图四八C，9；彩版七六，4）

（8）盉形钵　2件。侈口。腹部饰云雷纹。

1）灰硬陶　1件。

2003YJH17：15，底略残。圆唇内卷，斜直腹。腹内见陶垫按压印迹。口径11.6、残高6.8厘米。（图四八D，1）

2）泥质红陶　2件。

2003YJH17：4，修复。尖唇，斜直腹，平底。口、腹部尚见轮旋修整痕迹，内底有捺窝。内壁见一层陶衣，大部脱落。口径11.1、底径3.6、高6.8厘米。（图四八D，2；彩版七七，4）

2003YJH17：28，修复。侈口，口外撇，尖唇，腹内弧，平底。腹内见陶垫按压印迹。底部饰篮纹。口径11.6、底径4.8、高8.0厘米。（图四八D，3；彩版七七，5）

（9）平底钵　1件。灰硬陶。

2003YJH17：12，修复。敛口，圆唇，斜腹，平底。器壁内有轮旋纹，外底见人工刮削痕迹。素面。器物烧制变形。口径7.6、底径3.9、高3.7厘米。（图四八D，4；彩版七七，6）

（10）豆　2件。均为灰硬陶。素面。

2003YJH17：20，把座残。敞口，浅斜腹。腹、底内有垫窝。口径11.8、残高2.6厘米。（图

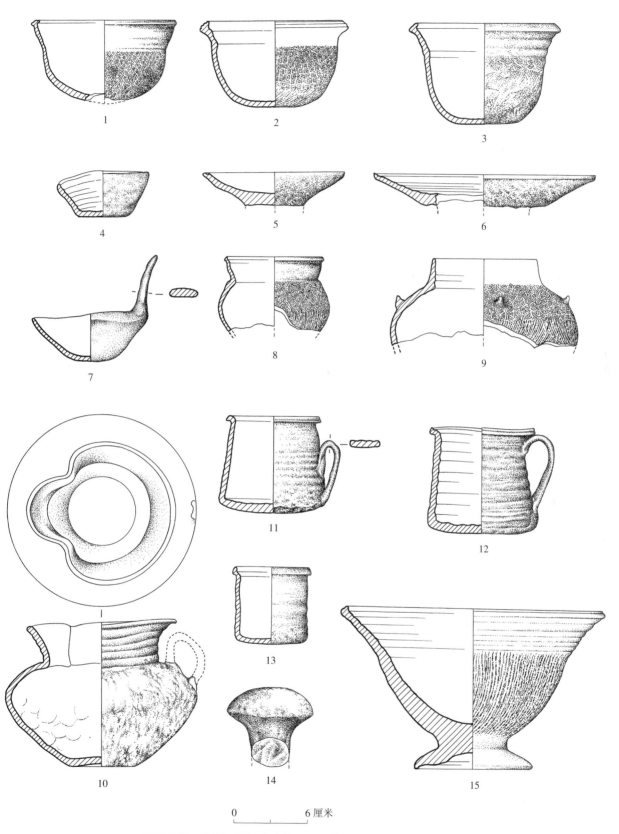

0   6厘米

图四八 D　C 区·H17 出土钵、豆、盏、壶、盅、杯、陶垫、尊

1. 盔形钵 2003YJH17:15　2. 盔形钵 2003YJH17:4　3. 盔形钵 2003YJH17:28　4. 平底钵 2003YJH17:12　5. 豆 2003YJH17:20
6. 豆 2003YJH17:19　7. 盏 2003YJH17:27　8. 壶 2003YJH17:25　9. 壶 2003YJH17:24　10. 壶 2003YJH17:29　11. 盅 2003YJ
H17:1　12. 盅 2003YJH17:10　13. 杯 2003YJH17:11　14. 陶垫 2003YJH17:8　15. 尊 2003YJH17:6

四八 D，5）

2003YJH17：19，把座残。敞口，尖唇，斜腹较平。口、腹部尚见轮制痕迹。口径 18.4、残高 2.5 厘米。（图四八 D，6）

（11）**盏** 1 件。泥质灰陶。

2003YJH17：27，完整。敞口，尖唇，深腹，圆底。口沿外附一扁状三角形把手，把体上翘。器身轮制修整，把手人工捏制拼接成型。素面。口径 8.4、高 8.6 厘米。（图四八 D，7；彩版七八，1）

（12）**壶** 3 件。鼓肩，斜腹。

1）灰硬陶 2 件。

2003YJH17：25，腹部以下残。无流。侈口，尖唇，圆领。肩、腹内有陶垫按压印迹。肩部饰云雷纹，腹部饰篮纹。口径 7.9、残高 6.0 厘米。（图四八 D，8）

2003YJH17：24，腹部以下残。无流。直口微敛，圆唇，圆领，肩部粘饰乳钉。口领部轮制修整，腹内有拍印按压痕迹。肩部饰云雷纹，腹部饰篮纹。口径 8.6、残高 7.0 厘米。（图四八 D，9）

2）泥质红陶 1 件。

2003YJH17：29，修复。有流。侈口，圆形流口，高领，鼓肩，斜腹，平底。腹内有陶垫按压痕迹。纹面残损不清。口径 12.2、底径 5.4、高 11.7 厘米。（图四八 D，10；彩版七八，2）

（13）**盅** 2 件。均为灰硬陶。侈口，尖唇，垂腹，圜底。器壁内外尚见轮制痕迹，把手为人工捏制拼接。素面。

2003YJH17：1，修复。腹、底部附一扁平状把手。口径 7.3、底径 8.4、高 7.8 厘米。（图四八 D，11；彩版七八，3）

2003YJH17：10，修复。口径 8.6、底径 9.0、高 8.4 厘米。（图四八 D，12；彩版七八，4）

（14）**杯** 1 件。泥质红陶。

2003YJH17：11，修复。直口，直腹。尖圆唇，平底。口、腹部有轮制痕迹。素面。口径 6.0、底径 5.4、高 6.2 厘米。（图四八 D，13；彩版七八，5）

（15）**尊** 1 件。泥质红陶。

2003YJH17：6，修复。敞口，弧腹。口外撇，圆唇，高领，圜内底，饼圈足内凹。轮制修整，口部内外有凸弦纹。腹部饰篮纹。口径 21.2、底径 9.6、通高 13.0 厘米。（图四八 D，15；彩版七八，6）

（16）**陶垫** 1 件。泥质红陶。

2003YJH17：8，圆柱体把手残。蘑菇状。垫面隆起。器面有刮削痕迹。素面。顶面宽 7.0、残长 6.4 厘米。（图四八 D，14）

（17）**圆形陶片** 1 件。泥质灰陶。

2003YJH17：33，残。器物残片加工而成。平面椭圆形，面略凹。面饰篮纹。圆径 4.6、厚 0.5 厘米。

三 陈腐池 H25

1. 遗迹

H25 分布于 C I 区，位于 T3025 南部。开口于 1 层下，北部被 G5 打破，打破生土。平面近似椭圆形，坑口距地表 0.12 米，最大径 2.30 米，深 0.40 米。东南壁陡峭，西北壁缓缓斜收，平底。

壁、底未见特殊加工迹象。坑内堆积分 2 层：第 1 层，层厚 0.24 ~ 0.32 米，土色灰褐，土质略显疏松，包含炭粒、灰白胶泥颗粒、陶片及少量原始瓷。陶有夹砂灰、红陶和泥质灰、红陶，以夹砂红陶、夹砂灰陶居多，分别占 57.04%、36.65%。纹饰有云雷纹、篮纹，篮纹及素面分别占 36.17% 和 48.05%。出土完整器网坠、罐、钵、盘，其他已复原及可辨器形有釜、甗形器、壶、盅、器盖、盘、钵等；第 2 层，层厚 0.08 ~ 0.10 米，为块状灰白色胶泥，质地细腻，包含物极少。根据 H25 北部与 G5 存在打破关系，底层见有白胶泥沉积，推测为陈腐池。（图四九 A）

图四九 A　C区·H25 平、剖面图

2. 小件遗物

（1）**甗形器**　1 件。夹砂灰陶。

2003YJH25:9，修复。上部侈口，斜折沿，沿部断面呈等腰三角形，束腰，算托弧上翘；下部釜体圆肩，鼓腹，圜凹底。甗体腹壁内外均见轮旋纹，釜腹内壁有垫压痕迹。甗体素面，釜体面饰篮纹。内沿下有刻符。口径 24.8、底径 9.6、腰径 15.5、通高 27.2 厘米。（图四九 B，1；刻符图片 138；彩版七九，1）

刻符图片 138　2003YJH25:9 甗形器

（2）**釜**　1 件。泥质红陶。

2003YJH25:6，腹部以下残。侈口，宽沿平折，高领，垂腹。口领部尚见轮旋纹，腹内有陶垫按压印迹。腹表饰云雷纹。口径 16.0、残高 5.8 厘米。（图四九 B，3）

（3）**高领鼓肩罐**　3 件。均为灰硬陶。侈口，尖唇。口领部见轮制痕迹。肩部饰云雷纹。

2003YJH25:16，完整。斜腹，凹底。肩至底内壁有陶垫按压印迹。腹、底部饰篮纹。口径 10.8、底径 4.2、高 10.7 厘米。（图四九 B，2；彩版七九，2）

2003YJH25:17，肩部以下残。口领部轮制修整，唇面有两道凹弦纹，肩内有垫窝。口径 15.6、残高 10.4 厘米。（图四九 B，4）

2003YJH25:14，完整。斜腹，凹底。肩至底内壁见陶垫按压印迹。腹、底部表面饰篮纹。口径 15.2、底径 9.5、高 20.4 厘米。（图四九 B，5；彩版七九，3）

（4）**矮领鼓肩罐**　2 件。均为灰硬陶。

2003YJH25:23，肩部以下残。敛口，宽沿。口领部轮制修整，肩内壁有垫窝。肩部表面饰席纹。口径 26.4、残高 10.0 厘米。（图四九 B，6）

2003YJH25:8，修复。侈口，尖唇，斜腹，凹底。口领部尚见轮旋纹，肩至底内壁有陶垫按压印迹。肩部饰云雷纹，腹、底部饰篮纹。口径 11.8、底径 5.0、高 11.0 厘米。（图四九 B，7；彩版七九，4）

（5）**垂腹罐**　1 件。灰硬陶。

2003YJH25:13，完整。直口，平折沿，方唇，矮领，溜肩，凹底。口领部轮制修整，肩至底内壁有陶垫按压印迹。肩部表面饰云雷纹，腹底部表面饰篮纹。口径 12.4、底径 8.0、高 15.0 厘米。（图四九 B，9；彩版七九，5）

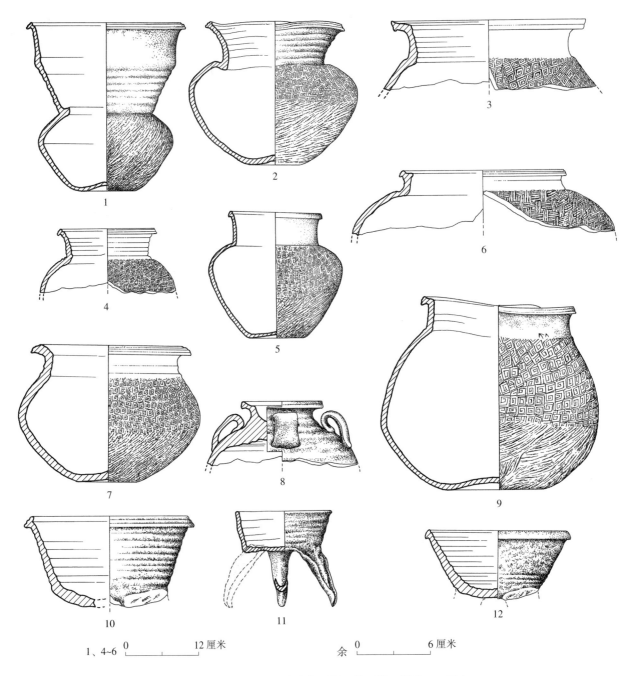

1、4~6　　0 _____ 12 厘米　　　　　　　　余　0 _____ 6 厘米

图四九 B　　C 区·H25 出土甌形器、釜、罐、器盖、三足盘

1. 甌形器 2003 YJH25：9　2. 高领鼓肩罐 2003 YJH25：16　3. 釜 2003 YJH25：6　4. 高领鼓肩罐 2003 YJH25：17　5. 高领鼓肩罐 2003 YJH25：14　6. 矮领鼓肩罐 2003 YJH25：23　7. 矮领鼓肩罐 2003 YJH25：8　8. 器盖 2003 YJH25：22　9. 垂腹罐 2003 YJH25：13　10. 三足盘 2003 YJH25：2　11. 三足盘 2003 YJH25：19　12. 三足盘 2003 YJH25：4

（6）**器盖**　1 件。灰硬陶。

2003 YJH25：22，盖体以下残。圈足提手，周边有纽。盖面略弧，上部饰四个半环形纽。盖体内见一组轮弦纹，提手刮削平整，纽为手工捏制拼接。素面。盖残高 5.4、纽径 6.6 厘米。（图四九 B，8）

（7）**三足盘**　3 件。钵形，敞口，腹较直，平底。素面。

1）原始瓷　1 件。

2003YJH25:2，三足残。尖唇。器壁及内底尚见轮旋纹，外底有人工削修痕迹。口径 13.0、残高 7.4 厘米。（图四九 B，10；彩版八〇，1）

2）灰硬陶　1件。

2003YJH25:19，完整。方唇，下附三凹面长三角形足。器身见轮弦纹，三足为人工捏制拼接。口径 8.0、底径 6.2、通高 7.8 厘米。（图四九 B，11；彩版八〇，2）

3）泥质红陶　1件。

2003YJH25:4，三足残。尖唇。器壁至内底见清晰轮旋纹，外底有人工削修痕迹。口径 11.4、残高 5.6 厘米。（图四九 B，12）

（8）盔形钵　5件。侈口。

1）灰硬陶　4件。

2003YJH25:21，底略残。尖唇，斜直腹。轮制修整。腹部饰云雷纹，底部饰篮纹。口径 12.0、残高 5.4 厘米。（图四九 C，1）

2003YJH25:3，修复。斜沿，圆唇，斜直腹，圜底。沿面轮旋一组凹弦纹，腹底部有拍印按压痕迹。腹、底部饰席纹。口径 12.0、高 5.8 厘米。（图四九 C，2；彩版八〇，3）

2003YJH25:15，完整。斜平沿，斜直腹，圜底。沿面轮旋一道凹弦纹，腹、底部有拍印按压痕迹。腹部饰云雷纹，底部饰篮纹。内沿有刻符。口径 10.0、高 5.8 厘米。（图四九 C，3；刻符图片 139；彩版八〇，4）

2003YJH25:25，修复。平沿，方唇，斜直腹，圜底。轮制修整，腹内壁有拍印垫窝。腹部表面饰云雷纹，底部表面饰篮纹。口径 8.6、高 4.4 厘米。（图四九 C，4；彩版八〇，5）

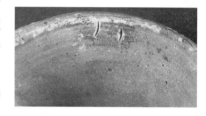

刻符图片 139　2003YJH25:15 盔形钵

2）夹砂灰陶　1件。

2003YJH25:26，修复。口外撇，尖唇，腹内弧，圜底。口领部轮制修整，腹、底有拍印按压痕迹。腹部饰云雷纹，底部饰篮纹。内沿上有刻符。口径 15.6、高 11.0 厘米。（图四九 C，5；刻符图片 140；彩版八〇，6）

刻符图片 140　2003YJH25:26 盔形钵

（9）平底钵　1件。灰硬陶。

2003YJH25:24，修复。敛口，圆唇，深腹，平底。器壁及内底见一组轮弦纹，外底有人工切削痕迹。素面。口径 10.8、底径 4.6、高 5.8 厘米。（图四九 C，8；彩版八一，1）

（10）带把钵　2件。短把。素面。

1）泥质灰陶　1件。

2003YJH25:18，修复。侈口，圆唇，口沿上附一三角形把手，把顶略向内倾，斜腹，平底。腹内见轮制痕迹，把手为人工捏制拼接。口径 8.0、底径 5.0、通高 5.2 厘米。（图四九 C，6；彩版八一，2）

2）夹砂红陶　1件。

2003YJH25:20，腹部以下残。把手为三角形，顶部平折外翻。轮制腹片，手制把手。口径 10.8、残高 6.2 厘米。（图四九 C，7）

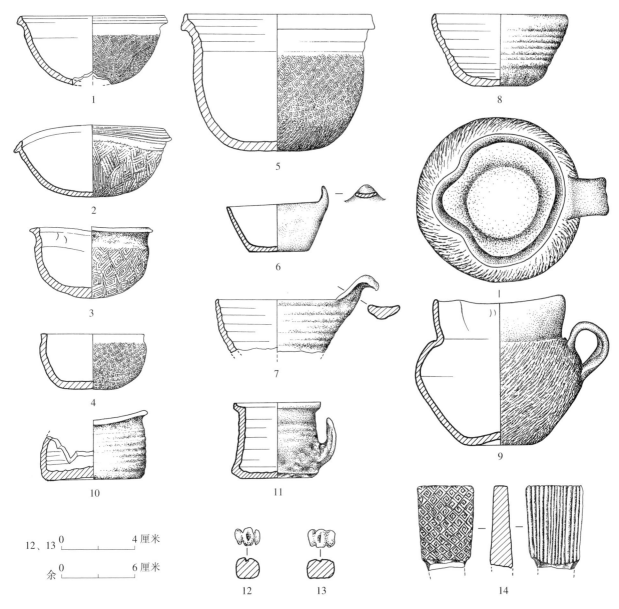

图四九 C　C 区·H25 出土钵、壶、盉、网坠、陶拍

1. 盆形钵 2003YJH25：21　2. 盆形钵 2003YJH25：3　3. 盆形钵 2003YJH25：15　4. 盆形钵 2003YJH25：25　5. 盆形钵 2003YJH25：26
6. 带把钵 2003YJH25：18　7. 带把钵 2003YJH25：20　8. 平底钵 2003YJH25：24　9. 壶 2003YJH25：10　10. 盉 2003YJH25：11　11. 盉
2003YJH25：12　12. 网坠 2003YJH25：5　13. 网坠 2003YJH25：7　14. 陶拍 2003YJH25：1

（11）壶　1 件。灰硬陶。

2003YJH25：10，修复。有流。侈口，高圆领，凹形流口，鼓肩，下腹内收，圜凹底。肩部附一半环形纽。口、领部见轮旋修整痕迹，肩至底内有垫窝。通体面饰篮纹。内沿下有刻符。口径 10.6、底径 5.6、通高 11.4 厘米。（图四九 C，9；刻符图片 141；彩版八一，3）

刻符图片 141　2003YJH25：10 壶

（12）盉　2 件。侈口，垂腹，平底。素面。

1）灰硬陶　1 件。

2003YJH25：11，修复。方唇。器壁内外均见轮旋纹，外底有旋削痕迹。底径7.6、残高4.8～5.4厘米。（图四九C，10；彩版八一，4）

2）夹砂灰陶　1件。

2003YJH25：12，修复。圆唇，下腹部附一圆锥形把手，把尖上弯。器壁有轮旋纹，把手为手制。口径7.2、底径6.0、通高6.1厘米。（图四九C，11；彩版八一，5）

（13）网坠　2件。均为灰硬陶。圆柱体，两面各刻两道凹槽，中部加刻一道凹槽，素面。

2003YJH25：5，完整。上端较圆，下端平整。长1.4、宽1.0、厚0.9厘米。（图四九C，12；彩版八一，6）

2003YJH25：7，完整。两端稍平。长1.4、宽1.0、厚1.0厘米。（图四九C，13；彩版八一，6）

（14）陶拍　1件。泥质红陶。

2003YJH25：1，把残。扁平状拍面。拍面为梯形，侧端平整。正反拍面分别刻云雷纹、篮纹。残长6.5、宽4.6、厚1.8厘米。（图四九C，14；图四九D）

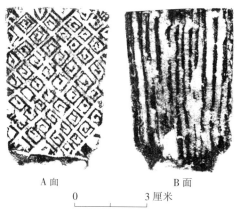

A面　　　　　　　B面
0　　　　3厘米

**图四九D　C区·H25出土陶拍
2003YJH25：1纹样拓片**

A面：云雷纹　B面：篮纹

四　陈腐池 H28

H28分布于CⅠ区，位于T2924东隔梁下，隔梁已打掉。开口于1层下，打破生土。平面近似圆形，开口距地表0.12米，最大径1.90米，最小径1.40米，深0.50米。口大底小，南壁弧收，北壁平缓斜收，平底略见凹凸，壁及底未见特殊加工迹象。坑内堆积灰褐色土，土质较疏松，包含物有少量泥质灰硬陶、泥质红陶，可辨器形为杯、钵、器盖等，纹饰多见云雷纹、篮纹。底部有块状黄白色胶泥沉积，质地较紧密。H28紧邻H17，开口地层一致，底部均有胶泥沉积层，推测为陈腐池。（图五〇）

五　陈腐池 H29

1. 遗迹

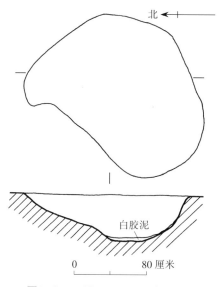

北

白胶泥
0　　　　80厘米

图五〇　C区·H28平、剖面图

H29分布于CⅠ区，位于T3025南部，延伸至T3024北隔梁，隔梁已打掉。开口于1层下，北边被G5打破，打破生土。平面近圆形，开口距地表0.10米，最大径2.10米，最小径1.40米，深0.36米。东壁较高，呈坡状弧收，西壁较低，平缓斜收，近平底，壁、底未见特殊加工迹象。坑内堆积分2层：第1层，土色灰褐，土质较疏松，层厚0.14～0.24米，包含少量炭粒、陶片及原始瓷。陶为夹砂灰、红陶和泥质灰陶，以夹砂红陶居多，占54.10%。纹饰仅见云雷纹、篮纹，篮纹和素面分别占33.86%、45.42%。出土完整器网坠及其他可辨器形钵、桶、罐、釜、杯、器盖、瓮等；第2层，层厚0.06～0.12米，为黄白色胶泥，质地紧密、细腻，包含少量碎陶及颗粒

状炭屑。根据 H29 底部见有胶泥沉积以及所处位置与
G5 相近，推测为与制陶有关的陈腐池。（图五一 A）

2. 小件遗物

（1）**釜** 1 件。灰硬陶。

2003YJH29:6，腹部以下残。侈口，平折沿，
高领，直腹。口领部见轮旋修整痕迹，腹内有垫
窝。腹部饰云雷纹。口径 16.0、残高 12.8 厘米。
（图五一 B，1）

（2）**垂腹罐** 1 件。灰硬陶。

2003YJH29:4，修复。矮领，溜肩，直口微侈，
平折沿。口领部轮制，内外均见轮旋痕，腹、底内有
垫窝。腹部饰云雷纹，底部饰篮纹。沿上刻有符号。
口径 13.9、腹径 13.2、底径 3.0、通高 12.0 厘米。
（图五一 B，3；刻符图片 142；彩版八二，1）

（3）**直腹罐** 1 件。夹砂红陶。

2003YJH29:7，腹部以下残。无领。侈口，圆唇。口沿部见轮
制痕迹，腹内有垫窝。腹表饰篮纹。口沿内有刻符。口径 11.2、
残高 7.2 厘米。（图五一 B，2；刻符图片 143）

（4）**器盖** 1 件。红硬陶。

2003YJH29:12，修复。侈口，器呈伞状，盖面斜直，浅斜腹，
圈足提手。器壁内外均见轮弦纹。纽径 6.4、口径 13.6、通高 6.8
厘米。（图五一 B，5；彩版八二，2）

（5）**瓮** 1 件。红硬陶。

2003YJH29:13，腹部以下残。敛口，宽斜沿，圆唇，矮领，
鼓折肩，斜直腹。口、领部有轮制痕迹，肩腹内壁有陶垫按压印迹。
口径 29.5、残高 20.0 厘米。（图五一 B，4）

（6）**三足盘** 1 件。灰硬陶。

2003YJH29:10，三足残。钵形，敞口，尖圆唇，腹较直，平底下凹。器壁内外均见轮制痕迹，
外底有旋削痕。内底有残刻符。口径 13.8、残高 6.4 厘米。（图五一 B，6）

（7）**盔形钵** 2 件。侈口，口外撇，腹内弧，圜底。口沿部轮制修整，腹、底内壁有拍印按
压痕迹。

1）灰硬陶 1 件。

2003YJH29:5，修复。尖唇，深腹。腹部饰云雷纹，底部饰篮纹。口径 15.4、通高 11.0 厘米。
（图五一 B，7；彩版八三，1）

2）夹砂灰陶 1 件。

2003YJH29:1，修复。尖圆唇。腹、底部通饰篮纹。口径 11.6、通高 6.8 厘米。（图五一 B，
8；彩版八三，2）

（8）**平底钵** 1 件。灰硬陶。

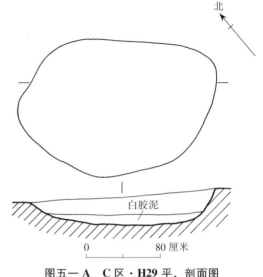

北

白胶泥

0　　　　　80 厘米

图五一 A　C 区·H29 平、剖面图

刻符图片 142　2003YJH29:4 垂腹罐

刻符图片 143　2003YJH29:7 直腹罐

肩部饰云雷纹，腹部饰篮纹。

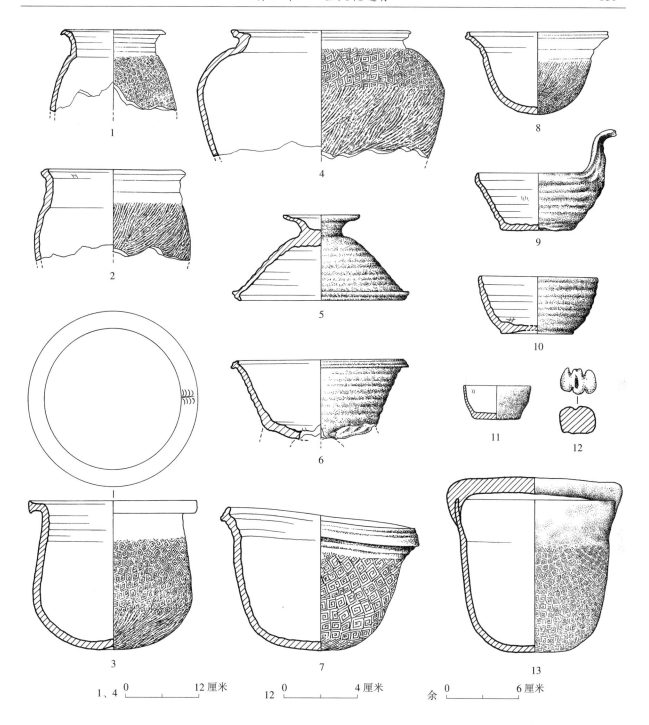

图五一 B　C区·H29 出土釜、罐、瓮、器盖、三足盘、钵、杯、网坠、提梁桶

1. 釜 2003YJH29：6　2. 直腹罐 2003YJH29：7　3. 垂腹罐 2003YJH29：4　4. 瓮 2003YJH29：13　5. 器盖 2003YJH29：12　6. 三足盘 2003YJH29：10　7. 盔形钵 2003YJH29：5　8. 盔形钵 003YJH29：1　9. 带把钵 2003YJH29：2　10. 平底钵 2003YJH29：11　11. 杯 2003YJH29：8　12. 网坠 2003YJH29：9　13. 提梁桶 2003YJH29：3

2003YJH29：11，底略残。微侈口，斜腹，平底。器壁及内底均见轮旋纹。内底有刻符。口径9.8、通高4.6厘米。（图五一B，10；刻符图片144）

（9）**带把钵**　1件。夹砂灰陶。

刻符图片 144　2003YJH29：11 平底钵

2003YJH29：2，修复。平底。敛口，尖唇，斜直腹。口沿部附一三角形把手，顶部外翻。器壁内有轮旋修整痕迹，把手人工捏制拼接。素面。腹内有刻符。口径9.8、底径6.0、通高7.8厘米。（图五一B，9；刻符图片145；彩版八三，3）

刻符图片145　2003YJH29：2 带把钵

（10）**杯**　1件。灰硬陶。

2003YJH29：8，修复。侈口，圆唇，斜腹，平底。器内见轮制痕迹。素面。内沿下有刻符。口径5.6、底径4.0、高2.7厘米。（图五一B，11；刻符图片146；彩版八三，4）

刻符图片146　2003YJH29：8 杯

（11）**提梁桶**　1件。泥质红硬陶。

2003YJH29：3，修复。侈口，无领，直腹，平底。横跨口部附一扁条形提梁。口沿部轮制，腹、底内壁有陶垫按压印迹，提梁为捏制拼接。腹、底部表面通饰云雷纹。口径13.2、底径4.9、通高14.2厘米。（图五一B，13；彩版八二，3）

（12）**网坠**　1件。灰硬陶。

2003YJH29：9，完整。圆柱体，两面各刻两道凹槽，中部加刻一道凹槽，两端稍圆。素面。长2.0、宽1.4、厚1.4厘米。（图五一B，12；彩版八二，4）

六　陈腐池 H35

H35分布于CⅠ区，位于T3024关键柱下，关键柱已打掉。开口于1层下，打破生土。平面近圆形，开口距地表0.10米，直径1.46米，深0.26米。剖面呈盆形，南、北两壁斜内收，底斜平，壁及底未见特殊加工迹象。坑内堆积分2层：第1层，土色灰褐，土质略显疏松，层厚0.16～0.20米，包含少量炭屑及部分陶片。有夹砂灰、红陶和泥质灰、红陶，多饰云雷纹、篮纹，可辨器形有罐、钵、瓿形器等；第2层，为黄白色胶泥，层厚0.08米，质地紧密、细腻，包含物少。H35与H25以一条黄白色胶泥墙相隔，底层均见白胶泥沉积，并与H29、G5开口地层一致，堆积层次类似，以此推测为陈腐池。（图五二）

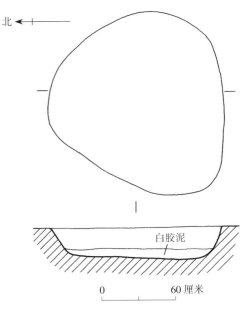

图五二　C区·H35平、剖面图

七　练泥池（蓄泥池）H15

1. 遗迹

H15分布于CⅠ区，位于T3124西南部。开口于1层下，打破生土。平面不规则，开口距地表0.12米，最大径2.60米，最小径1.50米，深南坑深0.22米，北坑深0.56米。坑壁缓缓内收，圜凹底，壁及底未见特殊加工迹象。坑内堆积分2层：第1层，土色灰褐，土质较硬，夹杂大量陶片和烧土粒，层厚0.20～0.22米，出土可辨器形有罐、瓿、釜、器盖、杯、盘、小鼎等；第2层，胶泥沉积层，呈块状分布，色黄白，质细腻、纯净，层厚0.05～0.10米。包含物多为陶器，另见少量原始瓷。陶器有夹砂红、灰陶及泥质红、灰陶，以夹砂灰陶、夹砂红陶为主，各占48.2%。纹饰有云雷纹、篮纹、席纹，其中云雷纹、篮纹分别占27.78%和27.91%，素面陶占44.12%。遗迹底层发现块状白胶泥，应为练泥后的遗存，推测H15为练泥池或蓄泥池，废弃后成为垃圾坑。（图五三A）

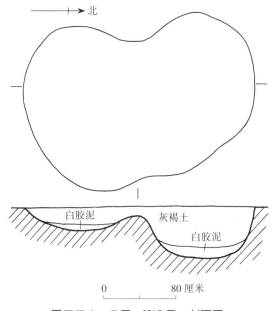

图五三A　C区·H15平、剖面图

2. 小件遗物

（1）**釜**　2件。均为灰硬陶。宽沿，圆唇。

2003YJH15：22，腹部以下残。直口，唇外翻斜折，垂腹。口颈部见轮旋修整痕迹，表面光洁，腹内壁有垫窝。腹部饰云雷纹。口径27.2、残高6.4厘米（图五三B，1）

2003YJH15：12，复原。直口微侈，直腹，圜底。口颈部尚见轮旋修整痕迹，腹内有垫窝。沿上有刻符。器物烧制时变形。口径22.4、底径4.4、通高15.6厘米。（图五三B，2；刻符图片147；彩版八四，1）

（2）**小鼎**　1件。夹砂红陶。

2003YJH15：9，修复。钵形，侈口，直腹微斜，颈腹间附一扁平体弓形鋬，平底，下承三圆锥形足，足外撇。鋬、足见粘接痕，口、腹修整成型，表面粗糙。素面。口径8.4、底径3.2、通高10.8厘米。（图五三B，6；彩版八四，2）

（3）**高领鼓肩罐**　2件。侈口，口、领部轮制修整，表面光洁。肩部饰席纹。

1）灰硬陶　1件。

2003YJH15：19，肩部以下残。尖唇。口、沿部见轮旋修整痕迹。口径11.6、残高5.4厘米。（图五三B，3）

2）泥质红陶　1件。

2003YJH15：20，肩部以下残。仅存口、领、肩残部。肩内有垫窝。口径21.6、残高7.2厘米。（图五三B，4）

（4）**矮领鼓肩罐**　1件。泥质红陶。

2003YJH15：21，肩部以下残。敛口，宽沿，圆唇。口、颈部轮制修整，表面光洁，肩内有垫窝。肩部饰云雷纹。口径21.2、残高4.6厘米。（图五三B，5）

（5）**直腹罐**　2件。侈口，口、沿部轮制修整。

1）灰硬陶　1件。

2003YJH15：11，修复。斜沿，尖圆唇，无领，圜底。腹上部附二对称鋬手，鋬面斜上卷。腹、底内壁有垫窝。腹部饰云雷纹，底部饰篮纹。口径16.0、底径6.0、高13.4厘米。（图五三B，8；刻符图片148；彩版八四，3）

刻符图片147　2003YJH15：12 釜

刻符图片148　2003YJH15：11 直腹罐

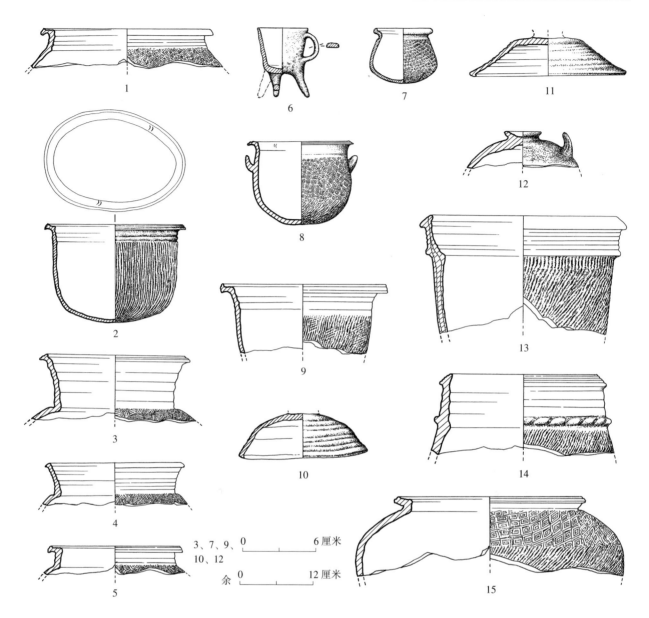

图五三 B　C 区·H15 出土釜、罐、小鼎、器盖、缸、瓮

1. 釜 2003YJH15：22　2. 釜 2003YJH15：12　3. 高领鼓肩罐 2003YJH15：19　4. 高领鼓肩罐 2003YJH15：20　5. 矮领鼓肩罐 2003YJH15：21
6. 小鼎 2003YJH15：9　7. 垂腹小罐 2003YJH15：5　8. 直腹罐 2003YJH15：11　9. 直腹罐 2003YJH15：24　10. 器盖 2003YJH15：2
11. 器盖 2003YJH15：3　12. 器盖 2003YJH15：28　13. 缸 2003YJH15：1　14. 缸 2003YJH15：23　15. 瓮 2003YJH15：18

　　2）夹砂灰陶　1 件。

　　2003YJH15：24，腹部以下残。圆唇。腹内壁有垫窝。腹饰篮纹。口径 13.6、残高 5.6 厘米。（图五三 B，9）

　　（6）**垂腹小罐**　1 件。灰硬陶。

　　2003YJH15：5，修复。侈口，尖圆唇，矮领，垂腹，圜底。口领部见轮旋纹，腹内有陶垫按压痕迹。肩、腹部饰云雷纹，底部饰篮纹。口径 4.6、高 4.3 厘米。（图五三 B，7；彩版八四，4）

　　（7）**器盖**　3 件。多轮制修整。

　　1）灰硬陶　2 件。

2003YJH15:2，覆钵状，侈口，浅腹，盖面隆起，纽残。器壁内外可见轮旋修整痕迹。素面。口径10.6、通高3.6厘米。（图五三B，10）

2003YJH15:3，覆钵状，侈口，浅腹，盖面斜直，平顶，纽残。器面有轮旋痕。内沿下有刻符。口径25.2、残高6.0厘米。（图五三B，11；刻符图片149）

刻符图片149 2003YJH15:3器盖

2）泥质红陶 1件。

2003YJH15:28，口残。圈足纽，盖面较直，中部饰一乳钉，钉尖向顶部弯曲。轮制修整。素面。纽径3.0、残高3.0厘米。（图五三B，12）

（8）**缸** 2件。均为夹砂红陶。高领，口沿部尚见轮旋修整痕迹，腹内有陶垫按压印迹。腹饰篮纹。

2003YJH15:1，腹部以下残。侈口，直腹，领腹交接处有一周凸棱。口径30.8、残高19.2厘米。（图五三B，13）

2003YJH15:23，腹部以下残。直口微敛，尖圆唇，斜直腹。领、腹间加饰一周附加堆纹。口径24.0、残高13.2厘米。（图五三B，14）

（9）**瓮** 1件。泥质红陶。

2003YJH15:18，腹部以下残。直口，宽沿，沿面呈凹槽，圆唇外翻，鼓肩，斜腹。口沿部轮制修整，肩、腹内壁有陶垫按压痕迹。肩部饰云雷纹，腹部饰篮纹。口径30.0、残高12.8厘米。（图五三B，15）

（10）**三足盘** 6件。素面。足多呈长三角形，捏制（手制）拼接。

1）灰硬陶 5件。

2003YJH15:14，修复。钵形，侈口，尖唇，腹较直，平底，下承三足，足呈长三角形、凹面，足外撇。沿面有一道凹弦纹，内壁有轮旋痕迹，外壁修抹，三足捏制拼接。口径10.0、底径5.2、残高6.2厘米。（图五三C，1）

2003YJH15:15，修复。钵形，敞口，尖圆唇，腹较直，平底，下承三足，足呈长三角形、凹面，足外撇。器壁有轮制痕迹，足为捏制拼接。口径11.2、高11.8厘米。（图五三C，2；彩版八五，1）

2003YJH15:25，修复。钵形，敞口，尖唇，腹较直，平底下凹，下承三足，足呈长三角形、凹面。内壁有轮旋痕，外壁修抹，足为手制拼接。口径11.0、残高6.4厘米。（图五三C，3）

2003YJH15:4，口、腹残。钵形，腹较直，平底，下承三足，足呈长三角形、凹面，足外撇。器壁及内底见轮制痕迹，足为手制拼接。残高9.0厘米。（图五三C，4）

2003YJH15:16，足残。盘形，敞口，尖唇，斜腹，壁有轮旋痕，足为捏制拼接。口径8.0、通高8.4厘米。（图五三C，5）

2）泥质红陶 1件。

2003YJH15:6，修复。钵形，侈口，尖圆唇，腹较直，平底，下承三足，足呈长三角形、凹面，足外撇。器壁有轮制痕迹，足为捏制拼接，表面粗糙，器内外有一层陶衣，陶衣部分脱落。口径8.6、底径4.8、通高8.0厘米。（图五三C，6；彩版八五，2）

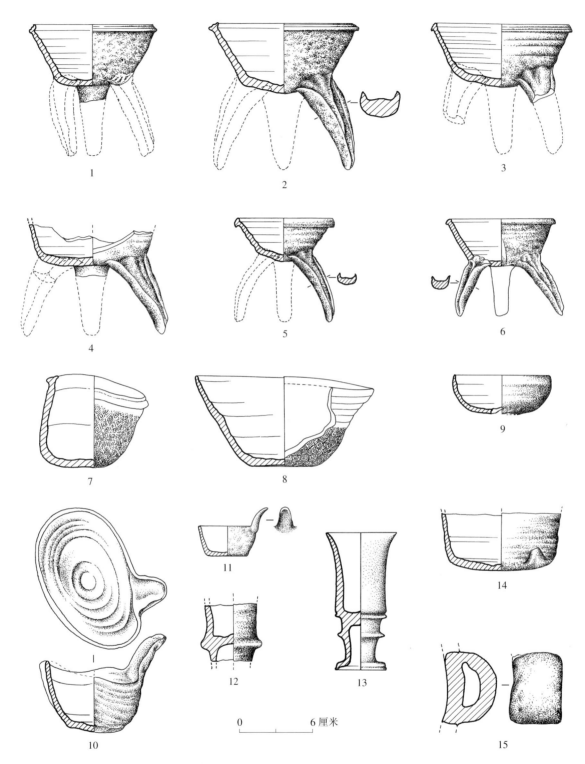

图五三 C　C区·H15 出土三足盘、钵、杯、瓿

1. 三足盘 2003YJH15:14　2. 三足盘 2003YJH15:15　3. 三足盘 2003YJH15:25　4. 三足盘 2003YJH15:4　5. 三足盘
2003YJH15:16　6. 三足盘 2003YJH15:6　7. 盆形钵 2003YJH15:30　8. 盆形钵 2003YJH15:29　9. 平底钵 2003YJH15:17
10. 带把钵 2003YJH15:10　11. 杯 2003YJH15:8　12. 瓿 2003YJH15:13　13. 瓿 2003YJH15:7　14. 杯 2003YJH15:27
15. 杯 2003YJH15:26

（11）**盂形钵**　2件。均为灰硬陶。圜底。

2003YJH15：30，修复。直口微侈，圆唇，斜直腹。轮制修整，唇面轮压一道凹弦纹。腹部饰云雷纹，底部饰篮纹。器物烧制时产生变形。口径7.4、底径4.0、高7.4厘米。（图五三C，7；彩版八四，5）

2003YJH15：29，修复。侈口，腹内弧。口沿部轮制弦纹，内腹有拍印垫窝。腹、底部表面通饰云雷纹。口径14.6、底径5.2、高7.2厘米。（图五三C，8；彩版八四，6）

（12）**平底钵**　1件。灰硬陶。

2003YJH15：17，修复。敛口，尖唇，斜腹，平底。腹见轮修、底见削修痕迹。素面。口径7.8、高3.2厘米。（图五三C，9；彩版八五，3）

（13）**带把钵**　1件。夹砂灰陶。

2003YJH15：10，修复。侈口，变形，弧腹，圜底。沿上附一三角形把手，把端微外卷。腹部有轮旋痕，外底见削修痕迹。素面。器物在烧制时产生变形。口径7.0~12.0、底径5.6、高7.8厘米。（图五三C，10；彩版八五，4）

（14）**杯**　3件。素面。

1）灰硬陶　1件。

2003YJH15：27，口残。带把，斜腹，平底。腹下部见残把接痕，内底有轮弦纹。残高4.6厘米。（图五三C，14）

2）泥质灰陶　1件。

2003YJH15：8，修复。带把，侈口，斜腹，圆唇，平底，口部附一三角形把手，把体外翻。腹部有轮制痕迹。内沿下有刻符。口径5.0、底径3.4、通高4.1厘米。（图五三C，11；刻符图片150；彩版八五，5）

刻符图片150　2003YJH15：8 杯

3）夹砂红陶　1件。

2003YJH15：26，残只剩把手。宽面圆弧状把手。残壁内见陶垫按压痕迹。残高5.8厘米。（图五三C，15）

（15）**觚**　2件。均为泥质灰陶。

2003YJH15：13，残。仅剩腹与柄交接部位。腹部轮制凹弦纹。残高4.6厘米。（图五三C，12）

2003YJH15：7，修复。敞口，弧腹，细腰内束，长柄，圈足。腹柄交接处及柄部各有一周凸棱。手工捏制和轮制并用，尚见轮修、削修痕迹。素面。口径5.8、底径4.2、通高11.2厘米。（图五三C，13；彩版八五，6）

八　蓄泥池 H19

1. 遗迹

H19分布于CⅠ区，位于T2923西北部，伸入T2823关键柱下，已打掉关键柱。开口于1层下，打破生土。平面形状不规则，开口距地表0.15米，最大径3.70米，深0.36米。东南壁自下而上有依生土而成的三台阶，西北壁平缓弧收，近平底。坑内堆积灰黄色土，土质紧密，包含物有炭屑、陶片等，底部及台阶面还见有黄白色胶泥，质细腻。陶分夹砂灰、红陶和泥质灰陶，并见少量原始瓷，以夹砂灰陶为主，占 47.73%。纹饰有篮纹、云雷纹、叶脉纹，篮纹占 43.64%，素面占 36.81%。出土已复原及可辨器形有罐、瓮、釜、盘、钵、拍、网坠及石镞。根据 H19 东南部三个生土台阶及残留白胶泥现象，推测 H19 与制陶有关，可能起蓄泥池作用。（图五四 A；彩版八六，1）

2. 小件遗物

（1）石镞 1 件。

2003YJH19：7，残。青石质。有铤。镞身前部残，两面有脊，扁圆铤，两侧磨薄刃，通体精磨。残长 3.7、宽 2.2、厚 0.4 厘米。（图五四 B，13；彩版八六，2）

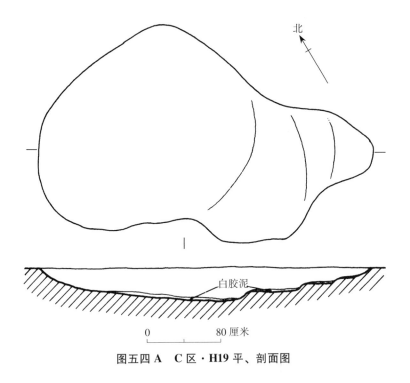

图五四 A　C区·H19 平、剖面图

（2）釜 2 件。均为夹砂灰陶。高领。口、领部见轮旋修整痕迹，腹内有垫窝。

2003YJH19：14，腹部以下残。直口，宽沿斜折，圆唇，垂腹。口、领部见轮旋修整痕迹，腹内有垫窝。腹部饰云雷纹。口径 19.6、残高 7.6 厘米。（图五四 B，1）

2003YJH19：15，腹部以下残。侈口，平折沿，尖唇，高领，直腹。口、领部见轮旋修整痕迹，腹内有垫窝。腹部饰篮纹。口径 20.0、残高 11.5 厘米。（图五四 B，2）

（3）高领鼓肩罐 3 件。侈口。口、领部见轮旋修整痕迹。肩部饰云雷纹。

1）灰硬陶 2 件。

2003YJH19：10，肩部以下残。斜沿，尖唇。领面有轮旋纹，肩内有陶垫按压痕迹。残径 18.8、残高 8.8 厘米。（图五四 B，3）

2003YJH19：9，腹部以下残。腹内壁有垫窝。腹部表面饰篮纹。口径 26.0、残高 14.8 厘米。（图五四 B，5）

2）泥质红陶 1 件。

2003YJH19：11，肩部以下残。斜沿，尖唇。肩内壁有捺窝。残径 19.6、残高 6.8 厘米。（图五四 B，4）

（4）垂腹罐 1 件。灰硬陶。

2003YJH19：8，修复。直口，平折沿，尖唇，矮领，溜肩，凹底。口、领部见轮旋修整痕迹，腹、底内壁有陶垫按压印迹。腹、底部饰方格纹。口径 13.6、底径 7.6、高 16.2 厘米。（图五四 B，6；彩版八六，5）

（5）瓮 2 件。直口，斜肩。口沿部轮制修整，肩内有陶垫按压痕迹，肩部饰云雷纹。

1）原始瓷 1 件。

2003YJH19：13，肩部以下残。宽沿，尖圆唇。残径 30.8、残高 6.8 厘米。（图五四 B，9；彩版八六，4）

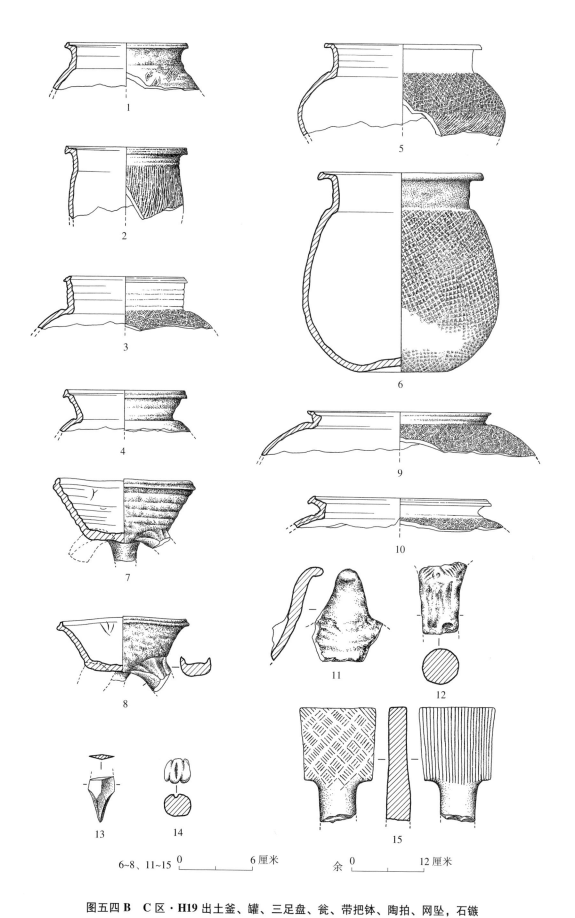

图五四 B C区·H19 出土釜、罐、三足盘、瓮、带把钵、陶拍、网坠，石镞

1. 釜 2003YJH19:14 2. 釜 2003YJH19:15 3. 高领鼓肩罐 2003YJH19:10 4. 高领鼓肩罐 2003YJH19:11 5. 高
领鼓肩罐 2003YJH19:9 6. 垂腹罐 2003YJH19:8 7. 三足盘 2003YJH19:4 8. 三足盘 2003YJH19:1 9. 瓮
2003YJH19:13 10. 瓮 2003YJH19:12 11. 带把钵 2003YJH19:6 12. 陶拍 2003YJH19:3 13. 石镞 2003YJH19:7
14. 网坠 2003YJH19:2 15. 陶拍 2003YJH19:5

2）灰硬陶　1件。

2003YJH19：12，肩部以下残。宽沿平折，圆唇外翻，短颈。颈部亦见轮旋修整痕迹。残径28.8、残高5.2厘米。（图五四B，10）

（6）**三足盘**　2件。均为灰硬陶。钵形，腹较直，平底。足为手工捏制拼接成型。

2003YJH19：4，修复。敛口，尖唇，下承三足，足呈凹面三角形，足外撇。器壁内外有轮旋纹。内沿下有刻符。口径11.0、底径6.6、残高6.6厘米。（图五四B，7；刻符图片151；彩版八六，6）

2003YJH19：1，三足残。敞口，圆唇。口、腹部尚见轮旋修整痕迹。素面。内沿下有刻符。口径10.4、残高6.0厘米。（图五四B，8；刻符图片152）

（7）**带把钵**　1件。灰硬陶。

2003YJH19：6，残。仅存把手，扁状三角形，把尖外翻。素面。残高7.6厘米。（图五四B，11）

（8）**网坠**　1件。泥质红陶。

2003YJH19：2，完整。圆柱形，两面各刻两道横凹槽，中部加刻一道凹槽，两端较圆。长2.1、宽1.9、厚1.8厘米。（图五四B，14；彩版八六，3）

（9）**陶拍**　2件。扁平状拍面。

1）灰硬陶　1件。

2003YJH19：5，把手残。方形拍面，圆柱体把手。手工制作。一面刻席纹，一面刻篮纹，两侧及顶部磨平。残长9.2、宽6.2、厚2.0厘米。（图五四B，15；图五四C）

2）泥质红陶　1件。

2003YJH19：3，残，仅存圆柱体残把。素面。残长5.5厘米。（图五四B，12）

刻符图片151　2003YJH19：4 三足盘

刻符图片152　2003YJH19：1 三足盘

A面　　　　　　　　　　　B面

0　　　　　　3厘米

图五四C　C区·H19出土陶拍 2003YJH19：5 纹样拓片

A面：席纹　B面：篮纹

九　蓄水池 H20

1. 遗迹

H20分布于 C I 区，位于 T3124 东北部、东隔梁及关键柱下（东隔梁及关键柱已打掉）。开口于 1 层下，打破 H23、生土。平面形状不规则，开口距地表 0.10 米，最大径 1.72 米，最小径 0.65 米，深 0.96 米。南壁开始外撇，至 0.4 米深处内凹、形似袋状，北壁垂直陡峭，在 0.8 米处另有一西北—东南走向形似台阶的生土脊，近平底。坑内堆积灰褐色土，土质疏松，包含物有粉石，夹砂灰、红陶，泥质灰、红陶及原始瓷，以夹砂灰陶居多，占总数的 50.39%。纹饰有云雷纹、篮纹、席纹、网纹，篮纹和素面陶分别占 39.98% 和 38.21%。出土完整器网坠、石锛，已复原及其他可辨器形有钵、盘、盅、器盖、釜、陶拍等。H20 剖面形状较特殊，出土陶器以网坠居多，其功能可能与用水有关，推测为蓄水池，废弃后成为垃圾坑。（图五五 A）

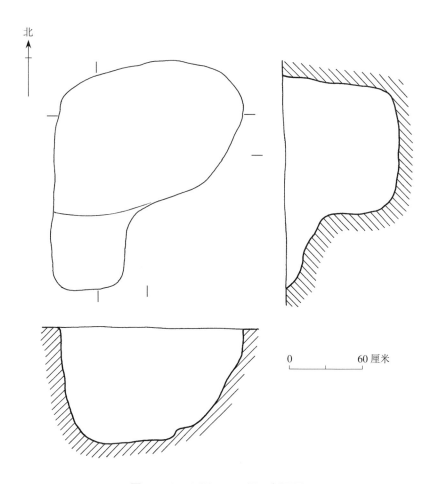

图五五 A　C 区·H20 平、剖面图

2. 小件遗物

（1）**石锛**　1 件。

2003YJH20：19，略残。黄白沉积岩质。平面长方形，平顶，段在中部，段以下磨制斜面，打磨光滑。残长 4.6、宽 2.6、厚 0.9 厘米。（图五五 B，1；彩版八七，1）

（2）**釜**　3 件。均为灰硬陶。侈口，圆唇。口领部轮制，腹内有陶垫捺窝。腹部饰云雷纹。

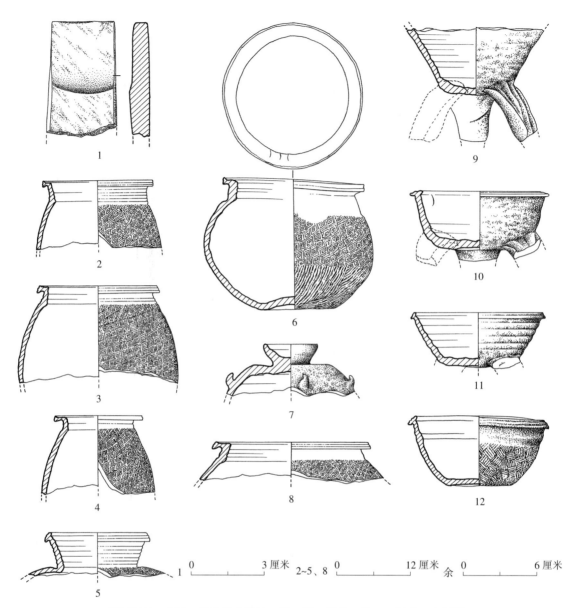

图五五 B　C区·H20 出土石锛，釜、罐、器盖、瓮、三足盘、盔形钵

1. 石锛 2003YJH20:19　2. 釜 2003YJH20:24　3. 釜 2003YJH20:10　4. 釜 2003YJH20:25　5. 高领鼓肩罐 2003YJH20:20
6. 鼓腹罐 2003YJH20:21　7. 器盖 2003YJH20:8　8. 瓮 2003YJH20:23　9. 三足盘 2003YJH20:22　10. 三足盘 2003YJH20:3
11. 三足盘 2003YJH20:27　12. 盔形钵 2003YJH20:1

2003YJH20:24，腹部以下残。平折沿，垂腹。口径18.0、残高10.8 厘米。（图五五 B，2）

2003YJH20:10，底残。平折沿，直腹。手制。口径19.2、残高15.6 厘米。（图五五 B，3）

2003YJH20:25，腹部以下残。宽平沿，直腹。腹内有鼓泡。口径14.4、残高12.8 厘米。（图五五 B，4）

（3）**高领鼓肩罐**　1件。灰硬陶。

2003YJH20:20，肩部以下残。侈口，斜折沿，尖唇。口、领部轮制修整，肩内壁见陶垫按压痕迹。肩部饰云雷纹。口径16.2、残高7.2 厘米。（图五五 B，5）

（4）**鼓腹罐**　1件。灰硬陶。

2003YJH20：21，修复。直口微敛，平折沿，尖唇，斜腹，凹底。口领部轮制修整，肩至底内有陶垫按压痕迹。肩部饰云雷纹，腹至底部饰篮纹。口沿上有刻符。口径11.8、底径6.4、高10.6厘米。（图五五 B，6；刻符图片153；彩版八七，2）

（5）**器盖**　1件。灰硬陶。

2003YJH20：8，口残。近直腹，圈足纽，盖面隆起，上附五乳钉。器内尚见轮弦纹，纽及乳钉为人工拼接。素面。纽径4.4、残高4.2厘米。（图五五 B，7）

（6）**瓮**　1件。泥质红陶。

2003YJH20：23，肩部以下残。敛口，宽沿，圆唇外翻，斜肩。口沿部轮制修整，肩内壁见陶垫按压痕迹。肩部饰云雷纹。口径25.2、残高6.4厘米。（图五五 B，8）

（7）**三足盘**　3件。钵形。器内尚见轮旋纹，素面。

1）原始瓷　2件。

2003YJH20：22，口残。斜腹，平底，底沿下附三足，足为凹面长三角形。足为手工捏制拼接。残高9.2厘米。（图五五 B，9；彩版八七，3）

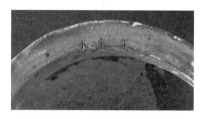

刻符图片 153　2003YJH20：21 鼓腹罐

刻符图片 154　2003YJH20：3 三足盘

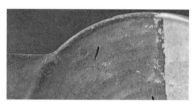

刻符图片 155　2003YJH20：7 盏

2003YJH20：3，修复。侈口，圆唇，斜直腹，平底，底沿下附三凹面长三角形足。三足系手制拼接成型。内沿下有刻符。口径10.0、底径7.8、残高5.6厘米。（图五五 B，10；刻符图片154；彩版八七，4）

2）灰硬陶　1件。

2003YJH20：27，三足残。敞口，尖唇，斜腹。器壁外亦有轮旋痕迹。口径10.6、残高4.6厘米。（图五五 B，11）

（8）**盔形钵**　1件。灰硬陶。

2003YJH20：1，修复。侈口，斜折沿，尖唇，斜直腹，圜底。器内有轮旋修整痕迹。腹、底部通饰席纹。口径10.6、底径5.4、高5.6厘米。（图五五 B，12；彩版八七，5）

（9）**豆**　1件。夹砂灰陶。

2003YJH20：26，柄残。敞口，圆唇内敛，浅斜腹，平底。轮制，壁见轮弦纹。素面。口径16.4、残高4.4厘米。（图五五 C，1）

（10）**盏**　1件。灰硬陶。

2003YJH20：7，修复。浅腹、平底。敞口，尖唇，平底略凹。口沿处附一三角形鋬手，鋬顶部外弧。器身轮制修整，鋬手人工捏制拼接。内沿下有刻符。素面。口径11.0、底径5.2、通高5.2厘米。（图五五 C，2；刻符图片155；彩版八八，1）

（11）**盉**　1件。原始瓷。

2003YJH20：4，修复。敛口，尖唇，垂腹，圜底，腹、底间附一扁带状弧形把手。器壁有轮制痕迹，内底中心饰凸钉纹，把手系手工捏制后拼接成型。素面。口径5.6、底径4.6、高6.4厘米。（图五五 C，3；彩版八七，6）

（12）**构件**　1件。灰硬陶。

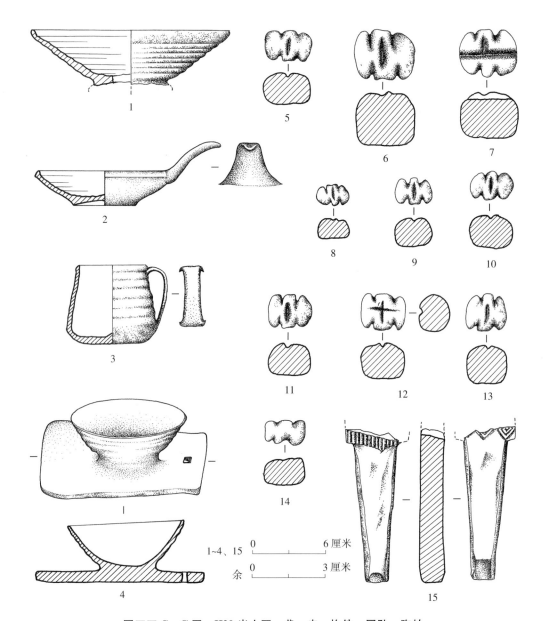

图五五 C　C 区・H20 出土豆、盏、盅、构件、网坠、陶拍

1. 豆 2003YJH20:26　2. 盏 2003YJH20:7　3. 盅 2003YJH20:4　4. 构件 2003YJH20:13　5. 网坠 2003YJH20:12
6. 网坠 2003YJH20:5　7. 网坠 2003YJH20:18　8. 网坠 2003YJH20:15　9. 网坠 2003YJH 20:14　10. 网坠
2003YJH20:11　11. 网坠 2003YJH20:9　12. 网坠 2003YJH20:2　13. 网坠 2003YJH20:6　14. 网坠 2003YJH20:16
15. 陶拍 2003YJH20:17

　　2003YJH20:13，修复。陶车用配件，两器组合而成。上器杯形，敞口，尖唇，斜腹，下器为长方形板面，一端较窄并穿一孔。上器粘接在下器中部。杯形器有轮制痕迹，板形器手制刮削而成。素面。杯形口径 9.6、底长 13.6、底宽 6.2、通高 5.1 厘米。（图五五 C，4；彩版八八，2）

　　（13）**网坠**　10 件。圆柱形。

　　1）泥质红硬陶　1 件。

　　2003YJH20:12，完整。柱面刻五道凹槽，两端椭圆。长 1.9、宽 1.2、厚 1.1 厘米。（图五五 C，5；彩版八八，3）

2）灰硬陶　6件。

2003YJH20∶5，完整。两面均刻两道凹槽，中部加刻一道凹槽，两端椭圆。长2.5、宽1.9、厚2.1厘米。（图五五C，6；彩版八八，3）

2003YJH20∶18，完整。两面各刻两道横向凹槽，中部加刻一道竖凹槽。两端稍圆。长2.4、宽1.9、厚1.6厘米。（图五五C，7；彩版八八，3）

2003YJH20∶15，完整。柱面刻五道凹槽，两端椭圆，体形小。长1.4、宽0.9、厚0.7厘米。（图五五C，8；彩版八八，3）

2003YJH20∶14，完整。柱面刻五道凹槽，两端椭圆。长1.5、宽1.1、厚0.9厘米。（图五五C，9；彩版八八，3）

2003YJH20∶11，完整。柱面刻五道凹槽，两端椭圆。长1.8、宽1.1、厚1.1厘米。（图五五C，10；彩版八八，3）

2003YJH20∶9，完整。柱面刻五道凹槽，两端椭圆。长1.8、宽1.3、厚1.2厘米。（图五五C，11；彩版八八，3）

3）泥质红陶　2件。

2003YJH20∶2，完整。两面均刻两道凹槽，中部加刻"十"字形凹槽，两端磨平。长1.8、宽1.5、厚1.2厘米。（图五五C，12；彩版八八，3）

2003YJH20∶6，完整。柱面刻五道凹槽，两端椭圆。长1.7、宽1.5、厚1.4厘米。（图五五C，13；彩版八八，3）

4）泥质黄陶　1件。

2003YJH20∶16，完整。圆柱体，柱面刻五道凹槽，两端椭圆。长1.6、宽1.0、厚1.1厘米。（图五五C，14；彩版八八，3）

（14）陶拍　1件。灰硬陶。

2003YJH20∶17，残。拍面正反分别刻云雷纹和席纹，把手呈长方形，前宽后窄。素面。残长12.4、残宽4.2、厚2.0厘米。（图五五C，15；彩版八八，4）

十　辘轳车基座H26

1. 遗迹

H26分布于CⅠ区，位于T3022南部。开口于1层下，打破生土。平面呈圆形，开口距地表0.12米，直径1.10米，深0.22米。东、南壁斜直陡峭，西、北壁缓缓斜收，底近平。底东部见三个圆洞呈三角形分布，直径分别为0.1、0.08、0.12米，洞深分别为0.1、0.16、0.26米。壁及底未见特殊加工迹象。坑内堆积黄褐色土，土质较松，包含有炭粒、烧土粒、陶片及少量原始瓷片。陶有夹砂灰、红陶及泥质灰陶，以夹砂红陶居多，占55.55%。纹饰有云雷纹、篮纹、叶脉纹，篮纹及素面分别占53.97%和30.16%。出土完整器网坠外，其他可辨器形主要为钵类。根据H26周边未发现与其关联的建筑遗迹，且三个圆洞均较浅，推测其与制陶有关，可能是固定转盘的遗迹。（图五六A；彩版八九，1）

2. 小件遗物

（1）盔形钵　1件。灰硬陶。

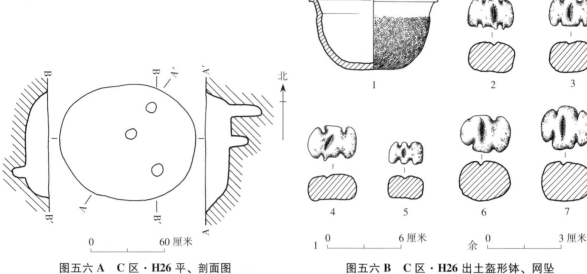

图五六 A　C区·H26 平、剖面图

图五六 B　C区·H26 出土盍形钵、网坠

1. 盍形钵 2003YJH26：7　2. 网坠 2003YJH26：3　3. 网坠
2003YJH26：4　4. 网坠 2003YJH26：5　5. 网坠 2003YJH26：6
6. 网坠 2003YJH26：1　7. 网坠 2003YJH26：2

2003YJH26：7，修复。侈口，尖唇，斜直腹，圜底。沿面轮制一组浅凹弦纹，内壁、底有拍印按压痕迹。腹部饰席纹，底部饰篮纹。口径 9.6、底径 4.6、高 5.8 厘米。（图五六 B，1；彩版八九，2）

（2）**网坠**　6 件。圆柱体，刻槽，两面各刻两道凹槽，中部加刻一道凹槽。素面。（彩版八九，3）

1）泥质灰陶　4 件。

2003YJH26：3，完整。两端平整。长 1.9、宽 1.3、厚 1.1 厘米。（图五六 B，2）

2003YJH26：4，完整。两端平整。长 1.7、宽 1.2、厚 1.2 厘米。（图五六 B，3）

2003YJH26：5，完整。两端平整。长 2.0、宽 1.4、厚 1.4 厘米。（图五六 B，4）

2003YJH26：6，完整。两端平整。长 1.4、宽 0.9、厚 0.8 厘米。（图五六 B，5）

2）泥质红陶　2 件。

2003YJH26：1，略残。两端圆弧。长 2.1、宽 1.5、厚 1.6 厘米。（图五六 B，6）

2003YJH26：2，完整。两端圆弧。长 2.1、宽 1.8、厚 1.5 厘米。（图五六 B，7）

十一　成品坑 H11

1. 遗迹

H11 分布于 CⅡ区，位于 T3530 东北部。开口于 1 层下，打破生土。平面近似椭圆形，坑口距地表 0.15 米，最大径 3.02 米，深 0.74 米。口大底小，坑壁内斜，底部近平，壁及底未见特殊加工迹象。坑内堆积分 2 层：第 1 层，土色灰黑，土质紧密、细腻，含大量灰烬，层厚 0.08～0.1 米。出土可辨器形有甗形器、罐、盘以及石镞、石环、石网坠等；第 2 层，土色灰褐，土质略显疏松，底部含细沙尤多，层厚 0.08～0.62 米。出土完整器有陶盂、钵、网坠及石质网坠，其他可复原陶器除 1 层类型外，还有器盖、盏、甑、壶、缸、杯、尊等。H11 共出土小件 130 件，以夹

砂红陶和夹砂灰陶居多，分别占45.24%、28.30%。纹饰以篮纹和云雷纹为主，分别占45.56%、17.32%，素面陶占34.42%。根据H11上层有灰黑（烬）土，下层有完整和可复原器物互相叠压放置以及陶、石质器物并存，类型较广，推测该遗迹与烧制陶器有关，可能是专门用于贮藏器物的成品坑。（图五七A；彩版九〇，1）

2. 小件遗物

（1）**石镞**　3件。青石质。有铤，两面有脊。

2003YJH11：2，残。镞身呈柳叶形，前锋及铤部残，一侧磨薄刃、一侧边平直。残长5.2、宽1.8、厚0.4厘米。（图五七B，1；彩版九〇，2）

2003YJH11：4，残。镞身上部断裂，铤部两侧边斜。残长4.6、宽1.1、厚0.4厘米。（图五七B，2；彩版九〇，2）

2003YJH11：82，残。镞身较薄，两侧边平直磨刃，刃薄锋利。残长3.8、宽2.3、厚1.2厘米。（图五七B，3；彩版九〇，2）

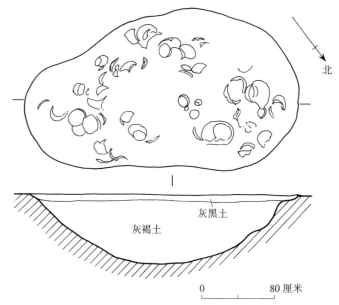

图五七A　C区·H11平、剖面图

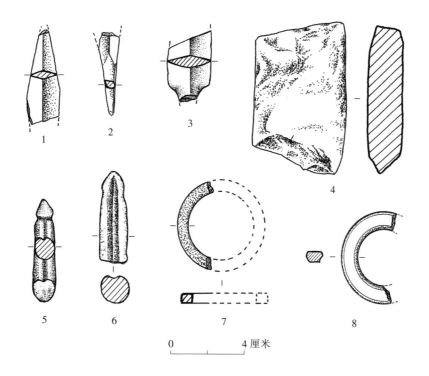

图五七B　C区·H11出土石镞、锛、网坠、环

1. 石镞 2003YJH11：2　2. 石镞 2003YJH11：4　3. 石镞 2003YJH11：82　4. 石锛 2003YJH11：1　5. 石网坠 2003YJH11：55　6. 石网坠 2003YJH11：81　7. 石环 2003YJH11：76　8. 石环 2003YJH11：97

（2）**石锛**　1件。

2003YJH11:1，残。青石质。无段。平面呈长方形，斜平顶，两侧较粗糙。残长8.2、宽5.2、厚2.0厘米。（图五七B，4；彩版九〇，3）

（3）**石网坠**　2件。黄色流纹石质。圆柱体，顶部呈锥状，锥体下束颈，底端磨平。

2003YJH11:55，完整。中间磨制一道竖凹槽贯穿至颈。圆径1.0、通长5.6厘米。（图五七B，5；彩版九〇，4）

2003YJH11:81，完整。中间磨制一道竖凹槽贯穿器体。圆径1.4、通长5.0厘米。（图五七B，6；彩版九〇，4）

（4）**石环**　2件。青石质。半环形，截面呈长方形。通体磨制、细腻光滑。

2003YJH11:97，残。扁体，弧径5.0、宽0.9、厚0.6厘米。（图五七B，8；彩版九〇，5）

2003YJH11:76，残。弧径4.9、宽0.6、厚0.5厘米。（图五七B，7；彩版九〇，5）

（5）**甑形器**　7件。釜内多有垫窝。多饰篮纹。器上多见轮制痕迹。

1）泥质红陶　2件。

2003YJH11:114，修复。敞口，斜折沿，圆唇，直腹下斜内收，算托上翘与甑体弧连；釜体溜折肩，斜腹内收，凹底。甑体轮制，唇中部有一道凹弦纹，器面有一组弦纹；釜内有垫窝。釜面通体饰篮纹。口径26.0、腰径14.4、通高30.4厘米。（图五七C，1；彩版九一，1）

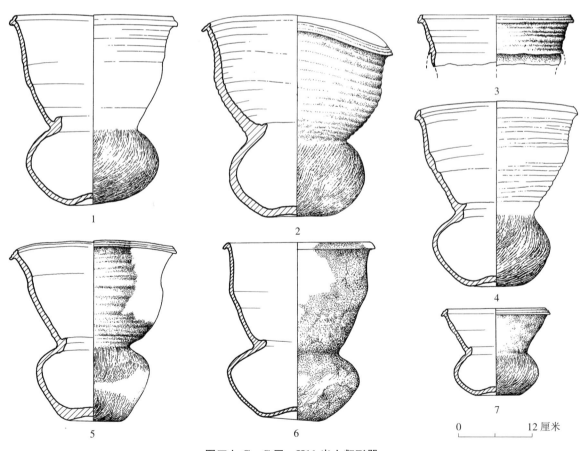

图五七C　C区・H11 出土甑形器

1. 2003YJH11：114　　2. 2003YJH11：109　　3. 2003YJH11：19　　4. 2003YJH11：18　　5. 2003YJH11：52　　6. 2003YJH11：78

7. 2003YJH11：31

2003YJH11:109，修复。敞口，斜折沿，圆唇外翻，直腹下斜内收，算托微翘与甑体弧连；釜体溜折肩，斜腹内收，圜凹底。甑体唇面轮制两道凹弦纹，器面有一组弦纹；釜内有垫窝。釜面通体饰篮纹。口径30.0、腰径16.8、通高32.0厘米。（图五七C，2；彩版九一，2）

2）夹砂灰陶 1件。

2003YJH11:19，颈部以下残。敞口，斜折沿，圆唇内卷，高领。器壁内外尚见轮制痕迹，颈下部有一道凸棱，领、腹间见贴片接口。素面。口径24.8、残高8.4厘米。（图五七C，3）

3）夹砂红陶 4件。

2003YJH11:18，修复。敞口，斜折沿，尖唇，直腹下斜内收，算托为甑底平内折；釜体鼓折肩，斜腹内收，凹底。甑体器壁内外尚见轮制痕迹，釜内有垫窝。釜面通体饰篮纹。口径25.6、腰径12.8、通高29.6厘米。（图五七C，4；彩版九一，3）

2003YJH11:52，修复。敞口，斜折沿，尖唇，直腹下斜内收，算托微翘与甑体弧连；釜体鼓折肩，斜腹内收，凹底。甑体器壁内外尚见轮制痕迹，釜内有垫窝。釜面通体饰篮纹。口径25.8、腰径12.0、通高29.4厘米。（图五七C，5；彩版九一，4）

2003YJH11:78，修复。敞口，斜折沿，沿外翻，尖唇，直腹下斜内收，算托平折微翘与甑体相连；釜体斜折肩，斜腹内收，凹底。甑体尚见轮制痕迹，釜内有垫窝。釜面可见部分残损篮纹。口径23.6、腰径14.3、通高28.5厘米。（图五七C，6；彩版九二，1）

2003YJH11:31，修复。侈口，唇外翻，上部内敛，斜腹，上腹浅，算托微上翘与甑体弧连；釜体鼓腹，凹底。甑体有轮制痕迹，釜内见陶垫按压印迹。釜面通饰篮纹。口径16.0、腰径10.0、通高14.0厘米。（图五七C，7；彩版九二，2）

（6）**釜** 15件。口领部多轮制修整，腹、底内壁多有垫窝。

1）泥质红硬陶 1件。

2003YJH11:95，修复。直口微侈，平折宽沿，尖圆唇，矮领，垂腹，凹底。领部有轮弦纹，腹、底内见有捺窝。腹部饰云雷纹，底部饰篮纹。口沿上有刻符。口径19.2、腹径20.6、底径8.4、高17.0厘米。（图五七D，1；刻符图片156；彩版九二，4）

2）灰硬陶 4件。

2003YJH11:46，修复。直口微侈，平折宽沿，方唇，矮领，垂腹，凹底。口、领部轮制修整，腹、底内有陶垫按压印迹。腹部饰云雷纹，底部饰篮纹。内沿有刻符。口径20.2、腹径22.4、底径10.0、高20.0厘米。（图五七D，2；刻符图片157；彩版九二，3）

2003YJH11:106，修复，直口微侈，平折沿，方唇，矮领，垂腹，凹底。口领部有轮制旋纹，腹、底内壁有垫窝。腹部饰云雷纹，底部饰篮纹。沿面有刻符。口径19.2、腹径25.4、底径10.3、高18.6厘米。（图五七D，3；刻符图片158；彩版九二，5）

2003YJH11:45，修复。侈口，平折沿，方唇，矮领，垂腹，圜底。口领部轮制修整，腹、底内壁见陶按压印迹。通体面饰篮

刻符图片156 2003YJH11:95 釜

刻符图片157 2003YJH11:46 釜

刻符图片158 2003YJH11:106 釜

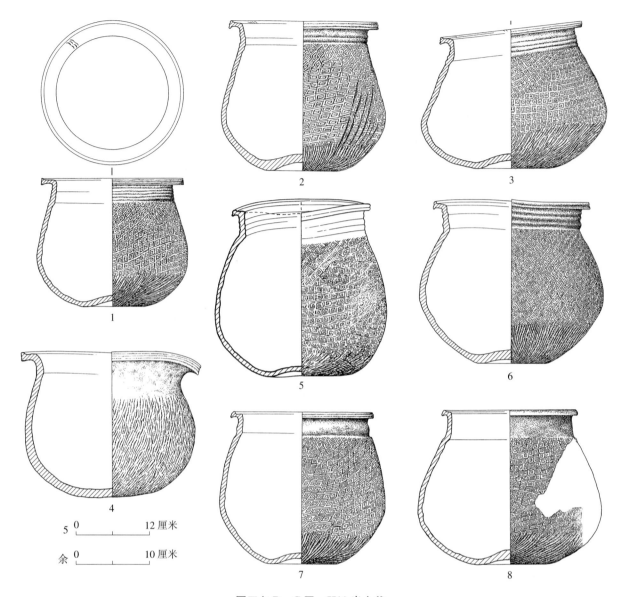

图五七 D　C 区·H11 出土釜

1. 2003YJH11∶95　2. 2003YJH11∶46　3. 2003YJH11∶106　4. 2003YJH11∶45　5. 2003YJH11∶101　6. 2003YJH11∶29　7. 2003YJH11∶10
8. 2003YJH11∶47

纹。口径 24.8、腹径 23.2、高 19.4 厘米。（图五七 D，4；彩版九三，1）

2003YJH11∶101，修复。直口微侈，宽平沿，圆唇，高领，垂腹，凹底。口、领部尚见轮制痕迹，腹、底内壁有垫窝。腹部饰云雷纹，底部饰篮纹。口径 22.8、腹径 28.4、底径 12.0、高 28.4厘米。（图五七 D，5；彩版九三，2）

3）泥质灰陶　1 件。

2003YJH11∶29，修复。侈口，平折宽沿，尖唇，高领，垂腹，凹底。领部轮制三道凸弦纹，腹、底壁内有垫窝。腹部饰云雷纹，底部饰篮纹。口径 21.0、腹径 25.0、底径 9.5、高 22.0 厘米。（图五七 D，6；彩版九三，3）

4）泥质红陶　8 件。

2003YJH11∶10，修复。直口，平折宽沿，圆唇，矮领，垂腹，凹底。口领部轮制修整，腹、底内见陶垫按压痕迹。腹部饰云雷纹，底部饰篮纹。口径19.0、腹径22.6、底径9.6、高20.2厘米。（图五七D，7；彩版九三，4）

2003YJH11：47，修复。直口，平折沿，尖唇，高领，垂腹，凹底。口领部轮制修整，腹、底内壁有垫窝。腹部饰云雷纹，底部饰篮纹。口径18.0、腹径25.0、底径10.2、高20.8厘米。（图五七D，8；彩版九四，1）

2003YJH11：92，修复，直口，宽沿平折，圆唇，矮领，垂腹，凹底。口领部轮制修整，腹、底内壁有垫窝。腹部饰云雷纹，底部饰篮纹。口径22.0、腹径28.0、底径10.2、高24.8厘米。（图五七E，1；彩版九三，5）

2003YJH11：111，修复。侈口，平折沿，尖唇，高领，垂腹，凹底。口领部轮制修整，腹、底内壁有垫窝。腹部饰云雷纹，底部饰篮纹。口径23.6、腹径27.2、底径10.2、高23.2厘米。（图五七E，2；彩版九四，2）

2003YJH11：94，完整。直口微侈，平折沿，圆唇，矮领，垂腹，凹底。口领部轮制修整，腹、底壁内有垫窝。腹部饰云雷纹，底部饰篮纹。口沿上有刻符。口径16.4、腹径23.2、底径9.0、高20.8厘米。（图五七E，3；刻符图片159；彩版九四，3）

刻符图片159　2003YJH11：94 釜

2003YJH11：115，修复。直口，斜折沿，尖唇，高领，垂腹，凹底。口、领部轮制修整，腹、底内壁见陶垫按压印迹。腹部饰云雷纹，底部饰篮纹。口沿上有刻符。口径20.8、腹径23.6、底径9.8、高21.6厘米。（图五七E，4；刻符图片160；彩版九四，4）

刻符图片160　2003YJH11：115 釜

2003YJH11：91，修复。侈口，斜折沿，高领，直腹，圜底。口领部轮制修整，腹、底内壁有捺窝。通体面饰篮纹。口径21.2、腹径20.8、高21.6厘米。（图五七E，5；彩版九四，5）

2003YJH11：12，腹部以下残。侈口，平折沿，方唇，高领，直腹，底残。口领部轮制，腹、底内壁有垫窝。腹部饰云雷纹。口径22.0、残高15.6厘米。（图五七E，6）

5）夹砂灰陶　1件。

2003YJH11：67，腹部以下残。侈口，平折沿，圆唇外翻，高领，直腹。领面见一组轮旋纹，腹内有垫窝。腹部饰篮纹。口径18.8、残高13.2厘米。（图五七E，7）

（7）小鼎　1件。夹砂红陶。

2003YJH11：17，修复。钵形鼎，侈口，尖圆唇，直腹，圜底，下附圆锥状三足，足外张。鼎身轮制修整，三足捏制拼接。素面。口径8.4、通高10.4厘米。（图五七D，8；彩版九四，6）

（8）鼎　1件。夹砂红陶。

2003YJH11：84，残，仅存鼎腿。兽角形，圆锥体，略弧。素面。残长9.2厘米。（图五七D，9）

（9）甑　2件。圆唇，底部穿31个小圆孔，口领部尚见轮制痕迹，腹、底内壁有陶垫按压印迹。

1）泥质黄陶　1件。

2003YJH11：42，修复。敞口，高领，深斜腹，圜底。腹、底部通饰篮纹。口径23.2、高22.4

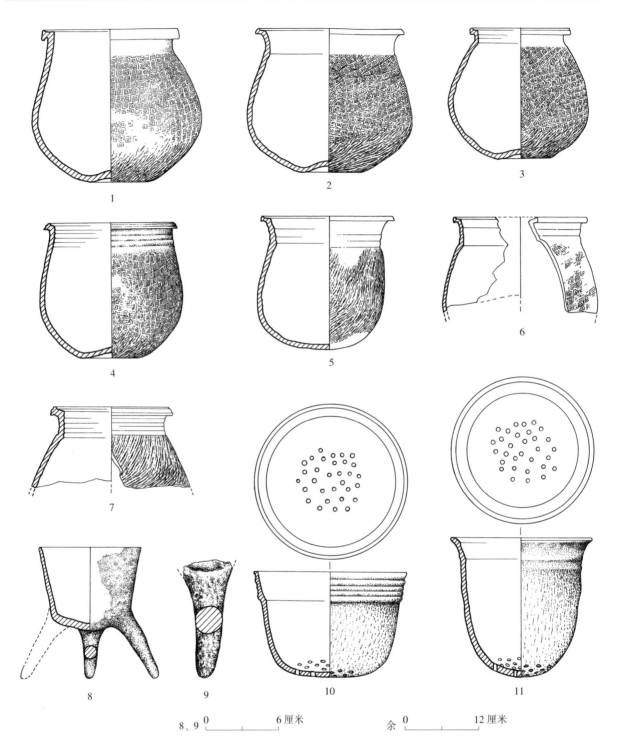

图五七 E　C 区·H11 出土釜、鼎、甑

1. 釜 2003YJH11：92　2. 釜 2003YJH11：111　3. 釜 2003YJH11：94　4. 釜 2003YJH11：115　5. 釜 2003YJH11：91　6. 釜 2003YJH11：12

7. 釜 2003YJH11：67　8. 小鼎 2003YJH11：17　9. 鼎 2003YJH11：84　10. 甑 2003YJH11：70　11. 甑 2003YJH11：42

厘米。（图五七 E，11；彩版九五，1）

　　2）夹砂红陶　1 件。

　　2003YJH11：70，修复。侈口，浅直腹，圜底近平。外沿下有三道凸弦纹。腹部饰篮纹。口径 25.0、高 17.0 厘米。（图五七 E，10；彩版九五，2）

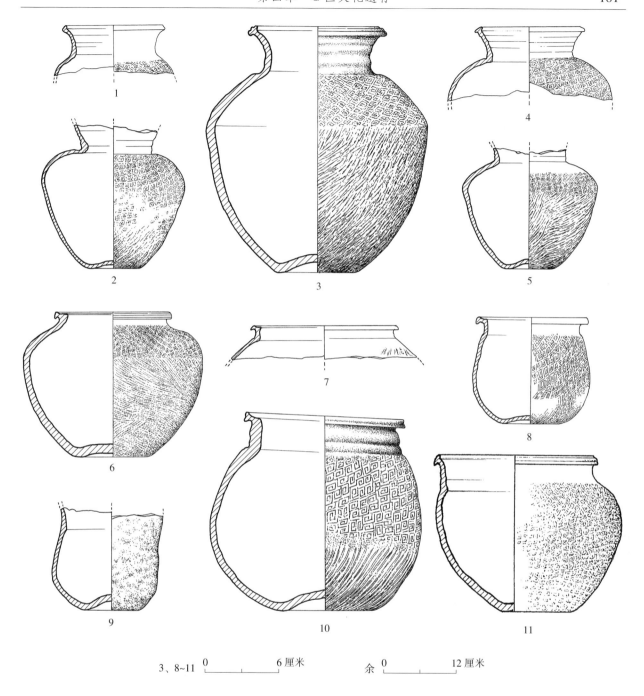

3、8~11　0 _____ 6 厘米　　余　0 _____ 12 厘米

图五七 F　C 区·H11 出土罐

1. 高领鼓肩罐 2003YJH11：33　2. 高领鼓肩罐 2003YJH11：96　3. 高领鼓肩罐 2003YJH11：30　4. 高领鼓肩罐 2003YJH11：32　5. 高领鼓肩罐 2003YJH11：104　6. 矮领鼓肩罐 2003YJH11：122　7. 矮领鼓肩罐 2003YJH11：34　8. 鼓腹罐 2003YJH11：41　9. 鼓腹罐 2003YJH11：93　10. 鼓腹罐 2003YJH11：79　11. 鼓腹罐 2003YJH11：121

（10）高领鼓肩罐　5 件。侈口，口领部多有轮制痕迹，肩部多饰云雷纹。

1）泥质红陶　4 件。

2003YJH11：33，肩部以下残。方唇。肩内有垫窝，纹面残。口径 16.4、残高 8.0 厘米。（图五七 F，1）

2003YJH11：96，口残。束颈，斜腹，凹底。口内见一组轮制旋纹，肩、腹、底内壁有垫窝。肩部、上腹部器表饰云雷纹，下腹及底部表面饰篮纹。肩径 23.7、底径 8.6、残高 22.8 厘米。

（图五七 F，2）

2003YJH11：30，修复。口径较小，斜折沿，尖唇，斜腹，凹底。腹、底内壁有垫窝。肩部饰云雷纹，腹、底部饰篮纹。口径10.2、肩径18.0、底径6.7、高20.0厘米。（图五七 F，3；彩版九六，1）

2003YJH11：32，肩部以下残。斜沿，斜腹，凹底。肩内壁有垫窝。肩部饰云雷纹。口径16.4、残高12.0厘米。（图五七 F，4）

2）泥质黄陶 1件。

2003YJH11：104，口残。斜腹，凹底。肩、腹、底内壁见陶垫按压印迹。肩部饰云雷纹，腹、底部饰篮纹。肩径22.5、底径8.0、高19.2厘米。（图五七 F，5）

（11）矮领鼓肩罐 2件。

1）灰硬陶 1件。

2003YJH11：122，修复。斜腹，凹底。敛口，平折宽沿，圆唇外翻。沿面轮制三道凹弦纹，腹、底内见陶垫按压印迹。肩部饰云雷纹，腹、底部饰篮纹。口径19.2、肩径29.6、底径12.3、高23.2厘米。（图五七 F，6；彩版九六，2）

2）泥质红陶 1件。

2003YJH11：34，肩部以下残。敛口，平折宽沿。口领部轮制修整，肩内壁有垫窝。纹饰残损不清。口径24.0、残高5.6厘米。（图五七 F，7）

（12）鼓腹罐 4件。均为泥质红陶。矮领，溜肩，凹底。

2003YJH11：41，修复。侈口，圆唇，器形较小。器领部轮制修整，外底尚见旋削痕迹。肩、腹部饰云雷纹，底部纹饰残损不清。口径9.2、腹径10.0、底径4.8、高8.4厘米。（图五七 F，8；彩版九六，3）

2003YJH11：93，口残。器形较小。腹内壁见旋削痕迹。肩、腹部饰云雷纹，底部纹饰残损不清。腹径9.0、底径4.8、残高8.0厘米。（图五七 F，9）

2003YJH11：79，修复。直口，斜折沿，方唇。口、领部轮制修整，肩至底内壁见陶垫按压印迹。肩部饰云雷纹，腹、底部饰篮纹。口径13.0、腹径17.4、底径7.5、高15.8厘米。（图五七 F，10；彩版九六，4）

2003YJH11：121，修复。直口微侈，尖唇。口、领部轮制修整，肩至底内壁见陶垫按压印迹。通体面饰云雷纹。口径13.4、底径6.0、高12.4厘米。（图五七 F，11；彩版九六，5）

（13）垂腹罐 1件。夹砂灰陶。

2003YJH11：59，残。侈口，斜沿，尖唇，矮领，溜肩，凹底。口、领部轮制修整，表面光洁；腹、底内有垫窝。器面通体饰云雷纹。外腹部在纹饰上另加刻符。口径12.8、腹径18.8、底径6.0、高14.4厘米。（图五七 G，1；刻符图片161；彩版九六，6）

刻符图片161　2003YJH11：59 垂腹罐

（14）直腹罐 1件。泥质红陶。

2003YJH11：35，肩部以下残。肩部以下残。侈口，斜沿，尖圆唇。口沿部尚见轮制痕迹，肩内壁有垫窝。肩部饰云雷纹。口径19.6、残高6.8厘米。（图五七 G，2）

（15）瓮 3件。直口微敛，平折宽沿，矮领，口领部轮制修整，唇面轮制三道凹弦纹，肩内

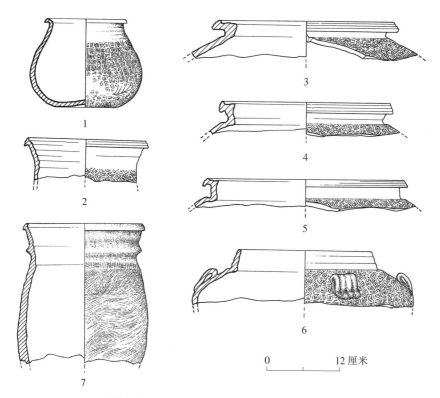

图五七 G　C区·H11 出土罐、瓮、坛、缸

1. 垂腹罐 2003YJH11：59　2. 直腹罐 2003YJH11：35　3. 瓮 2003YJH11：85　4. 瓮
2003YJH11：56　5. 瓮 2003YJH11：71　6. 坛 2003YJH11：66　7. 缸 2003YJH11：118

壁有垫窝，肩部饰云雷纹。

1）泥质红硬陶　1件。

2003YJH11：85，肩部以下残。尖唇外翻，斜肩。口径29.2、残高6.0厘米。（图五七 G，3）

2）泥质红陶　2件。

2003YJH11：56，肩部以下残。方唇，鼓肩。肩内有垫压痕迹。口径27.8、残高5.6厘米。（图五七 G，4）

2003YJH11：71，肩部以下残。圆唇外翻，斜肩。口径32.8、残高5.2厘米。（图五七 G，5）

（16）**坛**　1件。泥质红陶。

2003YJH11：66，腹部以下残。敛口，圆唇，高圆领，鼓折肩，肩部附扁折状半环纽，斜腹。口领部轮制修整，肩、腹内壁见陶垫按压印迹。肩、腹部饰云雷纹。口径22.0、残高8.8厘米。（图五七 G，6）

（17）**缸**　1件。灰硬陶。

2003YJH11：118，底残。敛口，圆唇，高领，直腹。口领部内外均有轮制痕迹，腹内见陶垫按压印迹。领部饰一周凸弦纹，腹部饰篮纹。口径19.4、残高22.4厘米。（图五七 G，7）

（18）**器盖**　9件。多侈口。素面。

1）灰硬陶　6件。

2003YJH11：49，修复。伞状，侈口，浅腹，盖面弧形隆起，盖缘内敛，圈足纽。器壁内外有轮旋痕，外底见旋削痕迹。口径19.6、纽径8.4、通高9.8厘米。（图五七 H，1；彩版九七，1）

2003YJH11：99，纽残。覆钵状，侈口，浅腹斜直，盖面曲弧，盖缘内敛，平顶。器壁内外各

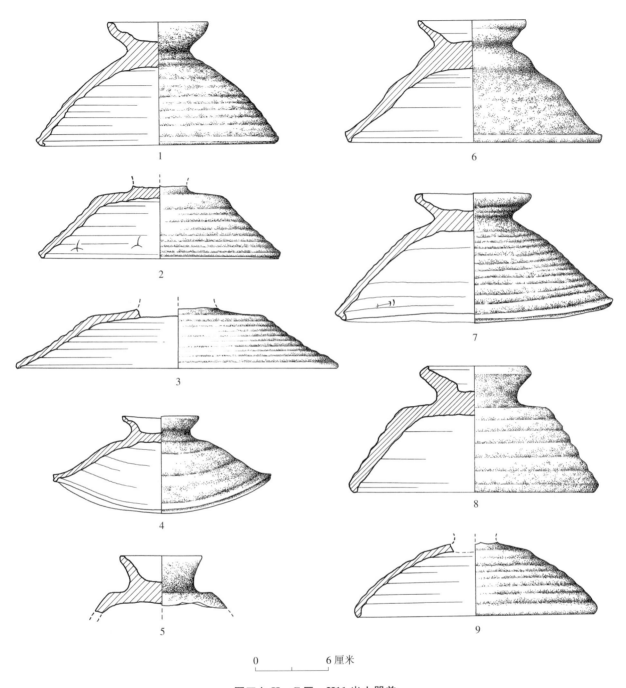

0 ├───────┤ 6厘米

图五七 H　C 区·H11 出土器盖

1. 2003YJH11:49　2. 2003YJH11:99　3. 2003YJH11:40　4. 2003YJH11:58　5. 2003YJH11:102　6. 2003YJH11:87　7. 2003YJH11:60
8. 2003YJH11:64　9. 2003YJH11:51

有一组轮旋纹。内沿下有刻符。口径 19.8、残高 5.8 厘米。（图五七 H，2；刻符图片 162）

　　2003YJH11:40，纽残。伞状，侈口，浅腹，盖面斜直，平顶。器壁内外均有轮旋纹。口径 26.8、残高 4.8 厘米。（图五七 H，3）

　　2003YJH11:58，修复。侈口，浅腹，圈足纽，盖面斜直，端缘内敛，弧形顶。器壁内外尚见轮制痕迹，器物烧制变形。口径

刻符图片 162　2003YJH11:99 器盖

18.2、纽径 6.3、通高 7.8 厘米。（图五七 H，4；彩版九七，2）

2003YJH11:102，口残。圈足纽，纽内凹凸不平。底部及纽尚见旋削痕迹。纽径 6.8、残高 4.2 厘米。（图五七 H，5）

2003YJH11:87，修复。喇叭状，侈口，浅弧腹，圈足纽，盖面曲弧隆起。内底有一组轮旋纹，肩部有旋削痕迹。盖面下部有一周凹弦纹。口径 21.0、纽径 8.8、通高 9.8 厘米。（图五七 H，6；彩版九七，3）

2）泥质灰陶　2 件。

2003YJH11:60，修复。侈口，浅腹斜直，圈足纽，盖面曲弧，端缘内敛，平顶。器壁有轮旋纹。内沿下有刻符。口径 22.2、纽径 9.4、通高 10.4 厘米。（图五七 H，7；刻符图片 163；彩版九七，4）

刻符图片 163　2003YJH11:60 器盖

2003YJH11:64，修复。覆钵状，侈口，浅腹，圈足纽，盖面斜直，盖缘内敛，平顶。腹部烧制时产生鼓泡。器壁内外尚见轮旋纹。内沿下有刻符。口径 19.8、纽径 8.2、通高 10.2 厘米。（图五七 H，8；刻符图片 164；彩版九七，5）

刻符图片 164　2003YJH11:64 器盖

3）泥质红陶　1 件。

2003YJH11:51，纽残。泥质红陶。侈口，斜直浅腹。器内壁有一组轮旋纹。口径 19.8、残高 5.8 厘米。（图五七 H，9）

(19) 三足盘　17 件。平底，素面。足多为捏制。

1）灰硬陶　12 件。

2003YJH11:69，修复。钵形，敞口，斜折沿，深腹，腹较直，下承三足，足身呈长三角形、凹面，足外张。唇面有两道凹弦纹，内底见轮制痕迹，三足捏制后拼接。内沿下有刻符。口径 13.0、通高 13.2 厘米。（图五七 I，1；刻符图片 165；彩版九八，1）

刻符图片 165　2003YJH11:69 三足盘

2003YJH11:63，足残。钵形，敞口，斜沿微内敛，腹较浅、较直。唇面有两道凹弦纹，器内有轮制痕迹，足为捏制成形。内沿下有刻符。口径 10.2、残高 5.8 厘米。（图五七 I，2；刻符图片 166）

刻符图片 166　2003YJH11:63 三足盘

2003YJH11:75，修复。钵形，敞口，斜沿微内敛，腹较深、较直，下承三足，足面凹，足身呈长三角形，足外张。唇面轮制一组浅凹弦纹，内底有轮制旋纹，足为捏制拼接。内沿下有刻符。口径 12.0、通高 10.8 厘米。（图五七 I，3；刻符图片 167；彩版九八，2）

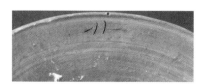

刻符图片 167　2003YJH11:75 三足盘

2003YJH11:108，修复。钵形，侈口，沿内卷，圆唇，腹较直，下承三足，足身呈长三角形、凹面，体略内弧。器壁内外均有轮旋纹，足为手工捏制拼接。口沿烧制变形。外底有刻符。口径 12.2、通高 10.4 厘米。（图五七 I，4；刻符图片 168；彩版九八，3）

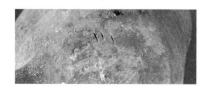

刻符图片 168　2003YJH11:108 三足盘

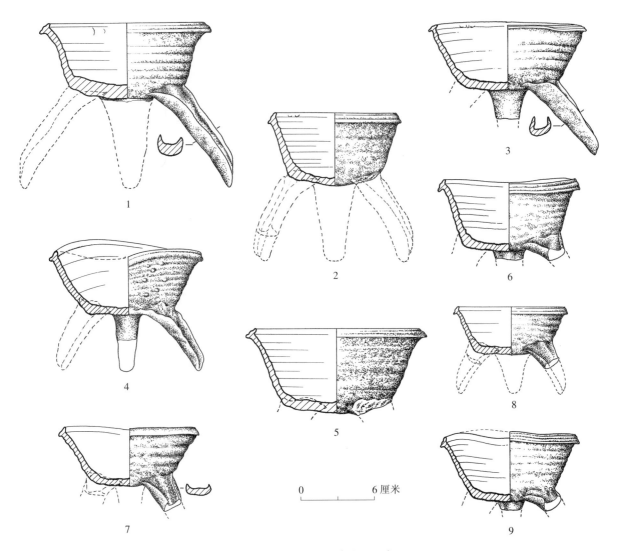

图五七 I　C 区·H11 出土三足盘

1. 2003YJH11:69　2. 2003YJH11:63　3. 2003YJH11:75　4. 2003YJH11:108　5. 2003YJH11:14　6. 2003YJH11:89　7. 2003YJH11:21
8. 2003YJH11:22　9. 2003YJH11:110

　　2003YJH11:14，三足残。钵形，敞口，斜沿内敛，深腹，腹较直。内腹、底尚见一组轮旋纹，外壁修抹。口径 13.8、残高 7.0 厘米。(图五七 I，5)

　　2003YJH11:89，足残。钵形，侈口，卷折沿，深腹，腹较直，下存三断足。器壁内外均有轮旋纹。口径 10.8、残高 6.2 厘米。(图五七 I，6)

　　2003YJH11:21，足残。钵形，敞口，斜沿，尖唇，腹较直，下存三断足。外壁尚见一组轮旋纹，足捏制拼接成型。口径 11.0、残高 6.8 厘米。(图五七 I，7)

　　2003YJH11:22，足残。钵形，敞口，尖圆唇微内敛，腹较直，下存二断足，面略凹。器壁内外有一组轮旋纹，足为捏制拼接成型。口径 9.0、残高 5.0 厘米。(图五七 I，8)

　　2003YJH11:110，足残。钵形，敞口，沿内卷，腹较深、较直，下存二断足。唇面轮制三道浅凹弦纹，器壁内外均有轮旋纹，足为捏制拼接。口径 10.8、残高 6.5 厘米。(图五七 I，9)

　　2003YJH11:116，三足残。钵形，敞口，卷沿，腹较直。器内尚见轮制痕迹。口径 13.2、残高 6.6 厘米。(图五七 J，1)

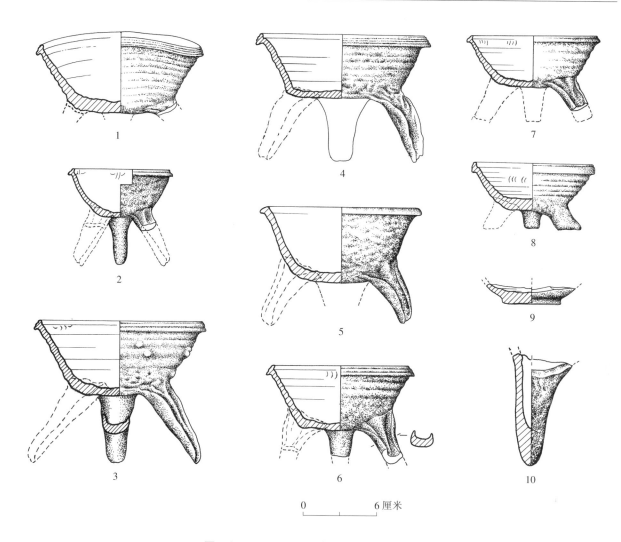

图五七 J　C 区 · H11 出土三足盘、碗、斝

1. 三足盘 2003YJH11：116　2. 三足盘 2003YJH11：50　3. 三足盘 2003YJH11：107　4. 三足盘 2003YJH11：26　5. 三足盘 2003YJH11：44　6. 三足盘 2003YJH11：62　7. 三足盘 2003YJH11：90　8. 三足盘 2003YJH11：117　9. 碗底 2003YJH11：100　10. 斝腿 2003YJH11：80

2003YJH11：50，修复。钵形，敞口，斜沿，尖唇，腹较深、较直，下承三足，足身呈长三角形、凹面。器身慢轮制作，足为手制拼接。内腹在烧制时产生鼓泡。内沿下有两组刻符。口径 8.2、通高 7.8 厘米。（图五七 J，2；刻符图片 169；彩版九八，4）

2003YJH11：107，修复。盘形，敞口，斜沿，尖唇，深斜腹，下承三足，足呈长三角形、凹面。器壁内外有轮制痕迹，足为捏制拼接。腹壁在烧制时产生多处鼓泡。内沿下有刻符。口径 13.6、通高 11.6 厘米。（图五七 J，3；刻符图片 170；彩版九八，5）

2）泥质灰陶　1 件

2003YJH11：26，修复。钵形，敞口，斜沿，尖唇外翻，浅腹，

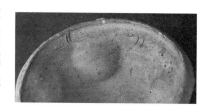

刻符图片 169　2003YJH11：50 三足盘

刻符图片 170　2003YJH11：107 三足盘

腹较直，下附三足，足身呈长三角形、凹面、体微内弧。器壁及内底均有轮旋纹，三足捏制成型。口径13.6、通高10.4厘米。（图五七J，4；彩版九八，6）

3）泥质红陶　3件

2003YJH11：44，复原。钵形，敞口，圆唇，深腹，腹较直，下承三矮足，足面为三角形，中有脊，微弧外张。盘身轮制，三足为手工捏制。口径12.6、通高9.2厘米。（图五七J，5；彩版九九，1）

2003YJH11：62，修复。泥质红陶。钵形，敞口，斜沿微内敛，圆唇外翻，深腹，腹较直，下承三足，足身呈长三角形、凹面，足外张。内腹、底尚见一组轮旋纹，足为捏制拼接。内沿下有刻符。口径11.4、残高7.9厘米。（图五七J，6；刻符图片171；彩版九九，2）

2003YJH11：90，修复。盘形，敞口，斜沿，尖唇微敛，腹较浅，斜腹，下承三足，略凹。器内有一组轮旋纹，三足捏制成型。内沿下有两组刻符。口径10.6、残高6.0厘米。（图五七J，7；刻符图片172；彩版九九，3）

4）夹砂灰陶　1件。

2003YJH11：117，足残。钵形，敞口，尖唇，腹较直，下附三断足。器壁内外尚见轮制痕迹，足为手工捏制拼接。内腹有刻符。口径10.0、高5.4厘米。（图五七J，8；刻符图片173）

（20）斝　1件。夹砂红陶。

2003YJH11：80，残。仅存斝腿，兽角状，上圆下尖，空心。素面。残高9.0厘米。（图五七J，10）

（21）碗　1件。灰硬陶。

2003YJH11：100，仅存底部。平底，矮饼足。内底见一组轮旋纹，饼足有旋修痕迹。素面。足径4.8、残高1.5厘米。（图五七J，9）

（22）平底钵　5件。器壁内外均有轮制痕迹，素面。

1）灰硬陶　4件。

2003YJH11：28，修复。敛口，圆唇，腹较浅，平底。外底尚见旋削痕。器物在烧制时产生变形。内沿下有刻符。口径15.4、底径8.8、高6.0厘米。（图五七K，1；刻符图片174；彩版一〇〇，1）

2003YJH11：25，修复。敛口，圆唇，腹较深，平底。外底有旋削痕。口径9.2、残高4.2厘米。（图五七K，2；彩版一〇〇，2）

2003YJH11：39，底略残。敛口，圆唇，浅腹。口径8.2、残高4.0厘米。（图五七K，3）

2003YJH11：57，修复。微侈口，圆唇，深斜腹，圜底。外底见旋修痕迹。内沿下有刻符。口径10.0、高5.6厘米。（图五七K，4；刻符图片175；彩版一〇〇，3）

2）夹砂灰陶　1件。

刻符图片171　2003YJH11：62 三足盘

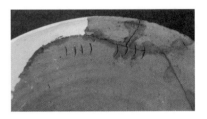

刻符图片172　2003YJH11：90 三足盘

刻符图片173　2003YJH11：117 三足盘

刻符图片174　2003YJH11：28 平底钵

刻符图片175　2003YJH11：57 平底钵

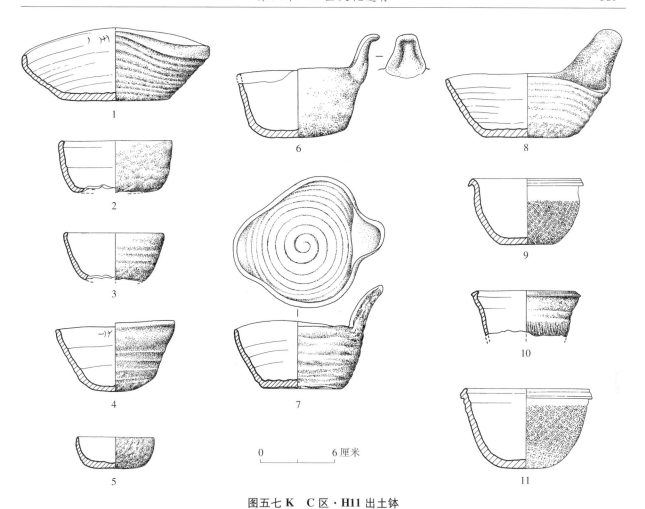

图五七 K　C 区·H11 出土钵

1. 平底钵 2003YJH11∶28　2. 平底钵 2003YJH11∶25　3. 平底钵 2003YJH11∶39　4. 平底钵 2003YJH11∶57　5. 平底钵 2003YJH11∶120
6. 带把钵 2003YJH11∶53　7. 带把钵 2003YJH11∶68　8. 带把钵 2003YJH11∶119　9. 盔形钵 2003YJH11∶123　10. 盔形钵 2003YJH11∶23
11. 盔形钵 2003YJH11∶103

2003YJH11∶120，修复。侈口，尖圆唇，浅腹，腹微内弧，平底。外底为旋削修整。口径 6.4、底径 3.4、高 2.5 厘米。（图五七 K，5；彩版一〇〇，4）

（23）带把钵　3 件。圆唇，素面。

1）泥质红陶　1 件。

2003YJH11∶53，修复。直口微敛，口部附一鋬手，鋬面为三角形，鋬体直立、顶外翻，深腹较直，圜底。轮制修整，胎体均匀。口径 10.0、通高 8.3 厘米。（图五七 K，6；彩版九九，4）

2）夹砂灰陶　2 件。

2003YJH11∶119，修复。敞口，口部附一鋬手，鋬体呈长三角形、直立、外翻，斜腹内收，平底。器壁内外均有轮压弦纹。器物烧制变形。外底中部有刻符。口径 13.0、底径 7.2、通高 8.6 厘米。（图五七 K，8；刻符图片 176；彩版九九，5）

2003YJH11∶68，修复。敞口，口部附一梯形鋬手，鋬体直立、鋬顶外翻，腹内斜，平底。器壁内外均有轮制痕迹，内底见一组轮旋纹。口径 10.2、底径 6.6、通高 8.4 厘米。（图五七 K，7；

刻符图片 176　2003YJH11∶119 带把钵

彩版九九，6）

（24）**盔形钵** 3件。侈口，口沿部轮制修整，腹内见拍印按压痕迹。

1）灰硬陶 2件。

2003YJH11：123，修复。斜沿，斜直腹，腹较深，圜底。底内有拍印按压痕迹。腹部饰云雷纹，底部饰篮纹。口径9.2、底径4.4、高5.2厘米。（图五七K，9；彩版一○○，5）

2003YJH11：23，腹部以下残。斜沿，尖唇微内敛，斜直腹。唇面轮制三道浅凹弦纹，腹部饰篮纹。口径8.2、残高3.6厘米。（图五七K，10）

2）泥质红陶 1件。

2003YJH11：103，修复。口外撇，斜沿，尖唇，腹内弧，腹较深，圜底。外沿下轮制两道凹弦纹，内沿有轮修痕迹，底内见拍印垫压痕迹。腹、底部通饰云雷纹。内沿下有刻符。口径10.6、高6.4厘米。（图五七K，11；刻符图片177；彩版一○○，6）

刻符图片177　2003YJH11：103盔形钵

（25）**尊** 1件。灰硬陶。

2003YJH11：74，腹部以下残。敞口，圆唇微敛，高领，腹微弧。口、领部见轮制痕迹，腹内有陶垫按压印迹。腹部饰云雷纹。口径21.6、残高8.1厘米。（图五七L，1）

（26）**背壶** 1件。灰硬陶。

2003YJH11：37，修复。敞口，圆唇，束长颈，鼓折肩，斜腹，圈足，肩部附三扁环形系。口颈部轮制修整，腹内有垫窝，系为手工对折按接，圈足尚见手捺和刮削痕迹。肩部饰云雷纹，腹部饰篮纹，余素。口径10.4、肩径14.2、底径7.4、通高15.0厘米。（图五七L，2；彩版一○一，1）

（27）**壶** 3件。无流，鼓肩，腹内有陶垫按压印迹，肩、腹部通饰篮纹。

1）泥质红陶 1件。

2003YJH11：54，修复。敞口，圆唇，长颈微束，斜腹，凹底，肩部附一舌形鋬手，鋬体微内弧。口颈部轮制修整，底内亦有陶垫按压印迹，鋬手捏制后拼接。通体面饰篮纹。口径12.8、底径5.6、通高13.2厘米。（图五七L，3；彩版一○一，2）

2）夹砂红陶 2件。

2003YJH11：105，修复。侈口，圆唇，长颈微束，鼓肩，斜腹，凹底，肩部鋬手残。口颈部轮制修整，肩内壁有陶垫按压印迹。通体面饰篮纹。内沿下有刻符。口径9.8、底径5.0、通高11.3厘米。（图五七L，4；刻符图片178；彩版一○一，3）

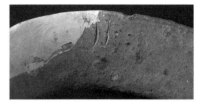

刻符图片178　2003YJH11：105壶

2003YJH11：43，腹部以下残。侈口，尖圆唇，圆领，鼓肩，直斜腹。内颈见一组轮旋纹，肩内壁有陶垫按压印迹。口径9.8、残高8.4厘米。（图五七L，5）

（28）**盏** 3件。器壁内外有轮制痕迹。素面。

1）灰硬陶 2件。

2003YJH11：3，修复。微敛口，圆唇，深弧腹，圜底。口径7.0、通高3.0厘米。（图五七M，1；彩版一○一，4）

2003YJH11：36，修复。侈口，尖圆唇，浅弧腹，平底。口径6.4、底径4.6厘米、通高2.0厘米。（图五七M，2；彩版一○一，5）

图五七 L C区·H11 出土尊、背壶、壶

1. 尊 2003YJH11:74　2. 背壶 2003YJH11:37　3. 壶 2003YJH11:54　4. 壶 2003YJH11:105　5. 壶 2003YJH11:43

2）红硬陶　1件。

2003YJH11:16，完整。敞口，圆唇，浅斜腹，平底。外底有刻符。口径7.0、底径3.8、通高2.0厘米。（图五七M，3；刻符图片179；彩版一〇一，6）

（29）盂　3件。素面。外底有旋削痕迹。

1）灰硬陶　2件。

2003YJH11:15，修复。直口，尖圆唇，直腹，平底。器内尚见一组轮旋纹，外底削修平整。口径8.2、底径7.2、通高3.2厘米。（图五七M，4；彩版一〇二，1）

2003YJH11:88，完整。敛口，尖圆唇，垂弧腹，平底。内底见一组轮旋纹，外底较平整。口径6.8、底径6.4、通高4.0厘米。

刻符图片179　2003YJH11:16 盏

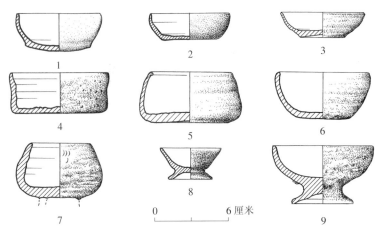

图五七 M　C区・H11 出土盏、盂、杯、豆

1. 盏 2003YJH11：3　2. 盏 2003YJH11：36　3. 盏 2003YJH11：16　4. 盂 2003
YJH11：15　5. 盂 2003YJH11：88　6. 盂 2003YJH11：5　7. 杯 2003YJH11：27
8. 豆 2003YJH11：73　9. 豆 2003YJH11：65

（图五七 M，5；彩版一〇二，2）

2）夹砂灰陶　1件。

2003YJH11：5，完整。微敛口，圆唇较厚，鼓腹，圜底。表面粗糙。器壁轮制。口径7.4、底径4.2、通高3.8厘米。（图五七 M，6；彩版一〇二，3）

（30）**杯**　1件。灰硬陶。

2003YJH11：27，修复。敛口，尖圆唇，鼓腹，上腹较深，下腹浅弧，圈足。器形饱满，器表光洁。内壁有轮制痕迹。素面。外沿有刻符。口径5.0、残高4.6厘米。（图五七 M，7；刻符图片180；彩版一〇二，4）

刻符图片180　2003YJH11：27 杯

（31）**豆**　2件。敞口，圆唇，浅弧腹，浅喇叭状足。腹壁尚见轮修痕迹。素面。

1）泥质灰陶　1件。

2003YJH11：73，完整。口径5.0、足径3.6、通高2.5厘米。（图五七 M，8；彩版一〇二，5）

2）夹砂灰陶　1件。

2003YJH11：65，稍残。口径8.2、足径5.0、通高4.6厘米。（图五七 M，9；彩版一〇二，6）

（32）**构件**　2件。素面。杯形器有轮制痕迹。

1）灰硬陶　1件。

2003YJH11：77，残。两器组合。上为杯形器，下为长方形陶板，上器与下器粘连成型。宽5.6、残长4.5、残高2.0厘米。（图五七 N，1）

2）泥质红陶　1件。

2003YJH11：113，修复。上下器组合而成，上为三杯形器，呈品字布局，一大两小，下为一梯面陶板，窄端穿一圆孔，杯形器与板形器粘连。大杯口径4.0、小杯口径2.6、底长9.0、通高3.1厘米。（图五七 N，2；彩版一〇三，1）

（33）**水注**　1件。灰硬陶。

2003YJH11：98，修复。器呈"花鞋"状，两头高翘，中部紧束，后为圆口斜张，圆口与捏起

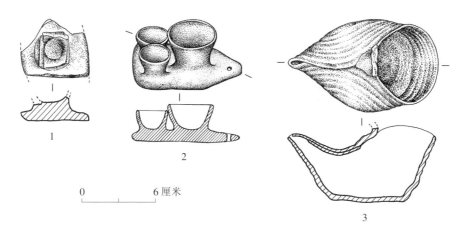

图五七 N　C区·H11 出土构件、水注

1. 构件 2003YJH11：77　2. 构件 2003YJH11：113　3. 水注 2003YJH11：98

部分结合部附一舌形錾手，錾体前翻，前为尖圆形流口，两口间形成弧面，腹较圆，平底。器物分步制作：轮制平底钵、折叠钵口、按压成型、捏接錾手。素面。底径6.2、通长12.4、残高6.2厘米。（图五七 N，3；彩版一〇三，2）

（34）**烧结块**　1件。泥质夹砂灰陶。

2003YJH11：11，残。器形不规则，临火面稍平，颜色青灰，硬度较强，背火面颜色灰黄，胎中含大量灰结颗粒。长5.0、宽4.2、高2.4厘米。（图五七 O，1）

（35）**刀**　2件。均为灰硬陶。

2003YJH11：61，残。马鞍形，曲脊，一端明显内弧，器身中部近脊处有二圆形穿孔，单面平刃。正面刻划方形人面纹，背面光素。残长4.3、中宽3.9、厚0.4厘米。（五七 O，2；刻符图片181；彩版一〇三，3）

2003YJH11：112，残。长方形，扁体，直背，单面弧刃，一端斜直，近脊处有圆形穿孔。素面。残长3.9、宽3.0、厚0.3厘米。（五七 O，3）

（36）**网坠**　6件。圆柱形，两面各刻两道凹槽，中部加刻一道凹槽，一端较圆，一端稍平。手工制作。素面。

1）灰硬陶　4件。

刻符图片 181　2003YJH11：61 刀

2003YJH11：20、24、48、86，完整。长1.2～1.6、宽0.8～1.2、厚0.8～1.1厘米。（图五七 O，4、5；彩版一〇三，4）

2）泥质灰陶　2件。

2003YJH11：9、83，完整。长1.6～1.2、宽1.2～0.8、厚1.1～0.8厘米。（五七 O，6、7；彩版一〇三，4）

（37）**陶拍**　4件。

1）红硬陶　2件。

2003YJH11：8，稍残。拍面为长方体，一面刻篮纹，一面刻云雷纹，顶面及两端平整，近扁圆柱体把手。把面见削修痕迹。素面。长18.6、宽5.6、厚2.2厘米。（五七 O，8；图五七 P，1；彩版一〇三，5）

2003YJH11：7，残。仅存拍把，扁圆柱体，尾段近圆，尾端平整。表面有刮削痕迹。素面。残长10.1、宽3.2、厚2.4厘米。（五七 O，9）

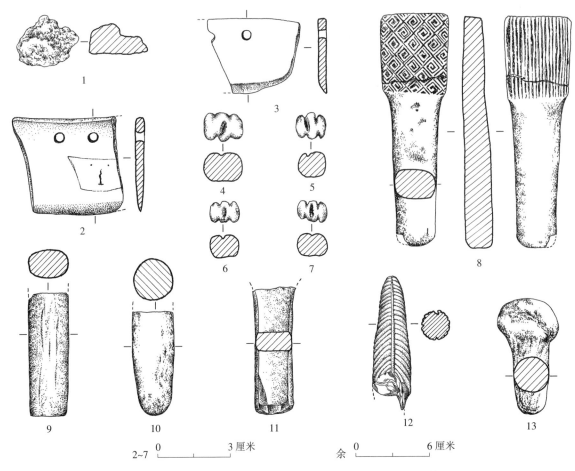

2～7 ├─────0─────────3厘米─────┤　　　余 ├─────0─────────6厘米─────┤

图五七 O　C 区·H11 出土烧结块、刀、网坠、陶拍、陶垫

1. 烧结块 2003YJH11：11　　2. 刀 2003YJH11：61　　3. 刀 2003YJH11：112　　4. 网坠 2003YJH11：48　　5. 网坠 2003YJH11：86

6. 网坠 2003YJH11：83　　7. 网坠 2003YJH11：9　　8. 陶拍 2003YJH11：8　　9. 陶拍 2003YJH11：7　　10. 陶拍 2003YJH11：6

11. 陶拍 2003YJH11：13　　12. 陶拍 2003YJH11：38　　13. 陶垫 2003YJH11：72

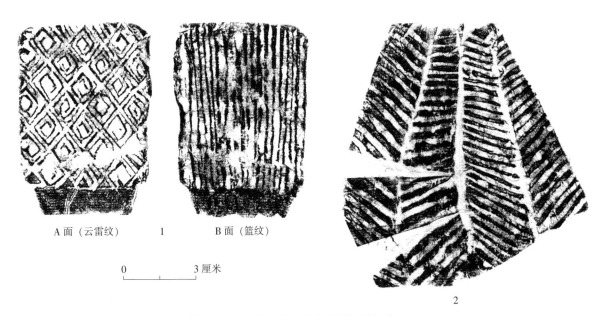

A 面（云雷纹）　　1　　B 面（篮纹）

├─────0─────────3厘米─────┤

2

图五七 P　C 区·H11 出土陶拍纹样拓片

1. 2003YJH11：8　　2. 2003YJH11：38

2）灰硬陶　2件。

2003YJH11：6，残。仅存拍把，圆柱形，尾端稍细。表面打磨。素面。残长8.4、圆径3.4厘米。（五七O，10）

2003YJH11：13，残。仅存拍把，扁长方体，尾部稍粗。表面刮削痕迹明显，把面中部见一"口"字形压印。素面。残长10.4、宽3.0、厚1.6厘米。（五七O，11）

3）泥质红陶　1件。

2003YJH11：38，把手残。伞状拍面，周身刻划叶脉纹，刻痕较深，纹路清晰。最大圆径3.2、残长10.8厘米。（五七O，12；图五七P，2）

（38）**陶垫**　1件。泥质黄陶。

2003YJH11：72，残。蘑菇状，垫面隆起，中连圆锥形把手，把身较短。素面。垫顶径5.2、长9.3厘米。（五七O，13）

十二　成品坑H13

1. 遗迹

2003YJH13分布于CII区，位于T3431中部，开口于1层下，打破生土。平面为圆角三角形，开口距地表0.12米，直径1.72米、深0.86米。坑壁内斜略弧，凹圜底，未见特殊加工迹象。坑内堆积分2层：第1层，土色灰黑，土质紧密，并含部分灰烬，层厚0.08~0.12米。出土可辨器形有陶钵、尊、罐及石锛；第2层，土色灰褐，土质疏松，含有较多细沙，层厚0.76~0.78米。出土有完整器钵、釜、罐、网坠以及盘、罳、瓮、豆等可复原陶器和石锛等。H13包含物多为陶器，有夹砂红、灰陶和泥质红、灰陶，尤以夹砂红陶居多，占总类的69.96%。纹饰仅见云雷纹、篮纹，分别占14.58%和33.85%，素面占51.56%。根据1层有灰烬及火烧迹象，2层有完整器及细沙间隔，推测H13也与陶器烧制有关，可能是贮藏器物的成品坑。（图五八A；彩版一〇四，1）

2. 小件遗物

（1）**石锛**　2件。

2003YJH13：33，残。黄色沉积岩质。有段。体呈长条形，段部较长，平顶。器面稍加磨制，两侧面凹粗糙不平。残长8.2、宽3.3、厚1.8厘米。（图五八B，1；彩版一〇四，2）

2003YJH13：38，残。灰白色沉积岩质。无段。器身扁平，斜顶，斜刃，刃部残。面部磨制光滑，两侧较粗糙。残长5.8、宽5.8、厚1.8厘米。（图

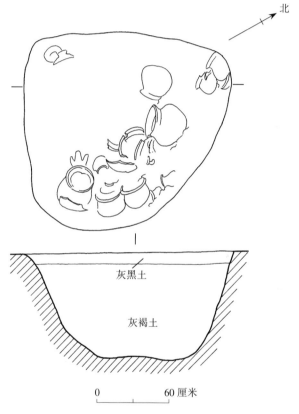

北

灰黑土

灰褐土

0　　　　　60厘米

图五八 A　C区·H13平、剖面图

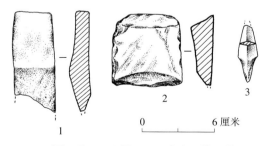

1　　　　　　2　　　3

0　　　　6厘米

图五八 B　C区·H13出土石锛、镞

1. 石锛 2003YJH13：33　2. 石锛 2003YJH13：38
3. 石镞 2003YJH13：3

五八 B，2；彩版一〇四，3）

（2）石镞 1 件。

2003YJH13：3，略残。青石质。镞身平面呈三角形，两面有脊，两侧边斜磨成薄刃，后为扁锥形铤。通体磨制光滑。残长4.6、宽1.6厘米。（图五八 B，3；彩版一〇四，4）

（3）釜 9 件。口、领部轮制弦纹（修整），腹内壁有陶垫按压痕迹（或垫窝）。底部多饰篮纹。

1）灰硬陶 4 件。

2003YJH13：20，完整。直口，平折宽沿，尖唇，矮领，垂腹，凹底。沿面上见有垫烧痕。腹部饰云雷纹，底部饰篮纹。口沿上有刻符。口径18.8、底径8.8、高19.2厘米。（图五八 C，1；刻符图片182；彩版一〇五，1）

刻符图片 182　2003YJH13：20 釜

2003YJH13：34，完整。侈口，平折宽沿，尖唇外翻，矮领，直腹，圜底。腹、底部均饰篮纹。整器在烧制时产生变形。沿上有刻符。口径31.2、高19.2厘米。（图五八 C，2；刻符图片183；彩版一〇五，2）

刻符图片 183　2003YJH13：34 釜

2003YJH13：30，修复。侈口，圆唇，平折宽沿，矮领，直腹，圜底。腹底部均饰篮纹。口沿部烧制时产生变形。口沿上有刻符。口径23.8、高19.2厘米。（图五八 C，3；刻符图片184；彩版一〇五，3）

刻符图片 184　2003YJH13：30 釜

2003YJH13：32，修复。侈口，平折宽沿，尖唇外翻，矮领，直腹，圜底。沿、领部烧制时产生变形，腹、底部均饰篮纹。口沿上有刻符。口径24.0、底径9.2、高18.0厘米。（图五八 C，4；刻符图片185；彩版一〇五，4）

2）泥质红陶 4 件。

2003YJH13：35，完整。直口，平折宽沿，尖唇外翻，矮领，垂腹，凹底。腹部饰云雷纹，底部饰篮纹。口沿上有刻符，口径21.5、底径9.2、高19.6厘米。（图五八 C，5；刻符图片186；彩版一〇六，1）

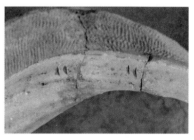

刻符图片 185　2003YJH13：32 釜

2003YJH13：26，完整。直口微侈，圆唇，平折宽沿，矮领，垂腹，凹底。腹部饰云雷纹，底部饰篮纹。口沿上有刻符。口径19.0、底径8.2、高20.8厘米。（图五八 C，6；刻符图片187；彩版一〇六，2）

刻符图片 186　2003YJH13：35 釜

2003YJH13：10，修复。侈口，平折沿，直腹，平底。腹、底部通饰篮纹。口径24.8、底径10.4、高20.4厘米。（图五八 C，7；彩版一〇六，3）

2003YJH13：13，腹部以下残。直口微侈，宽沿，圆唇外翻。腹内见有垫窝，领部断面可见贴泥片拍打形成双层胎。腹饰云雷

刻符图片 187　2003YJH13：26 釜

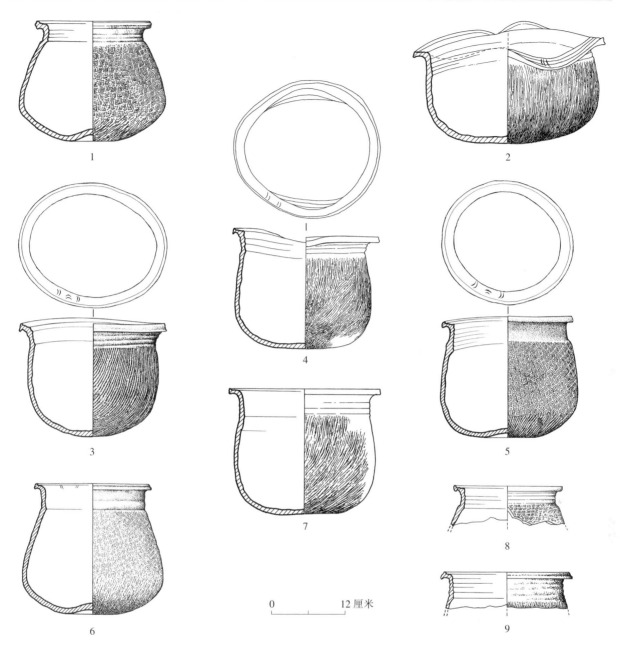

图五八 C　C区·H13 出土釜

1. 2003 YJH13：20　2. 2003 YJH13：34　3. 2003 YJH13：30　4. 2003 YJH13：32　5. 2003 YJH13：35　6. 2003 YJH13：26　7. 2003 YJH13：10
8. 2003 YJH13：13　9. 2003 YJH13：37

纹。口径 18.4、残高 6.0 厘米。（图五八 C，8）

　　3）夹砂红陶　1 件。

　　2003YJH13：37，腹部以下残。侈口，平折宽沿，尖唇外翻。
腹部饰篮纹。口径 21.2、残高 5.6 厘米。（图五八 C，9）

　　（4）**高领鼓肩罐**　1 件。泥质红陶。

　　2003YJH13：22，完整。敞口，尖唇，斜腹，凹底。口、领部

刻符图片 188　2003YJH13：22
高领鼓肩罐

轮制弦纹，腹内壁有陶垫按压痕迹。肩部饰云雷纹，腹、底部饰篮纹。内沿下有刻符。口径 20.4、
肩径 28.8、底径 9.5、高 26.4 厘米。（图五八 D，1；刻符图片 188；彩版一〇七，1）

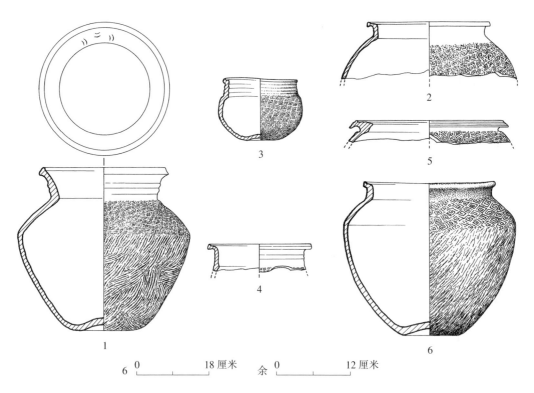

图五八 D　C区·H13 出土罐、瓮

1. 高领鼓肩罐 2003YJH13：22　2. 矮领鼓肩罐 2003YJH13：18　3. 垂腹罐 2003YJH13：23　4. 垂腹罐 2003YJH13：15
5. 瓮 2003YJH13：16　6. 瓮 2003YJH13：25

（5）**矮领鼓肩罐**　1 件。泥质红陶。

2003YJH13：18，肩部以下残。侈口，平折宽沿。口、领部轮制修整，肩内壁见陶垫按压痕迹。肩部饰云雷纹。口径 20.0、残高 8.8 厘米。（图五八 D，2）

（6）**垂腹罐**　2 件。

1）灰硬陶　1 件。

2003YJH13：15，肩部以下残。侈口，平折沿，圆唇。口、领部轮制修整；肩部饰云雷纹。口径 17.0、残高 4.5 厘米。（图五八 D，4）

2）夹砂灰陶　1 件。

2003YJH13：23，完整。矮领，溜肩，凹底。侈口，尖唇，束颈。口、颈部有轮旋痕迹，腹内有陶垫按压痕迹。肩、腹部饰云雷纹，底部饰篮纹。口沿部在烧制时产生变形。口径 12.4、底径 5.2、高 9.8 厘米。（图五八 D，3；彩版一〇七，2）

（7）**瓮**　2 件。均为泥质红陶。口颈部轮制修整，肩部饰云雷纹。

2003YJH13：16，肩部以下残。敛口，平折宽沿，短颈。唇面有一组轮弦纹，肩内有垫窝。口径 24.0、残高 4.0 厘米。（图五八 D，5）

2003YJH13：25，修复。直口，平折宽沿，矮领，折肩，斜腹，凹底。内腹有陶垫按压印迹。腹、底部饰篮纹。口径 32.4、底径 13.8、高 36.8 厘米。（图五八 D，6；彩版一〇六，4）

（8）**三足盘**　3 件。素面。

1）灰硬陶　1 件。

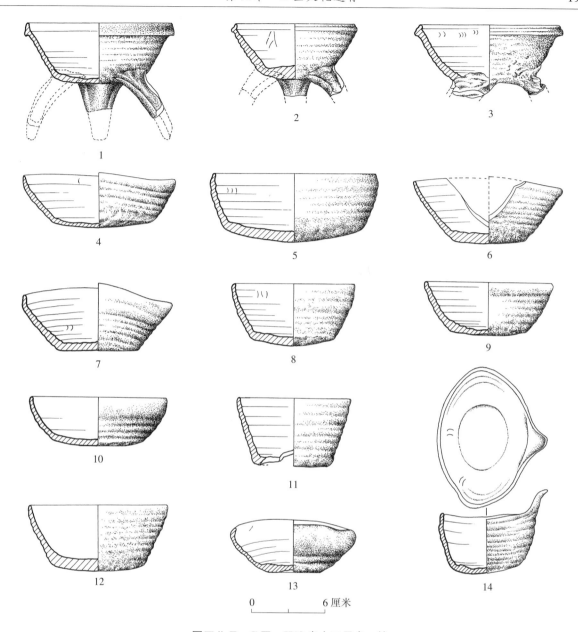

图五八E　C区·H13出土三足盘、钵

1. 三足盘 2003YJH13：21　2. 三足盘 2003YJH13：17　3. 三足盘 2003YJH13：8　4. 平底钵 2003YJH13：27　5. 平底钵 2003YJH13：36　6. 平底钵 2003YJH13：29　7. 平底钵 2003YJH13：9　8. 平底钵 2003YJH13：31　9. 平底钵 2003YJH13：5　10. 平底钵 2003YJH13：7　11. 平底钵 2003YJH13：14　12. 平底钵 2003YJH13：40　13. 平底钵 2003YJH13：4　14. 带把钵 2003YJH13：12

2003YJH13：21，修复。盘形，敞口，尖厚唇，斜腹，平底，底下附三凹面长三角形足，足外撇。器壁内外有轮旋修整痕迹，足为手工捏制拼接。口径12.0、底径6.4、残高7.6厘米。（图五八E，1；彩版一〇七，4）

2）夹砂灰硬陶　1件。

2003YJH13：17，三足残。盘形，敛口，尖唇，斜腹，内底上凸。外壁有轮旋痕迹，内壁修抹。内沿下有刻符。口径9.8、底径5.4、残高5.8厘米。（图五八E，2；刻符图片189）

刻符图片189　2003YJH13：17 三足盘

3）夹砂灰陶　1件。

2003YJH13：8，三足残。钵形，敛口，圆唇，腹较直，平底。腹内有轮旋痕迹，外壁修抹，口沿下有刻符。口径11.6、残高5.8厘米。（图五八E，3；刻符图片190）

（9）平底钵　10件。敛口，平底。多轮制修整。素面。

1）灰硬陶　4件。

2003YJH13：27，残。近圆唇，上腹斜内收。腹壁见轮旋修整痕迹。器物在烧制时轻度变形。口沿下有刻符。口径12.6、底径8.0、高4.4厘米。（图五八E，4）

2003YJH13：36，修复。尖唇，下腹斜至平底。腹壁内外有轮旋痕迹。口沿下有刻符。口径13.4、高5.6厘米。（图五八E，5；刻符图片191；彩版一○八，1）

2003YJH13：29，口及肩部残。近圆唇，下腹斜，平底。轮制修整。器物在烧制时轻度变形。口径12.4、底径6.0、高5.4厘米。（图五八E，6）

2003YJH13：9，完整。尖圆唇，斜腹，平底。腹内外有轮旋痕。烧制时整器变形。内沿下有刻符。口径12.4、底径6.6、高5.4厘米。（图五八E，7；刻符图片192；彩版一○八，2）

2）泥质灰陶　1件。

2003YJH13：31，修复。尖唇，下腹斜，平底。腹壁内外有轮旋痕迹。器物烧制时轻度变形。口沿下有刻符。口径10.0、底径6.6、高5.0厘米。（图五八E，8；刻符图片193；彩版一○八，3）

3）泥质红陶　2件。

2003YJH13：5，残。尖圆唇，斜腹，平底。腹及内底有轮旋痕迹。口径10.6、高4.2厘米。（图五八E，9）

2003YJH13：7，修复。圆唇，斜腹，平底。器腹尚见轮旋痕迹。内沿下有刻符。口径11.2、高3.8厘米。（图五八E，10；刻符图片194；彩版一○八，4）

4）夹砂灰陶　3件。

2003YJH13：14，底部略残。尖圆唇，斜腹。腹见轮旋痕。烧制变形。口径9.2、高5.4厘米。（图五八E，11）

2003YJH13：40，修复。圆唇，上腹斜内折，平底。器壁内外尚见轮制痕迹，外底有旋削痕。口径11.4、底径7.4、高5.2厘米。（图五八E，12；彩版一○八，5）

2003YJH13：4，修复。浅腹，下腹弧内收，平底。腹、底部见轮弦痕迹。烧制时器物产生变形。沿下有刻符。口径9.5、底径4.2、高4.2厘米。（图五八E，13；刻符图片195；彩版一○八，6）

刻符图片190　2003YJH13：8三足盘

刻符图片191　2003YJH13：36平底钵

刻符图片192　2003YJH13：9平底钵

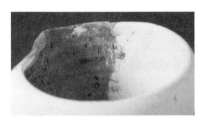

刻符图片193　2003YJH13：31平底钵

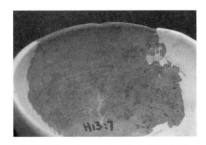

刻符图片194　2003YJH13：7平底钵

刻符图片195　2003YJH13：4平底钵

（10）**带把钵** 1件。夹砂灰陶。

2003YJH13：12，修复。侈口，口部变形，尖圆唇，下腹内收，平底，沿上接一三角形把手，直立、微外翻。腹见轮旋痕迹，把手为手制按接。器物烧制时产生变形。素面。口沿下有刻符。口径7.4～11.0、底径5.2、通高6.5厘米。（图五八E，14；刻符图片196；彩版一〇八，7）

（11）**豆** 2件。素面。

1）灰硬陶 1件。

2003YJH13：39，残，仅存喇叭状底座，较高。底座内壁有轮制凹弦纹。底径8.5、残高4.9厘米。（图五八F，1）

2）泥质灰陶 1件。

2003YJH13：2，残，仅存把。把较粗，柱面轮制三周凸棱。轮制修整。残高4.8厘米。（图五八F，2）

（12）**斝** 1件。夹砂黄陶。

2003YJH13：28，修复。侈口，平折沿，圆唇，圆流口，深斜腹，束腰，高袋足，颈腹间附宽边弓形鋬手。口、腹部慢轮制作修整，鋬手及袋足手工捏制拼接而成，表面粗糙。口径16.0、通高23.5厘米。（图五八F，3；彩版一〇七，3）

（13）**壶** 1件。泥质红陶。

2003YJH13：11，腹部以下残。无流。侈口，鼓腹。腹内壁见陶垫按压痕迹。腹部饰篮纹。内沿下有刻符。口径10.2、残高9.0厘米。（图五八F，4；刻符图片197）

（14）**尊** 1件。灰硬陶。

2003YJH13：6，上部残。侈口，斜腹，平底，圈足外撇。圈足轮修光滑，腹内壁见有垫窝。腹部饰云雷纹。底径10.2、残高10.4厘米。（图五八F，5）

（15）**鋬手** 1件。泥质灰陶。

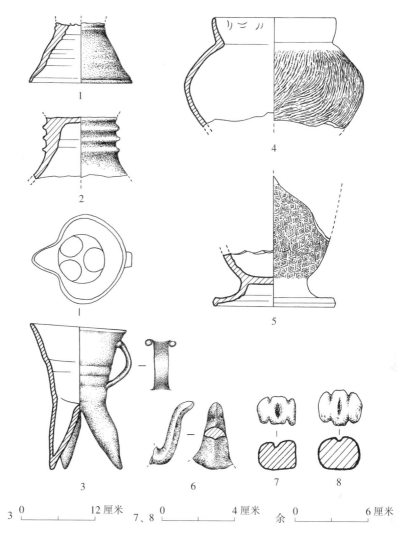

图五八F C区·H13出土豆、斝、壶、尊、鋬手、网坠

1. 豆 2003YJH13：39 2. 豆 2003YJH13：2 3. 斝 2003YJH13：28 4. 壶 2003YJH13：11
5. 尊 2003YJH13：6 6. 鋬手 2003YJH13：19 7. 网坠 2003YJH13：1 8. 网坠 2003YJH13：24

刻符图片196 2003YJH13：12 带把钵

刻符图片197 2003YJH13：11 壶

2003YJH13：19，残。平面呈长三角形，体弧，中有脊，尾外翻。手工制作并见修整痕迹。素面。残长5.4厘米。（图五八F，6）

（16）**网坠**　2件。圆柱状，刻槽。

1）灰硬陶　1件。

2003YJH13：1，完整。两端较平。两面和中间共刻五道凹槽。长2.1、宽1.4、厚1.4厘米。（图五八F，7；彩版一〇八，8）

2）泥质红陶　1件。

2003YJH13：24，完整。体较短，两端圆弧，两面各刻两条凹槽，中部加刻一道短沟槽。长2.3、宽1.8、厚1.6厘米。（图五八F，8；彩版一〇八，8）

第四节　灰坑遗迹及其出土遗物

包括83板H1、83板H2、83板H3、83板H4、83板H5、86板H1、H7、H8、H12、H14、H18、H21、H22、H23、H24、H27、H30、H31、H32、H33、H34、H36、H41，共23个。

一　83板H1

1. 遗迹

83板H1分布于CⅠ区。位于童家河边T1西北部。开口于2层下，打破生土。平面近圆形，坑口距地表0.08～0.20米，最大径2.45米，深0.6米。口大底小，锅形坑，壁及底未见特殊加工痕迹。坑内堆积深灰色土，土质较疏松，包含大量烧土块、陶片、陶器、石器。有夹砂灰、红陶和泥质灰、红陶，以夹砂灰陶为主，占76%。纹饰有云雷纹、篮纹、席纹、方格纹、方格填斜线纹和方格云雷组合纹，以云雷纹和篮纹偏多，分别占38.32%和37.69%。出土完整器有纺轮、陶垫、平底钵、石锛，其他已复原及可辨器形有罐、釜、三足盘、豆、斝、杯、盏等。（图五九A）

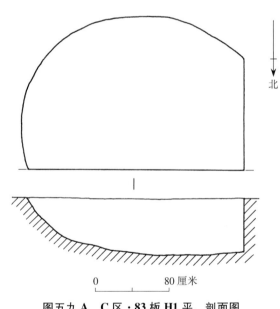

图五九A　C区·83板H1平、剖面图

2. 小件遗物

（1）**石锛**　2件。黄白沉积岩质。手工磨制。

83板H1：14，残。有段。面呈梯形，顶部稍平，中部有段，段以下单面简易磨制，刃部残，两侧近平。残长13.7、宽6.0、厚2.3厘米。（图五九B，1；彩版一〇九，1）

83板H1：28，完整。无段。长方形，中部略弧鼓，顶部斜平，下部双面斜磨成刃，两侧较直。表面凹凸不平。长7.8、宽2.3、厚1.2厘米。（图五九B，2；彩版一〇九，2）

（2）**釜**　1件。灰硬陶。

83板H1：36，修复。侈口，平折宽沿，方唇，矮领，垂腹，凹底。口领部轮制修整，腹、底内壁有垫窝，腹中部有鼓泡并变形。腹部饰云雷纹，底部饰篮纹。口径21.6、底径10.5、通高

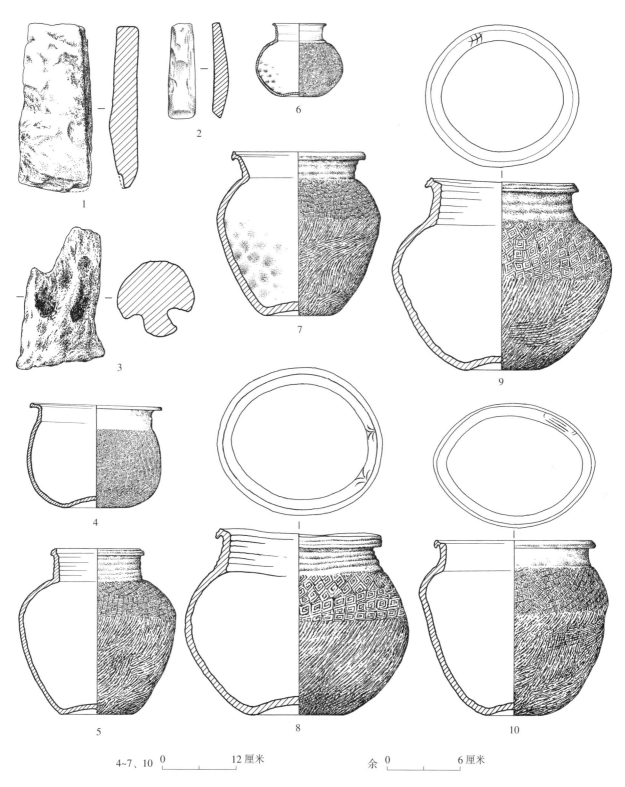

图五九B　C区·83板H1出土石铲，支座、釜、罐、瓮

1. 石铲83板 H1：14　2. 石铲83板 H1：28　3. 支座83板 H1：49　4. 釜83板 H1：36　5. 高领鼓肩罐83板 H1：47　6. 高领鼓肩罐83板 H1：5　7. 高领鼓肩罐83板 H1：35　8. 鼓腹罐83板 H1：51　9. 鼓腹罐83板 H1：52　10. 瓮83板 H1：45

16.7厘米。（图五九B，4；彩版一〇九，3）

（3）**支座**　1件。夹砂红陶。

83板H1：49，上部及支撑点残。器呈圆锥形，中部分叉，柱体侧面平行按捺两个半月形凹坑作捉手之用，底斜平。素面。底径7.0、残高11.0厘米。（图五九B，3）

（4）**高领鼓肩罐**　3件。凹底。口领部轮制修整，肩至底内有垫窝。腹、底部饰篮纹。

1）灰硬陶　2件。

83板H1：47，修复。直口，圆唇，斜腹。肩部饰云雷纹。口径14.0、底径11.6、高27.0厘米。（图五九B，5）

83板H1：5，修复。直口微侈，方唇，斜腹，凹底。肩部饰席纹。口径8.7、底径6.2、高11.7厘米。（图五九B，6；彩版一〇九，4）

2）夹砂红陶　1件。

83板H1：35，修复。侈口，斜折沿，尖唇，斜腹，凹底。肩部饰云雷纹。口沿上有刻符。口径21.5、底径11.0、通高26.6厘米。（图五九B，7；刻符图片198；彩版一〇九，5）

（5）**鼓腹罐**　2件。均为灰硬陶。方唇，矮领，溜肩，凹底。肩至底内有垫窝。肩部饰云雷纹，腹、底部饰篮纹。

83板H1：51，修复。直口，平折沿。口、领部见轮制痕迹。口沿上有刻符。口径13.2、底径7.6、通高14.6厘米。（图五九B，8；刻符图片199；彩版一一〇，1）

83板H1：52，修复。直口微侈，斜折沿。沿面轮制一组弦纹。口沿上有刻符。口径13.0、底径6.4、通高15.1厘米。（图五九B，9；刻符图片200；彩版一一〇，2）

（6）**瓮**　1件。灰硬陶。

83板H1：45，修复。直口，平折宽沿外卷，高领，鼓肩，深斜腹，凹底。口领部有轮制痕迹，肩至底内壁有垫窝。肩部饰云雷纹，腹、底部饰篮纹。器物略有变形。口沿上有刻符。口径26.8、底径9.5、通高28.4厘米。（图五九B，10；刻符图片201；彩版一〇九，6）

（7）**三足盘**　12件。多素面。

1）灰硬陶　8件。

83板H1：18，修复。钵形，敞口，斜沿，浅腹，腹较直，平底，下承三足，足呈长三角形、凹面。唇面轮制一道弦纹，足为手制按接。口径12.0、残高10.0厘米。（图五九C，1；彩版一一一，1）

83板H1：16，修复。钵形，敞口，尖唇，浅腹，腹较直，平底，下承三足，足呈长三角形、凹面。器内外有轮旋痕，三足手工捏制、拼接成型。口径9.6、通高9.4厘米。（图五九C，2；彩版一一一，2）

83板H1：32，修复。钵形，敞口，斜折沿，腹较直，平底，下

刻符图片198　83板H1：35
高领鼓肩罐

刻符图片199　83板H1：51罐

刻符图片200　83板H1：52罐

刻符图片201　83板H1：45瓮

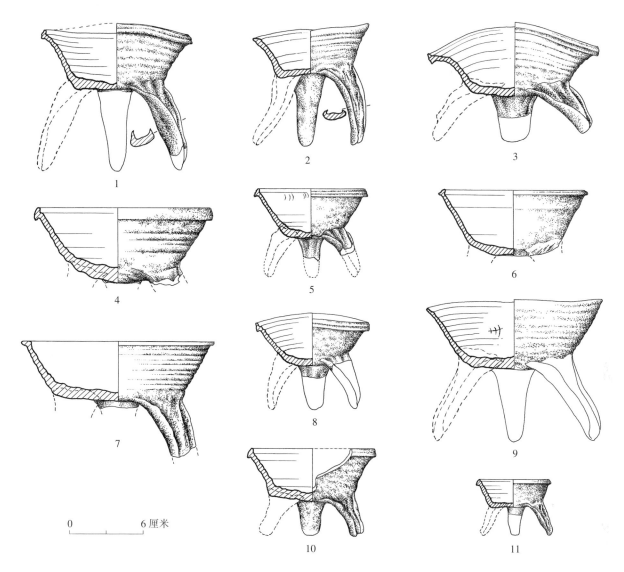

图五九C　C区·83板H1出土三足盘

1. 83板 H1:18　2. 83板 H1:16　3. 83板 H1:32　4. 83板 H1:48　5. 83板 H1:31　6. 83板 H1:40　7. 83板 H1:12　8. 83板 H1:17
9. 83板 H1:30　10. 83板 H1:54　11. 83板 H1:41

承三足，足呈长三角形、凹面。器壁见轮制痕迹，足为手制拼接。器物略有变形。口径14.2、通高8.3厘米。（图五九C，3；彩版一一一，3）

83板 H1:48，三足残。盘形，敞口，斜沿外卷，深斜腹，平底。器壁内外均有轮制痕迹。口径14.4、残高6.0厘米。（图五九C，4）

83板 H1:31，足残。钵形，敞口，斜沿外卷，深腹，腹较直，平底，下承三断足。内壁有轮制痕迹，足为手制按接。内沿下有刻符。口径8.8、残高5.6厘米。（图五九C，5；刻符图片202）

83板 H1:39，修复。盘形，敞口，尖唇，深斜腹，平底，下承三足，足呈长三角形、凹面。器面有轮制痕迹，足为手制拼接。口径12.0、通高11.5厘米。（彩版一一一，4）

83板 H1:40，三足残。盘形，敞口，方唇，斜腹，圜底。轮

刻符图片202　83板 H1:31 三足盘

制修整。口径 11.7、残高 5.3 厘米。（图五九 C，6）

83 板 H1：12，足残。盘形，敞口，平折沿，尖唇，浅斜腹，平底，下存一断足。器内有轮制痕迹，内底有鼓泡，足为手制按接。口径 16.0、残高 9.2 厘米。（图五九 C，7）

2）泥质灰陶　3 件。

83 板 H1：17，足残。钵形，敞口，尖唇，浅腹，腹较直，平底，下承三断足，足呈凹面。内壁有轮制弦纹，足为手工捏制拼接。口径 9.2、残高 5.2 厘米。（图五九 C，8）

83 板 H1：30，修复。盘形，敞口，圆唇，深斜腹，平底，下承三足，足为长三角形、凹面。器内见轮制痕迹，足为手制按接。内腹有刻符。口径 14.6、残高 5.6 厘米。（图五九 C，9；刻符图片 203；彩版一一一，5）

83 板 H1：54，足残。盘形，敞口，斜沿外卷，深斜腹，平底，下存二断足。内底轮制一组弦纹，足为手制拼接。口径 10.2、高 6.8 厘米。（图五九 C，10）

3）泥质红陶　1 件。

83 板 H1：41，修复。盘形，敛口，尖唇，斜腹，平底，下承三足，足呈长舌形、面略凹。盘身轮制修整，足为手制拼接。口径 5.8、通高 4.6 厘米。（图五九 C，11；彩版一一一，6）

（8）盘　1 件。灰硬陶。

83 板 H1：53，残。敞口，斜沿，斜腹，饼底。器内有轮制痕迹。素面。口径 8.0、高 4.0 厘米。（图五九 D，1）

（9）盔形钵　2 件。均为灰硬陶。侈口，斜沿，圜底。

83 板 H1：34，修复。尖唇，斜直腹。轮制修整。通体面饰席纹。口径 6.2、高 4.0 厘米。（图五九 D，2；彩版一一〇，3）

83 板 H1：37，修复。口外撇，腹较深，腹内弧。唇面轮制一道凹弦纹。腹部饰云雷纹，底部饰篮纹。口径 12.0、高 6.7 厘米。（图五九 D，3；彩版一一〇，4）

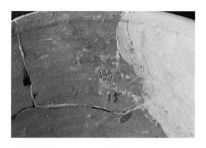

刻符图片 203　83 板 H1：30 三足盘

（10）平底钵　11 件。敛口，平底。多轮制修整。素面。

1）灰硬陶　8 件。

83 板 H1：42，完整。圆唇，浅腹。轮制修整。内沿下有刻符。口径 8.2、底径 5.7、高 4.0 厘米。（图五九 D，4；刻符图片 204；彩版一一二，1）

83 板 H1：38，修复。敛口。圆唇，深腹。轮制修整。口径 9.6、底径 5.0、高 6.0 厘米。（图五九 D，5；彩版一一二，2）

83 板 H1：21，修复。敛口，圆唇。器面及内底有轮制痕迹。内沿下有刻符。口径 11.0、底径 7.8、通高 5.4 厘米。（图五九 D，6；刻符图片 205；彩版一一二，3）

83 板 H1：33，修复。敛口，圆唇。内底轮制一组弦纹。器物稍有变形。口径 10.0、底径 6.4、高 5.4 厘米。（图五九 D，7；彩版一一二，4）

83 板 H1：43，完整。敛口，圆唇，浅腹。器壁内外轮制痕迹

刻符图片 204　83 板 H1：42 平底钵

刻符图片 205　83 板 H1：21 平底钵

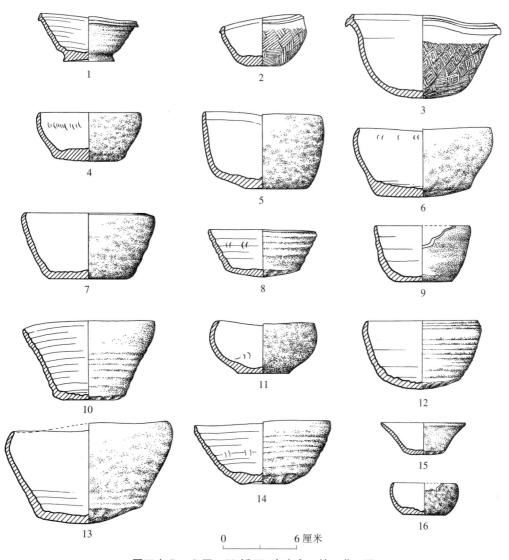

图五九 D　C区·83 板 H1 出土盘、钵、盏、盂

1. 盘 83 板 H1∶53　2. 盔形钵 83 板 H1∶34　3. 盔形钵 83 板 H1∶37　4. 平底钵 83 板 H1∶42　5. 平底钵 83 板
H1∶38　6. 平底钵 83 板 H1∶21　7. 平底钵 83 板 H1∶33　8. 平底钵 83 板 H1∶43　9. 平底钵 83 板 H1∶15　10.
平底钵 83 板 H1∶44　11. 平底钵 83 板 H1∶19　12. 平底钵 83 板 H1∶25　13. 平底钵 83 板 H1∶26　14. 平底钵
83 板 H1∶29　15. 盏 83 板 H1∶22　16. 盂 83 板 H1∶55

明显。内沿下有刻符。口径 8.7、底径 6.0、通高 3.8 厘米。（图
五九 D，8；刻符图片 206；彩版一一二，5）

　　83 板 H1∶15，口部及肩部略残。敛口，尖唇，斜腹。器壁
有轮制痕迹。口径 8.0、高 4.5 厘米。（图五九 D，9）

　　83 板 H1∶44，修复。微敛口，圆唇，深斜腹。内壁轮制一组
弦纹。口径 10.8、底径 5.8、通高 6.4 厘米。（图五九 D，10；彩
版一一二，6）

　　83 板 H1∶19，略残。敛口，尖唇，浅鼓腹。轮制修整。内腹
有刻符。口径 8.0、底径 4.3、通高 4.1 厘米。（图五九 D，11；刻
符图片 207；彩版一一三，1）

刻符图片 206　83 板 H1∶43 平底钵

刻符图片 207　83 板 H1∶19 平底钵

2）泥质红陶　1件。

83板H1:25，修复。敛口，尖唇，深圆腹。器壁有轮制痕迹。口径9.3、底径6.2、通高5.6厘米。（图五九D，12；彩版一一三，2）

3）夹砂灰陶　2件。

83板H1:26，修复。敛口，圆唇，深斜腹。内底有轮制痕迹。器物略有变形。口径12.6、底径8.4、通高8.1厘米。（图五九D，13；彩版一一三，3）

83板H1:29，修复。敛口，圆唇，浅腹。器壁有轮制痕迹，内腹上有刻符。口径11.0、底径4.0、通高5.0厘米。（图五九D，14；刻符图片208；彩版一一三，4）

（11）豆　3件。均为泥质红陶。平底，素面。

83板H1:27，修复。侈口，斜沿，长把，喇叭底座较高。把柱轮制两道凹弦纹，器上部略有变形。内沿下有刻符。口径11.7、底径9.8、通高12.2厘米。（图五九E，1；刻符图片209；彩版一一四，1）

83板H1:3，修复。敞口，平折沿，浅斜腹，喇叭底座较高。座柱轮制两道凹弦纹。内沿下有刻符。口径12.0、底径8.2、通高7.1厘米。（图五九E，2；刻符图片210；彩版一一四，2）

刻符图片208　83板H1:29平底钵

刻符图片209　83板H1:27豆

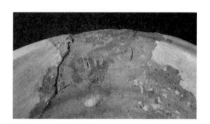

刻符图片210　83板H1:3豆

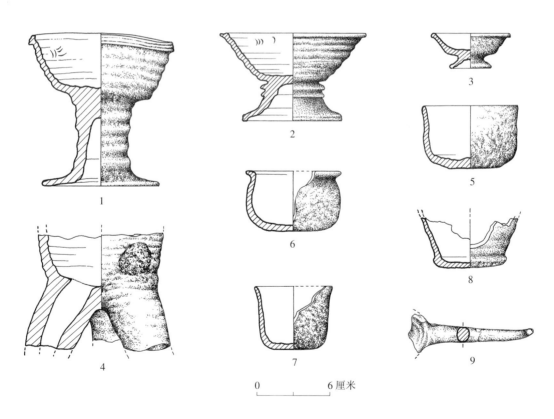

0　　　　6厘米

图五九E　C区·83板H1出土豆、斝、杯、勺

1. 豆83板H1:27　2. 豆83板H1:3　3. 豆83板H1:2　4. 斝83板H1:4　5. 杯83板H1:46　6. 杯83板H1:23
7. 杯83板H1:24　8. 杯83板H1:20　9. 勺83板H1:13

83 板 H1：2，修复。敞口，浅斜腹，下附喇叭状圈足，矮底座。轮制修整。口径6.6、足径3.4、通高2.8厘米。（图五九 E，3；彩版一一四，3）

（12）**盏**　1件。灰硬陶。

83 板 H1：22，修复。敞口，圆唇，浅斜腹，平底。轮制修整。素面。口径7.0、底径3.3、通高2.5厘米。（图五九 D，15；彩版一一三，5）

（13）**斝**　1件。灰硬陶。

83 板 H1：4，口、足残。斜腹下存一空心断足，足为圆锥形。器壁有轮制痕迹，底足手工制作、拼接成型。素面。残高9.4厘米。（图五九 E，4）

（14）**盂**　1件。泥质灰陶。

83 板 H1：55，修复。敛口，尖唇，垂弧腹，平底，器形较小。轮制修整。素面。内底有刻符。口径5.5、底径3.6、通高2.5厘米。（图五九 D，16；刻符图片211；彩版一一三，6）

刻符图片 211　83 板 H1：55 盂

（15）**杯**　4件。多轮制修整。素面。

1）泥质红陶　3件。

83 板 H1：46，修复。直口，圆唇，深直腹，平底。口径7.8、底径4.2、通高5.0厘米。（图五九 E，5；彩版一一四，4）

83 板 H1：23，修复。侈口，尖唇，垂腹，平底。口径8.0、底径4.2、通高4.8厘米。（图五九 E，6；彩版一一四，5）

83 板 H1：24，口及上腹部略残。侈口，尖唇，垂腹，平底。口径6.5、高5.0厘米。（图五九 E，7）

2）夹砂灰陶　1件。

83 板 H1：20，口及腹部略残。侈口，斜腹，圜底。内壁有轮制痕迹。底径6.0、残高3.7厘米。（图五九 E，8）

（16）**勺**　1件。泥质灰陶。

83 板 H1：13，残，仅存勺柄。圆锥形，体较长，尾部弯曲。手工制作。把径1.3、残长10.2厘米。（图五九 E，9）

（17）**纺轮**　1件。灰硬陶。

83 板 H1：1，完整。算珠形，两面平，中有一圆形穿孔，周壁中间凸起一周折棱，折棱上下斜面稍直。手工制作。素面。面径2.1、直径3.2、厚2.0厘米。（图五九 F，1；彩版一一五，1）

（18）**陶垫**　3件。蘑菇状。素面。

1）灰硬陶　1件。

83 板 H1：9，完整。垫面圆弧，圆锥形把手。面有裂痕。垫径5.8、长11.0厘米。（图五九 F，2；彩版一一五，2）

2）红硬陶　1件。

83 板 H1：7，完整。垫面隆起，圆锥形短把。手工制作。垫径5.8、长8.4厘米。（图五九 F，3；彩版一一五，3）

3）泥质灰陶　1件。

83 板 H1：8，完整。垫面隆起，圆锥形短把。把面有刮削痕迹。垫径4.7、长7.8厘米。（图

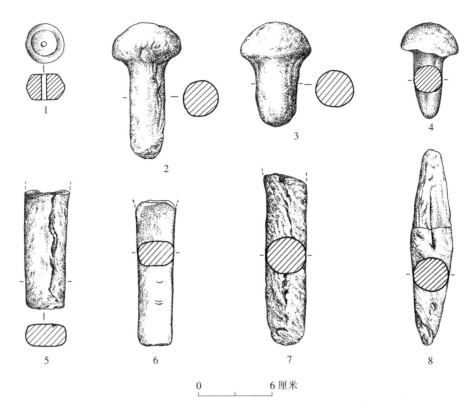

图五九 F　C 区·83 板 H1 出土纺轮、陶垫、陶拍、梭形器

1. 纺轮 83 板 H1∶1　2. 陶垫 83 板 H1∶9　3. 陶垫 83 板 H1∶7　4. 陶垫 83 板 H1∶8　5. 陶拍 83 板
H1∶6　6. 陶拍 83 板 H1∶50　7. 陶拍 83 板 H1∶10　8. 梭形器 83 板 H1∶11

五九 F，4；彩版——五，4）

（19）**陶拍**　3 件。残，仅存拍把。素面。

1）红硬陶　1 件。

83 板 H1∶6，扁长圆柱体，尾端较平。面有刮削痕迹。把宽
3.3、残长 9.6 厘米。（图五九 F，5）

2）灰硬陶　2 件。

刻符图片 212　83 板 H1∶50 陶拍

83 板 H1∶50。扁长圆柱体。手工制作。把面中段有刻符。把宽 3.0、残长 11.7 厘米。（图五
九 F，6；刻符图片 212）

83 板 H1∶10，把手长圆柱体。面有裂痕及刮削痕迹。把径 3.2、残长 14.0 厘米。（图五九 F，7）

（20）**梭形器**　1 件。泥质红陶。

83 板 H1∶11，修复。两头为圆锥体，中部弧鼓，疑为窑具。手工制作，一端中部有直凹线条
及刮削痕迹。中宽 3.5、通长 16.0 厘米。（图五九 F，8；彩版——五，5）

二　83 板 H2

83 板 H2 分布于 C I 区。位于童家河边 T1 西北部。开口于 2 层下，打破生土。平面呈不规则
椭圆形，坑口距地表 0.1～0.28 米，最大径 2.65 米，深 0.3～0.6 米。东、西壁斜收，底近平，壁
及底未见特殊加工迹象。坑内堆积浅灰色土，土质较疏松，包含烧土块、炭粒、陶片等。以夹砂
灰陶、夹砂红陶居多，纹饰主要有云雷纹、篮纹，可辨器形多为钵、釜、罐类等。（图六〇）

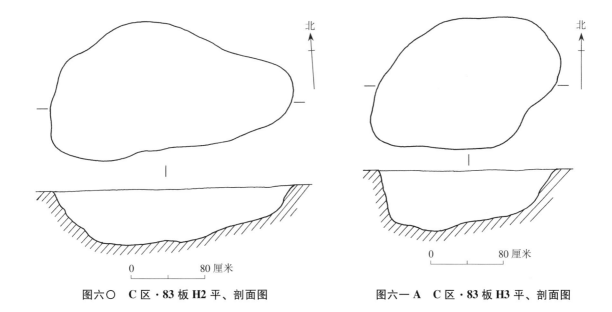

图六〇　C区·83板H2平、剖面图　　　　　图六一A　C区·83板H3平、剖面图

三　83板H3

1. 遗迹

83板H3分布于CⅠ区。位于童家河边T1西北部。开口于2层下，打破生土。平面近圆形，坑口距地表0.15~0.30米，最大径2.20米，深0.40~0.65米。东壁斜收，西壁缓慢弧收，底部略凹，壁及底未见特殊加工迹象。坑内堆积灰褐色土，土质较松软，包含烧土块、灰烬、陶片。以泥质灰陶为主，约占总数的55%，纹饰多见云雷纹、篮纹、席纹，已复原及可辨器形有钵、豆、器盖、盂、釜、陶垫等。（图六一A）

2. 小件遗物

（1）**釜**　1件。泥质红陶。

83板H3:10，腹部以下残。敛口，平折宽沿，圆唇，矮领，垂腹。口领部轮制修整，腹内有垫窝。腹部饰云雷纹。口径32.4、残高11.2厘米。（图六一B，1）

（2）**器盖**　1件。夹砂灰陶。

83板H3:3，修复。侈口，圈足纽，盖面曲弧隆起，平顶。器壁内外均见轮制痕迹。素面。口径19.4、纽径8.1、通高6.2厘米。（图六一B，2；彩版一一六，1）

（3）**平底钵**　3件。多轮制修整。敛口，圆唇，平底。素面。

1）泥质灰陶　2件。

83板H3:1，修复。深斜腹。内腹、底轮制一组弦纹，器物略有变形。口径12.2、底径8.0、高4.9厘米。（图六一B，4；彩版一一六，2）

83板H3:7，修复。浅弧腹。器壁内外均见轮制痕迹。内沿下有粗线刻符。口径9.8、高5.0厘米。（图六一B，5；刻符图片213；彩版一一六，3）

2）泥质红陶　1件。

83板H3:8，口、腹部略残。深腹。弧腹。口径15.4、高5.9厘米。（图六一B，6）

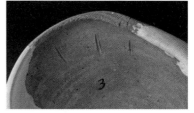

刻符图片213　83板H3:7平底钵

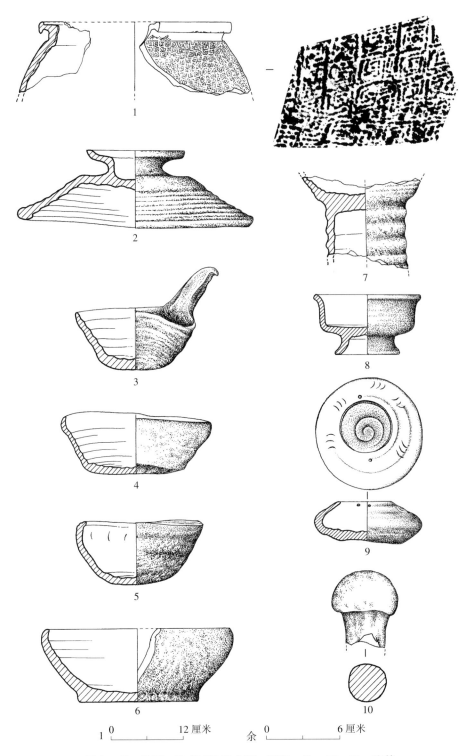

图六一B　C区·83 板 H3 出土釜、器盖、钵、豆、盂、陶垫

1. 釜 83 板 H3：10　2. 器盖 83 板 H3：3　3. 带把钵 83 板 H3：6　4. 平底钵 83 板 H3：1　5. 平底
钵 83 板 H3：7　6. 平底钵 83 板 H3：8　7. 豆 83 板 H3：9　8. 豆 83 板 H3：2　9. 盂 83 板 H3：4
10. 陶垫 83 板 H3：5

（4）**带把钵**　1件。夹砂灰陶。

83板 H3：6，修复。圜底。侈口，圆唇，口部附一长三角形鋬手、鋬顶外翻，斜腹内收。器内见轮制痕迹，整体手制拼接。素面。口径10.0、通高8.0厘米。（图六一 B，3；彩版一一六，4）

（5）**豆**　2件。素面。

1）泥质灰陶　1件。

83板 H3：9，口沿、底座下部残。浅斜腹，空心高把节状。内底有一组轮旋纹，把面轮制三道凸弦纹。残高7.0厘米。（图六一 B，7）

2）夹砂灰陶　1件。

83板 H3：2，修复。侈口，圆唇，浅直腹，平底，下附圈足，矮底座。轮制修整。口径8.6、足径5.3、通高4.8厘米。（图六一 B，8；彩版一一六，5）

（6）**盂**　1件。泥质灰陶。

83板 H3：4，修复。器形扁弧，敛口，尖唇，垂腹，平底，上腹近口部对称饰两圆形穿孔。轮制修整。素面。上腹部有五组刻符，排列不规则。口径4.3、底径5.0、高3.4厘米。（图六一 B，9；刻符图片214；彩版一一六，6）

（7）**陶垫**　1件。泥质灰陶。

83板 H3：5，把手残。蘑菇状。垫面隆起。手工制作，面有手指按捺痕迹。素面。垫径5.4、残长6.0厘米。（图六一 B，10）

刻符图片214　83板 H3：4 盂

四　83板 H4

83板 H4 分布于 C I 区。位于童家河边 T1 西北部。开口于2层下，打破生土。平面不规则，坑口距地表约0.3～0.4米，最大径2.16米，深0.45米。东高西低倾斜，东壁较直，西壁呈梯状缓坡，圜底，壁、底未见特殊加工迹象。坑内堆积灰褐色土，土质略松软，包含少量红烧土块、炭粒、碎陶片。泥质红、灰陶较多，纹饰以云雷纹、篮纹为主，可辨器形为钵、盘、罐及陶拍、陶垫等。（图六二）

五　83板 H5

83板 H5 分布于 C I 区。位于童家河道西北部。开口于1层下，打破生土。其平面形状似扇形，最大径1.95米，深0.72米。出土了少量陶片，多为夹砂灰、红陶，饰篮纹为主，可辨器形有罐、器盖、盘等。（图六三）

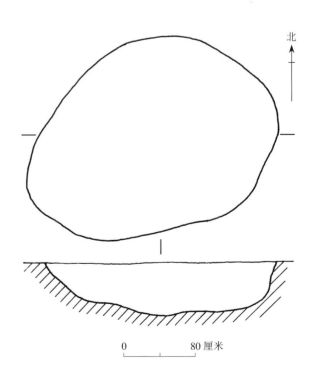

北

0　　　80厘米

图六二　C区·83板 H4 平、剖面图

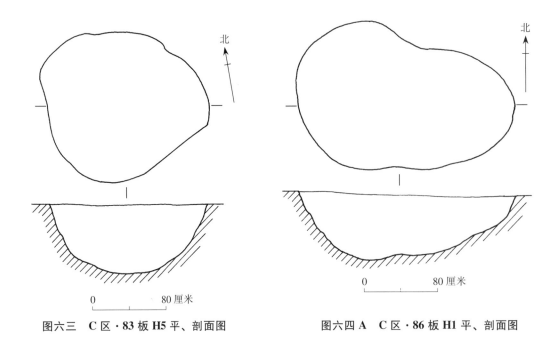

图六三　C区·83板H5平、剖面图　　　　　　图六四A　C区·86板H1平、剖面图

六　86板H1

1. 遗迹

86板H1分布于CⅠ区。位于板栗山南部、童家老河道北面。开口于1层下，打破生土。平面近椭圆形，坑口距地表约0.01~0.3米，最大径2.40米，深0.40~0.70米。坑壁内斜，圜底，壁、底未见特殊加工痕迹。坑内堆积灰褐色土，土质疏松，夹杂少量炭粒及灰烬。包含物丰富，出土石器、陶器、碎陶片及原始瓷。陶有泥质灰、红陶和夹砂灰、红陶，尤以泥质灰硬陶居多。纹饰普遍为云雷纹、篮纹、方格纹、席纹，并见少量方格填线纹及云雷纹组合。出土完整器有陶罐、钵、垫、石镞，已复原及可辨器形有罐、钵、盘、甑、釜、瓿、瓮、杯、罩、壶、甗形器等，在部分三足盘、盔形钵器体上发现有大面积积釉现象。（图六四A）

2. 小件遗物

（1）**石镞**　2件。青石质。

86板H1：60，前锋残。有铤。器呈三角形，两侧边对磨成刃，铤部两侧斜直后收为尖顶，两面脊不明显，磨制光滑。素面。残长6.0、宽2.6、厚0.3厘米。（图六四B，6；彩版一一七，1）

86板H1：61，完整。有铤。器呈长三角形，前为尖锋，一面有脊，一面平整，两侧边对磨成刃，铤部两侧斜直后收为尖顶。通体精磨。通长6.2、宽2.3、厚0.3厘米。（图六四B，7；彩版一一七，2）

（2）**甗形器**　1件。夹砂红陶。

86板H1：11，下部残。甑体侈口，斜折沿，圆唇外翻，鼓腹，底内折略翘为箅托，下连釜体残片。口部内倾变形。甑壁见轮制痕迹，釜内有垫窝。内沿下有刻符。口径26.4、残高17.6厘米。（图六四B，1；刻符图片215）

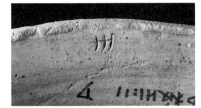

刻符图片215　86板H1：11甗形器

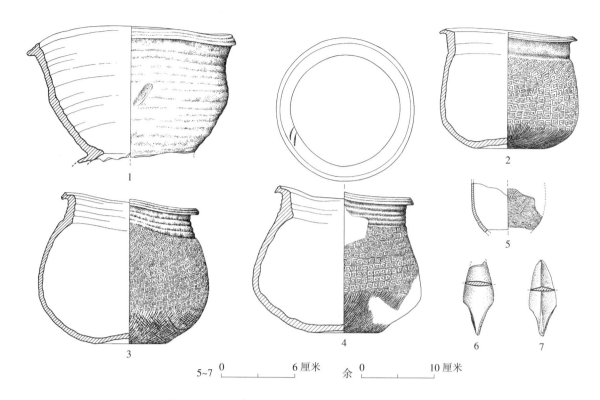

5~7 0 _____ 6厘米　余 0 _____ 10厘米

图六四 B　C区·86 板 H1 出土石镞，甑形器、釜、甑

1. 甑形器 86 板 H1：11　2. 釜 86 板 H1：3　3. 釜 86 板 H1：16　4. 釜 86 板 H1：12　5. 甑 86 板 H1：14

6. 石镞 86 板 H1：60　7. 石镞 86 板 H1：61

（3）**釜**　3 件。均为灰硬陶。矮领。腹、底内有垫窝。腹部饰云雷纹，底部饰篮纹。

86 板 H1：3，修复。直口，平折宽沿，尖圆唇，直腹，圜凹底。口领部轮制修整，唇面有三道凹弦纹。口径 17.6、底径 10.0、通高 16.0 厘米。（图六四 B，2；彩版一一七，3）

86 板 H1：12，修复。侈口，斜折沿，圆唇，垂腹，凹底。唇面轮制一组弦纹。内沿上有刻符。口径 18.0、底径 9.6、通高 19.0 厘米。（图六四 B，4；刻符图片 216；彩版一一七，4）

86 板 H1：16，修复。直口，平折宽沿，圆唇，垂腹，凹底。口领部有轮制痕迹。口径 18.0、底径 10.0、通高 19.4 厘米。（图六四 B，3；彩版一一七，5）

（4）**甑**　1 件。泥质红陶。

86 板 H1：14，残，仅存腹底残片。下部有四圆形穿孔。腹内有垫窝。面饰篮纹。残高 6.0 厘米。（图六四 B，5）

（5）**高领鼓肩罐**　6 件。斜腹，凹底，肩至底内有垫窝。腹、底部饰篮纹。

1）灰硬陶　2 件。

86 板 H1：5，修复。侈口，方唇。口领部轮制，唇面有两道凹弦纹。肩部饰席纹。内沿下有刻符。口径 10.8、底径 6.4、高 12.6 厘米。（图六四 C，1；刻符图片 217；彩版一一八，1）

86 板 H1：43，修复。直口微敛，斜折沿，方唇，口部内折变

刻符图片 216　86 板 H1：12 釜

刻符图片 217　86 板 H1：5 高领鼓肩罐

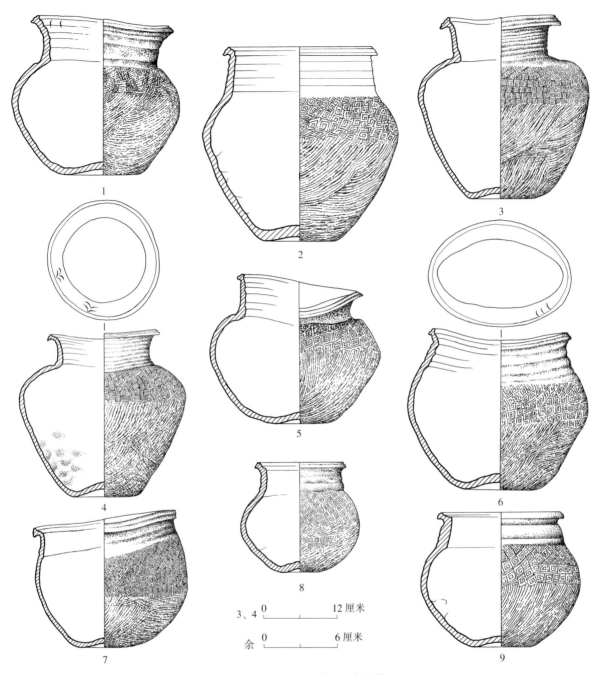

图六四 C　C 区·86 板 H1 出土罐

1. 高领鼓肩罐 86 板 H1:5　2. 高领鼓肩罐 86 板 H1:43　3. 高领鼓肩罐 86 板 H1:18　4. 高领鼓肩罐 86 板 H1:17　5. 高领鼓肩罐 86 板 H1:65　6. 高领鼓肩罐 86 板 H1:1　7. 鼓腹罐 86 板 H1:22　8. 鼓腹罐 86 板 H1:29　9. 鼓腹罐 86 板 H1:53

形。口领部轮制，内有一组细弦纹。肩部饰云雷纹。外底有刻符。口径 11.8、底径 6.0、高 15.6 厘米。（图六四 C，2；刻符图片 218；彩版一一八，2）

　　2）泥质灰陶　1 件。

　　86 板 H1:18，修复。侈口，斜折宽沿，圆唇外翻。沿面轮制两道凹弦纹。肩部饰云雷纹。口径 17.5、底径 10.5、高 29.5 厘米。

刻符图片 218　86 板 H1:43 高领鼓肩罐

（图六四 C，3；彩版一一八，3）

3）泥质红陶　3 件。

86 板 H1：17，修复。侈口，圆唇外翻。唇面轮制一组弦纹。肩部饰云雷纹、席纹组合纹。内沿下有两组刻符。口径 17.6、底径 10.9、高 26.5 厘米。（图六四 C，4；刻符图片 219；彩版一一八，4）

86 板 H1：65，修复。侈口，方唇，口部外撇变形。口领部轮制修整。肩部饰云雷纹。口径 9.5、底径 5.0、高 11.8 厘米。（图六四 C，5；彩版一一八，5）

86 板 H1：1，完整。侈口，方唇，口部内倾变形。领壁见轮制痕迹。肩部饰云雷纹。口沿上有刻符。口径 11.0、底径 6.0、高 12.0 厘米。（图六四 C，6；刻符图片 220；彩版一一八，6）

（6）鼓腹罐　3 件。矮领，溜肩，凹底。口沿部轮制修整，腹、底内壁有垫窝。肩部饰云雷纹，腹、底部饰篮纹。

1）灰硬陶　2 件。

86 板 H1：22，完整。直口，平折沿，方唇，器上部有裂痕。外腹部有刻符。口径 11.8、底径 4.6、高 10.8 厘米。（图六四 C，7；刻符图片 221；彩版一一九，1）

86 板 H1：29，修复。直口微敛，斜折沿，圆唇。口领部轮制修整，肩至底内壁有垫窝。口径 7.0、底径 3.2、高 8.8 厘米。（图六四 C，8；彩版一一九，2）

2）泥质红陶　1 件。

86 板 H1：53，修复。直口微敛，平折沿，圆唇。口领部轮制，外壁尚见轮制痕迹，肩至底内壁有垫窝。口径 9.8、底径 5.0、高 10.9 厘米。（图六四 C，9；彩版一一九，3）

刻符图片 219　86 板 H1：17 高领鼓肩罐

刻符图片 220　86 板 H1：1 高领鼓肩罐

刻符图片 221　86 板 H1：22 鼓腹罐

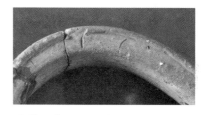

刻符图片 222　86 板 H1：66 垂腹罐

（7）垂腹罐　2 件。均为灰硬陶。矮领，溜肩，凹底。直口，肩至底内有垫窝。

86 板 H1：66，修复。平折沿，圆唇，腹部有两处内凹变形。口沿部轮制修整。肩部饰云雷纹，腹、底部饰篮纹。口沿上有刻符。口径 14.2、底径 6.6、高 15.3 厘米。（图六四 D，1；刻符图片 222；彩版一一九，4）

86 板 H1：33，修复。斜折沿，方唇。口领部轮制，沿面有一组弦纹。通体面饰篮纹。口径 11.8、底径 5.6、高 10.6 厘米。（图六四 D，2；彩版一一九，5）

（8）直腹罐　3 件。无领，圜底。口沿部有轮制痕迹，腹、底内有垫窝。

1）灰硬陶　1 件。

86 板 H1：50，完整。敛口，圆唇外卷。口部内倾变形，腹部有残片粘连。肩部饰云雷纹，腹、底部饰篮纹。口径 13.2、高 9.6 厘米。（图六四 D，4；彩版一一九，6）

2）夹砂灰陶　1 件。

86 板 H1：37，修复。直口，圆唇，深腹。通体面饰篮纹。口径 13.4、高 11.4 厘米。（图六四 D，3；彩版一二〇，1）

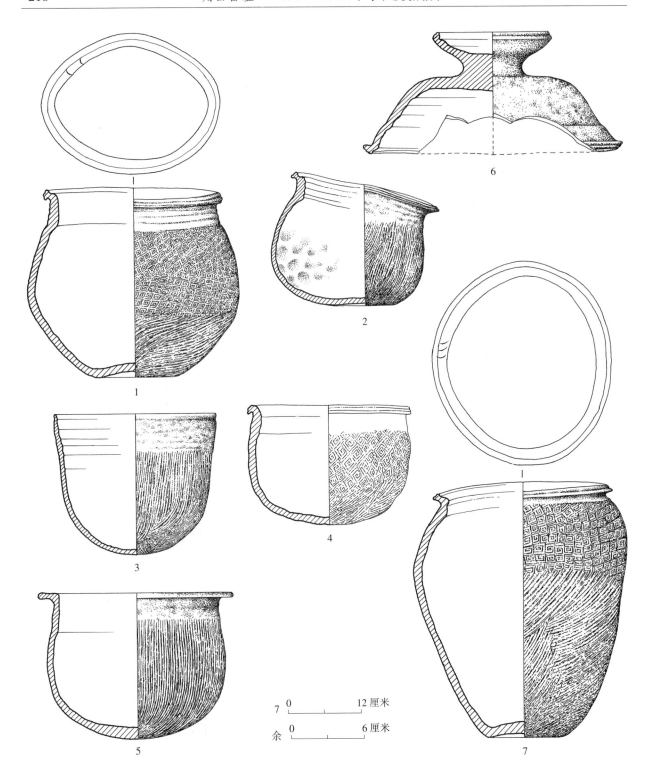

图六四 D　C 区·86 板 H1 出土罐、器盖、瓮

1. 垂腹罐 86 板 H1:66　2. 垂腹罐 86 板 H1:33　3. 直腹罐 86 板 H1:37　4. 直腹罐 86 板 H1:50　5. 直腹罐 86 板 H1:44　6. 器盖 86
板 H1:10　7. 瓮 86 板 H1:63

3）夹砂红陶　1 件。

86 板 H1:44，修复。直口，平折宽沿，圆唇。通体面饰篮纹。口径 16.2、高 11.8 厘米。（图
六四 D，5；彩版一二〇，2）

（9）**器盖**　1件。夹砂红陶。

86板H1:10，修复。侈口，浅腹斜直，圈足纽，端缘外撇，盖面隆起，平顶。沿面轮制一道凹弦纹，纽有鼓泡。口径21.0、纽径9.4、通高9.8厘米。（图六四D，6；彩版一二〇，3）

（10）**瓮**　1件。灰硬陶。

86板H1:63，修复。敛口，平折宽沿，圆唇外翻，鼓肩，斜腹，凹底。口沿轮制修整，肩至底内见陶垫按压痕迹。肩部饰云雷纹，腹、底部饰篮纹。器物略有变形。沿面有刻符。口径28.2、底径12.5、通高41.0厘米。（图六四D，7；刻符图片223；彩版一二〇，4）

（11）**三足盘**　14件。钵形，敞口，腹较直，多平底，足呈长三角形。足为手制拼接。

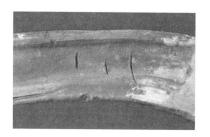

刻符图片223　86板H1:63瓮

1）灰硬陶　12件。

86板H1:8，修复。圆唇微外卷，浅腹，平底，下承三足，足内折成凹槽状。唇部轮制两道凹弦纹，外壁修抹。素面。内沿下有刻符。口径12.2、通高14.4厘米。（图六四E，1；刻符图片224；彩版一二一，1）

86板H1:32，修复。圆唇，平底，下承三足，足面略凹。器壁内外尚见轮制痕迹。口径13.4、残高8.5厘米。（图六四E，2；彩版一二一，2）

刻符图片224　86板H1:8三足盘

86板H1:45，修复。方唇，平底下凸，下承三足，足面略凹。器壁内外尚见轮制痕迹。口径13.6、通高12.4厘米。（图六四E，3；彩版一二一，3）

86板H1:40，修复。圆唇，平底，下承三足，足凹面、外撇。器内有轮旋纹。素面。内腹有刻符。口径11.0、通高10.5厘米。（图六四E，4；刻符图片225；彩版一二一，4）

刻符图片225　86板H1:40三足盘

86板H1:20，修复。圆唇，平底，下承三足，足凹面，一足内折变形。器壁见轮制痕迹。内沿下有刻符，外底有粗线刻符。口径13.6、通高12.0厘米。（图六四E，5；刻符图片226、227；彩版一二一，5）

86板H1:54，修复。尖圆唇，平底，下承三足，足内折成凹槽状。器壁见轮制痕迹。口径10.5、通高10.2厘米。（图六四E，6；彩版一二一，6）

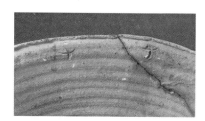

刻符图片226　86板H1:20三足盘

86板H1:62，复原。圆唇，浅腹，平底，下承三足，足内折成凹槽状，一足上部饰一乳钉。器壁有轮弦纹，乳钉手制拼接。器面及内外底有褐色积釉。口径16.4、通高15.7厘米。（图六四E，7；彩版一二二，1）

86板H1:34，修复。方唇，平底，下承三足，足面略凹。器壁内外尚见轮制痕迹。口径11.0、通高11.7厘米。（图六四E，8；彩版一二二，2）

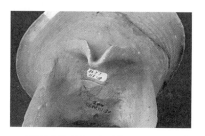

刻符图片227　86板H1:20三足盘

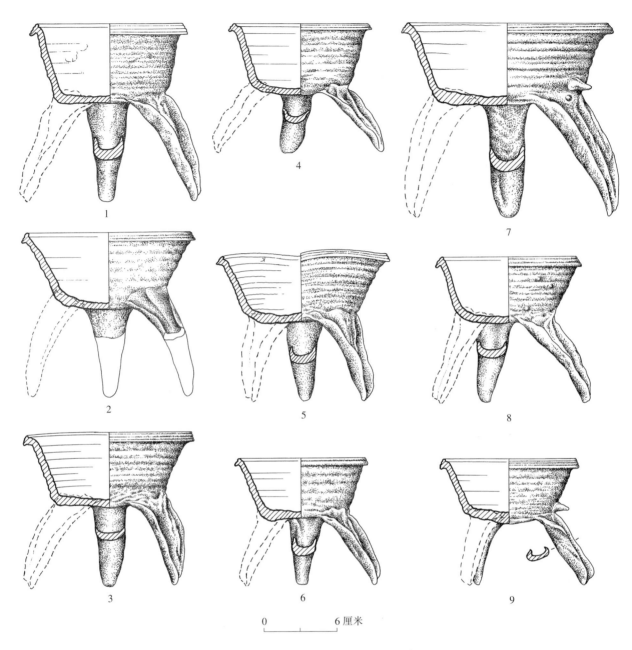

0　　　　　　6厘米

图六四 E　C 区·86 板 H1 出土三足盘

1.86 板 H1:8　2.86 板 H1:32　3.86 板 H1:45　4.86 板 H1:40　5.86 板 H1:20　6.86 板 H1:54　7.86 板 H1:62　8.86 板 H1:34
9.86 板 H1:19

　　86 板 H1:19，修复。方唇，平底，下承三足内折成凹槽状，一足上部饰一乳钉。器壁内外有轮旋纹。口径 11.0、通高 10.2 厘米。（图六四 E，9；彩版一二二，3）

　　86 板 H1:41，修复。圆唇，平底，下承三足，足内折成凹槽状。器壁内外有轮旋纹。外底有刻符。口径 12.6、通高 12.5 厘米。（图六四 F，1；刻符图片 228；彩版一二二，4）

　　86 板 H1:24，修复。方唇，平底，下承三足，足凹面。内壁有一组轮制弦纹，外壁修抹。素面。口径 9.2、通高 9.6 厘米。（图六四 F，2；彩版一二二，5）

刻符图片 228　86 板 H1:41 三足盘

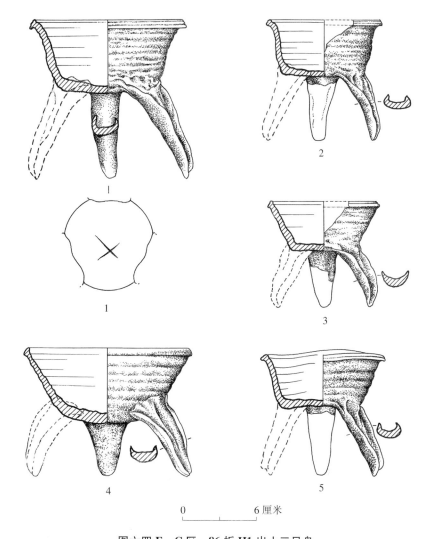

图六四F　C区·86板H1出土三足盘

1.86板H1:41　2.86板H1:24　3.86板H1:21　4.86板H1:23　5.86板H1:30

86板H1:21，修复。方唇，平底，下承三足，足凹面。外底部分有积釉。内壁尚见轮旋纹，外壁修抹。素面。口径8.9、通高8.4厘米。（图六四F，3；彩版一二二，6）

2）泥质黄陶　1件。

86板H1:23，修复。圆唇，平底下凹，下承三足，足面略凹。盘身轮制修整。口径13.2、通高10.3厘米。内沿下有刻符。（图六四F，4；刻符图片229；彩版一二三，1）

3）泥质红陶　1件。

86板H1:30，修复。圆唇，平底，下承三足，足内折成凹槽状。器内有轮旋纹。素面。内腹有刻符。口径10.0、通高10.0厘米。（图六四F，5；刻符图片230；彩版一二三，2）

（12）盔形钵　10件。圜底。

1）原始瓷　1件。

86板H1:49，修复。侈口，圆唇微敛，斜直腹，器腹内折变形。口沿轮制。腹部饰云雷纹，底部饰篮纹。器内外多处有积釉。

刻符图片229　86板H1:23三足盘

刻符图片230　86板H1:30三足盘

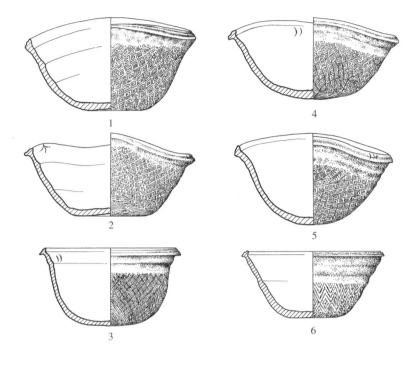
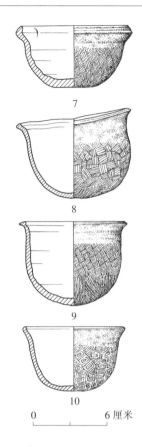

图六四 G　C 区 · 86 板 H1 出土盔形钵

1. 86 板 H1：49　2. 86 板 H1：2　3. 86 板 H1：4　4. 86 板 H1：42　5. 86 板 H1：55
6. 86 板 H1：27　7. 86 板 H1：51　8. 86 板 H1：26　9. 86 板 H1：35　10. 86 板 H1：48

0 　　　　　6 厘米

口径 13.5、高 7.4 厘米。（图六四 G，1；彩版一二四，1）

2）灰硬陶　8 件。

86 板 H1：2，完整。侈口，方唇，斜直腹，口腹内折变形。沿面轮制两道腹凸弦纹，腹、底内有垫窝。腹部饰云雷纹，底部饰篮纹。内沿下有刻符。口径 13.2、高 6.6 厘米。（图六四 G，2；刻符图片 231；彩版一二四，2）

86 板 H1：4，修复。侈口，圆唇内敛，斜直腹。唇面轮制一组凹弦纹。腹部饰云雷纹，底部饰篮纹。内沿下有刻符。口径 10.8、高 6.3 厘米。（图六四 G，3；刻符图片 232；彩版一二四，3）

86 板 H1：42，完整。侈口，斜直腹。方唇，口部内折变形。口沿部轮制修整。腹部饰云雷纹，底部饰篮纹。内沿下有刻符。口径 13.4、高 6.5 厘米。（图六四 G，4；刻符图片 233；彩版一二四，4）

86 板 H1：55，完整。侈口，斜直腹。方唇，口部人为内折成凹状流口。口沿轮制修整。通体面饰云雷纹。唇面有刻符。口径 12.4、高 7.2 厘米。（图六四 G，5；刻符图片 234；彩版一二四，5）

86 板 H1：27，修复。侈口，口外撇，方唇，腹内弧。外壁有轮旋痕。腹部饰席纹，底部饰篮纹。口径 11.0、高 5.4 厘米。（图六四 G，6；彩版一二四，6）

刻符图片 231　86 板 H1：2 盔形钵

刻符图片 232　86 板 H1：4 盔形钵

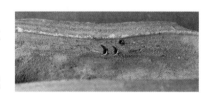

刻符图片 233　86 板 H1：42 盔形钵

刻符图片 234　86 板 H1：55 盔形钵

86板H1：51，修复。侈口，圆唇，斜直腹。唇面轮制一组凹弦纹。腹部饰席纹，底部饰篮纹。内沿下有刻符。口径8.8、高5.0厘米。（图六四G，7；刻符图片235；彩版一二五，1）

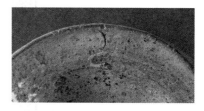

刻符图片235　86板H1：51盔形钵

86板H1：26，修复。侈口，口外撇，方唇，腹内弧，深腹。唇面轮制一道凹弦纹，腹内壁有垫窝。腹部饰席纹，底部饰篮纹。口径9.0、高6.6厘米。（图六四G，8；彩版一二五，2）

86板H1：35，修复。侈口，口外撇，方唇，腹内弧，深腹。口沿轮制修整，腹内壁有拍印垫窝。腹部饰云雷纹，底部饰篮纹。口径8.4、高6.8厘米。（图六四G，9；彩版一二五，3）

3）泥质红陶　1件。

86板H1：48，修复。侈口，口外撇，方唇，腹内弧，深腹。口沿部轮制修整，腹内壁有垫窝。腹部饰云雷纹，底部饰篮纹。口径8.0、高5.2厘米。（图六四G，10；彩版一二五，4）

（13）**平底钵**　8件。多有轮制痕迹。

1）灰硬陶　4件。

86板H1：59，修复。微侈口，圆唇，斜腹，平底，外腹中部等距对饰两乳钉，器口略有变形。外壁有轮制痕迹。口径10.0、底径5.7、高4.9厘米。（图六四H，3；彩版一二五，5）

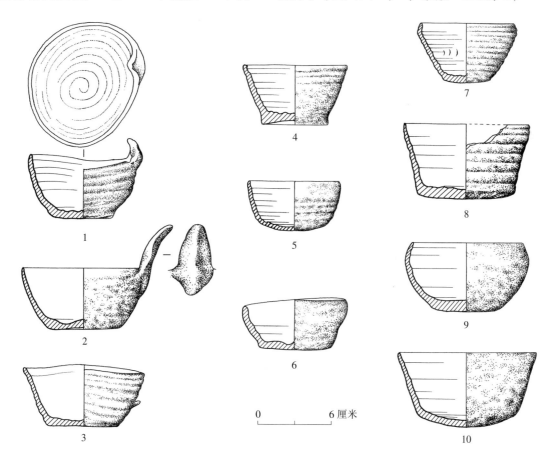

图六四H　C区·86板H1出土钵

1. 带把钵86板H1：36　2. 带把钵86板H1：6　3. 平底钵86板H1：59　4. 平底钵86板H1：39　5. 平底钵86板H1：47　6. 平底钵86板H1：38　7. 平底钵86板H1：15　8. 平底钵86板H1：7　9. 平底钵86板H1：28　10. 平底钵86板H1：31

86板 H1：39，修复。微侈口，圆唇，斜腹，平底微凹。内壁有轮弦纹，外壁修抹。素面。口径8.4、底径5.4、通高4.8厘米。（图六四 H，4；彩版一二五，6）

86板 H1：47，修复。敛口，尖唇，内弧腹，平底。器壁较薄。器内见轮制痕迹。素面。口径7.3、底径2.5、通高4.0厘米。（图六四 H，5；彩版一二六，1）

86板 H1：38，修复。侈口，圆唇，浅斜腹，平底。胎体较厚，内壁尚见轮制痕迹。素面。口径8.3、底径5.8、通高4.2厘米。（图六四 H，6；彩版一二六，2）

2）泥质灰陶　2件。

86板 H1：15，修复。敛口，圆唇内折，深斜腹，平底。器壁有轮制痕迹。内腹有刻符。口径7.7、底径4.0、通高4.8厘米。（图六四 H，7；刻符图片236；彩版一二六，3）

刻符图片236　86板 H1：15 平底钵

86板 H1：7，修复。微侈口，圆唇，斜腹，平底，口沿内折变形。外壁有轮制痕迹。外底有刻符。口径10.3、底径8.0、通高6.0厘米。（图六四 H，8；刻符图片237；彩版一二六，4）

3）泥质红陶　1件。

86板 H1：28，修复。敛口，圆唇，浅圆腹，平底。轮制修整。素面。口径9.1、底径5.2、通高5.6厘米。（图六四 H，9；彩版一二六，5）

4）夹砂红陶　1件。

86板 H1：31，修复。微侈口，圆唇，斜腹，平底。外壁尚见轮制痕迹。口径11.5、底径7.6、通高6.0厘米。（图六四 H，10；彩版一二六，6）

刻符图片237　86板 H1：7 平底钵

（14）**带把钵**　2件。圆唇，平底。器壁有轮制痕迹，把为手制按接。

1）灰硬陶　1件。

86板 H1：36，修复。微侈口，口部附一三角形把手，把体内折、较矮，圆腹。口径8.6、底径5.2、通高6.4厘米。（图六四 H，1；彩版一二三，3）

2）夹砂红陶　1件。

86板 H1：6，修复。侈口，口部附一舌形把手，把顶部稍外翻、宽长，斜腹。口径9.6、底径5.8、通高8.4厘米。（图六四 H，2；彩版一二三，4）

（15）**豆**　1件。灰硬陶。

86板 H1：46，修复。矮底座。敞口，方唇，斜腹，内弧底，圈足。内壁有轮制痕迹，外壁修抹。素面。口径12.5、足径6.5、通高6.2厘米。（图六四 I，1；彩版一二〇，5）

（16）**斝**　1件。灰硬陶。

86板 H1：57，修复。侈口，圆唇，浅斜腹，内凹底，下承三圆锥形足，腹部附一舌形鋬手，鋬体横立微翘。器壁有轮制痕迹，鋬手及三足手制拼接成型。口径7.0、通高7.7厘米。（图六四 I，2；彩版一一七，6）

（17）**壶**　3件。无流。圆唇，鼓肩，凹底。口领部见轮制痕迹，肩至底内有垫窝。通体面饰篮纹。

1）泥质红陶　2件。

图六四Ⅰ　C区・86 板 H1 出土豆、斝、壶、杯、觚、陶垫

1. 豆 86 板 H1：46　2. 斝 86 板 H1：57　3. 壶 86 板 H1：25　4. 壶 86 板 H1：64　5. 壶 86 板 H1：52　6. 杯 86 板 H1：56　7. 觚 86 板 H1：58　8. 陶垫 86 板 H1：13　9. 觚 86 板 H1：9

　　86 板 H1：25，修复。敛口，微束颈，斜腹。口径 9.2、底径 3.7、高 10.7 厘米。（图六四Ⅰ，3；彩版一二七，1）

　　86 板 H1：64，修复。侈口，微束颈，圆腹。口沿上有一刻符。口径 12.2、底径 6.4、高 11.8 厘米。（图六四Ⅰ，4；刻符图片 238；彩版一二七，2）

　　2）夹砂灰陶　1 件。

　　86 板 H1：52，修复。侈口，微束颈，圆腹，肩部附一宽扁圆形把手。把手为手制拼接成型。口径 9.3、底径 5.0、高 9.6 厘米。（图六四Ⅰ，5；彩版一二七，3）

　　（18）**杯**　1 件。泥质灰陶。

　　86 板 H1：56，修复。带把。侈口，圆唇，浅斜腹，平底，腹部附一兽角状把手。壁内见轮制痕迹，把手系手制按接成型。素面。内腹有刻符。口径 7.0、底径 5.0、高 3.6 厘米。（图六四Ⅰ，6；刻符图片 239；彩版一二七，4）

　　（19）**觚**　2 件。均为泥质灰陶。

　　86 板 H1：58，修复。喇叭形，侈口，弧腹，外腹有一周凸棱，束腰，饼形足。外腹中部轮制

刻符图片 238　86 板 H1：64 壶

刻符图片 239　86 板 H1：56 杯

一道凹弦纹。口径5.2、底径3.2、通高5.2厘米。（图六四 I，7；彩版一二七，5）

86板 H1：9，上部残。中为圆筒形把柱，饼形底。器面有轮弦纹。底径5.6、残高9.6厘米。（图六四 I，9）

刻符图片240　86板 H1：13 陶垫

（20）**陶垫**　1件。泥质灰陶。

86板 H1：13，完整。圆锥状，垫径较小，垫面平整，长锥形把手。手工制作，把面凹凸不平。素面。把中段有刻符。垫径3.0、长8.6厘米。（图六四 I，8；刻符图片240；彩版一二七，6）

七　H7

1. 遗迹

H7分布于 C Ⅲ 区，位于 T4321 北部。开口于1层下，打破生土。坑口距地表0.15米，平面近似长方形。坑口长2.4米，宽1米，坑深0.34～0.47米。斜壁略弧，近平底，西部略凹，壁及底未见加工痕迹。坑内堆积灰褐色土并夹杂少量黄土，土质松软。包含物丰富，出土大量陶片和可复原陶器。有夹砂灰、红陶和泥质灰、红陶，以夹砂红陶、夹砂灰陶居多，分别占48.06% 和27.92%。纹饰有云雷纹、篮纹、方格纹、云雷篮纹组合，以篮纹和云雷纹为主，分别占42.50%、16.30%，素面占38.87%。已复原和可辨器物有陶罐、尊、钵、罕、三足盘等，完整器有陶垫、陶拍、网坠，并有少量石镞。（图六五 A）

2. 小件遗物

（1）**石镞**　2件。磨制光滑。青石质。

2000YJH7：9，完整。有铤。器身呈三角形，镞身一面有脊，两侧磨制薄刃，扁三角形铤。长4.3、宽1.8、厚0.4厘米。（图六五 B，1；彩版一二八，1）

2000YJH7：5，残。无铤。仅存器身中部，扁平状，两侧磨成弧刃，刃薄锐利。残长1.9、宽2.5、厚0.5厘米。（图六五 B，2；彩版一二八，2）

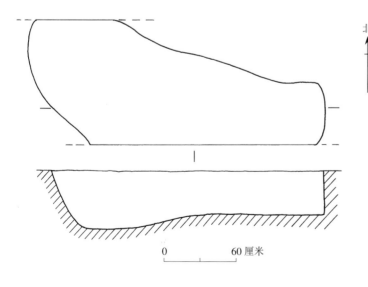

0　　　　　60厘米

图六五 A　C区·H7 平、剖面图

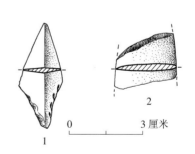

北

0　　　3厘米

图六五 B　C区·H7 出土石镞

1. 2000YJH7：9　2. 2000YJH7：5

图六五 C　C区·H7 出土甑、罐

1. 甑 2000YJH7∶8　2. 矮领鼓肩罐 2000YJH7∶26　3. 矮领鼓肩罐 2000YJH7∶13　4. 直腹罐 2000YJH7∶38

5. 直腹罐 2000YJH7∶10　6. 直腹罐 2000YJH7∶49

（2）**甑**　1 件。泥质红陶。

2000YJH7∶8，修复。敛口，圆唇，束颈，浅腹，腹弧内收，圜底，口径大于腹径，底穿七圆孔。口颈部轮制修整，腹内壁有垫压印迹。腹部饰云雷纹，底部饰篮纹。口径 14.6、高 10.8 厘米。（图六五 C，1；彩版一二八，3）

（3）**矮领鼓肩罐**　2 件。斜腹，凹底。口领部轮制，肩至底内壁有陶垫按压印迹。肩部饰云雷纹，腹底部饰篮纹。

1）灰硬陶　1 件。

2000YJH7：26，略残。直口微敛，平折沿。沿上有刻符。口径11.0、底径5.8、高15.1厘米。（图六五C，2；刻符图片241）

2）夹砂红陶　1件。

2000YJH7：13，完整。侈口，尖唇。内沿下有刻符。口径10.8、底径6.0、通高12.6厘米。（图六五C，3；刻符图片242；彩版一二九，1）

（4）**直腹罐**　3件。无领，侈口，圜底。腹内有陶垫按压印迹（或垫窝），口沿部有轮制痕迹。

1）灰硬陶　2件。

2000YJH7：38，修复。宽沿平折，尖唇。底内亦有垫窝。通体面饰篮纹。口径19.2、腹径15.6、高10.2厘米。（图六五C，4；彩版一二九，2）

2000YJH7：10，修复。尖唇。内底有拍印垫窝。腹部饰篮纹。口径16.8、腹径14.0、高11.0厘米。（图六五C，5；彩版一二九，3）

2）夹砂红陶　1件。

2000YJH7：49，底残。尖圆唇。腹部饰云雷纹。内沿有刻符。口径18.8、残高9.3厘米。（图六五C，6；刻符图片243）

（5）**三足盘**　5件。均为灰硬陶。

2000YJH7：43，足尖略残。钵形，敞口，尖唇，腹较直，平底，下附三足，足面呈三角形。器壁及内底轮制，三足为手工捏制拼接。素面。内沿下有刻符。口径8.0、残高5.6厘米。（图六五D，1；刻符图片244）

2000YJH7：11，足尖残。钵形，敞口，尖唇，腹较直，平底，下附三足，足为凹面三角形。器壁及内底轮制，三足为手工捏制拼接。素面。口径8.0、残高5.3厘米。（图六五D，2）

2000YJH7：50，残，仅存一足。长三角形，面略凹，顶部较宽、厚，尖部较细薄。口径9.2、残高6.3厘米。

2000YJH7：31，足尖残。盘形，敞口，浅斜腹，底近平，下附三足，足面呈长三角形。腹内尚见轮制痕迹，三足为手工捏制拼接。素面。口径6.6、通高5.1厘米。（图六五D，3；彩版一二九，5）

2000YJH7：53，修复。钵形，侈口，圆唇外翻，腹较直，平底，下附三足，足为凹面三角形。内腹、底有轮旋纹，外底有旋削痕迹，足为手工捏制拼接。素面。口径12.7、通高11.9厘米。（图六五D，4；彩版一二九，4）

（6）**豆**　1件。红硬陶。

2000YJH7：19，修复。敞口，圆唇内敛，浅斜腹，平底，喇叭底座较高。器壁及座面均有轮制痕迹。素面。内沿下有刻符。口径13.4、底径9.0、通高10.7厘米。（图六五D，5；刻符图片245；彩版一二八，4）

刻符图片241　2000YJH7：26矮领鼓肩罐

刻符图片242　2000YJH7：13矮领鼓肩罐

刻符图片243　2000YJH7：49直腹罐

刻符图片244　2000YJH7：43三足盘

刻符图片245　2000YJH7：19豆

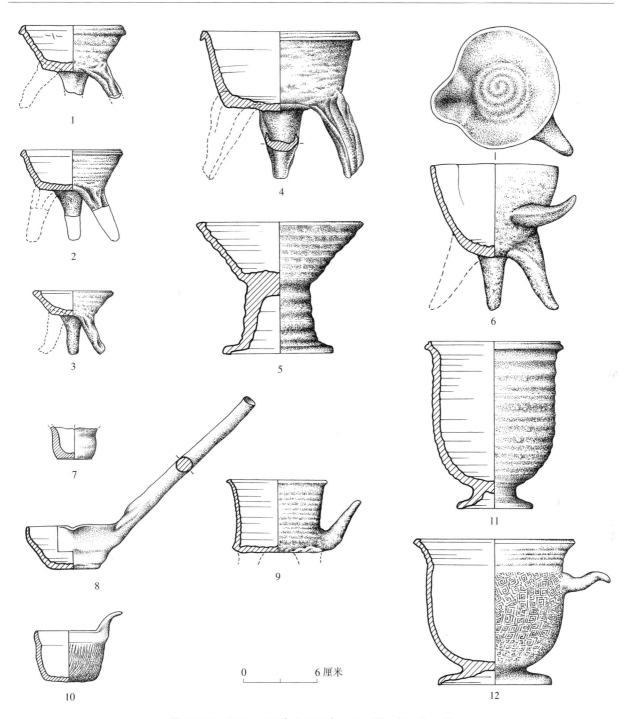

图六五D　C区·H7出土三足盘、豆、鬶、杯、勺、尊

1. 三足盘 2000YJH7：43　2. 三足盘 2000YJH7：11　3. 三足盘 2000YJH7：31　4. 三足盘 2000YJH7：53　5. 豆 2000YJH7：19　6. 鬶 2000YJH7：1　7. 杯 2000YJH7：52　8. 勺 2000YJH7：20　9. 鬶 2000YJH7：4　10. 带把杯 2000YJH7：14　11. 尊 2000YJH7：7　12. 尊 2000YJH7：18

（7）鬶　2件。均为夹砂灰陶。凹形流。素面。

2000YJH7：1，修复。侈口，圆唇，斜腹较浅，口部有一凹形流，外腹下部附一鋬手，鋬体残，平底，下承三足，足外撇。器壁见轮制痕迹，三足捏制拼接。口径10.6、通高11.8厘米。（图六五D，6；彩版一二八，5）

2000YJH7：4，三足残。侈口，尖唇，斜腹，腹较浅，腹底附一近三角形錾手，錾手上折外翘，平底。腹内有一组轮弦纹，外壁修抹，外底有削修痕迹。口径8.3、残高5.8厘米。（图六五D，9）

（8）杯　1件。夹砂红陶。

2000YJH7：52，口残。直腹，平底，腹壁较厚。腹内有轮制痕迹。素面。底径2.8、残高2.5厘米。（图六五D，7）

（9）带把杯　1件。夹砂灰陶。

2000YJH7：14，修复。侈口，尖圆唇，斜腹，平底，口部附一三角形把手，把身向上外翻。腹内有陶垫按压印迹。腹、底部饰篮纹。口径5.3、底径4.0、通高5.6厘米。（图六五D，10；彩版一三〇，1）

（10）勺　1件。灰硬陶。

2000YJH7：20，修复。体作杯形，直口微敛，凹形流口，深斜腹，平底，柄为圆柱状，柄身较长、斜翘。口径7.2、勺高3.6、把长15.0厘米。（图六五D，8；彩版一三〇，3）

（11）尊　2件。侈口，斜腹。

1）红硬陶　1件。

2000YJH7：7，修复。尖唇，矮领，深腹，内弧底，圈足。领腹间饰一道凸弦纹，器壁尚见轮制痕迹。素面。口径11.0、底径6.3、通高13.6厘米。（图六五D，11；彩版一三〇，4）

2）灰硬陶　1件。

2000YJH7：18，修复。尖唇内敛，底附圈足，上腹部附一三角形錾手，錾体弯曲。口沿部及圈足尚见轮旋修整痕迹，腹内壁有垫窝，錾手系捏制后拼接。腹部饰云雷纹。器物烧制变形。内沿下有刻符。口径13.2、底径9.5、通高11.7厘米。（图六五D，12；刻符图片246；彩版一三〇，5）

刻符图片246　2000YJH7：18 尊

（12）盆　1件。灰硬陶。

2000YJH7：12，修复。敛口，浅斜腹，平底，口沿部附一三角形錾手，錾体朝上外翻。器身通体可见轮旋纹，錾手捏制拼接。素面。内沿下有刻符。口径11.4、底径6.2、通高5.6厘米。（图六五E，1；刻符图片247；彩版一三〇，2）

刻符图片247　2000YJH7：12 盆

（13）平底钵　9件。敛口，平底。素面。器物上多见轮旋纹。

1）灰硬陶　8件。

2000YJH7：34，修复。尖唇，深斜腹，器壁内外均见轮旋纹，外底有旋削痕迹。内沿下有刻符。口径13.0、底径9.2、高6.7厘米。（图六五E，2；刻符图片248；彩版一三一，1）

2000YJH7：37，底略残。尖唇，深腹，腹壁上端弧内卷，下端斜内收。轮制修整。口径11.6、残高6.5厘米。（图六五E，5）

2000YJH7：2，修复。尖圆唇，深斜腹。器壁及内底均见轮旋纹，外底有旋削痕迹。器物烧制变形。口径11.0、底径7.5、高5.6厘米。（图六五E，6；彩版一三一，2）

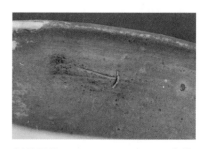

刻符图片248　2000YJH7：34 平底钵

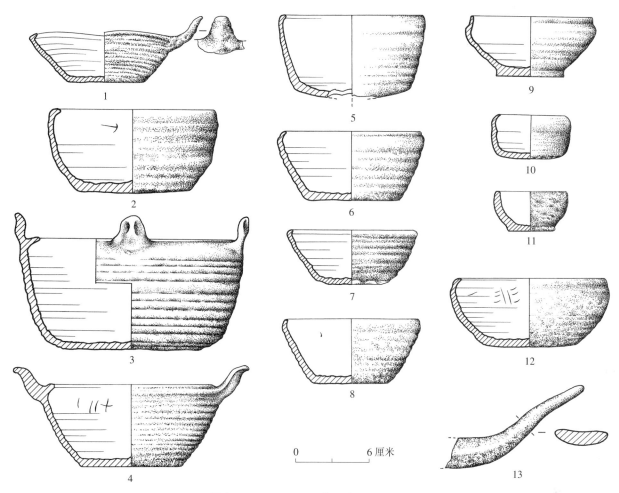

图六五 E　C 区·H7 出土盆、钵、把手

1. 盆 2000YJH7：12　2. 平底钵 2000YJH7：34　3. 带把钵 2000YJH7：27　4. 带把钵 2000YJH7：33　5. 平底钵 2000YJH7：37　6. 平底钵 2000YJH7：2　7. 平底钵 2000YJH7：55　8. 平底钵 2000YJH7：15　9. 平底钵 2000YJH7：35　10. 平底钵 2000YJH7：41　11. 平底钵 2000YJH7：3　12. 平底钵 2000YJH7：32　13. 把手 2000YJH7：51

2000YJH7：55，修复。尖唇，深斜腹。器壁内外有轮制痕迹。内沿下有刻符。口径 10.0、底径 4.5、高 4.4 厘米。（图六五 E，7；刻符图片 249；彩版一三一，3）

2000YJH7：15，修复。尖唇，浅腹，腹壁上端弧内卷，下端斜内收。器壁内外有轮旋痕，外底有削修痕迹。外沿上和内沿下均有刻符。口径 11.0、底径 6.2、高 5.2 厘米。（图六五 E，8；刻符图片 250；彩版一三一，4）

2000YJH7：35，修复。尖圆唇，浅腹，腹壁上端弧内卷，下端斜内收。腹内有轮旋痕。口径 10.0、底径 5.6、高 4.9 厘米。（图六五 E，9；彩版一三一，5）

2000YJH7：41，修复。圆唇，浅弧腹。内腹有一组轮旋纹，外底见削修痕迹。口径 5.5、底径 4.6、高 3.6 厘米。（图六五 E，10；彩版一三一，6）

刻符图片 249　2000YJH7：55 平底钵

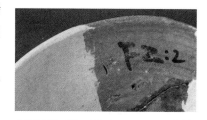

刻符图片 250　2000YJH7：15 平底钵

2000YJH7：3，修复。微敛口，圆唇，浅斜腹。腹部尚见轮制痕迹。口径5.8、底径3.8、高3.2厘米。（图六五E，11；彩版一三二，1）

2）泥质红陶　1件。

2000YJH7：32，完整。圆唇，深腹，腹壁上端弧内卷，下斜腹。内腹尚见轮旋纹，外底有旋削痕迹，内沿下有刻符。口径12.0、底径7.5、高5.5厘米。（图六五E，12；刻符图片251；彩版一三二，2）

刻符图片251　2000YJH7：32 平底钵

（14）带把钵　2件。均为灰硬陶。矮把。敛口，圆唇，平底。

2000YJH7：27，修复。斜腹，沿上等距附四个三角形把手，把尖向上、略外弯。器内有轮弦纹，把手捏制拼接。素面。内腹有刻符。口径17.8、底径12.0、通高11.0厘米。（图六五E，3；刻符图片252；彩版一三二，3）

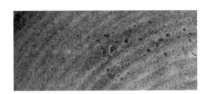

刻符图片252　2000YJH7：27 带把钵

2000YJH7：33，修复。外沿部附二錾手，錾面呈三角形，斜体外翘。器壁及内底各有一组轮制弦纹，外底有旋削痕迹。器物烧制变形。内沿下有刻符。口径13.0、底径8.4、通高8.3厘米。（图六五E，4；刻符图片253；彩版一三二，4）

刻符图片253　2000YJH7：33 带把钵

（15）把手　1件。夹砂红陶。

2000YJH7：51，残。把面呈三角形，中部略弧，底边残缺成弧刃状。把面有压印、刮削痕迹。素面。长12.3厘米。（图六五E，13）

（16）环　2件。均为灰硬陶。圆圈状，泥条盘接成型。

2000YJH7：6，完整。口尾部相交处捏压成扁尖状。环径3.2、高4.0厘米。（图六五F，1；彩版一三三，1）

2000YJH7：17，修复。口尾部相交处捏压成乳钉状。环径3.2、高4.4厘米。（图六五F，2；彩版一三三，1）

（17）网坠　15件。均为灰硬陶。

2000YJH7：21、22、23、24、25、28、29、30、36、40、44、45、47、48、54，完整。圆柱形，两侧各刻两道横向凹槽，中部加刻一道横向凹槽，一端较圆，一端稍平。素面。长1.2~1.8、宽0.7~1.4、厚0.8~1.3厘米。（图六五F，3~16；彩版一三二，5、6）

（18）陶垫　2件。蘑菇状。垫面隆起，把手呈圆锥状。素面。

1）红硬陶　1件。

2000YJH7：39，完整。垫径5.6、长10.2厘米。（图六五F，17；彩版一三三，2）

2）灰硬陶　1件。

2000YJH7：46，修复。垫径6.2、长11.2厘米。（图六五F，18；彩版一三三，3）

（19）陶拍　2件。

1）泥质红硬陶　1件。

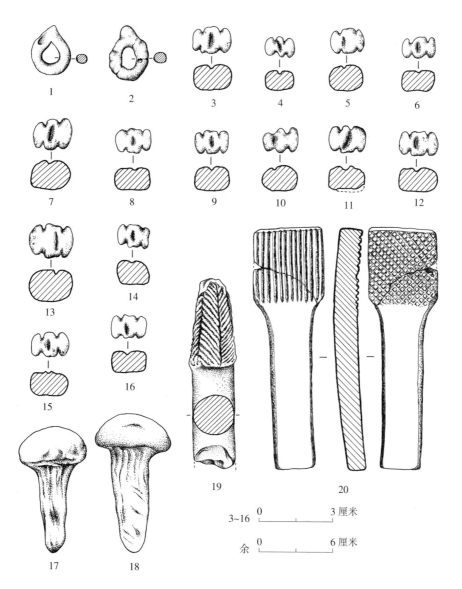

图六五 F　C区·H7 出土环、网坠、陶垫、陶拍

1. 环 2000YJH7∶6　2. 环 2000YJH7∶17　3. 网坠 2000YJH7∶21　4. 网坠 2000YJH7∶22　5. 网坠 2000YJH7∶23　6. 网坠 2000YJH7∶24　7. 网坠 2000YJH7∶25　8. 网坠 2000YJH7∶28　9. 网坠 2000YJH7∶30　10. 网坠 2000YJH7∶36　11. 网坠 2000YJH7∶40　12. 网坠 2000YJH7∶44　13. 网坠 2000YJH7∶45　14. 网坠 2000YJH7∶47　15. 网坠 2000YJH7∶48　16. 网坠 2000YJH7∶54　17. 陶垫 2000YJH7∶39　18. 陶垫 2000YJH7∶46　19. 陶拍 2000YJH7∶42　20. 陶拍 2000YJH7∶16

2000YJH7∶16，修复。扁平状拍面。拍面近正方形，一面刻方格纹，一面刻篮纹，把手为近长方形，侧面平整。长 19.4、宽 5.8、厚 2.0 厘米。（图六五 F，20；图六五 G，1；彩版一三三，4）

2）红硬陶　1件。

2000YJH7∶42，残。伞状，拍面为圆锥形、通体刻叶脉纹，把手为圆柱体、刮削平整、把尾残。长 15.3、最大径 3.9 厘米。（图六五 F，19；图六五 G，2；彩版一三三，5）

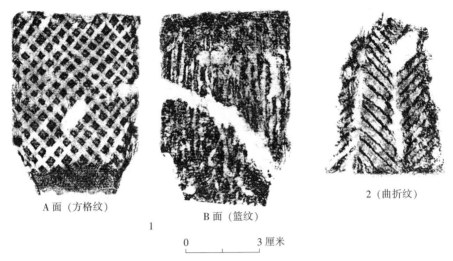

A面（方格纹）　　　　B面（篮纹）　　　　2（曲折纹）

1

0　　　　　3厘米

图六五 G　C 区·H7 出土陶拍纹样拓片

1. 2000YJH7：16　2. 2000YJH7：42

八　H8

H8 分布于 C Ⅲ 区。位于 T4329 北部（只发掘东南部，西北部因伸入隔梁未发掘）。开口于 1 层下，打破生土。坑口距地表 0.25 米，平面形状不明，直径 0.5 米，深 0.45 米，斜壁，圜底，壁及底未见加工痕迹。坑内堆积灰褐色土，土质松软。包含物主要为陶片，有夹砂灰、红陶和泥质灰、红陶，其中夹砂灰陶占 58.83%，夹砂红陶占 41.17%。纹饰有云雷纹、篮纹、方格纹，云雷纹占总类的 52.95%，已复原及可辨器形主要为罐类。（图六六）

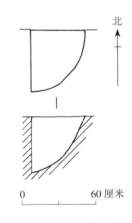

图六六　C 区·H8 平、剖面图

九　H12

1. 遗迹

H12 分布于 C Ⅱ 区。位于 T3432 东北部。开口于 1 层下，打破生土。平面近似长方形，坑口距地表 0.12 米，长 1.52 米，宽 0.84 米，深 0.64 米。坑壁内斜微弧，坑底圜形近平，未见特殊加工迹象。坑内堆积灰褐色土，土质松软，表层见有少量灰烬，底部有细沙。包含物中多为陶片，有夹砂红、灰陶和泥质红、灰陶，尤以夹砂红陶为主，占总类的 71.45%。纹饰有云雷纹、篮纹、云雷篮纹组合，其中篮纹占 39.60%，素面占 39.63%。已复原和可辨器形有瓮、罐、釜、钵、缸、陶拍、垫等。（图六七 A）

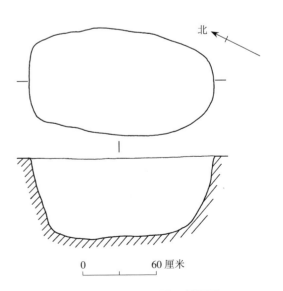

图六七 A　C 区·H12 平、剖面图

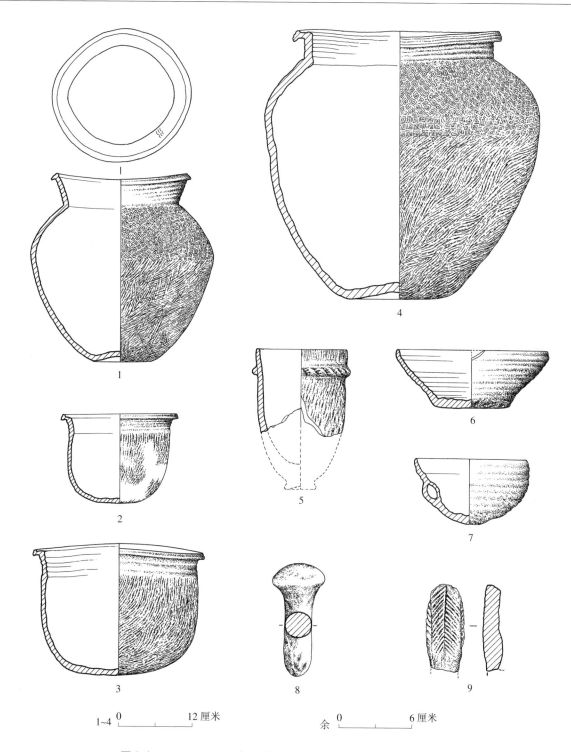

1~4　0 ────── 12厘米

余　0 ────── 6厘米

图六七 B　C区·H12 出土罐、釜、瓮、缸、平底钵、陶垫、陶拍

1. 高领鼓肩罐 2003YJH12：3　2. 直腹罐 2003YJH12：4　3. 釜 2003YJH12：5　4. 瓮 2003YJH12：1　5. 小型缸
2003YJH12：6　6. 平底钵 2003YJH12：2　7. 平底钵 2003YJH12：9　8. 陶垫 2003YJH12：7　9. 陶拍 2003YJH12：8

2. 小件遗物

（1）釜　1件。夹砂红陶。

2003YJH12：5，修复。直口，平折宽沿，尖唇，直腹，圜底。口沿部尚见轮制痕迹，腹、底内有陶垫按压印迹。腹、底部通饰篮纹。口径28.0、高21.0厘米。（图六七 B，3；彩版

一三四，1）

（2）**高领鼓肩罐**　1 件。泥质灰陶。

2003YJH12：3，修复。侈口，斜折沿，尖唇外翻，斜腹，凹底。口、领部有一组轮弦纹，腹、底内见陶垫按压痕迹，口、腹部烧制变形。肩部饰云雷纹，腹、底部饰篮纹，口沿内有刻符。口径 21.5、底径 9.5、高 30.0 厘米。（图六七 B，1；刻符图片254；彩版一三四，2）

刻符图片 254　2003YJH12：3
高领鼓肩罐

（3）**直腹罐**　1 件。夹砂红陶。

2003YJH12：4，修复。直口微侈，平折宽沿，无领，圜底。折沿下部轮制二道弦纹，腹、底内有陶垫按压印迹。腹、底部通饰篮纹。口径 19.0、腹径 16.5、高 14.3 厘米。（图六七 B，2；彩版一三四，3）

（4）**瓮**　1 件。泥质灰陶。

2003 YJH12：1，修复。直口，平折宽沿，圆唇外翻，矮领，溜肩，深腹内收，凹底。口沿部尚见轮旋痕迹，腹、底内有陶垫按压印迹。肩部饰云雷纹，腹、底部饰篮纹。烧制变形。口径 34.0、底径 16.5、高 43.0。（图六七 B，4；刻符图片 255；彩版一三四，5）

刻符图片 255　2003YJH12：1 瓮

（5）**小型缸**　1 件。夹砂红陶。

2003YJH12：6，修复。直口微侈，方唇，深腹内收，饼形足。上腹近口部饰一周附加堆塑纹。轮制修整。腹部饰篮纹。口径 7.4、残高 6.9 厘米。（图六七 B，5；彩版一三四，4）

（6）**平底钵**　2 件。敛口，圆唇，斜腹。器壁轮制，内外尚见轮弦纹。素面。

1）灰硬陶　1 件。

2003 YJH12：2，口部略残。口径 12.6、底径 6.2、高 4.7 厘米。（图六七 B，6）

2）夹砂灰陶　1 件。

2003YJH12：9，修复。平底。烧制时腹、底部出现鼓泡、变形。口径 9.3、高 5.4 厘米。（图六七 B，7；彩版一三五，1）

（7）**陶垫**　1 件。

2003 YJH12：7，完整。泥质红陶。蘑菇状，垫面椭圆、弧鼓，中连圆锥体把手。器面可见手指捺压痕迹。素面。长 9.2、垫面径 4.4 厘米。（图六七 B，8；彩版一三五，2）

（8）**陶拍**　1 件。泥质红陶。

2003 YJH12：8，把手残。伞状拍面，拍面刻划叶脉纹，刻痕较深。手工制作。拍面宽 3.2、残长 7.2 厘米。（图六七 B，9；图六七 C）

0　　　　　　3 厘米

图六七 C　C 区·H12 出土
陶拍 2003YJH12：8 纹样拓片

十　H14

1. 遗迹

H14分布于CⅡ区，位于T3429西部，部分压在T3329东隔梁下，隔梁内未清理。开口于1层下，打破生土。平面近似半圆形，开口距地表0.10米，直径1.45米，深0.32米。坑壁缓慢弧收，圜底，壁及底未见特殊加工痕迹。坑内堆积灰褐色土，土质略显疏松。包含物有夹砂红、灰陶和泥质灰陶，以夹砂灰陶、夹砂红陶为主，分别占48.68%和47.37%。纹饰仅见篮纹、云雷纹，以篮纹及素面陶居多，分别占48.68%、43.42%。已复原及可辨器形主要为罐、釜、钵、三足盘。（图六八A）

2. 小件遗物

（1）高领鼓肩罐　1件。灰硬陶。

2003YJH14:1，肩部以下残。侈口，圆唇。口、领部有轮制修整痕迹，肩内有垫窝。肩部饰云雷纹。口径20.5、残高7.5厘米。（图六八B，1）

（2）矮领鼓肩罐　1件。泥质红陶。

2003YJH14:2，肩部以下残。直口微敛，平折宽沿，圆唇外翻。口、颈部有轮制痕迹。口径26.7、残高5.0厘米。（图六八B，2）

（3）釜　1件。泥质灰陶。

2003YJH14:5，腹部以下残。侈口，宽沿，尖唇，唇外翻，矮领，直腹。口、领部有轮旋痕迹，腹内有垫窝。腹部饰云雷纹。口径29.5、残高8.5厘米。（图六八B，3）

（4）三足盘　2件。素面。

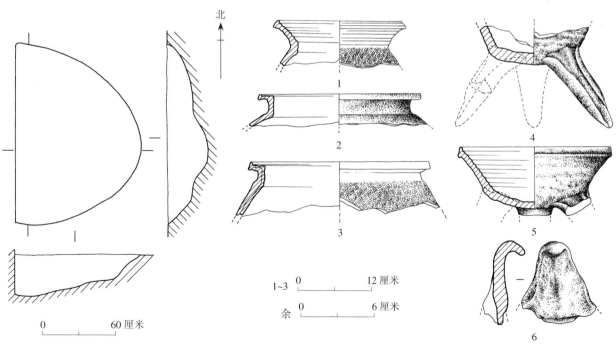

图六八A　C区·H14平、剖面图　　　　　图六八B　C区·H14出土罐、釜、三足盘、带把钵

1. 高领鼓肩罐 2003YJH14:1　2. 矮领鼓肩罐 2003YJH14:2　3. 釜 2003YJH14:5
4. 三足盘 2003YJH14:3　5. 三足盘 2003YJH14:4　6. 带把钵 2003YJH14:6

1）灰硬陶　1 件。

2003YJH14：3，残，仅存腹底及两足。腹内底略凹并见轮制弦纹，两足手工捏制，上宽下尖，外撇，足两侧内卷。残高 8.2 厘米。（图六八 B，4）

2）泥质灰陶　1 件。

2003YJH14：4，三足残。敞口，尖厚唇，圜底。器内有轮旋痕迹，外壁修抹。外底有刻符。口径 12.6、残高 5.5 厘米。（图六八 B，5；刻符图片 256）

（5）**带把钵**　1 件。夹砂灰陶。

2003YJH14：6，残，仅存把手。平面呈三角形状，把端外翻。手工捏制。素面。残高 6.5 厘米。（图六八 B，6）

刻符图片 256　**2003YJH14：4 三足盘**

十一　H18

1. 遗迹

H18 分布于 CⅠ区，位于 T3123 北部，部分压在北隔梁下，隔梁下未清理。开口于 1 层下，打破生土。平面呈半圆形，开口距地表 0.12 米，径 1.18 米，深 0.28 米。坑壁平缓弧收，圜底，壁及底未见明显加工痕迹。坑内堆积灰褐色土，土质松软。包含物为少量陶片，有夹砂灰陶、夹砂红陶、泥质红陶、原始瓷，其中夹砂灰陶占 86.67%。纹饰仅见篮纹、云雷纹，以篮纹及素面陶居多，分别占 50%、30%，已复原及可辨器形有尊、罐、陶拍。（图六九 A）

2. 小件遗物

（1）**高领鼓肩罐**　1 件。灰硬陶。

2003YJH18：3，肩部以下残。高领，鼓肩。口径 21.0，残高 5.7 厘米，（图六九 B，1；彩版一三五，3）

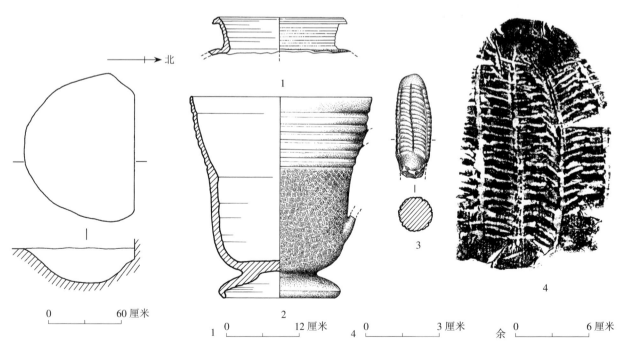

图六九 A　C 区·H18 平、剖面图　　　　图六九 B　C 区·H18 出土高领鼓肩罐、带鋬尊、陶拍

1. 高领鼓肩罐 2003YJH18：3　2. 带鋬尊 2003YJH18：2　3. 陶拍 2003YJH18：1

4. 陶拍 2003YJH18：1 纹样拓片

（2）**带鋬尊**　1件。泥质红陶。

2003YJH18：2，敞口，腹微弧，带鋬手（残）。口径15.0，底径9.7、高16.3厘米。（图六九B，2；彩版一三五，3）

（3）**陶拍**　1件。泥质红陶。

2003YJH18：1，径宽2.7，残长8.4厘米。（图六九B，3、4）

十二　H21

1. 遗迹

H21分布于CⅠ区。位于T3024西南部。开口于1层下，打破生土。平面近圆形，开口距地表0.12米，直径1.28米，深0.28米。双壁平缓弧收，圜底，壁及底部未见特殊加工迹象。坑内堆积灰黄色土，土质较紧密，夹杂少量灰烬，底部隐约可见少量黄白色胶泥，质地较纯净。包含物中有夹砂灰、红陶及泥质灰、红陶，以夹砂红陶居多，占总数的63.70%。纹饰有云雷纹、篮纹、席纹，篮纹和素面分别占44.52%和48.64%。出土完整器盉、网坠，已复原及其他可辨器形有钵、盘、器盖、小鼎、釜、罐、豆。（图七〇A）

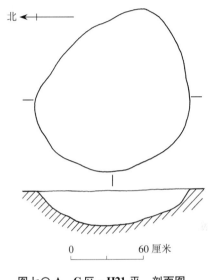

图七〇A　C区·H21平、剖面图

2. 小件遗物

（1）**釜**　1件。泥质红陶。

2003YJH21：8，腹部以下残。侈口，平折沿，圆唇。口、颈部，尚见轮旋修整痕迹，腹内有垫窝。腹部饰篮纹。口径19.6，残高6.2厘米。（图七〇B，1）

（2）**小鼎**　1件。泥质红陶。

2003YJH21：7，修复。盆形鼎，直口，圆唇，浅腹，平底，下附乳钉状三足。器身有轮制痕迹，足为手制拼接。素面。口径6.6、通高4.8厘米。（图七〇B，11；彩版一三六，1）

（3）**高领鼓肩罐**　1件。泥质红陶。

2003YJH21：9，肩部以下残。侈口，斜沿，尖唇。口领部轮制修整，肩内有垫窝。肩部饰云雷纹。口径13.6、残高5.4厘米。（图七〇B，2）

（4）**器盖**　2件。侈口，浅腹。

1）灰硬陶　1件。

2003YJH21：11，纽残。覆钵状，盖面斜直，中部内收，平顶。器壁有轮旋修整痕迹。素面。口径22.3、残高5.1厘米。（图七〇B，3）

2）泥质红陶　1件。

2003YJH21：5，纽残。伞状，盖面斜直，中部隆起。器壁内外均有轮旋痕迹。盖面中部饰云雷纹。残高6.2厘米。（图七〇B，4）

（5）**三足盘**　2件。均为灰硬陶。敞口，斜折沿，平底。素面。

2003YJH21：3，修复。钵形，尖唇，腹较直，底沿下附三凹面长三角形足，足外撇。盘内有轮旋纹，外壁修抹，足为手工捏制拼接成型。口径13.4、通高14.0厘米。（图七〇B，5；彩

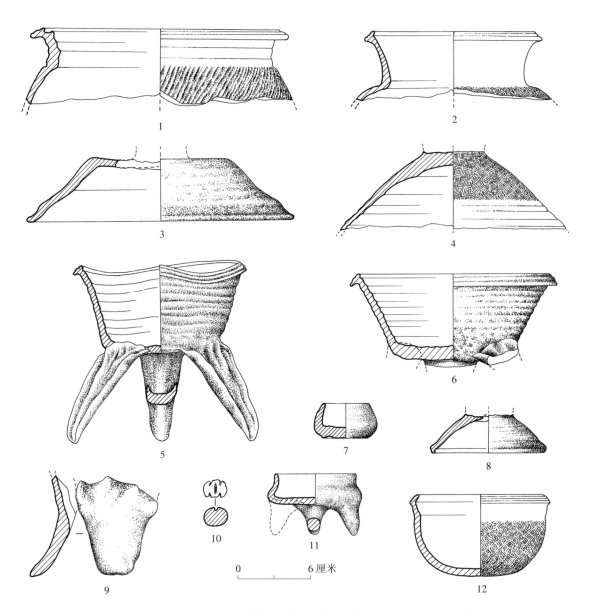

图七〇 B　C 区·H21 出土釜、高领鼓肩罐、器盖、三足盘、盂、豆、钵、网坠、小鼎

1. 釜 2003YJH21∶8　2. 高领鼓肩罐 2003YJH21∶9　3. 器盖 2003YJH21∶11　4. 器盖 2003YJH21∶5　5. 三足盘 2003YJH21∶3

6. 三足盘 2003YJH21∶6　7. 盂 2003YJH21∶1　8. 豆 2003YJH21∶10　9. 带把钵把 2003YJH21∶12　10. 网坠 2003YJH21∶4

11. 小鼎 2003YJH21∶7　12. 盉形钵 2003YJH21∶2

版一三六，2）

2003YJH21∶6，三足残。钵形，尖圆唇，腹较直，器壁内外尚见轮旋修整痕迹。口径 15.7、通高 7.5 厘米。（图七〇 B，6）

（6）**盉形钵**　1 件。泥质红陶。

2003YJH21∶2，修复。侈口，尖唇，斜直腹，圜底。轮制，沿面有凹弦纹，腹内见拍印按压痕迹。腹部饰云雷纹，底部饰篮纹。口径 10.5、高 6.5 厘米。（图七〇 B，12；彩版一三六，3）

（7）**带把钵**　1 件。泥质红陶。

2003YJH21：12，残，仅存把手。把面呈三角形，顶部外翻。手工制作拼接。素面。残高8.0厘米。（图七〇B，9）

（8）**豆**　1件。泥质红陶。

2003YJH21：10，柄残。圆唇，浅斜腹，喇叭底座较高。轮制修整。素面。底径9.6、残高3.0厘米。（图七〇B，8）

（9）**盂**　1件。泥质灰陶。

2003YJH21：1，完整。敛口，圆唇，垂腹，平底。轮制修整，外底有手工刮削痕迹。素面。外沿有刻符。口径3.8、底径3.6、高2.7厘米。（图七〇B，7；刻符图片257；彩版一三六，4）

（10）**网坠**　1件。灰硬陶。

2003YJH21：4，完整。圆柱体，两面各刻两道凹槽，中部加刻一道凹槽，两端圆弧。长1.9、宽1.3、厚1.3厘米。（图七〇B，10；彩版一三六，5）

刻符图片257　2003YJH21：1 盂

十三　H22

1. 遗迹

H22分布于CⅠ区，位于T3024南部，延伸至T3023北隔梁（隔梁已打掉）。开口于1层下，打破生土。平面呈长条形，坑口距地表0.12米，长2.50米，宽0.40～0.60米。东壁分两段平缓内收，西壁弧收，近平底，底部略有凹凸，壁及底未见特殊加工迹象。坑内堆积灰褐色土，土质略显疏松、纯净，包含少量陶片，分别为夹砂灰陶和夹砂红陶，以夹砂灰陶居多，占76.47%。纹饰有云雷纹、篮纹，篮纹和素面各占66.67%、23.53%。可辨器形有釜、瓮、罐、钵。（图七一A）

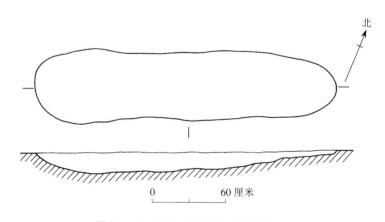

图七一A　C区·H22平、剖面图

2. 小件遗物

（1）**釜**　1件。夹砂灰陶。

2003YJH22：1，腹部以下残。侈口，平折沿，尖圆唇，矮领，垂腹。口、领部尚见轮旋修整痕迹，腹内有陶垫按压痕迹。腹部饰篮纹。口径22.5、残高13.5厘米。（图七一B，1）

（2）**高领鼓肩罐**　1件。泥质灰陶。

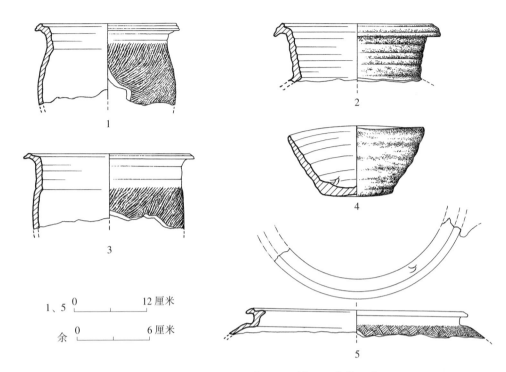

图七一B C 区·H22 出土釜、罐、平底钵、瓮

1. 釜 2003YJH22：1　2. 高领鼓肩罐 2003YJH22：4　3. 直腹罐 2003YJH22：3　4. 平底钵 2003YJH22：5

5. 瓮 2003YJH22：2

2003YJH22：4，肩部以下残。侈口，斜折沿，尖唇。轮制，口、领部见一组轮旋纹。素面。口沿上有刻符。口径 12.4、残高 4.6 厘米。（图七一B，2；刻符图片 258）

（3）**直腹罐** 1 件。夹砂灰陶。

2003YJH22：3，腹部以下残。直口，平折沿，尖唇，无领。口领部尚见轮制痕迹，腹内有垫窝。腹部饰篮纹。口径 13.6、残高 6.0 厘米。（图七一B，3）

（4）**瓮** 1 件。灰硬陶。

2003YJH22：2，肩部以下残。敛口，宽沿，圆唇外翻，斜肩。口沿部轮制修整，肩内有陶垫按压痕迹。肩部饰席纹。口沿上有刻符。口径 35、残高 4.5 厘米。（图七一B，5；刻符图片 259）

（5）**平底钵** 1 件。灰硬陶。

2003YJH22：5，修复。微侈口，尖圆唇，斜腹，平底。器壁内外均见轮制痕迹。素面。内底有刻符。口径 11.0、底径 5.8、高 5.7 厘米。（图七一B，4；刻符图片 260；彩版一三五，4）

十四　H23

1. 遗迹

H23 分布于 C I 区，位于 T3224 北隔梁下。开口于 1 层下，

刻符图片 258　2003YJH22：4
高领鼓肩罐

刻符图片 259　2003YJH22：2 瓮

刻符图片 260　2003YJH22：5 平底钵

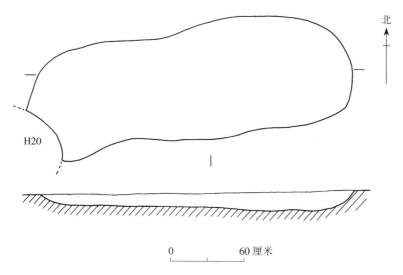

0　　　　　　60 厘米

图七二 A　C 区·H23 平、剖面图

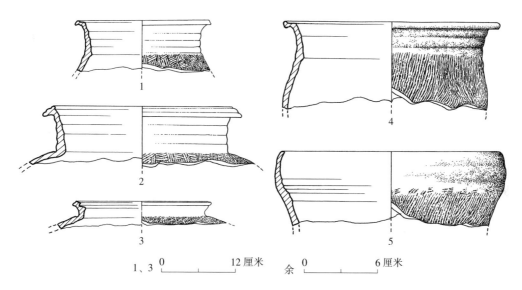

1、3　0　　　　　12 厘米　　余　0　　　　6 厘米

图七二 B　C 区·H23 出土釜、罐、瓮、尊

1. 釜 2003YJH23∶3　2. 高领鼓肩罐 2003YJH23∶2　3. 瓮 2003YJH23∶4　4. 直腹罐 2003YJH23∶1　5. 尊 2003YJH23∶5

西南部被 H20 打破，打破生土。平面呈长条形，坑口距地表 0.12 米，长 2.64 米，宽 0.94 米，深 0.16 米，东壁弧收，西壁平缓斜收，近平底，壁及底未见明显加工迹象。坑内堆积黄褐色土，土质紧密，包含少量陶片及原始瓷。陶有夹砂灰、红陶和泥质红陶，以夹砂红陶居多，占 58.72%。纹饰有云雷纹、篮纹、席纹，篮纹及素面分别占 50.46%、37.61%。可辨器形有罐、釜、瓮、尊。（图七二 A，1）

2. 小件遗物

（1）**釜**　1 件。泥质红陶。

2003YJH23∶3，腹部以下残。侈口，圆唇，高领。口领部轮制修整，腹内见陶垫按压印迹。腹部饰席纹。口径 21.4、残高 8.2 厘米。（图七二 B，1）

（2）**高领鼓肩罐**　1 件。灰硬陶。

2003YJH23：2，肩部以下残。侈口，斜折沿。口领部轮制修整，沿面有一周凸弦纹，肩内有垫窝。肩部饰席纹。口径 14.7、残高 4.6 厘米。（图七二 B，2）

（3）**直腹罐**　1 件。泥质红陶。

2003YJH23：1，腹部以下残。侈口，平折沿。口、沿部轮制修整，腹内见陶垫按压痕迹。腹部饰篮纹。口径 17.9、残高 7.2 厘米。（图七二 B，4）

（4）**瓮**　1 件。灰硬陶。

2003YJH23：4，肩部以下残。敛口，宽沿斜折，矮领，斜肩。口沿部轮制修整，肩内有垫窝。肩部饰云雷纹。口径 21.5、残高 3.6 厘米。（图七二 B，3）

（5）**尊**　1 件。灰硬陶。

2003YJH23：5，腹部以下残。敞口，尖唇内敛，腹微弧。轮制，唇面有一道凹弦纹，腹部饰篮纹。口径 18.0、残高 5.9 厘米。（图七二 B，5）

十五　H24

1. 遗迹

H24 分布于 C Ⅱ 区，位于 T3429 西南角，伸出探方外部分未清理。开口于 1 层下，打破生土。已发掘平面呈扇形，坑口距地表 0.12 米，最大径 1.18 米，深 0.20 米。北壁斜直，南壁为隔梁，近平底，壁、底未见特殊加工迹象。坑内堆积灰褐色土，土质疏松，包含少量碎陶片及原始瓷。陶有夹砂灰、红陶，泥质灰、红陶，以夹砂灰陶居多，占 62.27%。纹饰有云雷纹、篮纹、席纹，其中篮纹及素面分别占 47.90%、31.14%。可辨器形仅为三足盘。（图七三 A）

2. 小件遗物

三足盘　1 件。灰硬陶。

2003YJH24：1，修复。钵形，敞口，斜弧沿，圆唇，腹较直，平底，底沿下附三凹面长三角形足。口、腹、底有轮旋纹，足为手工捏制拼接。素面。口径 12.6、底径 8.0、通高 12.0 厘米。（图七三 B，彩版一三五，5）

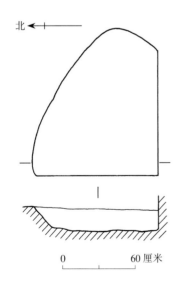 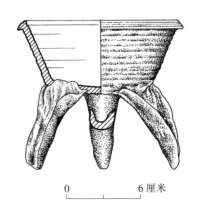

图七三 A　C 区·H24 平、剖面图　　　　图七三 B　C 区·H24 出土三足盘 2003YJH24：1

十六　H27

1. 遗迹

H27 分布于 C I 区，位于 T2822 东北角。开口于 1 层下，打破生土。平面呈椭圆形，坑口距地表 0.12 米，最大径 1.8 米，深 1.28 米。东壁上部外撇，下部斜直陡峭，西壁上部斜直，在 0.6 米深处外凸，圜底，壁、底未见特殊加工迹象。坑内堆积灰褐色土，土质较疏松，包含炭屑、细沙、陶片及网坠、砺石等。陶有夹砂灰、红陶和泥质灰、红陶，夹砂红陶占 55.19%。纹饰有云雷纹、篮纹、席纹，篮纹及素面分别占 35.58% 和 42.94%。已复原及可辨器形有支座、钵、盅、碗、缸、罐、釜、杯、坛、盆、盘、豆、尊、壶以及陶镰。H28 出土器物类型较丰富，且器物之间有细沙相隔，推测为贮藏坑。（图七四 A）

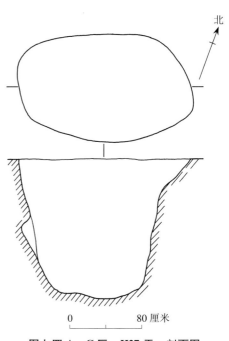

图七四 A　C 区·H27 平、剖面图

2. 小件遗物

（1）**砺石**　1 件。

2003YJH27:16，完整。黄白沉积岩质。长方体，通体光滑，四面均有磨制器物所留的凹面，凹度较浅，两端平整。长 7.4、宽 3.8、厚 2.4 厘米。（图七四 B，1，彩版一三七，1）

（2）**釜**　3 件。腹内有陶垫按压印迹（垫窝），口领部尚见轮制痕迹。

1）灰硬陶　1 件。

2003YJH27:30，腹部以下残。侈口，宽沿平折，高领，垂腹。腹部饰云雷纹。口径 25.8、残高 17.5 厘米。（图七四 B，2）

2）泥质灰陶　1 件。

2003YJH27:29，腹部以下残。直口微敛，宽沿平折，高领，斜腹。腹部饰云雷纹。口径 19.5、残高 7.0 厘米。（图七四 B，3）

3）夹砂红陶　1 件。

2003YJH27:12，修复。侈口，折沿上弧，直腹，圜底。腹、底部饰篮纹。口径 23.8、高 20.8 厘米。（图七四 B，4，彩版一三七，2）

（3）**支座**　1 件。夹砂红陶。

2003YJH27:1，修复。上部扁平、一个支撑点。器身截面呈椭圆形。柱体中部分叉，上部扁平，一矮三角形支撑点，底斜平。器面尚见捏制、刮削痕迹。素体。直径 10.5、残高 12.2 厘米。（图七四 B，12，彩版一三七，3）

（4）**高领鼓肩罐**　2 件。侈口，尖唇。口、领部轮制修整，壁见轮旋纹，肩部饰云雷纹。

1）灰硬陶　1 件。

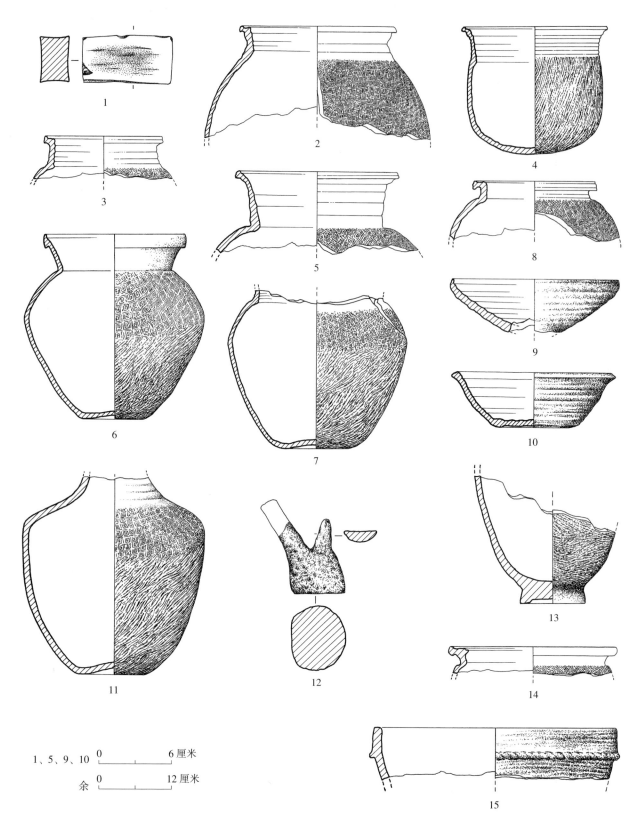

图七四 B　C 区·H27 出土砺石，釜、罐、盖碗、盆、坛、支座、缸、瓮

1. 砺石 2003 YJH27:16　2. 釜 2003 YJH27:30　3. 釜 2003 YJH27:29　4. 釜 2003 YJH27:12　5. 高领鼓肩罐 2003 YJH27:32　6. 高领鼓
肩罐 2003 YJH27:18　7. 矮领鼓肩罐 2003 YJH27:10　8. 矮领鼓肩罐 2003 YJH27:33　9. 盖碗 2003 YJH27:5　10. 盆 2003 YJH27:17
11. 坛 2003 YJH27:14　12. 支座 2003 YJH27:1　13. 缸 2003 YJH27:8　14. 瓮 2003 YJH27:28　15. 缸 2003 YJH27:9

2003YJH27：32，肩部以下残。肩内有垫窝。口径 13.2、残高 6.6 厘米。（图七四 B，5）

2）泥质红陶　1 件。

2003YJH27：18，修复。腹、底内有垫窝。腹、底部饰篮纹。口沿上有刻符。口径 23.0、底径 10.5、高 30.0 厘米。（图七四 B，6；刻符图片 261；彩版一三七，4）

刻符图片 261　2003YJH27：18
高领鼓肩罐

（5）**矮领鼓肩罐**　2 件。均为灰硬陶。口领部有轮制痕迹，腹内有陶垫按压印迹。肩部饰云雷纹。

2003YJH27：10，口残。斜腹，凹底。腹、底部饰篮纹。器物烧制变形。底径 11.0、残高 25.0 厘米。（图七四 B，7）

2003YJH27：33，腹部以下残。直口微敛，宽沿。唇面有一道凹弦纹，肩内亦有陶垫按压痕迹。腹部饰云雷纹。口径 20.0、残高 8.5 厘米。（图七四 B，8）

（6）**盖碗**　1 件。泥质红陶。

2003YJH27：5，底残。敛口，斜直腹。器内见一组轮旋纹。素面。口径 13.8、残高 4.2 厘米。（图七四 B，9）

（7）**盆**　1 件。泥质灰陶。

2003YJH27：17，修复。敞口，尖唇，颈、腹连为一体，弧腹，平底。器壁内外均有轮制痕迹。素面。口径 12.8、底径 6.0、高 4.5 厘米。（图七四 B，10，彩版一三七，5）

（8）**缸**　2 件。

1）灰硬陶　1 件。

2003YJH27：9，腹部以下残。直口，方唇。肩部饰一圈绳索状附加堆纹。器内有垫窝。腹部饰篮纹。口径 40.0、残高 8.0 厘米。（图七四 B，15）

2）夹砂红陶　1 件。

2003YJH27：8，腹部以上残。深弧腹，平底，圈足。腹内有按压痕迹。腹部饰篮纹。底径 10.8、残高 20.0 厘米。（图七四 B，13）

（9）**瓮**　1 件。红硬陶。

2003YJH27：28，肩部以下残。直口，宽平沿，圆唇，矮领，鼓肩。口、领部轮制修整，肩内见陶垫按压痕迹。肩部饰云雷纹。口径 27.8、残高 4.6 厘米。（图七四 B，14）

（10）**坛**　1 件。泥质黄陶。

2003YJH27：14，口残。斜折肩，直斜腹，凹底。口领部见轮制痕迹。腹、底内有陶垫按压印迹。肩部饰云雷纹，腹部饰篮纹。底径 11.0、残高 32.0 厘米。（图七四 B，11）

（11）**三足盘**　1 件。泥质红陶。

2003YJH27：25，腹部以上残。平底，下承三足，足面呈三角形，略凹。内底有轮制痕迹，足为手工捏制拼接。素面。底径 5.6、残高 4.0 厘米。（图七四 C，1）

（12）**盔形钵**　1 件。灰硬陶。

2003YJH27：23，底残。侈口，尖圆唇，斜直腹。壁见轮弦痕迹。腹部饰云雷纹。口径 11.2、残高 5.0 厘米。（图七四 C，2）

（13）**平底钵**　7 件。平底。器身多有轮制痕迹。素面。

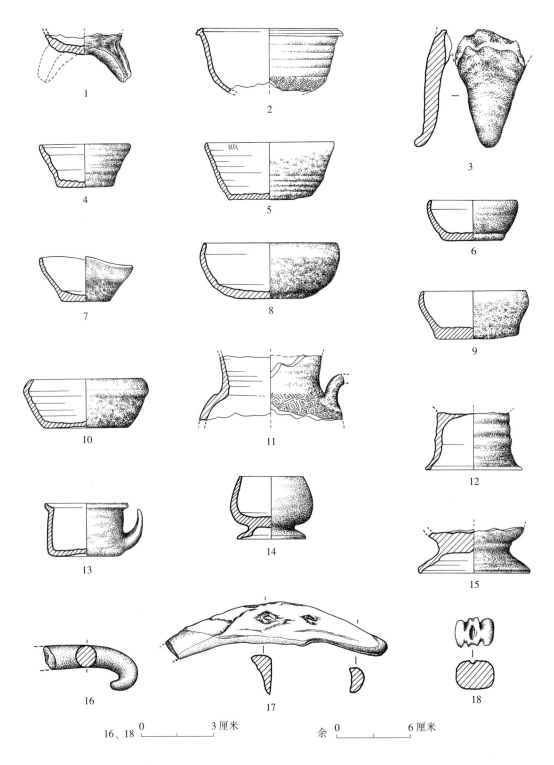

16、18 ⊢0——3厘米⊣　　余 ⊢0——6厘米⊣

图七四 C　C 区・H27 出土三足盘、钵、壶、豆、盅、杯、尊、錾手、镰、网坠

1. 三足盘 2003 YJH27：25　2. 盆形钵 2003 YJH27：23　3. 带把钵 2003 YJH27：21　4. 平底钵 2003 YJH27：24　5. 平底钵 2003 YJH27：6　6. 平底钵 2003 YJH27：11　7. 平底钵 2003 YJH27：15　8. 平底钵 2003 YJH27：22　9. 平底钵 2003 YJH27：3　10. 平底钵 2003 YJH27：2　11. 壶 2003 YJH27：31　12. 豆 2003 YJH27：26　13. 盅 2003 YJH27：4　14. 杯 2003 YJH27：13　15. 尊 2003 YJH27：27　16. 錾手 2003 YJH27：20　17. 镰 2003 YJH27：7　18. 网坠 2003 YJH27：19

1）灰硬陶　1件。

2003YJH27:24，修复。微侈口，尖圆唇。斜腹，器壁内外有轮旋痕迹，外底见手工削切痕迹。口径7.6、底径4.6、高3.4厘米。（图七四C，4，彩版一三八，1）

2）泥质红陶　3件。

2003YJH27:6，修复。微侈口，尖唇，斜腹。器壁内外有轮旋痕，外底有人工削修痕迹。内沿下有刻符。口径10.6、底径6.0、高4.7厘米。（图七四C，5；刻符图片262；彩版一三八，2）

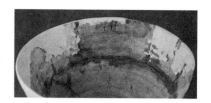

刻符图片262　2003YJH27:6 平底钵

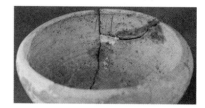

刻符图片263　2003YJH27:2 平底钵

2003YJH27:11，修复。敛口，圆唇，平底。腹、底内有轮制痕迹。口径7.2、底径4.8、高3.3厘米。（图七四C，6，彩版一三八，3）

2003YJH27:22，修复。泥质红陶。敛口，圆唇，浅弧腹。器壁内外有轮制痕迹。口径10.9、底径5.6、高4.5厘米。（图七四C，8，彩版一三八，4）

3）夹砂灰陶　1件。

2003YJH27:15，完整。敛口，圆唇。腹、底内有轮制痕迹，外底见人工切削痕。口径7.8、底径4.0、高3.6厘米。（图七四C，7，彩版一三八，5）

4）夹砂红陶　2件。

2003YJH27:3，修复。敛口，圆唇，浅鼓腹。腹、底内有轮制痕迹。口径8.5、底径5.6、高3.9厘米。（图七四C，9，彩版一三八，6）

2003YJH27:2，修复。敛口，圆唇，浅鼓腹。腹、底内有轮制痕迹。内沿下有刻符。口径9.2、底径6.8、高4.0厘米。（图七四C，10；刻符图片263；彩版一三八，7）

（14）带把钵　1件。泥质灰陶。

2003YJH27:21，残，仅存把手。宽长把，把面呈三角形，顶部略外翻。手工捏制拼接成型。素面。残长9.5厘米。（图七四C，3）

（15）豆　1件。泥质红陶。

2003YJH27:26，残，仅存把座。圆柱形，中饰两圈凸弦纹，平底。轮制修整。底径7.9、残高4.6厘米。（图七四C，12）

（16）壶　1件。灰硬陶。

2003YJH27:31，口及肩部以下残。无流。侈口，尖唇，高领，领下有残纽痕。口沿部有轮旋痕迹，纽为手工捏制贴片。肩部饰云雷纹。颈径8.2、残高5.2厘米。（图七四C，11）

（17）盉　1件。泥质红陶。

2003YJH27:4，复原。侈口，垂腹，平底，腹底部附一三角形鋬手，鋬体向上弧收。内见轮弦纹，鋬手为人工捏制拼接。素面。口径6.8、底径5.4、高4.3厘米。（图七四C，13，彩版一三八，8）

（18）杯　1件。泥质红陶。

2003YJH27:13，修复。敛口，尖唇，鼓腹，圈足，腹径明显大于口径。器壁及内底见旋削痕迹。素面。口径5.2、底径5.6、通高5.1厘米。（图七四C，14）

（19）**尊**　1件。泥质红陶。

2003YJH27:27，残，仅存底部和圈足。内底凹凸不平，有手工按捺印迹，圈足见轮旋修整痕。素面。底径9.2、残高3.6厘米。（图七四C，15）

（20）**錾手**　1件。泥质灰陶。

2003YJH27:20，残。圆柱形，顶部弯曲成钩，上细下粗。手工捏制。素面。残长3.8、最大径1.0厘米。（图七四C，16）

（21）**网坠**　1件。泥质灰陶。

2003YJH27:19，完整。圆柱体，两面各刻两道凹槽，中部加刻一道凹槽，两端稍平。素面。长1.6、宽径1.2厘米。（图七四C，18，彩版一三七，6）

（22）**镰**　1件。夹砂灰陶。

2003YJH27:7，把尖略残。器呈新月形，体较扁，正面凹凸不平，背面平滑，单面刃，圆锥形短把，尖部略残。通体见切削痕迹。素面。残长18.4、宽3.4、厚1.7厘米。（图七四C，17）

十七　H30

1. 遗迹

H30分布于CⅠ区，位于T3025中部偏西，部分叠压在现代灌溉渠下，叠压部分未清理。开口于1层下，被G5打破，打破生土。因未全面揭露，平面形状不明。开口距地表0.10米，长1.56米，宽1.12米，深0.20米。北壁较高、垂直而下，南壁低矮斜收，剖面呈匕首形状，近平底，壁及底未见特殊加工迹象。坑内堆积灰褐色土，土质坚硬，包含烧土块、炭粒、陶片及少量原始瓷。陶分夹砂灰、红陶和泥质红陶，以夹砂灰、红陶为主，分别占46.55%、44.26%。除素面外纹饰仅见云雷纹、篮纹，各占22.41%、44.83%。可辨器形为罐类。（图七五A）

2. 小件遗物

（1）**高领鼓肩罐**　1件。灰硬陶。

2003YJH30:1，修复。侈口，卷沿，斜腹，凹底。口领部轮制，沿面轮旋一组凹弦纹，腹底内有陶垫按压印迹。肩部饰云雷纹，腹底部饰篮纹。口径13.1、底径5.6、高15.0厘米。（图七五B，1，彩版一三九，1）

（2）**直腹罐**　1件。夹砂红陶。

2003YJH30:2，腹部以下残。侈口，平折沿。口沿部轮制修整，腹内见陶垫按压印迹。腹部饰篮纹。口径16.0、残高10.0厘米。（图七五B，2）

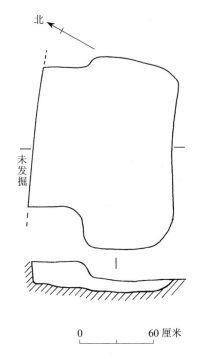

图七五A　C区·H30平、剖面图

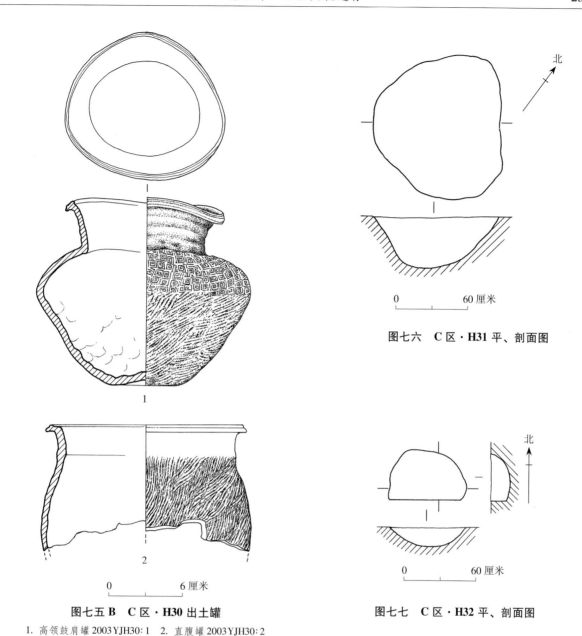

图七六 C区·H31 平、剖面图

图七五 B C区·H30 出土罐

1. 高领鼓肩罐 2003 YJH30∶1 2. 直腹罐 2003 YJH30∶2

图七七 C区·H32 平、剖面图

十八 H31

H31 分布于 CI区，位于 T3223 中部。开口于 1 层下，打破生土。平面近圆形，开口距地表 0.12 米，最大径 1.17 米，深 0.4 米。东北壁斜收，西南壁较弧。圜底，壁、底未见加工，坑内堆积灰褐色土。土质疏松，包含少量灰硬陶片。纹饰为云雷纹、篮纹，器形不明。（图七六）

十九 H32

H32 分布于 CⅡ区，位于 T3430 南部，部分伸入 T3429 北隔梁，隔梁下未清理。开口于 1 层下，打破生土。平面近半圆形，开口距地表 0.10 米，最大径 0.64 米，深 0.16 米。剖面呈盆形，东西两壁弧收，圜底，壁、底未见加工。坑内堆积灰褐色土，土质较疏松，包含泥质红、灰陶碎片。纹饰多见绳纹，可辨器形有罐、盘等。（图七七）

二十 H33

1. 遗迹

H33 分布于 C II 区，位于 T3530 东南角，部分伸入 T3529 北隔梁，隔梁下未清理。开口于 1 层下，打破生土。平面形状不规则，开口距地表 0.10 米，最大径 0.90 米，深 0.10 米。剖面呈盘形，东西两壁平缓斜收，底近平略有凹凸，壁、底未见特殊加工迹象。坑内堆积灰褐色土，土质略显疏松，包含少量泥质灰、红陶片，纹饰多见篮纹、云雷纹，可辨器形有罐、三足盘等。（图七八 A）

2. 小件遗物

三足盘 1 件。灰硬陶。

2003YJH33:1，修复。钵形，敞口，尖圆唇，腹较直，平底，下承三足，足呈长三角形、面略凹，足外撇。器壁见轮制痕迹，三足捏制拼接成型。外底有刻符。口径 12.2、底径 6.5、通高 10.0 厘米。（图七八 B，1；刻符图片 264；彩版一三九，2）

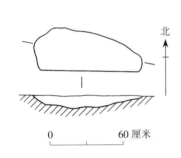

图七八 A　C 区・H33 平、剖面图

刻符图片 264　2003YJH33:1 三足盘

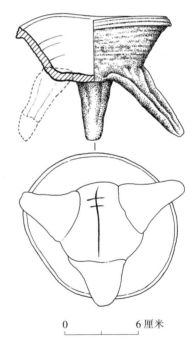

图七八 B　C 区・H33 出土三足盘 2003YJH33:1

二十一 H34

1. 遗迹

H34 分布于 C I 区，位于 T3222 南部。开口于 1 层下，打破生土。平面近似椭圆形，开口距地表 0.1 米，最大径 1.84 米，深 0.20 米。南壁上部较斜、下部弧收，北壁平缓斜收，圜底，壁、底未见特殊加工迹象。坑内堆积灰褐色土，土质疏松，包含青色烧结块、陶片及少量原始瓷。陶分夹砂灰、红陶和泥质灰陶，以夹砂灰陶为主，占总数的 68.29%。纹饰有云雷纹、篮纹、席纹，篮纹和素面分别占 47.95%、32.87%。已复原及可辨器形有网坠、钵、罐等。（图七九 A）

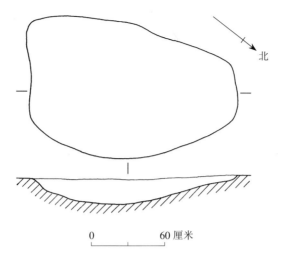

0   60 厘米

图七九 A　C 区·H34 平、剖面图

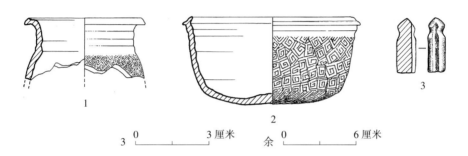

3   0   3 厘米

余   0   6 厘米

图七九 B　C 区·H34 出土罐、钵、网坠

1. 垂腹罐 2003YJH34：3　2. 盆形钵 2003YJH34：2　3. 网坠 2003YJH34：1

2. 小件遗物

（1）垂腹罐　1 件。原始瓷。

2003YJH34：3，残。直口，平折沿，矮领，溜肩。口领部轮制修整，肩内有垫窝。肩部饰云雷纹。口径 9.3、残高 4.8 厘米。（图七九 B，1；彩版一三九，3）

（2）盆形钵　1 件。灰硬陶。

2003YJH34：2，修复。侈口，尖唇，斜腹，近平底。口沿部有轮弦纹，腹、底内有拍印按压痕迹。腹部饰云雷纹，底部饰席纹。口径 13.2、底径 6.0、高 7.0 厘米。（图七九 B，2，彩版一三九，4）

（3）网坠　1 件。灰硬陶。

2003YJH34：1，完整。一端呈锥形，锥体下束颈，底端平整，中间刻一道竖凹槽，贯穿坠体。素面。长 2.2、宽 0.8 厘米。（图七九 B，3，彩版一三九，5）

二十二　H36

H36 分布于 CI 区，位于 T2823 中部。开口于 1 层下，打破生土。平面椭圆形，开口距地表 0.10 米，长径 0.76 米，深 0.16 米。剖面呈盆形，南北两壁弧收，平底，壁、底未见特殊加工迹象。坑内堆积灰褐色土，土质较疏松，包含少量碎陶片。以灰硬陶为主，纹饰多见云雷纹，可辨器形有罐、钵等。（图八〇）

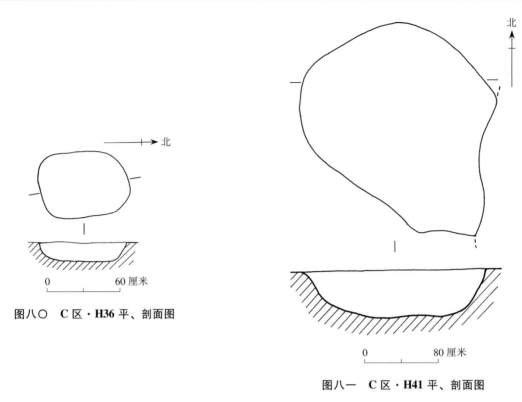

图八〇　C区·H36平、剖面图

图八一　C区·H41平、剖面图

二十三　H41

H41分布于CⅠ区，位于T2822关键柱下。被Y10打破，打破生土。平面近圆形，开口距地表0.12米，最大径2.50米，深0.48米。剖面呈盘形，东壁弧收，西壁上部略斜，下部缓慢弧收，近平底，壁、底未见特殊加工迹象。坑内堆积灰褐色土，土质疏松，包含炭屑、红烧土，夹砂红、灰陶片。素面居多，占91.94%，少量饰有篮纹，可辨器形有甗形器、三足盘等。（图八一）

第五节　灰沟遗迹及其出土遗物

有G1和G5两处。

一　G1

G1分布于CⅢ区，位于T4329、T4429北部，呈东北—西南走向。开口于1层下，西部封闭，东部被现代耕作破坏。长条形，沟口距耕土层面0.15米，长4米，宽0.25米，深度不明。沟壁较直，沟内堆积大量灰土，土质松软。沟内包含物为少许红软陶片。根据其形状和所处位置推测为供、排水沟。（图八二）

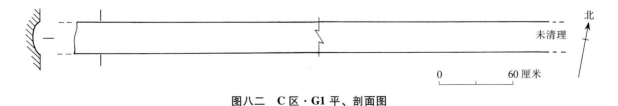

图八二　C区·G1平、剖面图

二　G5

1. 遗迹

G5分布于CⅠ区，跨T3125、T3025、T2925、T2924、T2824。呈东北至西南走向。开口于1层下，打破H30和生土。沟口距地表0.10米，长条形，长19.10米，宽0.60~1.00米、深0.10~0.20米，中部较宽，头尾两段稍窄。沟壁平缓内收，圜底，壁及底未见特殊加工迹象。沟内堆积红褐色土，土质略显疏松，内含细小烧土粒，底层见有白胶泥沉积。出土完整器有网坠，其他可辨器形有钵、瓮、釜，多为夹砂灰陶，占总数的68.68%。纹饰有云雷纹、篮纹、席纹，篮纹和素面居多，分别占60.24%、20.48%。根据G5与H16、H17、H28、H29等相邻关系及底部分布有胶泥层现象，推测其为与制陶有关的供、排水沟。（图八三A）

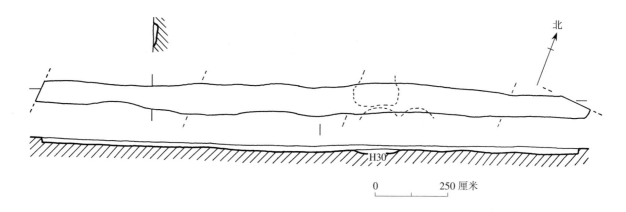

0　　　　　250厘米

图八三A　C区·G5平、剖面图

2. 小件遗物

（1）**釜**　2件。均为灰硬陶。

2003YJG5：6，肩部以下残。敛口，平折宽沿，沿外卷，矮领。唇面轮制一组凹弦纹，腹内有垫窝。肩部饰云雷纹。口径19.2、残高5.6厘米。（图八三B，1）

2003YJG5：7，腹部以下残。直口，平折宽沿，方唇，高领，垂腹。口领部轮制修整，腹内有垫窝。腹部饰云雷纹和席纹。口径12.7、残高5.9厘米。（图八三B，2）

（2）**瓮**　1件。灰硬陶。

2003YJG5：5，肩部以下残。直口，平折宽沿，圆唇，矮领。唇面轮制一组凹弦纹，肩内有垫窝。肩部饰云雷纹。口径36.3、残高7.0厘米。（图八三B，3）

（3）**平底钵**　2件。灰硬陶。敛口，圆唇。素面。

2003YJG5：9，底残。浅腹。轮制修整。口径10.0、残高4.1厘米。（图八三B，4）

2003YJG5：3，修复。敛口，圆唇，浅弧腹，平底。器壁内外均有轮制痕迹。素面。口径9.0、底径7.2、高4.6厘米。（图八三B，5；彩版一四〇，1）

（4）**带把钵**　1件。灰硬陶。

2003YJG5：4，修复。微敛口，尖唇，口部附一三角形鋬手，鋬体内折，斜腹，平底。器壁有轮制痕迹。素面。器物稍有变形。口径11.0、底径5.6、通高4.4厘米。（图八三B，6；彩版一四〇，2）

（5）**盔形钵**　1件。灰硬陶。

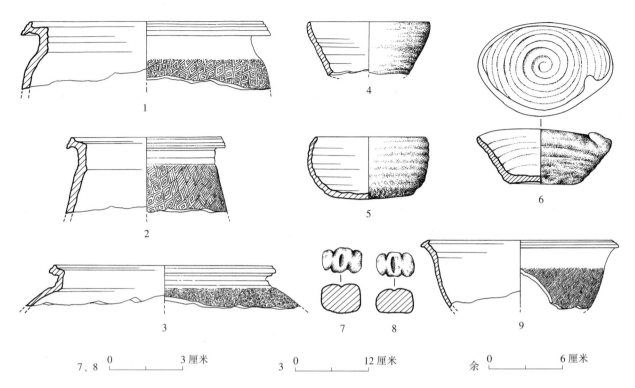

7、8 0 |___| 3厘米   3 0 |___| 12厘米   余 0 |___| 6厘米

图八三 B C区·G5 出土釜、瓮、钵、网坠

1. 釜 2003YJG5：6 2. 釜 2003YJG5：7 3. 瓮 2003YJG5：5 4. 平底钵 2003YJG5：9 5. 平底钵 2003YJG5：3 6. 带把钵 2003YJG5：4
7. 网坠 2003YJG5：2 8. 网坠 2003YJG5：1 9. 盔形钵 2003YJG5：8

2003YJG5：8，底残。侈口，口外撇，斜沿，圆唇，腹内弧。唇面轮制一组弦纹。腹部饰曲折纹。口径 15.2、残高 5.5 厘米。（图八三 B，9）

（6）**网坠** 2 件。均为灰硬陶。圆柱体，刻槽。两面各横刻两道凹槽，中部加刻一道横凹槽。
2003YJG5：2，完整。两端稍平。长 3.1、宽 1.0、厚 1.1 厘米。（图八三 B，7；彩版一四〇，3）
2003YJG5：1，完整。一端圆形，一端稍平。长 3.3、宽 0.9、厚 0.9 厘米。（图八三 B，8；彩版一四〇，3）

第六节 房址及其出土遗物

F3

1. 遗迹

F3 位于 CⅠ区，T3022 西北部、T3023 西南部。开口于表土层下，打破生土。周边有 6 个柱洞，柱洞直径大小不一，最大的 0.56 米，最小的 0.12 米，深度 0.18~0.30 米，房内堆积分 2 层：第 1 层厚 0.04~0.22 米，灰褐色土，土质略松软，包含物有红烧土颗粒及碎陶片，可辨器形有罐、陶拍等，还见有少量石器。第 2 层厚 0.40~0.60 米，为胶泥层，呈黄白色，致密，有明显人工洗练迹象。包含物很少，偶见泥质红、灰陶碎片及炭屑，出土遗物有陶罍。柱洞中填土疏松，土色灰褐，夹红、灰陶残片及炭粒。从大面积厚厚的人工洗练过的白胶泥层分析，F3 可能是一蓄泥场所或专用于存放洗练后的白胶泥的场所。（图八四 A；彩版一四一，1）

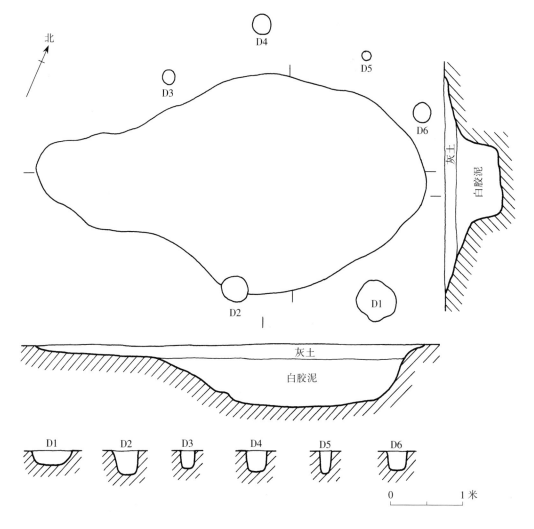

图八四A　C区·F3平、剖面图

2. 小件遗物

（1）**石镞**　1件。

2003YJF3：2，略残。青石质。无铤。面呈柳叶形，前聚为锋，缘侧斜磨成薄刃，尾部分叉呈双翼，通体精磨。手工磨制。长5.0、宽2.2、厚0.35厘米。（图八四B，1；彩版一四一，2）

（2）**石拍**　1件。

2003YJF3：7，完整。青灰岩质。器呈不规则长条形，三面较平，中部略鼓，头部圆弧，尾端细长。长16.8、宽4.3、厚2.8厘米。（图八四B，2；彩版一四一，3）

（3）**高领鼓肩罐**　1件。夹砂灰陶。

2003YJF3：8，肩部以下残。侈口，方唇。口、领部轮制修整，肩有垫窝。肩饰云雷纹。口径21.0、残高10.5厘米。（图八四B，3）

（4）**器盖**　1件。夹砂灰陶。

2003YJF3：4，修复。圈足纽，盖缘外撇，盖面斜直，上部起折。轮制修整。素面。口径8.8、足径4.2、通高5.0厘米。（图八四B，4；彩版一四一，4）

（5）**缸**　1件。夹砂红陶。

2003YJF3：5，中腹部残。侈口，束颈，斜腹，平底，圈足。颈下轮制一道凸弦纹，腹内有垫窝。

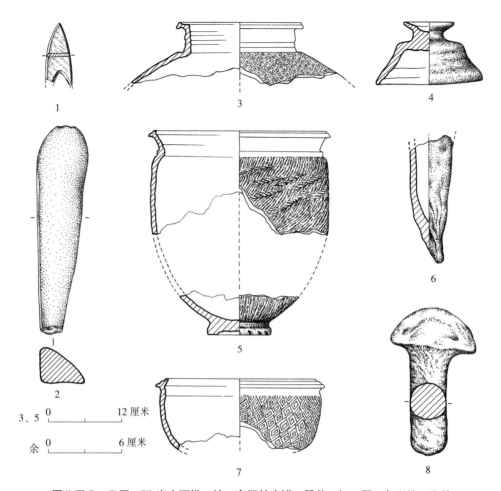

图八四 B　C区·F3 出土石镞、拍，高领鼓肩罐、器盖、缸、斝、盔形钵、陶垫

1. 石镞 2003YJF3：2　2. 石拍 2003YJF3：7　3. 高领鼓肩罐 2003YJF3：8　4. 器盖 2003YJF3：4　5. 缸
2003YJF3：5　6. 斝足 2003YJF3：1　7. 盔形钵 2003YJF3：6　8. 陶垫 003YJF3：3

腹部斜饰叶脉纹，纹面拍打时形成凹印。口径 29.0、底径 10.7、残高 32.5 厘米。（图八四 B，5）

（6）**斝**　1件。夹砂灰陶。

2003YJF3：1，残，仅剩足。器呈兽角状，中空。面有刮削痕迹。素面。残径 3.4、残高 10.2
厘米。（图八四 B，6）

（7）**盔形钵**　1件。灰硬陶。

2003YJF3：6，残。侈口，斜沿，尖唇，斜直腹。沿面轮制一组细凹弦纹，腹内有垫窝。腹部
饰云雷纹。口径 12.6、残高 5.7 厘米。（图八四 B，7）

（8）**陶垫**　1件。泥质红陶。

2003YJF3：3，修复。蘑菇状，垫面隆起，圆柱形把手。手制。素面。垫径 7.0、长 11.8 厘米。
（图八四 B，8；彩版一四一，5）

第七节　地表采集遗物

（1）**石矛**　1件。

2003YJ 采：7，残。青石质。器呈柳叶形，两面平磨，中部无脊，前有扁锋，后斜收为柄，两

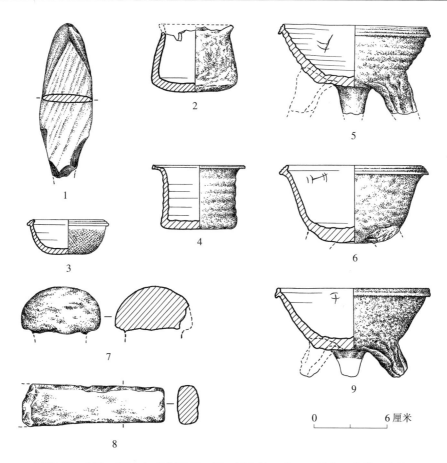

图八五　C区·2003年采集石矛，杯、平底钵、盉、三足盘、陶垫、陶拍

1. 石矛 2003YJ 采:7　2. 杯 2003YJ 采:1　3. 平底钵 2003YJ 采:2　4. 盉 2003YJ 采:3　5. 三
足盘 2003YJ 采:5　6. 三足盘 2003YJ 采:6　7. 陶垫 2003YJ 采:8　8. 陶拍 2003YJ 采:9　9. 三足
盘 2003YJ 采:4

侧厚刃无锋。残长 12.3、宽 4.3、厚 0.7 厘米。（图八五，1；彩版一四〇，4）

（2）杯　1件。泥质红陶。

2003YJ 采:1，口残。深垂腹，平底下凹。手工制作。器面纹饰残损不清。底径 6.8、残高 5.6
厘米。（图八五，2）

（3）平底钵　1件。泥质灰陶。

2003YJ 采:2，修复。微敛口，平沿，浅弧腹，圜底。唇面轮制两道弦纹。腹、底部饰方格
纹。口径 5.8、高 2.8 厘米。（图八五，3；彩版一四〇，5）

（4）盉　1件。夹砂灰陶。

2003YJ 采:3，修复。直口，平折宽沿，直腹，平底。器壁内外均见轮制痕迹。素面。口径
7.6、底径 6.2、高 5.1 厘米。（图八五，4；彩版一四〇，6）

（5）三足盘　3件。钵形，敞口，腹较直，平底，素面。

1）泥质灰陶　2件。

2003YJ 采:5，足残。斜沿，圆唇微内敛，下承三断足。内壁轮
制一组弦纹，足为手工捏制拼接。内沿下有刻符。口径 12.0、残高
7.2 厘米。（图八五，5；刻符图片 265）

刻符图片 265　2003YJ 采:5 三足盘

2003YJ 采:6，三足残。斜沿，尖唇，三足残。内底轮制一组弦纹。内沿下有刻符。烧制时器内产生鼓泡。口径 11.2、残高 6.3 厘米。（图八五，6；刻符图片 266）

2）泥质红陶　1 件。

2003YJ 采:4，足残。斜沿微敛，下存一足。足面呈三角形，略凹。器壁内外均见轮制痕迹，足为手工捏制拼接。内沿下有刻符。口径 12.8、高 7.2 厘米。（图八五，9；刻符图片 267）

（6）**陶垫**　1 件。夹砂灰陶。

2003YJ 采:8，把体残。蘑菇状。垫面微弧。手工制作。素面。垫径 6.6、残长 3.7 厘米。（图八五，7）

（7）**陶拍**　1 件。泥质红陶。

2003YJ 采:9，残，仅存长方形把手。扁平状拍面，底端圆弧。手工制作，面有刮削痕迹。素面。把宽 3.1、残长 11.6 厘米。（图八五，8）

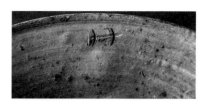

刻符图片 266　2003YJ 采:6 三足盘

刻符图片 267　2003YJ 采:4 三足盘

第五章 D区文化遗存

　　D区位于角山窑址南端，童家河南岸100米区域内。该区地势较高，为角山西麓坡地。主要是1983年发掘的T2～T8七条探沟和A、B两处陶片堆积以及1986年发掘的四条探沟T9～T12。（图八六）

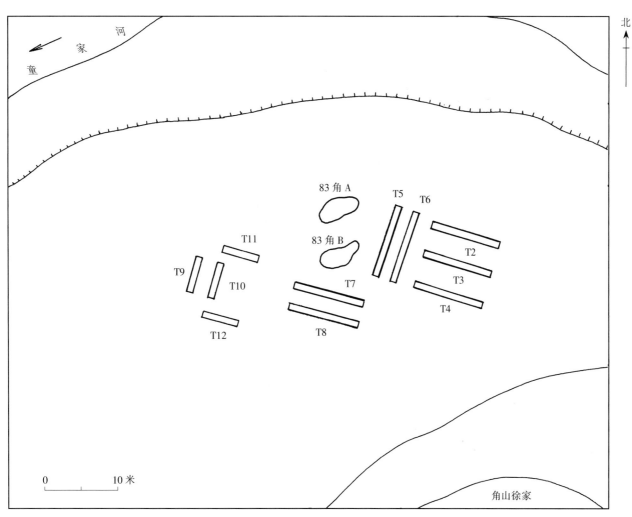

图八六　D区探沟及遗迹分布示意图

第一节　地层堆积

　　该区域位于角山西麓坡地上，地层堆积相对保存较好，现以该区所有探沟的四壁剖面图为依据，简要归纳其地层堆积特点。（图八七A、B）

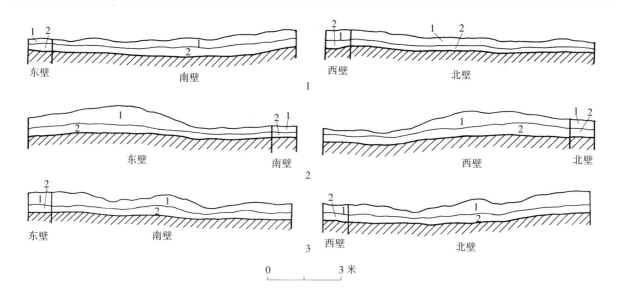

图八七 A　D 区探沟 T2、T5、T8 地层剖面图

1. T2　2. T5　3. T8

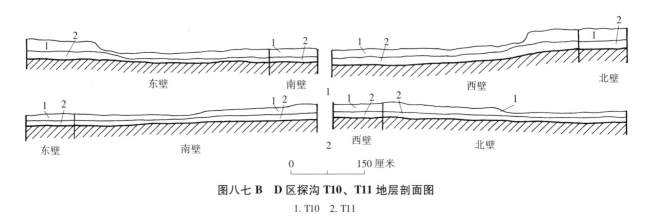

图八七 B　D 区探沟 T10、T11 地层剖面图

1. T10　2. T11

第二节　陶片堆积

一　83 角 A

位于角山童家老河道南面、T8～T11 东北侧。因缺乏原始资料，开口层次、平剖面形状、大小、深度不详。清理前，见表面有扰乱土覆盖，盖土呈红褐色，夹沙石、碎陶、植物根系等杂质，高于地平面而形成堆包。揭露盖土面后，见坑内堆积深灰色土，土质疏松，包含红烧土块、灰烬及大量陶片、残器，并有少许原始瓷残片。陶有夹砂灰、红陶和泥质灰、红陶，以夹砂灰陶为主，占总数的 62.58%。纹饰有云雷纹、篮纹、席纹、方格纹、方格填线纹，以篮纹、云雷纹居多，分别占 47.42% 和 32.70%。出土完整器有纺轮、盂、钵，已复原及可辨器形有盘、钵、豆、釜、罐、器盖、把手、盖碗、陶垫、甗形器等。（图八八 A）

（1）釜　12 件。腹内有垫窝。

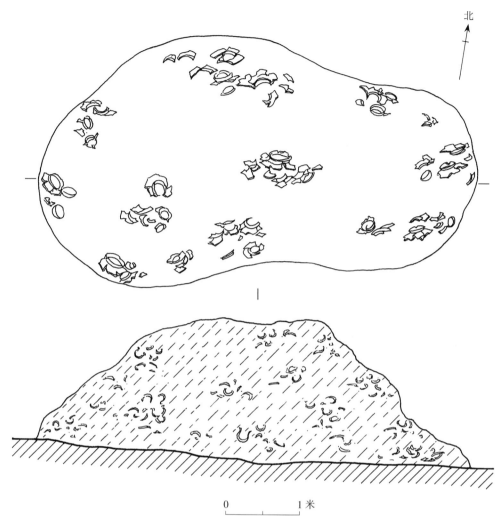

北

0   1 米

图八八 A　D 区·83 角 A 平、剖面图

1）红硬陶　1 件。

83 角 A:41，修复。直口微侈，平折宽沿，方唇，矮领，垂腹，凹底。口领部有一组轮旋纹，底内亦有垫窝。腹部饰云雷纹，底部饰篮纹。口径 19.5、底径 12.0、高 20.5 厘米。（图八八 B，1；彩版一四二，1）

2）灰硬陶　6 件。

83 角 A:69，腹部以下残。侈口，平折宽沿，圆唇外翻，矮领，垂腹。口领部轮制修整，唇部有凹弦纹。腹部饰云雷纹。口径 21.5、残高 13.2 厘米。（图八八 B，2）

83 角 A:68，腹部以下残。侈口，平折宽沿，圆唇外翻，矮领，垂腹。唇面轮制两道弦纹。腹部饰云雷纹。口径 21.7、残高 12.0 厘米。（图八八 B，3）

83 角 A:28，腹部以下残。侈口，尖圆唇，矮领，直腹，上腹部附一錾手、錾体残。口领部轮制修整。腹部饰云雷纹。口径 20.9、残高 10.8 厘米。（图八八 B，4）

83 角 A:40，修复。侈口，尖圆唇，直腹，圜底。唇面轮制一组弦纹，底内亦有垫窝。通体面饰云雷纹。内底有鼓泡，器物略有变形。口径 20.6、腹径 18.3、高 17.2 厘米。（图八八 B，5；彩版一四二，2）

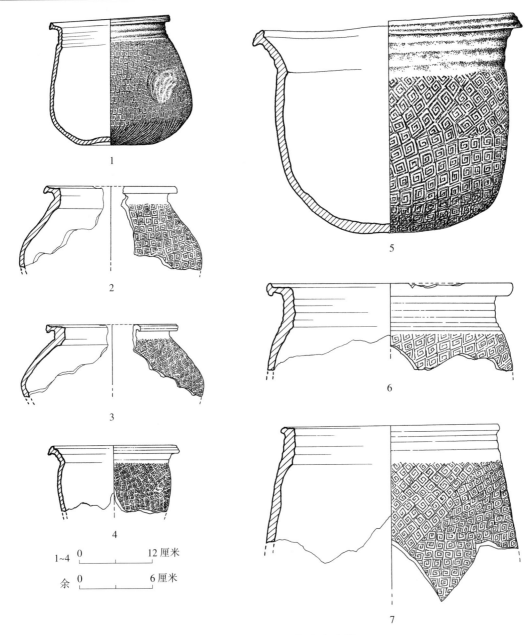

图八八 B　D区·83角A出土釜

1.83角A:41　2.83角A:69　3.83角A:68　4.83角A:28　5.83角A:40　6.83角A:67　7.83角A:83

83角A:67，腹部以下残。直口，平折宽沿，尖圆唇，高领。口领部尚见轮制痕迹。腹部饰云雷纹。口径20.0、残高7.0厘米。（图八八B，6）

83角A:83，腹部以下残。直口，方唇，矮领，直腹。口领部轮制修整。腹部饰云雷纹。口径17.6、残高14.2厘米。（图八八B，7）

3）泥质红陶　3件。

83角A:78，腹部以下残。直口，平折宽沿，方唇，高领。领部轮制两道凸弦纹。腹部饰云雷纹。口径21.8、残高8.8厘米。（图八八C，1）

83角A:79，腹部以下残。侈口，尖圆唇，矮领。唇部轮制两道凹弦纹。腹部饰方格斜线纹。口径16.8、残高8.5厘米。（图八八C，2）

83角A:77，腹部以下残。直口，平折沿，圆唇外翻，高领。唇面轮制一组弦纹。腹部饰云雷

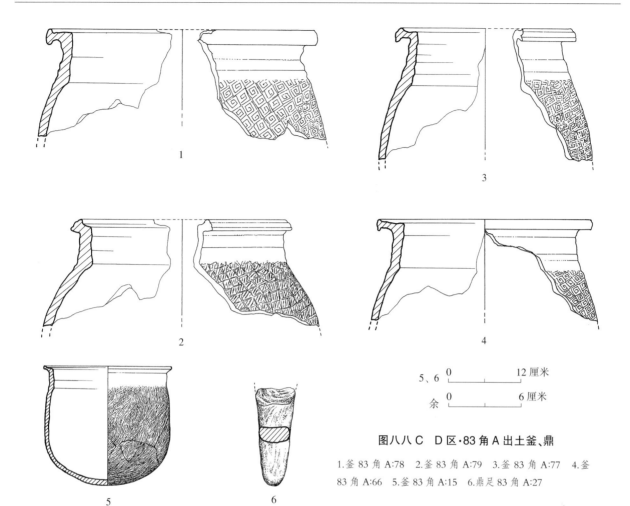

图八八C　D区·83角A出土釜、鼎

1.釜 83 角 A:78　2.釜 83 角 A:79　3.釜 83 角 A:77　4.釜
83 角 A:66　5.釜 83 角 A:15　6.鼎足 83 角 A:27

纹。口径 14.2、残高 10.6 厘米。（图八八C，3）

4）夹砂灰陶　1 件。

83 角 A:66，腹部以下残。直口，平折宽沿，圆唇，高领。唇面轮制两道弦纹。腹部饰云雷纹。口径 17.8、残高 8.4 厘米。（图八八C，4）

5）夹砂红陶　1 件。

83 角 A:15，修复。直口，平折沿，圆唇，矮领，垂腹，圜底。口领部轮制，底内亦有垫窝。通体面饰篮纹。口径 21.2、腹径 20.8、高 19.2 厘米。（图八八C，5；彩版一四二，3）

（2）鼎　1 件。夹砂红陶。

83 角 A:27，残，仅存一鼎腿。器呈长三角形，斜面顶，内面略平，外面稍弧。底部有支撑压印，手工制作。素面。顶径 5.7、残长 14.5 厘米。（图八八C，6）

（3）高领鼓肩罐　6 件。侈口。

1）灰硬陶　4 件。

83 角 A:21，修复。尖圆唇，斜腹，凹底。唇部轮制两道凹弦纹，肩至底内有垫窝。肩部饰云雷纹，腹、底部饰篮纹，下腹部并见工具剔刻形成的刻符。器物略有变形。口径 17.5、肩径 26.3、底径 9.5、高 28.0 厘米。（图八八D，1；刻符图片 268；彩版一四二，4）

刻符图片 268　83 角 A:21 高领鼓肩罐

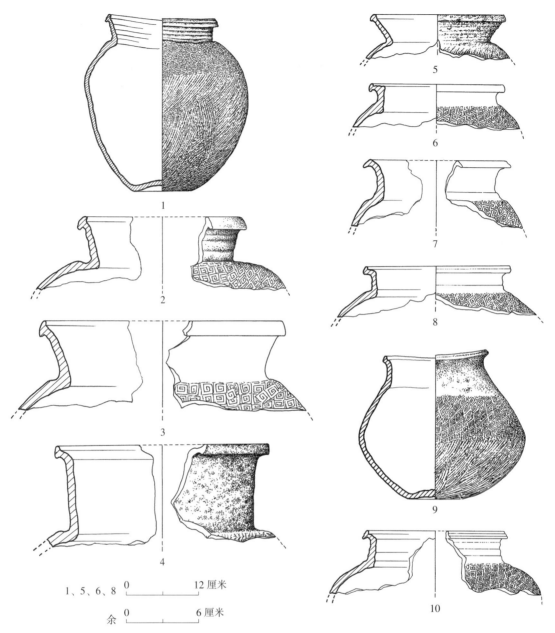

图八八 D　D 区·83 角 A 出土罐

1. 高领鼓肩罐 83 角 A：21　2. 高领鼓肩罐 83 角 A：59　3. 高领鼓肩罐 83 角 A：57　4. 高领鼓肩罐 83 角 A：72　5. 高
领鼓肩罐 83 角 A：73　6. 矮领鼓肩罐 83 角 A：61　7. 矮领鼓肩罐 83 角 A：60　8. 矮领鼓肩罐 83 角 A：62　9. 鼓腹罐 83
角 A：18　10. 鼓腹罐 83 角 A：63

　　83 角 A：59，肩部以下残。尖圆唇。唇部轮制一组弦纹，肩内有垫窝。肩部饰云雷纹。内沿下有刻符。口径 13.0、残高 5.8 厘米。（图八八 D，2；刻符图片 269）

　　83 角 A：57，肩部以下残。斜沿，尖圆唇。口领部轮制修整，肩内有垫窝。肩部饰云雷纹。外见鼓泡。口径 19.8、残高 7.2 厘米。（图八八 D，3）

　　83 角 A：58，肩部以下残。圆唇。领外壁有轮制弦纹，肩内有

刻符图片 269　83 角 A：59 高领鼓肩罐

垫窝。肩部饰云雷纹。残高 6.2 厘米。

2）泥质红陶　1 件。

83 角 A:72，仅存口领残部。斜折沿，圆唇。轮制修整，表面光洁。口径 17.7、残高 7.8 厘米。（图八八 D，4）

3）夹砂红陶　1 件。

83 角 A:73，肩部以下残。圆唇。口领部有轮制痕迹，肩内有垫窝。肩部饰篮纹。口径 21.5、残高 7.2 厘米。（图八八 D，5）

（4）矮领鼓肩罐　3 件。口领部有轮制痕迹。肩内有垫窝。

1）灰硬陶　2 件。

83 角 A:61，肩部以下残。直口，平折宽沿，圆唇外翻。沿面有轮制痕迹；肩部饰云雷纹。口径 21.5、残高 7.1 厘米。（图八八 D，6）

83 角 A:60，肩部以下残。侈口，方唇。口领部有轮制痕迹。肩部饰云雷纹。口径 11.2、残高 5.4 厘米。（图八八 D，7）

2）泥质红陶　1 件。

83 角 A:62，肩部以下残。侈口，斜折沿，圆唇。口领部轮制修整。肩部饰细线云雷纹。口径 23.5、残高 7.6 厘米。（图八八 D，8）

（5）鼓腹罐　2 件。均为灰硬陶。矮领，溜肩，圆唇。肩部饰云雷纹。

83 角 A:18，修复。直口，斜折沿，凹底。领部轮制细弦纹，肩至底内有陶垫按压印迹。腹、底部饰篮纹。口径 8.4、底径 4.5、高 11.8 厘米。（图八八 D，9；彩版一四三，1）

83 角 A:63，肩部以下残。矮领，溜肩。直口微侈，平折沿，圆唇。唇面轮制两道细弦纹；肩内有垫窝。口径 11.2、残高 5.0 厘米。（图八八 D，10）

（6）垂腹罐　2 件。矮领，溜肩。平折沿。肩内有垫窝。肩部饰云雷纹。

1）灰硬陶　1 件。

83 角 A:64，肩部以下残。直口微侈。唇面轮制两道弦纹。口径 13.6、残高 7.8 厘米。（图八八 E，1）

2）泥质红陶　1 件。

83 角 A:74，肩部以下残。敛口，圆唇。领部轮制一组弦纹。口径 8.6、残高 7.0 厘米。（图八八 E，2）

（7）直腹罐　3 件。无领，尖圆唇。腹内有垫窝。腹饰篮纹。

1）灰硬陶　2 件。

83 角 A:31，修复。侈口，斜折沿，圜底。唇面轮制一道凸弦纹，底内有垫窝。通体面饰篮纹。口径 15.1、腹径 13.3、高 10.9 厘米。（图八八 E，3；彩版一四三，2）

83 角 A:65，腹部以下残。侈口，平折沿。唇部轮制一道凸弦纹，内沿下有工具涂剔形成的团云状刻符，口径 19.5、残高 9.0 厘米。（图八八 E，4；刻符图片 270）

2）夹砂灰陶　1 件。

83 角 A:42，修复。直口微侈，平折沿，圜底。唇面轮制一道

刻符图片 270　83 角 A:65 直腹罐

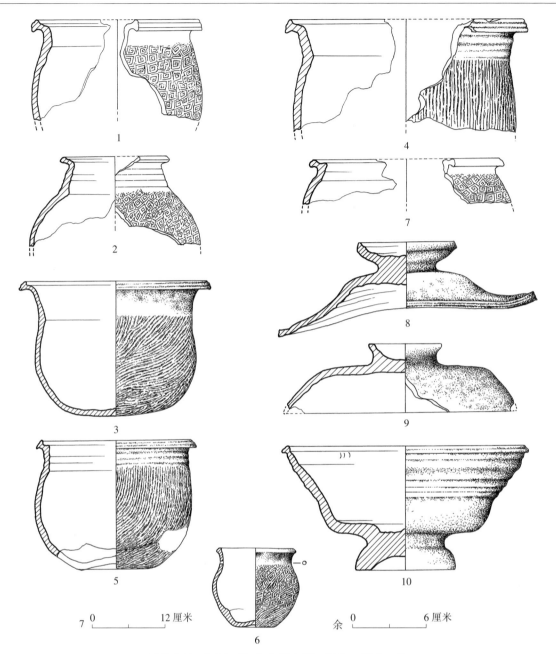

图八八E　D区·83角A出土罐、器盖、盖碗、瓮

1. 垂腹罐 83 角 A:64　2. 垂腹罐 83 角 A:74　3. 直腹罐 83 角 A:31　4. 直腹罐 83 角 A:65　5. 直腹罐 83 角 A:42
6. 矮领鼓肩小罐 83 角 A:32　7. 瓮 83 角 A:80　8. 器盖 83 角 A:14　9. 器盖 83 角 A:75　10. 盖碗 83 角 A:56

凸弦纹；底内亦有垫窝。通体面饰篮纹。口径 12.5、底径 5.8、高 10.4 厘米。（图八八E，5；彩版一四三，3）

（8）矮领鼓肩小罐　1件。灰硬陶。

83 角 A:32，修复。侈口，圆唇，微束颈，鼓肩，斜腹，凹底。颈部对穿两圆形小孔。口颈部有轮制痕迹，腹内有拍印垫窝。肩部饰云雷纹。腹、底部饰篮纹，外底有刻符。口径 6.1、底径 3.2、高 6.4 厘米。（图八八E，6；刻符图片 271；彩版一四三，4）

刻符图片 271　83 角 A:32
矮领鼓肩小罐

（9）**器盖**　2件。侈口，浅弧腹，圈足提手。

1）灰硬陶　1件。

83角A∶14，修复。端缘外撇，盖面隆起，平顶。内壁有轮制弦纹，圈足捉手为手工拼接。器壁有裂痕及轻度变形。口径21.4、纽径8.0、通高5.4厘米。（图八八E，8；彩版一四三，5）

2）泥质红陶　1件。

83角A∶75，口略残。盖面斜直，盖顶近平。内壁有轮制痕迹。素面。纽径6.0、通高5.6厘米。（图八八E，9）

（10）**盖碗**　1件。泥质红陶。

83角A∶56，修复。盖壁腹分两段，上壁略斜、下壁较弧，平顶，圈足纽。内底轮制一组弦纹。素面。内沿下有刻符。口径19.6、足径8.2、通高10.1厘米。（图八八E，10；刻符图片272；彩版一四三，6）

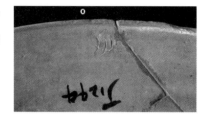

刻符图片272　83角A∶56 盖碗

（11）**瓮**　1件。泥质红陶。

83角A∶80，肩部以下残。敛口，平折宽沿，圆唇，无领，斜肩。口沿部有轮制痕迹，肩内有垫窝。肩部饰云雷纹。口径30.7、残高7.2厘米。（图八八E，7）

（12）**三足盘**　21件。器身多有轮制痕迹。

1）原始瓷　1件。

83角A∶19，足残。钵形，敞口，圆唇，腹较直，腹下仅存一足，足呈长三角形、面凹呈半圆状。盘身轮制修整，略有变形，足为手制拼接，外腹及足面有积釉。素面。口径10.8、通高11.7厘米。（图八八F，1）

2）灰硬陶　14件。

83角A∶53，修复。钵形，微敛口，方唇，腹较直，平底，下承三足，足呈长三角形、凹面。外壁有轮制痕迹，足为手制拼接。素面。口径7.2、通高8.6厘米。（图八八F，2；彩版一四四，1）

83角A∶49，修复。钵形，敞口，尖圆唇，腹较直，平底，下承三足，足呈长三角形、折面呈凹槽状。器壁内外有轮制痕迹，壁外沿一处有施釉。口径15.0、通高14.8厘米。（图八八F，3；彩版一四四，2）

83角A∶13，修复。钵形，微敛口，圆唇，腹较直，平底，下承三足，足呈长三角形、凹面。盘身轮制，器壁有轮制痕迹，足为手制拼接。口径10.0、通高11.4厘米。（图八八F，4；彩版一四四，3）

83角A∶29，修复。钵形，敞口，方唇，腹较直，平底，下承三足。足为长三角形，面折成流口状，外腹下饰一乳钉纹。器壁轮制修整，乳钉及三足手制按接成型。口径8.0、通高8.0厘米。（图八八F，5；彩版一四四，4）

83角A∶51，修复。钵形，敞口，尖圆唇，腹较直，平底，下承三足，足呈长三角形，折面成凹槽状，外腹下饰一乳钉。唇面及外壁轮制一组弦纹，乳钉及三足手制拼接成型。口径12.4、通高13.6厘米。（图八八F，6；彩版一四四，5）

83角A∶25，修复。钵形，微敛口，圆唇，腹较直，圜底，下承三足，足呈长三角形、凹面。器壁有轮制痕迹，足为手制拼接。素面。口径10.8、通高10.4厘米。（图八八F，7；彩版一四四，6）

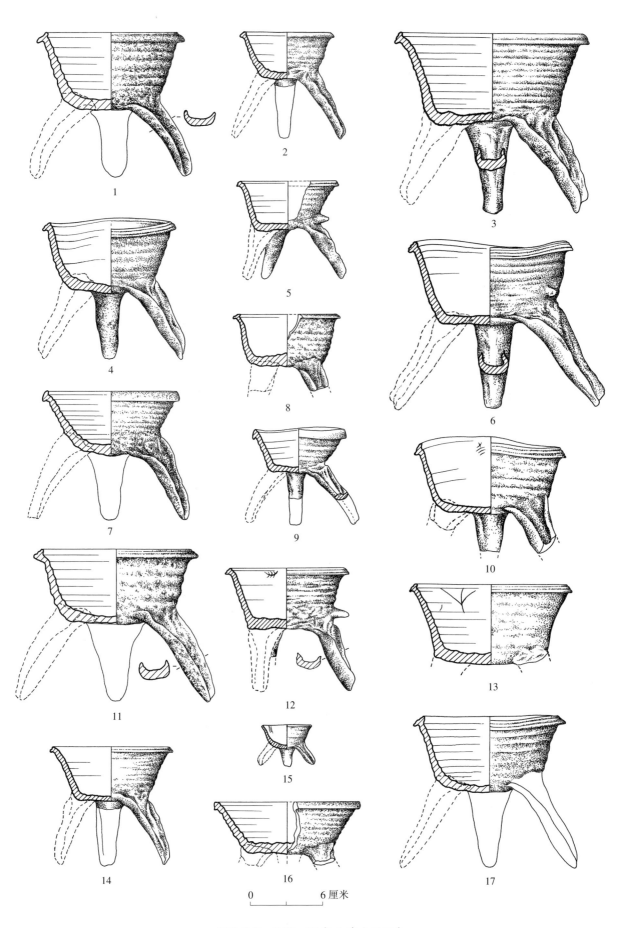

图八八 F　D区·83角A 出土三足盘

1.83角A:19　2.83角A:53　3.83角A:49　4.83角A:13　5.83角A:29　6.83角A:51　7.83角A:25　8.83角A:22　9.83角A:52
10.83角A:12　11.83角A:20　12.83角A:37　13.83角A:36　14.83角A:38　15.83角A:16　16.83角A:24　17.83角A:50

83 角 A:22,足残。钵形,微敛口,方唇,腹较直,平底,下承三断足,足面略凹。器壁有轮旋纹,内底中心饰一乳钉,足为手制拼接。素面。口径8.2、残高6.0厘米。(图八八 F,8)

83 角 A:52,修复。钵形,敞口,圆唇,腹较直,平底,下承三足,足呈长三角形、面凹。内壁有轮制痕迹,足为手制拼接。素面。口径7.5、残高5.8厘米。(图八八 F,9;彩版一四五,1)

83 角 A:12,足残。钵形,微敛口,圆唇,腹较直,平底,下存三断足,中部有脊。外壁有轮旋纹,足为手制拼接。内沿下有刻符。口径11.5、残高9.3厘米。(图八八 F,10;刻符图片273)

83 角 A:20,修复。钵形,敞口,方唇,腹较直,平底,下承三足。足呈长三角形、凹面。器壁内外有轮制痕迹,足为手制拼接。素面。口径12.5、通高12.2厘米。(图八八 F,11;彩版一四五,2)

刻符图片 273　83 角 A:12 三足盘

83 角 A:4,修复。钵形,敛口,尖圆唇,腹较直,平底,下承三足。足呈长三角形、凹面。内底轮制一组弦纹,足为手制拼接。素面。口径11.8、通高10.5厘米。(彩版一四五,3)

83 角 A:6,修复。钵形,敞口,腹较直,方唇,平底,下承三足。足呈长三角形、面略凹。器壁内外均有轮制痕迹,足为手制拼接,器物略有变形。口径10.5、通高10.0厘米。(彩版一四五,4)

刻符图片 274　83 角 A:71 三足盘

83 角 A:17,足残。钵形,微敛口,方唇,腹较直,圜底,下存一断足。足呈长三角形、凹面。内壁有轮旋纹,外壁修抹,足为手制拼接。素面。口径12.4、残高7.2厘米。

83 角 A:71,口沿及三足残。钵形,腹较直,平底,器壁内外均有轮制痕迹,外沿下有粗线刻符。残高4.2厘米。(刻符图片274)

刻符图片 275　83 角 A:37 三足盘

3)泥质灰陶　4件。

83 角 A:37,修复。钵形,敞口,方唇,腹较直,平底,下承三足,外腹下饰一乳钉,足为长三角形,面凹成半圆状。外壁有轮制痕迹,乳钉及三足为手制按接。内沿下有刻符。口径9.6、通高10.0厘米。(图八八 F,12;刻符图片275;彩版一四五,5)

83 角 A:36,三足残。钵形,敞口,圆唇,腹较直,平底。轮制修整。素面。内沿下有刻符。口径12.5、残高6.5厘米。(图八八 F,13;刻符图片276)

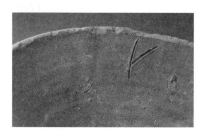
刻符图片 276　83 角 A:36 三足盘

83 角 A:38,修复。钵形,敞口,方唇,腹较直,平底,下承三足,足呈长三角形、凹面。器壁内外有轮制痕迹,足为手制拼接。口径9.7、通高9.6厘米。(图八八 F,14;彩版一四五,6)

83 角 A:16,修复。钵形,器形小,敞口,方唇,腹较直,圜底,下承三足,足呈长三角形、凹面。器壁轮制修整,足为手制拼接。素面。内沿下有刻符。口径4.2、通高3.4厘米。(图八八 F,15;刻符图片277;彩版一四六,1)

刻符图片 277　83 角 A:16 三足盘

4）泥质红陶　2件。

83 角 A:24，足残。盘形，敞口，圆唇，浅斜腹，平底，下存二断足。内壁有轮制痕迹。素面。外底有粗线刻符。口径 12.2、残高 4.8 厘米。（图八八 F，16；刻符图片 278）

83 角 A:50，修复。钵形，敞口，尖圆唇，腹较直，平底，下承三足，足呈长三角形、凹面。内壁有轮制痕迹，足为手制拼接。素面。内沿下有刻符。口径 11.2、残高 6.2 厘米。（图八八 F，17；刻符图片 279；彩版一四六，2）

（13）**盔形钵**　6 件。器身口沿部多有轮制痕迹。

1）灰硬陶　5 件。

83 角 A:10，修复。侈口，斜沿微敛，尖圆唇，斜直深腹，圜底。唇面轮制一组弦纹，腹、底内有垫窝。腹部饰云雷纹。内沿下有刻符。口径 10.2、高 6.3 厘米。（图八八 G，1；刻符图片 280；彩版一四七，1）

83 角 A:11，修复。侈口，斜沿，圆唇，斜直深腹，圜底。唇面轮制一组弦纹，腹、底内有垫窝。腹部饰云雷纹，底部饰篮纹。器物严重变形。口径 7.2、高 6.6 厘米。（图八八 G，2）

83 角 A:46，修复。侈口，尖圆唇，斜直浅腹，平底。口沿有轮制痕迹。腹部饰云雷纹，底部饰篮纹。口径 10.4、底径 4.7、高 5.4 厘米。（图八八 G，3；彩版一四七，2）

83 角 A:26，口至底部有残。侈口，圆唇，斜直浅腹，平底。唇面轮制两道弦纹。腹部饰席纹。口径 9.4、高 5.5 厘米。（图八八 G，4）

83 角 A:43，修复。侈口，尖圆唇，斜直腹，平底。唇面轮制一组弦纹，腹、底内有垫窝。腹

刻符图片 278　83 角 A:24 三足盘

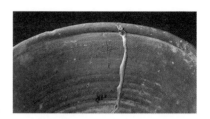

刻符图片 279　83 角 A:50 三足盘

刻符图片 280　83 角 A:10 盔形钵

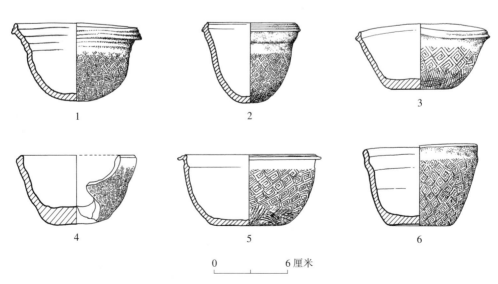

图八八 G　D 区·83 角 A 出土盔形钵

1.83 角 A:10　2.83 角 A:11　3.83 角 A:46　4.83 角 A:26　5.83 角 A:43　6.83 角 A:39

部饰云雷纹，底部饰篮纹。口径 10.8、底径 5.7、高 5.8 厘米。（图八八 G，5；彩版一四七，3）

2）泥质灰陶　1 件。

83 角 A:39，修复。侈口，口外撇，圆唇，深腹内弧，平底微凹。口沿部轮制修整，腹内有拍印垫窝。腹部饰云雷纹。口径 9.2、底径 5.2、高 6.7 厘米。（图八八 G，6；彩版一四七，4）

（14）**平底钵**　17 件。多圆唇，平底。器身多轮制修整。

1）夹砂灰硬陶　1 件。

83 角 A:5，修复。敛口，圆唇，浅鼓腹。轮制修整。素面。外底有刻符。口径 7.1、底径 3.4、高 4.6 厘米。（图八八 H，1；刻符图片 281；彩版一四八，1）

2）灰硬陶　6 件。

83 角 A:70，口及腹部略残。微侈口，圆唇，斜腹。轮制修整。素面。口径 13.7、底径 8.2、高 5.8 厘米。（图八八 H，2）

83 角 A:47，修复。微侈口，圆唇，浅斜腹。轮制修整，素面。内沿下有刻符。口径 11.2、底径 7.6、高 5.2 厘米。（图八八 H，3；刻符图片 282；彩版一四八，2）

83 角 A:9，修复。敛口，圆唇，斜腹，平底。器壁内外有轮旋纹。素面。内沿下有刻符。器物略有变形。口径 9.6、底径 6.2、高 4.6 厘米。（图八八 H，4；刻符图片 283；彩版一四八，3）

83 角 A:84，完整。敛口，圆唇，浅腹。轮制修整。素面。外底有刻符。口径 10.0、底径 5.2、高 4.4 厘米。（图八八 H，5；刻符图片 284；彩版一四八，4）

83 角 A:44，修复。敛口，圆唇内折，深圆腹。器壁有轮制痕迹。内腹有刻符。口径 13.2、底径 4.2、高 6.5 厘米。（图八八 H，6；刻符图片 285；彩版一四八，5）

83 角 A:54，修复。敛口，圆唇，深圆腹。外壁有轮旋纹。内沿下有刻符。内腹有鼓泡。口径 10.6、底径 5.4、高 5.1 厘米。（图八八 H，7；刻符图片 286；彩版一四八，6）

3）泥质红陶　4 件。

83 角 A:45，修复。敛口，尖唇，浅腹。内壁有一组轮弦纹。素面。内腹有刻符。口径 11.6、底径 5.4、高 5.4 厘米。（图八八 H，8；刻符图片 287；彩版一四九，1）

83 角 A:87，口略残。敛口，圆唇，斜腹。轮制修整。素面。口径 9.2、底径 4.1、高 5.1 厘米。（图八八 H，9）

83 角 A:88，修复。微敛口，圆唇，深圆腹。内壁一组轮制弦纹。素面。口径 10.4、底径 3.6、高 5.1 厘米。（图八八 H，10；彩版一四九，2）

刻符图片 281　83 角 A:5 平底钵

刻符图片 282　83 角 A:47 平底钵

刻符图片 283　83 角 A:9 平底钵

刻符图片 284　83 角 A:84 平底钵

刻符图片 285　83 角 A:44 平底钵

刻符图片 286　83 角 A:54 平底钵

刻符图片 287　83 角 A:45 平底钵

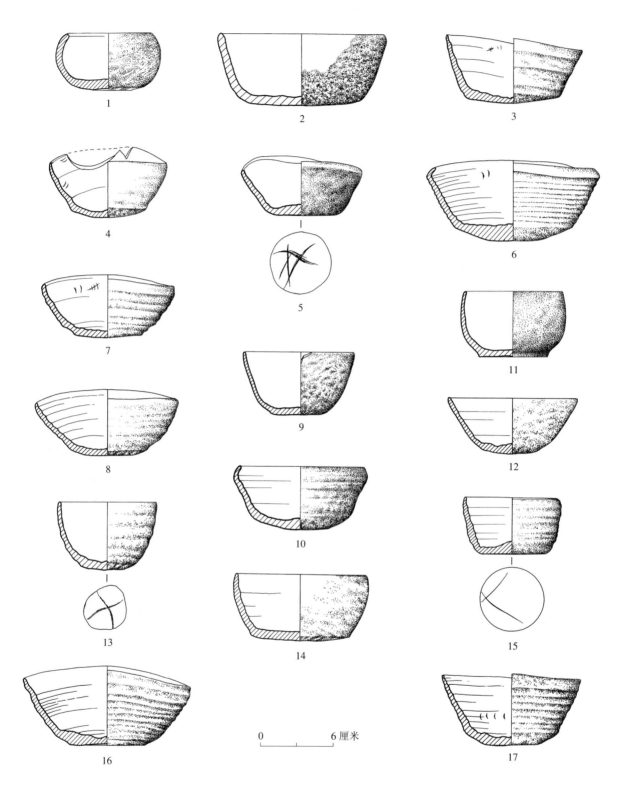

图八八 H　D 区·83 角 A 出土平底钵

1.83 角 A：5　2.83 角 A：70　3.83 角 A：47　4.83 角 A：9　5.83 角 A：84　6.83 角 A：44　7.83 角 A：54　8.83 角 A：45

9.83 角 A：87　10.83 角 A：88　11.83 角 A：81　12.83 角 A：55　13.83 角 A：23　14.83 角 A：8　15.83 角 A：1　16.83

角 A：34　17.83 角 A：48

83角A：81，修复。直口微敛，深腹较直。轮制修整。素面。口径8.0、底径5.6、高5.3厘米。（图八八H，11；彩版一四九，3）

4）夹砂灰陶　5件。

83角A：55，修复。微侈口，圆唇，浅斜腹。轮制修整。素面。口径10.6、底径4.2、高4.6厘米。（图八八H，12；彩版一四九，4）

83角A：23，修复。微侈口，圆唇，深斜腹。器面有轮制弦纹。素面。外底有刻符。口径8.1、底径3.5、高5.5厘米。（图八八H，13；刻符图片288；彩版一四九，5）

83角A：8，修复。直口，圆唇微内敛，直腹。内壁有轮制痕迹，外壁修抹。素面。口径10.8、底径8.2、高5.4厘米。（图八八H，14；彩版一四九，6）

83角A：1，修复。直口，圆唇，直腹较深。器壁内外均有轮制痕迹。外底有刻符。口径7.6、底径5.3、高4.6厘米。（图八八H，15；刻符图片289；彩版一五〇，1）

83角A：34，略残。敛口，圆唇，斜腹。器壁内外均见轮制痕迹。器物略有变形。口径13.8、底径6.2、高6.4厘米。（图八八H，16；彩版一五〇，2）

5）夹砂红陶　1件。

83角A：48，修复。微侈口，圆唇，深斜腹。内壁轮制一组弦纹。内腹中部有刻符。口径11.4、底径4.2、高5.8厘米。（图八八H，17；刻符图片290；彩版一五〇，3）

（15）**豆**　1件。灰硬陶。

83角A：82，仅存残柱座。圆锥体，内空，口外撇。柱座上部有刮削痕迹，下部轮制一组凹弦纹。残高13.4厘米。（图八八I，1）

（16）**盂**　4件。平底。器多轮制修整。素面。

1）灰硬陶　3件。

83角A：86，修复。敛口，圆唇，浅垂腹。器壁内外有轮制痕迹。口径9.6、腹径11.6、高4.4厘米。（图八八I，2；彩版一四六，3）

83角A：33，完整。敛口，圆唇，垂腹。胎体较厚。器壁内外轮制一组弦纹。口径6.3、底径6.4、高4.8厘米。（图八八I，3；彩版一四六，4）

83角A：7，修复。敛口，宽沿内弧，尖圆唇，浅垂腹。轮制修整。素面。口沿上有刻符。器有裂痕。口径6.0、底径6.0、腹径10.7、高4.6厘米。（图八八I，4；刻符图片291；彩版一四六，5）

2）泥质灰陶　1件。

83角A：35，修复。侈口，尖唇，浅直腹下收。轮制修整。内沿下有刻符。口径7.1、底径5.4、高3.3厘米。（图八八I，5；刻符图片292；彩版一四六，6）

刻符图片288　83角A：23平底钵

刻符图片289　83角A：1平底钵

刻符图片290　83角A：48平底钵

刻符图片291　83角A：7盂

刻符图片292　83角A：35盂

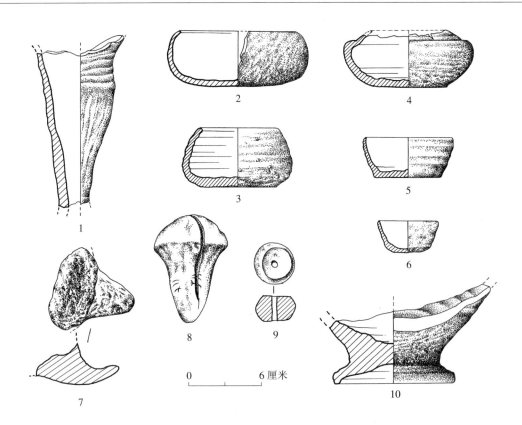

图八八 I D区·83角A出土豆、盉、杯、尊、把手、纺轮、陶垫

1. 豆83角A:82 2. 盉83角A:86 3. 盉83角A:33 4. 盉83角A:7 5. 盉83角A:35 6. 杯83角A:
30 7. 把手83角A:76 8. 陶垫83角A:3 9. 纺轮83角A:2 10. 尊83角A:85

（17）**杯** 1件。灰硬陶。

83角A:30，修复。侈口，尖圆唇，斜腹较深，平底。轮制修整。素面。口径4.8、底径2.4、通高2.5厘米。（图八八 I，6；彩版一五〇，4）

（18）**尊** 1件。灰硬陶。

83角A:85，腹部以上残。内凹底，圈足。内腹、底有一组轮弦纹。素面。足径10.0、残高8.2厘米。（图八八 I，10）

（19）**把手** 1件。泥质红陶。

83角A:76，残。把面呈三角形，粘接于器片上，尾部略上弯。素面。残长6.6厘米。（图八八 I，7）

（20）**纺轮** 1件。灰硬陶。

83角A:2，完整。算珠形，两面平，中有一圆形穿孔，周壁中间凸起折棱，折棱上下为斜面。素面。直径3.3、面径2.4、厚1.8厘米。（图八八 I，9；彩版一五〇，5）

（21）**陶垫** 1件。灰硬陶。

83角A:3，略残。蘑菇状。垫面隆起，圆锥形短把，素面。中部有火裂痕。把面有两组刻符。垫径6.0、长8.7厘米。（图八八 I，8；刻符图片293；彩版一五〇，6）

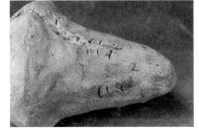

刻符图片293 83角A:3陶垫

二　83角B

位于角山童家老河道南面、T8～T11东北侧。因缺乏原始资料，开口层位、平剖面形状、大小、深度不详。清理前，见表面为不规则形小堆包，揭露完覆盖土层后发现83角B。坑内堆积较厚，土色灰褐、土质疏松，包含红烧土块、炭粒、灰烬及大量陶片、残器，并见1件完整砺石。以夹砂灰陶为主，占63.82%，多饰篮纹、云雷纹，分别占46.31%和31.57%，出土完整陶器有纺轮、盔形钵，已复原及其他可辨器形为钵、罐、盂、斝、瓮、盘、壶、豆、盖碗、陶垫、甑形器。（图八九A）

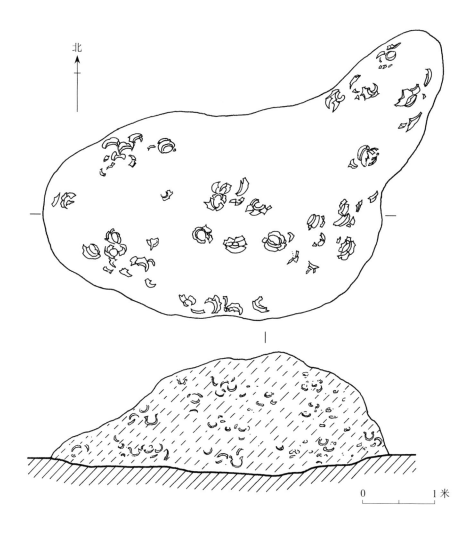

图八九A　D区·83角B平、剖面图

（1）**砺石**　1件。

83角B:16，完整。灰色花岗岩质。近长方形，一端稍平，一端略斜，两面及两侧因器物磨蚀略呈凹弧状。长14.4、宽6.3、厚3.7厘米。（图八九B，1；彩版一五一，1）

（2）**甑形器**　2件。釜体鼓肩，斜腹，凹底。甑体外壁见轮制痕迹，釜内有垫窝。釜面通饰篮纹。

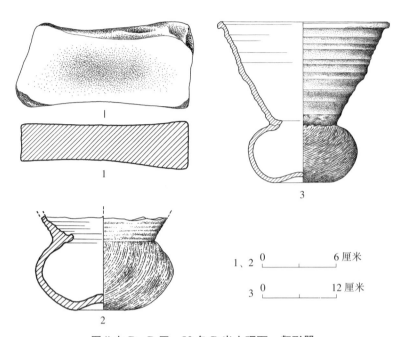

图八九 B　D 区·83 角 B 出土砺石，甑形器

1. 砺石 83 角 B:16　2. 甑形器 83 角 B:28　3. 甑形器 83 角 B:26

1）夹砂灰陶　1 件。

83 角 B:28，残。上部甑体口、腹残，下腹斜收，底内折略翘为箅托，下与釜体相连；釜腹内收。釜腹径 11.4、底径 4.9、残高 7.7 厘米。（图八九 B，2）

2）夹砂红陶　1 件。

83 角 B:26，修复。上为甑体，侈口，卷沿，圆唇，腹由两段连接而成，中部略鼓，底内折成箅托，下与釜体相连。口径 27.3、腰径 11.2、底径 9.4、通高 26.0 厘米。（图八九 B，3；彩版一五一，2）

（3）**釜**　7 件。口沿部轮制修整，腹内有垫窝。腹部饰云雷纹。

1）灰硬陶　5 件。

83 角 B:47，腹部以下残。敛口，平折宽沿，圆唇外翻，矮领，垂腹。口径 23.8、残高 13.2 厘米。（图八九 C，1）

83 角 B:54，腹部以下残。侈口，平折沿，圆唇，高领，直腹。口径 17.3、残高 15.0 厘米。（图八九 C，2）

83 角 B:74，腹部以下残。直口，平折沿，方唇，高领，垂腹。口径 22.0、残高 14.3 厘米。（图八九 C，3）

83 角 B:52，腹部以下残。直口，平折宽沿，圆唇，高领。沿面轮制一组细弦纹，腹为手制。内沿下有粗线刻符。口径 19.0、残高 6.6 厘米。（图八九 C，4；刻符图片 294）

83 角 B:53，腹部以下残。侈口，平折沿，方唇，高领，直腹。口径 17.2、残高 11.8 厘米。（图八九 C，5）

2）泥质红陶　1 件。

83 角 B:41，腹部以下残。敛口，平折宽沿，圆唇外翻，矮

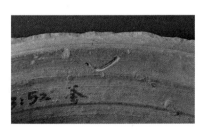

刻符图片 294　83 角 B:52 釜

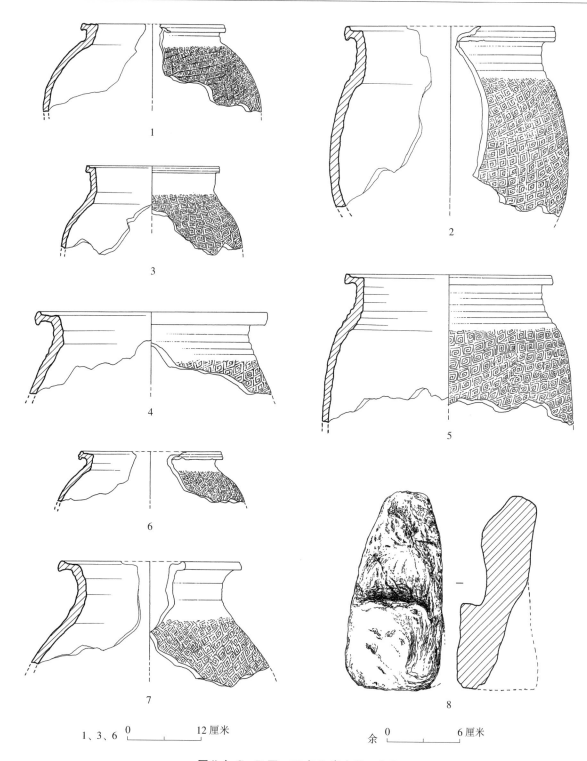

1、3、6 0 ———— 12厘米

余 0 ———— 6厘米

图八九 C   D 区·83 角 B 出土釜、支座

1. 釜 83 角 B:47   2. 釜 83 角 B:54   3. 釜 83 角 B:74   4. 釜 83 角 B:52   5. 釜 83 角 B:53   6. 釜 83 角 B:41   7. 釜 83 角 B:
65   8. 支座 83 角 B:18

领，垂腹。口径 23.5、残高 8.2 厘米。（图八九 C，6）

3）夹砂红陶 1 件。

83 角 B:65，腹部以下残。直口，平折沿，圆唇，矮领。口径 14.7、残高 10.2 厘米。（图八九 C，

7）

（4）**支座**　1 件。夹砂红陶。

83 角 B:18，支点残。上部圆形或椭圆形，一个支撑点。上部较圆，中部有斜切面，底斜平。手工制作。素面。高 16.1 厘米。（图八九 C，8）

（5）**高领鼓肩罐**　10 件。侈口，肩内有垫窝。

1）灰硬陶　6 件。

83 角 B:29，修复。方唇，斜腹，凹底。口、领部轮制修整，肩至底内有垫窝。肩部饰云雷纹，腹、底部饰篮纹。内沿下有刻符。口径 10.2、肩径 13.5、底径 4.4、高 13.6 厘米。（图八九 D，1；刻符图片 295；彩版一五一，3）

刻符图片 295　83 角 B:29
高领鼓肩罐

83 角 B:62，肩部以下残。圆唇。口领部轮制修整。肩部饰云雷纹。口径 22.0、残高 8.0 厘米。（图八九 D，2）

83 角 B:44，肩部以下残。尖圆唇。唇面轮制一组弦纹，肩部饰云雷纹。口径 19.0、残高 7.0 厘米。（图八九 D，3）

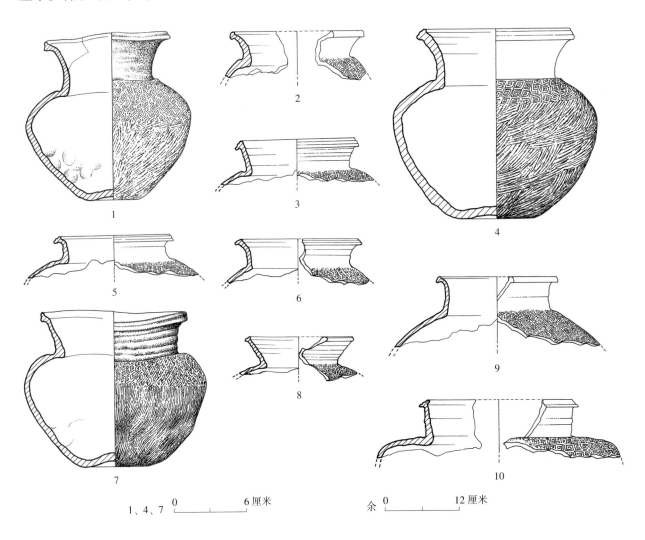

1、4、7　0 ——— 6 厘米
余　0 ——— 12 厘米

图八九 D　D 区·83 角 B 出土高领鼓肩罐

1. 83 角 B:29　2. 83 角 B:62　3. 83 角 B:44　4. 83 角 B:76　5. 83 角 B:45　6. 83 角 B:61　7. 83 角 B:4　8. 83 角 B:60　9. 83 角 B:63
10. 83 角 B:43

83角B∶45，肩部以下残。尖圆唇。唇面轮制一组弦纹，肩部饰席纹。口径18.5、残高6.5厘米。（图八九D，5）

83角B∶76，修复。圆唇，斜腹，凹底。口领部轮制修整，肩至底内有垫窝。肩部饰云雷纹，腹、底部饰篮纹。内沿下有刻符。口径12.2、肩径16.8、底径6.3、高15.3厘米。（图八九D，4；刻符图片296；彩版一五一，4）

刻符图片296　83角B∶76高领鼓肩罐

83角B∶43，肩部以下残。尖圆唇。领面有轮制弦纹，肩至底内有垫窝。肩部饰云雷纹。口径24.0、残高9.2厘米。（图八九D，10）

2）泥质灰陶　1件。

83角B∶4，修复。方唇，斜腹，凹底。唇面轮制两道凹弦纹，肩至底内有陶垫按压痕迹。肩部饰云雷纹，腹、底部饰篮纹。口部烧制变形。口径12.0、肩径15.1、底径5.4、高12.6厘米。（图八九D，7；彩版一五一，5）

3）泥质红陶　3件。

83角B∶61，肩部以下残。尖圆唇。唇面轮制一组弦纹。肩部饰云雷纹。口径19.3、残高7.3厘米。（图八九D，6）

83角B∶60，肩部以下残。圆唇，束颈。口颈部有轮制痕迹。肩部饰云雷纹。口径17.2、残高7.0厘米。（图八九D，8）

83角B∶63，肩部以下残。方唇。口领部轮制修整。肩部饰席纹。口径19.5、残高11.0厘米。（图八九D，9）

（6）**矮领鼓肩罐**　4件。肩内有垫窝。肩部饰云雷纹。

1）灰硬陶　3件。

83角B∶46，肩部以下残。直口微侈，平折沿，方唇。唇面轮制一道凹弦纹。口径23.4、残高5.9厘米。（图八九E，1）

83角B∶49，肩部以下残。直口，平折宽沿，圆唇外翻。唇面轮制两道弦纹。口径19.6、残高6.5厘米。（图八九E，2）

83角B∶48，肩部以下残。直口，平折宽沿，圆唇外翻。口领部轮制修整。口径19.7、残高8.0厘米。（图八九E，3）

2）泥质红陶　1件。

83角B∶59，肩部以下残。侈口，方唇。口、领部轮制修整。口径13.8、残高4.6厘米。（图八九E，4）

（7）**鼓腹罐**　3件。均为灰硬陶。矮领，溜肩。

83角B∶57，腹部以下残。直口，平折沿，尖圆唇。口、领部轮制修整，肩、腹内有垫窝。肩部饰云雷纹，腹部饰篮纹。口径10.1、残高8.0厘米。（图八九E，5）

83角B∶50，肩部以下残。敛口，平折宽沿，圆唇。唇面轮制两道凹弦纹，肩内有垫窝。肩部饰云雷纹。口径18.8、残高9.0厘米。（图八九E，6）

83角B∶23，修复。直口微侈，方唇，凹底。唇面轮制两道凹弦纹，肩至底内有垫窝。通体面饰方格纹。口径10.7、腹径11.2、高9.8厘米。（图八九E，7；彩版一五二，1）

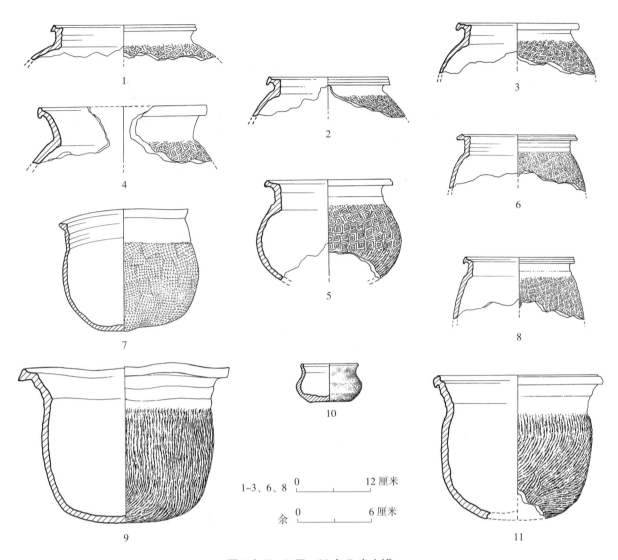

图八九 E　D 区·83 角 B 出土罐

1. 矮领鼓肩罐 83 角 B:46　2. 矮领鼓肩罐 83 角 B:49　3. 矮领鼓肩罐 83 角 B:48　4. 矮领鼓肩罐 83 角 B:59　5. 鼓腹罐 83 角 B:
57　6. 鼓腹罐 83 角 B:50　7. 鼓腹罐 83 角 B:23　8. 垂腹罐 83 角 B:51　9. 直腹罐 83 角 B:19　10. 鼓腹小罐 83 角 B:21　11. 直
腹罐 83 角 B:71

　　(8)垂腹罐　1 件。灰硬陶。

　　83 角 B:51，肩部以下残。直口，平折沿，尖圆唇，矮领，溜肩，凹底。口领部轮制修整，肩内有垫窝。肩部饰云雷纹。口径 18.0、残高 10.0 厘米。（图八九 E，8）

　　(9)直腹罐　2 件。均为夹砂灰陶。侈口，无领，圜底。口沿部轮制，腹内有垫窝。

　　83 角 B:19，修复。平折沿，方唇。腹、底内有垫窝。通体面饰篮纹。口部变形。口径 17.2、腹径 14.4、高 12.6 厘米。（图八九 E，9；彩版一五二，2）

　　83 角 B:71，底略残。尖圆唇。腹部饰篮纹。口径 13.1、残高 11.4 厘米。（图八九 E，11）

　　(10)鼓腹小罐　1 件。灰硬陶。

　　83 角 B:21，修复。侈口，方唇，溜肩，鼓腹，平底。轮制修整。素面。底部粘连部分砂粒。口径 4.8、底径 3.3、高 3.1 厘米。（图八九 E，10；彩版一五二，3）

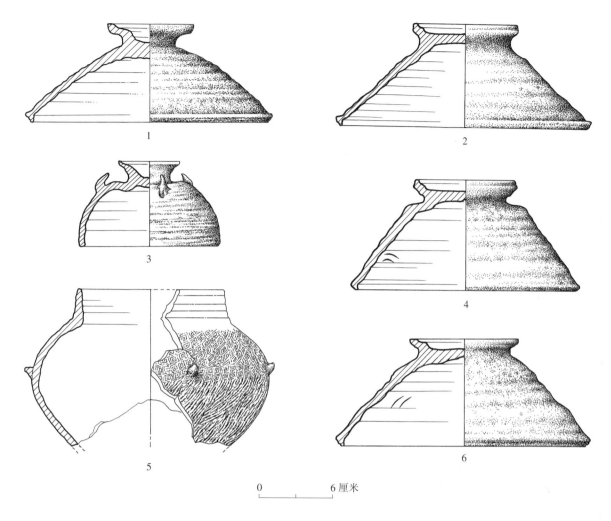

图八九F　D区·83角B出土器盖、坛

1. 器盖83角B:72　2. 器盖83角B:20　3. 器盖83角B:5　4. 器盖83角B:38　5. 坛83角B:69　6. 器盖83角B:39

（11）器盖　5件。圈足纽。外壁多件轮制痕迹。

1）灰硬陶　3件。

83角B:72，残。盖面隆起，平顶。器壁内外有轮制痕迹。盖径20.4、纽径7.1、高7.9厘米。（图八九F，1）

83角B:20，修复。盖面斜直，内凹顶，轮制修整，外壁有轮制痕迹。素面。口径20.6、纽径8.7、通高8.3厘米。（图八九F，2；彩版一五三，1）

83角B:5，修复。盖面隆起，内凹顶，纽周饰五乳钉。外壁有轮制痕迹，乳钉为手制按接。素面。口径11.4、纽径5.0、通高6.9厘米。（图八九F，3；彩版一五三，2）

2）泥质灰陶　1件。

83角B:38，修复。盖面斜直，近平顶。轮制修整，纽下并见一周凹条状工具压印。内沿下有刻符。口径18.6、纽径8.4、通高9.0厘米。（图八九F，4；刻符图片297；彩版一五三，3）

3）泥质红陶　1件。

刻符图片297　83角B:38器盖

83 角 B:39，修复。盖面斜直，内凹顶。外壁有轮制痕迹。素面。口径20.6、纽径9.1、通高8.6厘米。（图八九 F，6；彩版一五三，4）

（12）瓮　7件。平折宽沿。口领部多见轮制痕迹。

1）灰硬陶　4件。

83 角 B:55，肩部以下残。直口，圆唇外翻，矮领，鼓肩。唇面轮制一组弦纹，肩内有垫窝。肩部饰云雷纹。口径26.8、残高9.5厘米。（图八九 G，1）

83 角 B:40，肩部以下残。敛口，圆唇外翻，矮领，斜肩。口领部轮制修整，肩内有垫窝。肩部饰云雷纹。口径29.6、残高8.0厘米。（图八九 G，2）

83 角 B:14，肩部以下残。器形大，直口，圆唇，矮领，鼓肩。口领部见轮制痕迹。肩部饰云雷纹。沿上有刻符。口径14.8、残高5.3厘米。（图八九 G，3；刻符图片298）

83 角 B:56，肩部以下残。敛口，圆唇外翻，矮领，斜肩。唇面有一组轮弦纹，肩内有垫窝。肩部饰云雷纹。口径31.6、残高6.0厘米。（图八九 G，4）

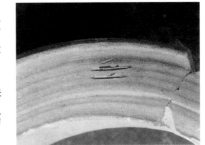

刻符图片298　83 角 B:14 瓮

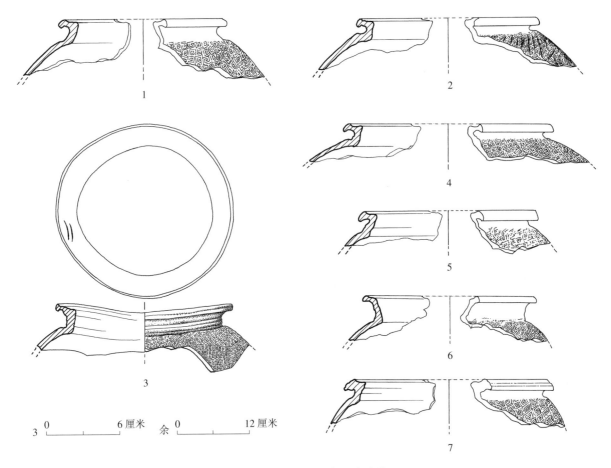

3　0 —— 6厘米　余 0 —— 12厘米

图八九 G　D区·83 角 B 出土瓮

1.83 角 B:55　2.83 角 B:40　3.83 角 B:14　4.83 角 B:56　5.83 角 B:66　6.83 角 B:67　7.83 角 B:68

2）泥质红陶　3 件。

83 角 B:66，肩部以下残。直口微敛，圆唇外翻，矮领，鼓肩。口领部轮制修整，肩内有垫窝。肩部饰云雷纹。口径 28.0、残高 6.5 厘米。（图八九 G，5）

83 角 B:67，肩部以下残。侈口，圆唇，高领。口领部轮制修整，肩内有垫窝。肩部饰席纹。口径 28.0、残高 7.0 厘米。（图八九 G，6）

83 角 B:68，肩部以下残。敛口，圆唇，矮领。口领部有轮制痕迹，肩内有垫窝。肩部饰云雷纹。口径 32.0、残高 8.0 厘米。（图八九 G，7）

（13）坛　1 件。灰硬陶。

83 角 B:69，底残。直口微侈，圆唇，圆领，鼓肩，肩部存三乳钉，斜腹。口领部有轮制痕迹，肩、腹内有垫窝。肩部饰云雷纹，腹部饰篮纹。口径 12.1、残高 12.4 厘米。（图八九 F，5）

（14）三足盘　7 件。器身轮制修整，足为手制拼接。

1）灰硬陶　6 件。

83 角 B:13，修复。钵形，微敛口，尖圆唇，浅腹较直，平底，下承三足，足呈长三角形、凹面。素面。口径 12.3、通高 11.5 厘米。（图八九 H，1；彩版一五四，1）

83 角 B:17，修复。钵形，微敛口，圆唇，腹较直，平底，下承三足，足呈长三角形、面凹。器壁内外有轮制弦纹。素面。器物略有变形。口径 10.2、通高 11.6 厘米。（图八九 H，2）

83 角 B:30，三足残。钵形，敛口，圆唇，腹较直，平底。器壁内外有轮旋纹。内沿下有刻符。口径 11.8、残高 5.9 厘米。（图八九 H，3；刻符图片 299）

83 角 B:77，修复。钵形，微敛口，圆唇，腹较直，平底下凹，下承三足，足呈三角形、底部内折成凹口。器内见轮制痕迹。腹有鼓泡。口径 7.8、通高 8.0 厘米。（图八九 H，4；彩版一五四，2）

83 角 B:34，修复。敞口，尖圆唇，钵形，腹较直，平底下凹，下承三足，足呈长三角形，凹面。内底轮制一组弦纹，外壁修抹。素面。口径 9.0、通高 7.4 厘米。（图八九 H，5；彩版一五四，3）

83 角 B:15，修复。盘形，敛口，尖圆唇，深斜腹，平底，下承三足，足呈长三角形、凹面。器内有轮制痕迹。素面。内沿下有刻符。口径 13.6、通高 15.4 厘米。（图八九 H，6；刻符图片 300；彩版一五四，4）

2）泥质灰陶　1 件。

83 角 B:25，三足残。钵形，微敛口，圆唇，腹较直，平底。外壁有轮制痕迹。素面。口径 12.2、残高 5.0 厘米。（图八九 H，7）

（15）带把钵　1 件。灰硬陶。

83 角 B:32，修复。敞口，圆唇，口沿上附一矮三角形把手，深腹，平底。器壁内外均见轮制痕迹。素面。内沿下有刻符。器口部略有变形。口径 10.4、底径 5.8、通高 5.6 厘米。（图八九 I，1；刻符图片 301；彩版一五五，1）

刻符图片 299　83 角 B:30 三足盘

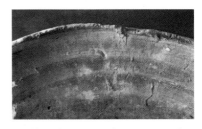

刻符图片 300　83 角 B:15 三足盘

刻符图片 301　83 角 B:32 带把钵

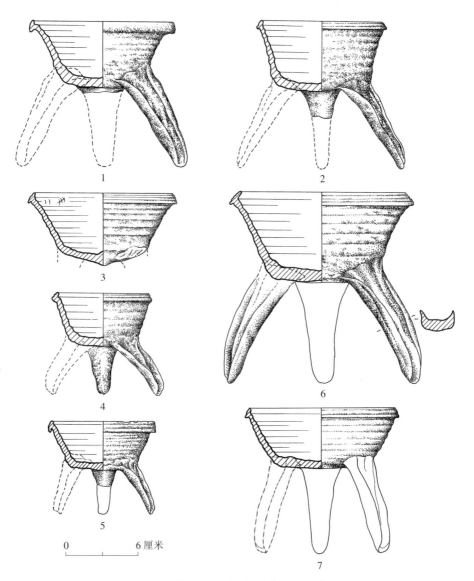

图八九 H　D 区·83 角 B 出土三足盘

1.83 角 B:13　2.83 角 B:17　3.83 角 B:30　4.83 角 B:77　5.83 角 B:34　6.83 角 B:15　7.83 角
B:25

（16）**盔形钵**　3 件。均为灰硬陶。侈口，圜底。

83 角 B:31，完整。圆唇，斜直浅腹。唇面轮制一组弦纹。通体面饰云雷纹。口沿上和内腹均有刻符。口径 7.8、高 4.2 厘米。（图八九 I，2；刻符图片 302；彩版一五五，2）

83 角 B:27，修复。口外撇，尖圆唇，浅腹内弧。唇面轮制一组弦纹。通体面饰云雷纹。内沿下有刻符。口径 7.2、高 3.4 厘米。（图八九 I，3；刻符图片 303；彩版一五五，3）

83 角 B:36，修复。方唇，斜直腹。口沿部轮制修整，腹、底内有垫窝。腹部饰云雷纹，底部饰篮纹。内沿下有粗线刻符。器物略有变形。口径 11.2、高 6.8 厘米。（图八九 I，4；刻符图片

刻符图片 302　83 角 B:31 盔形钵

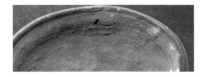

刻符图片 303　83 角 B:27 盔形钵

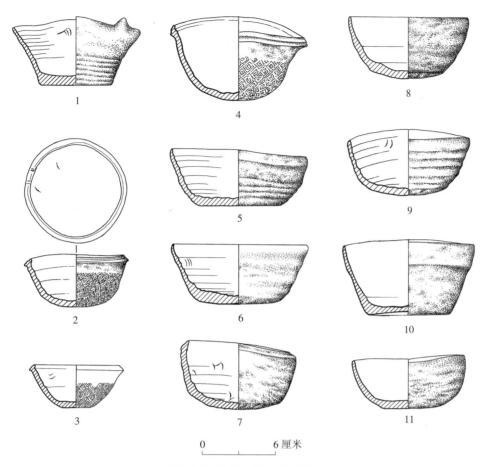

图八九 I　D区·83角B出土钵

1. 带把钵 83 角 B：32　2. 盉形钵 83 角 B：31　3. 盉形钵 83 角 B：27　4. 盉形钵 83 角 B：36　5. 平底钵
83 角 B：8　6. 平底钵 83 角 B：22　7. 平底钵 83 角 B：35　8. 平底钵 83 角 B：3　9. 平底钵 83 角 B：33
10. 平底钵 83 角 B：10　11. 平底钵 83 角 B：9

304；彩版一五五，4）

（17）平底钵　7 件。轮制修整。

1）灰硬陶　4 件。

83 角 B：9，修复。微侈口，圆唇，浅斜腹，平底。素面。口
径 9.4、底径 4.2、通高 4.0 厘米。（图八九 I，11；彩版一五六，
1）

83 角 B：8，修复。敛口，圆唇，斜腹，外腹中部有一周束凹
痕，平底。内底见一组轮弦纹。口径 11.2、底径 6.6、高 4.6 厘
米。（图八九 I，5；彩版一五六，2）

83 角 B：22，修复。敛口，圆唇，斜腹，平底。器壁见轮制痕
迹。素面。内底有鼓泡。口径 11.0、底径 5.6、高 4.8 厘米。（图
八九 I，6；图片 305；彩版一五六，3）

83 角 B：35，修复。敛口，圆唇，深弧腹，平底下凹。器壁有
轮制痕迹。素面。内腹有刻符。口径 8.6、底径 7.5、高 5.3 厘米。

刻符图片 304　83 角 B：36 盉形钵

刻符图片 305　83 角 B：22 平底钵

（图八九 I，7；刻符图片306；彩版一五六，4）

2）夹砂灰陶　1件。

83角B：3，修复。直口，圆唇，深直腹，平底。素面。口径
9.8、底径5.9、高4.9厘米。（图八九 I，8；彩版一五六，5）

3）夹砂红陶　2件。

83角B：33，修复。敛口，圆唇微敛，平底。器壁内外有轮制
痕迹。素面。内沿下有刻符。口径10.1、底径6.2、高5.3厘米。
（图八九 I，9；刻符图片307；彩版一五六，6）

83角B：10，修复。夹砂红陶。直口，圆唇，深直腹，平底。
素面。口部略有变形。口径10.8、底径6.8、高6.0厘米。（图
八九 I，10；彩版一五七，1）

（18）**豆**　1件。灰硬陶。

83角B：42，残，仅存柱座。呈圆锥体，内空，口外撇，喇叭
底座较高。上部有刮削痕迹，下部轮制一组凸弦纹。底径11.5、
残高16.2厘米。（图八九 J，1）

（19）**斝**　3件。素面。

1）灰硬陶　2件。

83角B：7，足及鋬手残。侈口，尖唇，浅斜腹，腹底盘外凸，
腹侧附一舌形残鋬手，平底下见三足粘接痕迹。内底轮制一组凸
弦纹，鋬手为手工制作拼接。口径10.3、残高7.2厘米。（图八九 J，7）

83角B：12，修复。侈口，圆唇，浅斜腹，微束腰，平底，下承三圆锥形足。内底轮制一组弦
纹，外壁修抹，足为手制拼接。口径9.5、通高12.5厘米。（图八九 J，6；彩版一五七，2）

2）夹砂红陶　1件。

83角B：75，口、足残。斜腹，腹底部附一舌形鋬手、鋬体横立上翻，平底，下存一圆锥形
足。器壁有轮制痕迹，鋬手及足手工按接成形。残高9.4厘米。（图八九 J，8）

（20）**壶**　1件。泥质红陶。

83角B：37，修复。无流。侈口，圆唇，微束颈，鼓肩，斜腹，凹底。口颈部见轮制痕迹，肩
至底内有垫窝。通体面饰篮纹。口径11.0、底径6.8、通高11.4厘米。（图八九 J，2；彩版一五七，
3）

（21）**盂**　2件。均为灰硬陶。敛口，圆唇，垂腹，平底。壁内见轮制痕迹。素面。

83角B：70，修复。鼓腹，腹有折棱，圜底。器壁外亦有轮制弦纹。口径10.3、底径8.2、通
高6.0厘米。（图八九 J，3；彩版一五五，5）

83角B：6，修复。浅腹。壁内见轮制痕迹。外沿下有刻符。口径10.4、底径6.8、通高5.9厘
米。（图八九 J，4；刻符图片308；彩版一五五，6）

（22）**杯**　1件。灰硬陶。

83角B：73，修复。器形小，圆唇，侈口，斜腹，圜底。手工制作，表面粗糙。素面。口径
2.8、通高2.5厘米。（图八九 J，9；彩版一五七，4）

（23）**尊**　1件。灰硬陶。

刻符图片306　83角B：35平底钵

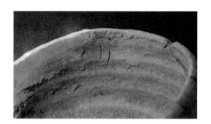

刻符图片307　83角B：33平底钵

刻符图片308　83角B：6盂

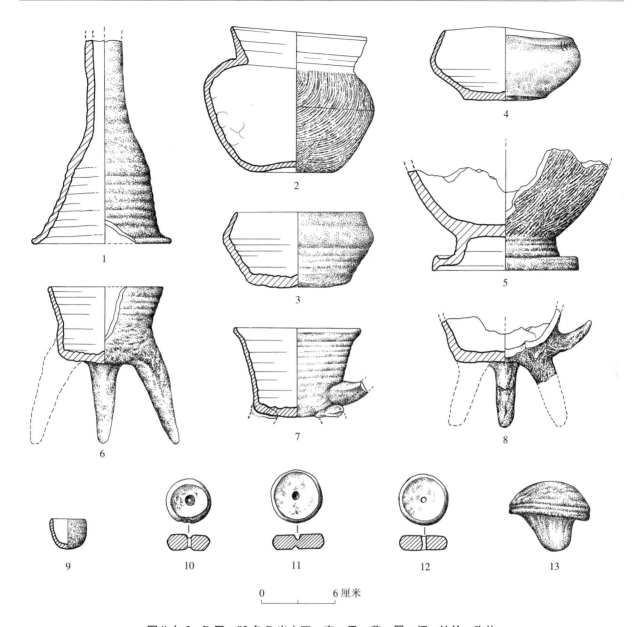

图八九 J　D区·83角B出土豆、壶、盂、尊、斝、杯、纺轮、陶垫

1. 豆 83 角 B:42　2. 壶 83 角 B:37　3. 盂 83 角 B:70　4. 盂 83 角 B:6　5. 尊 83 角 B:58　6. 斝 83 角 B:12　7. 斝 83 角 B:7
8. 83 角 B:75　9. 杯 83 角 B:73　10. 纺轮 83 角 B:2　11. 纺轮 83 角 B:1　12. 纺轮 83 角 B:24　13. 陶垫 83 角 B:11

　　83 角 B:58，腹部以上残。斜腹，平底，圈足。腹内有拍印垫窝，圈足轮制修整。腹部饰篮纹。足径 12.2、残高 9.6 厘米。（图八九 J，5）

　　（24）纺轮　3 件。扁平形，中有一圆形穿孔。手工制作。素面。

　　1）泥质灰陶　1 件。

　　83 角 B:2，略残。两面稍平，周壁中间凸起折棱，折棱上下为斜面。直径 3.7、面径 3.0、厚 1.2 厘米。（图八九 J，10；彩版一五七，5）

　　2）泥质红陶　1 件。

　　83 角 B:1，完整。两面平整，周壁略弧。直径 4.4、面径 3.8、厚 1.1 厘米。（图八九 J，11；彩版一五七，6）

3）夹砂红陶　1 件。

83 角 B：24，完整。两面较平，周壁中间凸起折棱，折棱上下面略弧。直径 4.2、面径 3.4、厚 1.2 厘米。（图八九 J，12；彩版一五七，7）

（25）**陶垫**　1 件。灰硬陶。

83 角 B：11，残。蘑菇状，垫面隆起，圆锥形把手。手工制作。垫径 6.7、长 5.6 厘米。（图八九 J，13）

第三节　地表采集遗物

一　1983 年地表采集遗物

（1）**石锛**　2 件。

83 角采：16，完整。黄色沉积岩质。有段。面呈梯形，顶部凹凸不平，中部有段，段以下斜磨，单面弧刃，两侧略平。上部有刻符。长 10.0、宽 4.5、厚 1.9 厘米。（图九〇 A，1；刻符图片 309；彩版一五八，1）

刻符图片 309　83 角采：16 石锛

83 角采：35，残。黄色沉积岩质。有段。上部残，下部两面磨光，单面弧刃，两侧凹凸不平。残长 5.4、宽 5.0、厚 1.6 厘米。（图九〇 A，2；彩版一五八，2）

（2）**石锥**　1 件。

83 角采：48，上部残。青石质。扁圆锥状，中段打制成扁圆体，下部磨制长钻角、锋尖锐。残

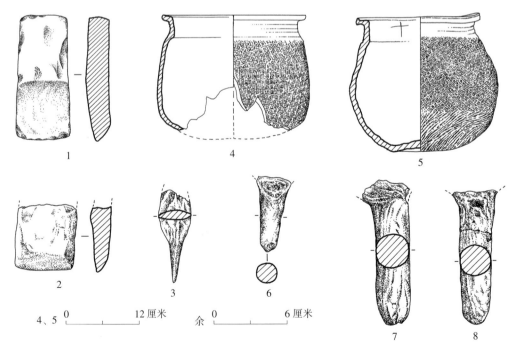

图九〇 A　D 区·83 角采石锛、锥，釜、鼎

1. 石锛 83 角采：16　2. 石锛 83 角采：35　3. 石锥 83 角采：48　4. 釜 83 角采：44　5. 釜 83 角采：26　6. 鼎足 83 角采：54　7. 鼎足 83 角采：40　8. 鼎足 83 角采：41

长7.4、宽2.7、厚0.7厘米。（图九〇A，3；彩版一五八，3）

（3）**釜**　2件。均为灰硬陶。矮领，腹内有垫窝。腹部饰云雷纹。

83角采：44，底部残。侈口，平折沿，圆唇，直腹。沿面轮制一组细弦纹。口径24.0、残高18.5厘米。（图九〇A，4）

83角采：26，修复。直口，平折宽沿，方唇，垂腹，凹底。唇面轮制两道凹弦纹，底内亦有垫窝。底部饰篮纹。内沿下有粗线刻符。口径20.3、底径9.6、通高21.7厘米。（图九〇A，5；刻符图片310；彩版一五八，4）

（4）**鼎**　3件。均残剩鼎足。

1）泥质红陶　2件。

83角采：40，残。顶端残裂，底端有加工凹痕。残长11.6、直径2.7厘米。（图九〇A，7）

83角采：41，残。顶端较宽，底端稍尖。素面。残长10.8、直径2.6厘米。（图九〇A，8）

2）灰硬陶　1件

83角采：54，残。器呈圆锥形，体略弧。素面。中下部有刻符。残长6.0、径1.8厘米。（图九〇A，6；刻符图片311）

（5）**高领鼓肩罐**　3件。斜腹，凹底。口领部轮制，肩至底内有垫窝。肩部饰云雷纹，腹、底部饰篮纹。

1）灰硬陶　2件。

83角采：9，修复。直口，斜折沿，方唇。外腹粘连器物残片。口径9.4、底径4.4、高11.3厘米。（图九〇B，1；彩版一五九，1）

83角采：6，修复。侈口，斜沿，圆唇。口径7.1、底径4.5、高9.5厘米。（图九〇B，2；彩版一五九，2）

2）泥质黄陶　1件。

83角采：46，修复。侈口，圆唇。内沿下有粗线刻符。口径12.8、底径6.4、高14.1厘米。（图九〇B，3；刻符图片312；彩版一五九，3）

（6）**矮领鼓肩罐**　2件。均为灰硬陶。直口，斜折沿，方唇，斜腹，凹底。肩至底内有垫窝。肩部饰云雷纹，腹、底部饰篮纹。

83角采：4，修复。唇面轮制一道凹弦纹，领壁有一组弦纹。口领部略有变形。口径11.8、底径7.5、高14.7厘米。（图九〇B，4；彩版一五九，4）

83角采：3，修复。口领部轮制修整。口径11.0、底径6.6、高12.5厘米。（图九〇B，5；彩版一五九，5）

（7）**直腹罐**　1件。夹砂灰陶。

83角采：18，修复。侈口，圆唇，无领，圜底。口沿部有轮制痕迹，腹、底内见垫窝。通体面饰篮纹。内沿下有刻符。口径19.5、底径7.0、高14.0厘米。（图九〇B，6；刻符图片313；彩版一五九，6）

刻符图片310　83角采：26釜

刻符图片311　83角采：54鼎足

刻符图片312　83角采：46高领鼓肩罐

刻符图片313　83角采：18直腹罐

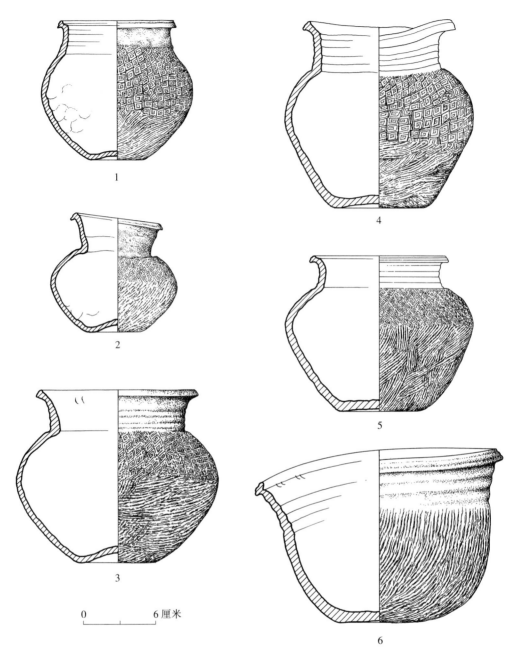

0　　　　　　6厘米

图九〇 B　D 区·83 角采罐

1. 高领鼓肩罐 83 角采:9　2. 高领鼓肩罐 83 角采:6　3. 高领鼓肩罐 83 角采:46　4. 矮领鼓肩罐 83 角采:4

5. 矮领鼓肩罐 83 角采:3　6. 直腹罐 83 角采:18

（8）**器盖**　1 件。夹砂灰陶。

83 角采:23，修复。盖缘外撇，盖面平斜，盖顶近平，圈足纽。器内有轮弦纹。素面。口径 21.2、纽径 7.6、通高 6.9 厘米。（图九〇 C，1；彩版一六〇，1）

（9）**盖碗**　1 件。泥质红陶。

83 角采:25，修复。盖面斜直，盖顶近平，圈足纽。内壁有轮制痕迹，外壁修抹。素面。口径 11.0、纽径 4.4、通高 5.8 厘米。（图九〇 C，2；彩版一六〇，2）

（10）**三足盘**　5 件。钵形，腹较直。足为手制拼接成型。

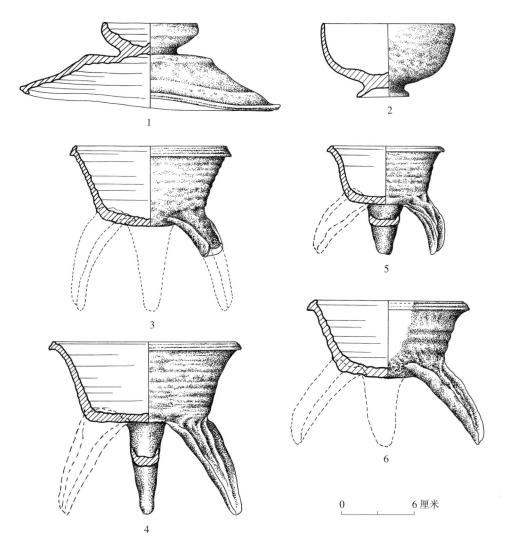

图九〇 C　D 区 · 83 角采器盖、盖碗、三足盘

1. 器盖 83 角采：23　2. 盖碗 83 角采：25　3. 三足盘 83 角采：10　4. 三足盘 83 角采：2　5. 三足盘 83 角
采：12　6. 三足盘 83 角采：53

1）红硬陶　1 件。

83 角采：10，足残。敞口，圆唇，深腹，平底下凹，下存二断足，残足面呈梯形，面略凹。内壁有轮制痕迹。素面。口径 12.4、残高 9.0 厘米。（图九〇 C，3）

2）灰硬陶　4 件。

83 角采：2，修复。敞口，尖圆唇，深腹，平底，下承三足，足呈长三角形，凹面。器壁内有轮制弦纹。素面。口径 15.0、通高 14.0 厘米。（图九〇 C，4；彩版一六〇，3）

83 角采：12，修复。侈口，方唇，平底，下承三足，足呈三角形，下体内折成流口状。外壁有轮旋纹。内沿下有刻符。器面有大面积积釉。口径 9.2、通高 8.8 厘米。（图九〇 C，5；刻符图片 314；彩版一六〇，4）

83 角采：53，修复。敞口，方唇，深腹，平底，下承三足，足呈长三角形、面略凹。盘身轮制，外壁尚见轮制痕迹。口径 12.5、

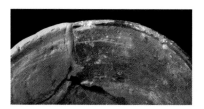

刻符图片 314　83 角采：12 三足盘

通高 11.6 厘米。（图九〇 C，6；彩版一六〇，5）

　　83 角采：11，修复。敞口，方唇，平底，下承三足，足呈长三角形、凹面。外壁尚见轮制痕迹。内腹有刻符。口径 10.2、通高 10.0 厘米。（彩版一六〇，6；刻符图片 315）

　　（11）**盉形钵**　6 件。腹、底内有垫窝。

　　1）灰硬陶　5 件。

　　83 角采：27，修复。侈口，圆唇，斜直腹，平底。唇面轮制一组弦纹。腹部饰云雷纹，底部饰篮纹。口径 13.0、底径 6.0、高 6.8 厘米。（图九〇 D，2；彩版一六一，1）

　　83 角采：57，修复。侈口，方唇，斜直腹，圜底。唇面轮制一组弦纹。腹部饰云雷纹，底部饰篮纹。器物略有变形。口径 12.6、高 6.6 厘米。（图九〇 D，3；彩版一六一，2）

　　83 角采：19，修复。侈口，尖圆唇，斜直腹，圜底。口沿部见轮制修整痕迹。通体面饰云雷纹。口径 13.6、高 7.8 厘米。（图九〇 D，4；彩版一六一，3）

　　83 角采：47，修复。侈口，口外撇，方唇，腹内弧，圜底。唇部轮制一道凹弦纹。腹部饰云雷纹，底部饰篮纹。口径 12.2、高 7.1 厘米。（图九〇 D，7；彩版一六一，4）

　　83 角采：28，复原。侈口，方唇，斜直腹，圜底。唇面轮制两道凹弦纹。通体面饰云雷纹。口径 11.0、高 6.2 厘米。（图九〇 D，5；彩版一六一，5）

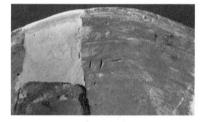

刻符图片 315　83 角采：11 三足盘

　　2）夹砂灰陶　1 件。

　　83 角采：1，修复。侈口，口外撇，圆唇外翻，深腹，腹内弧，圜底。口沿部有轮制旋纹。腹部饰云雷纹，底部饰篮纹。器物略有变形。口径 15.0、高 8.8 厘米。（图九〇 D，6；彩版一六一，6）

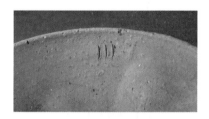

刻符图片 316　83 角采：20 平底钵

　　（12）**平底钵**　10 件。平底。多见轮制痕迹。

　　1）灰硬陶　8 件。

　　83 角采：20，完整。敛口，圆唇，斜腹。轮制修整，表面光洁。素面。内沿下有刻符。内腹有四处鼓泡。口径 10.0、底径 6.8、高 5.5 厘米。（图九〇 D，8；刻符图片 316；彩版一六二，1）

　　83 角采：43，修复。敛口，圆唇，腹较深。外壁有轮制痕迹。素面。内腹有鼓泡。口径 11.6、底径 7.0、高 5.5 厘米。（图九〇 D，9；彩版一六二，2）

　　83 角采：29，修复。敛口。圆唇，斜腹。内壁尚见轮制痕迹。素面。外沿下有刻符。口径 10.3、底径 5.3、高 4.8 厘米。（图九〇 D，10；刻符图片 317；彩版一六二，3）

刻符图片 317　83 角采：29 平底钵

　　83 角采：45，修复。微敛口，圆唇，斜腹。内腹、底有轮制痕迹。素面。外底有刻符。口径 10.0、底径 4.7、高 4.8 厘米。（图九〇 D，11；刻符图片 318；彩版一六二，4）

　　83 角采：5，修复。深腹。侈口，圆唇，斜腹。轮制修整，器壁内外有轮制痕迹。口径 12.6、底径 8.0、高 5.8 厘米。（图九〇 D，12；彩版一六二，5）

刻符图片 318　83 角采：45 平底钵

图九〇D　D区·83角采钵

1. 带把钵 83 角采:17　2. 盂形钵 83 角采:27　3. 盂形钵 83 角采:57　4. 盂形钵 83 角采:19　5. 盂形钵 83 角采:28　6. 盂形钵 83 角采:1　7. 盂形钵 83 角采:47　8. 平底钵 83 角采:20　9. 平底钵 83 角采:43　10. 平底钵 83 角采:29　11. 平底钵 83 角采:45　12. 平底钵 83 角采:5　13. 平底钵 83 角采:22　14. 平底钵 83 角采:21　15. 平底钵 83 角采:56　16. 平底钵 83 角采:55　17. 平底钵 83 角采:8

　　83 角采:22，修复。微侈口，尖唇，斜腹。外壁有轮制痕迹。素面。口径8.0、底径4.3、高3.7厘米。（图九〇D，13；彩版一六二，6）

　　83 角采:21，修复。直口，圆唇，直腹，腹较浅。器壁内外均有轮制痕迹，内外底修饰粗糙、表面凹凸不平，器物略有变形。口径9.4、底径3.5、高4.7厘米。（图九〇D，14；彩版一六三，1）

83角采:56，修复。敛口，圆唇，深弧腹。内壁有轮制痕迹。素面。口径11.8、底径7.6、高6.5厘米。（图九〇 D，15；彩版一六三，2）

2）夹砂灰陶　2件。

83角采:55，修复。侈口，圆唇，深斜腹。器壁有轮制痕迹。素面。口径10.2、底径6.6、高5.6厘米。（图九〇 D，16；彩版一六三，3）

刻符图片319　83角采:8 平底钵

83角采:8，修复。侈口，圆唇微敛，深斜腹，平底。内底中心饰一乳钉。器壁内外尚见轮制痕迹。内沿下有刻符。口径11.3、底径6.0、高5.8厘米。（图九〇 D，17；刻符图片319；彩版一六三，4）

（13）带把钵　1件。夹砂灰陶。

83角采:17，修复。平底。侈口，圆唇，斜腹，口部附一舌形把手，把体直立外翻，把尖残。外壁尚见轮制痕迹。素面。器口内倾变形。口径13.0、底径6.8、通高5.9厘米。（图九〇 D，1；彩版一六三，5）

（14）盂　1件。灰硬陶。

83角采:24，修复。敛口，圆唇内弧，沿下对距饰二圆形穿孔，垂腹，平底。轮制修整。素面。口径3.8、底径4.3、通高3.9厘米。（图九〇 E，3；彩版一六四，1）

（15）杯　1件。夹砂灰陶。

83角采:42，修复。侈口，口外撇，尖唇，深斜腹，平底。内壁有轮弦纹，外壁修抹。素面。口径8.9、底径5.2、通高6.7厘米。（图九〇 E，1；彩版一六四，2）

（16）杯形器　1件。泥质灰陶。

83角采:14，完整。敞口，厚圆唇，浅腹，平底下凹。手工制作。素面。口径3.2、底径3.3、通高1.5厘米。（图九〇 E，2；彩版一六四，3）

（17）尊　1件。灰硬陶。

83角采:13，修复。侈口，斜腹，方唇，平底，底部附一舌形鋬手，鋬体上翻，下附圈足。器壁有轮制痕迹，鋬手手制拼接。素面。口径12.6、足径9.0、通高9.4厘米。（图九〇 E，4；彩版一六四，4）

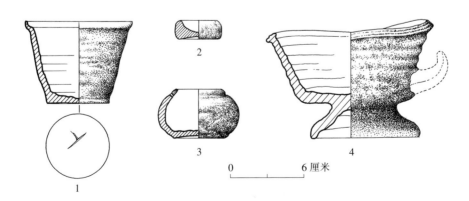

0　　　　　6厘米

图九〇 E　D区·83角采杯、杯形器、盂、尊

1. 杯83角采:42　2. 杯形器83角采:14　3. 盂83角采:24　4. 尊83角采:13

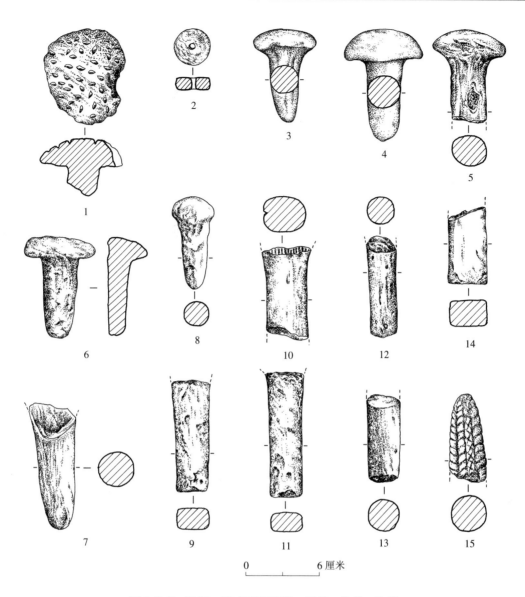

图九〇F　D区·83角采不明器、纺轮、陶垫、陶拍

1. 不明器83角采:36　2. 纺轮83角采:34　3. 陶垫83角采:37　4. 陶垫83角采:15　5. 陶垫83角采:7
6. 陶垫83角采:49　7. 陶垫83角采:39　8. 陶垫83角采:38　9. 陶拍83角采:51　10. 陶拍83角采:31
11. 陶拍83角采:50　12. 陶拍83角采:52　13. 陶拍83角采:33　14. 陶拍83角采:30　15. 陶拍83
角采:32

(18) 不明器　1件。夹砂红陶。

83角采:36，残。器呈蘑菇状，弧形顶，中连圆柱形残体，顶面有不规则扁形插孔，整器如莲蓬。面径7.6、残长4.6厘米。（图九〇F，1）

(19) 纺轮　1件。泥质灰陶。

83角采:34，略残。扁平形。两面较平，中有一圆形穿孔，周壁略弧。素面。面径3.0、厚1.0厘米。（图九〇F，2；彩版一六四，5）

(20) 陶垫　6件。蘑菇状，圆锥形把手。素面。

1）泥质灰陶　5件。

83角采:37，完整。垫面微弧。垫径5.2、长7.6厘米。（图九〇F，3；彩版一六五，1）

83角采：15，完整。垫面隆起。垫径6.5、长9.1厘米。（图九〇F，4；彩版一六五，2）

83角采：7，把尖残。垫面略弧。垫径6.0、残长7.4厘米。（图九〇F，5；彩版一六五，3）

83角采：49，垫顶残。器存半壁，垫面下部呈弧形。垫径6.0、残长8.2厘米。（图九〇F，6）

83角采：39，残。仅存圆锥形把手，上部残。残长10.0厘米。（图九〇F，7）

2）夹砂红陶　1件。

83角采：38，完整。蘑菇状，垫面隆起，垫径较小。垫径3.5、长7.5厘米。（图九〇F，8；彩版一六五，4）

（21）陶拍　7件。

1）灰硬陶　4件。

83角采：51，残，仅存把手。近长方形，底端中心饰一凹洞。素面。残长9.0、宽2.6、厚1.6厘米。（图九〇F，9）

83角采：31，残，仅存把手。上部近方形，下体较圆。手工制作。素面。残长7.6、宽3.5、厚2.8厘米。（图九〇F，10）

83角采：50，残，仅存把手。近长方形，两侧较圆，底端较平。素面。残长10.1、宽2.6、厚1.6厘米。（图九〇F，11）

83角采：52，残，仅存圆柱形拍把。面有刮削痕迹。残长7.4、径2.3厘米。（图九〇F，12）

2）泥质灰陶　1件。

83角采：33，残，仅存圆柱形拍把。素面。径2.6、残长6.6厘米。（图九〇F，13）

3）泥质红陶　2件。

83角采：30，残，仅存长方体残把。顶部斜裂，两面及底部平整。素面。残长6.4、宽3.1、厚2.1厘米。（图九〇F，14）

83角采：32，残，仅存圆锥形拍体。泥质红陶。拍面刻叶脉纹。直径2.9、残长7.0厘米。（图九〇F，15；图九〇G）

二　1986年地表采集遗物

（1）石锛　1件。

86角采：8，略残。黄白沉积岩质。无段。长方形，中部略弧，顶部较平，两面及侧端有磨制痕迹，单面斜刃。长8.0、宽4.7、厚1.4厘米。（图九一，1；彩版一六六，1）

（2）釜　1件。灰硬陶。

86角采：10，修复。侈口，方唇，高领，垂腹，凹底。领壁有轮制痕迹，腹、底内有垫窝。腹部饰云雷纹，底部饰篮纹。口径21.2、底径9.8、高19.2厘米。（图九一，2；彩版一六六，2）

（3）盔形钵　2件。侈口，斜直腹，圜底。腹、底内有垫窝。

1）原始瓷　1件。

86角采：6，修复。圆唇微敛。沿面轮制两道凹弦纹。腹、底部有积釉。腹部饰席纹，底部

图九〇G　D区·83角采
陶拍83角采：32纹样拓片

0　　　　　　3厘米

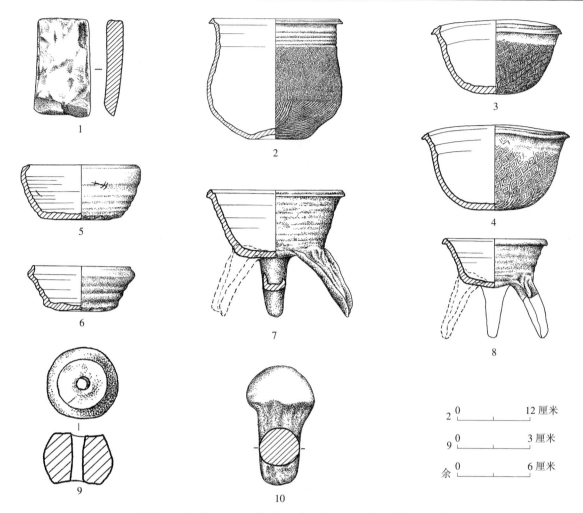

图九一 D区·86角采石铣，釜、钵、三足盘、纺轮、陶垫

1. 石铣86角采：8　2. 釜86角采：10　3. 盆形钵86角采：6　4. 盆形钵86角采：3　5. 平底钵86角采：2　6. 平底钵86角采：5　7. 三足盘86角采：4　8. 三足盘86角采：7　9. 纺轮86角采：9　10. 陶垫86角采：1

饰篮纹。口径9.8、通高6.0厘米。（图九一，3；彩版一六六，3）

2）灰硬陶　1件。

86角采：3，修复。尖圆唇。唇面轮制两道凹弦纹。腹部饰云雷纹，底部饰篮纹。口径11.4、通高6.9厘米。（图九一，4；彩版一六六，4）

（4）平底钵　2件。浅腹，圆唇内折，平底。

1）灰硬陶　1件。

86角采：2，修复。敛口，圆腹。器壁内外有轮制痕迹。外腹

刻符图片320　86角采：2平底钵

有刻符。口径8.8、底径5.6、通高4.4厘米。（图九一，5；刻符图片320；彩版一六六，5）

2）夹砂灰陶　1件。

86角采：5，修复。微敛口，斜腹。外壁有轮制凹弦纹。口径8.0、底径4.1、通高3.6厘米。（图九一，6；彩版一六六，6）

（5）三足盘　2件。均为灰硬陶。钵形，敞口，腹较直，足为长三角形、有凹面。器壁内有轮制痕迹。足为手制拼接。

86 角采:4，修复。方唇，平底，下承三足。器壁外亦有轮制痕迹。外底有粗线刻符。口径 10.8、通高 10.2 厘米。（图九一，7；刻符图片 321；彩版一六七，1）

刻符图片 321　　86 角采:4 三足盘

86 角采:7，修复。圆唇，圜底，下承三足。素面。口径 8.4、残高 5.0 厘米。（图九一，8；彩版一六七，2）

（6）**纺轮**　1 件。灰硬陶。

86 角采:9，完整。算珠形。两面平，中有一圆形穿孔，周壁中间凸起折棱，折棱上下为斜面。素面。直径 3.0、面径 2.1、厚 2.0 厘米。（图九一，9；彩版一六七，3）

（7）**陶垫**　1 件。灰硬陶。

86 角采:1，完整。蘑菇状。垫面隆起，圆柱体短把。把面有凹痕。手工制作。素面。垫径 5.6、长 9.6 厘米。（图九一，10；彩版一六七，4）

第六章　遗物研究

角山窑址经过五次考古发掘，出土文化遗物非常丰富，仅小件遗物计有 2111 件，按照质地可为石器、陶器、原始瓷三大类，其中石器 64 件、陶器 1946 件、原始瓷 59 件，另有工艺标本 42 件。第二至第五章以遗迹单位为纲，对遗迹、遗物进行了详细介绍，着重体现了遗物在各个遗迹单位中的组合关系。本章遗物研究将对各种质地的遗物进行分类介绍，对主要器类进行类型学整理，对陶器的陶质、陶色、纹饰、制作工艺等进行初步探讨，器物介绍因在第二至第五章中已有详细描述，兹不赘述。

第一节　石　器

角山窑址出土石器较少，五次发掘共出土石器 64 件（彩版一六八～一七〇）。其中 A 区出土石器 1 件，B 区出土石器 4 件，C 区出土石器 58 件，D 区出土石器 1 件。从表六 – 1 中可以发现，石器主要集中出现于 C 区，在 C 区又主要集中在几个遗迹单位中出土，如 H11、H13、Y1、Y3、Y9、Y10 等。石器的质料主要有花岗岩、石英岩、砂岩、粉砂岩、砾石等。制作方法主要是磨制，石器大多通体磨光，以石锛磨制较为精细，其他石器磨制相对粗糙。石器表面均有使用痕迹，个别残损严重。从使用功能角度分类，角山石器可分为生产工具、武器、其他等三类。

（一）生产工具

生产工具种类有锛、斧、网坠、凿、锥、石拍等。

（1）石锛　14 件。均为单面磨刃。除 83 板 T1：7 残外，其余 13 件依段部特征分为 2 型。

A 型　有段石锛。8 件。段脊明显，段部以下磨制斜面。标本 83 板 H1：14（图九二，1）、83 板 T1：1（图九二，2）、83 板 T1：8（图九二，3）、83 角采：16（图九二，4）、2003YJH13：33（图九二，5）、2003YJH20：19（图九二，6）、2000YJT0743①：3（图九二，7）。

B 型　无段石锛。5 件。段脊不明显。多为平背。标本 83 板 H1：28（图九二，8）、86 角采：8（图九二，9）。

（2）石斧　1 件。刃部由两面磨成，整体磨光。2003YJY9：53（图九三，1）。

（3）石凿　1 件。2003YJY9：2，中有一穿孔（图九三，3）。

（4）石网坠　2 件。通体磨光，呈圆锥状。2003YJH11：55、2003YJH11：81（图九三，2）。

（5）石锥　1 件。83 角采：48（图九三，4）。

（6）石拍　1 件。2003YJF3：7（图九三，5）。

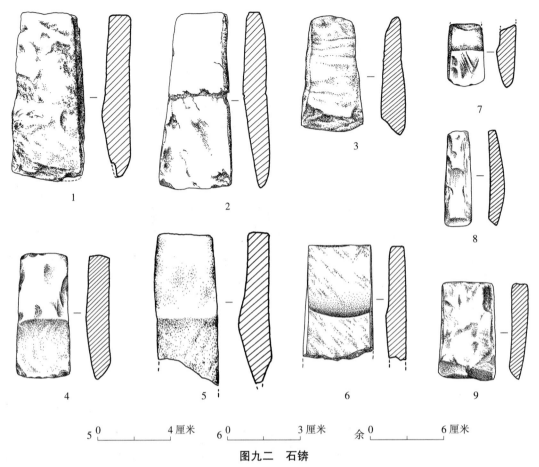

5 ⊢0━━━━━━4厘米　6 ⊢0━━━━━3厘米　余 ⊢0━━━━━6厘米

图九二　石锛

1～7. A 型（83 板 H1∶14、83 板 T1∶1、83 板 T1∶8、83 角采∶16、2003YJH13∶33、2003YJH20∶19、2000YJT0743①∶3）

8、9. B 型（83 板 H1∶28、86 角采∶8）

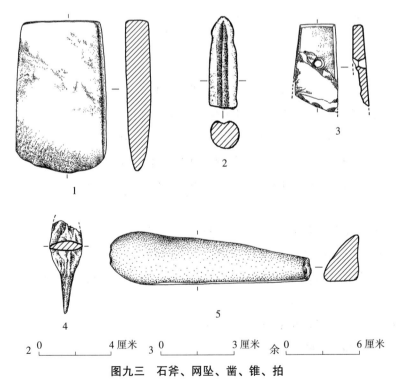

2 ⊢0━━━━━4厘米　3 ⊢0━━━━━3厘米　余 ⊢0━━━━━6厘米

图九三　石斧、网坠、凿、锥、拍

1. 斧（2003YJY9∶53）　2. 网坠（2003YJH11∶81）　3. 凿（2003YJY9∶2）　4. 锥（83 角采∶48）　5. 拍（2003YJF3∶7）

（二）武器

武器种类主要有镞、矛等。

（1）**石镞** 32件。依据有无铤分为2型。

A型 有铤石镞。25件。镞身多成三角形或狭长三角形，磨制光滑，两面有脊，扁圆铤。标本86板H1：61（图九四，1）、2000YJH7：9（图九四，2）、2000YJY1：6（图九四，3）、2003YJH13：3（图九四，5）、2003YJY9：17（图九四，7）、2003YJY9：27（图九四，4）。

B型 无铤石镞。7件。镞首呈三角形，无铤，镞尾呈弯月状。标本2000YJY1：4（图九四，8）、2003YJF3：2（图九四，6）。

（2）**石矛** 2件。2007YJF6：1，似一长柳叶状石镞，通体磨光，有脊（图九四，10）；2003YJ采：7，通体磨光（图九四，9）。

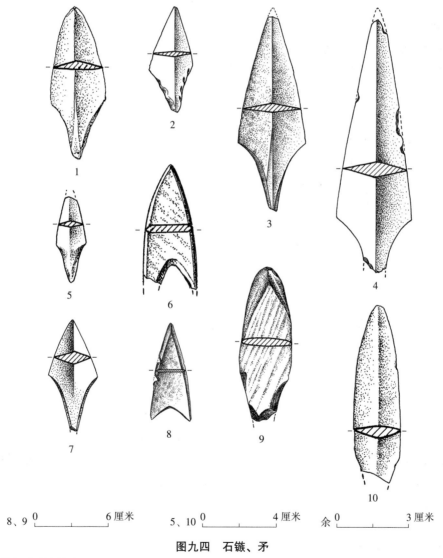

8、9 0——6厘米　　5、10 0——4厘米　　余 0——3厘米

图九四 石镞、矛

1~5、7. 镞A型（86板H1：61、2000YJH7：9、2000YJY1：6、2003YJY9：27、2003YJH13：3、2003YJY9：17）　6、8. 镞B型（2003YJF3：2、2000YJY1：4）　9、10. 矛（2003YJ采：7、2007YJF6：1）

（三）其他

除上述石器外，还有砺石、石环、石饼、石饰、石坯料等。

（1）砺石 5件。有整有残，大小不一，形状多为长条形，均磨痕明显。标本83角B：16，长方形，通体光滑，四面均有磨制器物所留的凹面（图九五，1）。

（2）石环 2件。2003YJH11：76（图九五，4）；2003YJH11：97（图九五，3）。

（3）石饼 1件。应为制作石环过程中留下的孔芯。2003YJY10：6（图九五，5）。

（4）石饰件 1件。应为制作石环的未成品。2003YJY10：76（图九五，2）。

（5）石坯料 1件。2003YJT3523①：1（图九五，6）。

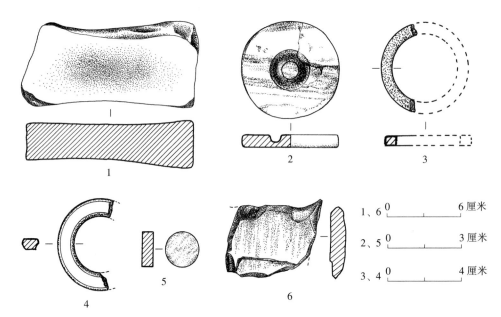

图九五 砺石，石环、饼、饰件

1. 砺石（83角B：16） 2. 饰件（2003YJY10：76） 3、4. 环（2003YJH11：97、2003YJH11：76） 5. 饼（2003YJY10：6）
6. 坯料（2003YJT3523①：1）

第二节　陶　器*

一　陶系

角山窑址出土陶器数量多，种类丰富，共出土陶器1946件，40余类。从胎体结构划分，可分为几何形印纹硬陶和软陶两类。几何形印纹硬陶是用难熔耐火黏土制作，然后在陶器表面模印或拍印几何形印纹；软陶是用普通易熔黏土制作而成，陶器表面或许有纹饰，但难以保留。除此之外，还见有极少数着黑衣陶。从陶器表面的烧成颜色分，又可分为灰陶、红陶两大类，由于烧成温度的不同，有些为黄陶或黑陶等。

（一）陶质

根据是否夹砂，可分为夹砂陶和泥质陶两类。根据羼和料在夹砂陶陶胎断面中所占的比例和羼和料的分选程度，我们将角山窑址的夹砂陶分为六类：

—————————

* 实际上此部分包含了原始瓷的制法、分类等。

羼和料比例：1（零星3%），2（5%），3（较多10%）。羼和料分选程度：A（均质，分选较好），B（目测可见大小颗粒混杂，分选较差）。

夹1A：表示羼和料在陶胎中零星、均匀发现，分选较好，占3%左右；

夹1B：表示羼和料在陶胎中零星发现，分选较差，目测可见大小颗粒混杂，占3%左右；

夹2A：表示羼和料在陶胎中均匀发现，分选较好，占5%左右；

夹2B：表示羼和料在陶胎中有些许发现，分选较差，目测可见大小颗粒混杂，占5%左右；

夹3A：表示羼和料在陶胎中较多、均匀发现，分选较好，占10%左右；

夹3B：表示羼和料在陶胎中有较多发现，分选较差，目测可见大小颗粒混杂，占10%左右。

泥质陶又可分为泥质陶和细泥陶，角山窑址发现的多为泥质陶，细泥陶少见。

各遗迹单位陶质统计表详见附表三、附表四。

角山窑址出土的陶器，通常称之为"几何形印纹硬陶"，这是从陶质方面相对于软陶而言做的较粗糙的划分。这种"几何形印纹硬陶"，在四个发掘区均有发现，以A区、D区尤多。A区的Y6几何形印纹硬陶占69.47%；H10虽在底部出土不少软陶，但总体而言，几何形印纹硬陶仍占62.5%；H37出土器物较少，基本都是几何形印纹硬陶，占80%。D区的83角A几何形印纹硬陶占58.88%，83角B则占65.56%。A区和D区出土的陶器在陶质上均以几何形印纹硬陶为主，约达60%或60%以上，应是几何形印纹硬陶高度发展的体现。B区F4、F5、F6发现的几何形印纹硬陶极少，其中F4为25%，F5、F6包含物都极少，而H40、H42则大量发现几何形印纹硬陶，多达70%以上，反映了几何形印纹硬陶由少到多的转变。C区陶质相对复杂，几何形印纹硬陶占50%以下的单位有Y10、H11、H12、H13、H26、H27、F3；几何形印纹硬陶占50%~60%的单位有Y9、H14、H15、H17、H21；几何形印纹硬陶占60%以上的单位有Y1、Y3、83板H1、86板H1、H7、H16、H19、H20、H22、H23、H24、H25、H29、H33、H30、H34、H36、H41、G5、83板T1。软陶所占的比例基本与几何形印纹硬陶相反，几何形印纹硬陶占比例大的单位，软陶则相应占的比例小。着黑衣陶发现极少，仅见于少数器物。

（二）陶色

陶器表面颜色的形成取决于窑炉的烧成气氛。还原焰气氛下烧成的陶器多为灰陶，表现为青灰、深灰、浅灰等颜色；氧化焰气氛下烧成的陶器则为红陶，有些表现为红陶、黄陶、红褐陶、橙黄陶等。角山窑址出土的陶器红陶、灰陶均有发现，随着烧造技术的提高，灰陶、红陶的比例有所不同，还见有少量的黄陶等。

A区、D区陶色以灰陶占绝大多数，红陶所占比例很少。A区如Y6，灰陶占76.05%，红陶占23.95%；又如H10，灰陶占66.83%，红陶占33.17%。D区如83角A，灰陶占69.73%，红陶占30.27%；又如83角B，灰陶占70.72%，红陶占29.29%。这两个发掘区陶质陶色的比例特点基本相同。B区灰陶红陶不相上下，下层红陶略多，以2007T0644①和2007T0644②为例，T0644①灰陶占47.21%，红陶占52.79%，T0644②灰陶占43.54%，红陶占56.46%。C区遗迹单位灰陶红陶的比例也比较复杂，Y9虽然印纹硬陶占50%~60%，但很多印纹硬陶是红陶，很可能是软陶向印纹硬陶的过渡阶段，Y9中灰陶仅占20.64%，红陶占79.36%。Y10灰陶占35.72%，红陶占64.28%，与印纹硬陶和软陶的比例基本一致。Y1灰陶占44.26%，红陶占55.74%，也与该单位印纹硬陶和软陶的比例大体一致。

二　纹饰

陶器的装饰风格比较粗犷，分两类，一类为单独一种纹饰，一类为组合纹饰（拓片一～五七）。

图九六　纹样拓片

1. 方格纹（2003YJH12：16）　2. 细方格纹（83角B：83）　3. 凸方格纹（2000YJH7：16）　4. 斜方格纹（2000YJH7：49）　5、6. 云雷纹（2003YJY9：41、2000YJY6：11）　7. 席纹（83角B：86）　8. 小席纹（2003YJY10：160）　9、10. 篮纹（2000YJY2：12、2003YJH11：118）　11. 网结纹（2003YJH11：124）　12. 曲折纹（83角B：85）　13. 叶脉纹（2003YJF3：18）

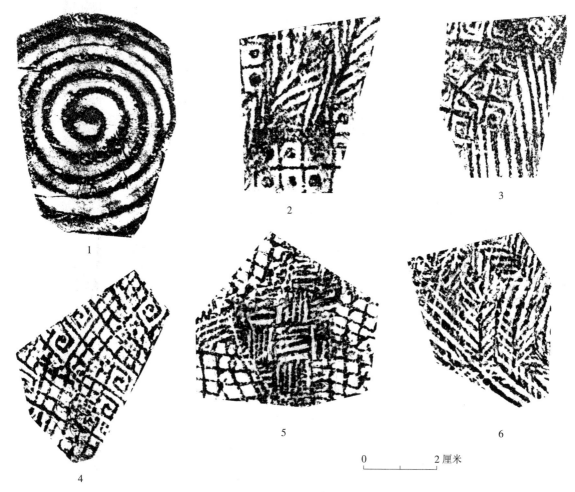

图九七 组合纹样拓片

1. 圆涡纹（83 角 B：88） 2. 方格凸点纹、叶脉纹组合（2000YJH9：1） 3. 云雷纹、篮纹组合（2000YJY2：13） 4. 云雷纹、方格纹组合（83 角 B：80） 5. 方格纹、席纹组合（2003YJY9：101） 6. 叶脉纹、篮纹组合（83 角 B：81）

单独一种的纹饰主要有 13 种：方格纹、细方格纹、凸方格纹、斜方格纹、云雷纹、变体云雷纹、席纹、小席纹、篮纹、网结纹、曲折纹、叶脉纹、圆涡纹等，以云雷纹、变体云雷纹、篮纹为大宗（图九六）。组合纹饰主要有 5 种：方格凸圆点纹与叶脉纹组合、云雷纹与篮纹组合、云雷纹与方格纹组合、方格纹与席纹组合、叶脉纹与篮纹组合（图九七）。角山窑址的纹饰粗犷中有自己的特色：几何形印纹和非几何形印纹共用，云雷纹与篮纹的组合大量出现即体现了这一特点。

三 制法

陶器的制法主要有原料制备、坯体成型、坯体修正、焙烧前坯体装饰、装烧等。

原料制备工艺主要是对制陶原料的选择，制胎所用的原料是黏土。角山窑址古陶的核分析研究报告显示，角山窑址各窑区大、中、小型古陶器物所用的原料元素组成无明显区别，原料元素组成相似，可能采用了同一位置的原材料。依据标本提供的数据，所分析的古陶样品原料与邻近窑址边缘的原生土无密切关系，可能是角山窑工为了保证原料的优良，已经有意识地从离遗址略远的地方搬运而来。从角山窑址发现大量的陈腐池、练泥池、蓄泥池等分析，角山窑工们已经对原料的制备工艺有了经验的积累并且有意识地进行人为控制和改变。从软陶到印纹硬陶到原始瓷的烧成，皆体现了窑工对原料制备工艺的关注。

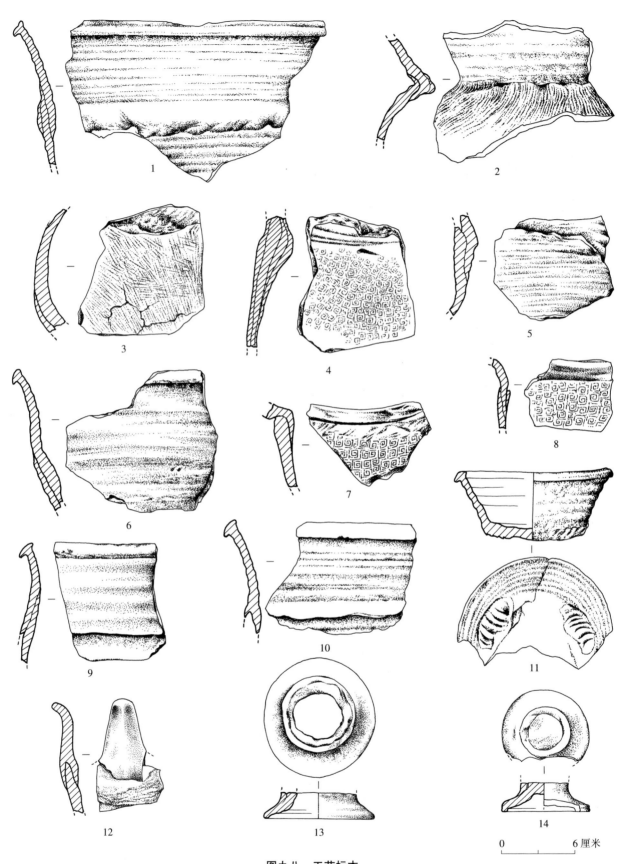

图九八　工艺标本

1. 搭接（甂形器 2000YJH10∶132）　2. 搭接（甂形器 2000YJY6∶133）　3. 搭接（瓮 2000YJH10∶133）　4. 搭接（瓮 2003YJF3∶20）
5. 搭接（甂形器 2000YJY8∶16）　6. 搭接（甂形器 2000YJY8∶15）　7. 搭接（罐 2003YJY10∶166）　8. 搭接（罐 83 角 A∶107）
9. 搭接（甂形器 2000YJY8∶13）　10. 搭接（甂形器 83 角 A∶106）　11. 搭接（三足盘 2003YJH11∶129）　12. 搭接（带把钵 2007YJT0744
①∶25）　13. 搭接（尊 2000YJY8∶14）　14. 搭接（豆 2003YJH11∶130）

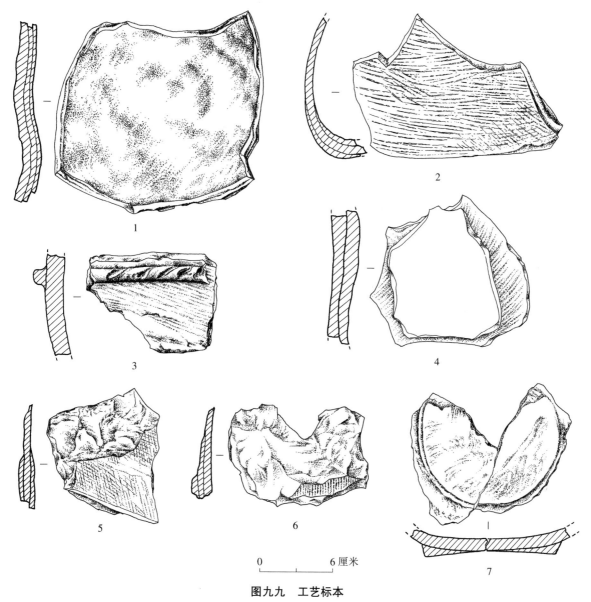

图九九　工艺标本

1. 加厚（瓮 2000YJY6∶132）　2. 加厚（罐 2003YJH34∶15）　3. 附加堆纹（缸 2000YJY6∶134）　4. 加厚（罐 83 角 B∶91）
5. 加厚（罐 2000YJY6∶131）　6. 泥片贴筑（罐 2000YJY6∶130）　7. 加厚（缸 2000YJY6∶135）

　　坯体成型工艺有手制、模制、轮制三类。手制方法很多种，主要有泥条盘筑法、泥片盘筑法、泥片搭接等，泥条盘筑多用于制作大型的器物，盘筑后再进行拍打等修整，泥片搭接则多见于甗形器的制作，在甑部与釜部以及甑部和口沿部位，常见有搭接的痕迹，搭接工艺还常见于分体制作的器物，如三足盘的三足与盘间的搭接，尊体与圈足的搭接等（图九八；彩版一七一、一七二），有些大型的器物在底部加厚以增加承重，有些大型的器物如缸等在口沿外围饰附加堆纹（图九九；彩版一七三）。模制使用较少，主要是陶刀、纺轮等的制作。轮制主要是快轮制陶，是利用轮盘快速旋转所产生的惯性力将泥料直接拉坯成形的方法，在窑址中大量使用，主要用于制作三足盘的盘子、陶尊、罐等器物。

　　坯体的修整工艺包括拍打、滚压、涂抹等。拍打一般用陶拍、陶垫内外配合拍打完成，外面用有纹饰的陶拍拍打，陶器里面用陶垫垫住起支撑作用，在陶器的内壁上多留有垫压的痕迹，以

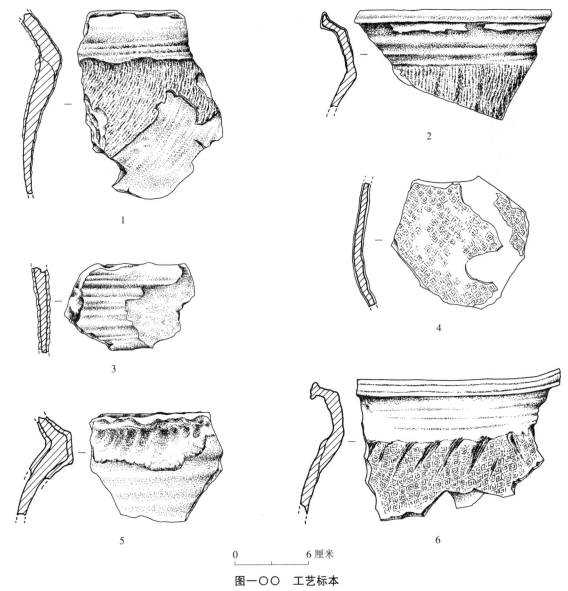

0　　　　　6厘米

图一〇〇　工艺标本

1. 抹泥（罐 2000YJY8：17）　2. 抹泥（釜 2000YJY2：2）　3. 抹泥（瓿形器 2000YJY8：18）　4. 抹泥（罐 83 角 A：108）　5. 抹泥（瓿形器 2000YJY8：19）　6. 拍痕（罐 2007YJT0744①：26）

陶罐最为典型。拍打工艺还常用于手制搭接等工艺中起修整作用。滚压工艺相对少些，是拍打工艺的进一步延伸。涂抹多用于器表抹平，用沾水的手涂抹坯体，从胎壁本身析出细泥浆，遮盖住泥条缝隙、小凹坑或粗糙面等，使器表显得平整（图一〇〇；彩版一七四）。

　　焙烧前坯体装饰主要有两种，一种是拍印纹饰，即用陶拍陶垫配合使用给器物装饰纹饰，一种是在器表刻划图案、符号等，这种焙烧前将干未干的陶器可能承担了原始文字载体的作用。

　　装烧工艺主要有叠烧、倒装烧等。在窑炉里面装烧器物时，三足盘多采用两两倒装的方式，口沿部常发现有积釉现象。有些器物是叠烧的，口沿部有叠压的痕迹（图一〇一；彩版一七五、一七六）。

　　除了上述制作、装烧工艺外，从角山窑址的作坊遗迹我们可以大致复原当时的生产过程。角山窑址作坊区的遗迹主要有 14 处，其中陈腐池 8 处、练泥池 1 处、蓄泥池 1 处、蓄水池 1 处、辘轳车基座 1 处、成品坑 2 处。窑工们对原材料的选择是很严格的，根据中国科学院高能物理研究所做的《角山窑址商代古陶的核分析研究报告》："1. 角山窑址各窑区大、中、小型古陶器物所用

图一〇一 工艺标本

1. 叠烧（罐 2007YJT0644①:28） 2. 覆烧（罐 2000YJH9:21） 3. 支烧（罐 2000YJY6:127） 4. 叠烧（罐 2000YJY6:128） 5. 粘连（三足盘 2000YJY4:1） 6. 流釉粘连（三足盘 2000YJH10:11） 7. 流釉粘连（三足盘 2000YJH10:26） 8. 覆烧（罐 2000YJH9:23） 9. 叠烧（罐 2000YJY6:129） 10. 粘连（罐 2000YJH9:22） 11. 粘连（瓮 2000YJH10:130） 12. 粘连（瓮 2000YJH10:129） 13. 粘连（罐 83 角 B:90） 14. 粘连（罐 2000YJH10:131） 15. 粘连（瓮 2000YJH10:128）

的原料元素组成无明显区别，是同种原材料；2. 三个窑区古陶的原料元素组成相似，可能采用了同一位置的原材料；3. 依据现有数据，所分析的古陶样品原料与邻近窑址边缘的原生土无密切关系。"也就是说，窑工们有可能是从较远处运输原材料过来制作陶瓷器的。从发现的作坊遗迹看，窑工们对原材料——瓷土要经过至少三道关才能进入制作程序，第一道关是陈腐，将瓷土放于陈腐池中，然后放水初步搅拌，让其陈腐，陈腐的基本原理就是原材料中杂质和陶泥的比重不一样，等到陈腐到一定时候，杂质等或漂浮或沉淀，去除漂浮或沉淀的杂质，陶泥就纯净了很多，这样原材料就过了第一道关，可以从陈腐池中取出，放到练泥池中。练泥是第二道关，陶泥虽然纯净了，但其黏性远远不够，需要不断地搅拌或踩踏，从"生泥"变成"熟泥"，使其黏性增加，方可使用。练泥过后，一般会将陶泥垒砌起来或放到蓄泥池中，间断性地加水保湿"养"着，蓄泥是第三道关。经过这三道关，窑工们就可以开始制作陶瓷器了。从发现的陶车遗迹看，当时的陶器生产已经使用了轮制，窑工们从蓄泥池中取出陶泥，在陶车上拉坯制成各种器形，然后针对不同的器形进行不同工序的加工。比如陶罐，坯体成型后，用陶垫在陶罐里面垫着，用陶拍在器表拍印纹饰，要拍组合纹饰的话，就要换陶拍，我们看到的陶罐器表有各种云雷纹、篮纹等，在陶罐内壁则有一个一个陶垫垫的凹窝。有些器物要分段制作，在拉坯后，要搭接、涂抹才能够连为一体，比如瓿形器、豆、尊等等。还有些器物是轮制和手工捏制配合成型的，比如带把钵，钵体是轮制的，把则是手工捏制的，制成后将把与钵粘为一体。陶器成型后，个别器物还在器表施釉，角山窑址中出土的原始瓷很多都有均匀施釉现象。窑具中除陶垫陶拍等制作工具外，还见有一种三个小杯连为一体的小杯盘，推测可能是盛釉器皿。角山窑工们在作坊里成批量地生产陶器，生产完后，放置在通风好的地方晾坯。然后进入到窑场烧造阶段。在晾坯和烧窑之间，在装窑完成之后，应该还有一个重要的活动：祭祀窑神，占筮吉凶。角山窑址出土器物中有一批比实用器小许多的模型器，应该是和祭祀窑神有关，角山窑址出土2359件（组）刻划符号也应该和祭祀活动中的占筮有关，在占筮过程中，这些将干未干的陶器口沿成为巫师记录占筮结果的载体，占筮完了以后再放到窑里烧制。祭祀占筮完了以后，经过点火烧窑、烧成封火、冷却卸窑等几个阶段，烧成的陶器、原始瓷经过挑选，将变形器、次品剔除，把成品放入成品坑中保存，然后将产品运销到各地。角山窑工就是这样，凭借着自己的勤劳、智慧，使角山窑火绵延了三百多年。

四　主要器类和器形

根据其功能用途划分，陶器可分为生活用具、生产用具、制陶工具、宗教礼器等。

（一）生活用具

生活用具根据其使用功能可分为炊器类、盛储器类、食器类、其他类等。

1. 炊器类

主要器类有瓿形器、釜、甑，鼎已经退化为小鼎，由炊器演变为盛器。甑、釜多为圜底，瓿形器为圜凹底。瓿形器与甑应是配套使用的炊器。角山窑址不见三足器类的炊器，三足被陶支座所替代。

（1）**瓿形器**　43件。根据甑部的特点可分为2型。

A型　28件。甑部二次成型，由上下两部分分别制作，然后搭接而成。根据口沿及釜部特点可分为3式。

Ⅰ式　3件。算托以上之甑部为敞口、口沿外侈、尖唇，算托以下之釜部为鼓肩斜弧腹凹底。2000YJH40:4（图一〇二，1）、2003YJH11:78（一〇二，5）、2003YJH25:9（图一〇二，6）。

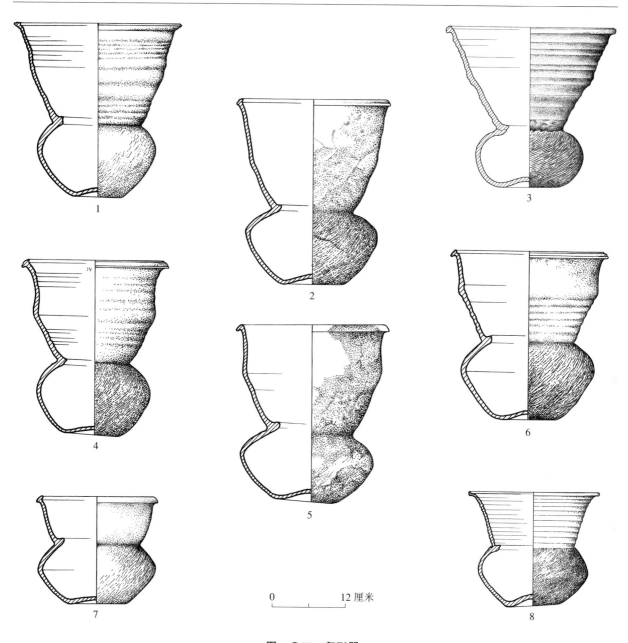

图一〇二　甗形器

1、5、6. A 型 I 式（2003YJH40:4、2003YJH11:78、2003YJH25:9）　2、4. A 型 II 式（2003YJY10:63、2000YJY6:5）　3. A 型 III 式
（83 角 B:26）　7、8. B 型（2000YJH10:52、2003YJY9:44）

II 式　20 件。箅托以上之甑部为敞口、口沿侈而内收、尖唇，箅托以下之釜部为鼓腹凹底。标本 2003YJY10:63（图一〇二，2）、2000YJY6:5（图一〇二，4）。

III 式　5 件。箅托以上之甑部为侈口、斜折沿、尖圆唇外凸，箅托以下之釜部为鼓腹微凹底，个别近平底。标本 83 角 B:26（图一〇二，3）。

B 型　4 件。甑部一次成型。标本 2000YJH10:52（图一〇二，7）、2003YJY9:44（图一〇二，8）。

其他　无法辨型。11 件。

（2）甑　4 件。依据腹部的深浅分为 2 型。

A 型　1 件。深腹。2003YJH11:42（图一〇三，1）。

B 型　2 件。浅腹。2003YJH11：70（图一〇三，3）、2000YJH7：8（参见图六五 C，1）。

其他　无法辨型。1 件。86 板 H1：14（参见图六四 B，5）。

（3）釜　121 件。依据腹部、底部的特征分为 2 型。

A 型　16 件。直腹，圜底或近平底。标本 2003YJH13：30（图一〇三，8）、2003YJ H13：10（图一〇三，2）。

B 型　105 件。垂腹或鼓腹，凹底。标本 2003YJH11：47（图一〇三，4）。

（4）支座　23 件。根据支座上部的形状和支撑点的个数，分为 3 型。

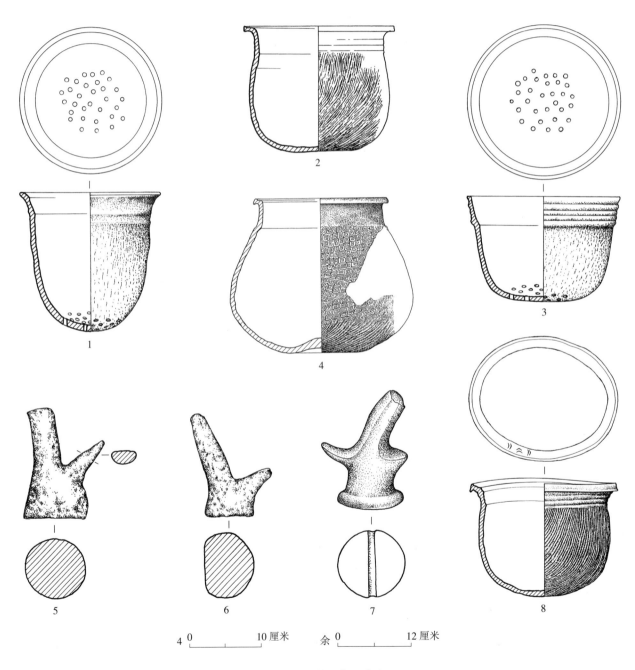

图一〇三　釜、甑、支座

1. 甑 A 型（2003YJH11：42）　2、8. 釜 A 型（2003YJH13：10、2003YJH13：30）　3. 甑 B 型（2003YJH11：70）　4. 釜 B 型（2003YJH11：47）
5. 支座 A 型（2003YJY10：114）　6. 支座 B 型（2003YJY10：116）　7. 支座 C 型（2003YJY9：42）

A 型　10 件。上部圆形或椭圆形，一个支撑点。标本 2003YJ Y10:114（图一〇三，5）。

B 型　10 件。上部扁平，一个支撑点。标本 2003YJ Y10:116（图一〇三，6）。

C 型　3 件。上部圆形或椭圆形，有前后两个支撑点。标本 2003YJY9:42（图一〇三，7）。

2. 盛储器类

主要器类有高领鼓肩罐、矮领鼓肩罐、鼓腹罐、垂腹罐、直腹罐、器盖、盖碗、盆、缸、瓮、坛等。

（1）高领鼓肩罐　110 件。高领，鼓肩，斜腹，凹底。根据口沿、唇部特征，分为 3 式。

Ⅰ式　33 件。侈口，口沿侈而内收，尖唇。标本 2003YJ H13:22（图一〇四，1）。

Ⅱ式　18 件。近直口，尖圆唇。标本 2000YJ6:103（图一〇四，2）

Ⅲ式　59 件。侈口，沿外翻，尖唇。标本 2003YJY10:17（图一〇四，3）

（2）矮领鼓肩罐　44 件。矮领，鼓肩，斜腹，凹底。标本 2003YJY9:33（图一〇四，4）。

（3）鼓腹罐　24 件。鼓腹，凹底。根据口沿、唇部特征分为 2 式。

Ⅰ式　3 件。侈口，尖唇。标本 2000YJH10:113（图一〇四，5）

Ⅱ式　17 件。近直口，平折沿，唇外翻。标本 2000YJH10:115（图一〇四，6）

其他　4 件。

（4）垂腹罐　29 件。垂腹、凹底。根据口沿、唇部特点分为 3 式。

Ⅰ式　11 件。微敛口，斜折沿，尖唇，高领，领部与腹部分界明显，圜底。标本 2003YJH40:17（图一〇四，7）。

Ⅱ式　15 件。直口，平折沿，圆唇，矮领，领部与腹部分界明显，凹底。标本 86 板 H1:33（图一〇四，8）

Ⅲ式　1 件。直口，平折沿，方唇，领部与腹部无界限，微凹底。2003YJH29:4（图一〇四，10）

其他　2 件。残。

（5）直腹罐　37 件。直腹、圜底。标本 2000YJY1:23。（图一〇四，9）

（6）小罐　9 件。有高领折肩小罐 1 件（2003YJH17:30）、矮领鼓肩小罐 2 件（2000YJT5937①:4、83 角 A:32）、鼓腹小罐 2 件（2003YJY9:49、83 角 B:21）、垂腹小罐 2 件（2000YJY1:7、2003YJH15:5）、直腹小罐 1 件（2003YJY9:60）、残小罐 1 件（2000YJY6:58）。

（7）器盖　62 件。有 2 件残甚，余根据器盖口沿、腹部的特点可划分为 2 型。

A 型　47 件。侈口，浅腹。又可分为 2 亚型。

Aa 型　36 件。斜直腹，圈足提手。标本 2000YJH10:67（图一〇五，1）。

Ab 型　8 件。弧腹，圈足提手。标本 2003YJF3:4（图一〇五，2）。

其他　可辨 A 型，不能确定亚型。3 件。

B 型　13 件。近直腹，圈足提手，周边有鸟状提手。标本 2003YJH17:9（图一〇五，5）。

（8）盖碗　5 件。根据腹部特征可分为 2 型。

A 型　3 件。直腹。标本 83 角 A:56（图一〇五，4）。

B 型　2 件。弧腹。标本 2003YJY9:91（图一〇五，3）。

（9）盆　3 件。2000YJY6：17（图一〇六，1）、2000YJH7：12（参见图六五 E，1）、2003YJH27：17（参见图七四 B，10）。

（10）缸　20 件，有的为残块。标本 2003YJY10:31（图一〇六，3）。

（11）瓮　59 件。标本 2003YJH13:25（图一〇六，2）。

图一〇四　罐

1. 高领鼓肩罐Ⅰ式（2003 YJH13：22）　2. 高领鼓肩罐Ⅱ式（2000 YJY6：103）　3. 高领鼓肩罐Ⅲ式（2003 YJY10：17）　4. 矮领鼓肩罐（2003 YJY9：33）　5. 鼓腹罐Ⅰ式（2000 YJH10：113）　6. 鼓腹罐Ⅱ式（2000 YJH10：115）　7. 垂腹罐Ⅰ式（2003 YJH40：17）　8. 垂腹罐Ⅱ式（86 板 H1：33）　9. 直腹罐（2000 YJY1：23）　10. 垂腹罐Ⅲ式（2003 YJH29：4）

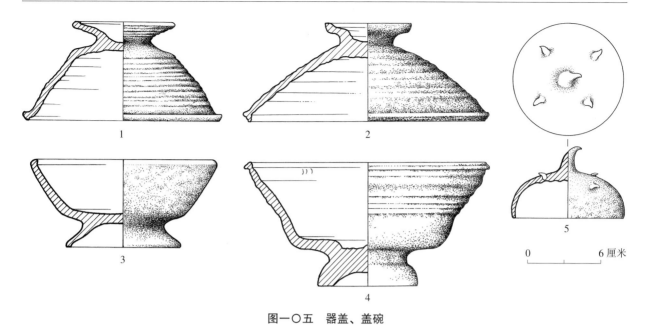

图一○五　器盖、盖碗

1. 器盖 Aa 型（2000YJH10:67）　2. 器盖 Ab 型（83 角 B:72）　3. 盖碗 B 型（2003YJY9:91）　4. 盖碗 A 型（83 角 A:56）　5. 器盖 B 型（2003YJH17:9）

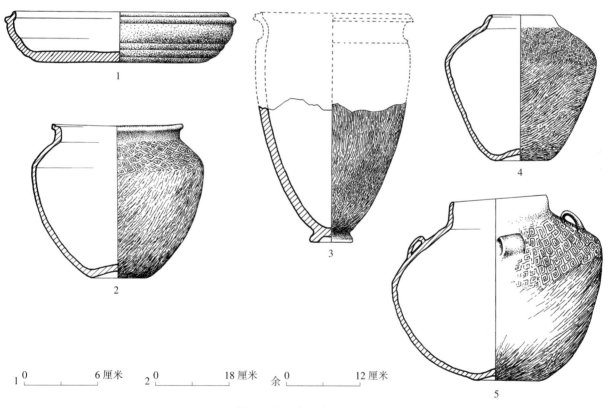

图一○六　盆、瓮、缸、坛

1. 盆（2000YJY6:17）　2. 瓮（2003YJH13:25）　3. 缸（2003YJH10:31）　4. 坛 A 型（2003YJH16:21）　5. 坛 B 型（2000YJH10:51）

（12）坛　9 件。根据是否有系可分为 2 型。

A 型　7 件。无系。标本 2003YJH16:21（图一○六，4）。

B 型　2 件。有四系。2000YJH10:51（图一○六，5）。

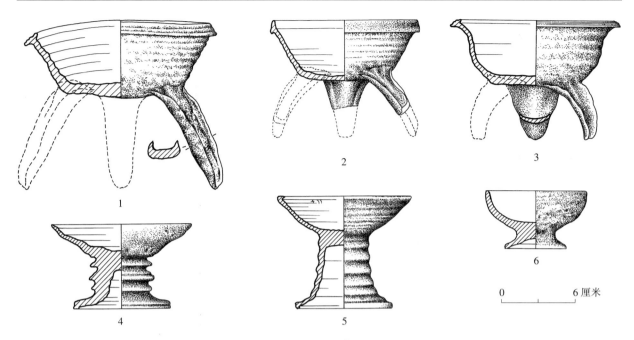

0　　　　　6厘米

图一〇七　三足盘、豆

1. 三足盘 A 型（2003YJY10：91）　2. 三足盘 B 型（2003YJH13：21）　3. 三足盘 C 型（2000YJY6：90）　4. 豆 A 型（2003YJY10：12）
5. 豆 B 型（2003YJY10：1）　6. 豆 C 型（2003YJH11：65）

3. 食器类

主要器类有三足盘、豆、平底钵、带把钵、盔形钵、盏、斝、壶、盅、盂、杯、勺、觚、尊等。

（1）三足盘　205 件。根据盘的形状和腹部特征分为 3 型。

A 型　163 件。钵形，腹部较直。标本 2003YJY10：91（图一〇七，1）。

B 型　36 件。盘形，斜腹。标本 2003YJH13：21（图一〇七，2）。

C 型　3 件。盆形，腹稍鼓。标本 2000YJY6：90（图一〇七，3）。

其他　无法辨型。3 件。

（2）豆　34 件。根据底座和豆柄的差异，可以分为 3 型。

A 型　8 件。底座下部较平，高把节状。标本 2003YJY10：12（图一〇七，4）。

B 型　11 件。底座呈喇叭形，较高。标本 2003YJY10：1（图一〇七，5）。

C 型　7 件。底座较矮。标本 2003YJH11：65（图一〇七，6）。

其他　无法辨型。8 件。

（3）平底钵　167 件。根据口沿特征，分为 3 式。

Ⅰ式　25 件。敛口。标本 2003YJH40：5（图一〇八，1）。

Ⅱ式　69 件。微敛口，近直口。标本 2000YJY1：33（图一〇八，2）、2000YJH10：39（图一〇八，3）。

Ⅲ式　73 件。侈口。标本 2000YJH10：70（图一〇八，4）。

（4）带把钵　38 件。根据把的长短特点可划分为 2 型。

A 型　21 件。宽长把。依据底部的特征又可划分为 2 亚型。

Aa 型　6 件。圜底。标本 2000YJY6：79（图一〇八，5）。

Ab 型　9 件。平底。标本 2003YJY9：23（图一〇八，6）。

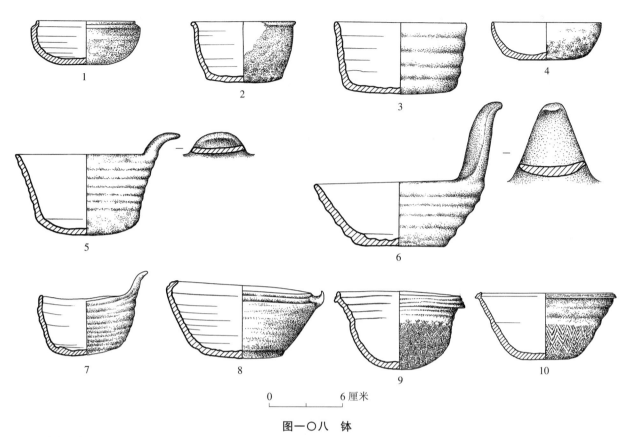

0   6厘米

图一〇八　钵

1. 平底钵 I 式（2003YJH40：5）　2、3. 平底钵 II 式（2000YJY1：33、2000YJH10：39）　4. 平底钵 III 式（2000YJH10：70）　5. 带把钵 Aa 型（2000YJY6：79）　6. 带把钵 Ab 型（2003YJH9：23）　7、8. 带把钵 B 型（2003YJH13：12、2003YJY10：100）　9. 盔形钵 B 型（83 角 B：10）　10. 盔形钵 A 型（86 板 H1：27）

其他　可确定为 A 型钵，但无法辨亚型。6 件。

B 型　15 件。矮把。标本 2003YJH13：12（图一〇八，7）、2003YJY10：100（图一〇八，8）。

其他　无法辨型。2 件。

（5）**盔形钵**　86 件。根据口部、腹部的特点可分为 2 型。

A 型　57 件。侈口，斜直腹，平底。标本 86 板 H1：27（图一〇八，10）。

B 型　20 件。侈口，腹内弧，圜底。标本 83 角 A：10（图一〇八，9）。

其他　底残，无法辨型。9 件。

（6）**盏**　7 件。依据腹部、底部的特点可分为 2 型。

A 型　2 件。深腹，圜底。标本 2003YJH11：3（图一〇九，1）。

B 型　5 件。浅腹，平底。标本 2003YJH20：7（图一〇九，2）。

（7）**鬶**　15 件。根据口沿特征和腹部、袋足特点可分为 4 型。

A 型　1 件。直口，直腹。2000YJH7：4（图一〇九，3）。

B 型　4 件。侈口，斜腹，腹较深，袋足高。标本 2003YJH13：28（图一〇九，4）。

C 型　1 件。侈口，腹稍鼓，袋足矮，深腹。2000YJH10：41（图一〇九，5）。

D 型　7 件。侈口，斜腹，腹浅。标本 86 板 H1：57（图一〇九，6）。

其他　无法辨型。2 件。

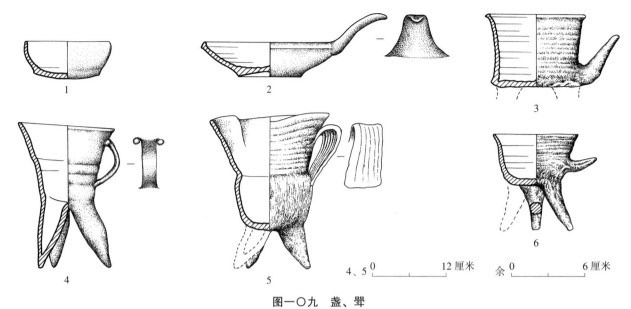

图一〇九　盏、斝

1. 盏 A 型（2003YJH11：3）　2. 盏 B 型（2003YJH20：7）　3. 斝 A 型（2000YJH7：4）　4. 斝 B 型（2003YJH13：28）　5. 斝 C 型（2000YJH10：41）　6. 斝 D 型（86 板 H1：57）

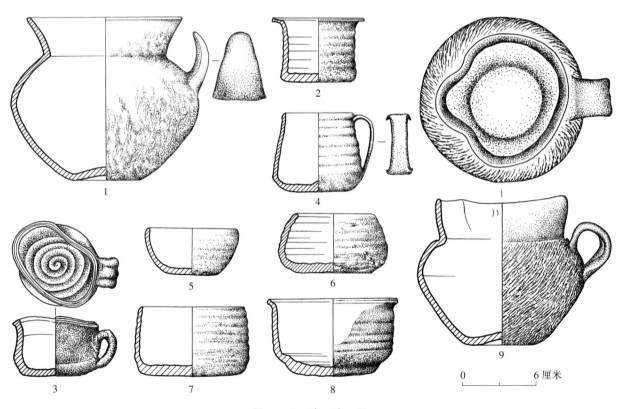

图一一〇　壶、盅、盂

1. 壶 A 型（2003YJH11：54）　2. 盅 A 型（2003YJ 采：3）　3. 盅 B 型（2000YJY6：4）　4. 盅 C 型（2003YJH20：4）　5. 盂 D 型（2003YJH11：5）　6. 盂 C 型（83 角 A：33）　7. 盂 B 型（2003YJY9：82）　8. 盂 A 型（2003YJY9：30）　9. 壶 B 型（2003YJH25：10）

（8）**壶**　23 件。依据是否有流可分为 2 型。

A 型　21 件。无流。标本 2003YJH11：54（图一一〇，1）。

B 型　2 件。有流。标本 2003YJH25：10（图一一〇，9）。

（9）**盅**　11 件。根据口沿、腹部特征分为 3 型。

A 型　1 件。直口，直腹。2003YJ 采：3（图一一○，2）。

B 型　9 件。侈口，垂腹。标本 2000YJY6：4（图一一○，3）。

C 型　1 件。敛口，垂腹。2003YJH20：4（图一一○，4）。

（10）**盂**　23 件。根据口沿、腹、底部特征可分为 4 型。

A 型　2 件。侈口，直腹下收，平底。标本 2003YJY9：30（图一一○，8）。

B 型　2 件。直口，直腹，平底。标本 2003YJY9：82（图一一○，7）。

C 型　15 件。敛口，垂腹，平底。标本 83 角 A：33（图一一○，6）。

D 型　4 件。微敛口，鼓腹，圜底。标本 2003YJH11：5（图一一○，5）。

（11）**杯**　25 件。根据杯的口沿、腹部特征可分为 6 型。

A 型　5 件。直口，直腹。标本 2003YJH17：11（图一一一，1）。

B 型　6 件。侈口，垂腹。标本 2003YJY9：86（图一一一，4）。

C 型　3 件。敛口，斜腹，平底。标本 2000YJY6：6（图一一一，7）。

D 型　2 件。敛口，鼓腹，圈足。标本 2003YJH27：13（图一一一，3）。

E 型　7 件。侈口，斜腹。标本 2003YJH29：8（图一一一，6）。

F 型　2 件。侈口，斜腹、带把。标本 2003YJH15：8（图一一一，8）。

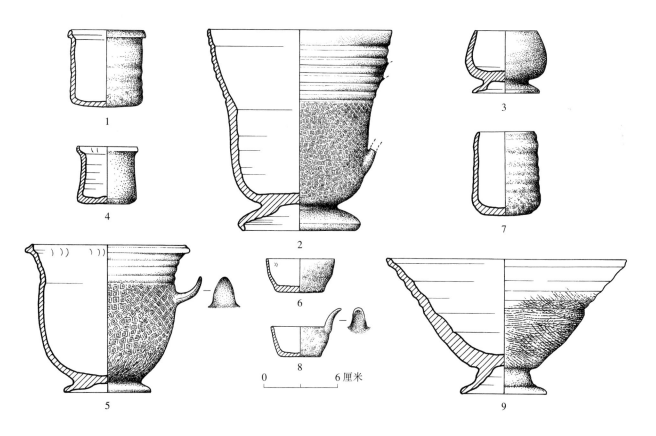

图一一一　杯、尊

1. 杯 A 型（2003YJH17：11）　2. 尊 A 型（2003YJH18：2）　3. 杯 D 型（2003YJH27：13）　4. 杯 B 型（2003YJY9：86）　5. 尊 B 型（2003YJY9：40）　6. 杯 E 型（2003YJH29：8）　7. 杯 C 型（2000YJY6：6）　8. 杯 F 型（2003YJH15：8）　9. 尊 C 型（2000YJY1：26）

（12）**尊**　22 件。

A 型　1 件。侈口，束腰。2003YJH18：2（图一一一，2）。

B 型　6 件。侈口，斜腹。标本 2003YJY9：40（图一一一，5）。

C 型　8 件。敞口，腹微弧。标本 2000YJY1：26（图一一一，9）。

其他　无法辨型。7 件。

（二）生产工具

生产工具有纺轮、网坠、陶刀、陶镰等。

（1）**纺轮**　15 件。依据其形状可分为 2 型。

A 型　6 件。算珠形。标本 2003YJH40：10（图一一二，1）。

B 型　9 件。扁平形。标本 2003YJY10：7（图一一二，2）。

（2）**网坠**　100 件。根据其形状可分为 2 型。

A 型　99 件。圆柱状、刻槽。标本 2000YJY1：8（图一一二，6）。

B 型　1 件。锥状。2003YJH34：1（图一一二，3）。

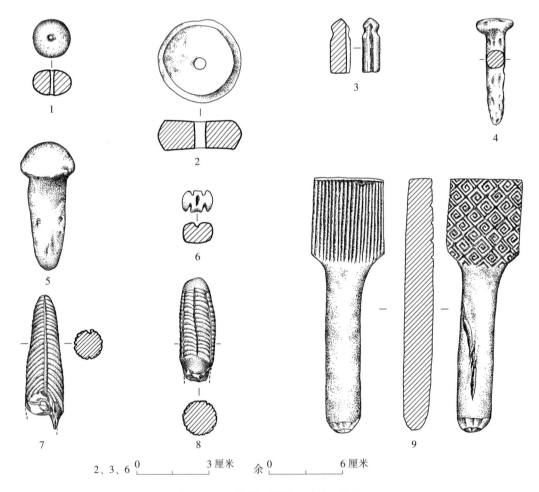

2、3、6　0　　　　　3 厘米　　　余　0　　　　　6 厘米

图一一二　纺轮、网坠、陶垫、陶拍

1. 纺轮 A 型（2003YJH40：10）　2. 纺轮 B 型（2003YJY10：7）　3. 网坠 B 型（2003YJH34：1）　4. 陶垫 B 型（86 板 H1：13）　5. 陶垫 A 型（2000YJY3：5）　6. 网坠 A 型（2000YJY1：8）　7. 陶拍 B 型（2003YJH11：38）　8. 陶拍 C 型（2003YJH18：1）　9. 陶拍 A 型（2000YJY1：31）

（三）制陶工具

制陶工具有陶垫、陶拍等。

（1）陶垫 34 件。根据陶垫形状可划分为 2 型。

A 型 31 件。蘑菇状。标本 2000YJY3：5（图一一二，5）。

B 型 3 件。圆锥状。标本 86 板 H1：13（图一一二，4）。

（2）陶拍 43 件。根据拍面的形状可分为 3 型。

A 型 30 件。扁平状拍面。标本 2000YJY1：31（图一一二，9）。

B 型 10 件。伞状拍面。标本 2003YJH11：38（图一一二，7）。

C 型 3 件。锥状拍面。标本 2003YJH18：1（图一一二，8）。

上述器类型式登记表见表六 -2。

第三节　原始瓷器

原始瓷器发现 59 件（表六 -3；彩版一七六～一八五）。取其中 10 件标本与 11 件印纹硬陶标本一起进行化学成分分析。发现原始瓷和印纹硬陶在原料的种类上没有本质的区别，区别在于对原料的选择上，原始瓷的选料比印纹硬陶的选料要严格。说明在商代前期角山窑工已经积累了丰富的窑业生产经验，在原始瓷的选料方面尤其精细。通过化学成分的分析，还发现角山原始瓷釉可分为两类。第一类为低 Ca 高 K、Na 的原始瓷釉，第二类为高 Ca 低 Fe、K、Na 的原始瓷釉。

从出土的 59 件原始瓷器分析，绝大多数为三足盘的三足、罐口沿和陶片等，有些原始瓷器可能是由于烧制时受所处的窑炉位置的影响偶然烧制而成的，有些原始瓷则有人为施釉现象，说明是人们掌握了原始瓷器烧造的基本方法。原始瓷原料方面的精细化则表现在原料淘洗方面已经注意人为控制。

表六 -1　石器型式登记表

序号	标　本		分区
1	2000YJT0743①: 3	A 型石锛	B 区
2	83 板 T1: 1	A 型石锛	C 区
3	83 板 T1: 7	石锛	C 区
4	83 板 T1: 8	A 型石锛	C 区
5	2003YJY10: 13	B 型石锛	C 区
6	2003YJH11: 1	B 型石锛	C 区
7	2003YJH13: 33	A 型石锛	C 区
8	2003YJH13: 38	B 型石锛	C 区
9	2003YJH20: 19	A 型石锛	C 区
10	83 板 H1: 14	A 型石锛	C 区
11	83 板 H1: 28	B 型石锛	C 区
12	83 角采: 16	A 型石锛	D 区
13	83 角采: 35	A 型石锛	D 区
14	86 角采: 8	B 型石锛	D 区
15	2003YJY9: 53	石斧	C 区
16	2003YJY9: 2	石凿	C 区
17	2003YJH11: 55	石网坠	C 区
18	2003YJH11: 81	石网坠	C 区
19	83 角采: 48	石锥	D 区
20	2003YJF3: 7	石拍	C 区
21	2000YJT6038②: 3	A 型石镞	A 区
22	2000YJT0744①: 3	A 型石镞	B 区
23	2000YJT4429②: 1	A 型石镞	C 区
24	2000YJY1: 2	A 型石镞	C 区
25	2000YJY1: 3	B 型石镞	C 区
26	2000YJY1: 4	B 型石镞	C 区
27	2000YJY1: 6	A 型石镞	C 区
28	2000YJY1: 13	B 型石镞	C 区
29	2000YJY1: 18	B 型石镞	C 区
30	2000YJY1: 28	A 型石镞	C 区
31	2000YJY1: 30	A 型石镞	C 区
32	2000YJY3: 11	A 型石镞	C 区

续表

序号	标　本		分区
33	2003YJY9∶13	A 型石镞	C 区
34	2003YJY9∶17	A 型石镞	C 区
35	2003YJY9∶27	A 型石镞	C 区
36	2003YJY9∶32	A 型石镞	C 区
37	2003YJY9∶63	A 型石镞	C 区
38	2003YJY10∶84	B 型石镞	C 区
39	2003YJY10∶87	A 型石镞	C 区
40	2003YJY10∶95	A 型石镞	C 区
41	2003YJY10∶101	A 型石镞	C 区
42	2003YJY10∶102	A 型石镞	C 区
43	2003YJH11∶2	A 型石镞	C 区
44	2003YJH11∶4	A 型石镞	C 区
45	2003YJH11∶82	A 型石镞	C 区
46	2003YJH13∶3	A 型石镞	C 区
47	2003YJH19∶7	A 型石镞	C 区
48	86 板 H1∶60	A 型石镞	C 区
49	86 板 H1∶61	A 型石镞	C 区
50	2000YJH7∶5	B 型石镞	C 区
51	2000YJH7∶9	A 型石镞	C 区
52	2003YJF3∶2	B 型石镞	C 区
53	2007YJF6∶1	石矛	B 区
54	2003YJ 采∶7	石矛	C 区
55	2007YJT0744①∶9	砺石	B 区
56	2000YJY3∶8	砺石	C 区
57	2000YJY3∶13	砺石	C 区
58	2003YJH27∶16	砺石	C 区
59	83 角 B∶16	砺石	D 区
60	2003YJH11∶76	石环	C 区
61	2003YJH11∶97	石环	C 区
62	2003YJY10∶6	石饼	C 区
63	2003YJY10∶76	石饰件	C 区
64	2003YJT3523①∶1	石坯料	C 区

表六－2　典型陶器型式登记表

表1　甑形器型式登记表

序　号	标　本		质　地	完损状况	备　注
1	2000YJY6：5	AⅡ式甑形器	泥红	修复	内沿下有刻符
2	2000YJY6：13	AⅢ式甑形器	夹红	修复	
3	2000YJY6：61	AⅡ式甑形器	夹红	残	
4	2000YJY6：62	AⅢ式甑形器	夹红	残	
5	2000YJY6：87	AⅢ式甑形器	泥红	残	
6	2000YJY6：133	甑形器	夹黄		甑部与釜部搭接
7	2000YJH10：14	AⅡ式甑形器	夹灰	残	内沿下有刻符
8	2000YJH10：16	AⅡ式甑形器	夹红	修复	
9	2000YJH10：23	AⅡ式甑形器	泥红	修复	
10	2000YJH10：52	B型甑形器	夹红	修复	
11	2000YJH10：53	AⅢ式甑形器	泥红	修复	
12	2000YJH10：110	AⅡ式甑形器	夹红	残	
13	2000YJH10：111	AⅡ式甑形器	夹红	残	
14	2000YJH10：112	甑形器	夹红		甑部搭接（侧面）
15	2000YJT0644①：1	B型甑形器	夹灰	修复	
16	2007YJT0644①：4	甑形器	夹红	残	工艺标本
17	2000YJT0743①：2	B型甑形器	夹红	修复	
18	2003YJH40：4	AⅠ式甑形器	红硬	修复	
19	2003YJY9：44	B型甑形器	泥灰	修复	
20	2003YJY9：84	AⅡ式甑形器	泥红	修复	
21	2003YJY9：92	AⅡ式甑形器	夹红	残	内沿下有刻符
22	2003YJY10：62	AⅡ式甑形器	泥红	修复	
23	2003YJY10：63	AⅡ式甑形器	夹红	修复	
24	2003YJY10：71	AⅡ式甑形器	夹红	修复	
25	2003YJY10：92	AⅡ式甑形器	夹红	修复	
26	2003YJH17：14	AⅡ式甑形器	泥红	残	内沿下有刻符
27	2003YJH25：9	AⅠ式甑形器	夹灰	修复	内沿下有刻符
28	2003YJH11：18	AⅡ式甑形器	夹红	修复	
29	2003YJH11：19	AⅡ式甑形器	夹灰	残	
30	2003YJH11：31	AⅡ式甑形器	夹红	修复	
31	2003YJH11：52	AⅡ式甑形器	夹红	修复	
32	2003YJH11：78	AⅠ式甑形器	夹红	修复	
33	2003YJH11：109	AⅡ式甑形器	泥红	修复	
34	2003YJH11：114	AⅡ式甑形器	泥红	修复	
35	86板H1：11	甑形器	夹红	残	内沿下有刻符
36	83角A：106	甑形器	夹红		甑部上下两部搭接而成
37	83角B：26	AⅢ式甑形器	夹红	修复	
38	83角B：28	甑形器	夹灰	残	
39	2000YJY8：13	甑形器	夹红		甑部分上下两段搭接
40	2000YJY8：15	甑形器	夹红		口沿内接于甑体
41	2000YJY8：16	甑形器	夹红		口沿外接于甑体
42	2000YJY8：18	甑形器	夹红		内外涂抹一层泥浆
43	2000YJY8：19	甑形器	夹红		内外涂抹一层泥浆

表2 釜型式登记表

序号	标　本		质　地	完损状况	备　注
1	2000YJY6:34	B型釜	灰硬	残	
2	2000YJY6:35	B型釜	灰硬	残	
3	2000YJY6:39	B型釜	灰硬	残	
4	2000YJY6:40	B型釜	灰硬	残	
5	2000YJY6:59	B型釜	泥红	残	
6	2000YJY6:60	B型釜	泥红	残	口沿上有刻符
7	2000YJY6:71	B型釜	泥灰	残	口沿上有刻符
8	2000YJY6:72	B型釜	灰硬	残	
9	2000YJY6:73	B型釜	泥灰	残	
10	2000YJY6:77	B型釜	夹灰	修复	
11	2000YJH10:50	B型釜	灰硬	修复	
12	2000YJH10:59	B型釜	灰硬	残	有釉
13	2000YJH10:82	B型釜	灰硬	残	
14	2000YJH10:83	B型釜	灰硬	残	
15	2000YJH10:84	B型釜	夹灰	残	
16	2000YJH10:85	B型釜	灰硬	残	
17	2000YJH10:86	B型釜	灰硬	残	
18	2000YJH10:87	B型釜	灰硬	残	
19	2000YJH10:103	B型釜	泥红	残	
20	2000YJH10:104	B型釜	泥红	残	
21	2000YJH10:105	B型釜	泥红	残	
22	2000YJH10:106	B型釜	泥红	残	
23	2000YJH10:107	B型釜	泥红	残	
24	2000YJH10:118	B型釜	夹红	修复	
25	2000YJH10:127	B型釜	灰硬		口沿凹凸不平，且有积釉，覆烧
26	2000YJT0543①:1	B型釜	夹灰	修复	口沿上有刻符
27	2007YJT0645①:7	B型釜	夹灰	残	口沿上有刻符
28	2000YJT0744①:11	A型釜	夹灰	修复	口沿上有刻符
29	2000YJY2:1	B型釜	夹红	残	
30	2000YJY2:2	B型釜	夹黄		内外涂抹一层泥浆
31	2003YJH40:2	B型釜	灰硬	残	
32	83板T1:24	B型釜	灰硬	残	
33	2000YJY3:3	B型釜	泥红	修复	口沿上有刻符
34	2003YJY9:45	B型釜	灰硬	修复	口沿上有刻符
35	2003YJY9:46	B型釜	灰硬	残	
36	2003YJY9:67	B型釜	泥灰	修复	
37	2003YJY9:85	B型釜	红硬	残	
38	2003YJY9:95	B型釜	夹灰	修复	
39	2003YJY10:3	B型釜	灰硬	残	
40	2003YJY10:4	B型釜	夹红	修复	

续表

序号	标 本		质 地	完损状况	备 注
41	2003YJY10：38	B 型釜	灰硬	修复	口沿上有刻符
42	2003YJY10：40	B 型釜	泥红	修复	
43	2003YJY10：125	B 型釜	泥红	残	
44	2003YJY10：126	B 型釜	泥红	残	
45	2003YJY10：138	B 型釜	夹灰	残	
46	2003YJY10：139	B 型釜	灰硬	残	
47	2003YJY10：140	B 型釜	灰硬	残	
48	2003YJY10：149	B 型釜	灰硬	修复	
49	2003YJY10：150	B 型釜	泥红	残	
50	2003YJH16：13	B 型釜	夹灰	残	
51	2003YJH17：23	B 型釜	泥红	残	
52	2003YJH25：6	B 型釜	泥红	残	
53	2003YJH29：6	B 型釜	灰硬	残	
54	2003YJH15：12	A 型釜	灰硬	修复	口沿上有刻符
55	2003YJH15：22	B 型釜	灰硬	残	
56	2003YJH19：14	B 型釜	夹灰	残	
57	2003YJH19：15	A 型釜	夹灰	残	
58	2003YJH20：10	B 型釜	灰硬	残	
59	2003YJH20：24	B 型釜	灰硬	残	
60	2003YJH20：25	B 型釜	灰硬	残	
61	2003YJH11：10	B 型釜	泥红	修复	
62	2003YJH11：12	B 型釜	泥红	残	
63	2003YJH11：29	B 型釜	泥灰	修复	
64	2003YJH11：45	A 型釜	灰硬	修复	
65	2003YJH11：46	B 型釜	灰硬	修复	内沿有刻符
66	2003YJH11：47	B 型釜	泥红	修复	
67	2003YJH11：67	B 型釜	夹灰	残	
68	2003YJH11：91	A 型釜	泥红	修复	
69	2003YJH11：92	B 型釜	泥红	修复	
70	2003YJH11：94	B 型釜	泥红	完整	口沿上有刻符
71	2003YJH11：95	B 型釜	红硬	修复	口沿上有刻符
72	2003YJH11：101	B 型釜	灰硬	修复	
73	2003YJH11：106	B 型釜	灰硬	修复	口沿上有刻符
74	2003YJH11：111	B 型釜	泥红	修复	
75	2003YJH11：115	B 型釜	泥红	修复	口沿上有刻符
76	2003YJH13：10	A 型釜	泥红	修复	
77	2003YJH13：13	B 型釜	泥红	残	
78	2003YJH13：20	B 型釜	灰硬	完整	口沿上有刻符
79	2003YJH13：26	B 型釜	泥红	完整	口沿上有刻符
80	2003YJH13：30	A 型釜	灰硬	修复	口沿上有刻符

续表

序号	标　本		质　地	完损状况	备　注
81	2003YJH13：32	A型釜	灰硬	修复	口沿上有刻符
82	2003YJH13：34	A型釜	灰硬	完整	口沿上有刻符
83	2003YJH13：35	B型釜	泥红	完整	口沿上有刻符
84	2003YJH13：37	A型釜	夹红	残	
85	83板H1：36	B型釜	灰硬	修复	
86	83板H3：10	B型釜	泥红	残	
87	86板H1：3	B型釜	灰硬	修复	
88	86板H1：12	B型釜	灰硬	修复	口沿上有刻符
89	86板H1：16	B型釜	灰硬	修复	
90	2003YJH12：5	A型釜	夹红	修复	
91	2003YJH14：5	B型釜	泥灰	残	
92	2003YJH21：8	B型釜	泥红	残	
93	2003YJH22：1	A型釜	夹灰	残	
94	2003YJH23：3	B型釜	泥红	残	
95	2003YJH27：12	A型釜	夹红	修复	
96	2003YJH27：29	B型釜	泥灰	残	
97	2003YJH27：30	B型釜	灰硬	残	
98	2003YJG5：6	B型釜	灰硬	残	
99	2003YJG5：7	B型釜	灰硬	残	
100	83角A：15	A型釜	夹红	修复	
101	83角A：28	A型釜	灰硬	残	
102	83角A：40	A型釜	灰硬	修复	
103	83角A：41	B型釜	红硬	修复	
104	83角A：66	B型釜	夹灰	残	
105	83角A：67	B型釜	灰硬	残	
106	83角A：68	B型釜	灰硬	残	
107	83角A：69	B型釜	灰硬	残	
108	83角A：77	B型釜	泥红	残	
109	83角A：78	B型釜	泥红	残	
110	83角A：79	B型釜	泥红		
111	83角A：83	B型釜	灰硬	残	
112	83角B：41	B型釜	泥红	残	
113	83角B：47	B型釜	灰硬	残	
114	83角B：52	B型釜	灰硬	残	内沿下有刻符
115	83角B：53	B型釜	灰硬	残	
116	83角B：54	B型釜	灰硬	残	
117	83角B：65	B型釜	夹红	残	
118	83角B：74	B型釜	灰硬	残	
119	83角采：26	B型釜	灰硬	修复	内沿下有刻符
120	83角采：44	B型釜	灰硬	残	
121	86角采：10	B型釜	灰硬	修复	

表3　支座型式登记表

序号	标　本		质　地	完损状况
1	2007YJT0544①：3	C 型支座	夹红	残
2	2000YJT0643①：3	A 型支座	夹红	残
3	2000YJT0644①：6	A 型支座	夹红	残
4	2000YJT0645①：8	A 型支座	夹红	残
5	2000YJT0744①：13	A 型支座	夹红	修复
6	2007YJT0744①：6	A 型支座	泥红	残
7	2007YJT0744①：11	B 型支座	泥红	残
8	2000YJY1：17	C 型支座	夹红	残
9	2003YJY9：7	A 型支座	夹红	修复
10	2003YJY9：12	B 型支座	夹红	残
11	2003YJY9：26	B 型支座	夹红	残
12	2003YJY9：42	C 型支座	灰硬	修复
13	2003YJY10：14	B 型支座	夹红	残
14	2003YJY10：26	B 型支座	夹黄	修复
15	2003YJY10：85	B 型支座	夹红	修复
16	2003YJY10：112	A 型支座	夹红	修复
17	2003YJY10：113	B 型支座	夹红	修复
18	2003YJY10：114	A 型支座	夹红	修复
19	2003YJY10：115	B 型支座	夹红	残
20	2003YJY10：116	B 型支座	夹红	修复
21	83 板 H1：49	A 型支座	夹红	残
22	2003YJH27：1	B 型支座	夹红	修复
23	83 角 B：18	A 型支座	夹红	残

表4　高领鼓肩罐型式登记表

序号	标　本		质　地	完损状况	备　注
1	2000YJT5937①：1	Ⅲ式高领鼓肩罐	灰硬	修复	
2	2000YJY6：2	Ⅲ式高领鼓肩罐	灰硬	修复	
3	2000YJY6：3	Ⅲ式高领鼓肩罐	灰硬	修复	
4	2000YJY6：11	Ⅲ式高领鼓肩罐	灰硬	修复	内沿下有刻符
5	2000YJY6：21	Ⅲ式高领鼓肩罐	灰硬	残	
6	2000YJY6：22	Ⅲ式高领鼓肩罐	灰硬	残	内沿下有刻符
7	2000YJY6：23	Ⅱ式高领鼓肩罐	灰硬	残	
8	2000YJY6：24	Ⅲ式高领鼓肩罐	灰硬	残	
9	2000YJY6：25	Ⅲ式高领鼓肩罐	灰硬	残	
10	2000YJY6：26	Ⅲ式高领鼓肩罐	灰硬	残	
11	2000YJY6：27	Ⅲ式高领鼓肩罐	灰硬	残	
12	2000YJY6：42	Ⅲ式高领鼓肩罐	灰硬	残	
13	2000YJY6：50	Ⅲ式高领鼓肩罐	泥红	残	

续表

序号	标 本		质地	完损状况	备 注
14	2000YJY6：51	Ⅲ式高领鼓肩罐	泥红	残	
15	2000YJY6：52	Ⅲ式高领鼓肩罐	泥红	残	
16	2000YJY6：53	Ⅲ式高领鼓肩罐	泥红	残	
17	2000YJY6：66	Ⅲ式高领鼓肩罐	灰硬	残	
18	2000YJY6：67	Ⅲ式高领鼓肩罐	灰硬	残	内沿下有刻符
19	2000YJY6：70	Ⅰ式高领鼓肩罐	灰硬	残	
20	2000YJY6：88	Ⅲ式高领鼓肩罐	灰硬	修复	
21	2000YJY6：103	Ⅱ式高领鼓肩罐	红硬	修复	
22	2000YJH10：13	Ⅰ式高领鼓肩罐	灰硬	修复	口沿上有刻符
23	2000YJH10：18	Ⅰ式高领鼓肩罐	灰硬	修复	有三系
24	2000YJH10：20	Ⅰ式高领鼓肩罐	灰硬	修复	内沿有刻符
25	2000YJH10：25	Ⅰ式高领鼓肩罐	灰硬	修复	
26	2000YJH10：34	Ⅰ式高领鼓肩罐	灰硬	残	
27	2000YJH10：35	Ⅲ式高领鼓肩罐	灰硬	残	口沿上有刻符
28	2000YJH10：48	Ⅱ式高领鼓肩罐	灰硬	残	
29	2000YJH10：61	Ⅰ式高领鼓肩罐	灰硬	修复	内沿上有刻符
30	2000YJH10：74	Ⅰ式高领鼓肩罐	灰硬	残	
31	2000YJH10：75	Ⅰ式高领鼓肩罐	灰硬	残	
32	2000YJH10：76	Ⅰ式高领鼓肩罐	灰硬	残	
33	2000YJH10：101	Ⅰ式高领鼓肩罐	泥红	残	
34	2000YJH10：102	Ⅰ式高领鼓肩罐	泥红	残	
35	2007YJY7：4	Ⅲ式高领鼓肩罐	夹灰	残	
36	2003YJH38：1	Ⅲ式高领鼓肩罐	灰硬	残	
37	2003YJH40：13	Ⅰ式高领鼓肩罐	灰硬	残	
38	2007YJH42①：2	Ⅰ式高领鼓肩罐	泥红	残	
39	2003YJY9：34	Ⅰ式高领鼓肩罐	夹灰	残	
40	2003YJY9：35	Ⅰ式高领鼓肩罐	灰硬	残	
41	2003YJY9：43	Ⅱ式高领鼓肩罐	泥红	修复	
42	2003YJY9：76	Ⅱ式高领鼓肩罐	灰硬	残	
43	2003YJY9：90	Ⅰ式高领鼓肩罐	泥灰	残	
44	2003YJY10：17	Ⅲ式高领鼓肩罐	灰硬	修复	内沿下有刻符
45	2003YJY10：32	Ⅱ式高领鼓肩罐	灰硬	残	
46	2003YJY10：75	Ⅱ式高领鼓肩罐	泥红	残	内沿下有刻符
47	2003YJY10：120	Ⅰ式高领鼓肩罐	泥红	残	
48	2003YJY10：121	Ⅰ式高领鼓肩罐	泥黄	残	
49	2003YJY10：133	Ⅰ式高领鼓肩罐	灰硬	残	
50	2003YJY10：134	Ⅰ式高领鼓肩罐	灰硬	残	
51	2003YJY10：135	Ⅰ式高领鼓肩罐	灰硬	残	
52	2003YJH16：6	Ⅱ式高领鼓肩罐	灰硬	残	
53	2003YJH16：7	Ⅱ式高领鼓肩罐	灰硬	残	

续表

序号	标 本		质地	完损状况	备 注
54	2003 YJH16：12	Ⅲ式高领鼓肩罐	灰硬	残	
55	2003 YJH16：15	Ⅱ式高领鼓肩罐	灰硬	残	
56	2003 YJH17：17	Ⅱ式高领鼓肩罐	夹灰	残	
57	2003 YJH17：18	Ⅰ式高领鼓肩罐	灰硬	残	
58	2003 YJH25：14	Ⅱ式高领鼓肩罐	灰硬	完整	
59	2003 YJH25：16	Ⅲ式高领鼓肩罐	灰硬	完整	有叠烧痕迹
60	2003 YJH25：17	Ⅲ式高领鼓肩罐	灰硬	残	
61	2003 YJH15：19	Ⅰ式高领鼓肩罐	灰硬	残	
62	2003 YJH15：20	Ⅰ式高领鼓肩罐	泥红	残	
63	2003 YJH19：9	Ⅲ式高领鼓肩罐	灰硬	残	
64	2003 YJH19：10	Ⅱ式高领鼓肩罐	灰硬	残	
65	2003 YJH19：11	Ⅲ式高领鼓肩罐	泥红	残	
66	2003 YJH20：20	Ⅲ式高领鼓肩罐	灰硬	残	
67	2003 YJH11：30	Ⅲ式高领鼓肩罐	泥红	修复	
68	2003 YJH11：32	Ⅰ式高领鼓肩罐	泥红	残	
69	2003 YJH11：33	Ⅰ式高领鼓肩罐	泥红	残	
70	2003 YJH11：96	Ⅰ式高领鼓肩罐	泥红	残	
71	2003 YJH11：104	Ⅰ式高领鼓肩罐	泥黄	残	
72	2003 YJH13：22	Ⅰ式高领鼓肩罐	泥红	完整	内沿下有刻符
73	83 板 H1：5	Ⅱ式高领鼓肩罐	灰硬	修复	
74	83 板 H1：35	Ⅰ式高领鼓肩罐	夹红	修复	口沿上有刻符
75	83 板 H1：47	Ⅱ式高领鼓肩罐	灰硬	修复	
76	86 板 H1：1	Ⅲ式高领鼓肩罐	泥红	完整	口沿上有刻符
77	86 板 H1：5	Ⅲ式高领鼓肩罐	灰硬	修复	内沿下有刻符
78	86 板 H1：17	Ⅲ式高领鼓肩罐	泥红	修复	内沿下有刻符
79	86 板 H1：18	Ⅲ式高领鼓肩罐	泥灰	修复	
80	86 板 H1：43	Ⅱ式高领鼓肩罐	灰硬	修复	外底有刻符
81	86 板 H1：65	Ⅱ式高领鼓肩罐	泥红	修复	
82	2003 YJH12：3	Ⅰ式高领鼓肩罐	泥灰	修复	内沿下有刻符
83	2003 YJH14：1	Ⅲ式高领鼓肩罐	灰硬	残	
84	2003 YJH18：3	Ⅲ式高领鼓肩罐	灰硬	残	
85	2003 YJH21：9	Ⅲ式高领鼓肩罐	泥红	残	
86	2003 YJH22：4	Ⅲ式高领鼓肩罐	泥灰	残	口沿上有刻符
87	2003 YJH23：2	Ⅲ式高领鼓肩罐	灰硬	残	
88	2003 YJH27：18	Ⅲ式高领鼓肩罐	泥红	修复	口沿上有刻符
89	2003 YJH27：32	Ⅲ式高领鼓肩罐	灰硬	残	
90	2003 YJH30：1	Ⅲ式高领鼓肩罐	灰硬	修复	
91	2003 YJF3：8	Ⅰ式高领鼓肩罐	夹灰	残	
92	83 角 A：21	Ⅲ式高领鼓肩罐	灰硬	修复	外腹有剔刻的图案
93	83 角 A：57	Ⅲ式高领鼓肩罐	灰硬	残	

续表

序号	标 本		质地	完损状况	备 注
94	83 角 A:58	Ⅲ式高领鼓肩罐	灰硬	残	
95	83 角 A:59	Ⅲ式高领鼓肩罐	灰硬	残	内沿下有刻符
96	83 角 A:72	Ⅱ式高领鼓肩罐	泥红	残	
97	83 角 A:73	Ⅲ式高领鼓肩罐	夹红	残	
98	83 角 B:4	Ⅲ式高领鼓肩罐	泥灰	修复	
99	83 角 B:29	Ⅲ式高领鼓肩罐	灰硬	修复	内沿下有刻符
100	83 角 B:43	Ⅲ式高领鼓肩罐	灰硬	残	
101	83 角 B:44	Ⅲ式高领鼓肩罐	灰硬	残	
102	83 角 B:45	Ⅲ式高领鼓肩罐	灰硬	残	
103	83 角 B:60	Ⅲ式高领鼓肩罐	泥红	残	
104	83 角 B:61	Ⅲ式高领鼓肩罐	泥红	残	
105	83 角 B:62	Ⅲ式高领鼓肩罐	灰硬	残	
106	83 角 B:63	Ⅲ式高领鼓肩罐	泥红	残	
107	83 角 B:76	Ⅲ式高领鼓肩罐	灰硬	修复	内沿下有刻符
108	83 角采:6	Ⅲ式高领鼓肩罐	灰硬	修复	
109	83 角采:9	Ⅲ式高领鼓肩罐	灰硬	修复	粘连
110	83 角采:46	Ⅲ式高领鼓肩罐	泥黄	修复	内沿下有刻符

表 5 矮领鼓肩罐型式登记表

序号	标 本		质地	完损状况	备 注
1	2000 YJY6:28	矮领鼓肩罐	灰硬	残	
2	2000 YJY6:29	矮领鼓肩罐	灰硬	残	
3	2000 YJY6:43	矮领鼓肩罐	灰硬	残	
4	2000 YJY6:68	矮领鼓肩罐	灰硬	残	
5	2000 YJY6:69	矮领鼓肩罐	灰硬	残	
6	2000 YJY6:85	矮领鼓肩罐	泥红	修复	
7	2000 YJH10:32	矮领鼓肩罐	灰硬	残	
8	2000 YJH10:77	矮领鼓肩罐	灰硬	残	
9	2000 YJH10:78	矮领鼓肩罐	灰硬	残	
10	2000 YJH10:93	矮领鼓肩罐	泥红	残	
11	83 板 T1:22	矮领鼓肩罐	灰硬	残	
12	2003 YJY9:33	矮领鼓肩罐	灰硬	修复	口沿上有刻符
13	2003 YJY9:64	矮领鼓肩罐	泥红	修复	口沿上有刻符
14	2003 YJY9:77	矮领鼓肩罐	灰硬	修复	口沿上有刻符
15	2003 YJY10:10	矮领鼓肩罐	泥红	修复	口沿上有刻符
16	2003 YJY10:33	矮领鼓肩罐	泥红	完整	
17	2003 YJY10:64	矮领鼓肩罐	夹灰	残	
18	2003 YJY10:122	矮领鼓肩罐	泥红	残	
19	2003 YJY10:123	矮领鼓肩罐	泥红	残	

续表

序号	标　本	质地	完损状况	备　注
20	2003 YJY10：136	矮领鼓肩罐	灰硬	残	
21	2003 YJY10：137	矮领鼓肩罐	灰硬	残	
22	2003 YJY10：143	矮领鼓肩罐	原始瓷	残	
23	2003 YJY10：144	矮领鼓肩罐	原始瓷	残	
24	2003 YJH16：16	矮领鼓肩罐	灰硬	残	
25	2003 YJH25：8	矮领鼓肩罐	灰硬	修复	
26	2003 YJH25：23	矮领鼓肩罐	灰硬	残	
27	2003 YJH15：21	矮领鼓肩罐	泥红	残	
28	2003 YJH11：34	矮领鼓肩罐	泥红	残	
29	2003 YJH11：122	矮领鼓肩罐	灰硬	修复	
30	2003 YJH13：18	矮领鼓肩罐	泥红	残	
31	2000 YJH7：13	矮领鼓肩罐	夹红	完整	内沿下有刻符
32	2000 YJH7：26	矮领鼓肩罐	灰硬	略残	
33	2003 YJH14：2	矮领鼓肩罐	泥红	残	
34	2003 YJH27：10	矮领鼓肩罐	灰硬	残	
35	2003 YJH27：33	矮领鼓肩罐	灰硬	残	
36	83 角 A：60	矮领鼓肩罐	灰硬	残	
37	83 角 A：61	矮领鼓肩罐	灰硬	残	
38	83 角 A：62	矮领鼓肩罐	泥红	残	
39	83 角 B：46	矮领鼓肩罐	灰硬	残	
40	83 角 B：48	矮领鼓肩罐	灰硬	残	
41	83 角 B：49	矮领鼓肩罐	灰硬	残	
42	83 角 B：59	矮领鼓肩罐	泥红	残	
43	83 角采：3	矮领鼓肩罐	灰硬	修复	
44	83 角采：4	矮领鼓肩罐	灰硬	修复	

表6　鼓腹罐型式登记表

序号	标　本	质地	完损状况	备　注
1	2000 YJH10：19	Ⅰ式鼓腹罐	灰硬	修复	
2	2000 YJH10：37	Ⅰ式鼓腹罐	灰硬	修复	
3	2000 YJH10：79	Ⅱ式鼓腹罐	灰硬	残	
4	2000 YJH10：80	Ⅱ式鼓腹罐	灰硬	残	有积釉
5	2000 YJH10：113	Ⅰ式鼓腹罐	灰硬	修复	
6	2000 YJH10：115	Ⅱ式鼓腹罐	灰硬	修复	
7	83 板 T1：3	Ⅱ式鼓腹罐	灰硬	修复	
8	2003 YJY10：27	Ⅱ式鼓腹罐	灰硬	修复	
9	2003 YJY10：66	鼓腹罐	泥黄	修复	
10	2003 YJH20：21	Ⅱ式鼓腹罐	灰硬	修复	口沿上有刻符
11	2003 YJH11：41	鼓腹罐	泥红	修复	
12	2003 YJH11：79	Ⅱ式鼓腹罐	泥红	修复	
13	2003 YJH11：93	鼓腹罐	泥红	残	
14	2003 YJH11：121	鼓腹罐	泥红	修复	
15	83 板 H1：51	Ⅱ式鼓腹罐	灰硬	修复	口沿上有刻符

续表

序号	标本		质地	完损状况	备注
16	83板H1:52	Ⅱ式鼓腹罐	灰硬	修复	口沿上有刻符
17	86板H1:22	Ⅱ式鼓腹罐	灰硬	完整	器物上部有刻符
18	86板H1:29	Ⅱ式鼓腹罐	灰硬	修复	
19	86板H1:53	Ⅱ式鼓腹罐	泥红	修复	
20	83角A:18	Ⅱ式鼓腹罐	灰硬	修复	
21	83角A:63	Ⅱ式鼓腹罐	灰硬	残	
22	83角B:23	Ⅱ式鼓腹罐	灰硬	修复	
23	83角B:50	Ⅱ式鼓腹罐	灰硬	残	
24	83角B:57	Ⅱ式鼓腹罐	灰硬	残	

表7　垂腹罐型式登记表

序号	标本		质地	完损状况	备注
1	2000YJY6:14	Ⅰ式垂腹罐	灰硬	修复	有积釉现象
2	2000YJY6:30	Ⅱ式垂腹罐	灰硬	残	
3	2000YJY6:31	Ⅰ式垂腹罐	灰硬	残	
4	2000YJY6:32	Ⅰ式垂腹罐	灰硬	残	
5	2000YJY6:55	Ⅰ式垂腹罐	泥红	残	
6	2000YJY6:109	垂腹罐	灰硬	残	
7	2000YJH10:54	Ⅱ式垂腹罐	灰硬	修复	
8	2000YJH10:81	Ⅰ式垂腹罐	灰硬	残	
9	2000YJH10:96	Ⅰ式垂腹罐	灰硬	残	
10	2000YJT0645①:6	Ⅱ式垂腹罐	夹灰	修复	口沿上有刻符
11	2003YJH40:17	Ⅰ式垂腹罐	夹灰	修复	
12	83板T1:23	Ⅱ式垂腹罐	泥红	残	
13	83板T1:25	Ⅱ式垂腹罐	灰硬	残	
14	2003YJY10:22	Ⅱ式垂腹罐	夹红	修复	
15	2003YJY10:52	Ⅰ式垂腹罐	泥红	修复	
16	2003YJY10:128	Ⅱ式垂腹罐	泥红	残	
17	2003YJH16:14	Ⅱ式垂腹罐	灰硬	残	
18	2003YJH25:13	Ⅱ式垂腹罐	灰硬	完整	
19	2003YJH29:4	Ⅲ式垂腹罐	灰硬	修复	口沿上有刻符
20	2003YJH19:8	Ⅱ式垂腹罐	灰硬	修复	
21	2003YJH11:59	垂腹罐	夹灰	残	外腹有刻符
22	2003YJH13:15	Ⅱ式垂腹罐	灰硬	残	
23	2003YJH13:23	Ⅰ式垂腹罐	夹灰	完整	
24	86板H1:33	Ⅱ式垂腹罐	灰硬	修复	
25	86板H1:66	Ⅱ式垂腹罐	灰硬	修复	口沿上有刻符
26	2003YJH34:3	Ⅱ式垂腹罐	原始瓷	残	
27	83角A:64	Ⅰ式垂腹罐	灰硬	残	
28	83角A:74	Ⅰ式垂腹罐	泥红	残	
29	83角B:51	Ⅱ式垂腹罐	灰硬	残	

表 8　直腹罐型式登记表

序号	标　本		质地	完损状况	备　注
1	2000YJY6:15	直腹罐	夹红	修复	
2	2000YJY6:33	直腹罐	灰硬	残	
3	2000YJY6:56	直腹罐	夹红	残	
4	2000YJY6:57	直腹罐	夹红	残	
5	2000YJY6:74	直腹罐	夹灰	残	
6	2000YJH10:49	直腹罐	夹灰	修复	
7	2000YJH10:95	直腹罐	夹灰	残	
8	2000YJH10:97	直腹罐	夹红	残	
9	2007YJT0544①:2	直腹罐	夹灰	修复	
10	2000YJT0644①:8	直腹罐	泥红	修复	
11	2000YJT0745①:3	直腹罐	灰硬	修复	口沿上有刻符
12	2007YJF4:1	直腹罐	夹红	修复	
13	2000YJ采:1	直腹罐	夹红	修复	
14	2000YJ采:2	直腹罐	夹红	修复	
15	2000YJY1:23	直腹罐	泥红	修复	
16	2003YJY9:79	直腹罐	泥红	修复	
17	2003YJY10:151	直腹罐	红硬	修复	
18	2003YJH29:7	直腹罐	夹红	残	内沿下有刻符
19	2003YJH15:11	直腹罐	灰硬	修复	内沿下有刻符
20	2003YJH15:24	直腹罐	夹灰	残	
21	2003YJH11:35	直腹罐	泥红	残	
22	86板H1:37	直腹罐	夹灰	修复	
23	86板H1:44	直腹罐	夹红	修复	
24	86板H1:50	直腹罐	灰硬	完整	
25	2000YJH7:10	直腹罐	灰硬	修复	
26	2000YJH7:38	直腹罐	灰硬	修复	
27	2000YJH7:49	直腹罐	夹红	残	内沿下有刻符
28	2003YJH12:4	直腹罐	夹红	修复	
29	2003YJH22:3	直腹罐	夹灰	残	
30	2003YJH23:1	直腹罐	泥红	残	
31	2003YJH30:2	直腹罐	夹红	残	
32	83角A:31	直腹罐	灰硬	修复	
33	83角A:42	直腹罐	夹灰	修复	
34	83角A:65	直腹罐	灰硬	残	内沿下有刻符
35	83角B:19	直腹罐	夹灰	修复	
36	83角B:71	直腹罐	夹灰	残	
37	83角采:18	直腹罐	夹灰	修复	内沿下有刻符

表9　小罐型式登记表

序号	标　本		质地	完损状况	备　注
1	2003YJH17:30	高领折肩小罐	灰硬	修复	
2	2000YJT5937①:4	矮领鼓肩小罐	泥灰	残	
3	83角A:32	矮领鼓肩小罐	灰硬	修复	外底有刻符
4	2003YJY9:49	鼓腹小罐	夹红	修复	
5	2003YJY9:60	直腹小罐	泥红	残	
6	83角B:21	鼓腹小罐	灰硬	修复	
7	2000YJY1:7	垂腹小罐	灰硬	修复	
8	2003YJH15:5	垂腹小罐	灰硬	修复	
9	2000YJY6:58	小罐	泥红	残	

表10　器盖型式登记表

序号	标　本		质地	完损状况	备　注
1	2000YJY6:46	Aa型器盖	灰硬	残	
2	2000YJY6:65	Aa型器盖	泥红	残	
3	2000YJY6:76	器盖	灰硬	残	
4	2000YJY6:94	B型器盖	灰硬	修复	
5	2000YJY6:96	B型器盖	泥红	修复	
6	2000YJH10:45	Aa型器盖	灰硬	残	
7	2000YJH10:67	Aa型器盖	夹灰	修复	
8	2000YJH10:88	Aa型器盖	灰硬	残	
9	2000YJH10:89	Aa型器盖	灰硬	残	
10	2000YJH10:90	Aa型器盖	灰硬	残	
11	2000YJH10:91	Ab型器盖	灰硬	残	
12	2000YJH10:94	B型器盖	泥红	残	
13	2000YJT0644①:3	Ab型器盖	泥灰	修复	内沿下有刻符
14	2000YJT0645①:15	B型器盖	夹灰	残	
15	2003YJH40:3	Aa型器盖	红硬	残	内沿下有刻符
16	83板T1:19	B型器盖	灰硬	残	
17	2000YJY3:24	B型器盖	灰硬	修复	
18	2003YJY9:19	Aa型器盖	泥红	残	
19	2003YJY9:37	B型器盖	泥红	残	
20	2003YJY9:56	Aa型器盖	泥红	修复	
21	2003YJY9:69	Aa型器盖	泥黄	修复	
22	2003YJY9:74	Aa型器盖	泥黄	修复	口沿下有刻符
23	2003YJY9:94	Aa型器盖	夹红	修复	
24	2003YJY10:39	Ab型器盖	灰硬	残	
25	2003YJY10:56	Aa型器盖	泥红	残	
26	2003YJY10:59	Ab型器盖	灰硬	残	
27	2003YJY10:74	Aa型器盖	灰硬	残	

续表

序号	标　本		质地	完损状况	备　注
28	2003 YJY10：83	Aa 型器盖	泥红	残	
29	2003 YJY10：94	Aa 型器盖	灰硬	残	内沿下有刻符
30	2003 YJY10：105	B 型器盖	灰硬	修复	
31	2003 YJH17：5	Aa 型器盖	灰硬	修复	
32	2003 YJH17：7	Aa 型器盖	泥红	残	
33	2003 YJH17：9	B 型器盖	灰硬	修复	
34	2003 YJH17：16	Aa 型器盖	灰硬	残	
35	2003 YJH25：22	B 型器盖	灰硬	残	
36	2003 YJH29：12	A 型器盖	红硬	修复	
37	2003 YJH15：2	Ab 型器盖	灰硬	残	
38	2003 YJH15：3	Aa 型器盖	灰硬	残	内沿下有刻符
39	2003 YJH15：28	B 型器盖	泥红	残	
40	2003 YJH20：8	B 型器盖	灰硬	残	
41	2003 YJH11：40	Aa 型器盖	灰硬	残	
42	2003 YJH11：49	A 型器盖	灰硬	修复	
43	2003 YJH11：51	A 型器盖	泥红	残	
44	2003 YJH11：58	Aa 型器盖	灰硬	修复	
45	2003 YJH11：60	Aa 型器盖	泥灰	修复	内沿下有刻符
46	2003 YJH11：64	Aa 型器盖	泥灰	修复	内沿下有刻符
47	2003 YJH11：87	Ab 型器盖	灰硬	修复	
48	2003 YJH11：99	Aa 型器盖	灰硬	残	内沿下有刻符
49	2003 YJH11：102	器盖	灰硬	残	
50	83 板 H3：3	Aa 型器盖	夹灰	修复	
51	86 板 H1：10	Aa 型器盖	夹红	修复	
52	2003 YJH21：5	Ab 型器盖	泥红	残	
53	2003 YJH21：11	Aa 型器盖	灰硬	残	
54	2003 YJF3：4	Aa 型器盖	夹灰	修复	
55	83 角 A：14	Aa 型器盖	灰硬	修复	
56	83 角 A：75	Aa 型器盖	泥红	残	
57	83 角 B：5	B 型器盖	灰硬	修复	
58	83 角 B：20	Aa 型器盖	灰硬	修复	
59	83 角 B：38	Aa 型器盖	泥灰	修复	内沿下有刻符
60	83 角 B：39	Aa 型器盖	泥红	修复	
61	83 角 B：72	Ab 型器盖	灰硬	残	
62	83 角采：23	Aa 型器盖	夹灰	修复	

表 11　盖碗型式登记表

序号	标　本		质地	完损状况	备　注
1	2003YJY9:10	A 型盖碗	灰硬	残	圈足上有刻符
2	2003YJY9:91	B 型盖碗	泥灰	修复	
3	2003YJH27:5	A 型盖碗	泥红	残	
4	83 角 A:56	A 型盖碗	泥红	修复	内沿下有刻符
5	83 角采:25	B 型盖碗	泥红	修复	

表 12　缸型式登记表

序号	标　本		质地	完损状况	备　注
1	2000YJY6:47	缸	泥黄	残	
2	2000YJY6:134	缸	夹红	残	附加堆纹黏附于缸体
3	2000YJY6:135	缸	夹红	残	缸与底粘接
4	2000YJH10:100	缸	夹红	残	
5	2007YJT0644①:8	缸	夹红	残	
6	2007YJT0644①:9	缸	夹红	残	
7	2007YJT0644①:10	缸	夹红	残	
8	2007YJT0644①:11	缸	夹红	残	
9	2000YJT0744①:5	缸	夹红	修复	
10	2003YJH38:2	缸	红硬	残	
11	2003YJY10:9	缸	夹红	残	
12	2003YJY10:31	缸	灰硬	修复	
13	2003YJH16:10	缸	夹红	残	
14	2003YJH15:1	缸	夹红	残	
15	2003YJH15:23	缸	夹红	残	
16	2003YJH11:118	缸	灰硬	残	
17	2003YJH12:6	小型缸	夹红	修复	
18	2003YJH27:8	缸	夹红	残	
19	2003YJH27:9	缸	灰硬	残	
20	2003YJF3:5	缸	夹红	残	

表 13　瓮型式登记表

序号	标　本		质地	完损状况	备　注
1	2000YJY6:18	瓮	灰硬	残	
2	2000YJY6:19	瓮	灰硬	残	
3	2000YJY6:20	瓮	灰硬	残	
4	2000YJY6:36	瓮	灰硬	残	
5	2000YJY6:37	瓮	灰硬	残	
6	2000YJY6:38	瓮	灰硬	残	
7	2000YJY6:49	瓮	泥红	残	

续表

序号	标 本		质地	完损状况	备 注
8	2000YJY6:132	瓷	灰硬	残	底部加厚
9	2000YJH10:40	瓷	泥红	修复	
10	2000YJH10:56	瓷	灰硬	残	
11	2000YJH10:57	瓷	红硬	残	
12	2000YJH10:58	瓷	红硬	残	
13	2000YJH10:71	瓷	灰硬	残	
14	2000YJH10:72	瓷	灰硬	残	
15	2000YJH10:73	瓷	灰硬	残	
16	2000YJH10:108	瓷	泥红	残	
17	2000YJH10:109	瓷	泥红	残	
18	2000YJH10:128	瓷	灰硬	残	肩部有泥片黏附
19	2000YJH10:129	瓷	灰硬	残	叠烧工艺
20	2000YJH10:130	瓷	灰硬	残	外部黏附窑渣
21	2000YJH10:133	瓷	夹红	残	陶片加厚
22	83板T1:21	瓷	灰硬	残	
23	2003YJY9:93	瓷	红硬	残	
24	2003YJY10:29	瓷	泥红	残	
25	2003YJY10:37	瓷	泥红	残	
26	2003YJY10:81	瓷	泥红	残	
27	2003YJY10:124	瓷	泥红	残	
28	2003YJY10:141	瓷	灰硬	残	
29	2003YJY10:142	瓷	灰硬	残	
30	2003YJH16:11	瓷	灰硬	残	
31	2003YJH17:13	瓷	泥红	残	
32	2003YJH17:22	瓷	灰硬	残	
33	2003YJH17:31	瓷	泥红	残	
34	2003YJH29:13	瓷	红硬	残	
35	2003YJH15:18	瓷	泥红	残	
36	2003YJH19:12	瓷	灰硬	残	
37	2003YJH19:13	瓷	原始瓷	残	
38	2003YJH20:23	瓷	泥红	残	
39	2003YJH11:56	瓷	泥红	残	
40	2003YJH11:71	瓷	泥红	残	
41	2003YJH11:85	瓷	红硬	残	
42	2003YJH13:16	瓷	泥红	残	
43	2003YJH13:25	瓷	泥红	修复	
44	83板H1:45	瓷	灰硬	修复	口沿上有刻符
45	86板H1:63	瓷	灰硬	修复	口沿上有刻符

续表

序号	标　本		质地	完损状况	备　注
46	2003YJH12：1	瓮	泥灰	修复	口沿上有刻符
47	2003YJH22：2	瓮	灰硬	残	口沿上有刻符
48	2003YJH23：4	瓮	灰硬	残	
49	2003YJH27：28	瓮	红硬	残	
50	2003YJG5：5	瓮	灰硬	残	
51	2003YJF3：20	瓮	夹红	残	泥片贴筑成形
52	83角A：80	瓮	泥红	残	
53	83角B：14	瓮	灰硬	残	口沿上有刻符
54	83角B：40	瓮	灰硬	残	
55	83角B：55	瓮	灰硬	残	
56	83角B：56	瓮	灰硬	残	
57	83角B：66	瓮	泥红	残	
58	83角B：67	瓮	泥红	残	
59	83角B：68	瓮	泥红	残	

表14　坛型式登记表

序号	标　本		质地	完损状况	备　注
1	2000YJY6：41	A型坛	灰硬	残	
2	2000YJH10：47	A型坛	灰硬	残	
3	2000YJH10：51	B型坛	红硬	修复	有四系
4	2000YJH10：98	A型坛	夹灰	残	
5	83板T1：26	A型坛	灰硬	残	
6	2003YJH16：21	A型坛	红硬	修复	
7	2003YJH11：66	B型坛	泥红	残	
8	2003YJH27：14	A型坛	泥红	残	
9	83角B：69	A型坛	灰硬	残	

表15　三足盘型式登记表

序号	标　本		质地	完损状况	备　注
1	2000YJY4：1	三足盘	泥灰	残	底部黏附窑渣
2	2000YJY6：9	三足盘	原始瓷	残	
3	2000YJY6：48	A型三足盘	灰硬	残	
4	2000YJY6：78	A型三足盘	灰硬	残	
5	2000YJY6：83	A型三足盘	灰硬	修复	有积釉
6	2000YJY6：90	C型三足盘	红硬	修复	
7	2000YJY6：104	A型三足盘	原始瓷	修复	
8	2000YJY6：105	A型三足盘	灰硬	修复	
9	2000YJY6：107	A型三足盘	灰硬	残	内沿下有刻符
10	2000YJH10：4	A型三足盘	灰硬	残	

续表

序号	标 本		质地	完损状况	备 注
11	2000YJH10：5	A型三足盘	灰硬	残	
12	2000YJH10：7	A型三足盘	原始瓷	残	
13	2000YJH10：8	A型三足盘	原始瓷	残	
14	2000YJH10：9	A型三足盘	灰硬	残	内沿下有刻符
15	2000YJH10：11	A型三足盘	灰硬	残	烧制工艺标本
16	2000YJH10：15	A型三足盘	灰硬	残	
17	2000YJH10：17	A型三足盘	灰硬	残	内沿下有刻符
18	2000YJH10：21	A型三足盘	灰硬	残	内沿下、内底有刻符
19	2000YJH10：24	A型三足盘	灰硬	残	内沿下有刻符
20	2000YJH10：26	A型三足盘	灰硬	残	烧制工艺标本
21	2000YJH10：27	A型三足盘	泥红	残	
22	2000YJH10：29	A型三足盘	灰硬	修复	
23	2000YJH10：30	A型三足盘	灰硬	残	内沿下有刻符
24	2000YJH10：31	A型三足盘	红硬	残	底部有刻符
25	2000YJH10：36	A型三足盘	原始瓷	修复	
26	2000YJH10：38	A型三足盘	灰硬	残	底部有刻符
27	2000YJH10：55	A型三足盘	原始瓷	残	
28	2000YJH10：65	A型三足盘	原始瓷	修复	
29	2000YJH10：66	A型三足盘	灰硬	修复	
30	2000YJT0643①：1	B型三足盘	夹灰	残	内沿有刻符
31	2007YJT0644①：12	B型三足盘	夹灰	修复	
32	2007YJT0645①：1	B型三足盘	夹灰	修复	
33	2000YJT0645①：11	B型三足盘	泥灰	残	内沿有刻符
34	2007YJT0645①：2	B型三足盘	夹灰	修复	内沿有刻符
35	2000YJT0743①：1	A型三足盘	夹红	残	内沿下、内腹有刻符
36	2000YJT0744①：10	B型三足盘	泥灰	残	内沿下有刻符
37	2007YJT0744①：10	B型三足盘	夹灰	修复	
38	2000YJT0745①：5	B型三足盘	灰硬	残	
39	2000YJ采：7	A型三足盘	夹灰	残	内沿下有刻符
40	2000YJ采：8	A型三足盘	夹灰	修复	内沿下有刻符
41	83板T1：4	A型三足盘	灰硬	修复	
42	83板T1：10	A型三足盘	灰硬	修复	内沿下有刻符
43	83板T1：11	A型三足盘	灰硬	残	内沿下有刻符
44	83板T1：12	A型三足盘	灰硬	修复	足上有刻符
45	83板T1：13	A型三足盘	泥灰	残	内腹下有刻符
46	83板T1：20	C型三足盘	灰硬	残	
47	2000YJY1：5	A型三足盘	泥红	残	
48	2000YJY1：15	A型三足盘	灰硬	有冲口	内沿下有刻符

续表

序号	标　本		质地	完损状况	备　注
49	2000YJY1：20	A 型三足盘	泥红	残	
50	2000YJY1：25	A 型三足盘	灰硬	残	内沿下有刻符
51	2000YJY1：35	A 型三足盘	灰硬	残	内沿下有刻符
52	2000YJY3：2	A 型三足盘	灰硬	残	内沿下有刻符
53	2000YJY3：7	A 型三足盘	灰硬	残	
54	2003YJY9：3	B 型三足盘	泥红	残	内沿下有刻符
55	2003YJY9：8	A 型三足盘	泥红	修复	内沿下有刻符
56	2003YJY9：16	B 型三足盘	灰硬	残	
57	2003YJY9：21	A 型三足盘	灰硬	残	内底有刻符
58	2003YJY9：24	B 型三足盘	灰硬	残	内沿下有刻符
59	2003YJY9：28	A 型三足盘	夹灰	残	内沿下有刻符
60	2003YJY9：31	B 型三足盘	灰硬	修复	内沿下有刻符
61	2003YJY9：36	A 型三足盘	泥红	残	
62	2003YJY9：38	B 型三足盘	灰硬	修复	内沿下有刻符
63	2003YJY9：47	A 型三足盘	灰硬	残	
64	2003YJY9：48	C 型三足盘	泥红	残	
65	2003YJY9：55	A 型三足盘	泥红	修复	
66	2003YJY9：57	A 型三足盘	灰硬	修复	
67	2003YJY9：65	B 型三足盘	灰硬	修复	内沿下、内底有刻符
68	2003YJY9：71	B 型三足盘	泥灰	残	内沿下有刻符
69	2003YJY9：72	B 型三足盘	灰硬	残	内沿下有刻符
70	2003YJY10：2	A 型三足盘	灰硬	残	
71	2003YJY10：5	A 型三足盘	原始瓷	残	
72	2003YJY10：25	A 型三足盘	灰硬	残	内沿下有刻符
73	2003YJY10：28	A 型三足盘	泥红	修复	外底有刻符
74	2003YJY10：34	A 型三足盘	原始瓷	修复	内沿下有刻符
75	2003YJY10：46	A 型三足盘	灰硬	修复	外底有刻符
76	2003YJY10：47	A 型三足盘	泥灰	修复	内沿下有刻符
77	2003YJY10：48	A 型三足盘	灰硬	修复	
78	2003YJY10：54	B 型三足盘	灰硬	修复	内腹有刻符
79	2003YJY10：65	A 型三足盘	灰硬	残	外底有刻符
80	2003YJY10：67	A 型三足盘	灰硬	修复	外底有刻符
81	2003YJY10：79	B 型三足盘	泥红	修复	
82	2003YJY10：82	A 型三足盘	灰硬	残	
83	2003YJY10：89	A 型三足盘	灰硬	修复	内沿下有刻符
84	2003YJY10：91	A 型三足盘	灰硬	修复	
85	2003YJY10：148	A 型三足盘	泥灰	残	
86	2003YJH16：17	A 型三足盘	灰硬	残	内沿下有刻符
87	2003YJH16：18	B 型三足盘	灰硬	残	
88	2003YJH16：19	B 型三足盘	泥红	残	

续表

序号	标　本		质地	完损状况	备　注
89	2003 YJH17∶2	A 型三足盘	夹灰	修复	
90	2003 YJH17∶3	A 型三足盘	灰硬	残	内沿下有刻符
91	2003 YJH17∶21	A 型三足盘	灰硬	残	底部有刻符
92	2003 YJH17∶26	A 型三足盘	原始瓷	残	
93	2003 YJH17∶32	A 型三足盘	原始瓷	残	
94	2003 YJH25∶2	A 型三足盘	原始瓷	残	
95	2003 YJH25∶4	A 型三足盘	泥红	残	
96	2003 YJH25∶19	A 型三足盘	灰硬	完整	
97	2003 YJH29∶10	A 型三足盘	灰硬	残	内底有刻符
98	2003 YJH15∶4	A 型三足盘	灰硬	残	
99	2003 YJH15∶6	A 型三足盘	泥红	修复	
100	2003 YJH15∶14	A 型三足盘	灰硬	修复	
101	2003 YJH15∶15	A 型三足盘	灰硬	修复	
102	2003 YJH15∶16	B 型三足盘	灰硬	残	
103	2003 YJH15∶25	A 型三足盘	灰硬	修复	
104	2003 YJH19∶1	A 型三足盘	灰硬	残	内沿下有刻符
105	2003 YJH19∶4	A 型三足盘	灰硬	修复	内沿下有刻符
106	2003 YJH20∶3	A 型三足盘	原始瓷	修复	内沿下有刻符
107	2003 YJH20∶22	A 型三足盘	原始瓷	残	
108	2003 YJH20∶27	A 型三足盘	灰硬	残	
109	2003 YJH11∶14	A 型三足盘	灰硬	残	
110	2003 YJH11∶21	A 型三足盘	灰硬	残	
111	2003 YJH11∶22	A 型三足盘	灰硬	残	
112	2003 YJH11∶26	A 型三足盘	泥灰	修复	
113	2003 YJH11∶44	A 型三足盘	泥红	修复	
114	2003 YJH11∶50	A 型三足盘	灰硬	修复	内沿下有刻符
115	2003 YJH11∶62	A 型三足盘	泥红	修复	内沿下有刻符
116	2003 YJH11∶63	A 型三足盘	灰硬	残	内沿下有刻符
117	2003 YJH11∶69	A 型三足盘	灰硬	修复	内沿下有刻符
118	2003 YJH11∶75	A 型三足盘	灰硬	修复	内沿下有刻符
119	2003 YJH11∶89	A 型三足盘	灰硬	残	
120	2003 YJH11∶90	B 型三足盘	泥红	修复	内沿下有刻符
121	2003 YJH11∶107	B 型三足盘	灰硬	修复	内沿下有刻符
122	2003 YJH11∶108	A 型三足盘	灰硬	修复	外底部有刻符
123	2003 YJH11∶110	A 型三足盘	灰硬	残	
124	2003 YJH11∶116	A 型三足盘	灰硬	残	
125	2003 YJH11∶117	A 型三足盘	夹灰	残	内沿下有刻符
126	2003 YJH11∶129	三足盘	泥红	残	盘、足粘接处刻划凹槽
127	2003 YJH13∶8	A 型三足盘	夹灰	残	内沿下有刻符

续表

序号	标　本		质地	完损状况	备　注
128	2003 YJH13：17	B 型三足盘	灰硬	残	内沿下有刻符
129	2003 YJH13：21	B 型三足盘	灰硬	修复	
130	83 板 H1：12	B 型三足盘	灰硬	残	
131	83 板 H1：16	A 型三足盘	灰硬	修复	
132	83 板 H1：17	A 型三足盘	泥灰	残	
133	83 板 H1：18	A 型三足盘	灰硬	修复	
134	83 板 H1：30	B 型三足盘	泥灰	修复	内腹有刻符
135	83 板 H1：31	A 型三足盘	灰硬	残	内沿下有刻符
136	83 板 H1：32	A 型三足盘	灰硬	修复	
137	83 板 H1：39	B 型三足盘	灰硬	修复	
138	83 板 H1：40	B 型三足盘	灰硬	残	
139	83 板 H1：41	B 型三足盘	泥红	修复	
140	83 板 H1：48	B 型三足盘	灰硬	残	
141	83 板 H1：54	B 型三足盘	泥灰	残	
142	86 板 H1：8	A 型三足盘	灰硬	修复	内沿下有刻符
143	86 板 H1：19	A 型三足盘	灰硬	修复	
144	86 板 H1：20	A 型三足盘	灰硬	修复	内沿下、外底有刻符
145	86 板 H1：21	A 型三足盘	灰硬	修复	有积釉
146	86 板 H1：23	A 型三足盘	泥黄	修复	内沿下有刻符
147	86 板 H1：24	A 型三足盘	灰硬	修复	
148	86 板 H1：30	A 型三足盘	泥红	修复	内腹有刻符
149	86 板 H1：32	A 型三足盘	灰硬	修复	
150	86 板 H1：34	A 型三足盘	灰硬	修复	
151	86 板 H1：40	A 型三足盘	灰硬	修复	内腹有刻符
152	86 板 H1：41	A 型三足盘	灰硬	修复	外底有刻符
153	86 板 H1：45	A 型三足盘	灰硬	修复	
154	86 板 H1：54	A 型三足盘	灰硬	修复	
155	86 板 H1：62	A 型三足盘	灰硬	修复	有积釉
156	2000 YJH7：11	A 型三足盘	灰硬	残	
157	2000 YJH7：31	B 型三足盘	灰硬	残	
158	2000 YJH7：43	A 型三足盘	灰硬	残	内沿下有刻符
159	2000 YJH7：50	A 型三足盘	灰硬	残	
160	2000 YJH7：53	A 型三足盘	灰硬	修复	
161	2003 YJH14：3	A 型三足盘	灰硬	残	
162	2003 YJH14：4	B 型三足盘	泥灰	残	外底部有刻符
163	2003 YJH21：3	A 型三足盘	灰硬	修复	
164	2003 YJH21：6	A 型三足盘	灰硬	残	
165	2003 YJH24：1	A 型三足盘	灰硬	修复	
166	2003 YJH27：25	A 型三足盘	泥红	残	
167	2003 YJH33：1	A 型三足盘	灰硬	修复	底部有刻符

续表

序号	标 本		质地	完损状况	备 注
168	2003 YJ 采: 4	A 型三足盘	泥红	残	内沿下有刻符
169	2003 YJ 采: 5	A 型三足盘	泥灰	残	内沿下有刻符
170	2003 YJ 采: 6	A 型三足盘	泥灰	残	内沿下有刻符
171	83 角 A: 4	A 型三足盘	灰硬	修复	
172	83 角 A: 6	A 型三足盘	灰硬	修复	
173	83 角 A: 12	A 型三足盘	灰硬	残	内沿下有刻符
174	83 角 A: 13	A 型三足盘	灰硬	修复	
175	83 角 A: 16	A 型三足盘	泥灰	修复	内沿下有刻符
176	83 角 A: 17	A 型三足盘	灰硬	残	
177	83 角 A: 19	A 型三足盘	原始瓷	残	有积釉
178	83 角 A: 20	A 型三足盘	灰硬	修复	
179	83 角 A: 22	A 型三足盘	灰硬	残	
180	83 角 A: 24	B 型三足盘	泥红	残	外底有刻符
181	83 角 A: 25	A 型三足盘	灰硬	修复	
182	83 角 A: 29	A 型三足盘	灰硬	修复	
183	83 角 A: 36	A 型三足盘	泥灰	残	内沿下有刻符
184	83 角 A: 37	A 型三足盘	泥灰	修复	内沿下有刻符
185	83 角 A: 38	A 型三足盘	泥灰	修复	
186	83 角 A: 49	A 型三足盘	灰硬	修复	有釉面
187	83 角 A: 50	A 型三足盘	泥红	修复	内沿下有刻符
188	83 角 A: 51	A 型三足盘	灰硬	修复	
189	83 角 A: 52	A 型三足盘	灰硬	修复	
190	83 角 A: 53	A 型三足盘	灰硬	修复	
191	83 角 A: 71	A 型三足盘	灰硬	残	外沿下有刻符
192	83 角 B: 13	A 型三足盘	灰硬	修复	
193	83 角 B: 15	B 型三足盘	灰硬	修复	内沿下有刻符
194	83 角 B: 17	A 型三足盘	灰硬	修复	
195	83 角 B: 25	A 型三足盘	泥灰	残	
196	83 角 B: 30	A 型三足盘	灰硬	残	内沿下有刻符
197	83 角 B: 34	A 型三足盘	灰硬	修复	
198	83 角 B: 77	A 型三足盘	灰硬	修复	
199	83 角采: 2	A 型三足盘	灰硬	修复	
200	83 角采: 10	A 型三足盘	红硬	残	
201	83 角采: 11	A 型三足盘	灰硬	修复	内腹有刻符
202	83 角采: 12	A 型三足盘	灰硬	修复	内沿下有刻符，有积釉
203	83 角采: 53	A 型三足盘	灰硬	修复	
204	86 角采: 4	A 型三足盘	灰硬	修复	底部有刻符
205	86 角采: 7	A 型三足盘	灰硬	修复	

表 16　豆型式登记表

序号	标　本		质地	完损状况	备　注
1	2000YJH10∶46	A 型豆	泥红	残	
2	2000YJH10∶60	B 型豆	灰硬	残	
3	2007YJT0744①∶2	C 型豆	夹灰	修复	内沿下有刻符
4	2003YJH40∶16	B 型豆	灰硬	修复	内沿下有刻符
5	2003YJY9∶20	豆	灰硬	残	
6	2003YJY9∶25	A 型豆	灰硬	修复	
7	2003YJY9∶83	C 型豆	泥灰	修复	
8	2003YJY10∶1	B 型豆	灰硬	修复	内沿下有刻符
9	2003YJY10∶12	A 型豆	灰硬	修复	
10	2003YJY10∶18	B 型豆	灰硬	残	
11	2003YJY10∶43	豆	灰硬	残	
12	2003YJY10∶44	豆	灰硬	残	
13	2003YJY10∶58	豆	夹红	残	
14	2003YJY10∶73	A 型豆	夹红	残	
15	2003YJY10∶129	A 型豆	泥红	残	
16	2003YJH17∶19	豆	灰硬	残	
17	2003YJH17∶20	豆	灰硬	残	
18	2003YJH20∶26	豆	夹灰	残	
19	2003YJH11∶65	C 型豆	夹灰	略残	
20	2003YJH11∶73	C 型豆	泥灰	完整	
21	2003YJH11∶130	豆	泥红	残	有座、柄粘接痕迹
22	2003YJH13∶2	A 型豆	泥灰	残	
23	2003YJH13∶39	B 型豆	灰硬	残	
24	83 板 H1∶2	C 型豆	泥红	修复	
25	83 板 H1∶3	B 型豆	泥红	修复	内沿下有刻符
26	83 板 H1∶27	B 型豆	泥红	修复	内沿下有刻符
27	83 板 H3∶2	C 型豆	夹灰	修复	
28	83 板 H3∶9	A 型豆	泥灰	残	
29	86 板 H1∶46	C 型豆	灰硬	修复	
30	2000YJH7∶19	B 型豆	红硬	修复	内沿下有刻符
31	2003YJH21∶10	B 型豆	泥红	残	
32	2003YJH27∶26	A 型豆	泥红	残	
33	83 角 A∶82	B 型豆	灰硬	残	
34	83 角 B∶42	B 型豆	灰硬	残	

表 17　带把钵型式登记表

序号	标 本		质地	完损状况	备 注
1	2000YJY6:45	B 型带把钵	灰硬	残	
2	2000YJY6:79	Aa 型带把钵	夹红	修复	
3	2000YJY6:84	Ab 型带把钵	灰硬	修复	
4	2000YJY6:98	Ab 型带把钵	夹灰	修复	
5	2000YJH10:42	Ab 型带把钵	夹灰	修复	
6	2000YJH10:63	B 型带把钵	灰硬	修复	内沿下有刻符
7	2007YJT0743②:1	带把钵	夹灰	残	把与钵颜色不同，推测是叠烧形成
8	2007YJT0744①:25	带把钵	夹灰	残	把手包夹钵
9	2003YJH40:1	Aa 型带把钵	夹灰	修复	
10	2000YJY1:19	B 型带把钵	夹灰	修复	内腹有刻符
11	2003YJY9:23	Ab 型带把钵	泥红	修复	
12	2003YJY9:54	Aa 型带把钵	泥灰	修复	外底有刻符
13	2003YJY10:20	B 型带把钵	灰硬	略残	内腹有刻符
14	2003YJY10:36	B 型带把钵	原始瓷	修复	有积釉，内沿下有刻符
15	2003YJY10:60	Ab 型带把钵	夹灰	完整	外底有刻符
16	2003YJY10:61	B 型带把钵	夹灰	完整	外底有刻符
17	2003YJY10:100	B 型带把钵	泥灰	修复	
18	2003YJY10:132	A 型带把钵	灰硬	残	
19	2003YJH25:18	B 型带把钵	泥灰	修复	
20	2003YJH25:20	B 型带把钵	夹红	残	
21	2003YJH29:2	Ab 型带把钵	夹灰	修复	内腹有刻符
22	2003YJH15:10	Aa 型带把钵	夹灰	修复	
23	2003YJH19:6	A 型带把钵	灰硬	残	
24	2003YJH11:53	Aa 型带把钵	泥红	修复	
25	2003YJH11:68	Ab 型带把钵	夹灰	修复	
26	2003YJH11:119	Ab 型带把钵	夹灰	修复	外底有刻符
27	2003YJH13:12	B 型带把钵	夹灰	修复	内沿下有刻符
28	83 板 H3:6	Aa 型带把钵	夹灰	修复	
29	86 板 H1:6	A 型带把钵	夹红	修复	
30	86 板 H1:36	B 型带把钵	灰硬	修复	
31	2000YJH7:27	B 型带把钵	灰硬	修复	内腹有刻符
32	2000YJH7:33	B 型带把钵	灰硬	修复	内沿下有刻符
33	2003YJH14:6	A 型带把钵	夹灰	残	
34	2003YJH21:12	A 型带把钵	泥红	残	
35	2003YJH27:21	A 型带把钵	泥灰	残	
36	2003YJG5:4	B 型带把钵	灰硬	修复	
37	83 角 B:32	B 型带把钵	灰硬	修复	内沿下有刻符
38	83 角采:17	Ab 型带把钵	夹灰	修复	

表18　平底钵型式登记表

序号	标　本		质地	完损状况	备　注
1	2000YJY6:1	Ⅲ式平底钵	灰硬	修复	
2	2000YJY6:10	Ⅲ式平底钵	灰硬	修复	底部有刻符
3	2000YJY6:86	Ⅲ式平底钵	泥红	修复	
4	2000YJH10:22	Ⅲ式平底钵	灰硬	修复	
5	2000YJH10:39	Ⅱ式平底钵	夹红	修复	
6	2000YJH10:62	Ⅱ式平底钵	灰硬	修复	内沿下有刻符
7	2000YJH10:64	Ⅱ式平底钵	红硬	修复	
8	2000YJH10:70	Ⅲ式平底钵	灰硬	修复	
9	2007YJT0544①:1	Ⅰ式平底钵	夹灰	修复	内沿下有刻符
10	2000YJT0643①:2	Ⅱ式平底钵	灰硬	残	
11	2000YJT0644①:4	Ⅱ式平底钵	泥红	修复	外沿下有刻符
12	2000YJT0644①:7	Ⅱ式平底钵	夹灰	修复	内沿下有刻符
13	2000YJT0644①:9	Ⅱ式平底钵	夹红	修复	
14	2007YJT0644①:1	Ⅲ式平底钵	夹灰	修复	外沿下有刻符
15	2007YJT0644①:2	Ⅲ式平底钵	泥红	残	
16	2007YJT0644①:6	Ⅲ式平底钵	泥灰	残	
17	2007YJT0644①:7	Ⅲ式平底钵	夹灰	修复	内沿下有刻符
18	2000YJT0645①:1	Ⅱ式平底钵	夹灰	修复	
19	2000YJT0645①:2	Ⅱ式平底钵	夹灰	完整	外沿下有刻符
20	2000YJT0645①:3	Ⅱ式平底钵	夹红	修复	内沿下有刻符
21	2000YJT0645①:4	Ⅱ式平底钵	夹灰	修复	内底有刻符
22	2000YJT0645①:7	Ⅱ式平底钵	泥灰	修复	内沿下有刻符
23	2000YJT0645①:10	Ⅱ式平底钵	泥灰	修复	
24	2000YJT0645①:12	Ⅱ式平底钵	泥红	修复	
25	2000YJT0645①:14	Ⅱ式平底钵	夹灰	残	
26	2007YJT0645①:3	Ⅱ式平底钵	夹红	修复	
27	2000YJT0744①:2	Ⅲ式平底钵	灰硬	修复	
28	2000YJT0744①:6	Ⅱ式平底钵	夹灰	修复	内沿下有刻符
29	2000YJT0744①:7	Ⅰ式平底钵	夹灰	完整	内沿下有刻符
30	2000YJT0744①:8	Ⅱ式平底钵	夹灰	修复	内沿下有刻符
31	2007YJT0744①:1	Ⅰ式平底钵	泥红	修复	
32	2007YJT0744①:4	Ⅰ式平底钵	夹灰	修复	内沿下有刻符
33	2000YJT0745①:2	Ⅲ式平底钵	夹红	修复	内腹有刻符
34	2000YJT0745①:4	Ⅲ式平底钵	夹灰	修复	
35	2000YJT0745①:6	Ⅲ式平底钵	夹灰	修复	
36	2007YJY7:5	Ⅰ式平底钵	夹灰	修复	
37	2007YJH9:1	Ⅲ式平底钵	夹灰	修复	

续表

序号	标　本		质地	完损状况	备　注
38	2003YJH40：5	Ⅰ式平底钵	灰硬	修复	内沿下有刻符
39	2003YJH40：8	Ⅰ式平底钵	灰硬	修复	
40	2007YJH42①：1	Ⅱ式平底钵	夹灰	修复	内沿下有刻符
41	2007YJH42①：3	Ⅱ式平底钵	夹灰	修复	内沿下有刻符
42	2007YJH42②：1	Ⅰ式平底钵	夹灰	修复	
43	2007YJH42②：3	Ⅰ式平底钵	泥红	修复	
44	2007YJF4：2	Ⅰ式平底钵	夹灰	修复	
45	2007YJF4：3	Ⅰ式平底钵	泥灰	修复	
46	2000YJ采：3	Ⅲ式平底钵	泥红	修复	
47	2000YJ采：4	Ⅲ式平底钵	夹灰	修复	内沿下有刻符
48	2000YJY1：12	Ⅱ式平底钵	灰硬	修复	内腹有刻符
49	2000YJY1：14	Ⅱ式平底钵	灰硬	修复	外腹有刻符
50	2000YJY1：33	Ⅱ式平底钵	泥红	修复	
51	2003YJY9：9	Ⅱ式平底钵	灰硬	修复	
52	2003YJY9：11	Ⅲ式平底钵	灰硬	修复	
53	2003YJY9：22	Ⅱ式平底钵	泥灰	修复	
54	2003YJY9：59	Ⅲ式平底钵	泥红	修复	
55	2003YJY9：66	Ⅲ式平底钵	灰硬	修复	外底部有刻符
56	2003YJY9：68	Ⅲ式平底钵	泥灰	修复	内沿下有刻符
57	2003YJY9：73	Ⅲ式平底钵	灰硬	修复	
58	2003YJY9：80	Ⅱ式平底钵	泥红	修复	
59	2003YJY9：87	Ⅲ式平底钵	泥灰	残	
60	2003YJY9：89	Ⅱ式平底钵	泥灰	残	
61	2003YJY10：30	Ⅱ式平底钵	灰硬	修复	内沿下有刻符
62	2003YJY10：42	Ⅱ式平底钵	泥灰	残	
63	2003YJY10：72	Ⅱ式平底钵	灰硬	残	
64	2003YJY10：77	Ⅱ式平底钵	夹灰	完整	
65	2003YJY10：78	Ⅱ式平底钵	泥红	修复	内腹有刻符
66	2003YJY10：80	Ⅲ式平底钵	灰硬	修复	
67	2003YJY10：99	Ⅱ式平底钵	灰硬	修复	
68	2003YJY10：106	Ⅱ式平底钵	灰硬	修复	
69	2003YJY10：119	Ⅱ式平底钵	夹灰	残	
70	2003YJH17：12	Ⅲ式平底钵	灰硬	修复	
71	2003YJH25：24	Ⅲ式平底钵	灰硬	修复	
72	2003YJH29：11	Ⅲ式平底钵	灰硬	残	内底有刻符
73	2003YJH15：17	Ⅲ式平底钵	灰硬	修复	
74	2003YJH11：25	Ⅱ式平底钵	灰硬	修复	
75	2003YJH11：28	Ⅱ式平底钵	灰硬	修复	内沿下有刻符
76	2003YJH11：39	Ⅱ式平底钵	灰硬	残	
77	2003YJH11：120	Ⅱ式平底钵	夹灰	修复	

续表

序号	标 本		质地	完损状况	备 注
78	2003YJH13:4	I式平底钵	夹灰	修复	内沿下有刻符
79	2003YJH13:5	III式平底钵	泥红	残	
80	2003YJH13:7	III式平底钵	泥红	修复	内沿下有刻符
81	2003YJH13:9	III式平底钵	灰硬	完整	内沿下有刻符
82	2003YJH13:14	II式平底钵	夹灰	残	
83	2003YJH13:27	III式平底钵	灰硬	残	内沿下有刻符
84	2003YJH13:29	III式平底钵	灰硬	残	
85	2003YJH13:31	II式平底钵	泥灰	修复	内沿下有刻符
86	2003YJH13:36	II式平底钵	灰硬	修复	内沿下有刻符
87	2003YJH13:40	III式平底钵	夹灰	修复	
88	83板H1:15	II式平底钵	灰硬	残	
89	83板H1:19	I式平底钵	灰硬	略残	内沿下有刻符
90	83板H1:21	I式平底钵	灰硬	修复	内沿下有刻符
91	83板H1:25	II式平底钵	泥红	修复	
92	83板H1:26	I式平底钵	夹灰	修复	
93	83板H1:29	III式平底钵	夹灰	修复	内沿下有刻符
94	83板H1:33	II式平底钵	灰硬	修复	
95	83板H1:38	II式平底钵	灰硬	修复	
96	83板H1:42	II式平底钵	灰硬	完整	内沿下有刻符
97	83板H1:43	III式平底钵	灰硬	完整	内沿下有刻符
98	83板H1:44	III式平底钵	灰硬	修复	
99	83板H3:1	I式平底钵	泥灰	修复	
100	83板H3:7	I式平底钵	泥灰	修复	内沿下有刻符
101	83板H3:8	I式平底钵	泥红	残	
102	86板H1:7	II式平底钵	泥灰	修复	外底有刻符
103	86板H1:15	II式平底钵	泥灰	修复	内腹有刻符
104	86板H1:28	III式平底钵	泥红	修复	
105	86板H1:31	III式平底钵	夹红	修复	
106	86板H1:38	III式平底钵	灰硬	修复	
107	86板H1:39	III式平底钵	灰硬	修复	
108	86板H1:47	II式平底钵	灰硬	修复	
109	86板H1:59	III式平底钵	灰硬	修复	
110	2000YJH7:2	I式平底钵	灰硬	修复	
111	2000YJH7:3	II式平底钵	灰硬	修复	
112	2000YJH7:15	II式平底钵	灰硬	修复	内沿下、外沿上有刻符
113	2000YJH7:32	I式平底钵	泥红	完整	内沿下有刻符
114	2000YJH7:34	I式平底钵	灰硬	修复	内沿下有刻符
115	2000YJH7:35	II式平底钵	灰硬	修复	
116	2000YJH7:37	II式平底钵	灰硬	残	
117	2000YJH7:41	II式平底钵	灰硬	修复	

续表

序号	标　本		质地	完损状况	备　注
118	2000YJH7∶55	Ⅱ式平底钵	灰硬	修复	内沿下有刻符
119	2003YJH12∶2	Ⅲ式平底钵	灰硬	略残	
120	2003YJH12∶9	Ⅲ式平底钵	夹灰	修复	
121	2003YJH22∶5	Ⅲ式平底钵	灰硬	修复	内底有刻符
122	2003YJH27∶2	Ⅰ式平底钵	夹红	修复	内沿下有刻符
123	2003YJH27∶3	Ⅱ式平底钵	夹红	修复	
124	2003YJH27∶6	Ⅲ式平底钵	泥红	修复	内沿下有刻符
125	2003YJH27∶11	Ⅱ式平底钵	泥红	修复	
126	2003YJH27∶15	Ⅲ式平底钵	夹灰	完整	
127	2003YJH27∶22	Ⅱ式平底钵	泥红	修复	
128	2003YJH27∶24	Ⅲ式平底钵	灰硬	修复	
129	2003YJG5∶3	Ⅰ式平底钵	灰硬	修复	
130	2003YJG5∶9	Ⅲ式平底钵	灰硬	残	
131	2003YJ采∶2	Ⅲ式平底钵	泥灰	修复	
132	83角A∶1	Ⅲ式平底钵	夹灰	修复	外底有刻符
133	83角A∶5	Ⅲ式平底钵	灰硬	修复	外底有刻符
134	83角A∶8	Ⅲ式平底钵	夹灰	修复	
135	83角A∶9	Ⅲ式平底钵	灰硬	修复	内沿下有刻符
136	83角A∶23	Ⅲ式平底钵	夹灰	修复	外底有刻符
137	83角A∶34	Ⅲ式平底钵	夹灰	略残	
138	83角A∶44	Ⅰ式平底钵	灰硬	修复	内腹有刻符
139	83角A∶45	Ⅲ式平底钵	泥红	修复	内腹有刻符
140	83角A∶47	Ⅲ式平底钵	灰硬	修复	内腹有刻符
141	83角A∶48	Ⅲ式平底钵	夹红	修复	内腹有刻符
142	83角A∶54	Ⅲ式平底钵	灰硬	修复	内沿下有刻符
143	83角A∶55	Ⅲ式平底钵	夹灰	修复	
144	83角A∶70	Ⅲ式平底钵	灰硬	残	
145	83角A∶81	Ⅱ式平底钵	泥红	修复	
146	83角A∶84	Ⅲ式平底钵	灰硬	完整	外底有刻符
147	83角A∶87	Ⅲ式平底钵	泥红	残	
148	83角A∶88	Ⅰ式平底钵	泥红	修复	
149	83角B∶3	Ⅲ式平底钵	夹灰	修复	
150	83角B∶8	Ⅲ式平底钵	灰硬	修复	
151	83角B∶9	Ⅲ式平底钵	灰硬	修复	
152	83角B∶10	Ⅲ式平底钵	夹红	修复	
153	83角B∶22	Ⅲ式平底钵	灰硬	修复	内、外沿下有刻符
154	83角B∶33	Ⅲ式平底钵	夹红	修复	内沿下有刻符
155	83角B∶35	Ⅱ式平底钵	灰硬	修复	内沿下有刻符
156	83角采∶5	Ⅲ式平底钵	灰硬	修复	
157	83角采∶8	Ⅱ式平底钵	夹灰	修复	内沿下有刻符

续表

序号	标　本		质地	完损状况	备　注
158	83 角采：20	Ⅱ式平底钵	灰硬	完整	内沿下有刻符
159	83 角采：21	Ⅱ式平底钵	灰硬	修复	
160	83 角采：22	Ⅲ式平底钵	灰硬	修复	
161	83 角采：29	Ⅱ式平底钵	灰硬	修复	外沿下有刻符
162	83 角采：43	Ⅱ式平底钵	灰硬	修复	
163	83 角采：45	Ⅲ式平底钵	灰硬	修复	外底有刻符
164	83 角采：55	Ⅱ式平底钵	夹灰	修复	
165	83 角采：56	Ⅱ式平底钵	灰硬	修复	
166	86 角采：2	Ⅱ式平底钵	灰硬	修复	腹部有刻符
167	86 角采：5	Ⅱ式平底钵	夹灰	修复	

表 19　盔形钵型式登记表

序号	标　本		质地	完损状况	备　注
1	2000YJY6：7	B 型盔形钵	灰硬	修复	内沿下有刻符
2	2000YJY6：80	A 型盔形钵	灰硬	修复	内沿下、内底有刻符
3	2000YJY6：81	A 型盔形钵	灰硬	完整	内沿下有刻符
4	2000YJY6：82	B 型盔形钵	灰硬	修复	
5	2000YJY6：89	A 型盔形钵	灰硬	修复	
6	2000YJY6：91	A 型盔形钵	灰硬	修复	
7	2000YJY6：93	B 型盔形钵	灰硬	修复	
8	2000YJY6：95	A 型盔形钵	灰硬	修复	
9	2000YJY6：106	A 型盔形钵	灰硬	修复	
10	2000YJY6：110	A 型盔形钵	灰硬	修复	
11	2000YJH10：2	B 型盔形钵	泥红	修复	
12	2000YJH10：28	B 型盔形钵	灰硬	残	
13	2000YJH10：33	A 型盔形钵	灰硬	完整	内沿下有刻符，有裂痕
14	2000YJH10：43	B 型盔形钵	泥红	修复	口沿上有刻符
15	2000YJH10：68	B 型盔形钵	灰硬	修复	
16	2000YJH10：69	A 型盔形钵	灰硬	修复	
17	2000YJH10：114	A 型盔形钵	夹灰	修复	
18	2000YJH10：116	B 型盔形钵	夹灰	修复	
19	2000YJH10：117	A 型盔形钵	灰硬	修复	
20	2000YJT0745①：1	B 型盔形钵	夹灰	修复	
21	83 板 T1：2	A 型盔形钵	灰硬	完整	
22	83 板 T1：5	A 型盔形钵	灰硬	修复	
23	83 板 T1：9	A 型盔形钵	灰硬	修复	
24	2000YJY1：27	A 型盔形钵	灰硬	修复	
25	2000YJY3：12	A 型盔形钵	灰硬	修复	
26	2003YJY9：39	盔形钵	灰硬	残	

续表

序号	标　本		质地	完损状况	备　注
27	2003YJY10:16	A型盔形钵	灰硬	修复	
28	2003YJY10:19	A型盔形钵	灰硬	完整	内沿下有刻符
29	2003YJY10:147	盔形钵	灰硬	残	
30	2003YJH16:1	A型盔形钵	灰硬	完整	内沿下有刻符
31	2003YJH16:2	A型盔形钵	灰硬	修复	内沿下有刻符
32	2003YJH16:3	A型盔形钵	灰硬	残	口沿上有刻符
33	2003YJH16:4	盔形钵	泥红	残	
34	2003YJH16:8	A型盔形钵	灰硬	修复	内沿下有刻符
35	2003YJH16:20	A型盔形钵	灰硬	修复	
36	2003YJH17:4	A型盔形钵	泥红	修复	
37	2003YJH17:15	盔形钵	灰硬	残	
38	2003YJH17:28	A型盔形钵	泥红	修复	
39	2003YJH25:3	A型盔形钵	灰硬	修复	
40	2003YJH25:15	A型盔形钵	灰硬	完整	内沿下有刻符
41	2003YJH25:21	盔形钵	灰硬	残	
42	2003YJH25:25	A型盔形钵	灰硬	修复	
43	2003YJH25:26	A型盔形钵	夹灰	修复	内沿下有刻符
44	2003YJH29:1	B形盔形钵	夹灰	修复	
45	2003YJH29:5	B型盔形钵	灰硬	修复	
46	2003YJH15:29	A型盔形钵	灰硬	修复	
47	2003YJH15:30	A型盔形钵	灰硬	修复	
48	2003YJH20:1	A型盔形钵	灰硬	修复	
49	2003YJH26:7	A型盔形钵	灰硬	修复	
50	2003YJH11:23	盔形钵	灰硬	残	
51	2003YJH11:103	B型盔形钵	泥红	修复	内沿下有刻符
52	2003YJH11:123	A型盔形钵	灰硬	修复	
53	83板H1:34	A型盔形钵	灰硬	修复	
54	83板H1:37	B型盔形钵	灰硬	修复	
55	86板H1:2	A型盔形钵	灰硬	完整	内沿下有刻符
56	86板H1:4	A型盔形钵	灰硬	修复	内沿下有刻符
57	86板H1:26	B型盔形钵	灰硬	修复	
58	86板H1:27	A型盔形钵	灰硬	修复	
59	86板H1:35	B型盔形钵	灰硬	修复	
60	86板H1:42	B型盔形钵	灰硬	完整	内沿下有刻符
61	86板H1:48	B型盔形钵	泥红	修复	
62	86板H1:49	A型盔形钵	原始瓷	修复	有积釉
63	86板H1:51	A型盔形钵	灰硬	修复	内沿下有刻符
64	86板H1:55	B型盔形钵	灰硬	完整	沿上有刻符，人为捏流
65	2003YJH21:2	A型盔形钵	泥红	修复	

续表

序号	标　本		质地	完损状况	备　注
66	2003YJH27：23	盔形钵	灰硬	残	
67	2003YJH34：2	A型盔形钵	灰硬	修复	
68	2003YJG5：8	盔形钵	灰硬	残	
69	2003YJF3：6	盔形钵	灰硬	残	
70	83角A：10	B型盔形钵	灰硬	修复	内沿下有刻符
71	83角A：11	A型盔形钵	灰硬	修复	
72	83角A：26	A型盔形钵	灰硬	残	
73	83角A：39	A型盔形钵	泥灰	修复	
74	83角A：43	A型盔形钵	灰硬	修复	
75	83角A：46	A型盔形钵	灰硬	修复	
76	83角B：27	A型盔形钵	灰硬	修复	内沿下有刻符
77	83角B：31	A型盔形钵	灰硬	完整	口沿上、内腹有刻符
78	83角B：36	B型盔形钵	灰硬	修复	内沿下有刻符
79	83角采：1	A型盔形钵	夹灰	修复	
80	83角采：19	A型盔形钵	灰硬	修复	
81	83角采：27	A型盔形钵	灰硬	修复	
82	83角采：28	A型盔形钵	灰硬	修复	
83	83角采：47	A型盔形钵	灰硬	修复	
84	83角采：57	A型盔形钵	灰硬	修复	
85	86角采：3	A型盔形钵	灰硬	修复	
86	86角采：6	A型盔形钵	原始瓷	修复	有釉面

表20　盏型式登记表

序号	标　本		质地	完损状况	备　注
1	2000YJT0744①：12	B型盏	泥红	残	
2	2003YJH17：27	A型盏	泥灰	完整	
3	2003YJH20：7	B型盏	灰硬	修复	内沿下有刻符
4	2003YJH11：3	A型盏	灰硬	修复	
5	2003YJH11：16	B型盏	红硬	完整	外底有刻符
6	2003YJH11：36	B型盏	灰硬	修复	
7	83板H1：22	B型盏	灰硬	修复	

表21　斝型式登记表

序号	标　本		质地	完损状况	备　注
1	2000YJH10：41	C型斝	泥红	修复	
2	2000YJT0645①：5	B型斝	泥红	修复	
3	2003YJH40：9	B型斝	红硬	修复	
4	2003YJY10：49	D型斝	夹灰	修复	

续表

序号	标　本		质地	完损状况	备　注
5	2003YJY10:69	B 型斝	泥黄	修复	
6	2003YJH11:80	斝腿	夹红	残	
7	2003YJH13:28	B 型斝	夹黄	修复	
8	83 板 H1:4	D 型斝	灰硬	残	
9	86 板 H1:57	D 型斝	灰硬	修复	
10	2000YJH7:1	D 型斝	夹灰	修复	
11	2000YJH7:4	A 型斝	夹灰	残	
12	2003YJF3:1	斝足	夹灰	残	
13	83 角 B:7	D 型斝	灰硬	残	
14	83 角 B:12	D 型斝	灰硬	修复	
15	83 角 B:75	D 型斝	夹红	残	

表 22　壶型式登记表

序号	标　本		质地	完损状况	备　注
1	2000YJY6:44	A 型壶	灰硬	残	
2	2000YJY6:54	A 型壶	泥红	残	
3	2000YJY6:108	A 型壶口沿	灰硬	残	
4	2000YJH10:6	A 型壶	灰硬	残	
5	2000YJH10:10	A 型壶	夹灰	残	
6	2003YJY9:75	A 型壶	泥红	修复	
7	2003YJY10:50	A 型壶	夹红	修复	
8	2003YJY10:93	A 型壶	灰硬	修复	颈部有装接痕迹工艺标本
9	2003YJY10:131	A 型壶	泥红	残	
10	2003YJY10:146	A 型壶	灰硬	残	
11	2003YJH17:24	A 型壶	灰硬	残	
12	2003YJH17:25	A 型壶	灰硬	残	送检
13	2003YJH17:29	B 型壶	泥红	修复	
14	2003YJH25:10	B 形壶	灰硬	修复	内沿下有刻符
15	2003YJH11:43	A 型壶	夹红	残	
16	2003YJH11:54	A 型壶	泥红	修复	
17	2003YJH11:105	A 型壶	夹红	修复	口沿上有刻符
18	2003YJH13:11	A 型壶	泥红	残	内沿下有刻符
19	86 板 H1:25	A 型壶	泥红	修复	
20	86 板 H1:52	A 型壶	夹灰	修复	
21	86 板 H1:64	A 型壶	泥红	修复	口沿上有刻符
22	2003YJH27:31	A 型壶	灰硬	残	
23	83 角 B:37	A 型壶	泥红	修复	

表 23　盅型式登记表

序号	标　本		质地	完损状况	备　注
1	2000YJY6：4	B 型盅	灰硬	修复	
2	2000YJT0645①：13	B 型盅	夹灰	修复	口沿上有刻符
3	2000YJT0744①：9	B 型盅	夹灰	修复	外底有刻符
4	2003YJY10：55	B 型盅	泥红	完整	
5	2003YJH17：1	B 型盅	灰硬	修复	
6	2003YJH17：10	B 型盅	灰硬	修复	
7	2003YJH25：11	B 型盅	灰硬	修复	
8	2003YJH25：12	B 型盅	夹灰	修复	
9	2003YJH20：4	C 型盅	原始瓷	修复	
10	2003YJH27：4	B 型盅	泥红	修复	
11	2003YJ 采：3	A 型盅	夹灰	修复	

表 24　盂型式登记表

序号	标　本		质地	完损状况	备　注
1	2000YJH10：1	C 型盂	泥红	修复	
2	2000YJT0644①：2	C 型盂	夹灰	修复	
3	2000YJT0744①：4	C 型盂	灰硬	修复	
4	2003YJH40：11	C 型盂	灰硬	修复	
5	83 板 T1：17	C 型盂	灰硬	修复	外沿下、内底有刻符
6	2000YJY1：34	D 型盂	灰硬	修复	
7	2003YJY9：5	C 型盂	灰硬	修复	
8	2003YJY9：30	A 型盂	灰硬	修复	
9	2003YJY9：82	B 型盂	灰硬	略残	外腹有刻符
10	2003YJY10：110	D 型盂	泥红	修复	内沿下有刻符
11	2003YJH11：5	D 型盂	夹灰	完整	
12	2003YJH11：15	B 型盂	灰硬	修复	
13	2003YJH11：88	C 型盂	灰硬	完整	
14	83 板 H1：55	C 型盂	泥灰	修复	内底有刻符
15	83 板 H3：4	C 型盂	泥灰	修复	外沿下有一周刻符
16	2003YJH21：1	C 型盂	泥灰	完整	外沿有刻符
17	83 角 A：7	C 型盂	灰硬	修复	口沿上有刻符
18	83 角 A：33	C 型盂	灰硬	完整	
19	83 角 A：35	A 型盂	泥灰	修复	内沿下有刻符
20	83 角 A：86	C 型盂	灰硬	修复	
21	83 角 B：6	C 型盂	灰硬	修复	外沿下有刻符
22	83 角 B：70	D 型盂	灰硬	修复	
23	83 角采：24	C 型盂	灰硬	修复	

表 25　杯型式登记表

序号	标　本		质地	完损状况	备　注
1	2000 YJY6：6	C 型杯	灰硬	修复	
2	2000 YJY6：12	E 型杯	灰硬	修复	
3	2000 YJY6：92	E 型杯	灰硬	修复	
4	2003 YJH40：12	C 型杯	灰硬	修复	
5	2003 YJY9：86	B 型杯	泥红	修复	口沿上有刻符
6	2003 YJY10：130	B 型杯	泥红	残	
7	2003 YJY10：145	B 型杯	灰硬	残	
8	2003 YJH16：5	A 型杯	夹红	修复	
9	2003 YJH17：11	A 型杯	泥红	修复	
10	2003 YJH29：8	E 型杯	灰硬	修复	内沿下有刻符
11	2003 YJH15：8	F 型杯	泥灰	修复	内壁有刻符
12	2003 YJH15：26	A 型杯	夹红	残	
13	2003 YJH15：27	C 型杯	灰硬	残	
14	2003 YJH11：27	D 型杯	灰硬	修复	外沿下有刻符
15	83 板 H1：20	E 型杯	夹灰	残	外底有刻符
16	83 板 H1：23	B 型杯	泥红	修复	
17	83 板 H1：24	B 型杯	泥红	残	
18	83 板 H1：46	A 型杯	泥红	修复	
19	86 板 H1：56	F 型杯	泥灰	修复	内腹有刻符
20	2000 YJH7：52	A 型杯	夹红	残	
21	2003 YJH27：13	D 型杯	泥红	修复	
22	2003 YJ 采：1	B 型杯	泥红	残	
23	83 角 A：30	E 型杯	灰硬	修复	
24	83 角 B：73	E 型杯	灰硬	修复	
25	83 角采：42	E 型杯	夹灰	修复	

表 26　尊型式登记表

序号	标　本		质地	完损状况	备　注
1	2000 YJY6：8	尊	灰硬	残	
2	2000 YJY6：63	尊	灰硬	残	
3	2000 YJY6：64	尊	灰硬	残	
4	2000 YJH10：44	C 型尊	灰硬	残	
5	2000 YJH10：92	C 型尊	泥红	残	
6	2007 YJT0744①：3	B 型尊	灰硬	残	
7	2000 YJY1：26	C 型尊	泥红	修复	内沿下有刻符
8	2003 YJY9：6	C 型尊	灰硬	残	
9	2003 YJY9：40	B 型尊	灰硬	修复	内沿下有刻符
10	2003 YJY9：62	尊	灰硬	残	
11	2003 YJY10：127	C 型尊	泥红	残	

续表

序号	标本		质地	完损状况	备注
12	2003YJH17：6	C 型尊	泥红	修复	
13	2003YJH11：74	C 型尊	灰硬	残	
14	2003YJH13：6	B 型尊	灰硬	残	
15	2000YJH7：7	B 型尊	红硬	修复	
16	2000YJH7：18	B 型尊	灰硬	修复	内沿下有刻符
17	2003YJH18：2	A 型尊	泥红	残	
18	2003YJH23：5	尊	灰硬	残	
19	2003YJH27：27	尊	泥红	残	
20	83 角 A：85	C 型尊	灰硬	残	
21	83 角 B：58	尊	灰硬	残	
22	83 角采：13	B 型尊	灰硬	修复	有积釉

表27　纺轮型式登记表

序号	标本		质地	完损状况	备注
1	2003YJH40：10	A 型纺轮	红硬	完整	
2	2007YJ 采：2	B 型纺轮	泥灰	略残	
3	2000YJY1：1	A 型纺轮	灰硬	完整	斜面上有刻符
4	2000YJY1：9	A 型纺轮	灰硬	完整	
5	2000YJY1：16	B 型纺轮	灰硬	完整	
6	2003YJY9：81	B 型纺轮	泥灰	完整	
7	2003YJY10：7	B 型纺轮	灰硬	略残	
8	2003YJY10：11	B 型纺轮	夹红	略残	
9	83 板 H1：1	A 型纺轮	灰硬	完整	
10	83 角 A：2	A 型纺轮	灰硬	完整	
11	83 角 B：1	B 型纺轮	泥红	完整	
12	83 角 B：2	B 型纺轮	泥灰	略残	
13	83 角 B：24	B 型纺轮	夹红	完整	
14	83 角采：34	B 型纺轮	泥灰	略残	
15	86 角采：9	A 型纺轮	灰硬	完整	

表28　网坠型式登记表

序号	标本		质地	完损状况	备注
1	2000YJT5937①：2	A 型网坠	泥红	完整	
2	2000YJT6038②：1	A 型网坠	泥红	略残	
3	2000YJT6038②：5	A 型网坠	泥灰	完整	
4	2000YJY6：16	A 型网坠	灰硬	完整	
5	2007YJT0744①：7	A 型网坠	泥灰	略残	
6	83 板 T1：6	A 型网坠	灰硬	完整	
7	2003YJT3430①：2	A 型网坠		完整	

续表

序号	标 本		质地	完损状况	备 注
8	2000YJY1：8	A型网坠	灰硬	完整	
9	2000YJY1：10	A型网坠	泥灰	完整	
10	2000YJY1：11	A型网坠	泥灰	略残	
11	2000YJY1：21	A型网坠	泥红	略残	
12	2000YJY1：22	A型网坠	夹灰	完整	
13	2000YJY1：24	A型网坠	灰硬	完整	
14	2000YJY1：29	A型网坠	灰硬	完整	
15	2000YJY3：1	A型网坠	灰硬	完整	
16	2000YJY3：4	A型网坠	灰硬	完整	
17	2000YJY3：6	A型网坠	灰硬	完整	
18	2000YJY3：9	A型网坠	泥灰	完整	
19	2000YJY3：10	A型网坠	灰硬	略残	
20	2000YJY3：15	A型网坠	灰硬	完整	
21	2000YJY3：16	A型网坠	灰硬	完整	
22	2000YJY3：17	A型网坠	灰硬	完整	
23	2000YJY3：18	A型网坠	灰硬	完整	
24	2000YJY3：19	A型网坠	灰硬	完整	
25	2000YJY3：20	A型网坠	灰硬	完整	
26	2000YJY3：21	A型网坠	灰硬	完整	
27	2000YJY3：22	A型网坠	灰硬	完整	
28	2000YJY3：23	A型网坠	灰硬	完整	
29	2000YJY3：25	A型网坠	灰硬	完整	
30	2000YJY3：26	A型网坠	灰硬	略残	
31	2003YJY9：1	A型网坠	灰硬	完整	
32	2003YJY9：14	A型网坠	灰硬	完整	
33	2003YJY9：15	A型网坠	灰硬	完整	
34	2003YJY9：18	A型网坠	灰硬	完整	
35	2003YJY9：51	A型网坠	灰硬	完整	
36	2003YJY9：52	A型网坠	灰硬	完整	
37	2003YJY9：58	A型网坠	灰硬	完整	
38	2003YJY9：78	A型网坠	灰硬	完整	
39	2003YJY9：88	A型网坠	灰硬	完整	
40	2003YJY10：8	A型网坠	灰硬	完整	
41	2003YJY10：15	A型网坠	灰硬	完整	
42	2003YJY10：21	A型网坠	灰硬	完整	
43	2003YJY10：23	A型网坠	灰硬	完整	
44	2003YJY10：24	A型网坠	泥红	完整	
45	2003YJY10：35	A型网坠	泥红	稍残	
46	2003YJY10：41	A型网坠	泥灰	完整	
47	2003YJY10：45	A型网坠	灰硬	完整	

续表

序号	标 本		质地	完损状况	备 注
48	2003YJY10：68	A型网坠	泥灰	完整	
49	2003YJY10：86	A型网坠	灰硬	完整	
50	2003YJY10：88	A型网坠	灰硬	完整	
51	2003YJY10：90	A型网坠	灰硬	完整	
52	2003YJY10：98	A型网坠	灰硬	完整	
53	2003YJY10：103	A型网坠	灰硬	略残	
54	2003YJY10：168	A型网坠	灰硬	完整	
55	2003YJH25：5	A型网坠	灰硬	完整	
56	2003YJH25：7	A型网坠	灰硬	完整	
57	2003YJH29：9	A型网坠	灰硬	完整	
58	2003YJH19：2	A型网坠	泥红	完整	
59	2003YJH20：2	A型网坠	泥红	完整	
60	2003YJH20：5	A型网坠	灰硬	完整	
61	2003YJH20：6	A型网坠	泥红	完整	
62	2003YJH20：9	A型网坠	灰硬	完整	
63	2003YJH20：11	A型网坠	灰硬	完整	
64	2003YJH20：12	A型网坠	红硬	完整	
65	2003YJH20：14	A型网坠	灰硬	完整	
66	2003YJH20：15	A型网坠	灰硬	完整	
67	2003YJH20：16	A型网坠	泥黄	完整	
68	2003YJH20：18	A型网坠	灰硬	完整	
69	2003YJH26：1	A型网坠	泥红	略残	
70	2003YJH26：2	A型网坠	泥红	完整	
71	2003YJH26：3	A型网坠	泥灰	完整	
72	2003YJH26：4	A型网坠	泥灰	完整	
73	2003YJH26：5	A型网坠	泥灰	完整	
74	2003YJH26：6	A型网坠	泥灰	完整	
75	2003YJH11：9	A型网坠	泥灰	完整	
76	2003YJH11：20	A型网坠	灰硬	完整	
77	2003YJH11：24	A型网坠	灰硬	完整	
78	2003YJH11：48	A型网坠	灰硬	完整	
79	2003YJH11：83	A型网坠	泥灰	完整	
80	2003YJH11：86	A型网坠	灰硬	完整	
81	2003YJH13：1	A型网坠	灰硬	完整	
82	2003YJH13：24	A型网坠	泥红	完整	
83	2000YJH7：21	A型网坠	灰硬	完整	
84	2000YJH7：22	A型网坠	灰硬	完整	
85	2000YJH7：23	A型网坠	灰硬	完整	
86	2000YJH7：24	A型网坠	灰硬	完整	
87	2000YJH7：25	A型网坠	灰硬	完整	

续表

序号	标 本		质地	完损状况	备 注
88	2000YJH7:28	A型网坠	灰硬	完整	
89	2000YJH7:29	A型网坠	灰硬	完整	
90	2000YJH7:30	A型网坠	灰硬	完整	
91	2000YJH7:36	A型网坠	灰硬	完整	
92	2000YJH7:40	A型网坠	灰硬	完整	
93	2000YJH7:44	A型网坠	灰硬	完整	
94	2000YJH7:45	A型网坠	灰硬	完整	
95	2000YJH7:47	A型网坠	灰硬	完整	
96	2000YJH7:48	A型网坠	灰硬	完整	
97	2000YJH7:54	A型网坠	灰硬	完整	
98	2003YJH21:4	A型网坠	灰硬	完整	
99	2003YJH27:19	A型网坠	泥灰	完整	
100	2003YJH34:1	B型网坠	灰硬	完整	
101	2003YJG5:1	A型网坠	灰硬	完整	
102	2003YJG5:2	A型网坠	灰硬	完整	

表29 陶垫型式登记表

序号	标 本		质地	完损状况	备 注
1	2000YJT5937①:3	A型陶垫	泥灰	残	
2	2000YJT6038②:2	A型陶垫	夹灰	残	
3	2000YJY6:97	A型陶垫	灰硬	修复	
4	2000YJT0645①:9	A型陶垫	泥红	完整	
5	2000YJT0744①:1	A型陶垫	夹灰	残	
6	2003YJH40:7	A型陶垫	红硬	修复	
7	2000YJ采:6	B型陶垫	泥灰	完整	
8	83板T1:27	A型陶垫	灰硬	残	
9	2000YJY3:5	A型陶垫	灰硬	完整	柄上有刻符
10	2000YJY3:14	A型陶垫	泥红	残	
11	2003YJY9:29	A型陶垫	泥红	完整	
12	2003YJY9:50	A型陶垫	泥黄	残	
13	2003YJY10:104	B型陶垫	灰硬	残	
14	2003YJH17:8	A型陶垫	泥红	残	
15	2003YJH11:72	A型陶垫	泥黄	残	
16	83板H1:7	A型陶垫	红硬	完整	
17	83板H1:8	A型陶垫	泥灰	完整	
18	83板H1:9	A型陶垫	灰硬	完整	
19	83板H3:5	A型陶垫	泥灰	残	
20	86板H1:13	B型陶垫	泥灰	完整	柄上有刻符
21	2000YJH7:39	A型陶垫	红硬	完整	

续表

序号	标本		质地	完损状况	备注
22	2000 YJH7：46	A 型陶垫	灰硬	修复	
23	2003 YJH12：7	A 型陶垫	泥红	完整	
24	2003 YJF3：3	A 型陶垫	泥红	修复	
25	2003 YJ 采：8	A 型陶垫	夹灰	残	
26	83 角 A：3	A 型陶垫	灰硬	略残	柄上有刻符
27	83 角 B：11	A 型陶垫	灰硬	残	
28	83 角采：7	A 型陶垫	泥灰	残	
29	83 角采：15	A 型陶垫	泥灰	完整	
30	83 角采：37	A 型陶垫	泥灰	完整	
31	83 角采：38	A 型陶垫	夹红	完整	
32	83 角采：39	A 型陶垫	泥灰	残	
33	83 角采：49	A 型陶垫	泥灰	残	
34	86 角采：1	A 型陶垫	灰硬	完整	

表 30　陶拍型式登记表

序号	标本		质地	完损状况	备注
1	2007 YJT0644①：3	A 型陶拍	灰硬	残	
2	2007 YJT0645①：6	A 型陶拍	泥灰	残	
3	2007 YJT0645①：8	A 型陶拍	夹灰	修复	
4	2003 YJH40：6	A 型陶拍	红硬	残	
5	2007 YJH42②：2	A 型陶拍	泥灰	残	外侧有刻符
6	2000 YJ 采：5	B 型陶拍	夹灰	残	
7	2007 YJ 采：1	A 型陶拍	泥红	残	
8	83 板 T1：14	A 型陶拍	泥灰	残	
9	83 板 T1：15	A 型陶拍	泥灰	残	
10	83 板 T1：16	B 型陶拍	泥红	残	
11	2003 YJT2822①：1	B 型陶拍	夹灰	残	
12	2003 YJT3430①：1	C 型陶拍	夹灰	残	
13	2003 YJT3523①：2	C 型陶拍	泥灰	残	
14	2000 YJY1：31	A 型陶拍	灰硬	修复	
15	2003 YJY9：4	A 型陶拍	灰硬	残	
16	2003 YJY9：41	A 型陶拍	灰硬	完整	
17	2003 YJY9：70	A 型陶拍	灰硬	残	
18	2003 YJY10：107	A 型陶拍	泥红	残	
19	2003 YJY10：111	A 型陶拍	灰硬	略残	

续表

序号	标 本		质地	完损状况	备 注
20	2003 YJH25∶1	A 型陶拍	泥红	残	
21	2003 YJH19∶3	A 型陶拍	泥红	残	
22	2003 YJH19∶5	A 型陶拍	灰硬	残	
23	2003 YJH20∶17	A 型陶拍	灰硬	残	
24	2003 YJH11∶6	A 型陶拍	灰硬	残	
25	2003 YJH11∶7	A 型陶拍	红硬	残	
26	2003 YJH11∶8	A 型陶拍	红硬	稍残	
27	2003 YJH11∶13	A 型陶拍	灰硬	残	
28	2003 YJH11∶38	B 型陶拍	泥红	残	
29	83 板 H1∶6	A 型陶拍	红硬	残	
30	83 板 H1∶10	B 型陶拍	灰硬	残	
31	83 板 H1∶50	A 型陶拍	灰硬	残	柄上有刻符
32	2000 YJH7∶16	A 型陶拍	泥红硬	修复	
33	2000 YJH7∶42	B 型陶拍	红硬	残	
34	2003 YJH12∶8	B 型陶拍	泥红	残	
35	2003 YJH18∶1	C 型陶拍	泥红	残	
36	2003 YJ 采∶9	A 型陶拍	泥红	残	
37	83 角采∶30	A 型陶拍	泥红	残	
38	83 角采∶31	A 型陶拍	灰硬	残	
39	83 角采∶32	B 型陶拍	泥红	残	
40	83 角采∶33	B 型陶拍	泥灰	残	
41	83 角采∶50	A 型陶拍	灰硬	残	
42	83 角采∶51	A 型陶拍	灰硬	残	
43	83 角采∶52	B 型陶拍	灰硬	残	

表六 - 3　原始瓷器登记表

序号	器物标本号	器物名称	所属发掘区	备　注
1	2000YJT5938①:1	罐	A区	
2	2000YJY6:9	三足盘口沿	A区	
3	000YJY6:14	I式垂腹罐	A区	灰硬陶？有积釉
4	2000YJY6:83	A型三足盘	A区	灰硬陶？有积釉
5	2000YJY6:104	A型三足盘	A区	
6	2000YJY6:136	A型三足盘	A区	
7	2000YJY6:137	A型三足盘	A区	陶送检
8	2000YJY6:138	罐	A区	灰硬陶？有积釉。送检
9	2000YJY6:139	矮领鼓肩罐	A区	
10	2000YJY6:140	垂腹罐	A区	
11	2000YJY6:141	釜	A区	
12	2000YJY6:142	三足盘	A区	
13	2000YJY6:143	三足盘	A区	
14	2000YJY6:144	三足盘	A区	
15	2000YJH10:7	A型三足盘	A区	
16	2000YJH10:8	A型三足盘	A区	送检
17	2000YJH10:11	A型三足盘	A区	灰硬陶？有积釉
18	2000YJH10:26	A型三足盘	A区	灰硬陶？有积釉
19	2000YJH10:36	A型三足盘	A区	
20	2000YJH10:55	A型三足盘	A区	
21	2000YJH10:59	B型釜	A区	灰硬陶？有积釉。送检
22	2000YJH10:65	A型三足盘	A区	
23	2000YJH10:80	II式鼓腹罐	A区	灰硬陶？有积釉
24	2000YJH10:127	B型釜	A区	灰硬陶？有积釉。送检
25	2000YJH10:136	罐口沿	A区	送检
26	2000YJH10:137	三足盘	A区	送检
27	2000YJH9:21	罐	B区	夹砂灰陶？有积釉。工艺标本
28	2000YJH9:23	罐	B区	夹砂灰陶？有积釉。工艺标本
29	2003YJY10:5	A型三足盘	C区	送检
30	2003YJY10:34	A型三足盘	C区	
31	2003YJY10:36	B型带把钵	C区	
32	2003YJY10:143	矮领鼓肩罐	C区	
33	2003YJY10:144	矮领鼓肩罐	C区	
34	2003YJY10:167	高领鼓肩罐	C区	
35	2003YJH11:128	篮纹	C区	

续表

序号	器物标本号	器物名称	所属发掘区	备　注
36	2003YJH11:131	三足盘/弦纹	C区	
37	2003YJH15:31	云雷纹	C区	
38	2003YJH15:32	云雷纹	C区	
39	2003YJH17:26	A型三足盘	C区	送检
40	2003YJH17:32	A型三足盘	C区	
41	2003YJH17:52	三足盘/素面	C区	
42	2003YJH19:13	瓮	C区	
43	2003YJH20:3	A型三足盘	C区	
44	2003YJH20:4	C型盅	C区	
45	2003YJH20:22	A型三足盘	C区	
46	2003YJH24:17	垂腹罐/席纹	C区	
47	2003YJH25:2	A型三足盘	C区	
48	2003YJH25:28	席纹	C区	
49	2003YJH29:14	云雷纹	C区	
50	2003YJH34:3	Ⅱ式垂腹罐	C区	
51	86板H1:21	A型三足盘	C区	灰硬陶？有积釉
52	86板H1:49	A型盉形钵	C区	
53	86板H1:62	A型三足盘	C区	灰硬陶？有积釉
54	83角A:19	A型三足盘	D区	灰硬陶？有积釉。送检
55	83角A:49	A型三足盘	D区	灰硬陶？有积釉
56	83角B:92	A型三足盘	D区	送检
57	83角采:12	A型三足盘	D区	灰硬陶？有积釉
58	83角采:13	B型尊	D区	灰硬陶？有积釉
59	86角采:6	A型盉形钵	C区	

第七章　刻划符号研究

第一节　概　述

　　角山窑址经过五次考古发掘，在器物口沿、底部等部位发现刻划符号 2359 个（组）。刻划符号是古人在陶器制成后未完全晾干前用锐器在其口沿或底部刻划的某种符号。从刻划符号的笔顺分析，刻划工具有两种，一种是月牙刃锐器，一种是锥状锐器，有的符号是用两种工具共同完成（不排除是一种工具的两端，一端是锥状锐器，一端是月牙刃锐器）。月牙刃锐器刻划的符号，初看很像指甲刻划的符号，但我们在同一块将干未干的陶泥上用月牙刃锐器和指甲分别刻划符号，然后用放大镜仔细观察，发现月牙刃锐器刻划的两端与指甲刻划的两端有明显的差别，角山窑址出土的月牙刃刻划符号明显是属于用月牙刃锐器刻划而成的。（拓片五八～八一；彩版一八六～二三七）

第二节　刻划符号分类

　　我们根据刻划工具的不同将角山窑址刻划符号分为三大类，即：

A 类：用月牙刃锐器刻划而成的符号；
B 类：用锥状锐器刻划而成的符号；
C 类：用月牙刃锐器和锥状锐器组合刻划而成的符号。

　　对每大类的刻划符号，根据其刻划内容的差别又分为小类。如 A 类刻划符号根据刻划内容呈单组、双组、多组分布，又划为 AⅠ、AⅡ、AⅢ、AⅣ、AⅤ亚类，在各亚类下细分为小类，如 AⅠa、AⅠb、AⅠc……B 类、C 类相对 A 类来说简单一些，但也可细分为许多小类。具体分类情况参见表七 - 1、表七 - 2，承载刻划符号的器形统计见表七 - 3。

第三节　刻划符号性质探讨

　　对角山刻划符号的研究一直以来就是角山文化研究的焦点和热点。前贤通过研究 1983、1986 年出土的刻划符号，认为角山刻符是一种五进制的记数符号，但 2000 年后出土的刻划符号材料显示 1～10 都是通过积横画表示，甚至 10 以上的数字也用刻划工具直接刻划，说明角山刻符积数"五进制"的观点是值得商榷的。

　　刻划符号的大量出现一方面可能与窑场统治者有关，他们掌握着不太成熟的文字，掌握着沟通天地的"巫术"，在装窑、烧窑前，为了保证烧窑的质量，他们常常要请巫师进行祭祀占筮。根据文献记载，商代初期、商代前期南方地区盛行占筮活动，南方先越人善于占筮，从商代早期开始，商王室就从南方越地纳贡杰出的"巫师"，在中原王室（即安阳殷墟附近）形成"巫师集团"，与以占卜为主的"贞人集团"同时服务于商王室，所以《礼记·礼运》云："王前巫而后史，卜、筮、瞽、侑，皆在左右"。历史上的巫咸、巫贤父子就是从越地进贡到商王室的杰出巫师，后均为重臣贤相。从考古学文化性质考察，角山窑场的使用者属于当地土著居民，应是三苗氏的后裔，也即"先越人"。越人善于占筮，《尚书·君奭》："（周）公曰：君奭！我闻在昔成汤既受命，时则有若伊尹，格于皇天。在太甲，时则有若保衡。在太戊，时则有若伊陟、臣扈，格于上帝；巫咸乂王家。在祖乙，时则有若巫贤。在武丁，时则有若甘盘。"《世本》云："巫咸作筮。"又《史记·天官书》云："昔之传天数者：高辛之前重、黎；於唐、虞，羲、和；有夏，昆吾；殷商，巫咸；周室，史佚、长弘……"上述史料说明，商王确实与卜人、筮人有着密切的关系，巫咸、巫贤父子出自长江下游虞山，被进贡到商王室，以占筮著称于商王朝，是南方筮法北传的开始。从考古材料和史料两方面都可证明筮法产生于南方，传播于商王室。

由于南方占筮用的多是蓍草、算筹类竹木器具，很难保存实物，书写载体除商王室多用玉片、甲骨外，南方民间则多用将干未干的陶器，所以在卜筮成风的商代，在大型的民间窑场中出现大量的占筮记录是合理的，这些刻划符号也即保存下来的"占筮记录"。刻划符号中常常出现"五""巫""工"等字，应是占筮记录的佐证。出土器物中有一类小的模型器应该是祭祀窑神时的摆设器件，这种模型器的出土也是烧窑前要祭祀窑神的佐证。从这种情况分析，刻划在将干未干的陶器口沿或器底上的种种符号和商朝后期刻划在甲骨上的甲骨文应是如出一辙，具有相同的功能和目的，都是占筮、占卜结果的记录。纵观所有的刻划符号，刻划者（巫师）常常有一个"工"字思想：上面一横代表天，下面一横代表地，中间一竖代表沟通天地，左右加上两个"人"字就是"巫"字，这正是商代巫文化盛行的真实写照。将刻划符号和甲骨文进行比较，我们会发现刻划符号比甲骨文原始，甚至不能称之为"文字"，但作为记录占筮结果的符号，又显得简洁而明了。如安阳殷墟发现的"易卦"卜甲在中甲正中有"九""六"二字，"九""六"上面还刻有一组符号，一直以来令学者费解，无法释读。在角山刻符中出现了完全一样的符号，如 Cs6 类"Ⅰ彡Ⅰ彡"，并且还有很多种简体写法，这种符号出现很多，达 16 个，结合有多种简体写法，应是一种记录占筮结果的方式，也即占筮记录。殷墟发现的"易卦"卜甲左甲桥下端有一组符号，与角山刻符中的 Br13 类"十 ⁝⁖"也几乎一样。比较刻划符号和甲骨文，还会发现有些符号是通用的，如"五"、"巫"字等，在甲骨文中和刻划符号中几乎都一样，某些字如"五"甚至可以追溯到更远，如新石器时期刻划在石器、陶器上的符号中，频繁地出现"五"字。从上述特点分析，角山刻符中有相当部分应是早期的占筮记录，应是"筮数易卦"的另一种表达方式，这些"筮数易卦"用的是阴阳爻，而非数字，由此可见，商代初期、商代前期的角山刻划符号是商代后期盛行的筮数易卦的源头。就数量而言，在角山窑址出土的刻划符号中，仅有筮数易卦特征的三、六画符号，就占商代筮数易卦的 91%。对比各地商代筮数易卦材料出土情况（表一），可见角山窑址可谓是商代筮数易卦的"大本营"。

表一　商代筮数易卦材料出土情况简表[*]

出土地点		出土次数	出土次数比例（%）	出土数量（例）	出土数量比例（%）
河南安阳	殷墟	4	58.82	9	8.4
	小屯南地	4		13	
	刘家庄	1		3	
	苗圃北地	1		6	
陕西长安	沣西丰镐	1	5.88	1	0.3
山东平阴	朱家桥	1	5.88	1	0.3
江西鹰潭	角山窑址	5	29.41	332（仅三、六画符号）	91.0

[*] 不明地点的材料除外。

　　角山遗址出土的刻划符号是商代前期的"巫师"在占筮过程中留下占筮结果的记录，是比甲骨文更早的"占筮陶文"。上古时期有"太卜掌三兆之法，一曰玉兆，二曰瓦兆，三曰原兆。其经兆之体，皆百有二十，其颂皆千有二百"（《周礼·春官宗伯》）之说，这种"占筮陶文"和"瓦兆"是否有着某种联系？自新石器时代晚期开始，历夏、商诸朝在陶器上频繁出现的"五"字符号和后来的"五行"观念是否有着某种渊源？此外，角山刻划符号中三画一组的符号很多，达 311 组，占绝大多数，六画一组的符号也少量存在，如果将三画还原为周易的单卦，六画还原为重卦，这批材料正好反映的是单卦向重卦的过渡。另外，刻划符号中的"十"出现很频繁，与")"对应出现，前文已述及数字 1～10 都是用积横画来表示，所以"十"与")"应有其他的含义。江南卑湿之地，曾有学者指出中国的"阴阳观念"出现很早，而且首先出现在卑湿的江南湖泽一带，此观点如果成立，则"十"与")"或许就是阴阳的标志。角山刻符中 Br13 类："十 ⁚⁚"是用两种刻划工具组合刻划而成，先用细竹或细木棍类戳刺八点，然后在左下方刻上"十"符号，戳刺的八点正好是偶数，属于阴阳之"阴"，故推测"十"应是阴阳符号，表示"阴"。关于阴阳观念、奇偶观念的起源，河南舞阳贾湖遗址曾出土龟腹石子，以考古材料证实了早在 9000～7000 年前古人就有了自然数的概念和奇、偶观念，由于出土于占卜实物上，推测阴阳观念也随着奇、偶观念的出现而产生。阴阳符号在筮数易卦中出现是角山刻划符号与其他地方出土筮数易卦的最大区别。角山刻划符号除可作为八卦发展史上单卦向重卦过渡、阴阳观念的起源发展的实物印证外，对上古时期三兆之法的"瓦兆"及"五行"观念起源等研究都有着重要作用，为探索上古时期的哲学思想提供新史料和新思路，对研究商代前期巫术也有着重要的史料价值。

表七 – 1　陶片典型刻符统计表

序号	类型	类型编号	标本号	摹　本	器形	部位	陶质陶色	刻符完残情况	刻符数量/个
1	AⅠa	AⅠa：56	2003YJY10		罐	内沿下	原始瓷	完整	134
2		AⅠa：96	2000YJY6		釜	口沿上	泥质灰硬	完整	
3	AⅠb	AⅠb：115	2000YJY6		釜	内沿下	泥质红陶	完整	257
4		AⅠb：126	2000YJT0744②		罐	口沿上	夹砂灰陶	完整	
5		AⅠb：190	2003YJH34		钵	把手上	泥质灰硬	完整	12
6		AⅠb：191	83板T1		罐	内沿下	泥质灰陶	完整	
7		AⅠb：204	2000YJT6039①		釜	口沿上	泥质灰硬	完整	
8		AⅠb：210	83角B		罐	口沿上	泥质灰陶	完整	34
9		AⅠb：213	2000YJT0644②		釜	口沿上	泥质红陶	完整	
10	AⅠc	AⅠc：21	83角A		罐	内沿下	夹砂灰陶	完整	58
11		AⅠc：25	2000YJT0645②		罐	口沿上	泥质灰硬	完整	
12		AⅠc：51	2000YJT0644②		罐	口沿上	泥质灰硬	完整	
13		AⅠc：53	2000YJT5938②		罐	内沿下	泥质灰硬	完整	8
14		AⅠc：59	2003YJH20		釜	口沿上	泥质灰硬	完整	44
15		AⅠc：75	83角B		釜	口沿上	泥质灰硬	完整	
16		AⅠc：90	2000YJT5938④		釜	口沿上	泥质灰硬	完整	22
17		AⅠc：99	83角B		罐	内沿下	泥质灰硬	完整	
18		AⅠc：109	83角B		罐	内沿下	泥质灰硬	完整	
19		AⅠc：115	角采		瓿形器	内沿下	泥质灰陶	残	8
20		AⅠc：116	角采		罐	内沿下	泥质灰硬	完整	
21		AⅠc：117	83角A		三足盘	内沿下	泥质灰硬	完整	1

续表

序号	类型	类型编号	标本号	摹本	器形	部位	陶质陶色	刻符完残情况	刻符数量/个
22	AⅠd	AⅠd：1	2003YJG5		釜	口沿上	泥质灰硬	完整	9
23		AⅠd：2	角采		三足盘	内沿下	泥质灰硬	完整	
24		AⅠd：8	2000YJG3		罐	口沿上	泥质灰硬	完整	7
25		AⅠd：10	83角A		釜	口沿上	泥质灰硬	完整	
26	AⅠe	AⅠe：1	角采		罐	内沿下	泥质灰硬	完整	13
27		AⅠe：6	2000YJY6		罐	内沿下	泥质灰硬	完整	
28	AⅠf	AⅠf：4	83角B		釜	口沿上	泥质灰硬	完整	140
29		AⅠf：5	83角A		釜	内沿下	泥质灰硬	完整	
30		AⅠf：110	角采		罐	口沿上	泥质灰硬	完整	5
31		AⅠf：112	角采		罐	内沿下	泥质灰硬	完整	
32		AⅠf：115	2000YJT0744②		釜	口沿上	泥质灰硬	完整	9
33		AⅠf：119	角采		罐	内沿下	泥质灰硬	完整	
34		AⅠf：123	2000YJY6		罐	内沿下	泥质灰硬	完整	9
35		AⅠf：126	2003YJH17		三足盘	内腹	原始瓷	完整	
36		AⅠf：128	2003YJH11		三足盘	内腹	泥质灰硬	完整	12
37		AⅠf：132	角采		罐	口沿上	夹砂灰陶	完整	
38		AⅠf：136	2000YJT0645②		罐	口沿上	泥质灰硬	完整	4
39		AⅠf：137	角采		器盖	内沿下	泥质灰硬	完整	

续表

序号	类型	类型编号	标本号	摹　本	器形	部位	陶质陶色	刻符完残情况	刻符数量/个
40	A I g	A I g：5	83 角 B		罐	口沿上	泥质灰陶	完整	32
41		A I g：10	角采		罐	口沿上	泥质灰硬	完整	
42		A I g：31	角采		罐	内沿下	泥质灰硬	完整	2
43	A I h	A I h：3	2000YJY1		瓮	口沿上	泥质灰硬	完整	79
44		A I h：4	83 角 B		罐	内沿下	泥质灰陶	完整	
45	A I i	A I i：4	2000YJT0543②		釜	口沿上	夹砂灰陶	完整	19
46		A I i：6	83 角 B		罐	口沿上	泥质灰硬	完整	
47		A I i：19	83 角 B		罐	口沿上	泥质灰硬	完整	4
48		A I i：20	83 角 B		罐	口沿上	泥质灰硬	完整	
49		A I i：21	2000YJT0744②		罐	口沿上	夹砂红陶	完整	1
50		A I i：22	83 角 B		钵	内沿下	泥质灰硬	完整	2
51		A I i：23	2000YJT0645②		釜	口沿上	夹砂灰陶	完整	
52		A I i：26	2003YJY10		罐	口沿上	泥质灰硬	完整	8
53		A I i：27	83 角 B		三足盘	内沿下	夹砂灰陶	完整	
54		A I i：32	83 角 B		罐	口沿上	泥质灰硬	完整	2
55		A I i：36	角采		罐	口沿上	泥质灰硬	完整	4
56		A I i：37	83 角 B		釜	口沿上	夹砂红陶	完整	
57	A I j	A I j：7	2003YJH17		三足盘	外底	泥质灰硬	完整	38
58		A I j：12	83 角 A		钵	外沿下	泥质灰硬	完整	

续表

序号	类型	类型编号	标本号	摹本	器形	部位	陶质陶色	刻符完残情况	刻符数量/个
59	AIj	AIj：33	角采		三足盘	外底	泥灰硬陶	完整	18
60		AIj：36	角采		三足盘	内沿下	泥灰硬陶	完整	
61		AIj：42	角采		罐	内沿下	泥灰硬陶	完整	13
62		AIj：49	83角B		罐	口沿上	夹砂灰陶	完整	
63		AIj：51	2000YJY6		罐	口沿上	泥灰硬陶	完整	1
64		AIj：57	2007YJ采		罐	口沿上	泥质灰陶	完整	
65	AIk	AIk：4	2003YJH14		釜	口沿上	泥质灰陶	完整	40
66		AIk：9	角采		罐	口沿上	泥灰硬陶	完整	
67		AIk：13	83角A		釜	口沿上	泥灰硬陶	完整	
68		AIk：18	2000YJT0643②		釜	口沿上	泥灰硬陶	完整	
69	AIl	AIl：1	2000YJT0544②		罐	口沿上	夹砂灰陶	完整	8
70		AIl：4	2000YJT0644②		釜	口沿上	泥质灰陶	完整	
71		AIl：10	角采		罐	口沿上	泥质灰陶	完整	
72		AIl：12	2003YJY9		罐	内沿下	夹砂红陶	完整	8
73	AIm	AIm：1	2000YJ采		釜	口沿上	夹砂灰陶	完整	3
74		AIm：2	83角B		罐	口沿上	泥质红陶	完整	1
75		AIm：3	83板T1		罐	口沿上	泥灰硬陶	完整	1

续表

序号	类型	类型编号	标本号	摹本	器形	部位	陶质陶色	刻符完残情况	刻符数量/个
76	AⅠn	AⅠn：5	角采		罐	内沿下	泥质红陶	完整	38
77		AⅠn：7	角采		罐	口沿上	泥质灰陶	完整	
78		AⅠn：9	83角A		罐	内沿下	泥质硬陶	完整	
79		AⅠn：10	角采		罐	口沿上	夹砂灰陶	完整	
80		AⅠn：34	2000YJT0644②		釜	口沿上	夹砂红陶	完整	1
81		AⅠn：35	2000YJT0645②		罐	口沿上	夹砂灰陶	完整	2
82		AⅠn：36	2007YJT0544①		釜	口沿上	夹砂灰陶	完整	2
83	AⅠo	AⅠo：3	2000YJT6039②		罐	口沿上	夹砂灰陶	完整	15
84		AⅠo：4	角采		罐	内沿下	泥灰硬陶	完整	
85		AⅠo：5	角采		罐	内沿下	泥灰硬陶	完整	
86		AⅠo：13	83角B		釜	口沿上	泥灰硬陶	完整	1
87		AⅠo：15	2000YJT0743②		罐	口沿上	夹砂灰陶	完整	9
88		AⅠo：17	角采		罐	口沿上	泥质灰陶	完整	
89		AⅠo：23	2007YJH9		钵	内沿下	夹砂红陶	残	
90	AⅠp	AⅠp：2	83角B		罐	内沿下	泥质灰陶	完整	5
91		AⅠp：3	角采		罐	口沿上	泥质灰陶	完整	
92		AⅠp：5	角采		甗形器	内沿下	泥质红陶	残	1
93		AⅠp：6	2000YJY7		釜	口沿上	泥质灰陶	完整	3
94		AⅠp：7	2000YJT0645②		罐	内沿下	夹砂灰陶	残	

续表

序号	类型	类型编号	标本号	摹本	器形	部位	陶质陶色	刻符完残情况	刻符数量/个
95	AⅠq	AⅠq：1	83角B		盆形钵	内沿下	泥质灰硬	完整	2
96		AⅠq：2	2007YJT0544①		罐	口沿下	夹砂灰陶	完整	2
97	AⅠr	AⅠr：2	角采		罐	口沿上	泥质灰硬	完整	10
98		AⅠr：6	2003YJG5		三足盘	内沿下	夹砂灰陶	完整	
99	AⅠs	AⅠs：1	83角B		罐	口沿上	泥质灰硬	完整	3
100		AⅠs：2	2007YJT0744①		罐	口沿上	夹砂灰陶	完整	
101	AⅠt	AⅠt：1	83角A		罐	口沿上	泥质灰硬	完整	1
102	AⅠu	AⅠu：1	2003YJH11		罐	口沿上	泥质灰硬	完整	6
103		AⅠu：2	角采		釜	口沿上	泥质灰硬	残	
104		AⅠu：3	角采		罐	口沿上	泥质红陶	残	
105		AⅠu：4	83板H3		罐	外沿下	泥质红陶	残	
106		AⅠu：5	2003YJ采		三足盘	内腹	夹砂灰陶	残	
107	AⅠv	AⅠv：1	2003YJH12		釜	口沿上	泥质灰硬	完整	1
108	AⅡa	AⅡa：3	2000YJT0644②		釜	口沿上	夹砂红陶	完整	9
109		AⅡa：4	2000YJT0744②		罐	口沿上	夹砂灰陶	完整	
110		AⅡa：10	角采		釜	口沿上	泥质灰硬	完整	14
111		AⅡa：12	角采		罐	口沿上	泥质红陶	完整	

续表

序号	类型	类型编号	标本号	摹本	器形	部位	陶质陶色	刻符完残情况	刻符数量/个
112		AⅡa：16	2000YJH7		钵	内腹下	泥质灰硬	完整	4
113	AⅡa	AⅡa：17	2000YJT0743②		罐	口沿上	夹砂灰陶	完整	3
114		AⅡa：19	2000YJT5938⑥		罐	内沿下	泥质红陶	完整	
115		AⅡb：2	角采		釜	口沿上	夹砂红陶	完整	9
116		AⅡb：4	2000YJT0543②		三足盘	内沿下	泥质灰硬	完整	
117		AⅡb：13	83 板 H1		釜	口沿上	泥质灰硬	完整	31
118		AⅡb：18	2000YJT0743②		罐	口沿上	泥质灰硬	完整	
119	AⅡb	AⅡb：22	角采		罐	口沿上	泥质灰硬	完整	5
120		AⅡb：23	83 角 A		钵	内沿下	泥质灰硬	残	
121		AⅡb：25	2000YJT0644②		罐	口沿上	泥质灰硬	完整	3
122		AⅡb：26	2000YJT0744②		罐	口沿上	泥质灰硬	完整	
123		AⅡb：33	2007YJT0544①		釜	口沿上	夹砂灰陶	完整	3
124		AⅡc：1	2000YJ 采		罐	内沿下	泥质灰硬	完整	3
125		AⅡc：2	2000YJT0744②		釜	口沿上	夹砂红陶	完整	15
126		AⅡc：4	2000YJT0744②		罐	口沿上	夹砂灰陶	完整	
127	AⅡc	AⅡc：13	2000YJT0543②		釜	口沿上	夹砂灰陶	完整	
128		AⅡc：21	角采		罐	口沿上	泥质红陶	完整	18
129		AⅡc：24	角采		罐	口沿上	泥质灰陶	完整	
130		AⅡc：28	2007YJ 采		罐	口沿上	夹砂灰陶	完整	1

续表

序号	类型	类型编号	标本号	摹本	器形	部位	陶质陶色	刻符完残情况	刻符数量/个
131	AⅡd	AⅡd：1	2000YJT0643②	(((((	罐	口沿上	夹砂红陶	完整	2
132		AⅡd：2	2000YJT0643②	((((	罐	口沿上	泥灰硬陶	完整	
133		AⅡd：3	2000YJT0644②	(((((	罐	口沿上	夹砂灰陶	完整	12
134		AⅡd：8	2000YJT0744②	(((((	器盖	内沿下	泥质灰陶	完整	
135		AⅡd：10	2000YJT0743②	))))))))	罐	内沿下	泥质红陶	完整	4
136		AⅡd：12	2000YJT5938②	)))))))	钵	内沿下	泥质灰陶	完整	
137		AⅡd：13	角采	)))))))))	罐	内沿下	泥灰硬陶	完整	4
138		AⅡd：14	2003YJH17	))))))))	钵	内沿下	泥质灰陶	完整	
139	AⅡe	AⅡe：1	83板T1	)))))))))	三足盘	内沿下	泥灰硬陶	完整	2
140	AⅡf	AⅡf：1	角采	⌊))	钵	内沿下	泥灰硬陶	完整	2
141		AⅡf：2	83角B	╪))	钵	内沿下	夹砂红陶	完整	
142		AⅡf：3	83角A	╈)))	釜	口沿上	夹砂灰陶	完整	1
143	AⅡg	AⅡg：1	83角B	⅄))	钵	内沿下	泥灰硬陶	完整	4
144		AⅡg：3	83板H1	)) ⅄	钵	内沿下	泥灰硬陶	完整	
145		AⅡg：4	角采	⅍	罐	口沿上	泥灰硬陶	完整	
146		AⅡg：5	2000YJT0544②	)╫)╫	罐	内沿下	夹砂灰陶	完整	5
147		AⅡg：7	2000YJ采	)╥)╥	罐	内沿下	夹砂红陶	完整	
148	AⅡh	AⅡh：1	2000YJT0644②	(⋔	罐	内沿下	夹砂灰陶	完整	2
149		AⅡh：2	角采	)) ⋔⋔	罐	口沿上	夹砂灰陶	完整	6
150		AⅡh：5	角采	)) ⋔⋔)	罐	内沿下	泥灰硬陶	完整	1

续表

序号	类型	类型编号	标本号	摹　本	器形	部位	陶质陶色	刻符完残情况	刻符数量/个
151	AⅡi	AⅡi:1	2000YJT0743②		罐	口沿上	泥质灰硬	完整	3
152		AⅡi:2	2000YJ采		甗形器	口沿上	夹砂红陶	完整	
153		AⅡi:4	83角B		罐	口沿上	泥质灰硬	完整	6
154		AⅡi:6	2000YJT0644②		釜	口沿上	夹砂灰陶	完整	
155		AⅡi:7	角采		罐	口沿上	泥质灰陶	完整	6
156		AⅡi:10	83角A		罐	内沿下	泥质灰硬	完整	
157		AⅡi:11	角采		釜	口沿上	夹砂红陶	完整	
158		AⅡi:13	角采		罐	口沿上	泥质灰硬	完整	2
159	AⅡj	AⅡj:1	83角B		罐	口沿上	泥质灰硬	完整	2
160		AⅡj:2	角采		罐	内沿下	泥质灰硬	完整	
161		AⅡj:3	角采		罐	口沿上	泥质灰陶	完整	1
162	AⅢa	AⅢa:1	角采		釜	口沿上	夹砂灰陶	完整	8
163		AⅢa:3	83角B		钵	内沿下	泥质灰硬	完整	
164	AⅢb	AⅢb:2	2000YJ采		釜	口沿上	夹砂灰陶	完整	9
165		AⅢb:4	2000YJT0743②		釜	口沿上	泥质红陶	完整	
166	AⅢc	AⅢc:1	83角A		釜	口沿上	夹砂灰陶	完整	8
167		AⅢc:3	83角B		钵	内沿下	泥质灰陶	完整	
168		AⅢc:4	2000YJT0745②		釜	口沿上	泥质灰硬	完整	6

续表

序号	类型	类型编号	标本号	摹本	器形	部位	陶质陶色	刻符完残情况	刻符数量/个
169	AⅢd	AⅢd:1	角采		罐	内沿下	泥质灰硬	完整	1
170		AⅢd:2	角采		罐	口沿上	泥质灰硬	完整	1
171	AⅢe	AⅢe:1	2000YJY5		罐	口沿上	夹砂灰陶	完整	1
172		AⅢe:2	2000YJ采		罐	口沿上	夹砂灰陶	完整	1
173	AⅢf	AⅢf:1	角采		罐	口沿上	夹砂灰陶	完整	3
174		AⅢf:2	角采		釜	口沿上	泥质灰陶	残	15
175		AⅢf:4	角采		罐	内沿下	泥质灰硬	完整	
176		AⅢf:12	角采		甗形器	内沿下	夹砂红陶	完整	1
177		AⅢf:13	2007YJT0644①		罐	口沿上	夹砂灰陶	完整	2
178	Ba	Ba:3	83角A		罐	口沿上	泥质红陶	完整	34
179		Ba:4	83角B		罐	口沿上	夹砂灰陶	完整	
180		Ba:26	83角B		钵	外底	泥质灰硬	残	
181		Ba:41	角采		釜	口沿上	夹砂红陶	完整	39
182		Ba:42	2000YJT0645②		釜	内沿下	夹砂灰陶	完整	
183		Ba:43	83角B		三足盘	足内侧	泥质灰硬	完整	

续表

序号	类型	类型编号	标本号	摹本	器形	部位	陶质陶色	刻符完残情况	刻符数量/个
184	Ba	Ba : 63	2000YJ采		罐	口沿上	泥质灰硬	完整	7
185		Ba : 64	83角A		罐	口沿上	泥质灰硬	完整	
186		Ba : 74	83角B		罐	内沿下	泥质灰硬	完整	14
187		Ba : 75	2000YJ采		罐	口沿上	泥质灰硬	完整	
188		Ba : 78	2000YJ采		罐	口沿上	泥质灰硬	完整	11
189		Ba : 80	83角B		釜	口沿上	夹砂红陶	完整	
190	Bb	Bb : 1	角采		釜	口沿上	泥质灰硬	完整	33
191		Bb : 3	83角A		罐	内沿下	夹砂灰陶	完整	
192		Bb : 7	角采		瓮	口沿上	泥质灰硬	完整	
193		Bb : 34	2000YJT0644②		釜	口沿上	泥质灰硬	完整	56
194		Bb : 46	角采		罐	内沿下	夹砂灰陶	完整	
195	Bc	Bc : 4	角采		罐	内沿下	夹砂灰陶	残	25
196		Bc : 6	2000YJ采		甗形器	口沿上	夹砂红陶	完整	
197		Bc : 10	2000YJT0644②		罐	口沿上	夹砂灰陶	完整	
198		Bc : 18	角采		罐	口沿上	夹砂红陶	完整	5
199		Bc : 20	2000YJT0644②		罐	口沿上	夹砂红陶	完整	

续表

序号	类型	类型编号	标本号	摹本	器形	部位	陶质陶色	刻符完残情况	刻符数量/个
200	Bc	Bc：26	2003YJH15		尊	底部	泥质红陶	残	12
201		Bc：27	83角A		罐	内沿下	泥质灰陶	完整	
202	Bd	Bd：2	83角B		釜	口沿上	泥质灰硬	完整	9
203		Bd：3	83角A		釜	口沿上	泥质灰硬	完整	
204	Be	Be：1	2000YJ采		罐	口沿上	夹砂灰陶	完整	21
205		Be：2	2000YJT0645②		罐	口沿上	夹砂灰陶	完整	
206		Be：3	2000YJT0644②		罐	口沿上	夹砂灰陶	完整	
207		Be：19	2000YJT0644①		罐	口沿上	夹砂灰陶	完整	40
208		Be：20	2000YJT0543②		罐	口沿上	泥质灰陶	完整	
209		Be：21	2000YJT0644②		罐	口沿上	夹砂灰陶	完整	
210		Be：26	83板T1①		罐	内沿下	泥质灰陶	完整	6
211		Be：27	83角B		三足盘	内沿下	夹砂灰陶	残	

续表

序号	类型	类型编号	标本号	摹　本	器形	部位	陶质陶色	刻符完残情况	刻符数量/个
212		Bf：1	角采		罐	口沿上	夹砂灰陶	完整	3
213		Bf：2	83角B		釜	口沿上	夹砂灰陶	完整	
214	Bf	Bf：9	2000YJT0543②		罐	口沿上	夹砂灰陶	完整	
215		Bf：16	2000YJT0543②		罐	口沿上	夹砂灰陶	完整	51
216		Bf：20	2000YJT0743②		罐	口沿上	夹砂灰陶	完整	
217		Bg：1	角采		釜	口沿上	夹砂灰陶	完整	1
218	Bg	Bg：2	83角B		釜	口沿上	泥质灰硬	完整	1
219		Bg：3	2000YJ采		罐	口沿上	夹砂灰陶	完整	1
220		Bh：1	角采		釜	口沿上	夹砂灰硬	完整	
221		Bh：2	2003YJ采		口沿上	口沿上	夹砂灰硬	残	4
222		Bh：3	2000YJT0645②		甗形器	口沿上	夹砂红陶	完整	
223	Bh	Bh：4	2003YJH11		釜	内沿下	夹砂灰陶	完整	5
224		Bh：5	2000YJT5938③		钵	外沿下	泥质灰硬	残	
225		Bh：6	2003YJH17				夹砂灰陶	残	7

续表

序号	类型	类型编号	标本号	摹本	器形	部位	陶质陶色	刻符完残情况	刻符数量/个
226		Bh：7	2000YJT5937④		瓮	口沿上	夹砂灰陶	完整	1
227		Bh：10	2003YJH11		罐	内沿下	夹砂红陶	完整	2
228		Bh：12	83角B		罐	内沿上	夹砂灰陶	完整	
229		Bh：13	2003YJH18		罐	内沿下	夹砂灰陶	残	3
230	Bh	Bh：14	83角A		罐	内沿下	夹砂灰陶	残	
231		Bh：15	2000YJ采		罐	口沿上	夹砂灰陶	完整	1
232		Bh：16	2003YJH11		罐	内沿下	夹砂灰陶	完整	1
233		Bh：17	2003YJH11		釜	口沿上	夹砂灰陶	完整	6
234		Bh：18	2000YJT0644②		罐	口沿上	夹砂灰陶	完整	
235		Bi：1	2000YJY6		罐	内沿下	泥质灰陶	完整	
236	Bi	Bi：7	83角A		瓮	口沿上	夹砂灰陶	完整	31
237		Bi：10	角采		罐	口沿上	夹砂灰陶	完整	

续表

序号	类型	类型编号	标本号	摹本	器形	部位	陶质陶色	刻符完残情况	刻符数量/个
238	Bj	Bj：1	2000YJH10		罐	内沿下	泥质灰硬	完整	36
239		Bj：15	2000YJT0744②		釜	口沿上	夹砂灰陶	完整	
240		Bj：18	2000YJT0643②		釜	口沿上	夹砂灰陶	完整	
240		Bj：19	角采		釜	内沿下	夹砂灰陶	完整	4
242	Bk	Bk：1	角采		罐	口沿上	夹砂灰陶	完整	4
243		Bk：2	角采		三足盘	内沿下	泥质灰陶	完整	
244		Bk：5	角采		罐	内沿下	夹砂灰陶	残	1
245		Bk：6	2003YJH20		罐	内沿下	夹砂灰陶	完整	1
246	Bl	Bl：1	2003YJH15		三足盘	内沿下	泥质灰陶	完整	4
247		Bl：2	2000YJT5938③		三足盘	内沿下	泥质红陶	残	
248		Bl：3	2000YJ采		罐	内沿下	夹砂红陶	完整	
249	Bm	Bm：4	2000YJT0644②		釜	口沿上	夹砂灰陶	完整	37
250		Bm：7	2000YJT0644②		釜	口沿上	夹砂灰陶	完整	
251		Bm：10	83角采		罐	口沿上	夹砂灰陶	完整	

续表

序号	类型	类型编号	标本号	摹本	器形	部位	陶质陶色	刻符完残情况	刻符数量/个
252		Bm：19	2000YJT0743②		罐	口沿上	夹砂灰陶	完整	
253		Bm：20	2000YJ采		罐	口沿上	夹砂灰陶	残	37
254		Bm：21	2000YJT0743②		釜	口沿上	夹砂红陶	残	1
255		Bm：22	83角A		盔形钵	内沿下	夹砂灰陶	完整	2
256	Bm	Bm：23	2000YJY6		釜	口沿上	夹砂红陶	完整	2
257		Bm：25	2000YJY6		罐	内沿下	夹砂灰陶	残	1
258		Bm：26	2003YJH11		瓮	口沿上	泥质灰陶	完整	2
259		Bn：1	2000YJY6		罐	口沿上	夹砂灰陶	残	3
260	Bn	Bn：2	83角B		罐	口沿上	夹砂灰陶	完整	1
261		Bo：1	2000YJY6		三足盘	内沿下	泥灰硬陶	残	1
262	Bo	Bo：2	2000YJY6		瓮	口沿上	泥灰硬陶	完整	1

续表

序号	类型	类型编号	标本号	摹本	器形	部位	陶质陶色	刻符完残情况	刻符数量/个
263	Bp	Bp：1	83角A		罐	口沿上	夹砂灰陶	完整	1
264		Bp：2	2003YJH17		罐	内沿下	夹砂灰陶	完整	1
265	Bq	Bq：1	2000YJT0645②		罐	内沿下	夹砂红陶	残	2
266		Bq：2	2000YJ采		甑形器	内沿下	夹砂红陶	完整	
267	Br	Br：1	83角B		罐	内沿下	夹砂灰陶	完整	2
268		Br：2	83角A		罐	内沿下	夹砂灰陶	完整	2
269		Br：4	83角B		罐	口沿上	泥灰硬陶	完整	4
270		Br：6	83角B		三足盘	内沿下	泥灰硬陶	完整	
271		Br：7	83角A		罐	内沿下	泥质灰陶	完整	5
272		Br：10	83角B		罐	内沿下	泥质灰陶	完整	
273		Br：12	83角A		罐	内沿下	泥质灰陶	完整	1
274		Br：13	83角A		罐	内沿下	泥质灰陶	完整	2
275		Br：14	83角B		罐	口沿上	夹砂灰陶	完整	4
276		Br：16	角采		罐	内沿下	泥灰硬陶	完整	
277		Br：18	83角B		钵	内腹下	泥灰硬陶	完整	1
278		Br：19	83角A		钵	外腹下	泥质灰陶	残	4
279		Br：21	83角B		罐	内、外沿下	泥灰硬陶	完整	

续表

序号	类型	类型编号	标本号	摹本	器形	部位	陶质陶色	刻符完残情况	刻符数量/个
280	Bs	Bs：2	角采		罐	内沿下	夹砂灰陶	完整	4
281		Bs：6	83角B		罐	口沿上	夹砂灰陶	完整	2
282	Bt	Bt：3	2003YJY9		尊	内沿下	泥灰硬陶	完整	8
283		Bt：4	83角B		罐	内沿下	泥质灰陶	完整	
284		Bt：5	2003YJH27		尊	外底下	夹砂灰陶	完整	1
285		Bt：6	83角A		甂形器	内沿下	夹砂红陶	残	1
286	Bu	Bu：1	角采		罐	内沿下	夹砂灰陶	完整	1
287		Bu：2	83角A		罐	内沿下	夹砂灰陶	残	1
288		Bu：3	角采		罐	口沿上	夹砂灰陶	完整	1
289	Bv	Bv：1	2003YJ采		盆形钵	内腹下	夹砂灰陶	完整	5
290		Bv：5	83角B		釜	口沿上	夹砂灰陶	完整	1
291	Ca	Ca：1	2000YJH10		罐	口沿上	泥质灰陶	完整	4
292		Ca：2	2000YJT5938②		罐	口沿上	夹砂灰陶	完整	
293		Ca：3	角采		罐	口沿上	泥质灰陶	完整	
294		Ca：5	83角B		罐	内沿下	夹砂红陶	完整	7
295		Ca：7	角采		釜	口沿上	泥质红陶	完整	
296		Ca：9	角采		罐	口沿上	夹砂灰陶	完整	4
297		Ca：10	83角A		罐	口沿上	夹砂灰陶	完整	

续表

序号	类型	类型编号	标本号	摹本	器形	部位	陶质陶色	刻符完残情况	刻符数量/个
298	Cb	Cb：1	2000YJT0745②		釜	口沿上	夹砂灰陶	完整	
299		Cb：2	2000YJH7		三足盘	内沿下	夹砂红陶	完整	3
300		Cb：3	2000YJT0644②		釜	口沿上	夹砂红陶	完整	
301		Cb：4	2000YJY7		三足盘	内沿下	夹砂灰陶	完整	1
302		Cb：5	2000YJY6		瓮	口沿上	夹砂灰陶	完整	1
303	Cc	Cc：1	2000YJT0745②		釜	口沿上	夹砂灰陶	完整	3
304		Cc：3	2003YJH19		釜	口沿上	夹砂灰陶	完整	
305		Cc：9	2000YJT0644②		罐	口沿上	夹砂红陶	完整	2
306		Cc：10	角采		釜	口沿上	夹砂灰陶	完整	22
307		Cc：21	2007YJT0544①		罐	口沿上	夹砂灰陶	完整	2
308	Cd	Cd：9	2000YJT0744②		釜	口沿上	夹砂红陶	完整	
309		Cd：10	2000YJT0645②		罐	口沿上	泥质灰陶	完整	33
310		Cd：11	2000YJ采		罐	口沿上	夹砂灰陶	完整	
311	Ce	Ce：1	2000YJT0645②		釜	口沿上	夹砂灰陶	完整	4
312		Ce：2	2000YJT0644②		罐	内沿下	夹砂灰陶	完整	9
313		Ce：8	角采		器盖	内沿下	夹砂灰陶	完整	
314	Cf	Cf：1	2000YJT0644②		罐	口沿上	夹砂灰陶	残	1

续表

序号	类型	类型编号	标本号	摹本	器形	部位	陶质陶色	刻符完残情况	刻符数量/个
315	Cg	Cg：1	2000YJ采		罐	口沿上	夹砂灰陶	完整	4
316		Cg：2	2000YJT0644②		罐	口沿上	泥质灰陶	完整	
317		Cg：3	角采		釜	口沿上	夹砂灰陶	完整	
318		Cg：5	角采		罐	内沿下	夹砂灰陶	完整	13
319		Cg：7	角采		罐	口沿上	夹砂灰陶	完整	
320		Cg：12	2000YJT0744②		罐	口沿上	夹砂红陶	完整	
321		Cg：13	2003YJY10		罐	口沿上	泥质灰陶	完整	1
322	Ch	Ch：6	2000YJT0744②		釜	口沿上	夹砂灰陶	完整	
323		Ch：10	2000YJT0743②		罐	口沿上	夹砂灰陶	残	41
324		Ch：11	角采		罐	内沿下	夹砂红陶	完整	
325		Ch：23	2000YJT6039②		罐	口沿上	泥质红陶	残	
326		Ch：30	2000YJT0744②		釜	内沿下	夹砂灰陶	残	10
327		Ch：31	角采		罐	内沿下	泥质灰陶	完整	
328		Ch：36	2000YJT0743②		罐	口沿上	夹砂灰陶	完整	5
329		Ch：37	2000YJT0644②		釜	口沿上	泥质灰陶	完整	
330	Ci	Ci：1	2000YJT6039①		罐	口沿上	夹砂灰陶	完整	1
331	Cj	Cj：1	2000YJT0644②		罐	内沿下	夹砂灰陶	残	5
332		Cj：6	2007YJT0544①		罐	口沿上	夹砂灰陶	完整	3
333		Cj：7	2007YJH42①		罐	口沿上	夹砂红陶	完整	

续表

序号	类型	类型编号	标本号	摹本	器形	部位	陶质陶色	刻符完残情况	刻符数量/个
334	Ck	Ck：1	2000YJT0544②		釜	口沿上	夹砂灰陶	残	1
335		Ck：2	2000YJ采		罐	口沿上	夹砂灰陶	完整	3
336		Ck：3	2000YJT0645②		罐	内沿下	泥质灰陶	完整	
337	Cl	Cl：1	2003YJH40		钵	内沿下	夹砂灰陶	残	2
338		Cl：2	2000YJT0645②		瓿形器	内沿下	夹砂红陶	完整	3
339		Cl：3	2000YJT0645②		罐	内沿下	夹砂灰陶	完整	
340		Cl：4	83角A		瓮	口沿上	泥质灰陶	完整	1
341	Cm	Cm：1	角采		罐	口沿上	泥质灰陶	残	1
342		Cm：2	角采		罐	口沿上	泥质灰陶	残	1
343		Cm：3	角采		罐	口沿上	泥质灰陶	完整	2
344		Cm：4	角采		罐	口沿上	泥质灰陶	残	1
345		Cm：5	角采		罐	口沿上	泥质灰陶	残	2
346	Cn	Cn：1	2000YJ采		罐	口沿上	夹砂灰陶	残	2
347		Cn：2	角采		罐	内沿下	泥质灰陶	残	1
348		Cn：3	83角B		罐	口沿上	夹砂红陶	残	1
349		Cn：4	83角B		罐	口沿上	夹砂灰陶	完整	1
350		Cn：5	2000YJ采		罐	口沿上	夹砂灰陶	残	1
351		Cn：6	角采		钵	外沿上	夹砂红陶	完整	1
352		Cn：7	83角A		罐	口沿上	夹砂灰陶	完整	1

续表

序号	类型	类型编号	标本号	摹本	器形	部位	陶质陶色	刻符完残情况	刻符数量/个
353	Cn	Cn：8	83 角 B		釜	口沿上	泥质红陶	完整	1
354		Cn：9	角采		罐	内沿下	夹砂灰陶	残	1
355		Cn：10	83 角 B		罐	口沿上	夹砂红陶	完整	
356		Cn：11	2000YJT0744②		罐	口沿上	夹砂灰陶	完整	8
357		Cn：12	83 板 H1		罐	口沿上	泥质灰陶	残	
358		Cn：13	83 角 B		钵	外沿下	夹砂灰陶	完整	4
359		Cn：14	2000YJ 采		罐	口沿上	夹砂灰陶	完整	
360	Co	Co：1	2000YJG3		罐	口沿上	夹砂灰陶	残	6
361		Co：2	2003YJY10		罐	口沿上	泥质灰陶	完整	
362		Co：6	2000YJ 采		罐	口沿上	夹砂灰陶	完整	18
363		Co：8	2000YJT0644②		釜	口沿上	夹砂红陶	完整	
364		Co：15	2000YJT0744②		尊	底部	夹砂灰陶	完整	1
365		Co：16	角采		罐	内沿下	夹砂灰陶	残	1
366		Co：23	2007YJ 采		罐	口沿上	夹砂灰陶	完整	1
367		Co：25	2007YJT0544①		釜	口沿上	夹砂灰陶	完整	1

续表

序号	类型	类型编号	标本号	摹本	器形	部位	陶质陶色	刻符完残情况	刻符数量/个
368		Cp：1	角采		罐	外颈上	泥质红陶	完整	1
369		Cp：2	角采		甋形器	内沿下	夹砂红陶	完整	1
370	Cp	Cp：3	2000YJT0644②		罐	口沿上	夹砂灰陶	完整	1
371		Cp：4	2000YJH10		罐	口沿上	夹砂红陶	完整	1
372		Cp：5	2007YJT0544①		釜	口沿上	夹砂灰陶	完整	1
373		Cq：1	角采		罐	内沿下	夹砂灰陶	完整	2
374		Cq：2	2000YJT0543②		罐	口沿上	夹砂灰陶	完整	6
375		Cq：3	角采		罐	口沿上	夹砂红陶	残	1
376	Cq	Cq：4	角采		罐	口沿上	夹砂灰陶	完整	1
377		Cq：5	角采		罐	口沿上	夹砂灰陶	残	2
378		Cq：6	83 角 B		罐	口沿上	夹砂灰陶	残	
379		Cq：7	2000YJ 采		罐	口沿上	夹砂灰陶	完整	1
380		Cr：1	2000YJT0744②		罐	口沿上	泥质灰硬	完整	1
381		Cr：2	2003YJY9		罐	内沿下	夹砂灰陶	完整	1
382	Cr	Cr：3	角采		罐	内沿下	泥质灰硬	残	6
383		Cr：4	角采		罐	口沿上	泥质灰硬	完整	
384		Cr：5	83 角 B		三足盘	内沿下	夹砂灰陶	完整	

续表

序号	类型	类型编号	标本号	摹本	器形	部位	陶质陶色	刻符完残情况	刻符数量/个
385	Cs	Cs：1	2000YJT0645②		罐	口沿上	夹砂灰陶	完整	8
386		Cs：3	2000YJT0644②		罐	口沿上	夹砂灰陶	残	
387		Cs：7	角采		罐	口沿上	泥质灰陶	完整	1
388		Cs：8	2000YJ采		釜	口沿上	夹砂灰陶	残	1
389		Cs：9	2000YJY6		罐	口沿上	泥质灰硬	残	
390		Cs：10	2000YJY6		罐	内沿下	泥质灰硬	完整	3
391		Cs：11	83角B		钵	外沿下	夹砂灰陶	残	
392		Cs：12	2000YJT0644②		罐	口沿上	夹砂灰陶	完整	1
393		Cs：13	2000YJ采		罐	口沿上	夹砂灰陶	完整	1
394		Cs：14	角采		罐	口沿上	夹砂灰陶	残	3
395		Cs：15	2000YJT0645②		釜	口沿上	夹砂灰陶	完整	1
396		Cs：16	2003YJH40		罐	口沿上	夹砂灰陶	完整	1
397	Ct	Ct：1	2000YJY6		三足盘	内沿下	泥质灰陶	完整	1
398		Ct：2	83角A		罐	口沿上	夹砂灰陶	完整	3
399		Ct：3	角采		罐	口沿上	泥质灰陶	残	

续表

序号	类型	类型编号	标本号	摹本	器形	部位	陶质陶色	刻符完残情况	刻符数量/个
400	Ct	Ct：4	角采		罐	口沿上	泥质灰陶	完整	3
401		Ct：5	角采		罐	口沿上	泥质红陶	完整	
402		Ct：6	2003YJH40		三足盘	内沿下	泥质红陶	完整	5
403		Ct：7	2000YJ采		罐	口沿上	夹砂灰陶	完整	3
404		Ct：10	2000YJT5937②		釜	口沿上	夹砂灰陶	完整	16
405		Ct：12	2000YJT5938②		盔形钵	内沿下	泥质灰陶	完整	
406		Ct：21	角采		罐	口沿上	夹砂灰陶	完整	5
407		Ct：24	2000YJ采		罐	内沿下	泥质灰陶	完整	
408		Ct：25	2003YJG5		罐	口沿上	夹砂灰陶	完整	4
409		Ct：28	2000YJT5938①		罐	内沿下	夹砂灰陶	完整	
410	Cu	Cu：1	2000YJH10		罐	内沿下	泥质灰陶	完整	1
411		Cu：2	角采		瓮	口沿上	夹砂灰陶	完整	1
412		Cu：6	角采		罐	口沿上	泥质灰硬	完整	13

续表

序号	类型	类型编号	标本号	摹　　本	器形	部位	陶质陶色	刻符完残情况	刻符数量/个
413		Cu：9	2000YJH10		罐	内沿下	泥质灰陶	完整	13
414		Cu：13	角采		罐	口沿上	泥质灰陶	完整	
415		Cu：14	角采		罐	口沿上	泥质灰陶	完整	4
416		Cu：15	2000YJT5938①		罐	内沿下	泥质灰陶	完整	
417	Cu	Cu：16	2003YJH20		罐	内沿下	泥质灰陶	残	
418		Cu：17	2000YJ采		三足盘	内沿下	夹砂灰陶	残	3
419		Cu：20	2000YJH10		甗形器	内沿下	夹砂红陶	完整	
420		Cu：21	2000YJ采		罐	口沿上	泥质灰硬	残	7
421		Cu：23	角采		罐	口沿上	夹砂灰陶	完整	

表七-2 完整器物典型刻符统计表

序号	类型编号	标本号	摹本	器形	部位	质地	备注
1	AⅠa：124	2000YJY6：81	＼	A型盔形钵	内沿下	泥质灰硬	
2	AⅠa：127	2003YJY10：34	）	A型三足盘	内沿下	原始瓷	
3	AⅠb：284	2000YJY6：80	））	A型盔形钵	内底	泥质灰硬	
4	AⅠb：291	2003YJH25：10	））	B型壶	内沿下	泥质灰硬	
5	AⅠb：292	2003YJH25：15	））	A型盔形钵	内沿下	泥质灰硬	
6	AⅠc：124	86板H1：11	卅卅	甗形器	内沿下	夹砂红陶	
7	AⅠc：128	2000YJH10：33	十	A型盔形钵	内沿下	泥质灰硬	
8	AⅠc：131	2003YJH11：115	卌卌	B型釜	口沿上	泥质红陶	
9	AⅠc：137	2000YJY3：5	卅	A型陶垫	柄上	泥质灰硬	
10	AⅠc：139	2000YJY6：10	卅	Ⅲ式平底钵	外底	泥质灰硬	
11	AⅠc：141	86板H1：55	卅	A型盔形钵	口沿上	泥质灰硬	
12	AⅠd：15	2000YJY10：19	Ｙ）	A型盔形钵	内沿下	泥质灰硬	
13	AⅠe：13	86板H1：20	十 十	A型三足盘	内沿下	泥质灰硬	外底还有刻符
14	AⅠf：152	86板H1：1	）））	Ⅲ式高领鼓肩罐	口沿上	泥质红陶	

续表

序号	类型编号	标本号	摹　本	器形	部位	质地	备注
15	AⅠf：153	86板H1：2		A型盔形钵	内沿下	泥质灰硬	
16	AⅠf：155	86板H1：40		A型三足盘	内腹	泥质灰硬	
17	AⅠf：157	83角采：20		Ⅱ式平底钵	内沿下	泥质灰硬	
18	AⅠf：161	2003YJY10：17		Ⅲ式高领鼓肩罐	内沿下	泥质灰硬	
19	AⅠf：162	2003YJY10：20		B型带把钵	内腹	泥质灰硬	
20	AⅠf：169	2003YJH11：27		D型杯	外沿下	泥质灰硬	
21	AⅠf：171	2003YJH11：108		A型三足盘	外底	泥质灰硬	
22	AⅠf：173	2003YJH13：20		B型釜	口沿上	泥质灰硬	
23	AⅠg：33	86板H1：42		B型盔形钵	内沿下	泥质灰硬	
24	AⅠg：34	83板H1：19		Ⅰ型平底钵	内腹	泥质灰硬	
25	AⅠi：38	2003YJY10：1		B型豆	内沿下	泥质灰硬	
26	AⅠi：39	2000YJY3：2		A型三足盘	内沿下	泥质灰硬	
27	AⅠj：64	83板T1：10		A型三足盘	内沿下	泥质灰硬	
28	AⅠj：67	2000YJH7：18		B型尊	内沿下	泥质灰硬	

续表

序号	类型编号	标本号	摹　本	器形	部位	质地	备注
29	AⅠj：69	2003YJH12：1		瓮	口沿上	泥质灰陶	
30	AⅠk：40	2000YJH10：13		Ⅰ式高领鼓肩罐	口沿上	泥质灰硬	
31	AⅠm：4	2003YJY10：30		Ⅱ式平底钵	内沿下	泥质灰硬	
32	AⅠn：38	2000YJT0743①：1		A 型三足盘	内沿下、内腹	夹砂红陶	
33	AⅠn：39	2000YJH7：43		A 型三足盘	内沿下	泥质灰硬	
34	AⅠn：41	2003YJH11：75		A 型三足盘	内沿下	泥质灰硬	
35	AⅠn：42	2003YJH11：107		B 型三足盘	内沿下	泥质灰硬	
36	AⅠn：43	2003YJH11：94		B 型釜	口沿上	泥质红陶	
37	AⅠp：9	2000YJT0744①：6		Ⅱ式平底钵	内沿下	夹砂灰陶	
38	AⅠq：4	83 角 A：3		A 型陶垫	柄上	泥质灰硬	
39	AⅠr：9	83 板 H1：27		B 型豆	内沿下	泥质红陶	
40	AⅠr：10	2003YJY9：77		矮领鼓肩罐	口沿上	泥质灰硬	
41	AⅠs：3	2000YJH10：63		B 型带把钵	内沿下	泥质灰硬	
42	AⅠu：6	83 板 H1：42		Ⅱ式平底钵	内沿下	泥质灰硬	
43	AⅡa：29	2003YJY9：72		B 型三足盘	内沿下	泥质灰硬	

续表

序号	类型编号	标本号	摹　　本	器形	部位	质地	备注
44	AⅡb：35	2003YJH15：12	(( ))	A型釜	口沿上	泥质灰硬	
45	AⅡb：37	83角A：54	∥ ∭	Ⅲ式平底钵	内沿下	泥质灰硬	
46	AⅡb：38	83角B：31	((((	B型盆形钵	口沿上	泥质灰硬	内腹还有刻符
47	AⅡb：39	83角采：18	((((	直腹罐	内沿下	夹砂灰陶	
38	AⅡb：40	2000YJY6：7	))))	A型盆形钵	内沿下	泥质灰硬	
49	AⅡb：41	2000YJH10：62	))))	Ⅱ式平底钵	内沿下	泥质灰硬	
50	AⅡb：44	2003YJY10：10	))))	矮领鼓肩罐	口沿上	泥质红硬	
51	AⅡb：45	2003YJY10：54	'' ''	B型三足盘	内腹	泥质灰硬	
52	AⅡb：49	2003YJH13：26	((((	B型釜	口沿上	泥质红陶	
53	AⅡb：50	2003YJH15：11	(( ))	直腹罐	内沿下	泥质灰硬	
54	AⅡb：51	83板H1：43	((((	Ⅲ式平底钵	内沿下	泥质灰硬	
55	AⅡc：30	2003YJY9：64	)))))	矮领鼓肩罐	口沿上	泥质红陶	
56	AⅡc：31	2000YJH10：35	))))))	Ⅲ式高领鼓肩罐	外沿上	泥质灰硬	
57	AⅡc：34	2003YJY9：40	))))))	B型尊	内沿下	泥质灰硬	

续表

序号	类型编号	标本号	摹　　本	器形	部位	质地	备注
58	AⅡc：35	2003YJY9：45		B型釜	口沿上	泥质灰硬	
59	AⅡc：37	83板H1：31		A型三足盘	内沿下	泥质灰硬	
60	AⅡd：21	2003YJH11：90		B型三足盘	内沿下	泥质红陶	
61	AⅡe：2	2000YJH10：30		A型三足盘	内沿下	泥质灰硬	
62	AⅡh：8	83板H1：35		Ⅰ式高领鼓肩罐	口沿上	夹砂红陶	
63	AⅡh：9	2003YJH11：28		Ⅱ式平底钵	内沿下	泥质灰硬	
64	AⅡk：1	83板H1：51		Ⅱ式鼓腹罐	口沿上	泥质灰硬	
65	AⅡk：2	86板H1：17		Ⅲ式高领鼓肩罐	内沿下	泥质红陶	
66	AⅡl：1	2003YJH11：50		A型三足盘	内沿下	泥质灰硬	
67	AⅢa：8	2003YJY9：65		B型三足盘	内沿下	泥质灰硬	内底还有刻符
68	AⅢb：5	2003YJH13：22		Ⅰ式高领鼓肩罐	内沿下	泥质红陶	
69	AⅢb：6	2003YJH13：35		B型釜	口沿上	泥质红陶	
70	AⅢb：9	2003YJY9：68		Ⅲ式平底钵	内沿下	泥质灰陶	
71	AⅢc：11	2003YJY10：25		A型三足盘	内沿下	泥质灰硬	
72	AⅢc：13	2000YJY1：12		Ⅱ式平底钵	内腹	泥质灰硬	

续表

序号	类型编号	标本号	摹 本	器形	部位	质地	备注
73	AⅢf：20	2003YJY10：75		Ⅱ式高领鼓肩罐	内沿下	泥质红陶	
74	AⅢf：21	2003YJH13：8		A型三足盘	内沿下	夹砂灰陶	
75	AⅣa：1	2000YJT0744①：8		Ⅱ型平底钵	内沿下	夹砂灰陶	
76	AⅤa：1	83板H3：4		C型盂	外沿下	泥质灰陶	
77	Ba：102	86板H1：20		A型三足盘	外底	泥质灰硬	内沿下还有刻符
78	Bb：79	83角B：14		瓮	口沿上	泥质灰硬	
79	Bb：82	2000YJH10：38		A型三足盘	外底	泥质灰硬	
80	Bc：35	83角A：5		Ⅲ式平底钵	外底	夹砂灰硬	
81	Bc：36	83角A：23		Ⅲ式平底钵	外底	夹砂灰陶	
82	Bc：37	83角A：50		A型三足盘	内沿下	泥质红陶	
83	Bc：39	2003YJH19：4		A型三足盘	内沿下	泥质灰硬	
84	Bc：41	2000YJT0645①：2		Ⅱ式平底钵	外腹	夹砂灰陶	
85	Bc：42	86板H1：41		A型三足盘	外底	泥质灰硬	

续表

序号	类型编号	标本号	摹　本	器形	部位	质地	备注
86	Be：64	83板T1：17		C型盉	外沿下	泥质灰硬	内底还有刻符
87	Be：65	86角采：4		A型三足盘	外底	泥质灰硬	
88	Be：66	2000YJT0644①：7		Ⅱ式平底钵	内沿下	夹砂灰陶	
89	Bf：46	2000YJH10：31		A型三足盘	外底	泥质红硬	
90	Bf：48	2003YJY10：94		Ab型器盖	内沿下	泥质灰硬	
91	Bf：49	2000YJH7：13		矮领鼓肩罐	口沿上	夹砂红陶	
92	Bf：53	83角采：16		A型石锛	段面上	石	
93	Bh：24	83角A：84		Ⅲ式平底钵	外底	泥质灰硬	
94	Bh：25	83板T1：12		A型三足盘	足部	泥质灰硬	
95	Bh：26	2003YJY10：46		A型三足盘	外底	泥质灰硬	
96	Bh：27	2003YJH13：17		B型三足盘	内沿下	夹砂灰陶	

续表

序号	类型编号	标本号	摹本	器形	部位	质地	备注
97	Bh：28	2003YJH33：1		A型三足盘	外底	泥质灰硬	
98	Bh：29	2003YJY9：66		Ⅲ式平底钵	外底	泥质灰硬	
99	Bi：23	83角A：36		A型三足盘	内沿下	泥质灰陶	
100	Bi：24	83角A：32		矮领鼓肩罐	外底	泥质灰硬	
101	Bi：26	2003YJY10：67		A型三足盘	外底	泥质灰硬	
102	Bi：27	2003YJY10：65		A型三足盘	外底	泥质灰硬	
103	Bi：28	2003YJY10：28		A型三足盘	外底	泥质红陶	
104	Bi：29	2003YJY10：61		B型带把钵	外底	夹砂灰陶	
105	Bi：30	2003YJY10：60		Ab型带把钵	外底	夹砂灰陶	
106	Bi：31	2003YJH19：1		A型三足盘	内沿下	泥质灰硬	
107	Bj：35	2000YJH7：33		B型带把钵	内沿下	泥质灰硬	
108	Bj：36	2003YJH27：2		Ⅰ式平底钵	内沿下	夹砂红陶	

续表

序号	类型编号	标本号	摹　本	器形	部位	质地	备注
109	Bj：39	83角A：16		A型三足盘	内沿下	泥质灰陶	
110	Bt：8	2003YJH11：59		垂腹罐	外腹下	夹砂灰陶	
111	Bt：9	2000YJT0644①：3		Ab型器盖	内沿下	泥质灰陶	
112	Bt：10	2003YJH11：61		刀	面上	泥质灰硬	
113	Cc：22	83板H1：50		A型陶拍	柄上	泥质灰硬	
114	Cc：25	2003YJY10：89		A型三足盘	内沿下	泥质灰硬	
115	Cc：26	2003YJY10：38		B型釜	口沿上	泥质灰硬	
116	Cc：28	2003YJH27：18		Ⅲ式高领鼓肩罐	口沿上	泥质红陶	
117	Cd：32	2007YJT0645①：2		B型三足盘	内沿下	夹砂灰陶	
118	Cg：15	2003YJ采：5		A型三足盘	内沿下	泥质灰陶	
119	Cg：16	2007YJT0644①：1		Ⅲ式平底钵	外腹	夹砂灰陶	

续表

序号	类型编号	标本号	摹本	器形	部位	质地	备注
120	Ch：54	83 角 B：32		B 型带把钵	内沿下	泥质灰硬	
121	Cn：21	83 板 H1：45		瓮	口沿上	泥质灰硬	
122	Cn：22	2007YJT0744①：2		C 型豆	内沿下	夹砂灰陶	
123	Co：27	2007YJH42①：1		Ⅱ式平底钵	内腹	夹砂灰陶	
124	Co：28	2000YJT0645①：4		Ⅱ式平底钵	内底	夹砂灰陶	
125	Cq：13	2007YJH42②：2		A 型陶拍	拍面外侧	泥质灰硬	
126	Cs：20	2000YJH7：32		Ⅰ式平底钵	内沿下	泥质红陶	
127	Ct：33	2003YJH11：95		B 型釜	口沿上	泥质红硬	
128	Ct：34	2003YJH29：4		Ⅲ式垂腹罐	口沿上	泥质灰硬	
129	Ct：35	2000YJY1：15		A 型三足盘	内沿下	泥质灰硬	

表七-3 承载刻符之器形、部位、质地、完残统计表

类别	项目	AI	AII	AIII	AIV	AV	B	C	合计
器形	带把钵	5	1				6	2	14
	器盖	15	1				8	8	32
	高领鼓肩罐	10	4	2			2	4	22
	矮领鼓肩罐	1	1				1	1	4
	鼓腹罐	3	1						4
	垂腹罐		1				2	2	5
	直腹罐	3	2				1		6
	罐	547	92	17			313	216	1185
	小罐	1	0				1	1	3
	圈底罐		3						3
	盂形钵	24	4				6	4	38
	盂	5	1	2		1	4		13
	平底钵	27	10	6	1		13	9	66
	三足盘	144	13	5			58	23	243
	壶	1		1			1		3
	杯	7	0						7
	豆	6	2				1	1	10
	瓿形器	32	5	3			12	11	63
	陶垫	3							3
	尊	8	2				3	1	14
	纺轮	1	0						1
	盖碗	2					2		4
	石锛						1		1
	陶拍							2	2
	盏	1						1	2
	钵	31	11	4			18	14	78
	鼎足	1	0						1
	缸	1	0						1
	釜	271	31	16			107	53	478
	盆						2		2
	斝						1		1
	瓮	21	1				16	5	43
	坛	1	0				5		6
	陶刀						1		1
	合计	1172	186	56	1	1	585	358	2359

续表

项目 类别		AⅠ	AⅡ	AⅢ	AⅣ	AⅤ	B	C	合计
部位	把手内侧	1							1
	把手上	3					1		4
	柄上	1						1	2
	底部						2	1	3
	腹部		1						1
	颈部	1							1
	口沿上	636	107	25			313	235	1316
	口沿下	3							3
	面上						1		1
	内底	8		1			2	2	13
	内腹	20	1	3			5	6	35
	内、外沿下	1	73	27				104	205
	内沿上、内底	1	1						2
	内沿下	470			1		206		677
	内沿下、底部	1					1		2
	内沿下、内底	1							1
	器物上部	0					1		1
	外侧						1	1	2
	外底	6	1				34		41
	外颈							1	1
	外沿上	1	1				5	2	9
	外沿下	12	1			1	9	5	28
	斜面上	1							1
	沿上	1							1
	沿下						0		0
	中部	1							1
	捉手面上	1							1
	足部						1		1
	足内侧	1					2		3
	足外侧	1					1		2
	小计	1172	186	56	1	1	585	358	2359

续表

项目 类别		AⅠ	AⅡ	AⅢ	AⅣ	AⅤ	B	C	合计
质地	夹砂红陶	126	36	8			83	72	325
	夹砂灰陶	203	55	14	1		274	178	725
	夹砂灰硬	8	1				17	3	29
	泥灰硬陶	47	10				13		70
	泥质红陶	162	20	9			35	21	247
	泥质红硬	3	1						4
	泥质黄陶	1					1		2
	泥质灰陶	150	11	8		1	55	55	280
	泥质灰硬	457	51	17			106	29	660
	泥质硬陶	7	1						8
	石						1		1
	原始瓷	8							8
	小计	1172	186	56	1	1	585	358	2359
刻符 完残	残	165	18	7			123	109	422
	完整	1007	168	49	1	1	462	249	1937
	小计	1172	186	56	1	1	585	358	2359
器物 完残	小件	138	37	18	1	0	74	37	305
	非小件	1034	149	38	0	1	511	321	2054
	小计	1172	186	56	1	1	585	358	2359

第八章　结　语

第一节　分期与年代

一　分期

20 世纪 70 年代开荒造田，对角山窑址的文化堆积造成了严重的破坏。原先的岗阜地形被开辟成农田和旱地，形成角山窑址地层堆积的特点：遗迹绝大多数都开口于现代耕作层下。角山窑址地层堆积的特点给分期工作带来了困难：许多遗迹单位没有叠压打破关系，都是一个一个孤立的遗迹。对各个遗迹出土的遗物进行类型学分析，比照周边地区同时代的文化遗物，我们又可以发现这些没有叠压打破关系的遗存是有相对早晚关系的。因此对角山窑址的分期工作，我们首先尽可能地利用存在的地层关系作依据，对缺乏地层关系的遗迹，我们按照类型学的原则，结合周边同时期的遗存，对遗存进行分期归类，最后形成整个角山窑址的分期。

（一）以地层关系为依据的期段划分

在四个发掘区中，以 B 区的地层堆积最为丰富、典型。B 区位于角山窑址核心分布范围的最高台地上，由于原生地势较高，开荒造田过程中将其开辟成旱地。B 区经过 2000 年、2007 年两次发掘，发现有叠压打破关系的遗迹单位较多，为角山窑址地层分期奠定了基础。B 区地层关系主要有以下几组：

（1）①→F1→F4→②→F6→③→④

（2）①→Y2→H42→②→F5

（3）①→G2→G4→H9

（4）①→Y8→F1→F4、F5

（5）①→Y7

根据上述地层关系，B 区遗迹可以相应划归为四段：一段为③、④、F5、F6；二段为②、F4；三段为 F1、H42、H9；四段为 Y2、Y7、Y8、G2、G4、H38、H39。在发掘过程中，虽然一段的 F6 发现的遗物很少，仅见几块碎陶片，但它被 F4 打破迹象明显，F6 的建筑结构也与 F4 迥异，F6 地面残留大量炭粒，取细小植物炭粒做碳十四测年，树轮校正后年代为 2020BC ~ 1760BC（95.4%）；2007YJT0644④层内炭样的碳十四测年，经树轮校正后年代为 2030BC ~ 1860BC（79.7%）。二段 F4 明显叠压在三段 F1 之下，二段与三段应该是两个时间段。四段与三段有些遗迹都是开口于同一层位，即现代耕作层，如四段的 Y8、Y7 与三段的 F1 均开口于地表，但有些遗迹则存在着明显的叠压打破关系，如四段的 Y2 打破三段的 H42，四段的 G2、G4 打破三段的 H9 等。三段、四段遗迹多为窑，一段、二段遗迹则多为房子、灰坑等。从遗迹的种类及打破关系等分析，四段与三段也应该是两个相对独立的时间段。

A 区遗迹有打破关系的只有一组：

①→H10→F2

H10 与 Y6、Y4 从开口层位上看是一致的，都是开口于耕土层下，但出土器物的特征有着明显的差别，H10 见有陶斝等器物，Y6 则以泥质灰硬陶为主，不见陶斝。Y4、Y6 都是窑，H10 则是生活垃圾坑。从遗迹种类及出土器物的类型分析，Y4、Y6 应相当于 B 区的四段，H10 应相当于 B 区的三段，F2 破坏较严重，仅见有三个柱洞，也未出土器物，其被 H10 打破，应相当于 B 区的二段或更早。

C 区遗迹有打破关系的有以下几组：

①→H20→H23

①→G5→H25、H29、H17、H30

①→Y10→H41

上述打破关系对分期意义不大。H20 与 H23 出土器物较少，都开口于耕土层下；G5 与 H25、H29、H17、H30 虽有打破关系，但都开口于耕土层下，且 H25、H29、H17、H30 均为作坊遗迹，为陈腐池，G5 打破它们，可能 G5 本身就充当供排水系统的功能；Y10 与 H41 也是在发掘过程中才逐步发现是两个单位，彼此界限不甚清晰。对 C 区的分期是整个角山窑址分期的难点。C 区分 CⅠ、CⅡ、CⅢ、CⅣ亚区，各遗迹单位均开口于 1 层下，绝大多数遗迹彼此间没有叠压打破关系。对 C 区的分期只能依赖器物进行类型学整理了。

D 区仅发掘了两处陶片堆积，D 区的分期也依赖于类型学的整理。

从上述地层关系我们基本可以得出结论，角山窑址在时间段上可以分为四段，以 B 区最为典型，A 区、C 区、D 区出土的器物在时间段上没有超出 B 区出土的器物，应分别归属于四段中的某一段或几段。四段中，一、二段遗迹以房子、灰坑为主，出土器物较少，主要是生活遗存；三、四段遗迹以窑、灰沟、灰坑等为主，出土器物很丰富，主要是生产遗存。根据这种遗存性质的差异，我们将角山窑址分为两期，每期又分为两段，形成角山窑址的两期四段，即角山一期早段、角山一期晚段、角山二期早段、角山二期晚段。

（二）以器物类型学为依据的期段划分

通过对有明确地层关系的遗迹出土的器物进行类型学的比较研究，我们可以对各个遗迹单位的相对早晚关系进行分析，使得一个一个没有地层关系的孤立遗迹能够归属到相应的期段中，从而形成以地层学为基础、以类型学为依据的期段划分。

有明确地层关系的遗迹单位以 B 区最为典型。B 区一期早段的典型单位为 F5、F6；一期晚段的典型单位为 F4，另外，H40 在探沟 T15 中发现，其出土的平底钵（2003YJH40：5、2003YJH40：8）与 F4 出土的平底钵（2007YJF4：2）类似，从器物类型学考察 H40 应该也属于一期晚段；二期早段的典型单位为 H42、H9、F1；二期晚段的典型单位为 Y8、Y7、Y2、G2、G3、G4。

A 区遗迹从地层关系分析可分为两段，H10、F2 为一段，Y4、Y6、H37 为一段。H10 出土的罐（2000YJH10：35）与 H42①出土的罐（2007YJH42①：2）相似，H10 出土的平底钵（2000YJH10：64）也与 H42①出土的平底钵（2007YJH42①：1）类似，H10 与 H42 应大体属于同一时间段，即相当于一期晚段，H10 打破 F2，F2 应早于 H10，F2 应相当于一期晚段或更早。Y4、Y6、H37 从其遗迹性质及出土器物分析，应属于二期晚段。

C 区根据发掘地点不同又分为四个亚区。CⅠ区遗迹均开口于耕土层下，遗迹单位间的叠压打破关系少见，遗迹的相对早晚关系只能根据器物类型学来进行分析。F3 出土的鬶足（2003YJF3∶1）与 H40 出土的鬶（2003YJH40∶9）类似，说明 F3 与 H40 年代相近，应同属于一期晚段。Y10 出土的平底钵（2003YJY10∶42）与 H40 出土的平底钵（2003YJH40∶8）类似；Y10 出土的鬶（2003Y10∶69）与 H40 出土的鬶（2003YJH40∶9）风格相近，差异仅在于 2003YJY10∶69 为侈口，2003YJH40∶9 为敛口而已；Y10 出土的甗形器（2003YJY10∶92）与 H40 出土的甗形器（2003YJH40∶4）相似；Y10 出土的 B 型豆（2003YJY10∶1）与 H40 出土的 B 型豆（2003YJH40∶16）盘部与豆把的连接处相同，差异表现在底座上，2003YJH40∶16 底座较豆盘小，2003YJY10∶1 底座与豆盘大小相当，2003YJH40∶16 应是 2003YJY10∶1 的早期形态；Y10 出土的直腹罐（2003YJY10∶151）与 F4 出土的直腹罐（2007YJF4∶1）相同。通过上述器物的比较，我们认为 Y10 与 H40、F4 年代应相近，同属于一期晚段，Y10 表层的器物可能为二期早段。H15 出土的平底钵（2003YJH15∶17）与 H42②出土的平底钵（2007YJH42②∶3）相同，H15 相对年代或与 H42 同，属于二期早段。H29、H25、H35、H17、H28、H16 均开口于耕土层下，打破生土，均为陈腐池，出土器物类型也相似，应为同一期段遗存。H25 出土的甗形器（2003YJH25∶9）与 Y6 出土的甗形器（2000YJY6∶13）风格一致；H17 出土的器盖（2003YJH17∶9）与 Y6 出土的器盖（2000YJY6∶94、96）风格也一样，周边饰锐利鸟爪；H25 出土的罐（2003YJH25∶14）也与 Y6 出土的罐（2000YJY6∶11）类似；H29 出土的带把钵（2003YJH29∶2）则与 Y6 出土的带把钵（2000YJY6∶84）完全一样。上述器物共同点的比较，说明 H29、H25、H35、H17、H28、H16 相对年代与 Y6 应大体相当，属于二期晚段。H18、H19、H20、H23、H26、H27、H31、H34、H36、H41 出土的器物与 H29、H25、H35、H17、H28、H16 出土的器物种类基本一致，类型也相似，应属于同一期段的文化遗存，即二期晚段。

CⅡ区遗迹也开口于耕土层下，遗迹单位间未见叠压打破关系，遗迹的相对早晚关系只能根据器物类型学来进行分析。H13 出土的陶鬶（2003YJH13∶28）与 Y10 出土的陶鬶（2003YJY10∶69）完全相同，H13 出土的陶豆（2003YJH13∶2）与 Y10 出土的陶豆（2003YJY10∶12）也一致，豆柄有多道凸棱装饰，H13 出土的平底钵（2003YJH13∶4、2003YJH13∶7）与 F4 出土的平底钵（2007YJF4∶2）相似，H13 出土的带把钵（2003YJH13∶12）与 Y10 出土的带把钵（2003YJY10∶36、2003YJY10∶60）风格相同，把均较矮或倾斜度较大。上述器物的相似性说明 H13 与 Y10、F4 应同属于一时间期段，即角山一期晚段。Y9 出土的平底钵（2003YJY9∶9）与 H42②出土的平底钵（2007YJH42②∶1）相似，2003YJY9∶9 在腹部装饰几道凸棱，应是对 2007YJH42②∶1 器形的发展。Y9 出土的另一件平底钵（2003YJY9∶11）则与 2007YJH42②∶3 完全一样，说明 Y9 与 H42 在时间期段上大体一致，应同属于角山二期早段。H11 出土的小鼎（2003YJH11∶17）与 H15 出土的小鼎（2003YJH15∶9）形制相似，H11 出土的甗形器（2003YJH11∶31）与 Y9 出土的甗形器（2003YJY9∶44）相似，大敞口，甗部不明显；H11 另一件甗形器（2003YJH11∶18）与 2003YJY9∶84 相同，甗部明显；H11 出土的带把钵（2003YJH11∶53）与 2003YJH15∶10、2003YJY9∶23 风格一致，把竖立；H11 出土的壶（2003YJH11∶54）与 Y9 出土的壶（2003YJY9∶75）也形制相同。上述器物的相同、相似性说明 H11 与 Y9、H15 应大体处于相同的时间段，即角山二期早段。H12、H14、H32、H24、H33 出土的器物与角山二期晚段的器物相似，应同属于角山二期晚段。

CⅢ区发掘面积小，仅发掘 32 平方米，发现遗迹有 Y3、H7、H8、G1 等，均开口于地表。H7 出土的陶豆（2000YJH7∶19）与 Y10 出土的陶豆（2003YJY10∶1）形制一致，出土的尊

（2000YJH7∶18）与Y9出土的尊（2003YJY9∶40）相似，说明H7与Y10表层、Y9所处的时间段大体一致，应属于角山二期早段。Y3出土的器盖（2000YJY3∶24）与H17和Y6出土的器盖（2003YJH17∶9、2000YJY6∶96）风格一样，周边饰锐利鸟爪，Y3与H17、Y6应同属于角山二期晚段。H8、G1未见小件器物，出土陶片的特征与Y3大体一致，也应属于角山二期遗存。

CⅣ区仅发掘一个烧成坑（Y1），出土的平底钵（2000YJY1∶14）与H42①出土的平底钵（2007YJH42①∶1）完全一致，出土的带把钵（2000YJY1∶19）与Y9出土的带把钵（2003YJY9∶54）形制相似。Y1与H42、Y9应同属于一文化期段，即角山二期早段。

C区在1983年、1986年发掘时还发现灰坑6个，其中83板H1出土的陶豆（83板H1∶27）与H7出土的陶豆（2000YJH7∶19）形制相同，出土的三足盘（83板H1∶31）与Y1出土的三足盘一样，根据上述器物的相似性推测83板H1与H7、Y1应属于相同的时间段，即角山二期早段。86板H1出土的瓻（86板H1∶9）与H15出土的瓻（2003YJH15∶7）形制相同，86板H1出土的斝（86板H1∶57）与H7出土的斝（2000YJH7∶1）相似，86板H1与H15、H7应属于相近的时间段，即角山二期早段。83板H3、83板H2、83板H4、83板H5从出土器物分析，应属于角山二期晚段遗存。

D区清理的遗迹为两处堆积于地表的陶片堆积。83角A与83角B相距不远，遗迹性质一样，出土器物也大体一致，所处时间段应大体相同。83角B出土的器盖（83角B∶5）与H17出土的器盖（2003YJH17∶9）和Y6出土的器盖（2000YJY6∶94、96）风格一样，周边饰锐利鸟爪，推测83角A与83角B与H17、Y6同属于角山二期晚段。

（三）分期

根据现有的地层关系和器物类型学的比较分析，我们可以将角山窑址分为二期四段，即角山一期早段、角山一期晚段、角山二期早段、角山二期晚段。各遗迹单位相应的文化期段见下表（表二）。各期段的器物组合及典型器物演变之关系见图一一三。

表二　遗迹分期表

区/遗迹/段/期		A	B	C					D
				Ⅰ	Ⅱ	Ⅲ	Ⅳ		
二期	晚段	Y4、Y6、H37	Y2、Y7、Y8、G2、G3、G4、H38、H39	H29、H25、H35、H16、H17、H28、H18、H20、H19、H26、H27、H31、H34、H36、H41、H23、H2、H3、H4、H5、G5、H21、H22、H30	H12、H14、H32、H24、H33	Y3、H8、G1		83板H2、83板H3、83板H4、83板H5	83角A、83角B
	早段	H10	F1、H9、H42	Y10①、H15、H6、H1	Y9、H11	H7	Y1	83板H1、86板H1	
一期	晚段	F2	F4、H40、②	F3、Y10②	H13				
	早段		F5、F6、③、④						

二 年代

根据上述地层学、类型学的探讨，我们可以将角山窑址划分为二期四段。下面通过与同时期的相关遗址进行比对分析，对各期段的年代进行分析，进而建立起角山窑址的年代框架。

1．一期早段

一期早段未见典型器物，仅见零星破碎的粗绳纹陶片。从地层学的角度分析，F4 打破 F6，F4 与 F6 的建筑结构也明显不同，F6 较 F4 原始。从 F6 出土的零星陶片看，F6 出土陶片的纹饰为粗绳纹，与后面期段的纹饰特征有显著差别。另外，从碳十四测年数据看，F6 中细小植物炭的碳十四测年树轮校正后年代为 2020BC ~ 1760BC（95.4%），2007YJT0644④层炭样标本的碳十四测年树轮较正后年代为 2030BC ~ 1860BC（79.7%），也明显早。综上所述，将以 F6 和 2007YJT0644④为代表的遗址定位为角山遗址最早期的遗存，即一期早段遗存，是合适的。根据夏商周断代工程的年代数据，夏代为 2070BC ~ 1600BC，角山窑址一期早段的相对年代相当于二里头文化一期或更早，应属于夏代早中期的文化遗存，绝对年代应为 2030BC ~ 1760BC（95.4%），距今 3980 ~ 3710 年。

2．一期晚段

一期晚段的器物中，筒形器（2003YJY10：109）与湖北盘龙城王家嘴遗址盘龙城二期出土的直口斜腹缸（PWZT86⑧：7）[①] 一致；缸（2003YJF3：5）与湖北盘龙城王家嘴遗址盘龙城三期出土的侈口斜腹缸（PWZT72⑦：6）相似；垂腹罐（2003YJH40：17）与湖北盘龙城李家嘴遗址盘龙城二期出土的硬陶鼓腹罐（PLZH7：5）相似；斝（2003YJY10：69）与盘龙城李家嘴遗址盘龙城四期出土的侈口分裆斝（PLZH4：11）相同，与郑州商城洛达庙遗址洛达庙三期出土的陶斝（C20M24：1）[②] 及二里岗遗址二里岗下层一期出土的陶斝（C1H9：362）类似。

角山窑址一期晚段缸、罐、斝、豆的特征与湖北盘龙城二、三、四段相似，与郑州商城洛达庙三期也相似。因此，我们把角山一期晚段相对年代定为二里头文化三期至二里头文化四期偏早，应属于夏商之际的文化遗存。本期段未提取炭标本，绝对年代不详。

3．二期早段

二期早段出土的器物中，豆（2000YJH10：60、2000YJH7：19）与郑州商城洛达庙遗址洛达庙三期出土的陶豆（C20M141：1）相似；高领鼓肩罐（2007YJH42①：2）与盘龙城王家嘴遗址出土的盘龙城三期硬陶双折肩斜腹尊（PWZT66⑦：23）相似；瓿（2003YJH15：7）与二里岗遗址二里岗下层出土的陶瓿（C5.1H118：21）近似；小鼎（2003YJH15：9）与郑州商城南关外遗址二里岗下层出土的陶三足杯（C5.1H121：7）一致；缸（2003YJY10：31）与郑州商城东北部白家庄遗址出土的二里岗下层圈足缸（C8T62③：7）类似；杯（2003YJY9：86）与郑州电校出土的二里岗下层无錾杯（82ZDH1：21）类似。

该期段的器物中，豆、尊、罐等特征与湖北盘龙城三期有相似性，但同时也伴出其他较晚的器物；瓿、三足杯等器物特征则与郑州二里岗下层出土的器物特征类似。据此，我们把角山二期早段的相对年代定为二里头文化四期至二里岗下层一期早段，应属于商代初期的文化遗存。本期段提取的炭标本有两个：一个为 B 区的 F1，碳十四检测数据经树轮校正后年代为 1610BC ~

① 湖北省文物考古研究所：《盘龙城——1963 ~ 1994 年考古发掘报告》，文物出版社，2001 年。以下盘龙城的资料均同此源。
② 河南省文物考古研究所：《郑州商城——1953 ~ 1985 年考古发掘报告》，文物出版社，2001 年，以下郑州商城资料均同此源。

1430BC（95.4%），即距今 3560～3380 年；一个为 C 区的 Y9，碳十四检测数据经树轮校正后年代为 1640BC～1440BC（95.4%），即距今 3590～3390 年。两个碳十四数据年代基本一致，角山二期早段的绝对年代应为 1640BC～1430BC（95.4%），即距今 3590～3380 年。

4. 二期晚段

二期晚段出土的器物中，缸（2003YJH12:6）与盘龙城宫殿基址区出土的盘龙城五期侈口斜腹缸（74HP4TR19④:12）器形一致，仅尺寸变小；高领鼓肩罐（2003YJH12:3）与盘龙城王家嘴遗址出土的盘龙城四期圆肩斜腹罐（PWZT80⑥:9）一致；坛（2003YJH16:21）与盘龙城王家嘴遗址出土的盘龙城四期圆肩瓮（PWZT73⑥:3）相似；尊（2003YJH18:2）与盘龙城李家嘴遗址出土的盘龙城五期鼓腹尊（PLZM1:23）、楼子湾遗址出土的盘龙城五期硬陶鼓腹尊（PLWM3:14）相似。

该期段出土的缸、罐、坛、尊等器物的特点与盘龙城四期、五期出土的同类器物具有相似性，说明该期段的相对年代与盘龙城四、五期大体相当，即二里岗上层一期偏晚，宽泛言之，我们把角山二期晚段定为二里岗上层，应属于商代前期（盘庚迁殷前）遗存。2007 年从该期段提取的炭样本进行碳十四检测，经树轮校正后的年代为 1540BC～1410BC（92.8%），即距今 3490～3360 年。

角山窑址分为二期四段，文化遗存的相对年代从夏代早中期延至商代前期（盘庚迁殷前），夏代早期遗迹遗物很少，仅见有 B 区第③、④层和 F6，角山窑址主要文化遗存的相对年代为夏商之际至商代前期。绝对年代为 2030BC～1410BC，即距今 3980～3360 年，时间跨度约 600 余年，阶段性生产或生活时间约 300 年。一期文化遗存相对年代相当于二里头文化二期、三期及四期偏早，绝对年代为 2030BC～1640BC，即距今 3980～3590 年。该期遗存以生活遗迹为主，以房子、灰坑为主，从发现的遗迹、遗物数量种类均较少分析，角山在这一时期主要应是一处生活聚落遗址。一期早段发现的遗迹遗物尤其匮乏，房屋建筑风格也很原始，应是角山最初的居民生活的遗存；角山一期晚段遗迹遗物相对丰富，房屋建筑风格也有进步，说明聚落规模在扩大。二期文化遗存相对年代相当于二里头四期、二里岗下层、二里岗上层一期偏晚，绝对年代为 1640BC～1410BC，即距今 3590～3360 年。该期遗存主要以生产遗迹为主，窑业技术得到长足发展，完成了由烧成坑到圆窑、马蹄形窑、龙窑的转化，完成了初期零星生产到逐步形成规模化的作坊生产的转化。该期段角山窑场已经成为具有影响力、辐射力的专业化窑场，角山窑的产品在周边遗址中有大量发现。窑址的分期年代对照见表三。

**表三　分期年代对照表*

期	段	相对年代	绝对年代（碳十四树轮校正数据）	距今（1950 年）年代	历史分期	
二期	晚段	二里岗下层二期至二里岗上层一期偏晚	1540BC～1410BC（Y8：1540BC～1410BC）（92.8%）	3490～3360	商代前期	70
	早段	二里头文化四期至二里岗下层一期早段	1640BC～1430BC（F1：1610BC～1430BC）（95.4%）（Y9：1640BC～1440BC）（95.4%）	3590～3380	商代初期	50

续表

期 \ 段 \ 年代	相对年代	绝对年代 （碳十四树轮校正数据）	距今（1950 年） 年代	历史分期	
一期 晚段	二里头文化三期至二里头文化四期偏早	不详	不详	夏商 之际	70
一期 早段	二里头文化一期	2030BC～1760BC （T0644④：2030BC～1860BC） （79.7%） （F6：2020BC～1760BC） （95.4%）	3980～3710	夏代早、中期	110

* 以夏商周断代工程中的碳十四年代框架为参照。

第二节 角山窑址与角山文化

一 角山窑址的文化特征

从年代学考察，角山窑址文化遗存从夏代早中期延至商代前期，绝对年代为 2030BC～ 1410BC，即距今 3980～3360 年，时间跨度 600 余年，在文化期段上分为两期四段，角山一期主要为夏代早中期及夏商之际的文化遗存。角山二期主要为商代初期及商代前期的文化遗存。在二期四段中，我们可以发现角山窑址的器物在各期段中有着相对稳定的组合关系并且有比较清晰的发展演变关系，同时，角山窑址的器物群与中原、江西中西部等同时期遗址中出土的器物群有着显著的不同，角山窑址应是在夏代早中期至商代前期，尤其是夏商之际至商代前期，活动在武夷山脉西北麓信江流域的一个相对稳定的人群的考古学文化遗存。其文化特征主要表现在以下几方面：

一、一期器物群主要为甗形器、猪嘴形支脚、甑、豆、罂、壶、瓢等。陶器质料、系类以夹砂红陶为主，少量泥质黑衣陶，泥质灰硬陶较少。陶器形制多圜底器，也见有少量圜凹底、平底器，三足器为袋足罂。陶器纹饰多见篮纹、素面，少量细变体云雷纹，见有少量刻划符号。

二、二期器物群主要为釜、甗形器、三足盘、盔形钵、平底钵、带把钵、尊、盖罐（器盖多以鸟饰纽）、缸等。陶器质料、系类以泥质灰陶为主，二期晚段甚至达 75% 以上，少量夹砂红陶，不见黑衣陶。陶器形制多圜凹底器，少见平底器。陶罂趋于退化，三足为实心。陶器纹饰多见云雷纹和篮纹的组合纹。器物口沿、底部多见刻划符号，且刻划工具、刻划内容多样化。二期器物形制、纹饰方面经常有鸟和蛇的形状或变体形状，如带把钵、鸟形纽器盖、单把壶、单把盉等，有的甚至直接出现鸟图案或蛇装饰。二期器物群中除了陶器外，还开始出现原始瓷器。

三、角山窑址是以窑业生产为主的专业性窑场遗址，窑工的生活仍以渔猎为主，居住生活遗迹较简单，整个窑址及其周边尚未发现同时期的大型聚落遗址和墓葬。

二　角山文化的源流与族属

角山窑址及其周边未发现同时期的大型聚落遗址和墓葬，角山文化的创造者是从哪里来的？又去了哪里？他们属于什么族属？这些问题的探讨需要对周边乃至更远处的考古遗存进行比较分析，然后才能得出相对科学合理的结论。从这种思路出发，我们自然会对福建光泽的池湖墓葬格外关注。顺着白塔河逆流而上很快即可抵达福建光泽，在福建光泽县崇仁镇池湖村，发现了和角山窑址时代相当的大型聚落遗址和高规格的墓葬，从遗址、墓葬中出土的器物与角山窑址出土的器物很相似，有些几乎一样。池湖墓葬共发现10座，林公务先生将其分为三期，第一期为M1、M2，年代为商代中期或中期偏晚，第二期为M9、M8、M4、M5、M6，年代为商代晚期，第三期为M10、M7、M3，年代为西周时期。关于池湖墓葬第一期、第二期的年代，笔者曾请教过林先生是否有更早的可能，林先生说当时推断其年代主要是参考黄土仑的碳十四数据做的保守推断，林先生本人也倾向第一期、第二期的年代应该偏早，应该是商代前期的遗存。比较池湖墓葬与角山窑址，我们可以发现二者有着某种密切关系，至少可以推断池湖墓葬的主人们用的器物大多数都是角山窑的产品。池湖墓葬的第一期与角山二期早段偏早相当，如池湖的Ⅰ式甗形器（M2∶5）与角山的甗形器（2003YJH40∶4），口沿、甑部、腹部几乎一样，仅底部不同，前者为圜底，后者为圜凹底；池湖的BⅠ式平底杯（M1∶93）、B型单把杯（M1∶67）与角山的杯（2003YJH40∶12）形制几乎一样；池湖Ⅱ式盂（M1∶69）与角山的C型盂（2003YJH40∶11）则完全一致；池湖AⅠ式壶（M1∶11）与角山的背壶（2003YJH11∶37）形制一样；池湖BⅠ式圈足杯（M1∶48）与角山的觚形杯（2007T0645①∶4）器形一致，后者比前者较为原始、古朴。池湖墓葬的第二期与角山二期早段及晚段偏早相当，如池湖的AⅡ式圈足杯（M9∶46）与角山的觚（2003YJH15∶7）完全一样；池湖的Ⅷ式单鋬罐（M9∶53）与角山的B型壶（2003YJH17∶29）完全一致；池湖Ⅰ式盖罐之器盖（M9∶5）与角山的B型器盖（2003YJH17∶9）都为鸟饰器盖；池湖的Ⅱ式鼎（M9∶36）与角山的三足盘（2003YJY10∶46）形制完全一致。另外，池湖墓葬出土器物中的刻划符号在角山窑址中也曾有多次出土。池湖墓葬M1、M9规制较高，M1墓坑长宽分别为7.1～7.6米、3.4～4.2米，M9墓坑长宽分别为6～6.3米、3.9～4米，且都有墓道；随葬器物的数量也较多，M1达93件，M9达80件。发掘者据此推断"这两座大墓的墓主人，决非一般平民百姓，而是在当时具有一定财富并有一定地位身份的人，由此推测其生前可能属于部族首领阶层，或即酋长一类的墓葬"。如果发掘者的推断正确的话，角山窑址发掘过程中的很多疑点都可迎刃而解，角山窑场应该是部族首领自己或者派遣管理者（巫师）带着窑工顺着白塔河顺流而下，到达角山，在角山创烧的一处专业化窑场。

在光泽境内如池湖、白主段、香炉山、汀菊排、虎形山等地均发现了这种商代文化遗存，福建同仁已经将这种遗存定名为"白主段类型"，并普遍认为白主段类型来源于马岭类型，而马岭类型与闽西北的新石器时代晚期牛鼻山文化又有着一脉相承的渊源关系。在闽江上游新石器晚期至夏、商文化遗存中，一直以来就有烧窑的传统，如马岭遗址中发现红烧土圈，应该有陶窑遗迹，武夷山市的葫芦山遗址已发现了23座陶窑，浦城县猫耳山遗址发现了9座陶窑，马岭、葫芦山、猫耳山出土的器物和肩头弄第一至第三单元出土的器物基本一致，应都是新石器时代末期至夏代、商代早期的文化遗存。估计正因为这种烧窑的传统，使得角山窑工拥有着当时先进的制陶、烧窑技术，能因地制宜、娴熟地利用烧成坑、圆窑、马蹄形窑、龙窑等各种类型窑炉从事窑业生产。

如上所述，角山窑场的兴建、创烧可能与闽西北同时期的部族有关。角山窑场可能是闽西北地区同时期的部族在经济、文化强盛时沿着白塔河顺流而下到达角山，在角山兴建的大型窑场。角山先民的族属探讨应该回到闽西北同时期的部族中去探寻。福建的同仁们对闽西北古文化的探索已经取得了很大成就，从新石器时代晚期到商周时期的年代序列已经形成，角山窑址与白主段类型文化一起，其渊源应该和马岭类型文化有关，而马岭类型文化与新石器时代晚期的牛鼻山文化又有着直接的传承关系，因此，角山窑址的族属问题，从某种意义上说，应该和牛鼻山文化有关。牛鼻山文化是新石器时代晚期的考古学文化，而角山窑址主体是夏商之际至商代前期的文化遗存，二者在器物群上的主要差别是炊器的差别。牛鼻山遗址、马岭墓葬都不见甗形器，炊器主要是鼎，而角山窑址的主要炊器是甗形器和釜，不见鼎。这种主要生活用具的变更，说明在夏商之际，马岭类型文化受到过外来文化的影响或冲击。甗形器是中原甗的变异，夏商时期东南方印纹陶遗址普遍出现甗形器应该是和中原夏文化的南传有关。在尧舜禹时候，也即大约距今4000年上下或夏代时期，三苗氏从中原逐步赶到长江中、下游及其以南广大地区，这在史学界看法大体一致，三苗氏在商周时散居江南各地，秦汉以后遂有"百越"之称。这一论点也可从出土器物中得到佐证，角山窑址的出土器物中很多带把的器物，或呈鸟首的器物，有的刻划符号就是刻划鸟的图案，有的器物则捏塑成蛇状，这和"先越人"以鸟、蛇为图腾应有一定关系。如上所述，角山窑址的渊源应和闽西北地区的马岭类型文化、白主段类型文化有关，其族属应是中原夏文化影响下的三苗氏，或称"先越人"。

角山窑场从创建到废弃，窑火绵延300年，最后或因自然原因如信江水倒灌童家河而废弃（角山遗迹中普遍存在着被一层细河沙覆盖现象）。角山文化的去向一方面应是回归，即回归到闽西北地区；一方面应是与周边的其他文化相融合，如吴城遗址的"戈"文化因素，周广明先生在吴城报告中已明确指出了这一现象："（戈组）应为赣东地区万年类型文化因素，同时与相邻的浙西地区环太湖地区和浙东北地区商代文化有密切关系"[①]。

三　角山文化初步探讨

赣东北、浙南、闽北一带存在着具有自己特色的原始文化类型，先贤早已注意到。李伯谦先生在《马桥文化的源流》[②] 一文中，追寻马桥文化印纹陶的直接来源时，认为"马桥文化几何形印纹陶的直接来源，还需舍远求近，在马桥文化分布区域周围的古代文化中进行深入的探寻"。李先生在以确凿证据排除来源于西部宁镇地区和南部宁绍平原之后，认为马桥文化几何形印纹陶直接来源于浙南的金衢地区，认为"该地区位于浙江省西部浙、皖、赣、闽四省交接地带，文化面貌较其他地区复杂，该区含几何形印纹陶的遗存属于牟永抗所分的高祭台类型……在这两个地区之间，几何形印纹陶的传播方向只能是由金衢地区向着太湖流域，而不可能相反"。"就作为马桥文化重要特征的几何形印纹陶来说，主要应是直接接受了来自江西、福建等印纹陶最早起源地邻近的金衢地区高祭台类型早期文化的影响"。李先生在强调金衢地区古文化面貌复杂的同时，"稍加注意便会发现，在最早出现印纹陶因素的文化遗存中，无论是江西的山背文化，广东的石峡文

① 江西省文物考古研究所、樟树市博物馆：《吴城——1973~2002年考古发掘报告》，科学出版社，2005年。
② 李伯谦：《马桥文化的源流》，田昌五、石兴邦主编《中国原始文化论集——纪念尹达八十诞辰》，文物出版社，1989年。

化还是福建的昙石山文化，他们的分布地域都不和马桥文化直接毗邻"，意含金衢地区及闽、浙、赣、武夷山一带应有自己独特的古文化类型。

牟永抗先生在《江山县南区古遗址墓葬调查试掘》[①] 一文中，也意识到浙南闽北一带存在着具有自己特色的原始文化类型。牟先生将发现的 30 座墓葬（成组器物）根据各组器物的组合情况，分为六个单元、四期。第一、二、三单元为肩头弄期，时代早于商代；第四单元为营盘山期，时代约相当于商代；第五单元为地山岗期，时代约相当于西周中晚期。牟先生从这四期的地形观察，敏锐地意识到"时代愈早的遗存，岗地愈高，愈接近大山区。随着时代的发展，这类遗存渐渐地向低平的岗坡伸延"。"从文化面貌看，着黑陶器具有相当浓郁的地方（土著）特征，固然包含着若干可能来自良渚文化的因素，显然也和昙石山文化有一定联系。它的分布范围似乎以仙霞山两侧的浙南闽北为主，向北可以伸延到新安江沿岸。很可能这一带存在着具有自己特色的原始文化类型"。

林公务先生在《福建境内史前文化的基本特点及区系类型》[②] 及《福建光泽先秦陶器群的研究——兼论"白主段类型"》[③] 中，对白主段类型文化的时空内涵、周邻关系、源流做了精辟论述，并建立起了闽西北地区从新石器时代晚期到青铜时代的文化发展序列，认为白主段类型与马岭类型及牛鼻山文化是有着渊源关系、一脉相承发展而来的考古学类型文化。林先生通过比较马岭类型的陶器与浙江江山南区肩头弄遗存的陶器，发现二者无论胎质、造型及其纹饰都几近雷同，他进一步提出，"马岭类型与浙江江山的第二、第三单元可能同属一个文化。浙江同志认为，江山各个单元的各组陶器是承前启后的一个连续过程。换言之，这第二、第三单元的陶器群可能源于第一单元。在江山列为第一单元较早遗存的山崖尾灰坑中，出土的盉等器物形态就相似于牛鼻山墓葬中发现的鬶、豆、罐等，器表施衣的现象二者均有存在。因而，的确有理由认为，在仙霞岭两侧的浙南、闽北地区，至少自新石器时代晚期以来，就存在着一个自成一脉并具有显著地域特征的原始文化发展谱系"。

李先生、牟先生、林先生对闽北、浙南、赣东北存在着具有自己独特特色的原始文化类型的判断是很有见地的。角山窑址考古资料的整理与研究再一次证明至少在夏代中期以后，尤其是商代前期，闽北、浙南、赣东北地区确实存在着一个相对稳定的人群，他们有着自己独特的显著的器物群，有相对稳定的组合关系并可窥见其发展演变轨迹，在很长时间内，他们与周边其他的考古学文化相互交流、相互影响。这样一个群体，符合考古学文化的基本要素，我们可以称之为一个考古学文化，鉴于前贤对闽北、浙南、赣东北存在的这种考古学文化尚未正式冠名，我们暂定名为"角山文化"。

角山文化是在夏、商时期尤其是商代前期活动在闽西北、浙南、赣东地区的一个相对稳定的人群创造出的考古学文化，他们有着自己独特的器物群，有相对稳定的器物组合关系并有其发展演变轨迹。他们有着自己独特的信仰、图腾，有着原始的巫术。角山文化的特征主要体现在其器物群中。如前所述，角山文化是夏、商时期尤其是商代前期的考古学文化，根据福建同仁的观点，这种文化是由福建新石器时代晚期文化——浦城党溪牛鼻山文化发展而来，牛鼻山文化是以鼎、豆、壶、罐为主要器物组合，此外尚有钵、杯、簋、鬶等。角山文化和牛鼻山文化既有相似处，

① 牟永抗：《江山县南区古遗址墓葬调查试掘》，《浙江省文物考古研究所学刊》第一辑，文物出版社，1981年。
② 林公务：《福建境内史前文化的基本特点及区系类型》，《福建历史文化与博物馆学研究》，福建教育出版社，1993年。
③ 林公务：《福建光泽先秦陶器群的研究——兼论"白主段类型"》，《东南考古研究》第三辑，厦门大学出版社，2003年。

又在发展过程中形成了自己独特的相对稳定的器物组合关系，这种器物组合关系早期主要体现在以下几个方面：一、炊器以甗形器、猪嘴形支脚、甑组合为主，基本不见鼎；二、盛储器以盖罐、缸为主；三、食器以豆、罍、壶、觚为主。这种器物组合既保留有牛鼻山豆、壶、罐的特征，在发展过程中又逐步形成了自己独特的特点。晚期主要体现在以下几个方面：一、炊器以釜为主，辅之以甗形器；二、盛储器以盖罐、缸为主，器盖多以鸟饰纽；三、食器以三足盘、盔形钵、平底钵、带把钵、尊为主。此外，角山文化出土的陶器常常在口沿或器底有刻划符号，可能与原始巫术、占筮有关。

角山文化的空间分布是以"四山四江十溪"为中心，辐射周边地区。"四山"为武夷山、仙霞岭、洞宫山、鹫峰山。"四江"为信江、衢江、瓯江、闽江。"十溪"均处于"四江"之上游，分别为信江、白塔河、江山港、乌溪江、龙泉溪、小溪，南浦溪、建溪、北溪、富屯溪。仙霞岭、武夷山大致呈东北—西南走向，位于福建西北部、江西东部、浙江西南部，是角山人们的西北大屏障。洞宫山位于浙江南部、福建北部，与鹫峰山连绵一起成为与武夷山近乎平行的小山脉。"四山"应是角山人们在经济、文化处于弱势时退缩的主要地方。"四江"上游即是"十溪"的主要流域，应是角山人们的主要活动地域，目前发现的相关遗址大部分都位于"四江"上游的"十溪"流域。"四江"中游应是角山人们在经济、文化处于强势时扩张的主要地域，也是角山人们与其他部族交流互动的主要地域。"四江"下游则是角山文化的影响地域。"十溪"如上所述，应是角山人们的主要活动地域，是角山文化的核心分布区。具体而言，角山文化的核心分布区为江西东部、福建西北大部、浙江西南大部，即以闽赣边界的武夷山脉为中心，武夷山脉以西、西北以信江流域为主要分布的中心区，最西部止于鄱阳湖，包括现在的资溪、金溪、余江、鹰潭、贵溪、余干、万年、弋阳、铅山、横峰、上饶、广丰等县市全境。武夷山脉以东、东南以闽江上游的北溪、富屯溪和南浦溪、建溪流域为其主要分布的中心区，最东部以浙江洞宫山、福建鹫峰山为界，包括现在的光泽、邵武、武夷山、建阳、浦城、松溪、建瓯、政和等县市全境，继续往东即闽江下游流域为角山窑址的影响区域。武夷山脉东北即浙江西南山区的仙霞岭，以仙霞岭为中心，往北为金衢地区，包括现在的江山市、常山县、龙游县、金华市，往南为西南山区，主要是丽水地区，包括龙泉、庆元、遂昌、松阳、云和、景宁等县市境。角山文化南界或可沿武夷山脉南延，可至江西东南山区如广昌、石城等地以及福建西南山区如宁化、清流等地（图一一四）。

角山人们长期在不同的地域生活、生产，在同一个考古学文化下形成考古学类型差异，根据现有发现、发掘的材料分析，大体可以区分为三个考古学类型：赣东地区以江西万年肖家山、斋山墓葬及古文化遗址为代表，李家和先生在20世纪80年代已经称之为"万年类型"；闽西北地区以光泽县马岭、白主段遗址墓葬为代表，福建同仁已经将其冠名为"马岭类型"、"白主段类型"，并明确二者是一脉相承的关系，我们统称之为"白主段类型"。浙南地区以江山肩头弄遗址为代表，浙江同仁已将其定名为"肩头弄类型"、"高祭台类型"，我们统称之为"肩头弄类型"。

角山文化在其发展过程中，亦有来自不同方向的文化影响或互动，西部与樊城堆文化、吴城文化一期，东部与闽江下游的黄瓜山类型文化、黄土仑类型文化，东北部同沪浙地区的马桥文化，其文化影响及互动关系在陶器群中得以充分反映，尤其是与闽江下游的黄土仑文化关系更为密切。

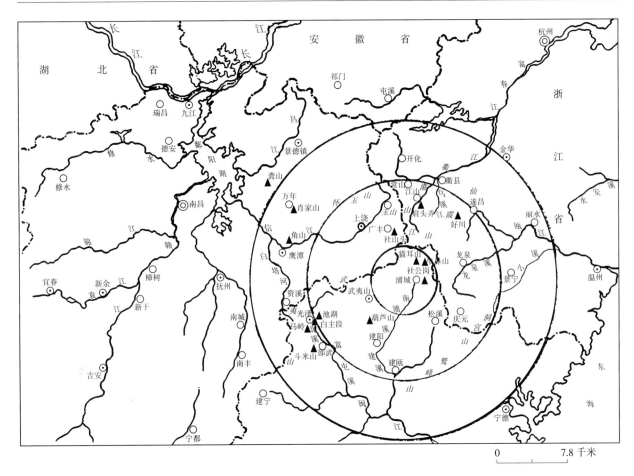

图——四　角山文化空间分布图

第三节　角山窑址发掘的意义

一　历史价值

　　角山窑址是我国迄今为止发现的最早的专业性陶器生产基地。角山窑场规模化生产应在角山二期，即商代初期及商代前期，绝对年代为 1610BC~1410BC，距今 3560~3360 年。虽然早在新石器时代早期就已发现生产陶器的窑炉，但那只是零散的自产自用的并未形成规模的非专业性质的，而角山窑址则不同，这里分布着大量的各类窑炉和作坊。在已发掘的 1525 平方米的范围内，已发现烧成坑、半倒焰马蹄形窑、圆窑和龙窑等 9 座，作坊 14 个以及 1500 余件完整和可修复陶器及原始瓷，陶瓷片几十万片，陶瓷片堆积最厚处达 2~3 米，充分说明这里已形成规模化生产，其经营者是一批从农业中分离出来的独立的手工业者，他们以生产陶器为业，掌握着生产陶器的娴熟技术。遗址中几乎不见农业生产工具，大量的则是陶拍、陶垫、陶支座等制陶工具。

　　角山窑址是我国商代南方地区乃至全国最大的窑场。其规模之大、窑业堆积之厚在同时期的遗存中是罕见的。面积近 7 万平方米，陶瓷片随处可拾。产品种类繁多，器类齐全，几乎包括了赣江—鄱阳湖水系东部、信江流域商代考古遗存中所见的所有器形，同时角山窑的产品在武夷山脉东南麓的福建省闽江上游流域商代前期遗存中也大量出现，器形特征完全一致。制陶作坊多，遗迹密集，2003 年的发掘中，在面积不大的区间集中了近 30 余处遗迹，如陈腐池、练泥池、蓄泥池、排水沟、蓄水池、烧成坑、成品坑、工棚等。

角山窑址是我国目前所见最早的贸易化性质的窑场。从角山窑的生产规模、产品的影响范围分析，角山窑址生产陶瓷器的目的就是用来交换，是一个因交换而造就的窑场，这在我国陶瓷器交易史上就目前的材料而言是时间最早的。以前有关先秦时代的窑炉发现虽屡见于报端或杂志，但均是自产自用，不仅没有形成规模，更谈不上因交换而生产。而角山窑址从事生产的是一批以陶瓷器制作为谋生职业的手工业者，窑场规模宏大，产品种类多，技术娴熟。

角山窑址出土的陶器中，许多器物的口部或底部都刻划有符号，目前已发现这类符号 3 大类 85 种 2359 个（组）。数量和种类之多，在全国实属罕见。这些符号均是在器物成坯之后入窑装烧之前用锥状锐器或月牙刃锐器刻划。在角山遗址众多的刻划符号中，既有反映商代前期窑场统治者、管理者沟通天人关系的"卜筮"记录，又有窑工们朴素的记数符号，另外还有一部分可能为文字，为研究中国的文明起源提供了重要的资料。

角山窑址是我国先秦时代延续时间最长的窑场。角山窑创烧的年代可以上溯到角山一期晚段，虽然当时窑业不甚发达，在聚落中未必处于支配地位，但从烧成坑到圆窑的转化已经基本完成，处于烧成坑和圆窑并用的时期，到角山二期，窑业技术快速发展，完成了窑业技术上的多次改进发展，出现马蹄形窑和龙窑，角山二期应是角山窑鼎盛的时期，角山二期晚段以后的文化遗存在遗址周边未发现。即便如此，角山窑址连续烧造的时间也有三百年之久，这在我国先秦时代陶器生产史上是罕见的，这几乎可与宋明时代的一些大型窑场媲美。

二 学术价值

过去学术界根据窑业技术的发展，认为龙窑系统是南方技术传统，圆窑系统为北方技术传统，两大体系是不同文化环境中的产物，代表着长江流域和黄河流域两大文明。角山窑址马蹄窑和龙窑的发现，说明至迟在商代前期，圆窑系统与龙窑系统在江南并存，半倒焰马蹄窑与龙窑一样代表着江南地区窑业的技术文化特征，并将半倒焰马蹄窑的发生期向前推进了数百年，为研究南北方窑业技术以及半倒焰马蹄形窑的起源提供了新材料。角山龙窑继吴城遗址之后发现，年代比吴城早，填补了龙窑烧造史上的一段空白。吴城龙窑已有多个投柴孔，为龙窑发展较为高级阶段的产物，而角山龙窑只有一个焚口，属雏形或初级形，为研究龙窑的起源提供了资料。

对于早期的制陶工艺和烧造技术，过去只是从单个的器物本身、器物原料的化学成分或单个窑炉上进行分析，无法了解从取土到器物成型之间的一系列环节，角山窑场弥补了这个空白，在世人面前再现了陶器制作从取土陈腐、练泥、蓄泥到烧造成器、成品堆放的一系列过程，几乎集中了窑业生产各个环节。这在我国早期窑业生产的揭示中尚属首次，使我国早期窑业的研究从单个器物制作或单纯窑炉研究中解放出来，可以全方位多角度来观察和研究中国早期窑业技术。

过去一般认为在先秦时代只有龙窑才能烧造原始瓷，因为圆窑系统的烧成温度无法满足烧造原始瓷的需要，用圆窑烧造瓷器始于东汉时期。角山窑址发现了用圆窑系统烧制的成熟的原始瓷，说明至迟在商代前期南方地区已经掌握了用圆窑烧造瓷器的技术，将用圆窑系统烧造原始瓷的历史向前推进了一千余年，为瓷器的起源提供了宝贵的资料。

角山窑址位于闽、浙、赣三省交界之地，自古以来即为交通要冲，东可往浙江，西经赣中到湖南，南过铁牛关、江浒关经赣南可通闽粤，角山窑址的发现为这些地区商代遗址器物的烧造地提供了确切的窑口依据。另外，角山窑的产品主要集中在武夷山脉西北麓的信江流域和东南麓的闽江上游流域。在信江流域以角山窑的器物为主要特征的文化遗存被称为"万年类型"，以万年肖家山、送嫁山出土的商代土坑墓葬[①]为代表；在闽江流域以角山窑的器物为主要特征的文化遗存被称为"白主段类型"，以福建光泽崇仁镇池湖村发现的池湖墓群[②]为代表。角山窑址东北与浙江西南山地的江山肩头弄类型有着密切关系，尤其与浙江肩头弄文化遗存一单元的红褐陶系有着更密切的关联。以角山窑址为代表的角山文化与福建沿海地区的考古学文化以及江浙马桥文化形成相互影响相互渗透的考古学文化面貌。闽江下游的黄土仑类型是角山文化与沿海地区考古学文化相互交融渗透的产物，肩头弄文化遗存文化因素也显得复杂，兼具角山文化、马桥文化诸因素。从考古学文化的角度看，角山文化"活了闽赣两省一大片地区的青铜文化"（苏秉琦先生语）。

---

① 江西省文物管理委员会：《一九六一年江西万年遗址的调查和墓葬清理》，《考古》1962 年第 4 期；江西省文物管理委员会：《一九六二年江西万年新石器遗址、墓葬的调查与试掘》，《考古》1963 年第 12 期。
② 福建博物院：《福建光泽池湖商周遗址及墓葬》，《东南考古研究》第三辑，厦门大学出版社，2003 年。

角山窑址

——1983~2007 年考古发掘报告

（下）

江西省文物考古研究院
鹰潭市博物馆 编著

文物出版社
北京·2017

Archaeological Excavation Report of Jiangxi Provincial Institute of Cultural Relics and Archaeology
VOLUME I

Jiaoshan Kiln Site

Archaeological Excavation Report from 1983 to 2007

(II)

(with an English abstract)

by

Jiangxi Provincial Institute of Cultural Relics and Archaeology

Yingtan Municipal Museum

Cultural Relics Press

Beijing · 2017

附 表

附表一　遗迹登记表

分区	遗迹编号	田野编号	所在探方	层位关系	形状	包含物	备　注
A区	Y4	2000YJF18	T6037 东北、T6138 西南	①→△→生土	长条形	原始瓷片	龙窑
	Y6	2000YJF21	T5937 东北、T6038 西南	①→△→生土	马蹄形	陶拍、罐、钵、瓿形器等	半倒焰马蹄形窑
	H10	2000YJF31	T5938 东	①→△→F2	不明	瓿形器、罐、釜等	
	H37	2003YJF68	T6137 东南	①→△→生土	不明	罐、钵等	只清理一角
	F2	2000YJF25	T5938 西部	H10→△→生土	圆形		仅见三个柱洞
B区	Y2	2000YJF5	T0743 中部	①→△→H42	圆形	有零碎陶片	圆窑
	Y8	2000YJF36	T0644 东北	①→△→F1	圆形	三足盘、瓿形器等	圆窑
	Y7	2000YJF32	T0643 西	①→△→生土	马蹄形	罐、钵等	半倒焰马蹄形窑
	H40	2003YJF71	T15 中部偏北	①→△→生土	长圆形	罐、瓿形器等	陈腐池
	H9	2000YJF7	T0745 中部	G4→△→生土	近圆形	平底钵等	
	H38	2003YJF69	T13 西	①→△→生土	不明	罐、缸等	未清理完
	H39	2003YJF70	T15 中部偏南	①→△→生土	不明	夹砂红陶片、原始瓷等	未清理完
	H42		T0743 北、T0744 南	Y2→△→F5	椭圆形	瓿形器、罐等	
	F1	2000YJF35	T0644 东南	Y8→△→F4、F5、F6	圆形		圆形房子，14 个柱洞
	F4		T0644 南	F1→△→②→F5、F6	圆形	罐、钵等	12 个柱洞
	F5		T0744 西	F1、H42→②→△	圆形		残存 8 个柱洞
	F6		T0644 西	F1、F4→②→△→③→④→生土	椭圆形	大量炭屑	残存 8 个柱洞
	G2	2000YJF13	T0745 北部、T0645 中南	①→△→G4→②	长条形	填土为黄色黏土	供、排水沟 黏土已送化验
	G3	2000YJF33	T0743 南部	①→△→生土	长条形		供、排水沟
	G4	2000YJF34	T0744、T0745 东部	G2→△→H9	长条形		供、排水沟
C区	Y1	2000YJF1	T4929 东北、T5029 西北	①→△→生土	近椭圆形	陶拍、罐、钵等	烧成坑
	Y3	2000YJF8	T4329 中部	①→△→生土	不规则	网坠、三足盘等	烧成坑
	Y9	2003YJF37	T3532 东部	①→△→生土	不明	瓿形器、罐等	烧成坑
	Y10	2003YJF48	T2922 西北、T2923 南端	①→△→H41	近圆形	瓿形器、罐等	圆窑
	H7	2000YJF2	T4429 北部	①→△→生土	近长方形	罐、网坠等	1983、1986 年已发掘 6 个灰坑，故编号自 H7 始
	H8	2000YJF6	T4329 北部	①→△→生土	不明	罐类陶片	未清完
	H11	2003YJF38	T3530 东北	①→△→生土	椭圆形	瓿形器、罐等	成品坑
	H12	2003YJF39	T3432 东北	①→△→生土	近长方形	罐、钵等	
	H13	2003YJF40	T3431 中部	①→△→生土	圆角三角形	罐、三足盘、钵、罕等	成品坑
	H14	2003YJF41	T3429 西南	①→△→生土	半圆形	罐、三足盘等	
	H15	2003YJF42	T3124 西南	①→△→生土	不规则	罐、三足盘等	练泥池（蓄泥池）
	H16	2003YJF43	T3024 中部	①→△→生土	近圆形	罐、三足盘等	陈腐池
	H17	2003YJF44	T2924 东北	G5→△→生土	不规则	三足盘、杯等	陈腐池
	H18	2003YJF45	T3123 北部	①→△→生土	半圆形	陶拍等	

续表

分区	遗迹编号	田野编号	所在探方	层位关系	形状	包含物	备　注
	H19	2003YJF47	T2823东北、T2923西北	①→⊿→生土	不规则	三足盘、钵等	蓄泥池
	H20	2003YJF49	T3124东北	①→⊿→H23	不规则	钵、网坠等	蓄水池
	H21	2003YJF50	T3024西南	①→⊿→生土	近圆形	罐、三足盘等	
	H22	2003YJF52	T3023北、T3024南	①→⊿→生土	长条形	钵等	
	H23	2003YJF53	T3224北部	H20→⊿→生土	长条形	罐等	
	H24	2003YJF54	T3429西南角	①→⊿→生土	已发掘平面呈扇形	三足盘等	
	H25	2003YJF55	T3025南部	G5→⊿→生土	不规则	罐、钵、杯等	陈腐池
	H26	2003YJF56	T3022南	①→⊿→生土	圆形	网坠、钵等	辘轳车基座
	H27	2003YJF57	T2822东北	①→⊿→生土	椭圆形	罐、钵、器盖等	
	H28	2003YJF58	T2924东	①→⊿→生土	近圆形		陈腐池
	H29	2003YJF59	T3025南	G5→⊿→生土	近圆形	罐、钵等	陈腐池
	H30	2003YJF60	T3025西部	G5→⊿→生土	不明	罐等	未清理完
	H31	2003YJF61	T3223中部	①→⊿→生土	近圆形	罐等	
C区	H32	2003YJF62	T3430南	①→⊿→生土	近半圆形	瓿形器、罐等	
	H33	2003YJF63	T3530南	①→⊿→生土	不规则	三足盘、罐等	
	H34	2003YJF64	T3222南部	①→⊿→生土	近椭圆形	罐、网坠、钵等	
	H35	2003YJF65	T3025东南、T3024东北	①→⊿→生土	圆形	罐等	陈腐池
	H36	2003YJF67	T2823中部	①→⊿→生土	近圆形	罐等	
	H41	2003YJF72	T2822东北	Y10→⊿→生土	近圆形	瓿形器、三足盘等	
	F3	2003YJF46	T3023西南	①→⊿→生土	近圆形	罂、罐等	圆形房子，6个柱洞
	G1	2000YJF9	T4329中部、T4429北部	①→⊿	长条形	红软陶片	供、排水沟
	G5	2003YJF51	T2824西北、T3125西北	①→⊿→H17、H25、H29、H30	长条形	网坠等	供、排水沟
		83板H1	童家河边	②→⊿→生土	锅形	烧土块、窑壁残片等	未见原始材料
		83板H2	童家河边				未见原始材料
		83板H3	童家河边				未见原始材料
		83板H4	童家河边				未见原始材料
		83板H5	童家河边				未见原始材料
		86板H1	板栗山				未见原始材料
D区		83角A					陶片堆积
		83角B					陶片堆积

附表二　各遗迹单位小件质地统计表

分区	单位	小件总数	石器	原始瓷	陶器	硬陶			软陶						
						红硬	灰硬	%	夹红	夹灰	夹黄	泥红	泥灰	泥黄	%
A区	Y4	1	0	0	1	0	0		0	0		0	1	0	100.00
	Y6	135	0	4	131	2	89	69.47	12	4	1	19	3	1	30.53
	H10	133	0	5	128	5	75	62.5	15	10		22	1		37.5
	H37	5			5		4	80.00					1		20.00
	F2														
B区	Y2	15	0	0	15		8	53.33	6		1				46.67
	Y8	19	0	0	19		7	36.84	11				1		63.16
	Y7	28	0	0	28		11	39.29	6	3		1	7		60.71
	H9	33	0	0	33		22	66.67	9	2					33.33
	H38	9			9	1	4	55.56	4						44.44
	H39	6			6		2	33.33	4						66.67
	H40	29			29	6	17	79.31	4	2					20.69
	H42	33			33		24	72.73	2	3		2	2		27.27
	F1														
	F4	8	0	0	8		2	25.00	4	1			1		75.00
	F5	1			1							1			100.00
	F6	1	1		0										
C区	Y1	46	8		38	0	24	63.16	4	2		6	2		36.84
	Y3	26	3	0	23	0	20	86.96				2	1		13.04
	Y9	101	7	0	94	2	48	53.19	7	3		19	12	3	46.81
	Y10	166	8	7	151	2	69	47.02	23	9	1	36	8	3	52.98
	H16	30			30	1	22	76.67	3	1		3			23.33
	H17	51	0	3	48		24	50.00	6	2		11	5		50.00
	H25	37	0	2	35		23	65.71	5	3		3	1		34.29
	H28														
	H29	18		1	17	3	10	76.47	2	2					23.53
	H35														
	H15	39		2	37		20	54.05	7	2		5	3		45.95
	H19	26	1	1	24		15	62.50	4	2		3			37.50
	H20	38	1	3	34	1	25	76.47	1	2		3	1	1	23.53
	H26	13			13		6	46.15	1			2	4		53.85
	H11	130	8	2	120	5	50	45.83	10	11		34	7	3	54.17
	H13	45	3	0	42		17	40.48	3	6	1	12	3		59.52
	83板H1	63	2	0	61	2	39	67.21	2	3		9	6		32.79
	83板H2														
	83板H3	10	0	0	10	0	0		0	3		2	5		100.00

续表

分区	单位	小件总数	石器	原始瓷	陶器	硬陶			软陶						
						红硬	灰硬	%	夹红	夹灰	夹黄	泥红	泥灰	泥黄	%
C 区	83 板 H4														
	83 板 H5														
	86 板 H1	66	2	1	63		38	60.32	5	2		10	7	1	39.68
	H7	69	2	0	67	5	47	77.61	10	3		2			22.39
	H8														
	H12	16			16		7	43.75	3	1		2	3		56.25
	H14	12			12		7	58.33	1	1		1	2		41.67
	83 板 T1	27	3		24		18	75.00	1			2	3		25.00
	H18	7			7		5	71.43				2			28.57
	H21	19			19		10	52.63				8	1		47.37
	H22	12			12		8	66.67	1	2			1		33.33
	H23	9			9		7	77.78				2			22.22
	H24	17		1	16		11	68.75	3			1	1		31.25
	H27	44	1	1	42	1	15	38.10	8	2		10	5	1	61.90
	H30	10			10		7	70.00	3						30.00
	H33	1			1		1	100.00							
	H34	15		1	14		10	71.43	3	1					28.57
	H36	4			4		4	100.00							
	H41	4		0	4		4	100.00							
	G5	17			17		15	88.24	1				1		11.76
	F3	20	2	0	18		8	44.44	6	3		1			55.56
D 区	83 角 A	108	0	1	107	1	62	58.88	13	7		16	8		41.12
	83 角 B	91	1	0	90	0	59	65.56	9	5		12	5		34.44
	83 角采	57	3		54	1	30	57.41	2	7		5	8	1	42.59
	86 角采	10	1	1	8		7	87.5		1					12.5

附表三　小件登记表

表 1　A・2000YJY4

序号	标本		质地	完损状况	时代	备注
1	2000YJY4：1	三足盘	泥灰	残	商代	底部黏附窑渣

表 2　A・2000YJY6

序号	标本		质地	完损状况	时代	备注
1	2000YJY6：1	Ⅲ式平底钵	灰硬	修复	商代	
2	2000YJY6：2	Ⅲ式高领鼓肩罐	灰硬	修复	商代	
3	2000YJY6：3	Ⅲ式高领鼓肩罐	灰硬	修复	商代	
4	2000YJY6：4	B型盅	灰硬	修复	商代	
5	2000YJY6：5	AⅡ式甗形器	泥红	修复	商代	内沿下有刻符
6	2000YJY6：6	C型杯	灰硬	修复	商代	
7	2000YJY6：7	B型盆形钵	灰硬	修复	商代	内沿下有刻符
8	2000YJY6：8	尊	灰硬	残	商代	
9	2000YJY6：9	三足盘口沿	原始瓷	残	商代	
10	2000YJY6：10	Ⅲ式平底钵	灰硬	修复	商代	底部有刻符
11	2000YJY6：11	Ⅲ式高领鼓肩罐	灰硬	修复	商代	内沿下有刻符
12	2000YJY6：12	E型杯	灰硬	修复	商代	
13	2000YJY6：13	AⅢ式甗形器	夹红	修复	商代	
14	2000YJY6：14	Ⅰ式垂腹罐	灰硬	修复	商代	有积釉现象
15	2000YJY6：15	直腹罐	夹红	修复	商代	
16	2000YJY6：16	A型网坠	灰硬	完整	商代	
17	2000YJY6：17	盆	灰硬	修复	商代	
18	2000YJY6：18	瓮	灰硬	残	商代	
19	2000YJY6：19	瓮	灰硬	残	商代	
20	2000YJY6：20	瓮	灰硬	残	商代	
21	2000YJY6：21	Ⅲ式高领鼓肩罐	灰硬	残	商代	
22	2000YJY6：22	Ⅲ式高领鼓肩罐	灰硬	残	商代	内沿下有刻符
23	2000YJY6：23	Ⅱ式高领鼓肩罐	灰硬	残	商代	
24	2000YJY6：24	Ⅲ式高领鼓肩罐	灰硬	残	商代	
25	2000YJY6：25	Ⅲ式高领鼓肩罐	灰硬	残	商代	
26	2000YJY6：26	Ⅲ式高领鼓肩罐	灰硬	残	商代	
27	2000YJY6：27	Ⅲ式高领鼓肩罐	灰硬	残	商代	
28	2000YJY6：28	矮领鼓肩罐	灰硬	残	商代	
29	2000YJY6：29	矮领鼓肩罐	灰硬	残	商代	
30	2000YJY6：30	Ⅱ式垂腹罐	灰硬	残	商代	
31	2000YJY6：31	Ⅰ式垂腹罐	灰硬	残	商代	
32	2000YJY6：32	Ⅰ式垂腹罐	灰硬	残	商代	

续表

序号	标本		质地	完损状况	时代	备注
33	2000YJY6：33	直腹罐	灰硬	残	商代	
34	2000YJY6：34	釜	灰硬	残	商代	
35	2000YJY6：35	B型釜	灰硬	残	商代	
36	2000YJY6：36	瓮	灰硬	残	商代	
37	2000YJY6：37	瓮	灰硬	残	商代	
38	2000YJY6：38	瓮	灰硬	残	商代	
39	2000YJY6：39	釜	灰硬	残	商代	
40	2000YJY6：40	釜	灰硬	残	商代	
41	2000YJY6：41	A型坛	灰硬	残	商代	
42	2000YJY6：42	Ⅲ式高领鼓肩罐	灰硬	残	商代	
43	2000YJY6：43	矮领鼓肩罐	灰硬	残	商代	
44	2000YJY6：44	A型壶	灰硬	残	商代	
45	2000YJY6：45	B型带把钵	灰硬	残	商代	
46	2000YJY6：46	Aa型器盖	灰硬	残	商代	
47	2000YJY6：47	缸	泥黄	残	商代	
48	2000YJY6：48	A型三足盘	灰硬	残	商代	
49	2000YJY6：49	瓮	泥红	残	商代	
50	2000YJY6：50	Ⅲ式高领鼓肩罐	泥红	残	商代	
51	2000YJY6：51	Ⅲ式高领鼓肩罐	泥红	残	商代	
52	2000YJY6：52	Ⅲ式高领鼓肩罐	泥红	残	商代	
53	2000YJY6：53	Ⅲ式高领鼓肩罐	泥红	残	商代	
54	2000YJY6：54	A型壶	泥红	残	商代	
55	2000YJY6：55	Ⅰ式垂腹罐	泥红	残	商代	
56	2000YJY6：56	直腹罐	夹红	残	商代	
57	2000YJY6：57	直腹罐	夹红	残	商代	
58	2000YJY6：58	小罐	泥红	残	商代	
59	2000YJY6：59	釜	泥红	残	商代	
60	2000YJY6：60	釜	泥红	残	商代	口沿上有刻符
61	2000YJY6：61	AⅡ式甗形器	夹红	残	商代	
62	2000YJY6：62	AⅢ式甗形器	夹红	残	商代	
63	2000YJY6：63	尊	灰硬	残	商代	
64	2000YJY6：64	尊	灰硬	残	商代	
65	2000YJY6：65	Aa型器盖	泥红	残	商代	
66	2000YJY6：66	Ⅲ式高领鼓肩罐	灰硬	残	商代	
67	2000YJY6：67	Ⅲ式高领鼓肩罐	灰硬	残	商代	内沿下有刻符
68	2000YJY6：68	矮领鼓肩罐	灰硬	残	商代	
69	2000YJY6：69	矮领鼓肩罐	灰硬	残	商代	
70	2000YJY6：70	Ⅰ式高领鼓肩罐	灰硬	残	商代	
71	2000YJY6：71	釜	泥灰	残	商代	口沿上有刻符
72	2000YJY6：72	釜	灰硬	残	商代	
73	2000YJY6：73	釜	泥灰	残	商代	
74	2000YJY6：74	直腹罐	夹灰	残	商代	
75	2000YJY6：75	A型小鼎	灰硬	残	商代	
76	2000YJY6：76	器盖	灰硬	残	商代	

续表

序号	标本		质地	完损状况	时代	备注
77	2000YJY6：77	B 型釜	夹灰	修复	商代	
78	2000YJY6：78	A 型三足盘	灰硬	残	商代	
79	2000YJY6：79	Aa 型带把钵	夹红	修复	商代	
80	2000YJY6：80	A 型盉形钵	灰硬	修复	商代	内沿下、内底有刻符
81	2000YJY6：81	A 型盉形钵	灰硬	完整	商代	内沿下有刻符
82	2000YJY6：82	B 型盉形钵	灰硬	修复	商代	
83	2000YJY6：83	A 型三足盘	灰硬	修复	商代	有积釉
84	2000YJY6：84	Ab 型带把钵	灰硬	修复	商代	
85	2000YJY6：85	矮领鼓肩罐	泥红	修复	商代	
86	2000YJY6：86	Ⅲ式平底钵	泥红	修复	商代	
87	2000YJY6：87	AⅢ式瓿形器	泥红	残	商代	
88	2000YJY6：88	Ⅲ式高领鼓肩罐	灰硬	修复	商代	
89	2000YJY6：89	A 型盉形钵	灰硬	修复	商代	
90	2000YJY6：90	C 型三足盘	红硬	修复	商代	
91	2000YJY6：91	A 型盉形钵	灰硬	修复	商代	
92	2000YJY6：92	E 型杯	灰硬	修复	商代	
93	2000YJY6：93	B 型盉形钵	灰硬	修复	商代	
94	2000YJY6：94	B 型器盖	灰硬	修复	商代	
95	2000YJY6：95	A 型盉形钵	灰硬	修复	商代	
96	2000YJY6：96	B 型器盖	泥红	修复	商代	
97	2000YJY6：97	A 型陶垫	灰硬	修复	商代	
98	2000YJY6：98	Ab 型带把钵	夹灰	修复	商代	
99	2000YJY6：99	装饰品	灰硬	残	商代	
100	2000YJY6：100	装饰品	灰硬	残	商代	
101	2000YJY6：101	装饰品	灰硬	残	商代	
102	2000YJY6：102	装饰品	灰硬	残	商代	
103	2000YJY6：103	Ⅱ式高领鼓肩罐	红硬	修复	商代	
104	2000YJY6：104	A 型三足盘	原始瓷	修复	商代	
105	2000YJY6：105	A 型三足盘	灰硬	修复	商代	
106	2000YJY6：106	A 型盉形钵	灰硬	修复	商代	
107	2000YJY6：107	A 型三足盘	灰硬	残	商代	内沿下有刻符
108	2000YJY6：108	A 型壶口沿	灰硬	残	商代	
109	2000YJY6：109	垂腹罐口沿	灰硬	残	商代	
110	2000YJY6：110	A 型盉形钵	灰硬	修复	商代	
111	2000YJY6：111	云雷纹	原始瓷	残片	商代	
112	2000YJY6：112	云雷纹	灰硬	残片	商代	
113	2000YJY6：113	云雷纹	夹红	残片	商代	
114	2000YJY6：114	席纹、方格纹组合	灰硬	残片	商代	
115	2000YJY6：115	方格纹	灰硬	残片	商代	
116	2000YJY6：116	席纹	夹红	残片	商代	

续表

序号	标本		质地	完损状况	时代	备注
117	2000YJY6：117	席纹	泥灰	残片	商代	
118	2000YJY6：118	席纹	灰硬	残片	商代	
119	2000YJY6：119	席纹	灰硬	残片	商代	
120	2000YJY6：120	席纹	夹红	残片	商代	
121	2000YJY6：121	篮纹	灰硬	残片	商代	
122	2000YJY6：122	篮纹	灰硬	残片	商代	
123	2000YJY6：123	篮纹	泥红	残片	商代	
124	2000YJY6：124	篮纹	泥红	残片	商代	
125	2000YJY6：125	篮纹	泥红	残片	商代	
126	2000YJY6：126	云雷纹	原始瓷	残片	商代	
127	2000YJY6：127	罐	夹灰	残片	商代	口沿部黏附小陶泥（支钉?）
128	2000YJY6：128	罐	灰硬	残片	商代	口沿上有凹痕，叠烧工艺。送检
129	2000YJY6：129	罐	灰硬	残片	商代	口沿上有凹痕，叠烧工艺
130	2000YJY6：130	瓮	灰硬	残片	商代	泥片贴筑成形
131	2000YJY6：131	瓮	灰硬	残片	商代	内部贴泥片加厚
132	2000YJY6：132	瓮	灰硬	残片	商代	底部加厚
133	2000YJY6：133	甗形器	夹黄	残片	商代	甑部与釜部搭接
134	2000YJY6：134	缸	夹红	残片	商代	附加堆纹黏附于缸体
135	2000YJY6：135	缸	夹红	残片	商代	缸与底粘接

表 3　A·2000YJH10

序号	标本		质地	完损状况	时代	备注
1	2000YJH10：1	C 型盂	泥红	修复	商代	
2	2000YJH10：2	B 型盔形钵	泥红	修复	商代	
3	2000YJH10：3	背壶口沿	灰硬	残	商代	
4	2000YJH10：4	A 型三足盘	灰硬	残	商代	
5	2000YJH10：5	A 型三足盘	灰硬	残	商代	
6	2000YJH10：6	A 型壶	灰硬	残	商代	
7	2000YJH10：7	A 型三足盘	原始瓷	残	商代	
8	2000YJH10：8	A 型三足盘	原始瓷	残	商代	送检
9	2000YJH10：9	A 型三足盘	灰硬	残	商代	内沿下有刻符
10	2000YJH10：10	A 型壶	夹灰	残	商代	
11	2000YJH10：11	A 型三足盘	灰硬	残	商代	烧制工艺标本
12	2000YJH10：12	插座	泥红	修复	商代	
13	2000YJH10：13	I 式高领鼓肩罐	灰硬	修复	商代	口沿上有刻符
14	2000YJH10：14	A Ⅱ式甗形器	夹灰	残	商代	内沿下有刻符
15	2000YJH10：15	A 型三足盘	灰硬	残	商代	
16	2000YJH10：16	A Ⅱ式甗形器	夹红	修复	商代	
17	2000YJH10：17	A 型三足盘	灰硬	残	商代	内沿下有刻符

续表

序号	标本		质地	完损状况	时代	备注
18	2000YJH10：18	Ⅰ式高领鼓肩罐	灰硬	修复	商代	有三系
19	2000YJH10：19	Ⅰ式鼓腹罐	灰硬	修复	商代	
20	2000YJH10：20	Ⅰ式高领鼓肩罐	灰硬	修复	商代	内沿有刻符
21	2000YJH10：21	A型三足盘	灰硬	残	商代	内沿下、内底有刻符
22	2000YJH10：22	Ⅲ式平底钵	灰硬	修复	商代	
23	2000YJH10：23	AⅡ式甑形器	泥红	修复	商代	
24	2000YJH10：24	A型三足盘	灰硬	残	商代	内沿下有刻符
25	2000YJH10：25	Ⅰ式高领鼓肩罐	灰硬	修复	商代	
26	2000YJH10：26	A型三足盘	灰硬	残	商代	烧制工艺标本
27	2000YJH10：27	A型三足盘	泥红	残	商代	
28	2000YJH10：28	B型盉形钵	灰硬	残	商代	
29	2000YJH10：29	A型三足盘	灰硬	修复	商代	
30	2000YJH10：30	A型三足盘	灰硬	残	商代	内沿下有刻符
31	2000YJH10：31	A型三足盘	红硬	残	商代	底部有刻符
32	2000YJH10：32	矮领鼓肩罐	灰硬	残	商代	
33	2000YJH10：33	A型盉形钵	灰硬	完整	商代	内沿下有刻符，有裂痕
34	2000YJH10：34	Ⅰ式高领鼓肩罐	灰硬	残	商代	
35	2000YJH10：35	Ⅲ式高领鼓肩罐	灰硬	残	商代	口沿上有刻符
36	2000YJH10：36	A型三足盘	原始瓷	修复	商代	
37	2000YJH10：37	Ⅰ式鼓腹罐	灰硬	修复	商代	
38	2000YJH10：38	A型三足盘	灰硬	残	商代	底部有刻符
39	2000YJH10：39	Ⅱ式平底钵	夹红	修复	商代	
40	2000YJH10：40	瓮	泥红	修复	商代	
41	2000YJH10：41	C型斝	泥红	修复	商代	
42	2000YJH10：42	Ab型带把钵	夹灰	修复	商代	
43	2000YJH10：43	B型盉形钵	泥红	修复	商代	口沿上有刻符
44	2000YJH10：44	C型尊	灰硬	残	商代	
45	2000YJH10：45	Aa型器盖	灰硬	残	商代	
46	2000YJH10：46	A型豆	泥红	残	商代	
47	2000YJH10：47	A型坛	灰硬	残	商代	
48	2000YJH10：48	Ⅱ式高领鼓肩罐	灰硬	残	商代	
49	2000YJH10：49	直腹罐	夹灰	修复	商代	
50	2000YJH10：50	B型釜	灰硬	修复	商代	
51	2000YJH10：51	B型坛	红硬	修复	商代	有四系
52	2000YJH10：52	B型甑形器	夹红	修复	商代	
53	2000YJH10：53	AⅢ式甑形器	泥红	修复	商代	
54	2000YJH10：54	Ⅱ式垂腹罐	灰硬	修复	商代	口沿上有刻符
55	2000YJH10：55	A型三足盘	原始瓷	残	商代	
56	2000YJH10：56	瓮	灰硬	残	商代	
57	2000YJH10：57	瓮	红硬	残	商代	

续表

序号	标本		质地	完损状况	时代	备注
58	2000YJH10：58	瓮	红硬	残	商代	
59	2000YJH10：59	B型釜	灰硬	残	商代	有釉。送检
60	2000YJH10：60	B型豆	灰硬	残	商代	
61	2000YJH10：61	I式高领鼓肩罐	灰硬	修复	商代	内沿上有刻符
62	2000YJH10：62	II式平底钵	灰硬	修复	商代	烧制工艺标本，内沿下有刻符
63	2000YJH10：63	B型带把钵	灰硬	修复	商代	内沿下有刻符
64	2000YJH10：64	II式平底钵	红硬	修复	商代	
65	2000YJH10：65	A型三足盘	原始瓷	修复	商代	
66	2000YJH10：66	A型三足盘	灰硬	修复	商代	
67	2000YJH10：67	Aa型器盖	夹灰	修复	商代	
68	2000YJH10：68	B型盔形钵	灰硬	修复	商代	
69	2000YJH10：69	A型盔形钵	灰硬	修复	商代	
70	2000YJH10：70	III式平底钵	灰硬	修复	商代	
71	2000YJH10：71	瓮	灰硬	残	商代	
72	2000YJH10：72	瓮	灰硬	残	商代	
73	2000YJH10：73	瓮	灰硬	残	商代	
74	2000YJH10：74	I式高领鼓肩罐	灰硬	残	商代	
75	2000YJH10：75	I式高领鼓肩罐	灰硬	残	商代	
76	2000YJH10：76	I式高领鼓肩罐	灰硬	残	商代	
77	2000YJH10：77	矮领鼓肩罐	灰硬	残	商代	
78	2000YJH10：78	矮领鼓肩罐	灰硬	残	商代	
79	2000YJH10：79	II式鼓腹罐	灰硬	残	商代	
80	2000YJH10：80	II式鼓腹罐	灰硬	残	商代	有积釉
81	2000YJH10：81	I式垂腹罐	灰硬	残	商代	
82	2000YJH10：82	B型釜	灰硬	残	商代	
83	2000YJH10：83	B型釜	灰硬	残	商代	
84	2000YJH10：84	B型釜	夹灰	残	商代	
85	2000YJH10：85	B型釜	灰硬	残	商代	
86	2000YJH10：86	B型釜	灰硬	残	商代	
87	2000YJH10：87	B型釜	灰硬	残	商代	
88	2000YJH10：88	Aa型器盖	灰硬	残	商代	
89	2000YJH10：89	Aa型器盖	灰硬	残	商代	
90	2000YJH10：90	Aa型器盖	灰硬	残	商代	
91	2000YJH10：91	Ab型器盖	灰硬	残	商代	
92	2000YJH10：92	C型尊	泥红	残	商代	
93	2000YJH10：93	矮领鼓肩罐	泥红	残	商代	
94	2000YJH10：94	B型器盖	泥红	残	商代	
95	2000YJH10：95	直腹罐	夹灰	残	商代	
96	2000YJH10：96	I式垂腹罐	灰硬	残	商代	
97	2000YJH10：97	直腹罐	夹红	残	商代	

续表

续表

序号	标本		质地	完损状况	时代	备注
98	2000YJH10：98	A 型坛	夹灰	残	商代	
99	2000YJH10：99	把手	夹红	残	商代	
100	2000YJH10：100	缸	夹红	残	商代	
101	2000YJH10：101	I 式高领鼓肩罐	泥红	残	商代	
102	2000YJH10：102	I 式高领鼓肩罐	泥红	残	商代	
103	2000YJH10：103	B 型釜	泥红	残	商代	
104	2000YJH10：104	B 型釜	泥红	残	商代	
105	2000YJH10：105	B 型釜	泥红	残	商代	
106	2000YJH10：106	B 型釜	泥红	残	商代	
107	2000YJH10：107	B 型釜	泥红	残	商代	
108	2000YJH10：108	瓮	泥红	残	商代	
109	2000YJH10：109	瓮	泥红	残	商代	
110	2000YJH10：110	A Ⅱ 式甂形器	夹红	残	商代	
111	2000YJH10：111	A Ⅱ 式甂形器	夹红	残	商代	
112	2000YJH10：112	甂形器	夹红	残	商代	甑部搭接（侧面）
113	2000YJH10：113	I 式鼓腹罐	灰硬	修复	商代	
114	2000YJH10：114	A 型盔形钵	夹灰	修复	商代	
115	2000YJH10：115	Ⅱ 式鼓腹罐	灰硬	修复	商代	
116	2000YJH10：116	B 型盔形钵	夹灰	修复	商代	
117	2000YJH10：117	A 型盔形钵	灰硬	修复	商代	
118	2000YJH10：118	B 型釜	夹红	修复	商代	
119	2000YJH10：119	云雷纹	夹红	残片	商代	
120	2000YJH10：120	方格纹	夹红	残片	商代	
121	2000YJH10：121	方格纹	夹红	残片	商代	
122	2000YJH10：122	席纹	灰硬	残片	商代	
123	2000YJH10：123	篮纹	灰硬	残片	商代	
124	2000YJH10：124	篮纹	灰硬	残片	商代	
125	2000YJH10：125	篮纹	泥灰	残片	商代	
126	2000YJH10：126	篮纹	灰硬	残片	商代	
127	2000YJH10：127	B 型釜	灰硬	残片	商代	口沿凹凸不平，且有积釉，覆烧。送检
128	2000YJH10：128	瓮	灰硬	残片	商代	肩部有泥片黏附
129	2000YJH10：129	瓮	灰硬	残片	商代	叠烧工艺
130	2000YJH10：130	瓮	灰硬	残片	商代	外部黏附窑渣
131	2000YJH10：131	罐	灰硬	残片	商代	口沿外侧有粘连，叠烧
132	2000YJH10：132	甂形器	夹红	残片	商代	甑部搭接（侧面）
133	2000YJH10：133	瓮	夹红	残片	商代	陶片加厚

续表

表4　A・2003 YJH37

序号	标本		质地	完损状况	时代	备注
1	2003 YJH37：1	云雷纹	灰硬	残片	商代	
2	2003 YJH37：2	云雷纹	灰硬	残片	商代	
3	2003 YJH37：3	篮纹	灰硬	残片	商代	
4	2003 YJH37：4	篮纹	泥灰	残片	商代	
5	2003 YJH37：5	席纹	灰硬	残片	商代	

表5　A・2000 YJT5937①

序号	标本		质地	完损状况	时代	备注
1	2000 YJT5937①：1	Ⅲ式高领鼓肩罐	灰硬	修复	商代	
2	2000 YJT5937①：2	A 型网坠	泥红	完整	商代	
3	2000 YJT5937①：3	A 型陶垫	泥灰	残	商代	
4	2000 YJT5937①：4	矮领鼓肩小罐	泥灰	残	商代	

表6　A・2000 YJT6038②

序号	标本		质地	完损状况	时代	备注
1	2000 YJT6038②：1	A 型网坠	泥红	略残	商代	
2	2000 YJT6038②：2	A 型陶垫	夹灰	残	商代	
3	2000 YJT6038②：3	A 型石镞	石	残	商代	
4	2000 YJT6038②：4	装饰品	泥灰	完整	商代	
5	2000 YJT6038②：5	A 型网坠	泥灰	完整	商代	

表7　A・2000 YJT6038⑥

序号	标本		质地	完损状况	时代	备注
1	2000 YJT6038⑥：1	鋬手	泥灰	残	商代	
2	2000 YJT6038⑥：2	鋬手	泥灰	残	商代	
3	2000 YJT6038⑥：3	鋬手	泥灰	完整	商代	

表8　A・2003 YJT6038⑥

序号	标本		质地	完损状况	时代	备注
1	2003 YJT6038⑥：1	罐	原始瓷	残	商代	

表 9　B·2000YJY2

序号	标本		质地	完损状况	时代	备注
1	2000YJY2：1	B 型釜	夹红	残	商代	
2	2000YJY2：2	B 型釜	夹黄	残	商代	内外涂抹一层泥浆
3	2000YJY2：1 +	云雷纹	灰硬	残片	商代	
4	2000YJY2：2 +	云雷纹	灰硬	残片	商代	
5	2000YJY2：3	云雷纹	灰硬	残片	商代	
6	2000YJY2：4	云雷纹	灰硬	残片	商代	
7	2000YJY2：5	云雷纹	灰硬	残片	商代	
8	2000YJY2：6	篮纹	灰硬	残片	商代	
9	2000YJY2：7	篮纹	灰硬	残片	商代	
10	2000YJY2：8	篮纹	灰硬	残片	商代	
11	2000YJY2：9	云雷纹	夹红	残片	商代	
12	2000YJY2：10	云雷纹	夹红	残片	商代	
13	2000YJY2：11	篮纹	夹红	残片	商代	
14	2000YJY2：12	篮纹	夹红	残片	商代	
15	2000YJY2：13	云雷纹、篮纹组合	夹红	残片	商代	

表 10　B·2000YJY7

序号	标本		质地	完损状况	时代	备注
1	2000YJY7：1	云雷纹	灰硬	残片	商代	
2	2000YJY7：2	云雷纹	灰硬	残片	商代	
3	2000YJY7：3	云雷纹	灰硬	残片	商代	
4	2000YJY7：4	云雷纹	夹灰	残片	商代	
5	2000YJY7：5	云雷纹	泥灰	残	商代	
6	2000YJY7：6	云雷纹	泥灰	残片	商代	
7	2000YJY7：7	云雷纹	夹红	残片	商代	
8	2000YJY7：8	云雷纹	夹红	残片	商代	
9	2000YJY7：9	篮纹	灰硬	残片	商代	
10	2000YJY7：10	篮纹	灰硬	残片	商代	
11	2000YJY7：11	篮纹	灰硬	残片	商代	
12	2000YJY7：12	篮纹	泥灰	残片	商代	
13	2000YJY7：13	篮纹	泥灰	残片	商代	
14	2000YJY7：14	篮纹	夹红	残片	商代	
15	2000YJY7：15	篮纹	夹红	残片	商代	
16	2000YJY7：16	篮纹	夹红	残片	商代	
17	2000YJY7：17	云雷纹	泥红	残片	商代	

表 11　2007YJY7

序号	标本		质地	完损状况	时代	备注
1	2007YJY7：1	圆形陶片	泥灰	残	商代	
2	2007YJY7：2	圆形陶片	泥灰	残	商代	
3	2007YJY7：3	器底	泥灰	残	商代	
4	2007YJY7：4	Ⅲ式高领鼓肩罐	夹灰	残	商代	
5	2007YJY7：5	Ⅰ式平底钵	夹灰	修复	商代	
6	2007YJY7：6	云雷纹	灰硬	残片	商代	
7	2007YJY7：7	云雷纹	灰硬	残片	商代	
8	2007YJY7：8	云雷纹	夹红	残片	商代	
9	2007YJY7：9	篮纹	灰硬	残片	商代	
10	2007YJY7：10	篮纹	灰硬	残片	商代	
11	2007YJY7：11	篮纹	灰硬	残片	商代	

表 12　B·2000YJY8

序号	标本		质地	完损状况	时代	备注
1	2000YJY8：1	云雷纹	灰硬	残片	商代	
2	2000YJY8：2	云雷纹	灰硬	残片	商代	
3	2000YJY8：3	云雷纹	灰硬	残片	商代	
4	2000YJY8：4	云雷纹	灰硬	残片	商代	
5	2000YJY8：5	云雷纹	灰硬	残片	商代	
6	2000YJY8：6	云雷纹	灰硬	残片	商代	
7	2000YJY8：7	篮纹	灰硬	残片	商代	
8	2000YJY8：8	篮纹	泥灰	残片	商代	
9	2000YJY8：9	云雷纹	夹红	残片	商代	
10	2000YJY8：10	云雷纹、篮纹组合	夹红	残片	商代	
11	2000YJY8：11	云雷纹	夹红	残片	商代	
12	2000YJY8：12	篮纹	夹红	残片	商代	
13	2000YJY8：13	甗形器	夹红	残片	商代	甗部分上下两段搭接
14	2000YJY8：14	尊	夹红	残片	商代	尊底与尊体粘接
15	2000YJY8：15	甗形器	夹红	残片	商代	口沿内接于甗体
16	2000YJY8：16	甗形器	夹红	残片	商代	口沿外接于甗体
17	2000YJY8：17	罐	夹红	残片	商代	内外涂抹一层泥浆
18	2000YJY8：18	甗形器	夹红	残片	商代	内外涂抹一层泥浆
19	2000YJY8：19	甗形器	夹红	残片	商代	内外涂抹一层泥浆

表 13　B·2000YJH9

序号	标本		质地	完损状况	时代	备注
1	2000YJH9：1	方格凸圆点、叶脉组合	夹红	残片	商代	
2	2000YJH9：2	云雷纹	灰硬	残片	商代	
3	2000YJH9：3	云雷纹	灰硬	残片	商代	
4	2000YJH9：4	云雷纹	灰硬	残片	商代	

续表

序号	标本		质地	完损状况	时代	备注
5	2000YJH9：5	云雷纹	灰硬	残片	商代	
6	2000YJH9：6	云雷纹	夹红	残片	商代	
7	2000YJH9：7	云雷纹	夹红	残片	商代	
8	2000YJH9：8	云雷纹	夹红	残片	商代	
9	2000YJH9：9	篮纹	灰硬	残片	商代	
10	2000YJH9：10	篮纹	灰硬	残片	商代	
11	2000YJH9：11	篮纹	夹红	残片	商代	
12	2000YJH9：12	篮纹	夹红	残片	商代	
13	2000YJH9：13	篮纹	夹红	残片	商代	
14	2000YJH9：14	席纹	灰硬	残片	商代	
15	2000YJH9：15	叶脉纹	灰硬	残片	商代	
16	2000YJH9：16	曲折纹	夹红	残片	商代	
17	2000YJH9：17	方格纹	灰硬	残片	商代	
18	2000YJH9：18	方格纹	灰硬	残片	商代	
19	2000YJH9：19	方格纹	夹红	残片	商代	
20	2000YJH9：20	方格纹	灰硬	残片	商代	
21	2000YJH9：21	罐	夹灰	残片	商代	覆烧（口沿部积釉）
22	2000YJH9：22	罐	灰硬	残片	商代	口沿与罐体粘连
23	2000YJH9：23	罐	灰硬	残片	商代	覆烧（口沿部积釉）

表 14　B·2007YJH9

序号	标本		质地	完损状况	时代	备注
1	2007YJH9：1	Ⅲ式平底钵	夹灰	修复	商代	
2	2007YJH9：2	云雷纹	灰硬	残片	商代	
3	2007YJH9：3	云雷纹	灰硬	残片	商代	
4	2007YJH9：4	云雷纹	灰硬	残片	商代	
5	2007YJH9：5	叶脉纹	灰硬	残片	商代	
6	2007YJH9：6	篮纹	灰硬	残片	商代	
7	2007YJH9：7	篮纹	灰硬	残片	商代	
8	2007YJH9：8	篮纹	灰硬	残片	商代	
9	2007YJH9：9	篮纹	灰硬	残片	商代	
10	2007YJH9：10	云雷纹	灰硬	残片	商代	

表 15　B·2003YJH38

序号	标本		质地	完损状况	时代	备注
1	2003YJH38：1	Ⅲ式高领鼓肩罐	灰硬	残	商代	
2	2003YJH38：2	缸	红硬	残	商代	
3	2003YJH38：3	云雷纹	灰硬	残片	商代	

续表

序号	标本		质地	完损状况	时代	备注
4	2003 YJH38：4	篮纹	灰硬	残片	商代	
5	2003 YJH38：5	篮纹	灰硬	残片	商代	
6	2003 YJH38：6	云雷纹	夹红	残片	商代	
7	2003 YJH38：7	云雷纹	夹红	残片	商代	
8	2003 YJH38：8	云雷纹	夹红	残片	商代	
9	2003 YJH38：9	篮纹	夹红	残片	商代	

表 16　B·2003 YJH39

序号	标本		质地	完损状况	时代	备注
1	2003 YJH39：1	云雷纹	灰硬	残片	商代	
2	2003 YJH39：2	篮纹	灰硬	残片	商代	
3	2003 YJH39：3	云雷纹	夹红	残片	商代	
4	2003 YJH39：4	云雷纹	夹红	残片	商代	
5	2003 YJH39：5	篮纹	夹红	残片	商代	
6	2003 YJH39：6	篮纹	夹红	残片	商代	

表 17　B·2003 YJH40

序号	标本		质地	完损状况	时代	备注
1	2003 YJH40：1	Aa 型带把钵	夹灰	修复	商代	
2	2003 YJH40：2	B 型釜	夹灰	修复	商代	
3	2003 YJH40：3	Aa 型器盖	红硬	残	商代	内沿下有刻符
4	2003 YJH40：4	A I 式甗形器	红硬	修复	商代	
5	2003 YJH40：5	I 式平底钵	灰硬	修复	商代	内沿下有刻符
6	2003 YJH40：6	A 型陶拍	红硬	残	商代	
7	2003 YJH40：7	A 型陶垫	红硬	修复	商代	
8	2003 YJH40：8	I 式平底钵	灰硬	修复	商代	
9	2003 YJH40：9	B 型斝	红硬	修复	商代	
10	2003 YJH40：10	A 型纺轮	红硬	完整	商代	
11	2003 YJH40：11	C 型盂	灰硬	修复	商代	
12	2003 YJH40：12	C 型杯	灰硬	修复	商代	
13	2003 YJH40：13	I 式高领鼓肩罐	灰硬	残	商代	
14	2003 YJH40：14	刀	灰硬	完整	商代	
15	2003 YJH40：15	刀	灰硬	略残	商代	
16	2003 YJH40：16	B 型豆	灰硬	修复	商代	内沿下有刻符
17	2003 YJH40：17	I 式垂腹罐	夹灰	修复	商代	
18	2003 YJH40：18	云雷纹	灰硬	残片	商代	
19	2003 YJH40：19	云雷纹	灰硬	残片	商代	
20	2003 YJH40：20	云雷纹	灰硬	残片	商代	
21	2003 YJH40：21	篮纹	灰硬	残片	商代	

续表

续表

序号	标本		质地	完损状况	时代	备注
22	2003 YJH40：22	篮纹	灰硬	残片	商代	
23	2003 YJH40：23	篮纹	灰硬	残片	商代	
24	2003 YJH40：24	篮纹	灰硬	残片	商代	
25	2003 YJH40：25	方格、篮纹组合	灰硬	残片	商代	
26	2003 YJH40：26	云雷纹	夹红	残片	商代	
27	2003 YJH40：27	云雷纹	夹红	残片	商代	
28	2003 YJH40：28	篮纹	夹红	残片	商代	
29	2003 YJH40：29	篮纹	夹红	残片	商代	

表 18　B・2007YJH42①

序号	标本		质地	完损状况	时代	备注
1	2007 YJH42①：1	Ⅱ式平底钵	夹灰	修复	商代	内沿下有刻符
2	2007 YJH42①：2	Ⅰ式高领鼓肩罐	泥红	残	商代	
3	2007 YJH42①：3	Ⅱ式平底钵	夹灰	修复	商代	内沿下有刻符
4	2007 YJH42①：4	云雷纹	泥灰	残片	商代	
5	2007 YJH42①：5	云雷纹	灰硬	残片	商代	
6	2007 YJH42①：6	云雷纹	灰硬	残片	商代	
7	2007 YJH42①：7	云雷纹	灰硬	残片	商代	
8	2007 YJH42①：8	云雷纹	灰硬	残片	商代	
9	2007 YJH42①：9	云雷纹	灰硬	残片	商代	
10	2007 YJH42①：10	云雷纹	灰硬	残片	商代	
11	2007 YJH42①：11	云雷纹	灰硬	残片	商代	
12	2007 YJH42①：12	云雷纹	灰硬	残片	商代	
13	2007 YJH42①：13	云雷纹	夹红	残片	商代	
14	2007 YJH42①：14	篮纹	灰硬	残片	商代	
15	2007 YJH42①：15	篮纹	灰硬	残片	商代	
16	2007 YJH42①：16	篮纹	灰硬	残片	商代	
17	2007 YJH42①：17	篮纹	灰硬	残片	商代	
18	2007 YJH42①：18	篮纹	夹红	残片	商代	

表 19　B・2007YJH42②

序号	标本		质地	完损状况	时代	备注
1	2007 YJH42②：1	Ⅰ式平底钵	夹灰	修复	商代	
2	2007 YJH42②：2	A 型陶拍	泥灰	残	商代	外侧有刻符
3	2007 YJH42②：3	Ⅰ式平底钵	泥红	修复	商代	
4	2007 YJH42②：4	云雷纹	灰硬	残片	商代	
5	2007 YJH42②：5	云雷纹	灰硬	残片	商代	
6	2007 YJH42②：6	云雷纹	灰硬	残片	商代	
7	2007 YJH42②：7	云雷纹	灰硬	残片	商代	

续表

序号	标本		质地	完损状况	时代	备注
8	2007YJH42②：8	云雷纹	灰硬	残片	商代	
9	2007YJH42②：9	云雷纹	灰硬	残片	商代	
10	2007YJH42②：10	云雷纹	灰硬	残片	商代	
11	2007YJH42②：11	云雷纹	灰硬	残片	商代	
12	2007YJH42②：12	篮纹	灰硬	残片	商代	
13	2007YJH42②：13	篮纹	灰硬	残片	商代	
14	2007YJH42②：14	篮纹	灰硬	残片	商代	
15	2007YJH42②：15	篮纹	灰硬	残片	商代	

表20　B·2007YJF4

序号	标本		质地	完损状况	时代	备注
1	2007YJF4：1	直腹罐	夹红	修复	商代	
2	2007YJF4：2	I式平底钵	夹灰	修复	商代	
3	2007YJF4：3	I式平底钵	泥灰	修复	商代	
4	2007YJF4：4	云雷纹	灰硬	残片	商代	
5	2007YJF4：5	云雷纹	夹红	残片	商代	
6	2007YJF4：6	云雷纹	夹红	残片	商代	
7	2007YJF4：7	篮纹	灰硬	残片	商代	
8	2007YJF4：8	篮纹	夹红	残片	商代	

表21　B·2007YJF5

序号	标本		质地	完损状况	时代	备注
1	2007YJF5：1	器底	泥红	残	商代	

表22　B·2007YJF6

序号	标本		质地	完损状况	时代	备注
1	2007YJF6：1	石矛	石	残	商代	

表23　B·2000YJT0543①

序号	标本		质地	完损状况	时代	备注
1	2000YJT0543①：1	B型釜	夹灰	修复	商代	口沿上有刻符

表24　B·2007YJT0544①

序号	标本号	器名	质地	完损状况	时代	备注
1	2007YJT0544①：1	I式平底钵	夹灰	修复	商代	内沿下有刻符
2	2007YJT0544①：2	直腹罐	夹灰	修复	商代	
3	2007YJT0544①：3	C型支座	夹红	残	商代	

续表

序号	标本号	器名	质地	完损状况	时代	备注
4	2007YJT0544①: 4	云雷纹	灰硬	残片	商代	
5	2007YJT0544①: 5	云雷纹	灰硬	残片	商代	
6	2007YJT0544①: 6	云雷纹	灰硬	残片	商代	
7	2007YJT0544①: 7	云雷纹	灰硬	残片	商代	
8	2007YJT0544①: 8	云雷纹	灰硬	残片	商代	
9	2007YJT0544①: 9	云雷纹	夹红	残片	商代	

表 25　B·2000YJT0643①

序号	标本		质地	完损状况	时代	备注
1	2000YJT0643①: 1	B 型三足盘	夹灰	残	商代	内沿下有刻符
2	2000YJT0643①: 2	Ⅱ式平底钵	灰硬	残	商代	
3	2000YJT0643①: 3	A 型支座	夹红	残	商代	

表 26　B·2000YJT0644①

序号	标本		质地	完损状况	时代	备注
1	2000YJT0644①: 1	B 型甑形器	夹灰	修复	商代	
2	2000YJT0644①: 2	C 型盂	夹灰	修复	商代	
3	2000YJT0644①: 3	Ab 型器盖	泥灰	修复	商代	内沿下有刻符
4	2000YJT0644①: 4	Ⅱ式平底钵	泥红	修复	商代	外沿下有刻符
5	2000YJT0644①: 5	刀	泥红	残	商代	
6	2000YJT0644①: 6	A 型支座	夹红	残	商代	
7	2000YJT0644①: 7	Ⅱ式平底钵	夹灰	修复	商代	内沿下有刻符
8	2000YJT0644①: 8	直腹罐	泥红	修复	商代	
9	2000YJT0644①: 9	Ⅱ式平底钵	夹红	修复	商代	

表 27　B·2007YJT0644①

序号	标本		质地	完损状况	时代	备注
1	2007YJT0644①: 1	Ⅲ式平底钵	夹灰	修复	商代	外沿下有刻符
2	2007YJT0644①: 2	Ⅲ式平底钵	泥红	残	商代	
3	2007YJT0644①: 3	A 型陶拍	灰硬	残	商代	
4	2007YJT0644①: 4	甑形器	夹红	残	商代	工艺标本
5	2007YJT0644①: 5	刀	夹红	残	商代	
6	2007YJT0644①: 6	Ⅲ式平底钵	泥灰	残	商代	
7	2007YJT0644①: 7	Ⅲ式平底钵	夹灰	修复	商代	内沿下有刻符
8	2007YJT0644①: 8	缸	夹红	残	商代	
9	2007YJT0644①: 9	缸	夹红	残	商代	
10	2007YJT0644①: 10	缸	夹红	残	商代	

续表

序号	标本		质地	完损状况	时代	备注
11	2007YJT0644①:11	缸	夹红	残	商代	
12	2007YJT0644①:12	B型三足盘	夹灰	修复	商代	
13	2007YJT0644①:13	云雷纹	灰硬	残片	商代	
14	2007YJT0644①:14	云雷纹	灰硬	残片	商代	
15	2007YJT0644①:15	云雷纹	灰硬	残片	商代	
16	2007YJT0644①:16	云雷纹	夹红	残片	商代	
17	2007YJT0644①:17	云雷纹	夹红	残片	商代	
18	2007YJT0644①:18	云雷纹	灰硬	残片	商代	
19	2007YJT0644①:19	云雷纹	灰硬	残片	商代	
20	2007YJT0644①:20	云雷纹	灰硬	残片	商代	
21	2007YJT0644①:21	云雷纹	灰硬	残片	商代	
22	2007YJT0644①:22	云雷纹	灰硬	残片	商代	
23	2007YJT0644①:23	云雷纹	夹红	残片	商代	
24	2007YJT0644①:24	云雷纹	灰硬	残片	商代	
25	2007YJT0644①:25	篮纹	夹红	残片	商代	
26	2007YJT0644①:26	篮纹	灰硬	残片	商代	
27	2007YJT0644①:27	篮纹	灰硬	残片	商代	
28	2007YJT0644①:28	罐	灰硬	残片		口沿上有凹痕，叠烧标本

表28　B·2000YJT0645①

序号	标本		质地	完损状况	时代	备注
1	2000YJT0645①:1	Ⅱ式平底钵	夹灰	修复	商代	
2	2000YJT0645①:2	Ⅱ式平底钵	夹灰	完整	商代	外沿下有刻符
3	2000YJT0645①:3	Ⅱ式平底钵	夹红	修复	商代	内沿下有刻符
4	2000YJT0645①:4	Ⅱ式平底钵	夹灰	修复	商代	内底有刻符
5	2000YJT0645①:5	B型斝	泥红	修复	商代	
6	2000YJT0645①:6	Ⅱ式垂腹罐	夹灰	修复	商代	口沿上有刻符
7	2000YJT0645①:7	Ⅱ式平底钵	泥灰	修复	商代	内沿下有刻符
8	2000YJT0645①:8	A型支座	夹红	残	商代	
9	2000YJT0645①:9	A型陶垫	泥红	完整	商代	
10	2000YJT0645①:10	Ⅱ式平底钵	泥灰	修复	商代	
11	2000YJT0645①:11	B型三足盘	泥灰	残	商代	内沿下有刻符
12	2000YJT0645①:12	Ⅱ式平底钵	泥红	修复	商代	
13	2000YJT0645①:13	B型盅	夹灰	修复	商代	口沿上有刻符
14	2000YJT0645①:14	Ⅱ式平底钵	夹灰	残	商代	
15	2000YJT0645①:15	B型器盖	夹灰	残	商代	

表29　B·2007YJT0645①

序号	标本		质地	完损状况	时代	备注
1	2007YJT0645①:1	B型三足盘	夹灰	修复	商代	
2	2007YJT0645①:2	B型三足盘	夹灰	修复	商代	内沿下有刻符
3	2007YJT0645①:3	Ⅱ式平底钵	夹红	修复	商代	
4	2007YJT0645①:4	觚形杯	夹灰	修复	商代	
5	2007YJT0645①:5	器底	夹红	残	商代	
6	2007YJT0645①:6	A型陶拍	泥灰	残	商代	
7	2007YJT0645①:7	釜	夹灰	残	商代	口沿上有刻符
8	2007YJT0645①:8	A型陶拍	夹灰	修复	商代	
9	2007YJT0645①:9	云雷纹	灰硬	残片	商代	
10	2007YJT0645①:10	云雷纹	灰硬	残片	商代	
11	2007YJT0645①:11	云雷纹	灰硬	残片	商代	
12	2007YJT0645①:12	云雷纹	灰硬	残片	商代	
13	2007YJT0645①:13	篮纹	灰硬	残片	商代	
14	2007YJT0645①:14	篮纹	灰硬	残片	商代	
15	2007YJT0645①:15	篮纹	灰硬	残片	商代	

表30　B·2000YJT0743①

序号	标本		质地	完损状况	时代	备注
1	2000YJT0743①:1	A型三足盘	夹红	残	商代	内沿下、内腹有刻符
2	2000YJT0743①:2	B型瓿形器	夹红	修复	商代	
3	2000YJT0743①:3	A型石锛	石	残	商代	

表31　B·2007YJT0743①

序号	标本		质地	完损状况	时代	备注
1	2007YJT0743①:1	云雷纹	灰硬	残片	商代	
2	2007YJT0743①:2	云雷纹	灰硬	残片	商代	
3	2007YJT0743①:3	云雷纹	灰硬	残片	商代	
4	2007YJT0743①:4	云雷纹	灰硬	残片	商代	
5	2007YJT0743①:5	云雷纹	灰硬	残片	商代	
6	2007YJT0743①:6	云雷纹	灰硬	残片	商代	
7	2007YJT0743①:7	云雷纹	灰硬	残片	商代	
8	2007YJT0743①:8	云雷纹	灰硬	残片	商代	
9	2007YJT0743①:9	云雷纹	灰硬	残片	商代	
10	2007YJT0743①:10	云雷纹	夹红	残片	商代	
11	2007YJT0743①:11	云雷纹	夹红	残片	商代	
12	2007YJT0743①:12	云雷纹	灰硬	残片	商代	
13	2007YJT0743①:13	云雷纹	灰硬	残片	商代	
14	2007YJT0743①:14	篮纹	灰硬	残片	商代	
15	2007YJT0743①:15	篮纹	灰硬	残片	商代	
16	2007YJT0743①:16	篮纹	灰硬	残片	商代	
17	2007YJT0743①:17	篮纹	灰硬	残片	商代	
18	2007YJT0743①:18	篮纹	灰硬	残片	商代	

表32　B·2007YJT0743②

序号	标本		质地	完损状况	时代	备注
1	2007YJT0743②：1	带把钵	夹灰	残	商代	把与钵颜色不同，推测是叠烧形成

表33　B·2000YJT0744①

序号	标本		质地	完损状况	时代	备注
1	2000YJT0744①：1	A型陶垫	夹灰	残	商代	
2	2000YJT0744①：2	Ⅲ式平底钵	灰硬	修复	商代	
3	2000YJT0744①：3	A型石镞	石	略残	商代	
4	2000YJT0744①：4	C型盂	灰硬	修复	商代	
5	2000YJT0744①：5	缸	夹红	修复	商代	
6	2000YJT0744①：6	Ⅱ式平底钵	夹灰	修复	商代	内沿下有刻符
7	2000YJT0744①：7	Ⅰ式平底钵	夹灰	完整	商代	内沿下有刻符
8	2000YJT0744①：8	Ⅱ式平底钵	夹灰	修复	商代	内沿下有刻符
9	2000YJT0744①：9	B型盅	夹灰	修复	商代	外底有刻符
10	2000YJT0744①：10	B型三足盘	泥灰	残	商代	内沿下有刻符
11	2000YJT0744①：11	A型釜	夹灰	修复	商代	内沿上有刻符
12	2000YJT0744①：12	B型盏	泥红	残	商代	
13	2000YJT0744①：13	A型支座	夹红	修复	商代	

表34　B·2007YJT0744①

序号	标本		质地	完损状况	时代	备注
1	2007YJT0744①：1	Ⅰ式平底钵	泥红	修复	商代	
2	2007YJT0744①：2	C型豆	夹灰	修复	商代	内沿下有刻符
3	2007YJT0744①：3	B型尊	灰硬	残	商代	
4	2007YJT0744①：4	Ⅰ式平底钵	夹灰	修复	商代	内沿下有刻符
5	2007YJT0744①：5	水注	夹红	残	商代	
6	2007YJT0744①：6	A型支座	泥红	残	商代	
7	2007YJT0744①：7	A型网坠	泥灰	略残	商代	
8	2007YJT0744①：8	环	泥灰	残	商代	
9	2007YJT0744①：9	砺石	石	残	商代	
10	2007YJT0744①：10	B型三足盘	夹灰	修复	商代	
11	2007YJT0744①：11	B型支座	泥红	残	商代	
12	2007YJT0744①：12	器底	夹灰	残	商代	
13	2007YJT0744①：13	云雷纹	泥灰	残片	商代	
14	2007YJT0744①：14	云雷纹	灰硬	残片	商代	
15	2007YJT0744①：15	云雷纹	灰硬	残片	商代	
16	2007YJT0744①：16	云雷纹	灰硬	残片	商代	
17	2007YJT0744①：17	云雷纹	泥红	残片	商代	

续表

序号	标本		质地	完损状况	时代	备注
18	2007YJT0744①:18	云雷纹	夹红	残片	商代	
19	2007YJT0744①:19	篮纹	灰硬	残片	商代	
20	2007YJT0744①:20	篮纹	夹红	残片	商代	
21	2007YJT0744①:21	篮纹	灰硬	残片	商代	
22	2007YJT0744①:22	篮纹	灰硬	残片	商代	
23	2007YJT0744①:23	篮纹	夹红	残片	商代	
24	2007YJT0744①:24	篮纹	夹红	残片	商代	
25	2007YJT0744①:25	带把钵	夹灰	残片	商代	把手包夹钵
26	2007YJT0744①:26	罐	夹灰	残片	商代	拍印纹饰时残留拍痕

表35　B·2000YJT0745①

序号	标本		质地	完损状况	时代	备注
1	2000YJT0745①:1	B型盔形钵	夹灰	修复	商代	
2	2000YJT0745①:2	Ⅲ式平底钵	夹红	修复	商代	内腹有刻符
3	2000YJT0745①:3	直腹罐	灰硬	修复	商代	口沿上有刻符
4	2000YJT0745①:4	Ⅲ式平底钵	夹灰	修复	商代	
5	2000YJT0745①:5	B型三足盘	灰硬	残	商代	
6	2000YJT0745①:6	Ⅲ式平底钵	夹灰	修复	商代	

表36　B·2007YJT0745①

序号	标本		质地	完损状况	时代	备注
1	2007YJT0745①:1	云雷纹	灰硬	残片	商代	
2	2007YJT0745①:2	云雷纹	灰硬	残片	商代	
3	2007YJT0745①:3	篮纹	泥灰	残片	商代	
4	2007YJT0745①:4	篮纹	灰硬	残片	商代	
5	2007YJT0745①:5	篮纹	灰硬	残片	商代	
6	2007YJT0745①:6	篮纹	灰硬	残片	商代	

表37　B·2000YJ采

序号	标本		质地	完损状况	时代	备注
1	2000YJ采:1	直腹罐	夹红	修复	商代	
2	2000YJ采:2	直腹罐	夹红	修复	商代	
3	2000YJ采:3	Ⅲ式平底钵	泥红	修复	商代	
4	2000YJ采:4	Ⅲ式平底钵	夹灰	修复	商代	内沿下有刻符
5	2000YJ采:5	B型陶拍	夹灰	残	商代	
6	2000YJ采:6	B型陶垫	泥灰	完整	商代	
7	2000YJ采:7	A型三足盘	夹灰	残	商代	内沿下有刻符
8	2000YJ采:8	A型三足盘	夹灰	修复	商代	内沿下有刻符

表38　B·2007YJ 采

序号	标本		质地	完损状况	时代	备注
1	2007YJ 采:1	A 型陶拍	泥红	残	商代	
2	2007YJ 采:2	B 型纺轮	泥灰	略残	商代	

表39　C·83 板 T1

序号	标本		质地	完损状况	时代	备注
1	83 板 T1：1	A 型石锛	石	修复	商代	
2	83 板 T1：2	A 型盔形钵	灰硬	完整	商代	
3	83 板 T1：3	Ⅱ式鼓腹罐	灰硬	修复	商代	
4	83 板 T1：4	A 型三足盘	灰硬	修复	商代	
5	83 板 T1：5	A 型盔形钵	灰硬	修复	商代	
6	83 板 T1：6	A 型网坠	灰硬	完整	商代	
7	83 板 T1：7	石锛	石	残	商代	
8	83 板 T1：8	A 型石锛	石	残	商代	
9	83 板 T1：9	A 型盔形钵	灰硬	修复	商代	
10	83 板 T1：10	A 型三足盘	灰硬	修复	商代	内沿下有刻符
11	83 板 T1：11	A 型三足盘	灰硬	残	商代	内沿下有刻符
12	83 板 T1：12	A 型三足盘	灰硬	修复	商代	足上有刻符
13	83 板 T1：13	A 型三足盘	泥灰	残	商代	内腹下有刻符
14	83 板 T1：14	A 型陶拍	泥灰	残	商代	
15	83 板 T1：15	A 型陶拍	泥灰	残	商代	
16	83 板 T1：16	B 型陶拍	泥红	残	商代	
17	83 板 T1：17	C 型盂	灰硬	修复	商代	外沿下、内底有刻符
18	83 板 T1：18	杯形器	夹红	残	商代	
19	83 板 T1：19	B 型器盖	灰硬	残	商代	
20	83 板 T1：20	C 型三足盘	灰硬	残	商代	
21	83 板 T1：21	瓮	灰硬	残	商代	
22	83 板 T1：22	矮领鼓肩罐	灰硬	残	商代	
23	83 板 T1：23	Ⅱ式垂腹罐	泥红	残	商代	
24	83 板 T1：24	B 型釜	灰硬	残	商代	
25	83 板 T1：25	Ⅱ式垂腹罐	灰硬	残	商代	
26	83 板 T1：26	A 型坛	灰硬	残	商代	
27	83 板 T1：27	A 型陶垫	灰硬	残	商代	

表 40　C·2000YJY1

序号	标本		质地	完损状况	时代	备注
1	2000YJY1：1	A 型纺轮	灰硬	完整	商代	斜面上有刻符
2	2000YJY1：2	A 型石镞	石	残	商代	
3	2000YJY1：3	B 型石镞	石	残	商代	
4	2000YJY1：4	B 型石镞	石	修复	商代	
5	2000YJY1：5	A 型三足盘	泥红	残	商代	
6	2000YJY1：6	A 型石镞	石	略残	商代	
7	2000YJY1：7	垂腹小罐	灰硬	修复	商代	
8	2000YJY1：8	A 型网坠	灰硬	完整	商代	
9	2000YJY1：9	A 型纺轮	灰硬	完整	商代	
10	2000YJY1：10	A 型网坠	泥灰	完整	商代	
11	2000YJY1：11	A 型网坠	泥灰	略残	商代	
12	2000YJY1：12	Ⅱ式平底钵	灰硬	修复	商代	内腹有刻符
13	2000YJY1：13	B 型石镞	石	略残	商代	
14	2000YJY1：14	Ⅱ式平底钵	灰硬	修复	商代	外腹有刻符
15	2000YJY1：15	A 型三足盘	灰硬	有冲口	商代	内沿下有刻符
16	2000YJY1：16	B 型纺轮	灰硬	完整	商代	
17	2000YJY1：17	C 型支座	夹红	残	商代	
18	2000YJY1：18	B 型石镞	石	略残	商代	
19	2000YJY1：19	B 型带把钵	夹灰	修复	商代	内腹有刻符
20	2000YJY1：20	A 型三足盘	泥红	残	商代	
21	2000YJY1：21	A 型网坠	泥红	略残	商代	
22	2000YJY1：22	A 型网坠	夹灰	完整	商代	
23	2000YJY1：23	直腹罐	泥红	修复	商代	
24	2000YJY1：24	A 型网坠	灰硬	完整	商代	
25	2000YJY1：25	A 型三足盘	灰硬	残	商代	内沿下有刻符
26	2000YJY1：26	C 型尊	泥红	修复	商代	内沿下有刻符
27	2000YJY1：27	A 型盔形钵	灰硬	修复	商代	
28	2000YJY1：28	A 型石镞	石	完整	商代	
29	2000YJY1：29	A 型网坠	灰硬	完整	商代	
30	2000YJY1：30	A 型石镞	石	完整	商代	
31	2000YJY1：31	A 型陶拍	灰硬	修复	商代	
32	2000YJY1：32	勺	灰硬	修复	商代	
33	2000YJY1：33	Ⅱ式平底钵	泥红	修复	商代	
34	2000YJY1：34	D 型盂	灰硬	修复	商代	
35	2000YJY1：35	A 型三足盘	灰硬	残	商代	内沿下有刻符
36	2000YJY1：36	云雷纹	夹红	残片	商代	
37	2000YJY1：37	云雷纹	夹红	残片	商代	
38	2000YJY1：38	篮纹	夹红	残片	商代	
39	2000YJY1：39	云雷纹	灰硬	残片	商代	

续表

序号	标本		质地	完损状况	时代	备注
40	2000YJY1：40	云雷纹	灰硬	残片	商代	
41	2000YJY1：41	云雷纹	灰硬	残片	商代	
42	2000YJY1：42	篮纹	灰硬	残片	商代	
43	2000YJY1：43	篮纹	灰硬	残片	商代	
44	2000YJY1：44	云雷纹、方格纹组合	灰硬	残片	商代	
45	2000YJY1：45	方格纹	灰硬	残片	商代	
46	2000YJY1：46	曲折纹	灰硬	残片	商代	

表41　C·2000YJY3

序号	标本		质地	完损状况	时代	备注
1	2000YJY3：1	A型网坠	灰硬	完整	商代	
2	2000YJY3：2	A型三足盘	灰硬	残	商代	内沿下有刻符
3	2000YJY3：3	B型釜	泥红	修复	商代	口沿上有刻符
4	2000YJY3：4	A型网坠	灰硬	完整	商代	
5	2000YJY3：5	A型陶垫	灰硬	完整	商代	柄上有刻符
6	2000YJY3：6	A型网坠	灰硬	完整	商代	
7	2000YJY3：7	A型三足盘	灰硬	残	商代	
8	2000YJY3：8	砺石	石	残	商代	
9	2000YJY3：9	A型网坠	泥灰	完整	商代	
10	2000YJY3：10	A型网坠	灰硬	略残	商代	
11	2000YJY3：11	A型石镞	石	残	商代	
12	2000YJY3：12	A型盔形钵	灰硬	修复	商代	
13	2000YJY3：13	砺石	石	残	商代	
14	2000YJY3：14	A型陶垫	泥红	残	商代	
15	2000YJY3：15	A型网坠	灰硬	完整	商代	
16	2000YJY3：16	A型网坠	灰硬	完整	商代	
17	2000YJY3：17	A型网坠	灰硬	完整	商代	
18	2000YJY3：18	A型网坠	灰硬	完整	商代	
19	2000YJY3：19	A型网坠	灰硬	完整	商代	
20	2000YJY3：20	A型网坠	灰硬	完整	商代	
21	2000YJY3：21	A型网坠	灰硬	完整	商代	
22	2000YJY3：22	A型网坠	灰硬	完整	商代	
23	2000YJY3：23	A型网坠	灰硬	完整	商代	
24	2000YJY3：24	B型器盖	灰硬	修复	商代	
25	2000YJY3：25	A型网坠	灰硬	完整	商代	
26	2000YJY3：26	A型网坠	灰硬	略残	商代	

表 42　C·2003YJY9

序号	标本		质地	完损状况	时代	备注
1	2003YJY9：1	A 型网坠	灰硬	完整	商代	
2	2003YJY9：2	石凿	石	残	商代	
3	2003YJY9：3	B 型三足盘	泥红	残	商代	内沿下有刻符
4	2003YJY9：4	A 型陶拍	灰硬	残	商代	
5	2003YJY9：5	C 型盂	灰硬	修复	商代	
6	2003YJY9：6	C 型尊	灰硬	残	商代	
7	2003YJY9：7	A 型支座	夹红	修复	商代	
8	2003YJY9：8	A 型三足盘	泥红	修复	商代	内沿下有刻符
9	2003YJY9：9	Ⅱ式平底钵	灰硬	修复	商代	
10	2003YJY9：10	A 型盖碗	灰硬	残	商代	圈足上有刻符
11	2003YJY9：11	Ⅲ式平底钵	灰硬	修复	商代	
12	2003YJY9：12	B 型支座	夹红	残	商代	
13	2003YJY9：13	A 型石镞	石	残	商代	
14	2003YJY9：14	A 型网坠	灰硬	完整	商代	
15	2003YJY9：15	A 型网坠	灰硬	完整	商代	
16	2003YJY9：16	B 型三足盘	灰硬	残	商代	
17	2003YJY9：17	A 型石镞	石	完整	商代	
18	2003YJY9：18	A 型网坠	灰硬	完整	商代	
19	2003YJY9：19	Aa 型器盖	泥红	残	商代	
20	2003YJY9：20	豆	灰硬	残	商代	
21	2003YJY9：21	A 型三足盘	灰硬	残	商代	内底有刻符
22	2003YJY9：22	Ⅱ式平底钵	泥灰	修复	商代	
23	2003YJY9：23	Ab 型带把钵	泥红	修复	商代	
24	2003YJY9：24	B 型三足盘	灰硬	残	商代	内沿下有刻符
25	2003YJY9：25	A 型豆	灰硬	修复	商代	
26	2003YJY9：26	B 型支座	夹红	残	商代	
27	2003YJY9：27	A 型石镞	石	残	商代	
28	2003YJY9：28	A 型三足盘	夹灰	残	商代	内沿下有刻符
29	2003YJY9：29	A 型陶垫	泥红	完整	商代	
30	2003YJY9：30	A 型盂	灰硬	修复	商代	
31	2003YJY9：31	B 型三足盘	灰硬	修复	商代	内沿下有刻符
32	2003YJY9：32	A 型石镞	石	残	商代	
33	2003YJY9：33	矮领鼓肩罐	灰硬	修复	商代	口沿上有刻符
34	2003YJY9：34	Ⅰ式高领鼓肩罐	夹灰	残	商代	
35	2003YJY9：35	Ⅰ式高领鼓肩罐	灰硬	残	商代	
36	2003YJY9：36	A 型三足盘	泥红	残	商代	
37	2003YJY9：37	B 型器盖	泥红	残	商代	
38	2003YJY9：38	B 型三足盘	灰硬	修复	商代	内沿下有刻符
39	2003YJY9：39	盔形钵	灰硬	残	商代	

续表

序号	标本		质地	完损状况	时代	备注
40	2003 YJY9：40	B 型尊	灰硬	修复	商代	内沿下有刻符
41	2003 YJY9：41	A 型陶拍	灰硬	完整	商代	
42	2003 YJY9：42	C 型支座	灰硬	修复	商代	
43	2003 YJY9：43	II 式高领鼓肩罐	泥红	修复	商代	
44	2003 YJY9：44	B 型甗形器	泥灰	修复	商代	
45	2003 YJY9：45	B 型釜	灰硬	修复	商代	口沿上有刻符
46	2003 YJY9：46	B 型釜	灰硬	残	商代	
47	2003 YJY9：47	A 型三足盘	灰硬	残	商代	
48	2003 YJY9：48	C 型三足盘	泥红	残	商代	
49	2003 YJY9：49	鼓腹小罐	夹红	修复	商代	
50	2003 YJY9：50	A 型陶垫	泥黄	残	商代	
51	2003 YJY9：51	A 型网坠	灰硬	完整	商代	
52	2003 YJY9：52	A 型网坠	灰硬	完整	商代	
53	2003 YJY9：53	石斧	石	完整	商代	
54	2003 YJY9：54	Aa 型带把钵	泥灰	修复	商代	外底有刻符
55	2003 YJY9：55	A 型三足盘	泥红	修复	商代	
56	2003 YJY9：56	Ab 型器盖	泥红	修复	商代	
57	2003 YJY9：57	A 型三足盘	灰硬	修复	商代	
58	2003 YJY9：58	A 型网坠	灰硬	完整	商代	
59	2003 YJY9：59	III 式平底钵	泥红	修复	商代	
60	2003 YJY9：60	直腹小罐	泥红	残	商代	
61	2003 YJY9：61	刀	灰硬	残	商代	
62	2003 YJY9：62	尊	灰硬	残	商代	
63	2003 YJY9：63	A 型石镞	石	略残	商代	
64	2003 YJY9：64	矮领鼓肩罐	泥红	修复	商代	口沿上有刻符
65	2003 YJY9：65	B 型三足盘	灰硬	修复	商代	内沿下、内底有刻符
66	2003 YJY9：66	III 式平底钵	灰硬	修复	商代	外底有刻符
67	2003 YJY9：67	B 型釜	泥灰	修复	商代	
68	2003 YJY9：68	III 式平底钵	泥灰	修复	商代	内沿下有刻符
69	2003 YJY9：69	Ab 型器盖	泥黄	修复	商代	
70	2003 YJY9：70	A 型陶拍	灰硬	残	商代	
71	2003 YJY9：71	B 型三足盘	泥灰	残	商代	内沿下刻符
72	2003 YJY9：72	B 型三足盘	灰硬	残	商代	内沿下有刻符
73	2003 YJY9：73	III 式平底钵	灰硬	修复	商代	
74	2003 YJY9：74	Ab 型器盖	泥黄	修复	商代	口沿下有刻符
75	2003 YJY9：75	A 型壶	泥红	修复	商代	
76	2003 YJY9：76	II 式高领鼓肩罐	灰硬	残	商代	
77	2003 YJY9：77	矮领鼓肩罐	灰硬	修复	商代	口沿上有刻符
78	2003 YJY9：78	A 型网坠	灰硬	完整	商代	
79	2003 YJY9：79	直腹罐	泥红	修复	商代	

续表

序号	标本		质地	完损状况	时代	备注
80	2003YJY9：80	Ⅱ式平底钵	泥红	修复	商代	
81	2003YJY9：81	B型纺轮	泥灰	完整	商代	
82	2003YJY9：82	B型盂	灰硬	略残	商代	外腹有刻符
83	2003YJY9：83	C型豆	泥灰	修复	商代	
84	2003YJY9：84	AⅡ式瓿形器	泥红	修复	商代	
85	2003YJY9：85	B型釜	红硬	残	商代	
86	2003YJY9：86	B型杯	泥红	修复	商代	口沿上有刻符
87	2003YJY9：87	Ⅲ式平底钵	泥灰	残	商代	
88	2003YJY9：88	A型网坠	灰硬	完整	商代	
89	2003YJY9：89	Ⅱ式平底钵	泥灰	残	商代	
90	2003YJY9：90	Ⅰ式高领鼓肩罐	泥灰	残	商代	
91	2003YJY9：91	B型盖碗	泥灰	修复	商代	
92	2003YJY9：92	AⅡ式瓿形器	夹红	残	商代	内沿下有刻符
93	2003YJY9：93	瓮	红硬	残	商代	
94	2003YJY9：94	Ab型器盖	夹红	修复	商代	
95	2003YJY9：95	B型釜	夹灰	修复	商代	
96	2003YJY9：96	云雷纹	夹红	残片	商代	
97	2003YJY9：97	席纹	灰硬	残片	商代	
98	2003YJY9：98	席纹	灰硬	残片	商代	
99	2003YJY9：99	叶脉纹	灰硬	残片	商代	
100	2003YJY9：100	方格纹	灰硬	残片	商代	
101	2003YJY9：101	方格纹、席纹组合	灰硬	残片	商代	

表43　C·2003YJY10

序号	标本		质地	完损状况	时代	备注
1	2003YJY10：1	B型豆	灰硬	修复	商代	内沿下有刻符
2	2003YJY10：2	A型三足盘	灰硬	残	商代	
3	2003YJY10：3	B型釜	灰硬	残	商代	
4	2003YJY10：4	B型釜	夹红	修复	商代	
5	2003YJY10：5	A型三足盘	原始瓷	残	商代	送检
6	2003YJY10：6	石饼	石	完整	商代	
7	2003YJY10：7	B型纺轮	灰硬	略残	商代	
8	2003YJY10：8	A型网坠	灰硬	完整	商代	
9	2003YJY10：9	缸	夹红	残	商代	
10	2003YJY10：10	矮领鼓肩罐	泥红	修复	商代	口沿上有刻符
11	2003YJY10：11	B型纺轮	夹红	略残	商代	
12	2003YJY10：12	A型豆	灰硬	修复	商代	
13	2003YJY10：13	B型石锛	石	残	商代	
14	2003YJY10：14	B形支座	夹红	残	商代	

续表

序号	标本		质地	完损状况	时代	备注
15	2003YJY10：15	A型网坠	灰硬	完整	商代	
16	2003YJY10：16	A型盔形钵	灰硬	修复	商代	
17	2003YJY10：17	Ⅲ式高领鼓肩罐	灰硬	修复	商代	内沿下有刻符
18	2003YJY10：18	B型豆	灰硬	残	商代	
19	2003YJY10：19	A型盔形钵	灰硬	完整	商代	内沿下有刻符
20	2003YJY10：20	B型带把钵	灰硬	略残	商代	内腹有刻符
21	2003YJY10：21	A型网坠	灰硬	完整	商代	
22	2003YJY10：22	Ⅱ式垂腹罐	夹红	修复	商代	
23	2003YJY10：23	A型网坠	灰硬	完整	商代	
24	2003YJY10：24	A型网坠	泥红	完整	商代	
25	2003YJY10：25	A型三足盘	灰硬	残	商代	内沿下有刻符
26	2003YJY10：26	B型支座	夹黄	修复	商代	
27	2003YJY10：27	Ⅱ式鼓腹罐	灰硬	修复	商代	
28	2003YJY10：28	A型三足盘	泥红	修复	商代	外底有刻符
29	2003YJY10：29	瓮	泥红	残	商代	
30	2003YJY10：30	Ⅱ式平底钵	灰硬	修复	商代	内沿下有刻符
31	2003YJY10：31	缸	灰硬	修复	商代	
32	2003YJY10：32	Ⅱ式高领鼓肩罐	灰硬	残	商代	
33	2003YJY10：33	矮领鼓肩罐	泥红	完整	商代	
34	2003YJY10：34	A型三足盘	原始瓷	修复	商代	内沿下有刻符
35	2003YJY10：35	A型网坠	泥红	略残	商代	
36	2003YJY10：36	B型带把钵	原始瓷	修复	商代	有积釉，内沿下有刻符
37	2003YJY10：37	瓮	泥红	残	商代	
38	2003YJY10：38	B型釜	灰硬	修复	商代	口沿上有刻符
39	2003YJY10：39	Ab型器盖	灰硬	残	商代	
40	2003YJY10：40	B型釜	泥红	修复	商代	
41	2003YJY10：41	A型网坠	泥灰	完整	商代	
42	2003YJY10：42	Ⅱ式平底钵	泥灰	残	商代	
43	2003YJY10：43	豆	灰硬	残	商代	
44	2003YJY10：44	豆	灰硬	残	商代	内沿下有刻符
45	2003YJY10：45	A型网坠	灰硬	完整	商代	
46	2003YJY10：46	A型三足盘	灰硬	修复	商代	外底有刻符
47	2003YJY10：47	A型三足盘	泥灰	修复	商代	内沿下有刻符
48	2003YJY10：48	A型三足盘	灰硬	修复	商代	
49	2003YJY10：49	D型斝	夹灰	修复	商代	
50	2003YJY10：50	A型壶	夹红	修复	商代	
51	2003YJY10：51	勺	泥红	残	商代	
52	2003YJY10：52	Ⅰ式垂腹罐	泥红	修复	商代	
53	2003YJY10：53	勺	泥红	残	商代	
54	2003YJY10：54	B型三足盘	灰硬	修复	商代	内腹有刻符

续表

序号	标本		质地	完损状况	时代	备注
55	2003YJY10：55	B 型盅	泥红	完整	商代	
56	2003YJY10：56	Aa 型器盖	泥红	残	商代	
57	2003YJY10：57	勺	红硬	残	商代	
58	2003YJY10：58	豆	夹红	残	商代	
59	2003YJY10：59	Ab 型器盖	灰硬	残	商代	
60	2003YJY10：60	Ab 型带把钵	夹灰	完整	商代	外底有刻符
61	2003YJY10：61	B 型带把钵	夹灰	完整	商代	外底有刻符
62	2003YJY10：62	AⅡ式瓿形器	泥红	修复	商代	
63	2003YJY10：63	AⅡ式瓿形器	夹红	修复	商代	
64	2003YJY10：64	矮领鼓肩罐	夹灰	残	商代	
65	2003YJY10：65	A 型三足盘	灰硬	残	商代	外底有刻符
66	2003YJY10：66	鼓腹罐	泥黄	修复	商代	
67	2003YJY10：67	A 型三足盘	灰硬	修复	商代	外底有刻符
68	2003YJY10：68	A 型网坠	泥灰	完整	商代	
69	2003YJY10：69	B 型斝	泥黄	修复	商代	
70	2003YJY10：70	勺	泥灰	残	商代	
71	2003YJY10：71	AⅡ式瓿形器	夹红	修复	商代	
72	2003YJY10：72	Ⅱ式平底钵	灰硬	残	商代	
73	2003YJY10：73	A 型豆	夹红	残	商代	
74	2003YJY10：74	Aa 型器盖	灰硬	残	商代	
75	2003YJY10：75	Ⅱ式高领鼓肩罐	泥红	残	商代	内沿下有刻符
76	2003YJY10：76	石饰	石	修复	商代	
77	2003YJY10：77	Ⅱ式平底钵	夹灰	完整	商代	
78	2003YJY10：78	Ⅱ式平底钵	泥红	修复	商代	内腹有刻符
79	2003YJY10：79	B 型三足盘	泥红	修复	商代	
80	2003YJY10：80	Ⅲ式平底钵	灰硬	修复	商代	
81	2003YJY10：81	瓮	泥红	残	商代	
82	2003YJY10：82	A 型三足盘	灰硬	残	商代	
83	2003YJY10：83	Aa 器盖	泥红	残	商代	
84	2003YJY10：84	B 型石镞	石	残	商代	
85	2003YJY10：85	B 型支座	夹红	修复	商代	
86	2003YJY10：86	A 型网坠	灰硬	完整	商代	
87	2003YJY10：87	A 型石镞	石	残	商代	
88	2003YJY10：88	A 型网坠	灰硬	完整	商代	
89	2003YJY10：89	A 型三足盘	灰硬	修复	商代	内沿下有刻符
90	2003YJY10：90	A 型网坠	灰硬	完整	商代	
91	2003YJY10：91	A 型三足盘	灰硬	修复	商代	
92	2003YJY10：92	AⅡ式瓿形器	夹红	修复	商代	
93	2003YJY10：93	A 型壶	灰硬	修复	商代	颈部有装接痕迹工艺标本
94	2003YJY10：94	Aa 器盖	灰硬	残	商代	内沿下有刻符

续表

序号	标本		质地	完损状况	时代	备注
95	2003YJY10：95	A型石镞	石	完整	商代	
96	2003YJY10：96	水注	泥红	完整	商代	
97	2003YJY10：97	把手	灰硬	残	商代	
98	2003YJY10：98	A型网坠	灰硬	完整	商代	
99	2003YJY10：99	Ⅱ式平底钵	灰硬	修复	商代	
100	2003YJY10：100	B型带把钵	泥灰	修复	商代	
101	2003YJY10：101	A型石镞	石	残	商代	
102	2003YJY10：102	A型石镞	石	残	商代	
103	2003YJY10：103	A型网坠	灰硬	略残	商代	
104	2003YJY10：104	B型陶垫	灰硬	残	商代	
105	2003YJY10：105	B型器盖	灰硬	修复	商代	
106	2003YJY10：106	Ⅱ式平底钵	灰硬	修复	商代	
107	2003YJY10：107	A型陶拍	泥红	残	商代	
108	2003YJY10：108	筒形器	夹红	残	商代	
109	2003YJY10：109	筒形器	夹红	残	商代	
110	2003YJY10：110	D型盂	泥红	修复	商代	内沿下有刻符
111	2003YJY10：111	A型陶拍	灰硬	略残	商代	
112	2003YJY10：112	A型支座	夹红	修复	商代	
113	2003YJY10：113	B型支座	夹红	修复	商代	
114	2003YJY10：114	A型支座	夹红	修复	商代	
115	2003YJY10：115	B型支座	夹红	残	商代	
116	2003YJY10：116	B型支座	夹红	修复	商代	
117	2003YJY10：117	支架	泥红	修复	商代	
118	2003YJY10：118	把手	灰硬	残	商代	
119	2003YJY10：119	Ⅱ式平底钵	夹灰	残	商代	
120	2003YJY10：120	Ⅰ式高领鼓肩罐	泥红	残	商代	
121	2003YJY10：121	Ⅰ式高领鼓肩罐	泥黄	残	商代	
122	2003YJY10：122	矮领鼓肩罐	泥红	残	商代	
123	2003YJY10：123	矮领鼓肩罐	泥红	残	商代	
124	2003YJY10：124	瓮	泥红	残	商代	
125	2003YJY10：125	B型釜	泥红	残	商代	
126	2003YJY10：126	B型釜	泥红	残	商代	
127	2003YJY10：127	C型尊	泥红	残	商代	
128	2003YJY10：128	Ⅱ式垂腹罐	泥红	残	商代	
129	2003YJY10：129	A型豆	泥红	残	商代	
130	2003YJY10：130	B型杯	泥红	残	商代	
131	2003YJY10：131	A型壶	泥红	残	商代	
132	2003YJY10：132	A型带把钵	灰硬	残	商代	
133	2003YJY10：133	Ⅰ式高领鼓肩罐	灰硬	残	商代	
134	2003YJY10：134	Ⅰ式高领鼓肩罐	灰硬	残	商代	

续表

序号	标本		质地	完损状况	时代	备注
135	2003YJY10：135	I式高领鼓肩罐	灰硬	残	商代	
136	2003YJY10：136	矮领鼓肩罐	灰硬	残	商代	
137	2003YJY10：137	矮领鼓肩罐	灰硬	残	商代	
138	2003YJY10：138	B型釜	夹灰	残	商代	
139	2003YJY10：139	B型釜	灰硬	残	商代	
140	2003YJY10：140	B型釜	灰硬	残	商代	
141	2003YJY10：141	瓮	灰硬	残	商代	
142	2003YJY10：142	瓮	灰硬	残	商代	
143	2003YJY10：143	矮领鼓肩罐	原始瓷	残	商代	
144	2003YJY10：144	矮领鼓肩罐	原始瓷	残	商代	
145	2003YJY10：145	B型杯	灰硬	残	商代	
146	2003YJY10：146	A型壶	灰硬	残	商代	
147	2003YJY10：147	盔形钵	灰硬	残	商代	
148	2003YJY10：148	A型三足盘	泥灰	残	商代	
149	2003YJY10：149	B型釜	灰硬	修复	商代	
150	2003YJY10：150	B型釜	泥红	残	商代	
151	2003YJY10：151	直腹罐	红硬	修复	商代	
152	2003YJY10：152	盘	夹灰	修复	商代	
153	2003YJY10：153	篮纹	原始瓷	残片	商代	
154	2003YJY10：154	席纹	原始瓷	残片	商代	
155	2003YJY10：155	云雷纹	灰硬	残片	商代	
156	2003YJY10：156	云雷纹	灰硬	残片	商代	
157	2003YJY10：157	篮纹	灰硬	残片	商代	
158	2003YJY10：158	篮纹	灰硬	残片	商代	
159	2003YJY10：159	席纹	灰硬	残片	商代	
160	2003YJY10：160	席纹	泥灰	残片	商代	
161	2003YJY10：161	云雷纹	泥红	残片	商代	
162	2003YJY10：162	叶脉纹	夹红	残片	商代	
163	2003YJY10：163	篮纹	夹红	残片	商代	
164	2003YJY10：164	篮纹	夹红	残片	商代	
165	2003YJY10：165	篮纹	夹红	残片	商代	
166	2003YJY10：166	罐	夹灰	残	商代	口沿与罐体分开制作，粘接而成

表44　C·2000YJH7

序号	标本		质地	完损状况	时代	备注
1	2000YJH7：1	D型斝	夹灰	修复	商代	
2	2000YJH7：2	I式平底钵	灰硬	修复	商代	
3	2000YJH7：3	II式平底钵	灰硬	修复	商代	

续表

序号	标本		质地	完损状况	时代	备注
4	2000YJH7：4	A型斝	夹灰	残	商代	
5	2000YJH7：5	B型石镞	石	残	商代	
6	2000YJH7：6	环	灰硬	完整	商代	
7	2000YJH7：7	B型尊	红硬	修复	商代	
8	2000YJH7：8	B型甗	泥红	修复	商代	
9	2000YJH7：9	A型石镞	石	完整	商代	
10	2000YJH7：10	直腹罐	灰硬	修复	商代	
11	2000YJH7：11	A型三足盘	灰硬	残	商代	
12	2000YJH7：12	盆	灰硬	修复	商代	内沿下有刻符
13	2000YJH7：13	矮领鼓肩罐	夹红	完整	商代	内沿下有刻符
14	2000YJH7：14	带把杯	夹灰	修复	商代	
15	2000YJH7：15	Ⅱ式平底钵	灰硬	修复	商代	内沿下、外沿上有刻符
16	2000YJH7：16	A型陶拍	红硬	修复	商代	
17	2000YJH7：17	环	灰硬	修复	商代	
18	2000YJH7：18	B型尊	灰硬	修复	商代	内沿下有刻符
19	2000YJH7：19	B型豆	红硬	修复	商代	内沿下有刻符
20	2000YJH7：20	勺	灰硬	修复	商代	
21	2000YJH7：21	A型网坠	灰硬	完整	商代	
22	2000YJH7：22	A型网坠	灰硬	完整	商代	
23	2000YJH7：23	A型网坠	灰硬	完整	商代	
24	2000YJH7：24	A型网坠	灰硬	完整	商代	
25	2000YJH7：25	A型网坠	灰硬	完整	商代	
26	2000YJH7：26	矮领鼓肩罐	灰硬	略残	商代	
27	2000YJH7：27	B型带把钵	灰硬	修复	商代	内腹有刻符
28	2000YJH7：28	A型网坠	灰硬	完整	商代	
29	2000YJH7：29	A型网坠	灰硬	完整	商代	
30	2000YJH7：30	A型网坠	灰硬	完整	商代	
31	2000YJH7：31	B型三足盘	灰硬	残	商代	
32	2000YJH7：32	Ⅰ式平底钵	泥红	完整	商代	内沿下有刻符
33	2000YJH7：33	B型带把钵	灰硬	修复	商代	内沿下有刻符
34	2000YJH7：34	Ⅰ式平底钵	灰硬	修复	商代	内沿下有刻符
35	2000YJH7：35	Ⅱ式平底钵	灰硬	修复	商代	
36	2000YJH7：36	A型网坠	灰硬	完整	商代	
37	2000YJH7：37	Ⅱ式平底钵	灰硬	残	商代	
38	2000YJH7：38	直腹罐	灰硬	修复	商代	
39	2000YJH7：39	A型陶垫	红硬	完整	商代	
40	2000YJH7：40	A型网坠	灰硬	完整	商代	
41	2000YJH7：41	Ⅱ式平底钵	灰硬	修复	商代	
42	2000YJH7：42	B型陶拍	红硬	残	商代	
43	2000YJH7：43	A型三足盘	灰硬	残	商代	内沿下有刻符

续表

序号	标本		质地	完损状况	时代	备注
44	2000YJH7∶44	A 型网坠	灰硬	完整	商代	
45	2000YJH7∶45	A 型网坠	灰硬	完整	商代	
46	2000YJH7∶46	A 型陶垫	灰硬	修复	商代	
47	2000YJH7∶47	A 型网坠	灰硬	完整	商代	
48	2000YJH7∶48	A 型网坠	灰硬	完整	商代	
49	2000YJH7∶49	直腹罐	夹红	残	商代	内沿下有刻符
50	2000YJH7∶50	A 型三足盘	灰硬	残	商代	
51	2000YJH7∶51	把手	夹红	残	商代	
52	2000YJH7∶52	A 型杯	夹红	残	商代	
53	2000YJH7∶53	A 型三足盘	灰硬	修复	商代	
54	2000YJH7∶54	A 型网坠	灰硬	完整	商代	
55	2000YJH7∶55	Ⅱ式平底钵	灰硬	修复	商代	内沿下有刻符
56	2000YJH7∶56	云雷纹	灰硬	残片	商代	
57	2000YJH7∶57	云雷纹	灰硬	残片	商代	
58	2000YJH7∶58	云雷纹	灰硬	残片	商代	
59	2000YJH7∶59	云雷纹	夹红	残片	商代	
60	2000YJH7∶60	篮纹	灰硬	残片	商代	
61	2000YJH7∶61	篮纹	灰硬	残片	商代	
62	2000YJH7∶62	篮纹	灰硬	残片	商代	
63	2000YJH7∶63	云雷纹	夹红	残片	商代	
64	2000YJH7∶64	篮纹	夹红	残片	商代	
65	2000YJH7∶65	篮纹	夹红	残片	商代	
66	2000YJH7∶66	篮纹	夹红	残片	商代	
67	2000YJH7∶67	曲折纹	灰硬	残片	商代	
68	2000YJH7∶68	方格纹	灰硬	残片	商代	
69	2000YJH7∶69	方格纹	夹红	残片	商代	

表45　C·2003YJH11

序号	标本		质地	完损状况	时代	备注
1	2003YJH11∶1	B 型石锛	石	残	商代	
2	2003YJH11∶2	A 型石镞	石	残	商代	
3	2003YJH11∶3	A 型盏	灰硬	修复	商代	
4	2003YJH11∶4	A 型石镞	石	残	商代	
5	2003YJH11∶5	D 型盂	夹灰	完整	商代	
6	2003YJH11∶6	A 型陶拍	灰硬	残	商代	
7	2003YJH11∶7	A 型陶拍	红硬	残	商代	
8	2003YJH11∶8	A 型陶拍	红硬	略残	商代	
9	2003YJH11∶9	A 型网坠	泥灰	完整	商代	
10	2003YJH11∶10	B 型釜	泥红	修复	商代	

续表

序号	标本		质地	完损状况	时代	备注
11	2003YJH11：11	烧结块	夹灰	残	商代	
12	2003YJH11：12	B型釜	泥红	残	商代	
13	2003YJH11：13	A型陶拍	灰硬	残	商代	
14	2003YJH11：14	A型三足盘	灰硬	残	商代	
15	2003YJH11：15	B型盂	灰硬	修复	商代	
16	2003YJH11：16	B型盏	红硬	完整	商代	外底有刻符
17	2003YJH11：17	A型小鼎	夹红	修复	商代	
18	2003YJH11：18	AⅡ式瓿形器	夹红	修复	商代	
19	2003YJH11：19	AⅡ式瓿形器	夹灰	残	商代	
20	2003YJH11：20	A型网坠	灰硬	完整	商代	
21	2003YJH11：21	A型三足盘	灰硬	残	商代	
22	2003YJH11：22	A型三足盘	灰硬	残	商代	
23	2003YJH11：23	盔形钵	灰硬	残	商代	
24	2003YJH11：24	A型网坠	灰硬	完整	商代	
25	2003YJH11：25	Ⅱ式平底钵	灰硬	修复	商代	
26	2003YJH11：26	A型三足盘	泥灰	修复	商代	
27	2003YJH11：27	D型杯	灰硬	修复	商代	外沿下有刻符
28	2003YJH11：28	Ⅱ式平底钵	灰硬	修复	商代	内沿下有刻符
29	2003YJH11：29	B型釜	泥灰	修复	商代	
30	2003YJH11：30	Ⅲ式高领鼓肩罐	泥红	修复	商代	
31	2003YJH11：31	AⅡ式瓿形器	夹红	修复	商代	
32	2003YJH11：32	Ⅰ式高领鼓肩罐	泥红	残	商代	
33	2003YJH11：33	Ⅰ式高领鼓肩罐	泥红	残	商代	
34	2003YJH11：34	矮领鼓肩罐	泥红	残	商代	
35	2003YJH11：35	直腹罐	泥红	残	商代	
36	2003YJH11：36	B型盏	灰硬	修复	商代	
37	2003YJH11：37	背壶	灰硬	修复	商代	
38	2003YJH11：38	B型陶拍	泥红	残	商代	
39	2003YJH11：39	Ⅱ式平底钵	灰硬	残	商代	
40	2003YJH11：40	Aa型器盖	灰硬	残	商代	
41	2003YJH11：41	鼓腹罐	泥红	修复	商代	
42	2003YJH11：42	A型甑	泥黄	修复	商代	31孔
43	2003YJH11：43	A型壶	夹红	残	商代	
44	2003YJH11：44	A型三足盘	泥红	修复	商代	
45	2003YJH11：45	A型釜	灰硬	修复	商代	
46	2003YJH11：46	B型釜	灰硬	修复	商代	内沿有刻符
47	2003YJH11：47	B型釜	泥红	修复	商代	
48	2003YJH11：48	A型网坠	灰硬	完整	商代	
49	2003YJH11：49	A型器盖	灰硬	修复	商代	
50	2003YJH11：50	A型三足盘	灰硬	修复	商代	内沿下有刻符

续表

序号	标本		质地	完损状况	时代	备注
51	2003 YJH11：51	A 型器盖	泥红	残	商代	
52	2003 YJH11：52	A Ⅱ 式甗形器	夹红	修复	商代	
53	2003 YJH11：53	Aa 型带把钵	泥红	修复	商代	
54	2003 YJH11：54	A 型壶	泥红	修复	商代	
55	2003 YJH11：55	石网坠	石	完整	商代	
56	2003 YJH11：56	瓮	泥红	残	商代	
57	2003 YJH11：57	平底钵	灰硬	修复	商代	内沿下有刻符
58	2003 YJH11：58	Aa 型器盖	灰硬	修复	商代	
59	2003 YJH11：59	垂腹罐	夹灰	残	商代	外腹有刻符
60	2003 YJH11：60	Aa 型器盖	泥灰	修复	商代	内沿下有刻符
61	2003 YJH11：61	刀	灰硬	残	商代	一面刻有人面纹
62	2003 YJH11：62	A 型三足盘	泥红	修复	商代	内沿下有刻符
63	2003 YJH11：63	A 型三足盘	灰硬	残	商代	内沿下有刻符
64	2003 YJH11：64	Aa 型器盖	泥灰	修复	商代	内沿下有刻符
65	2003 YJH11：65	C 型豆	夹灰	残	商代	
66	2003 YJH11：66	B 型坛	泥红	残	商代	
67	2003 YJH11：67	B 型釜	夹灰	残	商代	
68	2003 YJH11：68	Ab 型带把钵	夹灰	修复	商代	
69	2003 YJH11：69	A 型三足盘	灰硬	修复	商代	内沿下有刻符
70	2003 YJH11：70	B 型甗	夹红	修复	商代	
71	2003 YJH11：71	瓮口沿	泥红	残	商代	
72	2003 YJH11：72	A 型陶垫	泥黄	残	商代	
73	2003 YJH11：73	C 型豆	泥灰	完整	商代	
74	2003 YJH11：74	C 型尊	灰硬	残	商代	
75	2003 YJH11：75	A 型三足盘	灰硬	修复	商代	内沿下有刻符
76	2003 YJH11：76	石环	石	残	商代	
77	2003 YJH11：77	构件	灰硬	残	商代	
78	2003 YJH11：78	A Ⅰ 式甗形器	夹红	修复	商代	
79	2003 YJH11：79	Ⅱ 式鼓腹罐	泥红	修复	商代	
80	2003 YJH11：80	斝腿	夹红	残	商代	
81	2003 YJH11：81	石网坠	石	完整	商代	
82	2003 YJH11：82	A 型石镞	石	残	商代	
83	2003 YJH11：83	A 型网坠	泥灰	完整	商代	
84	2003 YJH11：84	鼎腿	夹红	残	商代	
85	2003 YJH11：85	瓮	红硬	残	商代	
86	2003 YJH11：86	A 型网坠	灰硬	完整	商代	
87	2003 YJH11：87	Ab 型器盖	灰硬	修复	商代	
88	2003 YJH11：88	C 型盂	灰硬	完整	商代	
89	2003 YJH11：89	A 型三足盘	灰硬	残	商代	
90	2003 YJH11：90	B 型三足盘	泥红	修复	商代	内沿下有刻符

续表

序号	标本		质地	完损状况	时代	备注
91	2003YJH11：91	A型釜	泥红	修复	商代	
92	2003YJH11：92	B型釜	泥红	修复	商代	
93	2003YJH11：93	鼓腹罐	泥红	残	商代	
94	2003YJH11：94	B型釜	泥红	完整	商代	口沿上有刻符
95	2003YJH11：95	B型釜	红硬	修复	商代	口沿上有刻符
96	2003YJH11：96	I式高领鼓肩罐	泥红	残	商代	
97	2003YJH11：97	石环	石	残	商代	
98	2003YJH11：98	异形器	灰硬	修复	商代	
99	2003YJH11：99	Aa型器盖	灰硬	残	商代	内沿下有刻符
100	2003YJH11：100	碗底	灰硬	残	商代	
101	2003YJH11：101	B型釜	灰硬	修复	商代	
102	2003YJH11：102	器盖	灰硬	残	商代	
103	2003YJH11：103	B型盔形钵	泥红	修复	商代	内沿下有刻符
104	2003YJH11：104	I式高领鼓肩罐	泥黄	残	商代	
105	2003YJH11：105	A型壶	夹红	修复	商代	口沿上有刻符
106	2003YJH11：106	B型釜	灰硬	修复	商代	口沿上有刻符
107	2003YJH11：107	B型三足盘	灰硬	修复	商代	内沿下有刻符
108	2003YJH11：108	A型三足盘	灰硬	修复	商代	外底有刻符
109	2003YJH11：109	AII式甑形器	泥红	修复	商代	
110	2003YJH11：110	A型三足盘	灰硬	残	商代	
111	2003YJH11：111	B型釜	泥红	修复	商代	
112	2003YJH11：112	刀	灰硬	残	商代	
113	2003YJH11：113	构件	泥红	修复	商代	
114	2003YJH11：114	AII式甑形器	泥红	修复	商代	
115	2003YJH11：115	B型釜	泥红	修复	商代	口沿上有刻符
116	2003YJH11：116	A型三足盘	灰硬	残	商代	
117	2003YJH11：117	A型三足盘	夹灰	残	商代	内沿下有刻符
118	2003YJH11：118	缸	灰硬	残	商代	
119	2003YJH11：119	Ab型带把钵	夹灰	修复	商代	外底有刻符
120	2003YJH11：120	II式平底钵	夹灰	修复	商代	
121	2003YJH11：121	鼓腹罐	泥红	修复	商代	
122	2003YJH11：122	矮领鼓肩罐	灰硬	修复	商代	
123	2003YJH11：123	A型盔形钵	灰硬	修复	商代	
124	2003YJH11：124	网结纹	夹灰	残片	商代	
125	2003YJH11：125	席纹	灰硬	残片	商代	
126	2003YJH11：126	席纹	灰硬	残片	商代	
127	2003YJH11：127	席纹	原始瓷	残片	商代	
128	2003YJH11：128	篮纹	原始瓷	残片	商代	
129	2003YJH11：129	三足盘	泥红	残	商代	盘、足粘接处刻划凹槽，增强黏附强度
130	2003YJH11：130	豆	泥红	残	商代	有座、柄粘接痕迹

表 46　C·2003YJH12

序号	标本		质地	完损状况	时代	备注
1	2003YJH12:1	瓮	泥灰	修复	商代	口沿上有刻符
2	2003YJH12:2	Ⅲ式平底钵	灰硬	残	商代	
3	2003YJH12:3	Ⅰ式高领鼓肩罐	泥灰	修复	商代	内沿下有刻符
4	2003YJH12:4	直腹罐	夹红	修复	商代	
5	2003YJH12:5	A型釜	夹红	修复	商代	
6	2003YJH12:6	小型缸	夹红	修复	商代	
7	2003YJH12:7	A型陶垫	泥红	完整	商代	
8	2003YJH12:8	B型陶拍	泥红	残	商代	
9	2003YJH12:9	Ⅲ式平底钵	夹灰	修复	商代	
10	2003YJH12:10	云雷纹	灰硬	残片	商代	
11	2003YJH12:11	云雷纹	泥灰	残片	商代	
12	2003YJH12:12	云雷纹	灰硬	残片	商代	
13	2003YJH12:13	篮纹	灰硬	残片	商代	
14	2003YJH12:14	篮纹	灰硬	残片	商代	
15	2003YJH12:15	云雷纹	灰硬	残片	商代	
16	2003YJH12:16	方格纹	灰硬	残片	商代	

表 47　C·2003YJH13

序号	标本		质地	完损状况	时代	备注
1	2003YJH13：1	A型网坠	灰硬	完整	商代	
2	2003YJH13：2	A型豆	泥灰	残	商代	
3	2003YJH13：3	A型石镞	石	略残	商代	
4	2003YJH13：4	Ⅰ式平底钵	夹灰	修复	商代	内沿下有刻符
5	2003YJH13：5	Ⅲ式平底钵	泥红	残	商代	
6	2003YJH13：6	B型尊	灰硬	残	商代	
7	2003YJH13：7	Ⅲ式平底钵	泥红	修复	商代	内沿下有刻符
8	2003YJH13：8	A型三足盘	夹灰	残	商代	内沿下有刻符
9	2003YJH13：9	Ⅲ式平底钵	灰硬	完整	商代	内沿下有刻符，装烧工艺标本
10	2003YJH13：10	A型釜	泥红	修复	商代	
11	2003YJH13：11	A型壶	泥红	残	商代	内沿下有刻符
12	2003YJH13：12	B型带把钵	夹灰	修复	商代	内沿下有刻符
13	2003YJH13：13	B型釜	泥红	残	商代	
14	2003YJH13：14	Ⅱ式平底钵	夹灰	残	商代	
15	2003YJH13：15	Ⅱ式垂腹罐	灰硬	残	商代	
16	2003YJH13：16	瓮	泥红	残	商代	
17	2003YJH13：17	B型三足盘	灰硬	残	商代	内沿下有刻符
18	2003YJH13：18	矮领鼓肩罐	泥红	残	商代	
19	2003YJH13：19	鋬手	泥灰	残	商代	
20	2003YJH13：20	B型釜	灰硬	完整	商代	口沿上有刻符，叠烧痕

续表

序号	标本		质地	完损状况	时代	备注
21	2003YJH13：21	B型三足盘	灰硬	修复	商代	
22	2003YJH13：22	I式高领鼓肩罐	泥红	完整	商代	内沿下有刻符
23	2003YJH13：23	I式垂腹罐	夹灰	完整	商代	
24	2003YJH13：24	A型网坠	泥红	完整	商代	
25	2003YJH13：25	瓮	泥红	修复	商代	
26	2003YJH13：26	B型釜	泥红	完整	商代	口沿上有刻符
27	2003YJH13：27	Ⅲ式平底钵	灰硬	残	商代	内沿下有刻符
28	2003YJH13：28	B型斝	夹黄	修复	商代	
29	2003YJH13：29	Ⅲ式平底钵	灰硬	残	商代	
30	2003YJH13：30	A型釜	灰硬	修复	商代	口沿上有刻符
31	2003YJH13：31	Ⅱ式平底钵	泥灰	修复	商代	内沿下有刻符
32	2003YJH13：32	A型釜	灰硬	修复	商代	口沿上有刻符
33	2003YJH13：33	A型石锛	石	残	商代	
34	2003YJH13：34	A型釜	灰硬	完整	商代	口沿上有刻符
35	2003YJH13：35	B型釜	泥红	完整	商代	口沿上有刻符
36	2003YJH13：36	Ⅱ式平底钵	灰硬	修复	商代	内沿下有刻符
37	2003YJH13：37	A型釜	夹红	残	商代	
38	2003YJH13：38	B型石锛	石	残	商代	
39	2003YJH13：39	B型豆	灰硬	残	商代	
40	2003YJH13：40	Ⅲ式平底钵	夹灰	修复	商代	
41	2003YJH13：41	云雷纹	灰硬	残片	商代	
42	2003YJH13：42	云雷纹	灰硬	残片	商代	
43	2003YJH13：43	篮纹	灰硬	残片	商代	
44	2003YJH13：44	云雷纹	夹红	残片	商代	
45	2003YJH13：45	篮纹	夹红	残片	商代	

表48　C·2003YJH14

序号	标本		质地	完损状况	时代	备注
1	2003YJH14：1	Ⅲ式高领鼓肩罐	灰硬	残	商代	
2	2003YJH14：2	矮领鼓肩罐	泥红	残	商代	
3	2003YJH14：3	A型三足盘	灰硬	残	商代	
4	2003YJH14：4	B型三足盘	泥灰	残	商代	外底部有刻符
5	2003YJH14：5	B型釜	泥灰	残	商代	
6	2003YJH14：6	A型带把钵	夹灰	残	商代	
7	2003YJH14：7	云雷纹	灰硬	残片	商代	
8	2003YJH14：8	云雷纹	灰硬	残片	商代	
9	2003YJH14：9	篮纹	灰硬	残片	商代	
10	2003YJH14：10	篮纹	夹红	残片	商代	
11	2003YJH14：11	篮纹	灰硬	残片	商代	
12	2003YJH14：12	篮纹	灰硬	残片	商代	

表 49　C·2003YJH15

序号	标本		质地	完损状况	时代	备注
1	2003YJH15：1	缸	夹红	残	商代	
2	2003YJH15：2	Ab 型器盖	灰硬	残	商代	
3	2003YJH15：3	Aa 型器盖	灰硬	残	商代	内沿下有刻符
4	2003YJH15：4	A 型三足盘	灰硬	残	商代	
5	2003YJH15：5	垂腹小罐	灰硬	修复	商代	
6	2003YJH15：6	A 型三足盘	泥红	修复	商代	
7	2003YJH15：7	瓿	泥灰	修复	商代	
8	2003YJH15：8	F 型杯	泥灰	修复	商代	内壁有刻符
9	2003YJH15：9	A 型小鼎	夹红	修复	商代	
10	2003YJH15：10	Aa 型带把钵	夹灰	修复	商代	
11	2003YJH15：11	直腹罐	灰硬	修复	商代	内沿下有刻符
12	2003YJH15：12	A 型釜	灰硬	修复	商代	口沿上有刻符
13	2003YJH15：13	瓿	泥灰	残	商代	
14	2003YJH15：14	A 型三足盘	灰硬	修复	商代	
15	2003YJH15：15	A 型三足盘	灰硬	修复	商代	
16	2003YJH15：16	B 型三足盘	灰硬	残	商代	
17	2003YJH15：17	Ⅲ式平底钵	灰硬	修复	商代	
18	2003YJH15：18	瓮	泥红	残	商代	
19	2003YJH15：19	I 式高领鼓肩罐	灰硬	残	商代	
20	2003YJH15：20	I 式高领鼓肩罐	泥红	残	商代	
21	2003YJH15：21	矮领鼓肩罐	泥红	残	商代	
22	2003YJH15：22	B 型釜	灰硬	残	商代	
23	2003YJH15：23	缸	夹红	残	商代	
24	2003YJH15：24	直腹罐	夹灰	残	商代	
25	2003YJH15：25	A 型三足盘	灰硬	修复	商代	
26	2003YJH15：26	A 型杯	夹红	残	商代	
27	2003YJH15：27	C 型杯	灰硬	残	商代	
28	2003YJH15：28	B 型器盖	泥红	残	商代	
29	2003YJH15：29	A 型盔形钵	灰硬	修复	商代	
30	2003YJH15：30	A 型盔形钵	灰硬	修复	商代	
31	2003YJH15：31	云雷纹	原始瓷	残片	商代	
32	2003YJH15：32	云雷纹	原始瓷	残片	商代	
33	2003YJH15：33	席纹	灰硬	残片	商代	
34	2003YJH15：34	席纹	夹红	残片	商代	
35	2003YJH15：35	席纹	灰硬	残片	商代	
36	2003YJH15：36	方格填斜线纹	灰硬	残片	商代	
37	2003YJH15：37	篮纹	夹红	残片	商代	
38	2003YJH15：38	篮纹	灰硬	残片	商代	
39	2003YJH15：39	篮纹	夹红	残片	商代	

表50　C·2003YJH16

序号	标本		质地	完损状况	时代	备注
1	2003YJH16：1	A型盔形钵	灰硬	完整	商代	内沿下有刻符
2	2003YJH16：2	A型盔形钵	灰硬	修复	商代	内沿下有刻符
3	2003YJH16：3	A型盔形钵	灰硬	残	商代	口沿上有刻符
4	2003YJH16：4	盔形钵	泥红	残	商代	
5	2003YJH16：5	A型杯	夹红	修复	商代	
6	2003YJH16：6	Ⅱ式高领鼓肩罐	灰硬	残	商代	
7	2003YJH16：7	Ⅱ式高领鼓肩罐	灰硬	残	商代	
8	2003YJH16：8	A型盔形钵	灰硬	修复	商代	内沿下有刻符
9	2003YJH16：9	凹底钵	灰硬	修复	商代	
10	2003YJH16：10	缸	夹红	残	商代	
11	2003YJH16：11	瓮	灰硬	残	商代	
12	2003YJH16：12	Ⅲ式高领鼓肩罐	灰硬	残	商代	
13	2003YJH16：13	B型釜	夹灰	残	商代	
14	2003YJH16：14	Ⅱ式垂腹罐	灰硬	残	商代	
15	2003YJH16：15	Ⅱ式高领鼓肩罐	灰硬	残	商代	
16	2003YJH16：16	矮领鼓肩罐	灰硬	残	商代	
17	2003YJH16：17	A型三足盘	灰硬	残	商代	内沿下有刻符
18	2003YJH16：18	B型三足盘	灰硬	残	商代	
19	2003YJH16：19	B型三足盘	泥红	残	商代	
20	2003YJH16：20	A型盔形钵	灰硬	修复	商代	
21	2003YJH16：21	A型坛	红硬	修复	商代	
22	2003YJH16：22	云雷纹	夹红	残片	商代	
23	2003YJH16：23	篮纹	灰硬	残片	商代	
24	2003YJH16：24	席纹	泥红	残片	商代	
25	2003YJH16：25	席纹	灰硬	残片	商代	
26	2003YJH16：26	叶脉纹	灰硬	残片	商代	
27	2003YJH16：27	叶脉纹	灰硬	残片	商代	
28	2003YJH16：28	云雷纹	灰硬	残片	商代	
29	2003YJH16：29	席纹	灰硬	残片	商代	
30	2003YJH16：30	云雷纹	灰硬	残片	商代	

表51　C·2003YJH17

序号	标本		质地	完损状况	时代	备注
1	2003YJH17：1	B型盅	灰硬	修复	商代	
2	2003YJH17：2	A型三足盘	夹灰	修复	商代	
3	2003YJH17：3	A型三足盘	灰硬	残	商代	内沿下有刻符
4	2003YJH17：4	A型盔形钵	泥红	修复	商代	
5	2003YJH17：5	Aa型器盖	灰硬	修复	商代	

续表

序号	标本		质地	完损状况	时代	备注
6	2003YJH17：6	C型尊	泥红	修复	商代	
7	2003YJH17：7	Aa型器盖	泥红	残	商代	
8	2003YJH17：8	A型陶垫	泥红	残	商代	
9	2003YJH17：9	B型器盖	灰硬	修复	商代	
10	2003YJH17：10	B型盅	灰硬	修复	商代	
11	2003YJH17：11	A型杯	泥红	修复	商代	
12	2003YJH17：12	Ⅲ式平底钵	灰硬	修复	商代	
13	2003YJH17：13	瓮	泥红	残	商代	
14	2003YJH17：14	AⅡ式甗形器	泥红	残	商代	内沿下有刻符
15	2003YJH17：15	盔形钵	灰硬	残	商代	
16	2003YJH17：16	Aa型器盖	灰硬	残	商代	
17	2003YJH17：17	Ⅱ式高领鼓肩罐	夹灰	残	商代	
18	2003YJH17：18	Ⅰ式高领鼓肩罐	灰硬	残	商代	
19	2003YJH17：19	豆	灰硬	残	商代	
20	2003YJH17：20	豆	灰硬	残	商代	
21	2003YJH17：21	A型三足盘	灰硬	残	商代	底部有刻符
22	2003YJH17：22	瓮	灰硬	残	商代	
23	2003YJH17：23	B型釜	泥红	残	商代	
24	2003YJH17：24	A型壶	灰硬	残	商代	
25	2003YJH17：25	A型壶	灰硬	残	商代	
26	2003YJH17：26	A型三足盘	原始瓷	残	商代	送检
27	2003YJH17：27	A型盏	泥灰	完整	商代	
28	2003YJH17：28	A型盔形钵	泥红	修复	商代	
29	2003YJH17：29	B型壶	泥红	修复	商代	
30	2003YJH17：30	高领折肩小罐	灰硬	修复	商代	
31	2003YJH17：31	瓮	泥红	残	商代	
32	2003YJH17：32	A型三足盘	原始瓷	残	商代	
33	2003YJH17：33	圆形陶片	泥灰	残	商代	
34	2003YJH17：34	云雷纹	泥灰	残片	商代	
35	2003YJH17：35	云雷纹	泥灰	残片	商代	
36	2003YJH17：36	云雷纹	灰硬	残片	商代	
37	2003YJH17：37	云雷纹	灰硬	残片	商代	
38	2003YJH17：38	云雷纹	灰硬	残片	商代	
39	2003YJH17：39	篮纹	灰硬	残片	商代	
40	2003YJH17：40	篮纹	灰硬	残片	商代	
41	2003YJH17：41	篮纹	灰硬	残片	商代	
42	2003YJH17：42	篮纹	灰硬	残片	商代	
43	2003YJH17：43	席纹	灰硬	残片	商代	
44	2003YJH17：44	云雷纹	原始瓷	残片	商代	
45	2003YJH17：45	云雷纹	夹红	残片	商代	

续表

续表

序号	标本		质地	完损状况	时代	备注
46	2003YJH17：46	云雷纹	夹红	残片	商代	
47	2003YJH17：47	云雷纹	夹红	残片	商代	
48	2003YJH17：48	篮纹	夹红	残片	商代	
49	2003YJH17：49	篮纹	夹红	残片	商代	
50	2003YJH17：50	篮纹	夹红	残片	商代	
51	2003YJH17：51	云雷纹	泥灰	残片	商代	

表52　C·2003YJH18

序号	标本		质地	完损状况	时代	备注
1	2003YJH18：1	C型陶拍	泥红	残	商代	
2	2003YJH18：2	A型尊	泥红	残	商代	
3	2003YJH18：3	Ⅲ式高领鼓肩罐	灰硬	残	商代	
4	2003YJH18：4	云雷纹	灰硬	残片	商代	
5	2003YJH18：5	云雷纹	灰硬	残片	商代	
6	2003YJH18：6	篮纹	灰硬	残片	商代	
7	2003YJH18：7	篮纹	灰硬	残片	商代	

表53　C·2003YJH19

序号	标本		质地	完损状况	时代	备注
1	2003YJH19：1	A型三足盘	灰硬	残	商代	内沿下有刻符
2	2003YJH19：2	A型网坠	泥红	完整	商代	
3	2003YJH19：3	A型陶拍	泥红	残	商代	
4	2003YJH19：4	A型三足盘	灰硬	修复	商代	内沿下有刻符
5	2003YJH19：5	A型陶拍	灰硬	残	商代	
6	2003YJH19：6	A型带把钵	灰硬	残	商代	
7	2003YJH19：7	A型石镞	石	残	商代	
8	2003YJH19：8	Ⅱ式垂腹罐	灰硬	修复	商代	
9	2003YJH19：9	Ⅲ式高领鼓肩罐	灰硬	残	商代	
10	2003YJH19：10	Ⅱ式高领鼓肩罐	灰硬	残	商代	
11	2003YJH19：11	Ⅲ式高领鼓肩罐	泥红	残	商代	
12	2003YJH19：12	瓮	灰硬	残	商代	
13	2003YJH19：13	瓮	原始瓷	残	商代	
14	2003YJH19：14	B型釜	夹灰	残	商代	
15	2003YJH19：15	A型釜	夹灰	残	商代	
16	2003YJH19：16	云雷纹	灰硬	残片	商代	
17	2003YJH19：17	云雷纹	灰硬	残片	商代	
18	2003YJH19：18	篮纹	灰硬	残片	商代	

续表

序号	标本		质地	完损状况	时代	备注
19	2003YJH19：19	篮纹	灰硬	残片	商代	
20	2003YJH19：20	篮纹	灰硬	残片	商代	
21	2003YJH19：21	云雷纹	夹红	残片	商代	
22	2003YJH19：22	云雷纹	夹红	残片	商代	
23	2003YJH19：23	篮纹	夹红	残片	商代	
24	2003YJH19：24	篮纹	夹红	残片	商代	
25	2003YJH19：25	云雷纹	灰硬	残片	商代	
26	2003YJH19：26	叶脉纹	灰硬	残片	商代	

表54　C·2003YJH20

序号	标本		质地	完损状况	时代	备注
1	2003YJH20：1	A型盔形钵	灰硬	修复	商代	
2	2003YJH20：2	A型网坠	泥红	完整	商代	
3	2003YJH20：3	A型三足盘	原始瓷	修复	商代	内沿下有刻符
4	2003YJH20：4	C型盅	原始瓷	修复	商代	
5	2003YJH20：5	A型网坠	灰硬	完整	商代	
6	2003YJH20：6	A型网坠	泥红	完整	商代	
7	2003YJH20：7	B型盏	灰硬	修复	商代	内沿下有刻符
8	2003YJH20：8	B型器盖	灰硬	残	商代	
9	2003YJH20：9	A型网坠	灰硬	完整	商代	
10	2003YJH20：10	B型釜	灰硬	残	商代	
11	2003YJH20：11	A型网坠	灰硬	完整	商代	
12	2003YJH20：12	A型网坠	红硬	完整	商代	
13	2003YJH20：13	构件	灰硬	修复	商代	
14	2003YJH20：14	A型网坠	灰硬	完整	商代	
15	2003YJH20：15	A型网坠	灰硬	完整	商代	
16	2003YJH20：16	A型网坠	泥黄	完整	商代	
17	2003YJH20：17	A型陶拍	灰硬	残	商代	
18	2003YJH20：18	A型网坠	灰硬	完整	商代	
19	2003YJH20：19	A型石锛	石	略残	商代	
20	2003YJH20：20	Ⅲ式高领鼓肩罐	灰硬	残	商代	
21	2003YJH20：21	Ⅱ式鼓腹罐	灰硬	修复	商代	口沿上有刻符
22	2003YJH20：22	A型三足盘	原始瓷	残	商代	
23	2003YJH20：23	瓮	泥红	残	商代	
24	2003YJH20：24	B型釜	灰硬	残	商代	
25	2003YJH20：25	B型釜	灰硬	残	商代	
26	2003YJH20：26	豆	夹灰	残	商代	
27	2003YJH20：27	A型三足盘	灰硬	残	商代	
28	2003YJH20：28	云雷纹	泥灰	残片	商代	

续表

序号	标本		质地	完损状况	时代	备注
29	2003 YJH20：29	云雷纹	灰硬	残片	商代	
30	2003 YJH20：30	云雷纹	灰硬	残片	商代	
31	2003 YJH20：31	云雷纹	灰硬	残片	商代	
32	2003 YJH20：32	云雷纹	夹红	残片	商代	
33	2003 YJH20：33	席纹	夹灰	残片	商代	
34	2003 YJH20：34	方格纹	灰硬	残片	商代	
35	2003 YJH20：35	席纹	灰硬	残片	商代	
36	2003 YJH20：36	篮纹	灰硬	残片	商代	
37	2003 YJH20：37	篮纹	灰硬	残片	商代	
38	2003 YJH20：38	篮纹	灰硬	残片	商代	

表 55　C·2003 YJH21

序号	标本		质地	完损状况	时代	备注
1	2003 YJH21：1	C 型盂	泥灰	完整	商代	外沿有刻符
2	2003 YJH21：2	A 型盉形钵	泥红	修复	商代	
3	2003 YJH21：3	A 型三足盘	灰硬	修复	商代	
4	2003 YJH21：4	A 型网坠	灰硬	完整	商代	
5	2003 YJH21：5	Ab 型器盖	泥红	残	商代	
6	2003 YJH21：6	A 型三足盘	灰硬	残	商代	
7	2003 YJH21：7	B 型小鼎	泥红	修复	商代	
8	2003 YJH21：8	B 型釜	泥红	残	商代	
9	2003 YJH21：9	Ⅲ式高领鼓肩罐	泥红	残	商代	
10	2003 YJH21：10	B 型豆	泥红	残	商代	
11	2003 YJH21：11	Aa 型器盖	灰硬	残	商代	
12	2003 YJH21：12	A 型带把钵	泥红	残	商代	
13	2003 YJH21：13	云雷纹	泥红	残片	商代	
14	2003 YJH21：14	云雷纹	灰硬	残片	商代	
15	2003 YJH21：15	席纹	灰硬	残片	商代	
16	2003 YJH21：16	席纹	灰硬	残片	商代	
17	2003 YJH21：17	篮纹	灰硬	残片	商代	
18	2003 YJH21：18	篮纹	灰硬	残片	商代	
19	2003 YJH21：19	篮纹	灰硬	残片	商代	

表 56　C·2003 YJH22

序号	标本		质地	完损状况	时代	备注
1	2003 YJH22：1	A 型釜	夹灰	残	商代	
2	2003 YJH22：2	瓮	灰硬	残	商代	口沿上有刻符
3	2003 YJH22：3	直腹罐	夹灰	残	商代	

续表

序号	标本		质地	完损状况	时代	备注
4	2003YJH22：4	Ⅲ式高领鼓肩罐	泥灰	残	商代	口沿上有刻符
5	2003YJH22：5	Ⅲ式平底钵	灰硬	修复	商代	内底有刻符
6	2003YJH22：6	云雷纹	灰硬	残片	商代	
7	2003YJH22：7	云雷纹	夹红	残片	商代	
8	2003YJH22：8	云雷纹	灰硬	残片	商代	
9	2003YJH22：9	云雷纹	灰硬	残片	商代	
10	2003YJH22：10	篮纹	灰硬	残片	商代	
11	2003YJH22：11	篮纹	灰硬	残片	商代	
12	2003YJH22：12	篮纹	灰硬	残片	商代	

表 57　C·2003YJH23

序号	标本		质地	完损状况	时代	备注
1	2003YJH23：1	直腹罐	泥红	残	商代	
2	2003YJH23：2	Ⅲ式高领鼓肩罐	灰硬	残	商代	
3	2003YJH23：3	B型釜	泥红	残	商代	
4	2003YJH23：4	瓮	灰硬	残	商代	
5	2003YJH23：5	尊	灰硬	残	商代	
6	2003YJH23：6	席纹	灰硬	残片	商代	
7	2003YJH23：7	云雷纹	灰硬	残片	商代	
8	2003YJH23：8	云雷纹	灰硬	残片	商代	
9	2003YJH23：9	篮纹	灰硬	残片	商代	

表 58　C·2003YJH24

序号	标本		质地	完损状况	时代	备注
1	2003YJH24：1	A型三足盘	灰硬	修复	商代	
2	2003YJH24：2	云雷纹	灰硬	残片	商代	
3	2003YJH24：3	云雷纹	灰硬	残片	商代	
4	2003YJH24：4	云雷纹	灰硬	残片	商代	
5	2003YJH24：5	篮纹	灰硬	残片	商代	
6	2003YJH24：6	篮纹	灰硬	残片	商代	
7	2003YJH24：7	篮纹	灰硬	残片	商代	
8	2003YJH24：8	篮纹	灰硬	残片	商代	
9	2003YJH24：9	席纹	灰硬	残片	商代	
10	2003YJH24：10	云雷纹	泥灰	残片	商代	
11	2003YJH24：11	云雷纹	灰硬	残片	商代	
12	2003YJH24：12	席纹	灰硬	残片	商代	
13	2003YJH24：13	云雷纹	泥红	残片	商代	
14	2003YJH24：14	云雷纹	夹红	残片	商代	

续表

序号	标本		质地	完损状况	时代	备注
15	2003YJH24：15	云雷纹	夹红	残片	商代	
16	2003YJH24：16	篮纹	夹红	残片	商代	
17	2003YJH24：17	垂腹罐/席纹	原始瓷	残片	商代	内沿上有刻符，内沿下有积釉

表59　C·2003YJH25

序号	标本		质地	完损状况	时代	备注
1	2003YJH25：1	A型陶拍	泥红	残	商代	
2	2003YJH25：2	A型三足盘	原始瓷	残	商代	
3	2003YJH25：3	A型盔形钵	灰硬	修复	商代	
4	2003YJH25：4	A型三足盘	泥红	残	商代	
5	2003YJH25：5	A型网坠	灰硬	完整	商代	
6	2003YJH25：6	B型釜	泥红	残	商代	
7	2003YJH25：7	A型网坠	灰硬	完整	商代	
8	2003YJH25：8	矮领鼓肩罐	灰硬	修复	商代	
9	2003YJH25：9	AⅠ式瓿形器	夹灰	修复	商代	内沿下有刻符
10	2003YJH25：10	B形壶	灰硬	修复	商代	内沿下有刻符
11	2003YJH25：11	B型盅	灰硬	修复	商代	
12	2003YJH25：12	B型盅	夹灰	修复	商代	
13	2003YJH25：13	Ⅱ式垂腹罐	灰硬	完整	商代	
14	2003YJH25：14	Ⅱ式高领鼓肩罐	灰硬	完整	商代	
15	2003YJH25：15	A型盔形钵	灰硬	完整	商代	内沿下有刻符
16	2003YJH25：16	Ⅱ式高领鼓肩罐	灰硬	完整	商代	有叠烧痕迹
17	2003YJH25：17	Ⅲ式高领鼓肩罐	灰硬	残	商代	
18	2003YJH25：18	B型带把钵	泥灰	修复	商代	
19	2003YJH25：19	A型三足盘	灰硬	完整	商代	
20	2003YJH25：20	B型带把钵	夹红	残	商代	
21	2003YJH25：21	盔形钵	灰硬	残	商代	
22	2003YJH25：22	B型器盖	灰硬	残	商代	
23	2003YJH25：23	矮领鼓肩罐	灰硬	残	商代	
24	2003YJH25：24	Ⅲ式平底钵	灰硬	修复	商代	
25	2003YJH25：25	A型盔形钵	灰硬	修复	商代	
26	2003YJH25：26	A型盔形钵	夹灰	修复	商代	内沿下有刻符
27	2003YJH25：27	席纹	灰硬	残片	商代	
28	2003YJH25：28	席纹	原始瓷	残片	商代	
29	2003YJH25：29	云雷纹	灰硬	残片	商代	
30	2003YJH25：30	云雷纹	灰硬	残片	商代	
31	2003YJH25：31	云雷纹	灰硬	残片	商代	
32	2003YJH25：32	篮纹	灰硬	残片	商代	

续表

序号	标本		质地	完损状况	时代	备注
33	2003 YJH25：33	篮纹	灰硬	残片	商代	
34	2003 YJH25：34	云雷纹	夹红	残片	商代	
35	2003 YJH25：35	云雷纹	夹红	残片	商代	
36	2003 YJH25：36	篮纹	夹红	残片	商代	
37	2003 YJH25：37	篮纹	夹红	残片	商代	

表 60　C·2003 YJH26

序号	标本		质地	完损状况	时代	备注
1	2003 YJH26：1	A 型网坠	泥红	略残	商代	
2	2003 YJH26：2	A 型网坠	泥红	完整	商代	
3	2003 YJH26：3	A 型网坠	泥灰	完整	商代	
4	2003 YJH26：4	A 型网坠	泥灰	完整	商代	
5	2003 YJH26：5	A 型网坠	泥灰	完整	商代	
6	2003 YJH26：6	A 型网坠	泥灰	完整	商代	
7	2003 YJH26：7	A 型盔形钵	灰硬	修复	商代	
8	2003 YJH26：8	云雷纹	灰硬	残片	商代	
9	2003 YJH26：9	云雷纹	灰硬	残片	商代	
10	2003 YJH26：10	云雷纹	灰硬	残片	商代	
11	2003 YJH26：11	叶脉纹	灰硬	残片	商代	
12	2003 YJH26：12	篮纹	灰硬	残片	商代	
13	2003 YJH26：13	篮纹	夹红	残片	商代	

表 61　C·2003 YJH27

序号	标本		质地	完损状况	时代	备注
1	2003 YJH27：1	B 型支座	夹红	修复	商代	
2	2003 YJH27：2	I 式平底钵	夹红	修复	商代	内沿下有刻符
3	2003 YJH27：3	II 式平底钵	夹红	修复	商代	
4	2003 YJH27：4	B 型盅	泥红	修复	商代	
5	2003 YJH27：5	A 型盖碗	泥红	残	商代	
6	2003 YJH27：6	III 式平底钵	泥红	修复	商代	内沿下有刻符
7	2003 YJH27：7	镰	夹灰	残	商代	
8	2003 YJH27：8	缸	夹红	残	商代	
9	2003 YJH27：9	缸	灰硬	残	商代	
10	2003 YJH27：10	矮领鼓肩罐	灰硬	残	商代	
11	2003 YJH27：11	II 式平底钵	泥红	修复	商代	
12	2003 YJH27：12	A 型釜	夹红	修复	商代	
13	2003 YJH27：13	D 型杯	泥红	修复	商代	
14	2003 YJH27：14	坛	泥黄	残	商代	

续表

序号	标本		质地	完损状况	时代	备注
15	2003 YJH27：15	Ⅲ式平底钵	夹灰	完整	商代	
16	2003 YJH27：16	砺石	石	完整	商代	
17	2003 YJH27：17	盆	泥灰	修复	商代	
18	2003 YJH27：18	Ⅲ式高领鼓肩罐	泥红	修复	商代	口沿上有刻符
19	2003 YJH27：19	A型网坠	泥灰	完整	商代	
20	2003 YJH27：20	鋬手	泥灰	残	商代	
21	2003 YJH27：21	A型带把钵	泥灰	残	商代	
22	2003 YJH27：22	Ⅱ式平底钵	泥红	修复	商代	
23	2003 YJH27：23	盔形钵	灰硬	残	商代	
24	2003 YJH27：24	Ⅲ式平底钵	灰硬	修复	商代	
25	2003 YJH27：25	A型三足盘	泥红	残	商代	
26	2003 YJH27：26	A型豆	泥红	残	商代	
27	2003 YJH27：27	尊	泥红	残	商代	
28	2003 YJH27：28	瓮	红硬	残	商代	
29	2003 YJH27：29	B型釜	泥灰	残	商代	
30	2003 YJH27：30	B型釜	灰硬	残	商代	
31	2003 YJH27：31	A型壶	灰硬	残	商代	
32	2003 YJH27：32	Ⅲ式高领鼓肩罐	灰硬	残	商代	
33	2003 YJH27：33	矮领鼓肩罐	灰硬	残	商代	
34	2003 YJH27：34	云雷纹	灰硬	残片	商代	
35	2003 YJH27：35	云雷纹	灰硬	残片	商代	
36	2003 YJH27：36	云雷纹	灰硬	残片	商代	
37	2003 YJH27：37	篮纹	灰硬	残片	商代	
38	2003 YJH27：38	篮纹	灰硬	残片	商代	
39	2003 YJH27：39	篮纹	灰硬	残片	商代	
40	2003 YJH27：40	云雷纹	夹红	残片	商代	
41	2003 YJH27：41	云雷纹	夹红	残片	商代	
42	2003 YJH27：42	篮纹	夹红	残片	商代	
43	2003 YJH27：43	云雷纹	原始瓷	残片	商代	
44	2003 YJH27：44	席纹	灰硬	残片	商代	

表 62　C · 2003 YJH29

序号	标本		质地	完损状况	时代	备注
1	2003 YJH29：1	B型盔形钵	夹灰	修复	商代	
2	2003 YJH29：2	Ab型带把钵	夹灰	修复	商代	内腹有刻符
3	2003 YJH29：3	提梁桶	红硬	修复	商代	
4	2003 YJH29：4	Ⅲ式垂腹罐	灰硬	修复	商代	口沿上有刻符
5	2003 YJH29：5	B型盔形钵	灰硬	修复	商代	
6	2003 YJH29：6	B型釜	灰硬	残	商代	

续表

序号	标本		质地	完损状况	时代	备注
7	2003YJH29：7	直腹罐	夹红	残	商代	内沿下有刻符
8	2003YJH29：8	E型杯	灰硬	修复	商代	内沿下有刻符
9	2003YJH29：9	A型网坠	灰硬	完整	商代	
10	2003YJH29：10	A型三足盘	灰硬	残	商代	内底有刻符
11	2003YJH29：11	Ⅲ式平底钵	灰硬	残	商代	内底有刻符
12	2003YJH29：12	A型器盖	红硬	修复	商代	
13	2003YJH29：13	瓮	红硬	残	商代	
14	2003YJH29：14	云雷纹	原始瓷	残片	商代	
15	2003YJH29：15	云雷纹	夹红	残片	商代	
16	2003YJH29：16	云雷纹	灰硬	残片	商代	
17	2003YJH29：17	篮纹	灰硬	残片	商代	
18	2003YJH29：18	篮纹	灰硬	残片	商代	

表63　C·2003YJH30

序号	标本		质地	完损状况	时代	备注
1	2003YJH30：1	Ⅲ式高领鼓肩罐	灰硬	修复	商代	
2	2003YJH30：2	直腹罐	夹红	残	商代	
3	2003YJH30：3	云雷纹	夹红	残片	商代	
4	2003YJH30：4	云雷纹	夹红	残片	商代	
5	2003YJH30：5	云雷纹	灰硬	残片	商代	
6	2003YJH30：6	云雷纹	灰硬	残片	商代	
7	2003YJH30：7	篮纹	灰硬	残片	商代	
8	2003YJH30：8	篮纹	灰硬	残片	商代	
9	2003YJH30：9	篮纹	灰硬	残片	商代	
10	2003YJH30：10	罐肩部	灰硬	残片	商代	送检

表64　C·2003YJH31

序号	标本		质地	完损状况	时代	备注
1	2003YJH31：1	云雷纹	灰硬	残片	商代	
2	2003YJH31：2	云雷纹	灰硬	残片	商代	
3	2003YJH31：3	篮纹	灰硬	残片	商代	
4	2003YJH31：4	篮纹	灰硬	残片	商代	

表65　C·2003YJH33

序号	标本		质地	完损状况	时代	备注
1	2003YJH33：1	A型三足盘	灰硬	修复	商代	外底有刻符

表 66　C·2003 YJH34

序号	标本		质地	完损状况	时代	备注
1	2003 YJH34：1	B 型网坠	灰硬	完整	商代	
2	2003 YJH34：2	A 型盔形钵	灰硬	修复	商代	
3	2003 YJH34：3	Ⅱ式垂腹罐	原始瓷	残	商代	
4	2003 YJH34：4	云雷纹	灰硬	残片	商代	
5	2003 YJH34：5	席纹	灰硬	残片	商代	
6	2003 YJH34：6	席纹	灰硬	残片	商代	
7	2003 YJH34：7	云雷纹	灰硬	残片	商代	
8	2003 YJH34：8	云雷纹	灰硬	残片	商代	
9	2003 YJH34：9	篮纹	灰硬	残片	商代	
10	2003 YJH34：10	篮纹	灰硬	残片	商代	
11	2003 YJH34：11	篮纹	灰硬	残片	商代	
12	2003 YJH34：12	云雷纹	夹红	残片	商代	
13	2003 YJH34：13	云雷纹	夹红	残片	商代	
14	2003 YJH34：14	篮纹	夹红	残片	商代	
15	2003 YJH34：15	罐	夹灰	残	商代	底部加厚工艺

表 67　C·2003 YJH36

序号	标本		质地	完损状况	时代	备注
1	2003 YJH36：1	云雷纹	灰硬	残片	商代	
2	2003 YJH36：2	云雷纹	灰硬	残片	商代	
3	2003 YJH36：3	篮纹	灰硬	残片	商代	
4	2003 YJH36：4	篮纹	灰硬	残片	商代	

表 68　C·2003 YJH41

序号	标本		质地	完损状况	时代	备注
1	2003 YJH41：1	席纹	灰硬	残片	商代	
2	2003 YJH41：2	篮纹	灰硬	残片	商代	
3	2003 YJH41：3	篮纹	灰硬	残片	商代	
4	2003 YJH41：4	席纹	灰硬	残片	商代	

表 69　C·83 板 H1

序号	标本		质地	完损状况	时代	备注
1	83 板 H1：1	A 型纺轮	灰硬	完整	商代	
2	83 板 H1：2	C 型豆	泥红	修复	商代	
3	83 板 H1：3	B 型豆	泥红	修复	商代	内沿下有刻符
4	83 板 H1：4	D 型斝	灰硬	残	商代	
5	83 板 H1：5	Ⅱ式高领鼓肩罐	灰硬	修复	商代	

续表

序号	标本		质地	完损状况	时代	备注
6	83 板 H1：6	A 型陶拍	红硬	残	商代	
7	83 板 H1：7	A 型陶垫	红硬	完整	商代	
8	83 板 H1：8	A 型陶垫	泥灰	完整	商代	
9	83 板 H1：9	A 型陶垫	灰硬	完整	商代	
10	83 板 H1：10	B 型陶拍	灰硬	残	商代	
11	83 板 H1：11	梭形器	泥红	修复	商代	
12	83 板 H1：12	B 型三足盘	灰硬	残	商代	
13	83 板 H1：13	勺	泥灰	残	商代	
14	83 板 H1：14	A 型石锛	石	残	商代	
15	83 板 H1：15	Ⅱ式平底钵	灰硬	残	商代	
16	83 板 H1：16	A 型三足盘	灰硬	修复	商代	
17	83 板 H1：17	A 型三足盘	泥灰	残	商代	
18	83 板 H1：18	A 型三足盘	灰硬	修复	商代	
19	83 板 H1：19	Ⅰ式平底钵	灰硬	略残	商代	内沿下有刻符
20	83 板 H1：20	E 型杯	夹灰	残	商代	
21	83 板 H1：21	Ⅰ式平底钵	灰硬	修复	商代	内沿下有刻符
22	83 板 H1：22	B 型盏	灰硬	修复	商代	
23	83 板 H1：23	B 型杯	泥红	修复	商代	
24	83 板 H1：24	B 型杯	泥红	残	商代	
25	83 板 H1：25	Ⅱ式平底钵	泥红	修复	商代	
26	83 板 H1：26	Ⅰ式平底钵	夹灰	修复	商代	
27	83 板 H1：27	B 型豆	泥红	修复	商代	内沿下有刻符
28	83 板 H1：28	B 型石锛	石	完整	商代	
29	83 板 H1：29	Ⅲ式平底钵	夹灰	修复	商代	内沿下有刻符
30	83 板 H1：30	B 型三足盘	泥灰	修复	商代	内腹有刻符
31	83 板 H1：31	A 型三足盘	灰硬	残	商代	内沿下有刻符
32	83 板 H1：32	A 型三足盘	灰硬	修复	商代	
33	83 板 H1：33	Ⅱ式平底钵	灰硬	修复	商代	
34	83 板 H1：34	A 型盔形钵	灰硬	修复	商代	
35	83 板 H1：35	Ⅰ式高领鼓肩罐	夹红	修复	商代	口沿上有刻符
36	83 板 H1：36	B 型釜	灰硬	修复	商代	
37	83 板 H1：37	B 型盔形钵	灰硬	修复	商代	
38	83 板 H1：38	Ⅱ式平底钵	灰硬	修复	商代	
39	83 板 H1：39	B 型三足盘	灰硬	修复	商代	
40	83 板 H1：40	B 型三足盘	灰硬	残	商代	
41	83 板 H1：41	B 型三足盘	泥红	修复	商代	
42	83 板 H1：42	Ⅱ式平底钵	灰硬	完整	商代	内沿下有刻符
43	83 板 H1：43	Ⅲ式平底钵	灰硬	完整	商代	内沿下有刻符
44	83 板 H1：44	Ⅲ式平底钵	灰硬	修复	商代	
45	83 板 H1：45	瓮	灰硬	修复	商代	口沿上有刻符

续表

序号	标本		质地	完损状况	时代	备注
46	83 板 H1：46	A 型杯	泥红	修复	商代	
47	83 板 H1：47	Ⅱ式高领鼓肩罐	灰硬	修复	商代	
48	83 板 H1：48	B 型三足盘	灰硬	残	商代	
49	83 板 H1：49	A 型支座	夹红	残	商代	
50	83 板 H1：50	A 型陶拍	灰硬	残	商代	柄上有刻符
51	83 板 H1：51	Ⅱ式鼓腹罐	灰硬	修复	商代	口沿上有刻符
52	83 板 H1：52	Ⅱ式鼓腹罐	灰硬	修复	商代	口沿上有刻符
53	83 板 H1：53	A 型三足盘	灰硬	残	商代	
54	83 板 H1：54	B 型三足盘	泥灰	残	商代	
55	83 板 H1：55	C 型盂	泥灰	修复	商代	内底有刻符
56	83 板 H1：56	云雷纹	灰硬	残片	商代	
57	83 板 H1：57	云雷纹	灰硬	残片	商代	
58	83 板 H1：58	云雷纹	灰硬	残片	商代	
59	83 板 H1：59	方格填斜线纹	灰硬	残片	商代	
60	83 板 H1：60	细方格纹	灰硬	残片	商代	
61	83 板 H1：61	篮纹	灰硬	残片	商代	
62	83 板 H1：62	篮纹	灰硬	残片	商代	
63	83 板 H1：63	篮纹	灰硬	残片	商代	

表 70　C·83 板 H3

序号	标本		质地	完损状况	时代	备注
1	83 板 H3：1	Ⅰ式平底钵	泥灰	修复	商代	
2	83 板 H3：2	C 型豆	夹灰	修复	商代	
3	83 板 H3：3	Aa 型器盖	夹灰	修复	商代	
4	83 板 H3：4	C 型盂	泥灰	修复	商代	外沿下有一周刻符
5	83 板 H3：5	A 型陶垫	泥灰	残	商代	
6	83 板 H3：6	Aa 型带把钵	夹灰	修复	商代	
7	83 板 H3：7	Ⅰ式平底钵	泥灰	修复	商代	内沿下有刻符
8	83 板 H3：8	Ⅰ式平底钵	泥红	残	商代	
9	83 板 H3：9	A 型豆	泥灰	残	商代	
10	83 板 H3：10	B 型釜	泥红	残	商代	

表 71　C·86 板 H1

序号	标本		质地	完损状况	时代	备注
1	86 板 H1：1	Ⅲ式高领鼓肩罐	泥红	完整	商代	口沿上有刻符
2	86 板 H1：2	A 型盔形钵	灰硬	完整	商代	内沿下有刻符
3	86 板 H1：3	B 型釜	灰硬	修复	商代	
4	86 板 H1：4	A 型盔形钵	灰硬	修复	商代	内沿下有刻符

续表

序号	标本		质地	完损状况	时代	备注
5	86 板 H1：5	Ⅲ式高领鼓肩罐	灰硬	修复	商代	内沿下有刻符
6	86 板 H1：6	A 型带把钵	夹红	修复	商代	
7	86 板 H1：7	Ⅱ式平底钵	泥灰	修复	商代	外底有刻符
8	86 板 H1：8	A 型三足盘	灰硬	修复	商代	内沿下有刻符
9	86 板 H1：9	瓹	泥灰	残	商代	
10	86 板 H1：10	Aa 型器盖	夹红	修复	商代	
11	86 板 H1：11	甗形器	夹红	残	商代	内沿下有刻符
12	86 板 H1：12	B 型釜	灰硬	修复	商代	口沿上有刻符
13	86 板 H1：13	B 型陶垫	泥灰	完整	商代	把手上有刻符
14	86 板 H1：14	甑	泥红	残	商代	
15	86 板 H1：15	Ⅱ式平底钵	泥灰	修复	商代	内腹有刻符
16	86 板 H1：16	B 型釜	灰硬	修复	商代	
17	86 板 H1：17	Ⅲ式高领鼓肩罐	泥红	修复	商代	内沿下有刻符
18	86 板 H1：18	Ⅲ式高领鼓肩罐	泥灰	修复	商代	
19	86 板 H1：19	A 型三足盘	灰硬	修复	商代	
20	86 板 H1：20	A 型三足盘	灰硬	修复	商代	内沿下、外底有刻符
21	86 板 H1：21	A 型三足盘	灰硬	修复	商代	有积釉
22	86 板 H1：22	Ⅱ式鼓腹罐	灰硬	完整	商代	器物上部有刻符
23	86 板 H1：23	A 型三足盘	泥黄	修复	商代	内沿下有刻符
24	86 板 H1：24	A 型三足盘	灰硬	修复	商代	
25	86 板 H1：25	A 型壶	泥红	修复	商代	
26	86 板 H1：26	B 型盔形钵	灰硬	修复	商代	
27	86 板 H1：27	A 型盔形钵	灰硬	修复	商代	
28	86 板 H1：28	Ⅲ式平底钵	泥红	修复	商代	
29	86 板 H1：29	Ⅱ式鼓腹罐	灰硬	修复	商代	
30	86 板 H1：30	A 型三足盘	泥红	修复	商代	内腹有刻符
31	86 板 H1：31	Ⅲ式平底钵	夹红	修复	商代	
32	86 板 H1：32	A 型三足盘	灰硬	修复	商代	
33	86 板 H1：33	Ⅱ式垂腹罐	灰硬	修复	商代	
34	86 板 H1：34	A 型三足盘	灰硬	修复	商代	
35	86 板 H1：35	B 型盔形钵	灰硬	修复	商代	
36	86 板 H1：36	B 型带把钵	灰硬	修复	商代	
37	86 板 H1：37	直腹罐	夹灰	修复	商代	
38	86 板 H1：38	Ⅲ式平底钵	灰硬	修复	商代	
39	86 板 H1：39	Ⅲ式平底钵	灰硬	修复	商代	
40	86 板 H1：40	A 型三足盘	灰硬	修复	商代	内腹有刻符
41	86 板 H1：41	A 型三足盘	灰硬	修复	商代	外底有刻符
42	86 板 H1：42	B 型盔形钵	灰硬	完整	商代	内沿下有刻符
43	86 板 H1：43	Ⅱ式高领鼓肩罐	灰硬	修复	商代	外底有刻符
44	86 板 H1：44	直腹罐	夹红	修复	商代	

续表

序号	标本		质地	完损状况	时代	备注
45	86 板 H1：45	A 型三足盘	灰硬	修复	商代	
46	86 板 H1：46	C 型豆	灰硬	修复	商代	
47	86 板 H1：47	Ⅱ式平底钵	灰硬	修复	商代	
48	86 板 H1：48	B 型盔形钵	泥红	修复	商代	
49	86 板 H1：49	A 型盔形钵	原始瓷	修复	商代	有积釉
50	86 板 H1：50	直腹罐	灰硬	完整	商代	
51	86 板 H1：51	A 型盔形钵	灰硬	修复	商代	内沿下有刻符
52	86 板 H1：52	A 型壶	夹灰	修复	商代	
53	86 板 H1：53	Ⅱ式鼓腹罐	泥红	修复	商代	
54	86 板 H1：54	A 型三足盘	灰硬	修复	商代	
55	86 板 H1：55	B 型盔形钵	灰硬	完整	商代	口沿上有刻符，人为捏流
56	86 板 H1：56	F 型杯	泥灰	修复	商代	内腹有刻符
57	86 板 H1：57	D 型罕	灰硬	修复	商代	
58	86 板 H1：58	觚	泥灰	修复	商代	
59	86 板 H1：59	Ⅲ式平底钵	灰硬	修复	商代	
60	86 板 H1：60	A 型石镞	石	残	商代	
61	86 板 H1：61	A 型石镞	石	完整	商代	
62	86 板 H1：62	A 型三足盘	灰硬	修复	商代	有积釉
63	86 板 H1：63	瓮	灰硬	修复	商代	口沿上有刻符
64	86 板 H1：64	A 型壶	泥红	修复	商代	口沿上有刻符
65	86 板 H1：65	Ⅱ式高领鼓肩罐	泥红	修复	商代	
66	86 板 H1：66	Ⅱ式垂腹罐	灰硬	修复	商代	口沿上有刻符

表 72　　C·2003YJG5

序号	标本		质地	完损状况	时代	备注
1	2003YJG5：1	A 型网坠	灰硬	完整	商代	
2	2003YJG5：2	A 型网坠	灰硬	完整	商代	
3	2003YJG5：3	Ⅰ式平底钵	灰硬	修复	商代	
4	2003YJG5：4	B 型带把钵	灰硬	修复	商代	
5	2003YJG5：5	瓮	灰硬	残	商代	
6	2003YJG5：6	B 型釜	灰硬	残	商代	
7	2003YJG5：7	B 型釜	灰硬	残	商代	
8	2003YJG5：8	盔形钵	灰硬	残	商代	
9	2003YJG5：9	Ⅲ式平底钵	灰硬	残	商代	
10	2003YJG5：10	云雷纹	灰硬	残片	商代	
11	2003YJG5：11	云雷纹	泥灰	残片	商代	
12	2003YJG5：12	云雷纹	灰硬	残片	商代	
13	2003YJG5：13	席纹	夹红	残片	商代	
14	2003YJG5：14	席纹	灰硬	残片	商代	
15	2003YJG5：15	篮纹	灰硬	残片	商代	
16	2003YJG5：16	篮纹	灰硬	残片	商代	
17	2003YJG5：17	篮纹	灰硬	残片	商代	

续表

表73　C·2003YJF3

序号	标本		质地	完损状况	时代	备注
1	2003YJF3∶1	鬶足	夹灰	残	商代	
2	2003YJF3∶2	B型石镞	石	略残	商代	
3	2003YJF3∶3	A型陶垫	泥红	修复	商代	
4	2003YJF3∶4	Aa型器盖	夹灰	修复	商代	
5	2003YJF3∶5	缸	夹红	残	商代	
6	2003YJF3∶6	盆形钵	灰硬	残	商代	
7	2003YJF3∶7	石拍	石	完整	商代	
8	2003YJF3∶8	I式高领鼓肩罐	夹灰	残	商代	
9	2003YJF3∶9	云雷纹	灰硬	残片	商代	
10	2003YJF3∶10	云雷纹	灰硬	残片	商代	
11	2003YJF3∶11	篮纹	灰硬	残片	商代	
12	2003YJF3∶12	篮纹	灰硬	残片	商代	
13	2003YJF3∶13	云雷纹	夹红	残片	商代	
14	2003YJF3∶14	篮纹	夹红	残片	商代	
15	2003YJF3∶15	席纹	灰硬	残片	商代	
16	2003YJF3∶16	方格纹	灰硬	残片	商代	
17	2003YJF3∶17	席纹	夹红	残片	商代	
18	2003YJF3∶18	叶脉纹	灰硬	残片	商代	
19	2003YJF3∶19	曲折纹	夹红	残片	商代	
20	2003YJF3∶20	瓮	夹红	残	商代	泥片贴筑成形

表74　C·2003YJT2822①

序号	标本		质地	完损状况	时代	备注
1	2003YJT2822①∶1	B型陶拍	夹灰	残	商代	

表75　C·2003YJT3430①

序号	标本		质地	完损状况	时代	备注
1	2003YJT3430①∶1	C型陶拍	夹灰	残	商代	
2	2003YJT3430①∶2	A型网坠		完整	商代	

表76　C·2003YJT3523①

序号	标本		质地	完损状况	时代	备注
1	2003YJT3523①∶1	石坯料	石	残	商代	
2	2003YJT3523①∶2	C型陶拍	泥灰	残	商代	

表77　C·2000YJT4429②

序号	标本		质地	完损状况	时代	备注
1	2000YJT4429②∶1	A型石镞	石	残	商代	

表78　C·2003YJ采

序号	标本		质地	完损状况	时代	备注
1	2003YJ采：1	B型杯	泥红	残	商代	
2	2003YJ采：2	Ⅲ式平底钵	泥灰	修复	商代	
3	2003YJ采：3	A型盅	夹灰	修复	商代	
4	2003YJ采：4	A型三足盘	泥红	残	商代	内沿下有刻符
5	2003YJ采：5	A型三足盘	泥灰	残	商代	内沿下有刻符
6	2003YJ采：6	A型三足盘	泥灰	残	商代	内沿下有刻符
7	2003YJ采：7	石矛	石	残	商代	
8	2003YJ采：8	A型陶垫	夹灰	残	商代	
9	2003YJ采：9	A型陶拍	泥红	残	商代	

表79　D·83角A

序号	标本		质地	完损状况	时代	备注
1	83角A：1	Ⅲ式平底钵	夹灰	修复	商代	外底有刻符
2	83角A：2	A型纺轮	灰硬	完整	商代	
3	83角A：3	A型陶垫	灰硬	有火裂	商代	柄上有刻符
4	83角A：4	A型三足盘	灰硬	修复	商代	
5	83角A：5	Ⅲ式平底钵	灰硬	修复	商代	外底有刻符
6	83角A：6	A型三足盘	灰硬	修复	商代	
7	83角A：7	C型盉	灰硬	修复	商代	口沿上有刻符
8	83角A：8	Ⅲ式平底钵	夹灰	修复	商代	
9	83角A：9	Ⅲ式平底钵	灰硬	修复	商代	内沿下有刻符
10	83角A：10	B型盔形钵	灰硬	修复	商代	内沿下有刻符
11	83角A：11	A型盔形钵	灰硬	修复	商代	
12	83角A：12	A型三足盘	灰硬	残	商代	内沿下有刻符
13	83角A：13	A型三足盘	灰硬	修复	商代	
14	83角A：14	Aa型器盖	灰硬	修复	商代	
15	83角A：15	A型釜	夹红	修复	商代	
16	83角A：16	A型三足盘	泥灰	修复	商代	内沿下有刻符
17	83角A：17	A型三足盘	灰硬	残	商代	
18	83角A：18	Ⅱ式鼓腹罐	灰硬	修复	商代	
19	83角A：19	A型三足盘	原始瓷	残	商代	有积釉。送检
20	83角A：20	A型三足盘	灰硬	修复	商代	
21	83角A：21	Ⅲ式高领鼓肩罐	灰硬	修复	商代	外腹有剔刻的图案
22	83角A：22	A型三足盘	灰硬	残	商代	
23	83角A：23	Ⅲ式平底钵	夹灰	修复	商代	外底有刻符
24	83角A：24	B型三足盘	泥红	残	商代	外底有刻符
25	83角A：25	A型三足盘	灰硬	修复	商代	
26	83角A：26	A型盔形钵	灰硬	残	商代	

续表

序号	标本		质地	完损状况	时代	备注
27	83 角 A：27	鼎腿	夹红	残	商代	
28	83 角 A：28	A 型釜	灰硬	残	商代	
29	83 角 A：29	A 型三足盘	灰硬	修复	商代	
30	83 角 A：30	E 型杯	灰硬	修复	商代	
31	83 角 A：31	直腹罐	灰硬	修复	商代	
32	83 角 A：32	矮领鼓肩小罐	灰硬	修复	商代	外底有刻符
33	83 角 A：33	C 型盂	灰硬	完整	商代	
34	83 角 A：34	Ⅲ式平底	夹灰	略残	商代	
35	83 角 A：35	A 型盂	泥灰	修复	商代	内沿下有刻符
36	83 角 A：36	A 型三足盘	泥灰	残	商代	内沿下有刻符
37	83 角 A：37	A 型三足盘	泥灰	修复	商代	内沿下有刻符
38	83 角 A：38	A 型三足盘	泥灰	修复	商代	
39	83 角 A：39	A 型盆形钵	泥灰	修复	商代	
40	83 角 A：40	A 型釜	灰硬	修复	商代	
41	83 角 A：41	B 型釜	红硬	修复	商代	
42	83 角 A：42	直腹罐	夹灰	修复	商代	
43	83 角 A：43	A 型盆形钵	灰硬	修复	商代	
44	83 角 A：44	Ⅰ式平底钵	灰硬	修复	商代	内腹有刻符
45	83 角 A：45	Ⅲ式平底钵	泥红	修复	商代	内腹有刻符
46	83 角 A：46	A 型盆形钵	灰硬	修复	商代	
47	83 角 A：47	Ⅲ式平底钵	灰硬	修复	商代	内腹有刻符
48	83 角 A：48	Ⅲ式平底钵	夹红	修复	商代	内腹有刻符
49	83 角 A：49	A 型三足盘	灰硬	修复	商代	有釉面
50	83 角 A：50	A 型三足盘	泥红	修复	商代	内沿下有刻符
51	83 角 A：51	A 型三足盘	灰硬	修复	商代	
52	83 角 A：52	A 型三足盘	灰硬	修复	商代	
53	83 角 A：53	A 型三足盘	灰硬	修复	商代	
54	83 角 A：54	Ⅲ式平底钵	灰硬	修复	商代	内沿下有刻符
55	83 角 A：55	Ⅲ式平底钵	夹灰	修复	商代	
56	83 角 A：56	A 型盖碗	泥红	修复	商代	内沿下有刻符
57	83 角 A：57	Ⅲ式高领鼓肩罐	灰硬	残	商代	
58	83 角 A：58	Ⅲ式高领鼓肩罐	灰硬	残	商代	
59	83 角 A：59	Ⅲ式高领鼓肩罐	灰硬	残	商代	内沿下有刻符
60	83 角 A：60	矮领鼓肩罐	灰硬	残	商代	
61	83 角 A：61	矮领鼓肩罐	灰硬	残	商代	
62	83 角 A：62	矮领鼓肩罐	泥红	残	商代	
63	83 角 A：63	Ⅱ式鼓腹罐	灰硬	残	商代	
64	83 角 A：64	Ⅰ式垂腹罐	灰硬	残	商代	
65	83 角 A：65	直腹罐	灰硬	残	商代	内沿下有刻符
66	83 角 A：66	B 型釜	夹灰	残	商代	

续表

序号	标本		质地	完损状况	时代	备注
67	83 角 A：67	B 型釜	灰硬	残	商代	
68	83 角 A：68	B 型釜	灰硬	残	商代	
69	83 角 A：69	B 型釜	灰硬	残	商代	
70	83 角 A：70	III 式平底钵	灰硬	残	商代	
71	83 角 A：71	A 型三足盘	灰硬	残	商代	外沿下有刻符
72	83 角 A：72	II 式高领鼓肩罐	泥红	残	商代	
73	83 角 A：73	III 式高领鼓肩罐	夹红	残	商代	
74	83 角 A：74	I 式垂腹罐	泥红	残	商代	
75	83 角 A：75	Aa 型器盖	泥红	残	商代	
76	83 角 A：76	把手	泥红	残	商代	
77	83 角 A：77	B 型釜	泥红	残	商代	
78	83 角 A：78	B 型釜	泥红	残	商代	
79	83 角 A：79	B 型釜	泥红	残	商代	
80	83 角 A：80	瓮	泥红	残	商代	
81	83 角 A：81	II 式平底钵	泥红	修复	商代	
82	83 角 A：82	B 型豆	灰硬	残	商代	
83	83 角 A：83	B 型釜	灰硬	残	商代	
84	83 角 A：84	III 式平底钵	灰硬	完整	商代	外底有刻符
85	83 角 A：85	C 型尊	灰硬	残	商代	
86	83 角 A：86	C 型盂	灰硬	修复	商代	
87	83 角 A：87	III 式平底钵	泥红	残	商代	
88	83 角 A：88	I 式平底钵	泥红	修复	商代	
89	83 角 A：89	云雷纹	夹红	残片	商代	
90	83 角 A：90	云雷纹	夹红	残片	商代	
91	83 角 A：91	云雷纹	泥灰	残片	商代	
92	83 角 A：92	云雷纹	灰硬	残片	商代	
93	83 角 A：93	云雷纹	灰硬	残片	商代	
94	83 角 A：94	云雷纹	灰硬	残片	商代	
95	83 角 A：95	方格纹	夹红	残片	商代	
96	83 角 A：96	方格纹	灰硬	残片	商代	
97	83 角 A：97	席纹	灰硬	残片	商代	
98	83 角 A：98	席纹	灰硬	残片	商代	
99	83 角 A：99	方格填斜线纹	泥灰	残片	商代	
100	83 角 A：100	篮纹	夹红	残片	商代	
101	83 角 A：101	篮纹	灰硬	残片	商代	
102	83 角 A：102	篮纹	灰硬	残片	商代	
103	83 角 A：103	篮纹	夹红	残片	商代	
104	83 角 A：104	篮纹	灰硬	残片	商代	
105	83 角 A：105	篮纹	夹红	残片	商代	
106	83 角 A：106	甑形器	夹红	残	商代	甑部上下两部分搭接而成
107	83 角 A：107	罐	夹红	残	商代	口沿与罐体分开制作，粘接而成
108	83 角 A：108	罐	夹红	残	商代	罐内外涂抹一层泥浆

表 80　D·83 角 B

序号	标本		质地	完损状况	时代	备注
1	83 角 B：1	B 型纺轮	泥红	完整	商代	
2	83 角 B：2	B 型纺轮	泥灰	略残	商代	
3	83 角 B：3	Ⅲ式平底钵	夹灰	修复	商代	
4	83 角 B：4	Ⅲ式高领鼓肩罐	泥灰	修复	商代	
5	83 角 B：5	B 型器盖	灰硬	修复	商代	
6	83 角 B：6	C 型盂	灰硬	修复	商代	外沿下有刻符
7	83 角 B：7	D 型斝	灰硬	残	商代	
8	83 角 B：8	Ⅲ式平底钵	灰硬	修复	商代	
9	83 角 B：9	Ⅲ式平底钵	灰硬	修复	商代	
10	83 角 B：10	Ⅲ式平底钵	夹红	修复	商代	
11	83 角 B：11	A 型陶垫	灰硬	残	商代	
12	83 角 B：12	D 型斝	灰硬	修复	商代	
13	83 角 B：13	A 型三足盘	灰硬	修复	商代	
14	83 角 B：14	瓮	灰硬	残	商代	口沿上有刻符
15	83 角 B：15	B 型三足盘	灰硬	修复	商代	内沿下有刻符
16	83 角 B：16	砺石	石	完整	商代	
17	83 角 B：17	A 型三足盘	灰硬	修复	商代	
18	83 角 B：18	A 型支座	夹红	残	商代	
19	83 角 B：19	直腹罐	夹灰	修复	商代	
20	83 角 B：20	Aa 型器盖	灰硬	修复	商代	
21	83 角 B：21	鼓腹小罐	灰硬	修复	商代	
22	83 角 B：22	Ⅲ式平底钵	灰硬	修复	商代	内、外沿下有刻符
23	83 角 B：23	Ⅱ式鼓腹罐	灰硬	修复	商代	
24	83 角 B：24	B 型纺轮	夹红	完整	商代	
25	83 角 B：25	A 型三足盘	泥灰	残	商代	
26	83 角 B：26	AⅢ式瓿形器	夹红	修复	商代	
27	83 角 B：27	A 型盔形钵	灰硬	修复	商代	内沿下有刻符
28	83 角 B：28	瓿形器	夹灰	残	商代	
29	83 角 B：29	Ⅲ式高领鼓肩罐	灰硬	修复	商代	内沿下有刻符
30	83 角 B：30	A 型三足盘	灰硬	残	商代	内沿下有刻符
31	83 角 B：31	A 型盔形钵	灰硬	完整	商代	口沿上、内腹有刻符
32	83 角 B：32	B 型带把钵	灰硬	修复	商代	内沿下有刻符
33	83 角 B：33	Ⅲ式平底钵	夹红	修复	商代	内沿下有刻符
34	83 角 B：34	A 型三足盘	灰硬	修复	商代	
35	83 角 B：35	Ⅱ式平底钵	灰硬	修复	商代	内沿下有刻符
36	83 角 B：36	B 型盔形钵	灰硬	修复	商代	内沿下有刻符
37	83 角 B：37	A 型壶	泥红	修复	商代	
38	83 角 B：38	Aa 型器盖	泥灰	修复	商代	内沿下有刻符
39	83 角 B：39	Aa 型器盖	泥红	修复	商代	

续表

序号	标本		质地	完损状况	时代	备注
40	83 角 B：40	瓮	灰硬	残	商代	
41	83 角 B：41	B 型釜	泥红	残	商代	
42	83 角 B：42	B 型豆	灰硬	残	商代	
43	83 角 B：43	Ⅲ式高领鼓肩罐	灰硬	残	商代	
44	83 角 B：44	Ⅲ式高领鼓肩罐	灰硬	残	商代	
45	83 角 B：45	Ⅲ式高领鼓肩罐	灰硬	残	商代	
46	83 角 B：46	矮领鼓肩罐	灰硬	残	商代	
47	83 角 B：47	B 型釜	灰硬	残	商代	
48	83 角 B：48	矮领鼓肩罐	灰硬	残	商代	
49	83 角 B：49	矮领鼓肩罐	灰硬	残	商代	
50	83 角 B：50	Ⅱ式鼓腹罐	灰硬	残	商代	
51	83 角 B：51	Ⅱ式垂腹罐	灰硬	残	商代	
52	83 角 B：52	B 型釜	灰硬	残	商代	内沿下有刻符
53	83 角 B：53	B 型釜	灰硬	残	商代	
54	83 角 B：54	B 型釜	灰硬	残	商代	
55	83 角 B：55	瓮	灰硬	残	商代	
56	83 角 B：56	瓮	灰硬	残	商代	
57	83 角 B：57	Ⅱ式鼓腹罐	灰硬	残	商代	
58	83 角 B：58	尊	灰硬	残	商代	
59	83 角 B：59	矮领鼓肩罐	泥红	残	商代	
60	83 角 B：60	Ⅲ式高领鼓肩罐	泥红	残	商代	
61	83 角 B：61	Ⅲ式高领鼓肩罐	泥红	残	商代	
62	83 角 B：62	Ⅲ式高领鼓肩罐	灰硬	残	商代	
63	83 角 B：63	Ⅲ式高领鼓肩罐	泥红	残	商代	
64	83 角 B：64	直腹罐	泥红	残	商代	
65	83 角 B：65	B 型釜	夹红	残	商代	
66	83 角 B：66	瓮	泥红	残	商代	
67	83 角 B：67	瓮	泥红	残	商代	
68	83 角 B：68	瓮	泥红	残	商代	
69	83 角 B：69	A 型坛	灰硬	残	商代	
70	83 角 B：70	D 型盂	灰硬	修复	商代	
71	83 角 B：71	直腹罐	夹灰	残	商代	
72	83 角 B：72	Ab 型器盖	灰硬	残	商代	
73	83 角 B：73	E 型杯	灰硬	修复	商代	
74	83 角 B：74	B 型釜	灰硬	残	商代	
75	83 角 B：75	D 型斝	夹红	残	商代	
76	83 角 B：76	Ⅲ式高领鼓肩罐	灰硬	修复	商代	内沿下有刻符
77	83 角 B：77	A 型三足盘	灰硬	修复	商代	
78	83 角 B：78	篮纹	灰硬	残片	商代	
79	83 角 B：79	篮纹	灰硬	残片	商代	
80	83 角 B：80	云雷纹、方格纹组合	灰硬	残片	商代	
81	83 角 B：81	叶脉纹、篮纹组合	灰硬	残片	商代	
82	83 角 B：82	方格纹	灰硬	残片	商代	
83	83 角 B：83	细方格纹	夹红	残片	商代	

续表

序号	标本		质地	完损状况	时代	备注
84	83 角 B：84	曲折纹	灰硬	残片	商代	
85	83 角 B：85	曲折纹	灰硬	残片	商代	
86	83 角 B：86	席纹	灰硬	残片	商代	
87	83 角 B：87	方格填斜线纹	泥灰	残片	商代	
88	83 角 B：88	圆涡纹	灰硬	残片	商代	
89	83 角 B：89	篮纹	灰硬	残片	商代	
90	83 角 B：90	罐	夹灰	残	商代	烧制时粘连
91	83 角 B：91	罐	夹红	残	商代	底部加厚

表 81　D·83 角采

序号	标本		质地	完损状况	时代	备注
1	83 角采：1	A 型盔形钵	夹灰	修复	商代	
2	83 角采：2	A 型三足盘	灰硬	修复	商代	
3	83 角采：3	矮领鼓肩罐	灰硬	修复	商代	
4	83 角采：4	矮领鼓肩罐	灰硬	修复	商代	
5	83 角采：5	Ⅲ式平底钵	灰硬	修复	商代	
6	83 角采：6	Ⅲ式高领鼓肩罐	灰硬	修复	商代	
7	83 角采：7	A 型陶垫	泥灰	残	商代	
8	83 角采：8	Ⅱ式平底钵	夹灰	修复	商代	内沿下有刻符
9	83 角采：9	Ⅲ式高领鼓肩罐	灰硬	修复	商代	粘连
10	83 角采：10	A 型三足盘	红硬	残	商代	
11	83 角采：11	A 型三足盘	灰硬	修复	商代	内腹有刻符
12	83 角采：12	A 型三足盘	灰硬	修复	商代	内沿下有刻符，有积釉
13	83 角采：13	B 型尊	灰硬	修复	商代	有积釉
14	83 角采：14	杯形器	泥灰	完整	商代	
15	83 角采：15	A 型陶垫	泥灰	完整	商代	
16	83 角采：16	A 型石锛	石	完整	商代	上部有刻符
17	83 角采：17	Ab 型带把钵	夹灰	修复	商代	
18	83 角采：18	直腹罐	夹灰	修复	商代	内沿下有刻符
19	83 角采：19	A 型盔形钵	灰硬	修复	商代	
20	83 角采：20	Ⅱ式平底钵	灰硬	完整	商代	内沿下有刻符
21	83 角采：21	Ⅱ式平底钵	灰硬	修复	商代	
22	83 角采：22	Ⅲ式平底钵	灰硬	修复	商代	
23	83 角采：23	Aa 型器盖	夹灰	修复	商代	
24	83 角采：24	C 型盂	灰硬	修复	商代	
25	83 角采：25	B 型盖碗	泥红	修复	商代	
26	83 角采：26	B 型釜	灰硬	修复	商代	内沿下有刻符
27	83 角采：27	A 型盔形钵	灰硬	修复	商代	
28	83 角采：28	A 型盔形钵	灰硬	修复	商代	
29	83 角采：29	Ⅱ式平底钵	灰硬	修复	商代	外沿下有刻符
30	83 角采：30	A 型陶拍	泥红	残	商代	
31	83 角采：31	A 型陶拍	灰硬	残	商代	

续表

序号	标本		质地	完损状况	时代	备注
32	83角采：32	B型陶拍	泥红	残	商代	
33	83角采：33	B型陶拍	泥灰	残	商代	
34	83角采：34	B型纺轮	泥灰	略残	商代	
35	83角采：35	A型石锛	石	残	商代	
36	83角采：36	不明器	夹红	残	商代	莲蓬头状
37	83角采：37	A型陶垫	泥灰	完整	商代	
38	83角采：38	A型陶垫	夹红	完整	商代	
39	83角采：39	A型陶垫	泥灰	残	商代	
40	83角采：40	鼎足	泥红	残	商代	
41	83角采：41	鼎足	泥红	残	商代	
42	83角采：42	E型杯	夹灰	修复	商代	
43	83角采：43	Ⅱ式平底钵	灰硬	修复	商代	
44	83角采：44	B型釜	灰硬	残	商代	
45	83角采：45	Ⅲ式平底钵	灰硬	修复	商代	外底有刻符
46	83角采：46	Ⅲ式高领鼓肩罐	泥黄	修复	商代	内沿下有刻符
47	83角采：47	A型盉形钵	灰硬	修复	商代	
48	83角采：48	石锥	石	残	商代	
49	83角采：49	A型陶垫	泥灰	残	商代	
50	83角采：50	A型陶拍	灰硬	残	商代	
51	83角采：51	A型陶拍	灰硬	残	商代	
52	83角采：52	B型陶拍	灰硬	残	商代	
53	83角采：53	A型三足盘	灰硬	修复	商代	
54	83角采：54	鼎足	灰硬	残	商代	中下部有刻符
55	83角采：55	Ⅱ式平底钵	夹灰	修复	商代	
56	83角采：56	Ⅱ式平底钵	灰硬	修复	商代	
57	83角采：57	A型盉形钵	灰硬	修复	商代	

表82　D·86角采

序号	标本		质地	完损状况	时代	备注
1	86角采：1	A型陶垫	灰硬	完整	商代	
2	86角采：2	Ⅱ式平底钵	灰硬	修复	商代	腹部有刻符
3	86角采：3	A型盉形钵	灰硬	修复	商代	
4	86角采：4	A型三足盘	灰硬	修复	商代	底部有刻符
5	86角采：5	Ⅱ式平底钵	夹灰	修复	商代	
6	86角采：6	A型盉形钵	原始瓷	修复	商代	有釉面
7	86角采：7	A型三足盘	灰硬	修复	商代	
8	86角采：8	B型石锛	石	略残	商代	
9	86角采：9	A型纺轮	灰硬	完整	商代	
10	86角采：10	B型釜	灰硬	修复	商代	

附表四　陶片统计表

表 1A　A·2000YJY6 陶片称重统计表

单位：克

陶色	陶质	云雷纹	篮纹	席纹	方格纹	叶脉纹	云雷、篮纹组合	席纹、篮纹组合	素面	方格、席纹组合	方格、篮纹组合	合计	百分比
灰陶	夹1A	3760	6395	25		595	1995	40	1085			13895	6.75
	夹1B	15320	32473	260	70	3135	2165	145	1515	30		55113	26.77
	夹2A	1860	5845			410	730	205	435		20	9505	4.62
	夹2B	10925	24810	115		2955	1870	575	815			42065	20.43
	夹3A	105	260			120						485	0.24
	夹3B	1510	7680		20	2005	255	240	65			11775	5.72
	泥质	6490	12840	75		1165	535	115	2535			23755	11.54
红陶	夹1A	670	3020	55			55	225	35			4060	1.97
	夹1B	3795	8965	25		935		855	1840			16415	7.97
	夹2B	2540	7120	25		1780		1085	1565			14115	6.86
	夹3B	510	4285					4630	1450			10875	5.28
	泥质	1635	1635	100		85		355	40			3850	1.87
合计		49120	115328	680	90	13185	7605	8470	11380	30	20	205908	
百分比		23.86	56.01	0.33	0.04	6.40	3.69	4.11	5.53	0.01	0.01		100

表 1B　A·2000YJY6 陶片数量统计表

单位：片

陶色	陶质	云雷纹	篮纹	席纹	方格纹	叶脉纹	云雷、篮纹组合	席纹、篮纹组合	素面	方格、席纹组合	方格、篮纹组合	合计	百分比
灰陶	夹1A	63	281	1			35		26			406	10.16
	夹1B	182	674	4	2		60	3	50	1		976	24.43
	夹2A	37	115				14	2	12		1	181	4.53
	夹2B	113	370	2		1	56	2	35			579	14.94
	夹3A	1	7				3					11	0.28
	夹3B	20	97		1		17		7			142	3.55
	泥质	75	257	3			17	2	76			430	10.76

续表

陶色	陶质	云雷纹	篮纹	席纹	方格纹	叶脉纹	云雷、篮纹组合	席纹、篮纹组合	素面	方格、席纹组合	方格、篮纹组合	合计	百分比
红陶	夹1A	18	64	1			1	1	12			97	2.43
	夹1B	85	339	1			17		92			534	13.37
	夹2A												
	夹2B	43	184	1			10		88			326	8.16
	夹3A												
	夹3B	5	111					1	126			243	6.08
	泥质	15	33	2			5		15			70	1.75
合计		657	2532	15	3	1	236	10	539	1	1	3995	
百分比		16.45	63.38	0.38	0.08	0.03	5.91	0.25	13.44	0.03	0.03		100

表1C　A·2000YJY6 器形统计表

单位：个

陶色	陶质	高领鼓肩罐	矮领鼓肩罐	直腹罐	小罐	瓮	釜	三足盘	盔形钵	甗形器	把手	带把钵	器盖	尊	鼎	合计	百分比
灰陶	夹1A	10	10			2	1	5						2		30	5.71
	夹1B	45	29	1		7	16	15	3	1		1		1		119	22.67
	夹2A	1	4	1			2	14								22	4.19
	夹2B	35	19	7	6	5	10	14	2	3					1	102	19.43
	夹3A						1									1	0.19
	夹3B	3	2	2			2			2						11	2.10
	泥质	21	19		1	6	9	45	3						1	105	20.00
红陶	夹1A	4	2			3				2						11	2.10
	夹1B	18	7	1		1	4	2	1	15	1		1	1		52	9.90
	夹2B	2	10	4			2		2	8	1		1			30	5.71
	夹3A															0	0.0
	夹3B	2	2	12						13		1				30	5.71
	泥质	4	4	2				2								12	2.29
合计		145	108	30	7	24	47	97	11	44	2	2	2	4	2	525	
百分比		27.62	20.57	5.71	1.33	4.57	8.95	18.58	2.10	8.38	0.38	0.38	0.38	0.76	0.38		100

表 2A　A·2000YJH10 陶片称重统计表

单位：克

陶色	陶质	云雷纹	篮纹	席纹	方格纹	云雷、篮纹组合	素面	方格、席纹组合	合计	百分比
灰陶	夹1A	7600	14970			2005	370		24945	6.40
	夹1B	32015	38965			3460	4330		78770	20.21
	夹2A	2630	5665			1355	160		9810	2.52
	夹2B	25525	33820			2245	1895		63485	16.29
	夹3B	3230	5760				415		9405	2.41
	泥质	29490	35890			4530	4150		74060	19.00
红陶	夹1A	2020	1265			305	370		3960	1.02
	夹1B	13220	26970		75	2230	2205		44700	11.47
	夹2A	350	400				30		780	0.20
	夹2B	3870	10870			1005	11860	20	27625	7.09
	夹3B	590	8145			135	27225		36095	9.26
	泥质	5570	9220	30		120	1120		16060	4.12
合计		126110	191940	30	75	17390	54130	20	389695	
百分比		32.36	49.25	0.01	0.02	4.46	13.89	0.01		100

表 2B　A·2000YJH10 陶片数量统计表

单位：片

陶色	陶质	云雷纹	篮纹	席纹	方格纹	云雷、篮纹组合	素面	方格、席纹组合	合计	百分比
灰陶	夹1A	120	207			16	16		359	6.77
	夹1B	367	483			38	99		987	18.63
	夹2A	71	93			16	6		186	3.51
	夹2B	308	420			11	36		775	14.63
	夹3B	43	98				10		151	2.85
	泥质	311	470			48	110		939	17.72
红陶	夹1A	25	25			6	16		72	1.36
	夹1B	197	397		4	23	69		690	13.02
	夹2A	5	7				1		13	0.25
	夹2B	53	192			10	154	1	410	7.74
	夹3B	11	160			2	293		466	8.79
	泥质	77	124	1		5	44		251	4.74
合计		1588	2676	1	4	175	854	1	5299	
百分比		29.97	50.50	0.02	0.08	3.30	16.12	0.02		100

表 2C　A·2000YJH10 器形统计表

单位：个

陶色	陶质	高领鼓肩罐	矮领鼓肩罐	鼓腹罐	直腹罐	釜	瓮	筒形器	盏形钵	器盖	盂	甑形器	鏊	鼎腿	缸	平底钵	三足盘	尊	小罐	小计	百分比
灰陶	夹1A	4	3			6	2													15	3.04
灰陶	夹1B	19	28		5	37	17			5			1				4			116	23.53
灰陶	夹2A				1	2														2	0.41
灰陶	夹2B	8	23	3	5	22	10			3										70	14.20
灰陶	夹3B	1	2			7	1								1			1		18	3.65
灰陶	泥质	17	23			27	17		3	1							3		2	93	18.86
红陶	夹1A	3	1			4	1	1												9	1.83
红陶	夹1B	21	17		1	16	3		1	1			1	1				1		59	11.97
红陶	夹2B	6	12		13						2	18			4					55	11.16
红陶	夹3B	1			9							13								27	5.48
红陶	泥质	9	15		2		1									1	1			29	5.88
总计		89	124	3	36	121	52	1	4	9	2	31	2	1	5	1	8	2	2	493	
百分比		18.05	25.15	0.61	7.30	24.54	10.55	0.20	0.81	1.83	0.41	6.29	0.41	0.20	1.01	0.20	1.62	0.41	0.41		100

表 3A　B·2007YJT0544①陶片称重统计表

单位：克

陶色 \ 重量 \ 陶质 \ 纹饰	云雷纹	篮纹	方格纹	素面	合计	百分比
灰陶 夹1B	3390	105		1010	4505	8.51
灰陶 夹2B	3410	135		1045	4590	8.67
灰陶 夹3B	13195	805	80	2910	16990	32.10
红陶 夹1B	2660	275		190	3125	5.90
红陶 夹2B	3075				3075	5.81
红陶 夹3B	9500	2345		8800	20645	39.00
合计	35230	3665	80	13955	52930	
百分比	66.56	6.92	0.15	26.37		100

表 3B　B·2007YJT0544①陶片数量统计表

单位：片

陶色 \ 数量 \ 陶质 \ 纹饰	云雷纹	篮纹	方格纹	素面	合计	百分比
灰陶 夹1B	43	1		18	62	9.75
灰陶 夹2B	42	1		23	66	10.38
灰陶 夹3B	139	15	2	45	201	31.60
红陶 夹1B	33	5		5	43	6.76
红陶 夹2B	38				38	5.97
红陶 夹3B	107	30		89	226	35.53
合计	402	52	2	180	636	
百分比	63.21	8.18	0.31	28.30		100

表 3C　B·2007YJT0544①器形统计表

单位：个

陶色 \ 数量 \ 陶质 \ 器形	矮领鼓肩罐	釜	平底钵	豆	合计	百分比
灰陶 夹1B	1		1		2	14.29
灰陶 夹2B	1				1	7.14
灰陶 夹3B	2	2	1	1	6	42.86
红陶 夹3B	2	3			5	35.71
合计	6	5	2	1	14	
百分比	42.86	35.71	14.29	7.14		100

表4A　B·2007YJT0644①陶片称重统计表

单位：克

陶色	陶质	云雷纹	篮纹	方格纹	素面	合计	百分比
灰陶	夹1B	1450	1020	85	430	2985	7.19
灰陶	夹2B	2040	2255		430	4725	11.39
灰陶	夹3B	4980	5460		1440	11880	28.63
红陶	夹1B	825	755		735	2315	5.58
红陶	夹2B	1255	1055		280	2590	6.24
红陶	夹3B	3225	6700		7075	17000	40.97
合计		13775	17245	85	10390	41495	
百分比		33.20	41.56	0.20	25.04		100

表4B　B·2007YJT0644①陶片数量统计表

单位：片

陶色	陶质	云雷纹	篮纹	方格纹	素面	合计	百分比
灰陶	夹1B	29	23	1	12	65	9.13
灰陶	夹2B	38	42		14	94	13.20
灰陶	夹3B	80	91		35	206	28.93
红陶	夹1B	16	19		15	50	7.02
红陶	夹2B	20	20		6	46	6.46
红陶	夹3B	48	110		93	251	35.25
合计		231	305	1	175	712	
百分比		32.44	42.84	0.14	24.58		100

表4C　B·2007YJT0644①器形统计表

单位：个

陶色	陶质	高领鼓肩罐	矮领鼓肩罐	釜	合计	百分比
灰陶	夹1B		1	1	2	33.33
灰陶	夹3B		1	1	2	33.33
红陶	夹3B	1	1		2	33.33
合计		1	3	2	6	
百分比		16.67	50.00	33.33		100

表 5A　　B·2007YJT0644②陶片称重统计表

单位：克

陶色 \ 重量 \ 陶质 \ 纹饰		云雷纹	篮纹	素面	合计	百分比
灰陶	夹 1B	1255	1730	495	3480	9.60
	夹 2B	2075	1155	575	3805	10.50
	夹 3B	2495	5040	800	8335	23.00
	泥质	120	40		160	0.44
红陶	夹 1B	1490	1220	450	3160	8.72
	夹 2B	620	1585	580	2785	7.68
	夹 3B	2220	5095	7200	14515	40.05
合计		10275	15865	10100	36240	
百分比		28.35	43.78	27.87		100

表 5B　　B·2007YJT0644②陶片数量统计表

单位：片

陶色 \ 数量 \ 陶质 \ 纹饰		云雷纹	篮纹	素面	合计	百分比
灰陶	夹 1B	23	32	13	68	13.08
	夹 2B	35	21	13	69	13.27
	夹 3B	32	53	18	103	19.81
	泥质	3	1		4	0.77
红陶	夹 1B	29	23	11	63	12.12
	夹 2B	13	22	12	47	9.04
	夹 3B	26	63	77	166	31.92
合计		161	215	144	520	
百分比		30.96	41.35	27.69		100

表 5C　　B·2007YJT0644②器形统计表

单位：个

陶色 \ 数量 \ 陶质 \ 器形		矮领鼓肩罐	釜	三足盘	缸	合计	百分比
灰陶	夹 1B	1	1			2	12.50
	夹 2B	1	1	1		3	18.75
	夹 3B	3				3	18.75
红陶	夹 2B		1	1		2	12.50
	夹 3B	3	1		2	6	37.50
合计		8	4	2	2	16	
百分比		50	25	12.50	12.50		100

表6A　B·2007YJT0644③陶片称重统计表

单位：克

陶色	重量陶质纹饰	云雷纹	篮纹	素面	合计	百分比
灰陶	夹1B	440	200	65	705	26.81
	夹2B	35	120	25	180	6.84
	夹3B	35	280	130	445	16.92
	泥质			65	65	2.47
红陶	夹1B	135	260	85	480	18.25
	夹2B		110		110	4.18
	夹3B	75	275	225	575	21.86
	泥质	20		50	70	2.66
合计		740	1245	645	2630	
百分比		28.14	47.34	24.52		100

表6B　B·2007YJT0644③陶片数量统计表

单位：片

陶色	数量陶质纹饰	云雷纹	篮纹	素面	合计	百分比
灰陶	夹1B	10	5	4	19	25.68
	夹2B	1	3	1	5	6.76
	夹3B	1	8	6	15	20.27
	泥质			4	4	5.41
红陶	夹1B	3	10	3	16	21.62
	夹2B		3		3	4.05
	夹3B	2	4	4	10	13.51
	泥质	1		1	2	2.70
合计		18	33	23	74	
百分比		24.32	44.59	31.08		100

表7A　B·2007YJT0645①陶片称重统计表

单位：克

陶色	重量陶质纹饰	云雷纹	篮纹	素面	合计	百分比
灰陶	夹1B	830	180	325	1335	7.67
	夹2B	840	1225	175	2240	12.87
	夹3B	1740	2390	775	4905	28.17

续表

陶色 重量 陶质 纹饰		云雷纹	篮纹	素面	合计	百分比
红陶	夹1B	135	300	490	925	5.31
	夹2B	195	330	240	765	4.39
	夹3B	550	2825	3865	7240	41.59
合计		4290	7250	5870	17410	
百分比		24.64	41.64	33.72		100

表7B　B·2007YJT0645①陶片数量统计表

单位：片

陶色 数量 陶质 纹饰		云雷纹	篮纹	素面	合计	百分比
灰陶	夹1B	8	4	6	18	7.86
	夹2B	10	12	5	27	11.79
	夹3B	17	25	11	53	23.14
红陶	夹1B	1	6	5	12	5.24
	夹2B	2	8	4	14	6.11
	夹3B	9	43	53	105	45.85
合计		47	98	84	229	
百分比		20.52	42.79	36.68		100

表7C　B·2007YJT0645①器形统计表

单位：个

陶色 数量 陶质 器形		高领鼓肩罐	矮领鼓肩罐	直腹罐	三足盘	合计	百分比
灰陶	夹1B				1	1	25
	夹2B	1				1	25
	夹3B	1	1			2	50
合计		2	1		1	4	
百分比		50	25		25		100

表8A　B·2007YJT0743①陶片称重统计表

单位：克

陶色 重量 陶质 纹饰		云雷纹	篮纹	素面	合计	百分比
灰陶	夹1B	1915	2170	100	4185	15.15
	夹2B	1520	890	115	2525	9.14
	夹3B	4865	4220	620	9705	35.12
	泥质	30	70		100	0.36

续表

陶色	重量 / 陶质 \ 纹饰	云雷纹	篮纹	素面	合计	百分比
红陶	夹1B	1345	1730	105	3180	11.51
	夹2B	1410	1230	255	2895	10.48
	夹3B	1815	2305	880	5000	18.10
	泥质			40	40	0.14
合计		12900	12615	2115	27630	
百分比		46.69	45.66	7.65		100

表8B　B·2007YJT0743①陶片数量统计表

单位：片

陶色	数量 / 陶质 \ 纹饰	云雷纹	篮纹	素面	合计	百分比
灰陶	夹1B	36	36	2	74	15.74
	夹2B	23	15	3	41	8.72
	夹3B	71	75	13	159	33.83
	泥质	1	2		3	0.64
红陶	夹1B	27	34	4	65	13.83
	夹2B	25	22	7	54	11.49
	夹3B	27	37	9	73	15.53
	泥质			1	1	0.21
合计		210	221	39	470	
百分比		44.68	47.02	8.30		100

表8C　B·2007YJT0743①器形统计表

单位：个

陶色	数量 / 陶质 \ 器形	矮领鼓肩罐	釜	平底钵	合计	百分比
灰陶	夹1B	1	1		2	22.22
	夹2B	1	1		2	22.22
	夹3B	1	1	1	3	33.33
红陶	夹1B		1		1	11.11
	夹3B	1			1	11.11
合计		4	4	1	9	
百分比		44.44	44.44	11.11		100

表 9A　B·2007YJT0743②陶片称重统计表

单位：克

陶色	纹饰/重量/陶质	云雷纹	篮纹	素面	合计	百分比
灰陶	夹1B	1860	1970	230	4060	17.94
	夹2B	1050	2040	120	3210	14.18
	夹3B	3245	3125	75	6445	28.47
	泥质	35	210		245	1.08
红陶	夹1B	1645	1360	355	3360	14.84
	夹2B	740	550	110	1400	6.19
	夹3B	625	2220	880	3725	16.46
	泥质	190			190	0.84
合计		9390	11475	1770	22635	
百分比		41.48	50.70	7.82		100

表 9B　B·2007YJT0743②陶片数量统计表

单位：片

陶色	纹饰/数量/陶质	云雷纹	篮纹	素面	合计	百分比
灰陶	夹1B	36	37	10	83	19.26
	夹2B	19	36	3	58	13.46
	夹3B	40	44	3	87	20.19
	泥质	1	5		6	1.39
红陶	夹1B	41	32	10	83	19.26
	夹2B	19	15	5	39	9.05
	夹3B	14	42	16	72	16.71
	泥质	3			3	0.70
合计		173	211	47	431	
百分比		40.14	48.96	10.90		100

表 9C　B·2007YJT0743②器形统计表

单位：个

陶色	器形/数量/陶质	高领鼓肩罐	矮领鼓肩罐	釜	合计	百分比
灰陶	夹1B	1	2		3	33.33
	夹3B	1		2	3	33.33

续表

陶色 \ 数量 \ 陶质 \ 器形		高领鼓肩罐	矮领鼓肩罐	釜	合计	百分比
红陶	夹1B		2		2	22.22
	泥质		1		1	11.11
合计		2	5	2	9	
百分比		22.22	55.56	22.22		100

表10A　B·2007YJT0744①陶片称重统计表

单位：克

陶色 \ 重量 \ 陶质 \ 纹饰		云雷纹	篮纹	素面	合计	百分比
灰陶	夹1A	70	70		140	1.52
	夹1B	825	540	95	1460	15.82
	夹2B	650	415	40	1105	11.97
	夹3B	400	720	400	1520	16.47
	泥质	45	40		85	0.92
红陶	夹1A	160	20		180	1.95
	夹1B	655	510	430	1595	17.28
	夹2B	230	360	215	805	8.72
	夹3B	205	1310	675	2190	23.73
	泥质	85	65		150	1.63
合计		3325	4050	1855	9230	
百分比		36.02	43.88	20.10		100

表10B　B·2007YJT0744①陶片数量统计表

单位：片

陶色 \ 数量 \ 陶质 \ 纹饰		云雷纹	篮纹	素面	合计	百分比
灰陶	夹1A	2	3		5	2.18
	夹1B	20	19	6	45	19.65
	夹2B	11	10	2	23	10.04
	夹3B	10	19	8	37	16.16
	泥质	1	1		2	0.87

续表

陶色	陶质	云雷纹	篮纹	素面	合计	百分比
红陶	夹1A	2	1		3	1.31
	夹1B	13	15	15	43	18.78
	夹2B	4	12	6	22	9.61
	夹3B	3	25	17	45	19.65
	泥质	2	2		4	1.75
合计		68	107	54	229	
百分比		29.69	46.72	23.58		100

表10C B·2007YJT0744① 器形统计表

单位：个

陶色	陶质	高领鼓肩罐	矮领鼓肩罐	釜	盆形钵	鋬手	平底钵	合计	百分比
灰陶	夹1B			2				2	13.33
	夹2B	1		1				2	13.33
	夹3B			2	1	2	1	6	40
红陶	夹2B		1					1	6.67
	夹3B		2	2				4	26.67
合计		1	3	7	1	2	1	15	
百分比		6.67	20	46.67	6.67	13.33	6.67		100

表11A B·2007YJT0744② 陶片称重统计表

单位：克

陶色	陶质	云雷纹	篮纹	素面	合计	百分比
灰陶	夹1B	3930	3855	690	8475	13.62
	夹2B	3295	3295	170	6760	10.86
	夹3B	6820	7885	975	15680	25.20
	泥质	340	770	50	1160	1.86
红陶	夹1B	2795	3985	1325	8105	13.02
	夹2B	1795	3650	760	6205	9.97
	夹3B	1500	6400	7895	15795	25.38
	泥质	50			50	0.08
合计		20525	29840	11865	62230	
百分比		32.98	47.95	19.07		100

表 11B B·2007YJT0744②陶片数量统计表

单位：片

陶色	陶质	云雷纹	篮纹	素面	合计	百分比
灰陶	夹1B	86	83	21	190	15.89
	夹2B	59	63	8	130	10.87
	夹3B	110	126	26	262	21.91
	泥质	8	11	2	21	1.76
红陶	夹1B	55	98	45	198	16.56
	夹2B	25	81	23	129	10.79
	夹3B	28	134	102	264	22.07
	泥质	2			2	0.17
合计		373	596	227	1196	
百分比		31.19	49.83	18.98		100

表 11C B·2007YJT0744②器形统计表

单位：个

陶色	陶质	高领鼓肩罐	短领鼓肩罐	釜	三足盘	壶	支座	平底钵	合计	百分比
灰陶	夹1B	1	2						3	14.29
	夹2B		1	2					3	14.29
	夹3B		3	2	1				6	28.57
	泥质					1			1	4.76
红陶	夹1B		2	1					3	14.29
	夹2B			2					2	9.52
	夹3B		1				1	1	3	4.29
合计		1	9	7	1	1	1	1	21	
百分比		4.76	42.86	33.33	4.76	4.76	4.76	4.76		100

表 12A B·2007YJT0744④陶片称重统计表

单位：克

陶色	陶质	云雷纹	篮纹	素面	合计	百分比
灰陶	夹1B	1580	620	330	2530	12.08
	夹2A	65			65	0.31
	夹2B	1615	740	295	2650	12.65
	夹3B	1885	2460	425	4770	22.77
	泥质	50			50	0.24

续表

陶色	重量／陶质＼纹饰	云雷纹	篮纹	素面	合计	百分比
红陶	夹1A		50	60	110	0.53
红陶	夹1B	1695	840	750	3285	15.68
红陶	夹2A	40	515	20	575	2.75
红陶	夹2B	490	1165	105	1760	8.40
红陶	夹3B	540	2685	1925	5150	24.59
合计		7960	9075	3910	20945	
百分比		38.00	43.33	18.67		100

表12B　B·2007YJT0744④陶片数量统计表

单位：片

陶色	数量／陶质＼纹饰	云雷纹	篮纹	素面	合计	百分比
灰陶	夹1B	26	14	11	51	13.42
灰陶	夹2A	1			1	0.26
灰陶	夹2B	21	16	9	46	12.11
灰陶	夹3B	34	48	14	96	25.26
灰陶	泥质	2			2	0.53
红陶	夹1A		1	1	2	0.53
红陶	夹1B	26	18	15	59	15.53
红陶	夹2A	2	8	1	11	2.89
红陶	夹2B	10	21	4	35	9.21
红陶	夹3B	9	46	22	77	20.26
合计		131	172	77	380	
百分比		34.47	45.26	20.26		100

表12C　B·2007YJT0744④器形统计表

单位：个

陶色	数量／陶质＼器形	矮领鼓肩罐	瓮	釜	三足盘	器盖	合计	百分比
灰陶	夹1B	2		1			3	25
灰陶	夹3B				3		3	25
红陶	夹1B	2	1			1	4	33.33
红陶	夹3B			2			2	16.67
合计		4	1	3	3	1	12	
百分比		33.33	8.33	25.00	25.00	8.33		100

表13A   B·2007YJT0745①陶片称重统计表

单位：克

陶色	重量 纹饰 陶质	云雷纹	篮纹	素面	合计	百分比
灰陶	夹1B	65	90	45	200	7.92
灰陶	夹2B	45	110		155	6.14
灰陶	夹3B	150	710	75	935	37.03
红陶	夹1B	20		30	50	1.98
红陶	夹2B	55	65	30	150	5.94
红陶	夹3B	185	575	275	1035	40.99
合计		520	1550	455	2525	
百分比		20.59	61.39	18.02		100

表13B   B·2007YJT0745①陶片数量统计表

单位：片

陶色	数量 纹饰 陶质	云雷纹	篮纹	素面	合计	百分比
灰陶	夹1B	2	2	2	6	11.76
灰陶	夹2B	2	3		5	9.80
灰陶	夹3B	5	10	3	18	35.29
红陶	夹1B	1		1	2	3.92
红陶	夹2B	2	1	1	4	7.84
红陶	夹3B	4	8	4	16	31.37
合计		16	24	11	51	
百分比		31.37	47.06	21.57		100

表14A   B·2000YJY2陶片称重统计表

单位：克

陶色	重量 纹饰 陶质	云雷纹	篮纹	素面	合计	百分比
灰陶	夹1A	330	300	175	805	4.74
灰陶	夹1B	2035	2010	325	4370	25.74
灰陶	夹2A	50			50	0.29
灰陶	夹2B	805	1455	315	2575	15.16
灰陶	夹3A	210		110	320	1.88
灰陶	夹3B	145	565	150	860	5.06
灰陶	泥质	50	15		65	0.38

续表

陶色	陶质 重量 纹饰	云雷纹	篮纹	素面	合计	百分比
红陶	夹1A	130	260		390	2.30
	夹1B	855	1455	450	2760	16.25
	夹2A	10	25		35	0.21
	夹2B	340	720	405	1465	8.63
	夹3A		55	20	75	0.44
	夹3B	215	1105	1805	3125	18.40
	泥质	20	65		85	0.50
合计		5195	8030	3755	16980	
百分比		30.59	47.29	22.11		100

表 14B　B·2000YJY2 陶片数量统计表

单位：片

陶色	陶质 数量 纹饰	云雷纹	篮纹	素面	合计	百分比
灰陶	夹1A	9	6	7	22	4.86
	夹1B	43	61	21	125	27.59
	夹2A	1			1	0.22
	夹2B	22	32	15	69	15.23
	夹3A	1		2	3	0.66
	夹3B	3	12	4	19	4.19
	泥质	4	1		5	1.10
红陶	夹1A	7	4		11	2.43
	夹1B	24	47	20	91	20.09
	夹2A	1	1		2	0.44
	夹2B	7	17	13	37	8.17
	夹3A		2	1	3	0.66
	夹3B	5	18	39	62	13.69
	泥质	1	2		3	0.66
合计		128	203	122	453	
百分比		28.26	44.81	26.93		100

表 14C　B·2000YJY2 器形统计表

单位：个

陶色	数量 陶质 器形	高领鼓肩罐	釜	甋形器	缸	平底钵	鋬	合计	百分比
灰陶	夹 1A		1					1	3.85
	夹 1B		1					1	3.85
	夹 3B		1	2				3	11.54
红陶	夹 1A		5					5	19.23
	夹 1B	2	6			1		9	34.62
	夹 2B		3				1	4	15.38
	夹 3A	1		1				2	7.69
	夹 3B		1					1	3.85
合计		3	18	1	2	1	1	26	
百分比		11.54	69.23	3.85	7.69	3.85	3.85		100

表 15A　B·2007YJY2 陶片称重统计表

单位：克

陶色	重量 陶质 纹饰	云雷纹	篮纹	素面	合计	百分比
灰陶	夹 1B	310	300		610	7.10
	夹 2B	240	120	100	460	5.36
	夹 3B	655	20	40	715	8.32
红陶	夹 1B	440	280		720	8.38
	夹 2B	850	320		1170	13.62
	夹 3B	1055	1870	1990	4915	57.22
合计		3550	2910	2130	8590	
百分比		41.33	33.88	24.80		100

表 15B　B·2007YJY2 陶片数量统计表

单位：片

陶色	数量 陶质 纹饰	云雷纹	篮纹	素面	合计	百分比
灰陶	夹 1B	11	6		17	12.32
	夹 2B	2	4	2	8	5.80
	夹 3B	5	1	1	7	5.07
红陶	夹 1B	10	8		18	13.04
	夹 2B	18	7		25	18.12
	夹 3B	16	30	17	63	45.65
合计		62	56	20	138	
百分比		44.93	40.58	14.49		100

表 15C　B·2007YJY2 器形统计表

单位：个

陶色 \ 数量 \ 陶质 \ 器形		高领鼓肩罐	矮领鼓肩罐	釜	甗形器	合计	百分比
灰陶	夹 3B	1				1	20
红陶	夹 3B		1	2	1	4	80
合计		1	1	2	1	5	
百分比		20	20	40	20		100

表 16A　B·2000YJY7 陶片称重统计表

单位：克

陶色 \ 重量 \ 陶质 \ 纹饰		云雷纹	篮纹	云雷、篮纹组合	素面	合计	百分比
灰陶	夹 1A	320	250		75	645	6.00
	夹 1B	1080	1080		495	2655	24.70
	夹 2B	470	320		70	860	8.00
	泥质	850	940		620	2410	22.42
红陶	夹 1A	110	205		30	345	3.21
	夹 1B	230	800		75	1105	10.28
	夹 2A	65	95		55	215	2.00
	夹 2B	120	905	45	140	1210	11.26
	夹 3B	15	515		375	905	8.42
	泥质	75	105	30	190	400	3.72
合计		3335	5215	75	2125	10750	
百分比		31.02	48.51	0.70	19.77		100

表 16B　B·2000YJY7 陶片数量统计表

单位：片

陶色 \ 数量 \ 陶质 \ 纹饰		云雷纹	篮纹	云雷、篮纹组合	素面	合计	百分比
灰陶	夹 1A	3	5		2	10	4.03
	夹 1B	21	19		19	59	23.79
	夹 2B	8	13		4	25	10.08
	泥质	18	21		19	58	23.39
红陶	夹 1A	3	6		2	11	4.44
	夹 1B	7	17		3	27	10.89
	夹 2A	2	2		1	5	2.02
	夹 2B	3	18	1	4	26	10.48
	夹 3B	1	11		5	17	6.85
	泥质	2	1	1	6	10	4.03
合计		68	113	2	65	248	
百分比		27.42	45.56	0.81	26.21		100

表 16C　B·2000YJY7 器形统计表

单位：个

陶色 \ 陶质 \ 数量 \ 器形	高领鼓肩罐	直腹罐	釜	三足盘	合计	百分比
灰陶 夹1A			1		1	4.76
灰陶 夹1B	2		2	1	5	23.81
灰陶 泥质	1		3		4	19.05
红陶 夹1A		2			2	9.52
红陶 夹1B		1			1	4.76
红陶 夹2B		6			6	28.57
红陶 夹3B		1			1	4.76
红陶 泥质			1		1	4.76
合计	3	10	7	1	21	
百分比	14.29	47.62	33.33	4.76		100

表 17A　B·2007YJY7 陶片称重统计表

单位：克

陶色 \ 陶质 \ 重量 \ 纹饰	云雷纹	篮纹	素面	合计	百分比
灰陶 夹1B	390	160	240	790	8.43
灰陶 夹2B	695	505	25	1225	13.07
灰陶 夹3B	1010	1130	275	2415	25.77
红陶 夹1B	345	700	145	1190	12.70
红陶 夹2B	1125	195	35	1355	14.46
红陶 夹3B	830	810	755	2395	25.56
合计	4395	3500	1475	9370	
百分比	46.91	37.35	15.74		100

表 17B　B·2007YJY7 陶片数量统计表

单位：片

陶色 \ 陶质 \ 数量 \ 纹饰	云雷纹	篮纹	素面	合计	百分比
灰陶 夹1B	5	5	3	13	8.78
灰陶 夹2B	13	12	1	26	17.57
灰陶 夹3B	16	14	4	34	22.97
红陶 夹1B	6	14	3	23	15.54
红陶 夹2B	15	3	1	19	12.84
红陶 夹3B	8	12	13	33	22.30
合计	63	60	25	148	
百分比	42.57	40.54	16.89		100

表 17C　B·2007YJY7 器形统计表

单位：个

陶色	陶质	矮领鼓肩罐	釜	豆	平底钵	合计	百分比
灰陶	夹 1B	1		1		2	50
	夹 3B				1	1	25
红陶	夹 3B		1			1	25
合计		1	1	1	1	4	
百分比		25	25	25	25		100

表 18A　B·2000YJY8 陶片称重统计表

单位：克

陶色	陶质	云雷纹	篮纹	云雷、篮纹组合	素面	合计	百分比
灰陶	夹 1A	30	135			165	1.86
	夹 1B		480	185	25	690	7.78
	夹 2A	190	70			260	2.93
	夹 2B	830	820		50	1700	19.18
	夹 3B	380	95		25	500	5.64
	泥质	310	120		490	920	10.38
红陶	夹 1A	40	50	55		145	1.64
	夹 1B	445	1005		145	1595	17.99
	夹 2B		375		880	1255	14.16
	夹 3B	20	175		515	710	8.01
	泥质	55	660		210	925	10.43
合计		2300	3985	240	2340	8865	
百分比		25.94	44.95	2.71	26.40		100

表 18B　B·2000YJY8 陶片数量统计表

单位：片

陶色	陶质	云雷纹	篮纹	云雷、篮纹组合	素面	合计	百分比
灰陶	夹 1A	1	2			3	1.67
	夹 1B		10	1	1	12	6.67
	夹 2A	1	2			3	1.67
	夹 2B	13	12		2	27	15.00
	夹 3B	2	3		1	6	3.33
	泥质	9	4		8	21	11.67

续表

陶色	陶质	云雷纹	篮纹	云雷、篮纹组合	素面	合计	百分比
红陶	夹1A	2	3	1		6	3.33
	夹1B	7	30		6	43	23.89
	夹2B		9		14	23	12.78
	夹3B	1	5		9	15	8.33
	泥质	1	12		8	21	11.67
合计		37	92	2	49	180	
百分比		20.56	51.11	1.11	27.22		100

表 18C B·2000YJY8 器形统计表

单位：个

陶色	陶质	矮领鼓肩罐	鼓腹罐	直腹罐	釜	三足盘	甑形器	合计	百分比
灰陶	夹2B		2		1			3	20
	夹3B			1	1			2	13.33
红陶	泥质				1	2		3	20
	夹1B	1			2			3	20
	夹2B				1		2	3	20
	泥质				1			1	6.67
合计		1	2	1	7	2	2	15	
百分比		6.67	13.33	6.67	46.67	13.33	13.33		100

表 19A B·2007YJY8 陶片称重统计表

单位：克

陶色	陶质	云雷纹	篮纹	素面	合计	百分比
灰陶	夹1B		315	15	330	43.71
	夹3B	25		40	65	8.61
红陶	夹3B	185	65	110	360	47.68
合计		210	380	165	755	
百分比		27.81	50.33	21.85		100

表 19B　B·2007YJY8 陶片数量统计表

单位：片

陶色	数量 纹饰 陶质	云雷纹	篮纹	素面	合计	百分比
灰陶	夹1B		4	1	5	41.67
	夹3B	1		1	2	16.67
红陶	夹3B	2	1	2	5	41.67
合计		3	5	4	12	
百分比		25.00	41.67	33.33		100

表 20A　B·2003YJH40 陶片称重统计表

单位：克

陶色	重量 纹饰 陶质	云雷纹	篮纹	素面	方格、席纹组合	合计	百分比
灰陶	夹1A	20	10	20		50	0.43
	夹1B	335	450	245		1030	8.76
	夹2B	220	665	555		1440	12.24
	夹3B	65	695	325		1085	9.23
红陶	夹1A	20	20	30		70	0.60
	夹1B	85	445	475		1005	8.55
	夹2B	340	1310	760		2410	20.49
	夹3B	240	1935	2360	135	4670	39.71
合计		1325	5530	4770	135	11760	
百分比		11.27	47.02	40.56	1.15		100

表 20B　B·2003YJH40 陶片数量统计表

单位：片

陶色	数量 纹饰 陶质	云雷纹	篮纹	素面	方格、席纹组合	合计	百分比
灰陶	夹1A	1	1	1		3	0.79
	夹1B	16	22	24		62	16.23
	夹2B	8	26	21		55	14.40
	夹3B	4	19	11		34	8.90
红陶	夹1A	1	1	2		4	1.05
	夹1B	2	28	19		49	12.83
	夹2B	7	39	28		74	19.37
	夹3B	8	43	48	2	101	26.44
合计		47	179	154	2	382	
百分比		12.30	46.86	40.31	0.52		100

表 20C　B·2003YJH40 器形统计表

单位：个

陶色	陶质	矮领鼓肩罐	釜	鋬手	合计	百分比
灰陶	夹 1A			1	1	16.67
灰陶	夹 1B		1		1	16.67
红陶	夹 2B	1			1	16.67
红陶	夹 3B		2	1	3	50
合计		1	3	2	6	
百分比		16.67	50	33.33		100

表 21A　B·2000YJH9 陶片称重统计表

单位：克

陶色	陶质	云雷纹	篮纹	席纹	曲折纹	方格纹	叶脉纹	素面	方格、席纹组合	合计	百分比
灰陶	夹 1A	185	130			15		50		380	1.61
灰陶	夹 1B	2815	1160	35		290		1040		5340	22.67
灰陶	夹 2A	35	120			60		115		330	1.40
灰陶	夹 2B	970	735			235		1080		3020	12.82
灰陶	夹 3A	335	15					105		455	1.93
灰陶	夹 3B	205	220			55		410		890	3.78
灰陶	泥质	660	70					160		890	3.78
红陶	夹 1A	155	45					10		210	0.89
红陶	夹 1B	1340	1470		10			1325		4145	17.59
红陶	夹 2A	95	110			15		135		355	1.51
红陶	夹 2B	595	865		85			1345	40	2930	12.44
红陶	夹 3A	40								40	0.17
红陶	夹 3B	545	845		50		10	2900		4350	18.46
红陶	泥质	25	110					90		225	0.96
合计		8000	5895	35	145	670	10	8765	40	23560	
百分比		33.96	25.02	0.15	0.62	2.84	0.04	37.20	0.17		100

表 21B　B·2000YJH9 陶片数量统计表

单位：片

陶色	陶质\数量\纹饰	云雷纹	篮纹	席纹	曲折纹	方格纹	叶脉纹	素面	方格席纹组合	合计	百分比
灰陶	夹1A	9	4		1			3		17	2.43
	夹1B	62	40	1		8		41		152	21.75
	夹2A	1	5			2		4		12	1.72
	夹2B	21	19			3		45		88	12.59
	夹3A	6	1					4		11	1.57
	夹3B	5	7			2		14		28	4.01
	泥质	7	5					10		22	3.15
红陶	夹1A	4	3					1		8	1.14
	夹1B	39	62		1			63		165	23.61
	夹2A	3	4			1		5		13	1.86
	夹2B	13	24		2			40	1	80	11.44
	夹3A	1								1	0.14
	夹3B	13	22		1		1	55		92	13.16
	泥质	2	5					3		10	1.43
合计		186	201	1	4	17	1	288	1	699	
百分比		26.61	28.76	0.14	0.57	2.43	0.14	41.20	0.14		100

表 21C　B·2000YJH9 器形统计表

单位：个

陶色	陶质\数量\器形	高领鼓肩罐	矮领鼓肩罐	瓮	釜	甑形器	鏊	缸	合计	百分比
灰陶	夹1A				1				1	2.44
	夹1B	2			8				10	24.39
	夹2B	2			5		2		9	21.95
	夹3A				1				1	2.44
	夹3B		1		2				3	7.32
	泥质		2	1			1		4	9.76
红陶	夹1A		1						1	2.44
	夹1B		1		4				5	12.20
	夹2B	1			1			1	3	7.32
	夹3B				2	1	1		4	9.76
合计		5	5	1	24	1	4	1	41	
百分比		12.20	12.20	2.44	58.54	2.44	9.76	2.44		100

表 22A　B·2007YJH9 陶片称重统计表

单位：克

陶色	重量 陶质 / 纹饰	云雷纹	篮纹	叶脉纹	素面	合计	百分比
灰陶	夹 1B	85	140		25	250	7.97
	夹 2B	110	100		45	255	8.13
	夹 3B	225	610		70	905	28.87
红陶	夹 2B	35	255	45	105	440	14.04
	夹 3B	95	475		715	1285	40.99
合计		550	1580	45	960	3135	
百分比		17.54	50.40	1.44	30.62		100

表 22B　B·2007YJH9 陶片数量统计表

单位：片

陶色	数量 陶质 / 纹饰	云雷纹	篮纹	叶脉纹	素面	合计	百分比
灰陶	夹 1B	3	3		1	7	10.61
	夹 2B	4	2		1	7	10.61
	夹 3B	6	9		3	18	27.27
红陶	夹 2B	1	3	1	2	7	10.61
	夹 3B	3	9		15	27	40.91
合计		17	26	1	22	66	
百分比		25.76	39.39	1.52	33.33		100

表 22C　B·2007YJH9 器形统计表

单位：个

陶色	数量 陶质 / 器形	平底钵	合计	百分比
灰陶	夹 2B	1	1	100
合计		1		
百分比		100		100

表 23A　　B·2003YJH38 陶片称重统计表

单位：克

陶色 \ 重量 \ 陶质 \ 纹饰		云雷纹	篮纹	素面	合计	百分比
灰陶	夹 1B	535	95	145	775	14.55
	夹 2B	360	175	100	635	11.92
	夹 3B	130	615	65	810	15.21
红陶	夹 1B	70	150	305	525	9.86
	夹 2B	555	255	560	1370	25.73
	夹 3B	520	370	270	1160	21.78
	泥质			50	50	0.94
合计		2170	1660	1495	5325	
百分比		40.75	31.17	28.08		100

表 23B　　B·2003YJH38 陶片数量统计表

单位：片

陶色 \ 数量 \ 陶质 \ 纹饰		云雷纹	篮纹	素面	合计	百分比
灰陶	夹 1B	7	3	3	13	9.92
	夹 2B	6	8	4	18	13.74
	夹 3B	3	10	2	15	11.45
红陶	夹 1B	2	6	16	24	18.32
	夹 2B	13	6	16	35	26.72
	夹 3B	9	8	7	24	18.32
	泥质			2	2	1.53
合计		40	41	50	131	
百分比		30.53	31.30	38.17		100

表 23C　　B·2003YJH38 器形统计表

单位：个

陶色 \ 数量 \ 陶质 \ 器形		高领鼓肩罐	矮领鼓肩罐	缸	鋬	合计	百分比
灰陶	夹 1B	1				1	20
	夹 2B	1	1			2	40
	夹 3B			1		1	20
红陶	夹 3B				1	1	20
合计		2	1	1	1	5	
百分比		40	20	20	20		100

表24A　B·2003YJH39 陶片称重统计表

单位：克

陶色	陶质	云雷纹	篮纹	云雷、篮纹组合	素面	合计	百分比
红陶	夹1B		170	90	130	390	12.38
	夹2B	70	240		330	640	20.32
	夹3A						
	夹3B		250		1870	2120	67.30
合计		70	660	90	2330	3150	
百分比		2.22	20.95	2.86	73.97		100

表24B　B·2003YJH39 陶片数量统计表

单位：片

陶色	陶质	云雷纹	篮纹	云雷、篮纹组合	素面	合计	百分比
红陶	夹1B		8	1	9	18	21.69
	夹2B	2	11		15	28	33.73
	夹3B		6		31	37	44.58
合计		2	25	1	55	83	
百分比		2.41	30.12	1.20	66.27		100

表24C　B·2003YJH39 器形统计表

单位：个

陶色	陶质	直腹罐	合计	百分比
红陶	夹3B	3	3	100
合计		3	3	
百分比		100		100

表 25A　B·2007YJH42①陶片称重统计表

单位：克

陶色	陶质	云雷纹	篮纹	素面	合计	百分比
灰陶	夹 1B	3815	1350	360	5525	11.75
	夹 2B	2820	2390	200	5410	11.50
	夹 3B	8610	6535	1010	16155	34.35
红陶	夹 1B	1920	1195	110	3225	6.86
	夹 2B	2055	1375	300	3730	7.93
	夹 3B	4100	6295	2590	12985	27.61
合计		23320	19140	4570	47030	
百分比		49.59	40.70	9.71		100

表 25B　B·2007YJH42①陶片数量统计表

单位：片

陶色	陶质	云雷纹	篮纹	素面	合计	百分比
灰陶	夹 1B	52	22	10	84	11.83
	夹 2B	46	31	5	82	11.55
	夹 3B	115	91	18	224	31.55
红陶	夹 1B	43	23	2	68	9.58
	夹 2B	40	21	4	65	9.15
	夹 3B	59	92	36	187	26.34
合计		355	280	75	710	
百分比		50	39.44	10.56		100

表 25C　B·2007YJH42①器形统计表

单位：个

陶色	陶质	高领鼓肩罐	矮领鼓肩罐	釜	三足盘	器盖	平底钵	合计	百分比
灰陶	夹 1B	2						2	16.67
	夹 3B	1	1	1	2		1	6	50
红陶	夹 2B					1		1	8.33
	夹 3B	2	1					3	25
合计		5	2	1	2	1	1	12	
百分比		41.67	16.67	8.33	16.67	8.33	8.33		100

表 26A　B·2007YJH42②陶片称重统计表

单位：克

陶色	陶质（重量/纹饰）	云雷纹	篮纹	素面	合计	百分比
灰陶	夹1B	895	1140	65	2100	9.16
灰陶	夹2B	1285	690	140	2115	9.22
灰陶	夹3B	2865	2710	320	5895	25.70
红陶	夹1B	1100	1075	115	2290	9.98
红陶	夹2B	1075	1415	85	2575	11.23
红陶	夹3B	2495	4245	1220	7960	34.71
合计		9715	11275	1945	22935	
百分比		42.36	49.16	8.48		100

表 26B　B·2007YJH42②陶片数量统计表

单位：片

陶色	陶质（数量/纹饰）	云雷纹	篮纹	素面	合计	百分比
灰陶	夹1B	18	20	1	39	10.57
灰陶	夹2B	24	14	2	40	10.84
灰陶	夹3B	46	37	6	89	24.12
红陶	夹1B	21	21	3	45	12.20
红陶	夹2B	19	24	2	45	12.20
红陶	夹3B	34	63	14	111	30.07
合计		162	179	28	369	
百分比		43.90	48.51	7.59		100

表 26C　B·2007YJH42②器形统计表

单位：个

陶色	陶质（数量/器形）	矮领鼓肩罐	瓮	釜	三足盘	平底钵	器盖	合计	百分比
灰陶	夹2B						1	1	14.29
灰陶	夹3B			1	1			2	28.57
红陶	夹3B	1	1	1		1		4	57.14
合计		1	1	1	1	2	1	7	
百分比		14.29	14.29	14.29	14.29	28.57	14.29		100

表 27A　B·2007YJF1 陶片称重统计表

单位：克

陶色	重量／陶质	云雷纹	篮纹	素面	合计	百分比
灰陶	夹 1B			105	105	7.58
	夹 2B		20	150	170	12.27
	夹 3B	40	195	140	375	27.08
红陶	夹 1B	45		15	60	4.33
	夹 2B		180	100	280	20.22
	夹 3B	40	300	55	395	28.52
合计		125	695	565	1385	
百分比		9.03	50.18	40.79		100

表 27B　B·2007YJF1 陶片数量统计表

单位：片

陶色	数量／陶质	云雷纹	篮纹	素面	合计	百分比
灰陶	夹 1B			4	4	10.81
	夹 2B		1	2	3	8.11
	夹 3B	1	4	4	9	24.32
红陶	夹 1B	1		1	2	5.41
	夹 2B		2	4	6	16.22
	夹 3B	2	8	3	13	35.14
合计		4	15	18	37	
百分比		10.81	40.54	48.65		100

表 28A　B·2007YJF4 陶片称重统计表

单位：克

陶色	重量／陶质	云雷纹	篮纹	素面	合计	百分比
灰陶	夹 1A			45	45	2.67
	夹 1B	240	115	30	385	22.85
	夹 2B	105	55	25	185	10.98
	夹 3B	135	85	75	295	17.51
红陶	夹 1B	75	110	40	225	13.35
	夹 2B		65	75	140	8.31
	夹 3B	115	255	40	410	24.33
合计		670	685	330	1685	
百分比		39.76	40.65	19.58		100

表28B　B·2007YJF4 陶片数量统计表

单位：片

陶色 \ 数量\纹饰 \ 陶质		云雷纹	篮纹	素面	合计	百分比
灰陶	夹1A			1	1	1.89
	夹1B	5	5	1	11	20.75
	夹2B	2	2	1	5	9.43
	夹3B	6	3	4	13	24.53
红陶	夹1B	3	3	2	8	15.09
	夹2B		3	2	5	9.43
	夹3B	3	5	2	10	18.87
合计		19	21	13	53	
百分比		35.85	39.62	24.53		100

表28C　B·2007YJF4 器形统计表

单位：个

陶色 \ 数量\器形 \ 陶质		高领鼓肩罐	矮领鼓肩罐	直腹罐	小罐	瓮	釜	平底钵	合计	百分比
灰陶	夹2B							1	1	100
合计								1	1	100
百分比								100		100

表29A　B·2007YJF5 陶片称重统计表

单位：克

陶色 \ 重量\纹饰 \ 陶质		云雷纹	篮纹	素面	合计	百分比
灰陶	夹1B	20	10		30	7.23
	夹2B	15			15	3.61
	夹3B		60		60	14.46
红陶	夹1B			70	70	16.87
	夹3B	145	75	20	240	57.83
合计		180	145	90	415	
百分比		43.37	34.94	21.69		100

表 29B　B·2007YJF5 陶片数量统计表

单位：片

陶色	陶质数量纹饰	云雷纹	篮纹	素面	合计	百分比
灰陶	夹1B	1	1		2	11.11
灰陶	夹2B	1			1	5.56
灰陶	夹3B		3		3	16.67
红陶	夹1B			6	6	33.33
红陶	夹3B	3	2	1	6	33.33
合计		5	6	7	18	
百分比		27.78	33.33	38.89		100

表 30A　B·2007YJF6 陶片称重统计表

单位：克

陶色	陶质重量纹饰	云雷纹	篮纹	方格纹	素面	合计	百分比
灰陶	夹1B			15		15	3.66
灰陶	夹3B	175	70			245	59.75
红陶	夹1B		20		20	40	9.76
红陶	夹2B	35	30			65	15.85
红陶	夹3B	25	20			45	10.98
合计		235	140	15	20	410	
百分比		57.31	34.15	3.66	4.88		100

表 30B　B·2007YJF6 陶片数量统计表

单位：片

陶色	陶质数量纹饰	云雷纹	篮纹	方格纹	素面	合计	百分比
灰陶	夹1B			1		1	5.88
灰陶	夹3B	6	3			9	52.94
红陶	夹1B		1		1	2	11.76
红陶	夹2B	2	1			3	17.65
红陶	夹3B	1	1			2	11.76
合计		9	6	1	1	17	
百分比		52.94	35.29	5.88	5.88		100

表31A　C·2000YJY1陶片称重统计表

单位：克

陶色	陶质	云雷纹	篮纹	曲折纹	方格纹	云雷、篮纹组合	素面	合计	百分比
灰陶	夹1A		25			30		55	0.49
	夹1B	235	420			20	115	790	7.06
	夹2A	75	160				225	460	4.11
	夹2B	485	785				380	1650	14.74
	夹3B	100	415					515	4.60
	泥质	725	565	25	20		150	1485	13.26
红陶	夹1A	15	225				95	335	2.99
	夹1B	270	680				205	1155	10.32
	夹2B	215	850				995	2060	18.40
	夹3B	145	540				805	1490	13.31
	泥质	390	650				160	1200	10.72
合计		2655	5315	25	20	50	3130	11195	
百分比		23.72	47.48	0.22	0.18	0.45	27.96		100

表31B　C·2000YJY1陶片数量统计表

单位：片

陶色	陶质	云雷纹	篮纹	曲折纹	方格纹	云雷、篮纹组合	素面	合计	百分比
灰陶	夹1A		1			1		2	0.68
	夹1B	7	16			2	5	30	10.24
	夹2A	5	8				5	18	6.14
	夹2B	13	25				3	41	13.99
	夹3B	3	6					9	3.07
	泥质	12	16	1	1		6	36	12.29
红陶	夹1A	1	8				5	14	4.78
	夹1B	7	19				6	32	10.92
	夹2B	9	24				20	53	18.09
	夹3B	2	13				23	38	12.97
	泥质	8	6				6	20	6.83
合计		67	142	1	1	3	79	293	
百分比		22.87	48.46	0.34	0.34	1.02	26.07		100

表 31C　C·2000YJY1 器形统计表

单位：个

陶色	陶质	高领鼓肩罐	矮领鼓肩罐	直腹罐	小罐	釜	三足盘	盔形钵	器盖	带把钵	合计	百分比
灰陶	夹1B			1	1	1					3	12.50
	夹2B			1		1		1	1		4	16.67
	夹3B			1							1	4.17
	泥质	2			1	1					4	16.64
红陶	夹1B					2					2	8.33
	夹2B		3				1			1	5	20.83
	夹3B		1			1					2	8.33
	泥质			1		2					3	12.50
合计		2	1	7	2	8	1	1	1	1	24	
百分比		8.33	4.17	29.17	8.33	33.33	4.17	4.17	4.17	4.17		100

表 32A　C·2007YJY9 陶片称重统计表

单位：克

陶色	陶质	云雷纹	篮纹	席纹	方格纹	叶脉纹	云雷、篮纹组合	席纹、篮纹组合	素面	合计	百分比
灰陶	夹1A	625	750	250	55				265	1945	2.46
	夹1B	2155	1975	65					880	5075	6.43
	夹2A	205	250						80	535	0.68
	夹2B	1140	485	120		15	135		810	2705	3.43
	夹3B	480	995	195					360	2030	2.57
	泥质	1275	1720				385	30	585	3995	5.06
红陶	夹1A	100	590						300	990	1.25
	夹1B	4235	11685				305		5530	21755	27.57
	夹2A	230	270						1350	1850	2.34
	夹2B	2095	2545						6970	11610	14.71
	夹3B	210	2545						7110	9865	12.50
	泥质	3170	5910						7475	16555	20.98
合计		15920	29720	630	55	15	825	30	31715	78910	
百分比		20.17	37.66	0.80	0.07	0.02	1.05	0.04	40.19		100

表32B　C·2007YJY9 陶片数量统计表

单位：片

陶色	陶质	云雷纹	篮纹	席纹	方格纹	叶脉纹	云雷、篮纹组合	席纹、篮纹组合	素面	合计	百分比
灰陶	夹1A	11	23	2	1				13	50	2.97
	夹1B	44	46	1					26	117	6.95
	夹2A	6	6						4	16	0.95
	夹2B	26	16	3		1	3		17	66	3.92
	夹3B	14	25	1					16	56	3.33
	泥质	36	30				7	1	27	101	6.00
红陶	夹1A	4	21						14	39	2.32
	夹1B	81	150				6		153	390	23.16
	夹2A	7	10						33	50	2.97
	夹2B	24	52						128	204	12.11
	夹3B	10	61						171	242	14.37
	泥质	38	85						230	353	20.96
合计		301	525	7	1	1	16	1	832	1684	
百分比		17.87	31.18	0.42	0.06	0.06	0.95	0.06	49.41		100

表32C　C·2007YJY9 器形统计表

单位：个

陶色	陶质	高领鼓肩罐	矮领鼓肩罐	直腹罐	小罐	瓮	釜	三足盘	盔形钵	甗形器	带把钵	器盖	尊	豆	缸	陶把	合计	百分比
灰陶	夹1A	1					1						1				3	3.26
	夹1B	2					4	1	1	1							9	9.78
	夹2A						1										1	1.09
	夹2B						5	2			1						8	8.70
	夹3B	2					2										4	4.35
	泥质			1			2		2								5	5.43
红陶	夹1B	3		3		1	14	1		1			2				25	27.17
	夹2A						1										1	1.09
	夹2B	2	1		1		5		1	1		4			2		17	18.48
	夹3B	2					1			1					2	2	8	8.70
	泥质	4	1				4							1	1		11	11.96
合计		16	2	3	1	2	39	5	3	4	1	4	5	1	4	2	92	
百分比		17.39	2.17	3.26	1.09	2.17	42.39	5.43	3.26	4.35	1.09	4.35	5.43	1.09	4.35	2.17		100

表 33A　C·2007YJY10 陶片称重统计表

单位：克

陶色	陶质	云雷纹	篮纹	席纹	叶脉纹	云雷、篮纹组合	席纹、篮纹组合	素面	合计	百分比
灰陶	夹1A	1035	3400					350	4785	2.86
	夹1B	10965	7635	185		710		2425	21920	13.11
	夹2A	20	165						185	0.11
	夹2B	6885	10305	405		555		2505	20655	12.35
	夹3A	620	565						1185	0.71
	夹3B	425	5215					460	6100	3.65
	泥质	2070	2030	215				595	4910	2.94
红陶	夹1A	990	1875					1540	4405	2.63
	夹1B	9250	12910			845	10	12005	35020	20.94
	夹2A	55	350					245	650	0.39
	夹2B	2905	5900		25			4665	13495	8.07
	夹3A	80	25					135	240	0.14
	夹3B	385	9630					28765	38780	23.19
	泥质	6600	3905					4405	14910	8.92
总计		42285	63910	805	25	2110	10	58095	167240	
百分比		25.28	38.21	0.48	0.01	1.26	0.01	34.74		100

表 33B　C·2007YJY10 陶片数量统计表

单位：片

陶色	陶质	云雷纹	篮纹	席纹	叶脉纹	云雷、篮纹组合	席纹、篮纹组合	素面	合计	百分比
灰陶	夹1A	27	107					13	147	5.04
	夹1B	179	176	2		11		62	430	14.75
	夹2A	1	2						3	0.10
	夹2B	101	177	8		4		48	338	11.59
	夹3A	5	14						19	0.65
	夹3B	10	102					11	123	4.22
	泥质	45	49	2				21	117	4.01
红陶	夹1A	29	58					45	132	4.53
	夹1B	125	218	2		5	1	166	517	17.73
	夹2A	2	5					4	11	0.38
	夹2B	35	109		1			111	256	8.78
	夹3A	2	1					2	5	0.17
	夹3B	5	162					442	609	20.88
	泥质	55	64					90	209	7.17
合计		621	1244	14	1	20	1	1015	2916	
百分比		21.30	42.66	0.48	0.03	0.69	0.03	34.81		100

表 33C　　C · 2007YJY10 器形统计表

单位：个

陶色	陶质\数量\器形	高领鼓肩罐	矮领鼓肩罐	直腹罐	瓮	釜	三足盘	盔形钵	甑形器	杯	器盖	尊	壶	鍪	豆	合计	百分比
灰陶	夹 1A					3	2	1								6	3.64
	夹 1B	7	2	1	1	13	1	4		1	1					31	18.79
	夹 2B		2		3	13	5			5						28	16.97
	夹 3A				2											2	1.21
	夹 3B					12							1	1		14	8.48
	泥质	2			6		2									10	6.06
红陶	夹 1A					3										3	1.82
	夹 1B	7	5		1	10				4						27	16.36
	夹 2A												1			1	0.61
	夹 2B	3	1			8		1							1	14	8.48
	夹 3B					3			8				1	3		15	9.09
	泥质		1		7	4					1				1	14	8.48
总计		19	11	1	14	75	8	7	8	2	10	1	2	5	2	165	
百分比		11.52	6.67	0.61	8.48	45.45	4.85	4.24	4.85	1.22	6.06	0.61	1.21	3.03	1.21		100

表 34A　　C · 2003YJH16 陶片称重统计表

单位：克

陶色	陶质\重量\纹饰	云雷纹	篮纹	席纹	叶脉纹	云雷、篮纹组合	素面	合计	百分比
灰陶	夹 1A	50	225				65	340	1.53
	夹 1B	1705	2860	575	25		620	5785	26.08
	夹 2A	40	120	95				255	1.15
	夹 2B	545	1865	115	25	470	225	3245	14.63
	夹 3A		60					60	0.27
	夹 3B		205				80	285	1.28
	泥质	60	735	550			130	1475	6.65
红陶	夹 1A	95	95				85	275	1.24
	夹 1B	755	1790				1145	3690	16.64
	夹 2B	95	280				225	600	2.71
	夹 3B	10	1530				3910	5450	24.57
	泥质	290	35	180			215	720	3.25
总计		3645	9800	1515	50	470	6700	22180	
百分比		16.43	44.18	6.83	0.23	2.12	30.21		100

表 34B　C·2003YJH16 陶片数量统计表

单位：片

陶色	陶质\数量\纹饰	云雷纹	篮纹	席纹	叶脉纹	云雷、篮纹组合	素面	合计	百分比
灰陶	夹1A	3	8				2	13	2.10
	夹1B	32	79	15	1		18	145	23.46
	夹2A	1	3	2				6	0.97
	夹2B	24	40	4	1	4	8	81	13.11
	夹3A		2					2	0.32
	夹3B		8				4	12	1.94
	泥质	2	19	10			6	37	5.99
红陶	夹1A	4	2				3	9	1.46
	夹1B	17	64				53	134	21.68
	夹2B	3	8				7	18	2.91
	夹3B	1	47				98	146	23.62
	泥质	6	1	3			5	15	2.42
合计		93	281	34	2	4	204	618	
百分比		15.05	45.47	5.50	0.32	0.65	33.01		100

表 34C　C·2003YJH16 器形统计表

单位：个

陶色	陶质\数量\器形	高领鼓肩罐	直腹罐	瓮	釜	三足盘	坛	合计	百分比
灰陶	夹1B	4		1	2	2		9	40.91
	夹2B					1		1	4.55
	夹3B		1					1	4.55
	泥质			1				1	4.55
红陶	夹1A						1	1	4.55
	夹1B		1	3	1			5	22.73
	夹2B				2			2	9.09
	夹3B				1			1	4.55
	泥质	1						1	4.55
总计		5	1	3	8	4	1	22	
百分比		22.73	4.55	13.64	36.36	18.18	4.55		100

表35A　C·2003YJH17①陶片称重统计表

单位：克

陶色	陶质	云雷纹	篮纹	席纹	素面	合计	百分比
灰陶	夹1A	440	550		70	1060	1.74
	夹1B	5425	4510	250	3795	13980	23.00
	夹2A	65	220		180	465	0.76
	夹2B	4255	3415	25	1560	9255	15.23
	夹3A	50	1270		160	1480	2.43
	夹3B	985	2240		600	3825	6.29
	泥质	1210	505		585	2300	3.78
红陶	夹1A	100	310		205	615	1.01
	夹1B	2415	1535		3270	7220	11.88
	夹2A		15		95	110	0.18
	夹2B	635	2035		1485	4155	6.84
	夹3A	165	140		210	515	0.85
	夹3B	235	2635		10935	13805	22.71
	泥质	565	430		1005	2000	3.29
总计		16545	19810	275	24155	60785	
百分比		27.22	32.59	0.45	39.74		100

表35B　C·2003YJH17①陶片数量统计表

单位：片

陶色	陶质	云雷纹	篮纹	席纹	素面	合计	百分比
灰陶	夹1A	9	20		2	31	2.41
	夹1B	98	93	6	95	292	22.69
	夹2A	2	4		4	10	0.78
	夹2B	74	72	1	44	191	14.84
	夹3A	1	21		3	25	1.94
	夹3B	14	59		14	87	6.76
	泥质	26	13		13	52	4.04
红陶	夹1A	5	11		8	24	1.86
	夹1B	37	37		86	160	12.43
	夹2A		1		2	3	0.23
	夹2B	15	50		33	98	7.61
	夹3A	2	3		8	13	1.01
	夹3B	3	43		213	259	20.12
	泥质	7	11		24	42	3.26
合计		293	438	7	549	1287	
百分比		22.77	34.03	0.54	42.66		100

表 35C　C·2003YJH17① 器形统计表

单位：个

陶色	陶质	高领鼓肩罐	矮领鼓肩罐	瓮	釜	三足盘	器盖	鏊	杯	坛	缸	合计	百分比
灰陶	夹1B	1	1	2	10	7						21	34.43
	夹2B	1		2	4	2						9	14.75
	夹3A					1						1	1.64
	夹3B	1		1	1		2	1				6	9.84
	泥质				3	1			1			5	8.20
红陶	夹1B	2			4	1				1		8	13.11
	夹2B	1			3	1						5	8.20
	夹3B				1						1	2	3.28
	泥质		1	1	1				1			4	6.56
总计		6	2	6	27	12	3	1	2	1	1	61	
百分比		9.84	3.28	9.84	44.26	19.67	4.92	1.64	3.28	1.64	1.64		100

表 36A　C·2003YJH17② 陶片称重统计表

单位：克

陶色	陶质	云雷纹	篮纹	席纹	素面	合计	百分比
灰陶	夹1A	50	40		40	130	3.39
	夹1B	190	645	20	115	970	25.29
	夹2A		150		50	200	5.22
	夹2B	145	820	25	290	1280	33.38
	夹3A	50	20		90	160	4.17
	夹3B		95		30	125	3.26
	泥质	60	70			130	3.39
红陶	夹1A	10	55			65	1.69
	夹1B	110	35		75	220	5.74
	夹2B		105		50	155	4.04
	夹3B		40		10	50	1.30
	泥质	310	40			350	9.13
总计		925	2115	45	750	3835	
百分比		24.12	55.15	1.17	19.56		100

表36B　C·2003YJH17②陶片数量统计表

单位：片

陶色	数量＼陶质＼纹饰	云雷纹	篮纹	席纹	素面	合计	百分比
灰陶	夹1A	2	3		1	6	5.31
	夹1B	6	19	1	6	32	28.32
	夹2A		2		2	4	3.54
	夹2B	5	21	1	10	37	32.74
	夹3A	1	1		2	4	3.54
	夹3B		2		2	4	3.54
	泥质	3	2			5	4.42
红陶	夹1A	1	2			3	2.65
	夹1B	3	1		4	8	7.08
	夹2B		4		2	6	5.31
	夹3B		1		1	2	1.77
	泥质	1	1			2	1.77
合计		22	59	2	30	113	
百分比		19.47	52.21	1.77	26.55		100

表36C　C·2003YJH17②器形统计表

单位：个

陶色	数量＼陶质＼器形	瓮	三足盘	合计	百分比
灰陶	夹2B		2	2	50
	夹3A		1	1	25
红陶	泥质	1		1	25
总计		1	3	4	
百分比		25	75		100

表37A　C·2003YJH25陶片称重统计表

单位：克

陶色	重量＼陶质＼纹饰	云雷纹	篮纹	素面	合计	百分比
灰陶	夹1A	30	55	110	195	1.80
	夹1B	345	1515	300	2160	19.92
	夹2B	375	805	135	1315	12.13
	夹3B	30	255	65	350	3.23
	泥质	10	25	25	60	0.55

续表

陶色 \ 陶质 \ 重量 \ 纹饰	云雷纹	篮纹	素面	合计	百分比
红陶　夹1A	90	40	120	250	2.31
红陶　夹1B	645	960	1115	2720	25.08
红陶　夹2B		305	510	815	7.51
红陶　夹3B		470	2130	2600	23.97
红陶　泥质	80	65	235	380	3.50
合计	1605	4495	4745	10845	
百分比	14.80	41.45	43.75		100

表 37B　C·2003YJH25 陶片数量统计表

单位：片

陶色 \ 陶质 \ 数量 \ 纹饰	云雷纹	篮纹	素面	合计	百分比
灰陶　夹1A	2	2	7	11	2.67
灰陶　夹1B	16	37	17	70	16.99
灰陶　夹2B	16	30	9	55	13.35
灰陶　夹3B	1	10	4	15	3.64
灰陶　泥质	1	1	2	4	0.97
红陶　夹1A	2	2	7	11	2.67
红陶　夹1B	24	32	50	106	25.73
红陶　夹2B		12	22	34	8.25
红陶　夹3B		20	64	84	20.39
红陶　泥质	3	3	16	22	5.34
合计	65	149	198	412	
百分比	15.78	36.17	48.06		100

表 38A　C·2003YJH29 陶片称重统计表

单位：克

陶色 \ 陶质 \ 重量 \ 纹饰	云雷纹	篮纹	素面	合计	百分比
灰陶　夹1A	35	60		95	7.57
灰陶　夹1B	130	245	20	395	31.47
灰陶　夹2B	55	20		75	5.98
灰陶　夹3B		20		20	1.59
灰陶　泥质	15			15	1.20

续表

陶色	陶质	云雷纹	篮纹	素面	合计	百分比
红陶	夹1A		25	15	40	3.19
	夹1B	25	45	110	180	14.34
	夹3B		10	425	435	34.66
总计		260	425	570	1255	
百分比		20.72	33.86	45.42		100

表38B　C·2003YJH29 陶片数量统计表

单位：片

陶色	陶质	云雷纹	篮纹	素面	合计	百分比
灰陶	夹1A	2	3		5	8.20
	夹1B	5	12	1	18	29.51
	夹2B	2	1		3	4.92
	夹3B		1		1	1.64
	泥质	1			1	1.64
红陶	夹1A		2	1	3	4.92
	夹1B	1	3	3	7	11.48
	夹3B		1	22	23	37.70
合计		11	23	27	61	
百分比		18.03	37.70	44.26		100

表39A　C·2003YJH15 陶片称重统计表

单位：克

陶色	陶质	云雷纹	篮纹	席纹	素面	方格、席纹组合	合计	百分比
灰陶	夹1A	205	150		155		510	2.41
	夹1B	1775	1560	15	1570	25	4945	23.36
	夹2A	265	75		185		525	2.48
	夹2B	640	325		250		1215	5.74
	夹3B		770		215		985	4.65
	泥质	770	215		690		1675	7.91
红陶	夹1A	185	205		135		525	2.48
	夹1B	1385	1050		1355		3790	17.90
	夹2A	225	805		25		1055	4.98
	夹2B	225	235		350		810	3.83
	夹3A				20		20	0.09
	夹3B		330		4350		4680	22.11
	泥质	205	190		40		435	2.05
总计		5880	5910	15	9340	25	21170	
百分比		27.78	27.92	0.07	44.12	0.12		100

表 39B　C·2003YJH15 陶片数量统计表

单位：片

陶色	陶质	云雷纹	篮纹	席纹	素面	方格、席纹组合	合计	百分比
灰陶	夹1A	4	6		8		18	3.61
	夹1B	35	40	1	53	1	130	26.10
	夹2A	4	3		5		12	2.41
	夹2B	13	15		8		36	7.23
	夹3B		20		4		24	4.82
	泥质	10	5		17		32	6.43
红陶	夹1A	3	5		5		13	2.61
	夹1B	16	34		44		94	18.88
	夹2A	2	4		1		7	1.41
	夹2B	2	4		12		18	3.61
	夹3A				1		1	0.20
	夹3B		7		100		107	21.49
	泥质	2	3		1		6	1.20
合计		91	146	1	259	1	498	
百分比		18.27	29.32	0.20	52.01	0.20		100

表 39C　C·2003YJH15 器形统计表

单位：个

陶色	陶质	高领鼓肩罐	直腹罐	瓮	釜	三足盘	甗形器	杯	合计	百分比
灰陶	夹1B	2		1	1	4			8	27.59
	夹2A				1				1	3.45
	夹2B		1						1	3.45
	夹3B		2						2	6.90
	泥质				2	2		1	5	17.24
红陶	夹1B	4		2	2				8	27.59
	夹2A	1			1				2	6.90
	夹3B						1		1	3.45
	泥质				1				1	3.45
合计		7	3	3	8	6	1	1	29	
百分比		24.14	10.34	10.34	27.59	20.69	3.45	3.45		100

表40A　C·2003YJH19 陶片称重统计表

单位：克

陶色	重量 陶质 纹饰	云雷纹	篮纹	素面	合计	百分比
灰陶	夹 1A		40	60	100	1.05
	夹 1B	655	1155	205	2015	21.10
	夹 2B	470	1355	255	2080	21.78
	夹 3B	200	520	180	900	9.42
	泥质	130	295	65	490	5.13
红陶	夹 1B	225	425	445	1095	11.47
	夹 2A		20		20	0.21
	夹 2B	465	430	465	1360	14.24
	夹 3B		550	940	1490	15.60
总计		2145	4790	2615	9550	
百分比		22.46	50.16	27.38		100

表40B　C·2003YJH19 陶片数量统计表

单位：片

陶色	数量 陶质 纹饰	云雷纹	篮纹	素面	合计	百分比
灰陶	夹 1A		1	2	3	1.43
	夹 1B	14	20	7	41	19.52
	夹 2B	8	20	10	38	18.10
	夹 3B	4	13	6	23	10.95
	泥质	5	4	2	11	5.24
红陶	夹 1B	5	13	18	36	17.14
	夹 2A		1		1	0.48
	夹 2B	7	6	16	29	13.81
	夹 3B		8	20	28	13.33
合计		43	86	81	210	
百分比		20.48	40.95	38.57		100

表40C　C·2003YJH19 器形统计表

单位：个

陶色	陶质	高领鼓肩罐	釜	合计	百分比
灰陶	夹1B	1	2	3	42.86
	夹2B		1	1	14.29
	夹3B		1	1	14.29
	泥质	1		1	14.29
红陶	夹2B	1		1	14.29
总计		3	4	7	
百分比		42.86	57.14		100

表41A　C·2003YJH20 陶片称重统计表

单位：克

陶色	陶质	云雷纹	篮纹	席纹	素面	方格、席纹组合	合计	百分比
灰陶	夹1A	215	255		220		690	2.11
	夹1B	2555	2935	115	1435		7040	21.54
	夹2B	2065	2800		1025		5890	18.02
	夹3A		25				25	0.08
	夹3B	265	835		175		1275	3.90
	泥质	140	50		255		445	1.36
红陶	夹1A	35	50		110		195	0.60
	夹1B	1360	2085	65	1480	5	4995	15.28
	夹2B	525	1725		1320		3570	10.92
	夹3B	75	2160		6160		8395	25.69
	泥质	60	40		60		160	0.49
合计		7295	12960	180	12240	5	32680	
百分比		22.32	39.66	0.55	37.45	0.02		100

表41B　C·2003YJH20 陶片数量统计表

单位：片

陶色	陶质	云雷纹	篮纹	席纹	素面	方格、席纹组合	合计	百分比
灰陶	夹1A	8	7		6		21	2.33
	夹1B	91	92	4	54		241	26.69
	夹2B	50	70		35		155	17.16
	夹3A		1				1	0.11
	夹3B	5	27		5		37	4.10
	泥质	4	3		8		15	1.66

续表

陶色	陶质\数量\纹饰	云雷纹	篮纹	席纹	素面	方格、席纹组合	合计	百分比
红陶	夹1A	2	2		7		11	1.22
	夹1B	21	64	1	50	1	137	15.17
	夹2B	8	43		51		102	11.30
	夹3B	1	51		127		179	19.82
	泥质	1	1		2		4	0.44
总计		191	361	5	345	1	903	
百分比		21.15	39.98	0.55	38.21	0.11		100

表41C　C·2003YJH20 器形统计表

单位：个

陶色	陶质\数量\器形	高领鼓肩罐	瓮	釜	三足盘	瓢形器	把手	器盖	合计	百分比
灰陶	夹1B		1	2	2				5	21.74
	夹2B	2		2	1				5	21.74
	夹3B			1			2		3	13.04
	泥质							1	1	4.35
红陶	夹1B	1	2	1					4	17.39
	夹2B		1						1	4.35
	夹3B					4			4	17.39
总计		3	4	6	3	4	2	1	23	
百分比		13.04	17.39	26.09	13.04	17.39	8.70	4.35		100

表42A　C·2003YJH26 陶片称重统计表

单位：克

陶色	陶质\重量\纹饰	云雷纹	篮纹	叶脉纹	素面	合计	百分比
灰陶	夹1B	40	90	10	15	155	23.13
	夹2B	20				20	2.99
	泥质	45	55			100	14.93
红陶	夹1A				110	110	16.42
	夹1B		240			240	35.82
	夹2B				45	45	6.72
总计		105	385	10	170	670	
百分比		15.67	57.46	1.49	25.37		100

表42B　C·2003YJH26 陶片数量统计表

单位：片

陶色	陶质 \ 纹饰(数量)	云雷纹	篮纹	叶脉纹	素面	合计	百分比
灰陶	夹1B	4	12	1	2	19	30.16
	夹2B	2				2	3.17
	泥质	3	4			7	11.11
红陶	夹1A				15	15	23.81
	夹1B		18			18	28.57
	夹2B				2	2	3.17
合计		9	34	1	19	63	
百分比		14.29	53.97	1.59	30.16		100

表43A　C·2003YJH11 陶片称重统计表

单位：克

陶色	陶质 \ 纹饰(重量)	云雷纹	篮纹	席纹	云雷、篮纹组合	席纹、篮纹组合	素面	合计	百分比
灰陶	夹1A	220	1470				170	1860	1.15
	夹1B	2110	7095	20	1560		2360	13145	8.14
	夹2A	350	1485				240	2075	1.28
	夹2B	2820	10140		1230	30	1425	15645	9.68
	夹3A	230	255	20	220		110	835	0.52
	夹3B	535	6440	120			995	8090	5.01
	泥质	4580	9745		785		3255	18365	11.37
红陶	夹1A	785	785				1335	2905	1.80
	夹1B	5745	11635		380		5140	22900	14.17
	夹2B	1925	5115				5010	12050	7.46
	夹3A	20	80					100	0.06
	夹3B	220	10150				30530	40900	25.31
	泥质	8445	9220				5035	22700	14.05
总计		27985	73615	160	4175	30	55605	161570	
百分比		17.32	45.56	0.10	2.58	0.02	34.42		100

表43B　C·2003YJH11陶片数量统计表

单位：片

陶色	陶质	云雷纹	篮纹	席纹	云雷、篮纹组合	席纹、篮纹组合	素面	合计	百分比
灰陶	夹1A	9	31				8	48	1.68
	夹1B	51	120	1	9		71	252	8.81
	夹2A	13	35				11	59	2.06
	夹2B	69	177		13	1	45	305	10.66
	夹3A	1	4	1	2		1	9	0.31
	夹3B	13	104	4			18	139	4.86
	泥质	112	164		14		89	379	13.24
红陶	夹1A	16	23				38	77	2.69
	夹1B	76	139		4		136	355	12.40
	夹2B	21	78				138	237	8.28
	夹3A	1	1					2	0.07
	夹3B	6	180				438	624	21.80
	泥质	118	136				122	376	13.14
合计		506	1192	6	42	1	1115	2862	
百分比		17.68	41.65	0.21	1.47	0.03	38.96		100

表43C　C·2007YJH11器形统计表

单位：个

陶色	陶质	杯	高领鼓肩罐	矮领鼓肩罐	直腹罐	瓮	釜	三足盘	盔形钵	器盖	瓶形器	尊	鏊	壶	缸	合计	百分比
灰陶	夹1B						6	1				1				8	6.84
	夹2B						1	4	1						1	7	5.98
	夹3A						1									1	0.85
	夹3B				4		8	1			2		1		2	18	15.38
	泥质	1						5		2		2				10	8.55
红陶	夹1A			1	1								1			3	2.56
	夹1B		3	5	1		6			2				1	1	19	16.24
	夹2A																
	夹2B			1		3	4	1	1						1	11	9.40
	夹3A																
	夹3B						10				13			1	3	27	23.08
	泥质		2			3	6	2								13	11.11
总计		1	5	6	5	8	36	18	2	6	15	3	2	2	8	117	
百分比		0.85	4.27	5.13	4.27	6.84	30.77	15.38	1.71	5.12	12.82	2.56	1.71	1.71	6.84		100

表 44A　C·2003YJH13 陶片称重统计表

单位：克

陶色	陶质	云雷纹	篮纹	素面	合计	百分比
灰陶	夹 1A		80	60	140	0.82
	夹 1B	415	675	395	1485	8.65
	夹 2A	20	10	40	70	0.41
	夹 2B	235	545	195	975	5.68
	夹 3B	10	160	30	200	1.17
	泥质	375	280	75	730	4.25
红陶	夹 1A	40	160	205	405	2.36
	夹 1B	1140	1805	2070	5015	29.22
	夹 2A	55	30	20	105	0.61
	夹 2B	175	995	1025	2195	12.79
	夹 3B	170	995	4325	5490	31.99
	泥质		70	280	350	2.04
总计		2635	5805	8720	17160	
百分比		15.36	33.83	50.82		100

表 44B　C·2003YJH13 陶片数量统计表

单位：片

陶色	陶质	云雷纹	篮纹	素面	合计	百分比
灰陶	夹 1A		4	3	7	1.22
	夹 1B	21	34	23	78	13.54
	夹 2A	1	1	2	4	0.69
	夹 2B	12	19	13	44	7.64
	夹 3B	1	6	2	9	1.56
	泥质	8	8	6	22	3.82
红陶	夹 1A	3	7	8	18	3.13
	夹 1B	28	51	80	159	27.60
	夹 2A	1	1	1	3	0.52
	夹 2B	5	28	42	75	13.02
	夹 3B	4	33	111	148	25.69
	泥质		3	6	9	1.56
合计		84	195	297	576	
百分比		14.58	33.85	51.56		100

表44C　C·2003YJH13 器形统计表

单位：个

陶色	陶质\数量\器形	矮领鼓肩罐	豆	瓮	釜	三足盘	陶把	尊	小罐	平底钵	器盖	壶	合计	百分比
灰陶	夹1B			1		1	1	1	1	1			6	30
	夹2B					2							2	10
	泥质			1									1	5
红陶	夹1B	1		5	1								7	35
	夹2B										1		1	5
	夹3B			1								1	2	10
	泥质		1										1	5
总计		1	1	8	1	3	1	1	1	1	1	1	20	
百分比		5	5	40	5	15	5	5	5	5	5	5		100

表45A　C·83板H1 陶片称重统计表

单位：克

陶色	陶质\重量\纹饰	云雷纹	篮纹	席纹	方格纹	素面	方格、席纹组合	方格、篮纹组合	合计	百分比
灰陶	夹1A	495	525			120			1140	3.07
	夹1B	4995	4505		15	1140	60		10715	28.82
	夹2B	3635	3815	120	40	1340			8950	24.07
	夹3B	3070	3535	45		635			7285	19.59
	泥质	690	610			615			1915	5.15
红陶	夹1A	260	355			55			670	1.80
	夹1B	915	1060			455		130	2560	6.89
	夹2B	560	590			140			1290	3.47
	夹3B	90	220			1610			1920	5.16
	泥质	370	310			55			735	1.98
总计		15080	15525	165	55	6165	60	130	37180	
百分比		40.56	41.76	0.44	0.15	16.58	0.16	0.35		100

表45B　C·83板H1 陶片数量统计表

单位：片

陶色	陶质\数量\纹饰	云雷纹	篮纹	席纹	方格纹	素面	方格、席纹组合	方格、篮纹组合	合计	百分比
灰陶	夹1A	9	8			5			22	3.38
	夹1B	98	78		1	35	1		213	32.77
	夹2B	55	59	2	1	37			154	23.69
	夹3B	40	45	1		19			105	16.15
	泥质	13	7			12			32	4.92

续表

陶色	数量 陶质 纹饰	云雷纹	篮纹	席纹	方格纹	素面	方格、席纹组合	方格、篮纹组合	合计	百分比
红陶	夹1A	4	5			2			11	1.69
	夹1B	14	25			6		1	46	7.08
	夹2B	9	8			6			23	3.54
	夹3B	1	4			25			30	4.62
	泥质	6	6			2			14	2.15
合计		249	245	3	2	149	1	1	650	
百分比		38.31	37.69	0.46	0.31	22.92	0.15	0.15		100

表 45C　C·83 板 H1 器形统计表

单位：个

陶色	数量 陶质 器形	高领鼓肩罐	矮领鼓肩罐	瓮	釜	甗形器	器盖	合计	百分比
灰陶	夹1A		1					1	4.55
	夹1B	5		3				8	36.36
	夹2B	2	1	1				4	18.18
	夹3B	1		1	1			3	13.64
	泥质						1	1	4.55
红陶	夹1A				1			1	4.55
	夹1B				1			1	4.55
	夹2B				2			2	9.09
	夹3B					1		1	4.55
总计		8	2	5	5	1	1	22	
百分比		36.36	9.09	22.73	22.73	4.55	4.55		100

表 46A　C·2000YJH7 陶片称重统计表

单位：克

陶色	重量 陶质 纹饰	云雷纹	篮纹	方格纹	云雷、篮纹组合	素面	合计	百分比
灰陶	夹1A	50	355			210	615	2.18
	夹1B	1440	1550	20	225	360	3595	12.73
	夹2A	70	75			160	305	1.08
	夹2B	560	625			465	1650	5.84
	夹3A		40				40	0.14
	夹3B	115	605			120	840	2.98
	泥质	525	1485		90	1315	3415	12.10

续表

陶色	重量＼陶质＼纹饰	云雷纹	篮纹	方格纹	云雷、篮纹组合	素面	合计	百分比
红陶	夹 1A	125	160			100	385	1.36
	夹 1B	985	2155	275		1950	5365	19.00
	夹 2A		435			180	615	2.18
	夹 2B	160	1785	40		2500	4485	15.89
	夹 3B	115	1700			1155	2970	10.52
	泥质	460	1030			2460	3950	13.99
总　计		4605	12000	335	315	10975	28230	
百分比		16.37	42.51	1.19	1.12	38.88		100

表 46B　C·2000YJH7 陶片数量统计表

单位：片

陶色	数量＼陶质＼纹饰	云雷纹	篮纹	方格纹	云雷、篮纹组合	素面	合计	百分比
灰陶	夹 1A	3	8			8	19	2.95
	夹 1B	39	31	1	3	15	89	13.80
	夹 2A	2	2			6	10	1.55
	夹 2B	6	13			15	34	5.27
	夹 3A		1				1	0.16
	夹 3B	3	16			8	27	4.19
	泥质	14	21		4	33	72	11.16
红陶	夹 1A	4	6			4	14	2.17
	夹 1B	19	50	5		49	123	19.07
	夹 2A		10			6	16	2.48
	夹 2B	4	42	1		56	103	15.97
	夹 3B	3	31	1		19	54	8.37
	泥质	9	30			44	83	12.87
总　计		106	261	8	7	263	645	
百分比		16.43	40.47	1.24	1.09	40.78		100

表 46C　C·2000YJH7 器形统计表

单位：个

陶色 \ 陶质 \ 数量 \ 器形	平底钵	高领鼓肩罐	矮领鼓肩罐	鼓腹罐	直腹罐	盆	釜	三足盘	盔形钵	器盖	带把罐	尊	鏊	小鼎	带把盆	缸	合计	百分比
灰陶 夹1A	1																1	2.08
灰陶 夹1B		1							2			1	1	1			6	12.5
灰陶 夹2B	1	1	1	1		1	1										6	12.5
灰陶 夹3B					3												3	6.25
灰陶 泥质		1					1			1							3	6.25
红陶 夹1B		6					3	1			1		2				13	27.08
红陶 夹2A							1										1	2.08
红陶 夹2B							1			1			1		1		4	8.33
红陶 夹3B		1			5			1								1	8	16.67
红陶 泥质		2	1														3	6.25
总计	2	12	2	1	8	1	7	1	3	1	1	1	4	1	1	1	48	
百分比	4.17	25	4.17	2.08	16.67	2.08	14.58	2.08	6.25	2.08	2.08	2.08	8.33	2.08	2.08	2.08		100

表 47A　C·2003YJH12 陶片称重统计表

单位：克

陶色 \ 陶质 \ 重量 \ 纹饰	云雷纹	篮纹	云雷、蓝纹组合	素面	合计	百分比
灰陶 夹1A	90	120		30	240	0.85
灰陶 夹1B	1220	1700	175	690	3785	13.40
灰陶 夹2B	330	320		375	1025	3.63
灰陶 夹3B	15	920		140	1075	3.81
灰陶 泥质	320	196		345	861	3.05
红陶 夹1A	410	260		180	850	3.01
红陶 夹1B	2075	2815		1580	6470	22.91
红陶 夹2A		85		85	170	0.60
红陶 夹2B	445	1880	255	400	2980	10.55
红陶 夹3B	160	2800		7235	10195	36.09
红陶 泥质	370	90		135	595	2.11
合计	5435	11186	430	11195	28246	
百分比	19.24	39.60	1.52	39.63		100

表 47B　C·2003YJH12 陶片数量统计表

单位：片

陶色	陶质	云雷纹	篮纹	云雷、蓝纹组合	素面	合计	百分比
灰陶	夹 1A	4	4		2	10	1.37
	夹 1B	31	37	1	27	96	13.11
	夹 2B	8	11		17	36	4.92
	夹 3B	1	20		6	27	3.69
	泥质	7	6		11	24	3.28
红陶	夹 1A	13	12		10	35	4.78
	夹 1B	46	66		56	168	22.95
	夹 2A		3		2	5	0.68
	夹 2B	8	37	1	23	69	9.43
	夹 3B	5	69		172	246	33.61
	泥质	7	3		6	16	2.19
总计		130	268	2	332	732	
百分比		17.76	36.61	0.27	45.36		100

表 47C　C·2003YJH12 器形统计表

单位：个

陶色	陶质	高领鼓肩罐	矮领鼓肩罐	瓮	釜	三足盘	甑形器	壶	缸	鏊	合计	百分比
灰陶	夹 1B	2				1					3	7.32
	夹 3B				1					1	2	4.88
	泥质	1			1					1	3	7.32
红陶	夹 1A	1			1						2	4.88
	夹 1B	3		1	1						5	12.20
	夹 2B							1			1	2.44
	夹 3B	1			11	1	5		1	3	22	53.66
	泥质		1		2						3	7.32
总计		7	2	1	15	4	5	1	1	5	41	
百分比		17.07	4.88	2.44	36.59	9.76	12.20	2.44	2.44	12.20		100

表 48A　C·2003YJH14 陶片称重统计表

单位：克

陶色	陶质	云雷纹	篮纹	素面	合计	百分比
灰陶	夹 1B	155	600	80	835	29.14
	夹 2B		145	140	285	9.95
	夹 3B	135	30	55	220	7.68
	泥质		55	20	75	2.62
红陶	夹 1B	15	40	70	125	4.36
	夹 2B		70	375	445	15.53
	夹 3B		230	650	880	30.72
总计		305	1170	1390	2865	
百分比		10.65	40.84	48.52		100

表 48B　C·2003YJH14 陶片数量统计表

单位：片

陶色	陶质	云雷纹	篮纹	素面	合计	百分比
灰陶	夹 1B	4	13	7	24	31.58
	夹 2B		6	2	8	10.53
	夹 3B	1	2	2	5	6.58
	泥质		2	1	3	3.95
红陶	夹 1B	1	2	5	8	10.53
	夹 2B		3	8	11	14.47
	夹 3B		9	8	17	22.37
合计		6	37	33	76	
百分比		7.89	48.68	43.42		100

表 48C　C·2003YJH14 器形统计表

单位：个

陶色	陶质	高领鼓肩罐	瓮	釜	三足盘	鏊	合计	百分比
灰陶	夹 1B			1			1	20
	夹 3B	1				1	2	40
红陶	夹 2B		1		1		2	40
总计		1	1	1	1	1	5	
百分比		20	20	20	20	20		100

表 49A　C·2003YJH18 陶片称重统计表

单位：克

陶色	重量/陶质/纹饰	云雷纹	篮纹	素面	合计	百分比
灰陶	夹 1A			40	40	3.08
	夹 1B	165	555	30	750	57.69
	夹 2B	25	150	160	335	25.77
	夹 3B		25		25	1.92
红陶	夹 1B		35		35	2.69
	夹 3B		65		65	5.00
	泥质		50		50	3.85
总计		190	880	230	1300	
百分比		14.62	67.69	17.69		100

表 49B　C·2003YJH18 陶片数量统计表

单位：片

陶色	数量/陶质/纹饰	云雷纹	篮纹	素面	合计	百分比
灰陶	夹 1A			1	1	3.33
	夹 1B	5	6	2	13	43.33
	夹 2B	1	4	6	11	36.67
	夹 3B		1		1	3.33
红陶	夹 1B		2		2	6.67
	夹 3B		1		1	3.33
	泥质		1		1	3.33
合计		6	15	9	30	
百分比		20	50	30		100

表 50A　C·2003YJH21 陶片称重统计表

单位：克

陶色	重量/陶质/纹饰	云雷纹	篮纹	席纹	素面	合计	百分比
灰陶	夹 1A	70	15	20	85	190	3.37
	夹 1B	30	250		55	335	5.93
	夹 2B		135		160	295	5.23
	夹 3B		30			30	0.53
	泥质		25		120	145	2.57

续表

陶色	陶质	云雷纹	篮纹	席纹	素面	合计	百分比
红陶	夹1A				195	195	3.45
	夹1B	135	1615		290	2040	36.14
	夹2B	35	605		295	935	16.56
	夹3B	215	370		560	1145	20.28
	泥质		105		230	335	5.93
合计		485	3150	20	1990	5645	
百分比		8.59	55.80	0.35	35.25		100

表 50B　C·2003YJH21 陶片数量统计表

单位：片

陶色	陶质	云雷纹	篮纹	席纹	素面	合计	百分比
灰陶	夹1A	1	1	1	5	8	5.48
	夹1B	1	12		3	16	10.96
	夹2B		8		8	16	10.96
	夹3B		2			2	1.37
	泥质		1		3	4	2.74
红陶	夹1A				9	9	6.16
	夹1B	3	16		10	29	19.86
	夹2B	2	14		12	28	19.18
	夹3B	2	8		17	27	18.49
	泥质		3		4	7	4.79
合计		9	65	1	71	146	
百分比		6.16	44.52	0.68	48.63		100

表 50C　C·2003YJH21 器形统计表

单位：个

陶色	陶质	高领鼓肩罐	釜	三足盘	尊	合计	百分比
灰陶	夹1A		1			1	20
	夹2B			1		1	20
红陶	夹1B	1				1	20
	夹3B		1		1	2	40
总计		1	2	1	1	5	
百分比		20	40	20	20		100

表51A　C·2003YJH22 陶片称重统计表

单位：克

陶色	重量 陶质 纹饰	云雷纹	篮纹	素面	合计	百分比
灰陶	夹1B	270	670	70	1010	48.44
	夹2B		485	35	520	24.94
	夹3B		265		265	12.71
红陶	夹1B		70	25	95	4.56
	夹3B		35	160	195	9.35
合计		270	1525	290	2085	
百分比		12.95	73.14	13.91		100

表51B　C·2003YJH22 陶片数量统计表

单位：片

陶色	数量 陶质 纹饰	云雷纹	篮纹	素面	合计	百分比
灰陶	夹1B	5	7	3	15	29.41
	夹2B		11	1	12	23.53
	夹3B		12		12	23.53
红陶	夹1B		3	2	5	9.80
	夹3B		1	6	7	13.73
合计		5	34	12	51	
百分比		9.80	66.67	23.53		100

表51C　C·2003YJH22 器形统计表

单位：个

陶色	数量 陶质 器形	瓮	釜	合计	百分比
灰陶	夹1B	1		1	50
	夹3B		1	1	50
合计		1	1	2	
百分比		50	50		100

表 52A　C·2003YJH23 陶片称重统计表

单位：克

陶色	重量/陶质 纹饰	云雷纹	篮纹	席纹	素面	合计	百分比
灰陶	夹 1A	50			5	55	1.92
	夹 1B	25	270	30	10	335	11.69
	夹 2B	60	440			500	17.45
	夹 3B		135			135	4.71
红陶	夹 1A	70	105			175	6.11
	夹 1B	35	270		145	450	15.71
	夹 2B		125		125	250	8.73
	夹 3B		165		590	755	26.35
	泥质		30		180	210	7.33
总计		240	1540	30	1055	2865	
百分比		8.38	53.75	1.05	36.82		100

表 52B　C·2003YJH23 陶片数量统计表

单位：片

陶色	数量/陶质 纹饰	云雷纹	篮纹	席纹	素面	合计	百分比
灰陶	夹 1A	2			1	3	2.75
	夹 1B	3	9	1	1	14	12.84
	夹 2B	1	12			13	11.93
	夹 3B		5			5	4.59
红陶	夹 1A	3	4			7	6.42
	夹 1B	3	9		7	19	17.43
	夹 2B		5		7	12	11.01
	夹 3B		9		17	26	23.85
	泥质		2		8	10	9.17
合计		12	55	1	41	109	
百分比		11.01	50.46	0.92	37.61		100

表 53A　C·2003YJH24 陶片称重统计表

单位：克

陶色	重量/陶质（纹饰）	云雷纹	篮纹	席纹	素面	合计	百分比
灰陶	夹 1A		65		270	335	4.16
	夹 1B	675	1760		105	2540	31.51
	夹 2B	715	980	80	245	2020	25.06
	夹 3B		45		130	175	2.17
	泥质	125				125	1.55
红陶	夹 1B	130	355		215	700	8.68
	夹 2A		80		100	180	2.23
	夹 2B	225	85		130	440	5.46
	夹 3B	65	505		820	1390	17.25
	泥质	120			35	155	1.92
总计		2055	3875	80	2050	8060	
百分比		25.50	48.08	0.99	25.43		100

表 53B　C·2003YJH24 陶片数量统计表

单位：片

陶色	数量/陶质（纹饰）	云雷纹	篮纹	席纹	素面	合计	百分比
灰陶	夹 1A		2		2	4	2.40
	夹 1B	14	28		5	47	28.14
	夹 2B	12	28	1	6	47	28.14
	夹 3B		3		3	6	3.59
	泥质	1				1	0.60
红陶	夹 1B	2	6		8	16	9.58
	夹 2A		1		3	4	2.40
	夹 2B	3	3		5	11	6.59
	夹 3B	1	9		19	29	17.37
	泥质	1			1	2	1.20
合计		34	80	1	52	167	
百分比		20.36	47.90	0.60	31.14		100

表 53C　C·2003YJH24 器形统计表

单位：个

陶色 \ 陶质(数量) \ 器形	高领鼓肩罐	矮领鼓肩罐	直腹罐	瓮	釜	三足盘	缸	鏊	合计	百分比
灰陶　夹1A				1					1	7.69
灰陶　夹1B				3					3	23.08
灰陶　夹2B					2	1		1	4	30.77
灰陶　泥质		1							1	7.69
红陶　夹2B			1		1				2	15.38
红陶　夹3B							1		1	7.69
红陶　泥质	1								1	7.69
总计	1	1	1	1	6	1	1	1	13	
百分比	7.69	7.69	7.69	7.69	46.15	7.69	7.69	7.69		100

表 54A　C·2003YJH27 陶片称重统计表

单位：克

陶色 \ 陶质(重量) \ 纹饰	云雷纹	篮纹	席纹	素面	合计	百分比
灰陶　夹1A	600	200		105	905	2.21
灰陶　夹1B	2165	3095	35	1160	6455	15.80
灰陶　夹2B	3915	3940	30	1065	8950	21.90
灰陶　夹3B	760	1690		300	2750	6.73
灰陶　泥质	30			55	85	0.21
红陶　夹1A	120	85		345	550	1.35
红陶　夹1B	915	1690		2195	4800	11.75
红陶　夹2B	485	1160		2035	3680	9.01
红陶　夹3B	930	2770		8080	11780	28.83
红陶　泥质	260			645	905	2.21
总计	10180	14630	65	15985	40860	
百分比	24.91	35.81	0.16	39.12		100

表 54B　C·2003YJH27 陶片数量统计表

单位：片

陶色	陶质	云雷纹	篮纹	席纹	素面	合计	百分比
灰陶	夹1A	6	7		4	17	1.51
	夹1B	62	94	1	43	200	17.75
	夹2B	69	97	1	36	203	18.01
	夹3B	20	39		12	71	6.30
	泥质	1			1	2	0.18
红陶	夹1A	6	4		18	28	2.48
	夹1B	35	52		85	172	15.26
	夹2B	16	34		65	115	10.20
	夹3B	22	74		211	307	27.24
	泥质	3			9	12	1.06
合计		240	401	2	484	1127	
百分比		21.30	35.58	0.18	42.95		100

表 54C　C·2003YJH27 器形统计表

单位：个

陶色	陶质	高领鼓肩罐	矮领鼓肩罐	瓮	釜	盔形钵	陶鬶	器盖	缸	豆	合计	百分比
灰陶	夹1A				1	1					2	5.56
	夹1B	1		1							2	5.56
	夹2B		1		8		2				11	30.56
	夹3B				1		2		1		4	11.11
红陶	夹1B						1				1	2.78
	夹2B				1		1	1			3	8.33
	夹3B						9		1		10	27.78
	泥质	1		1						1	3	8.33
总计		2	1	2	11	1	15	1	2	1	36	
百分比		5.56	2.78	5.56	30.56	2.78	41.67	2.78	5.56	2.78		100

表 55A　C·2003YJH30 陶片称重统计表

单位：克

陶色	陶质	云雷纹	篮纹	素面	合计	百分比
灰陶	夹1A		295		295	13.14
	夹1B	195	255		450	20.04
	夹2B	260	190		450	20.04
	夹3B	10	50		60	2.67

续表

陶色	陶质\重量\纹饰	云雷纹	篮纹	素面	合计	百分比
红陶	夹1A		95	30	125	5.57
	夹1B	65	80		145	6.46
	夹2B		25		25	1.11
	夹3B			535	535	23.83
	泥质	160			160	7.13
总计		690	990	565	2245	
百分比		30.73	44.10	25.17		100

表 55B C·2003YJH30 陶片数量统计表

单位：片

陶色	陶质\数量\纹饰	云雷纹	篮纹	素面	合计	百分比
灰陶	夹1A		6		6	10.34
	夹1B	5	6		11	18.97
	夹2B	3	7		10	17.24
	夹3B	1	2		3	5.17
红陶	夹1A		2	2	4	6.90
	夹1B	3	2	1	6	10.34
	夹2B		1		1	1.72
	夹3B			16	16	27.59
	泥质	1			1	1.72
合计		13	26	19	58	
百分比		22.41	44.83	32.76		100

表 56A C·2003YJH34 陶片称重统计表

单位：克

陶色	陶质\重量\纹饰	云雷纹	篮纹	席纹	素面	合计	百分比
灰陶	夹1A		20		95	115	4.09
	夹1B	30	885	25	80	1020	36.23
	夹2B	155	155		50	360	12.79
	夹3B	75	525		300	900	31.97
	泥质	60				60	2.13
红陶	夹1B		95		40	135	4.80
	夹2B	35	45		25	105	3.73
	夹3B		45		75	120	4.26
总计		355	1770	25	665	2815	
百分比		12.61	62.88	0.89	23.62		100

表56B　C·2003YJH34 陶片数量统计表

单位：片

陶色	陶质	云雷纹	篮纹	席纹	素面	合计	百分比
灰陶	夹1A		1		1	2	2.74
	夹1B	2	18	2	5	27	36.99
	夹2B	4	3		2	9	12.33
	夹3B	2	6		4	12	16.44
	泥质	2				2	2.74
红陶	夹1B		3		2	5	6.85
	夹2B	2	2		7	11	15.07
	夹3B		2		3	5	6.85
合计		12	35	2	24	73	
百分比		16.44	47.95	2.74	32.88		100

表56C　C·2003YJH34 器形统计表

单位：个

陶色	陶质	釜	甑形器	合计	百分比
红陶	夹2B	1		1	50
	夹3B		1	1	50
总计		1	1	2	
百分比		50	50		100

表57A　C·2003YJH41 陶片称重统计表

单位：克

陶色	陶质	篮纹	素面	合计	百分比
红陶	夹1B		55	55	4.42
	夹2B		80	80	6.43
	夹3B	160	950	1110	89.16
总计		160	1085	1245	
百分比		12.85	87.15		100

表 57B C·2003YJH41 陶片数量统计表

单位：片

陶色 \ 数量 \ 纹饰 \ 陶质		篮纹	素面	合计	百分比
红陶	夹 1B		4	4	6.45
	夹 2B		2	2	3.23
	夹 3B	5	51	56	90.32
合计		5	57	62	
百分比		8.06	91.94		100

表 58A C·2007YJG5 陶片称重统计表

单位：克

陶色 \ 重量 \ 纹饰 \ 陶质		云雷纹	篮纹	席纹	素面	合计	百分比
灰陶	夹 1A	170	140			310	11.57
	夹 1B	135	245	50	15	445	16.60
	夹 2B	35	1040		50	1125	41.98
	夹 3B		155		10	165	6.16
红陶	夹 1B	60	95		95	250	9.33
	夹 2B	60	105		130	295	11.01
	夹 3B				90	90	3.36
总计		460	1780	50	390	2680	
百分比		17.16	66.42	1.87	14.55		100

表 58B C·2007YJG5 陶片数量统计表

单位：片

陶色 \ 数量 \ 纹饰 \ 陶质		云雷纹	篮纹	席纹	素面	合计	百分比
灰陶	夹 1A	1	2			3	3.61
	夹 1B	7	12	2	1	22	26.51
	夹 2B	2	22		2	26	31.33
	夹 3B		5		1	6	7.23
红陶	夹 1B	2	5		4	11	13.25
	夹 2B	2	4		6	12	14.46
	夹 3B				3	3	3.61
合计		14	50	2	17	83	
百分比		16.87	60.24	2.41	20.48		100

表 59A　C·2007YJF3 陶片称重统计表

单位：克

陶色	陶质	云雷纹	篮纹	席纹	曲折纹	素面	合计	百分比
灰陶	夹 1A	45	160	10		15	230	2.94
	夹 1B	625	495			210	1330	17.03
	夹 2B	75	395			145	615	7.87
	夹 3B	565	795			205	1565	20.04
	泥质	40	45			120	205	2.62
红陶	夹 1A	30					30	0.38
	夹 1B	550	365			630	1545	19.78
	夹 2B	25	20			270	315	4.03
	夹 3B	60	245		290	1250	1845	23.62
	泥质	65	45			20	130	1.66
总计		2080	2565	10	290	2865	7810	
百分比		26.63	32.84	0.13	3.71	36.68		100

表 59B　C·2007YJF3 陶片数量统计表

单位：片

陶色	陶质	云雷纹	篮纹	席纹	曲折纹	素面	合计	百分比
灰陶	夹 1A	3	10	1		2	16	5.82
	夹 1B	21	21			14	56	20.36
	夹 2B	3	20			7	30	10.91
	夹 3B	4	24			8	36	13.09
	泥质	3	2			4	9	3.27
红陶	夹 1A	2					2	0.73
	夹 1B	8	14			21	43	15.64
	夹 2B	1	1			8	10	3.64
	夹 3B	1	12		8	47	68	24.73
	泥质	2	2			1	5	1.82
合计		48	106	1	8	112	275	
百分比		17.45	38.55	0.36	2.91	40.73		100

表 59C C·2007YJF3 器形统计表

单位：个

陶色	陶质 / 数量 / 器形	高领鼓肩罐	瓮	尊	钵	盆形钵	甗	缸	合计	百分比
灰陶	夹1A				2				2	14.29
	夹1B	2		2	1	1	1		7	50
	夹3B	1					1		2	14.29
红陶	夹1B		1						1	7.14
	夹2B						1		1	7.14
	夹3B							1	1	7.14
总计		3	1	2	3	1	3	1	14	
百分比		21.43	7.14	14.29	21.43	7.14	21.43	7.14		100

表 60A D·83 角 A 陶片称重统计表

单位：克

陶色	陶质 / 重量 / 纹饰	云雷纹	篮纹	席纹	方格纹	素面	方格、席纹组合	合计	百分比
灰陶	夹1A	2230	6145			925		9300	4.38
	夹1B	22905	31150	160	25	4345	60	58645	27.60
	夹2B	13305	22180		290	2450		38225	17.99
	夹3B	9670	14185	50		1770		25675	12.08
	泥质	7660	7030	40		1615		16345	7.69
红陶	夹1A	1165	1240			780		3185	1.50
	夹1B	6665	8795			5295		20755	9.77
	夹2B	3310	6255			2850		12415	5.84
	夹3B	1065	2895			21025		24985	11.76
	泥质	1510	905		25	535		2975	1.40
总计		69485	100780	250	340	41590	60	212505	
百分比		32.70	47.42	0.12	0.16	19.57	0.03		100

表 60B D·83 角 A 陶片数量统计表

单位：片

陶色	陶质 / 数量 / 纹饰	云雷纹	篮纹	席纹	方格纹	素面	方格、席纹组合	合计	百分比
灰陶	夹1A	55	117			32		204	5.53
	夹1B	401	500	3	1	125	3	1033	27.99
	夹2B	212	368		3	67		650	17.62
	夹3B	158	208	2		54		422	11.44
	泥质	115	116	1		43		275	7.45

续表

陶色	陶质\数量\纹饰	云雷纹	篮纹	席纹	方格纹	素面	方格、席纹组合	合计	百分比
红陶	夹1A	22	33			21		76	2.06
	夹1B	93	140			106		339	9.19
	夹2B	61	113			78		252	6.83
	夹3B	18	61			299		378	10.24
	泥质	22	25		1	13		61	1.65
合计		1157	1681	6	5	838	3	3690	
百分比		31.36	45.56	0.16	0.14	22.71	0.08		100

表 60C　D·83 角 A 器形统计表

单位：个

陶色	陶质\数量\器形	高领鼓肩罐	矮领鼓肩罐	小罐	瓮	釜	三足盘	甗形器	器盖	平底钵	合计	百分比
灰陶	夹1A					1					1	0.74
	夹1B	6	1		4	16					27	20
	夹2B	5	3	1	3	13					25	18.52
	夹3B	3	2		2	16				1	24	17.78
	泥质	5			13		3			1	22	16.30
红陶	夹1A					3					3	2.22
	夹1B	3		1	7			1			12	8.89
	夹2A											
	夹2B	2		1	3						6	4.44
	夹3A											
	夹3B				2		8				10	7.41
	泥质	1			4						5	3.70
合计		25	6	1	11	78	3	8	1	2	135	
百分比		18.52	4.44	0.74	8.15	57.78	2.22	5.93	0.74	1.48		100

表 61A　D·83 角 B 陶片称重统计表

单位：克

陶色	陶质\重量\纹饰	云雷纹	篮纹	席纹	方格纹	素面	合计	百分比
灰陶	夹1A	3815	10580			1295	15690	4.97
	夹1B	33120	44235	80	55	7560	85050	26.92
	夹2B	17515	31370			5125	54010	17.09
	夹3A	85	75				160	0.05
	夹3B	14205	20155		250	4130	38740	12.26
	泥质	10035	18100			1650	29785	9.43

续表

陶色	陶质 \ 重量 \ 纹饰	云雷纹	篮纹	席纹	方格纹	素面	合计	百分比
红陶	夹1A	2025	2065			1410	5500	1.74
	夹1B	10730	14460	25	30	7080	32325	10.23
	夹2B	6690	8530	370		2595	18185	5.76
	夹3B	2760	7860			20555	31175	9.87
	泥质	1775	3355			210	5340	1.69
总计		102755	160785	475	335	51610	315960	
百分比		32.52	50.89	0.15	0.11	16.33		100.00

表61B　D·83角B陶片数量统计表

单位：片

陶色	陶质 \ 数量 \ 纹饰	云雷纹	篮纹	席纹	方格纹	素面	合计	百分比
灰陶	夹1A	73	184			41	298	6.03
	夹1B	576	649	3	1	210	1439	29.10
	夹2B	281	455			138	874	17.67
	夹3A	1	1				2	0.04
	夹3B	192	265		4	82	543	10.98
	泥质	150	229			66	445	9.00
红陶	夹1A	25	36			37	98	1.98
	夹1B	125	208	1	1	154	489	9.89
	夹2B	80	111	2		57	250	5.06
	夹3B	37	112			291	440	8.90
	泥质	21	40			6	67	1.35
合计		1561	2290	6	6	1082	4945	
百分比		31.57	46.31	0.12	0.12	21.88		100

表61C　D·83角B器形统计表

单位：个

陶色	陶质 \ 数量 \ 器形	高领鼓肩罐	矮领鼓肩罐	瓮	釜	瓢形器	器盖	坛	合计	百分比
灰陶	夹1A	3	3		3				9	3.75
	夹1B	32	19	8	21				80	33.33
	夹2B	7	8	3	13				31	12.92
	夹3B	3	5	7	12	3			30	12.50
	泥质	4	3	1	10		1		19	7.92

续表

陶色	陶质	高领鼓肩罐	矮领鼓肩罐	瓮	釜	甀形器	器盖	坛	合计	百分比
红陶	夹1A	2		1	4				7	2.92
	夹1B	15	7	3	2			1	28	11.67
	夹2B	6	5	1	2				14	5.83
	夹3B	10			3	3			16	6.67
	泥质	3		1	2				6	2.50
总计		85	50	25	72	6	1	1	240	
百分比		35.42	20.83	10.42	30	2.50	0.42	0.42		100

附 录

附录一　角山窑址加速器质谱（AMS）碳十四测试报告

送样单位：江西省文物考古研究所

送样人：赖祖龙

测定日期：08 - 05

Lab 编号	样品	样品原编号	碳十四年代（BP）	树轮校正后年代（BC）	
				1σ（68.2%）	2σ（95.4%）
BA07840	炭	2003YJY9	3270±40	1610BC（68.2%）1490BC	1640BC（95.4%）1440BC
BA07841	炭	2007YJF1	3245±35	1610BC（9.1%）1580BC 1540BC（59.1%）1450BC	1610BC（95.4%）1430BC
BA07842	炭	2007YJY8	3210±35	1505BC（68.2%）1435BC	1610BC（2.6%）1580BC 1540BC（92.8%）1410BC
BA07843	炭	2007YJT0644④	3570±40	2010BC（4.2%）1990BC 1980BC（64.0%）1880BC	2030BC（79.7%）1860BC 1850BC（15.7%）1770BC
BA07844	炭	2007YJF6	3555±40	1960BC（52.2%）1870BC 1850BC（9.4%）1810BC 1800BC（6.6%）1780BC	2020BC（95.4%）1760BC

注：所用碳十四半衰期为 5568 年，BP 为距 1950 年的年代。

树轮校正所用曲线为 IntCal04（1），所用程序为 OxCal v3.10（2）。

1. Reimer PJ, MGL Baillie, E Bard, A Bayliss, JW Beck, C Bertrand, PG Blackwell, CE Buck, G Burr, KB Cutler, PE Damon, RL Edwards, RG Fairbanks, M Friedrich, TP Guilderson, KA Hughen, B Kromer, FG McCormac, S Manning, C Bronk Ramsey, RW Reimer, S Remmele, JR Southon, M Stuiver, S Talamo, FW Taylor, J van der Plicht, and CE Weyhenmeyer, 2004, *Radiocarbon* 46：1 029 - 1 058.

2. Christopher Bronk Ramsey, 2005, www. rlaha. ox. ac. uk/ orau/ oxcal. html

北京大学加速器质谱实验室

第四纪年代测定实验室

2008 年 5 月 20 日

附录二 角山窑址商代古陶的核分析研究报告

冯松林[1] 冯向前[1] 朱继浩[1] 谢国喜[1] 闫灵通[1] 李 丽[1] 樊昌生[2] 李荣华[2]

([1] 中国科学院高能物理研究所 [2] 江西省文物考古研究所)

前言

角山窑址位于江西省鹰潭市东南郊，1983~2007 年，江西省文物考古研究所对该窑址共进行过五次科学发掘，出土了大量的商代遗迹和遗物，其中完整和可修复器物达 1500 余件。

为了从外观特征和内在物理化学性质两方面分析这批出土的古陶残片，对这些标本的元素组成进行核分析研究是十分有意义的。古陶中主量和微量元素种类及其含量等信息是由制陶原材料和烧制工艺决定的，它携带着一定的产地和年代信息，这些信息几乎不随年代变迁而变化，是研究古陶内在的物理和化学性能、产地和年代特征以及商代制陶工艺发展特点的重要依据。角山古陶的科学分析，将有助于建立角山窑址商代陶器的科学界定标准、研究陶器向原始瓷转变的技术发展史和建立中国古陶瓷数据库的总体目标，因此对这些古陶进行科学分析是有意义的。

中子活化分析（NAA）具有准确度高、灵敏度好、多元素同时分析、取样量小等优点，被广泛应用于古陶瓷元素组成的取样分析，给出古陶瓷胎和釉中的元素平均含量，是古陶瓷产地溯源和年代特征研究的理想方法之一。

一 实验

1. 古陶样品

筛选了角山窑址 A、B、C 区发掘出土的商代古陶器标本 90 件，每个窑区大、中和小型器物的残片各选 10 件如表 1 所示，标本的背景信息列在附表中。在窑址发掘的东、南、西、北边缘各取原生土 1 份，用于古陶器原料产地分析的比对样本。

2. 样品制备

用石英砂轮从每件古陶残片上切下 1 厘米×3 厘米的小块，磨去表面受侵蚀的部分成为纯陶胎样品，在超声波清洗器中先后用自来水和超纯水分别清洗纯胎样品 3 遍后，置于烘箱中在 80℃下烘干。用玛瑙研钵将陶胎样品研磨成 200 目的粉末，保存在干燥器中待用。

3. 中子活化分析和分析质量控制

每个样品称取约 30mg 用高纯铝箔包裹。

表 1 角山窑址古陶样品表

分 区	时 代	器 型	胎 色	胎 质	数 量
A	商	大	红	中粗	10
	商	中	红	中粗	10
	商	小	红	中粗	10
B	商	大	红	中粗	10
	商	中	红	中粗	10
	商	小	红	中粗	10
C	商	大	红	中粗	10
	商	中	红	中粗	10
	商	小	红	中粗	10

选用与待测基体相接近的国家岩石有证标准物质 GBW07103 和高能物理所研制的陶瓷标准物质样品作为质量控制物质，用高能物理研究所自制的混合标准作为定量分析标准。将这些质控物质与样品一起送进原子能研究院的反应堆中，在中子注量率为 2.6×10^{13} 个/cm² · s 的条件下照射 24 小时，冷却 6~7 天后分装并进行第一轮 γ 能谱测量，测量的活时间为 2000s，18~20 天后进行第 2 轮 γ 能谱测量，测量的活时间为 3000s。经过对 γ 能谱的分析，给出各元素的含量。通过质控物质的分析数据和推荐值比较，给出表 2 中各元素的含量数据。

二　古陶元素组成的产地特征分析

1. 古陶元素组成的离散性

角山窑址商代古陶中所测元素含量值的离散性分布如图 1、图 2 和图 3 所示。在三个区的不同大小的古陶器中元素 Ce、Eu、Yb、Hf、Sc、Cr、Fe、Co、Sb 和 Cs 含量数值离散性的范围彼此接近，在 C 区的大型和小型器物中元素 Lu 含量波动幅度相对较小，元素 Ba 在 A 区大、中型和 C 区大型器物中的含量在较小范围变化，B 区小型和 C 区大型器物中元素 Ta 含量差异不大，B 区中、小型和 C 区大型器物中元素 Th 含量变化不明显，元素 Rb 在 A 区大型陶器中的含量变化很小，除了 A 区的大、中型古陶外，在其余各组中元素 Zr 的含量数据可以分成两组。

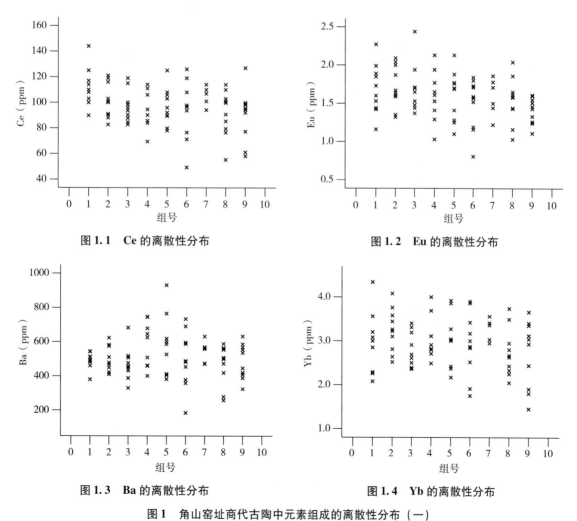

图 1.1　Ce 的离散性分布　　　　　　　　图 1.2　Eu 的离散性分布

图 1.3　Ba 的离散性分布　　　　　　　　图 1.4　Yb 的离散性分布

图 1　角山窑址商代古陶中元素组成的离散性分布（一）

1：A 区大　2：A 区中　3：A 区小　4：B 区大　5：B 区中　6：B 区小　7：C 区大　8：C 区中　9：C 区小

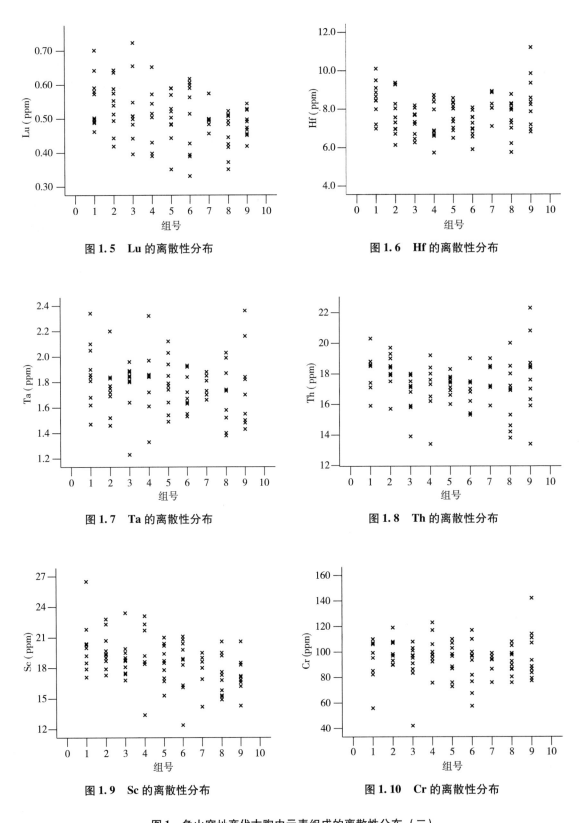

图1.5　Lu 的离散性分布

图1.6　Hf 的离散性分布

图1.7　Ta 的离散性分布

图1.8　Th 的离散性分布

图1.9　Sc 的离散性分布

图1.10　Cr 的离散性分布

图1　角山窑址商代古陶中元素组成的离散性分布（二）

1：A 区大　2：A 区中　3：A 区小　4：B 区大　5：B 区中　6：B 区小　7：C 区大　8：C 区中　9：C 区小

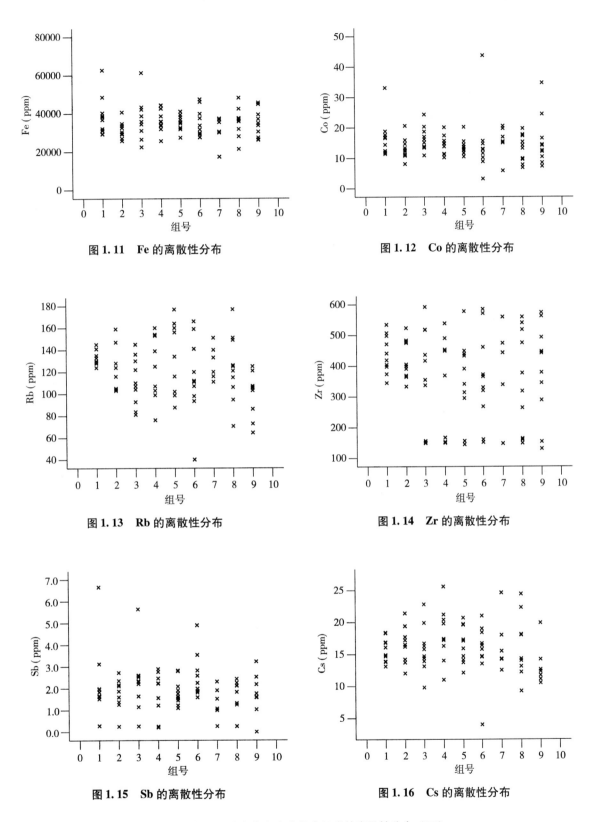

图 1.11　Fe 的离散性分布

图 1.12　Co 的离散性分布

图 1.13　Rb 的离散性分布

图 1.14　Zr 的离散性分布

图 1.15　Sb 的离散性分布

图 1.16　Cs 的离散性分布

图 1　角山窑址商代古陶中元素组成的离散性分布（三）

1：A 区大　2：A 区中　3：A 区小　4：B 区大　5：B 区中　6：B 区小　7：C 区大　8：C 区中　9：C 区小

　　根据实验分析数据和元素含量离散性分布，角山窑址三个区不同大小的古陶器中，元素组成不存在显著差异，总体上各个元素含量数值的变化范围接近。在 3000 年以前，陶器普遍采用手工制作，原材料一般为就近取土，没有进行精加工，制陶原料没有人为的精心控制。它既反映出商代的制陶工艺水平，也可以通过对元素组成的分析研究古陶原料的产地特征。

　　角山遗址三个区的不同大小古陶样品组中，元素含量平均值和标准偏差的变化如表 2 所示。在 A 区的大型古陶器样品组中，元素 Ce、Lu、Hf、Ta、Th、Sc、Fe 和 Zr 的含量平均值最高；元素 Eu、Yb 和 Cr 含量最高平均值出现在 A 区的中型样品组，在这组样品中元素 Fe 和 Co 平均值最低；A 区的小型古陶器物组中元素 Hf 含量平均值最低。在 B 区的大型古陶样品组中，元素 Tb、Cs 和 Ba 含量平均值最高。元素 Co 和 Rb 含量最高平均值出现在 C 区的大型古陶器物组；在 C 区的中型古陶组元素 Tb、Lu、Ta、Th、Zr、Sb 和 Ba 含量平均值最低；元素 Ce、Eu、Yb、Sc、Rb 和 Cs 含量最低平均值出现在 C 区的小型古陶组。相对而言，C 区中多数元素的含量平均值较低。

　　在三个区不同大小的古陶样品组中，各元素的含量平均值没有量级上的差异，不同组之间多数元素含量平均值在 15% 左右变化。

表 2　鹰潭角山商代古陶元素含量的平均值和标准偏差（ppm）

分　区	器　型	Ce	Eu	Tb	Yb	Lu	Hf
A 区	大型	111 ±15	1.69 ±0.32	1.00 ±0.22	2.95 ±0.67	0.55 ±0.08	8.53 ±0.96
A 区	中型	101 ±14	1.72 ±0.27	1.13 ±0.24	3.24 ±0.50	0.54 ±0.07	7.66 ±1.08
A 区	小型	97 ±12	1.66 ±0.33	1.00 ±0.18	2.77 ±0.40	0.53 ±0.10	7.33 ±0.67
B 区	大型	96 ±15	1.60 ±0.33	1.14 ±0.20	3.05 ±0.49	0.50 ±0.09	7.37 ±1.06
B 区	中型	97 ±14	1.60 ±0.32	1.03 ±0.19	2.95 ±0.62	0.51 ±0.07	7.66 ±0.72
B 区	小型	93 ±23	1.49 ±0.33	0.94 ±0.18	2.92 ±0.72	0.50 ±0.11	7.15 ±0.67
C 区	大型	107 ±6	1.70 ±0.23	0.97 ±0.15	3.17 ±0.27	0.49 ±0.03	8.14 ±0.51
C 区	中型	91 ±18	1.54 ±0.30	0.89 ±0.20	2.73 ±0.54	0.45 ±0.06	7.49 ±0.96
C 区	小型	90 ±20	1.41 ±0.17	0.98 ±0.16	2.71 ±0.76	0.49 ±0.04	8.44 ±1.39

分　区	器　型	Ta	Th	Sc	Cr	Fe	Co
A 区	大型	1.87 ±0.25	18.3 ±1.2	20.2 ±2.6	96 ±17	38750 ±10302	16.5 ±6.4
A 区	中型	1.73 ±0.21	18.2 ±1.1	19.7 ±1.8	101 ±9	31300 ±4323	13.1 ±3.4
A 区	小型	1.77 ±0.21	16.8 ±1.3	18.9 ±1.9	90 ±19	36230 ±11196	16.3 ±3.9
B 区	大型	1.82 ±0.27	17.2 ±1.7	19.3 ±2.9	100 ±14	35822 ±5628	14.4 ±3.2
B 区	中型	1.79 ±0.20	17.3 ±0.7	18.5 ±1.8	91 ±14	35390 ±3978	13.7 ±2.7
B 区	小型	1.71 ±0.14	16.9 ±1.1	18.3 ±2.7	90 ±19	34990 ±7413	14.7 ±10.8
C 区	大型	1.76 ±0.07	17.5 ±0.9	18.4 ±1.7	94 ±8	33410 ±6233	17.2 ±4.5
C 区	中型	1.71 ±0.23	16.6 ±2.0	17.2 ±2.0	92 ±10	35500 ±7353	13.2 ±4.4
C 区	小型	1.75 ±0.30	17.9 ±2.5	17.4 ±1.7	98 ±20	34530 ±7194	15.5 ±8.3

分　区	器　型	Rb	Zr	Sb	Cs	Ba
A 区	大型	132 ±7	439 ±62	2.26 ±1.69	15.7 ±1.9	491 ±47
A 区	中型	119 ±20	422 ±63	1.73 ±0.69	16.8 ±2.9	493 ±77
A 区	小型	111 ±22	363 ±164	2.32 ±1.39	15.7 ±3.6	467 ±93
B 区	大型	124 ±29	358 ±157	1.76 ±1.01	18.1 ±4.3	586 ±131
B 区	中型	136 ±33	354 ±134	1.83 ±0.59	16.5 ±2.9	584 ±170
B 区	小型	115 ±36	359 ±149	2.53 ±1.01	15.4 ±4.6	495 ±165
C 区	大型	138 ±16	464 ±134	0.91 ±0.78	17.1 ±3.3	552 ±47
C 区	中型	124 ±30	352 ±165	1.41 ±0.88	16.0 ±4.7	470 ±117
C 区	小型	101 ±21	382 ±154	1.55 ±1.02	13.2 ±2.7	487 ±102

2. 古陶元素组成的统计分析

中子活化分析古陶元素组成的种类较多，不易直观分析，相同窑区不同大小和个体的古陶器中元素组成存在离散性。为了综合分析实验数据并归纳出元素组成的变化特点，揭示不同窑区和类型的样品中元素组成的内在特征和相互间的关系，应用适合古陶瓷科学研究的统计分析软件 SPSS 对全部实验数据进行主因子（PCA）分析。

在 A 区的大、中、小型古陶器中，所分析的全部元素数据的 PCA 分析结果如图 2 所示，样品数据点彼此交叉地分布在一个较大的区域，难以区分。稀土元素数据的 PCA 分析如图 3 所示，其特点与图 2 的结果吻合，表明角山 A 区所有古陶的原料之间关系密切，来源相近。

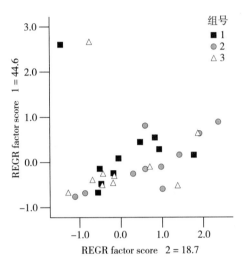

图 2　角山 A 区古陶中元素组成 PCA 分析

1：A 区大　2：A 区中　3：A 区小

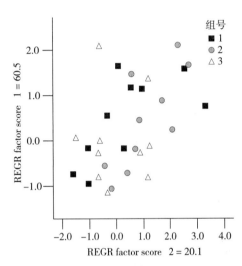

图 3　角山 A 区古陶中稀土元素 PCA 分析

1：A 区大　2：A 区中　3：A 区小

在 B 区不同大小的古陶器样品中，所分析的元素数据的 PCA 散点分布如图 4 所示，样品数据点彼此交叉地分布在一个较大的区域，难以区分。稀土元素数据的 PCA 散点分布如图 5 所示，其特点与图 4 的结果吻合，表明角山 B 区所有古陶的原料之间关系密切，来源也相似。

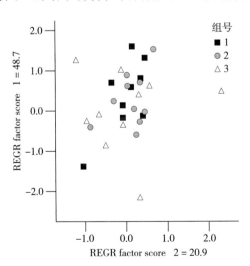

图 4　角山 B 区古陶中元素组成 PCA 分析

1：B 区大　2：B 区中　3：B 区小

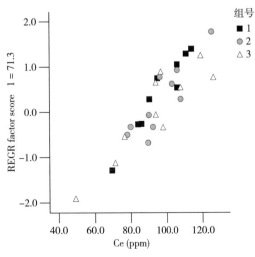

图 5　角山 B 区古陶中稀土元素 PCA 分析

1：B 区大　B：B 区中　3：B 区小

在 C 区的大、中和小型古陶器物中，所分析的全部元素数据的 PCA 分析散点分布如图 6 所示，样品数据点同样彼此交叉地分布在一个较大的区域，难以区分。稀土元素数据的 PCA 分析结果如图 7 所示，与图 6 的结果相符，表明角山 C 区所有古陶的原料关系密切，采用了相同原材料。

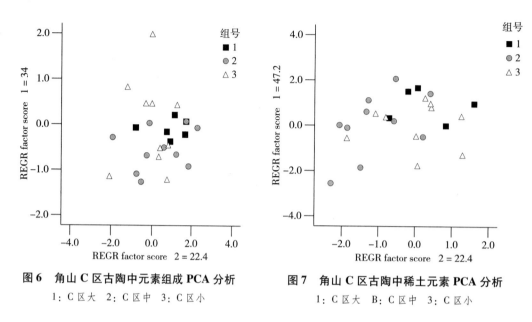

图 6　角山 C 区古陶中元素组成 PCA 分析
1：C 区大　2：C 区中　3：C 区小

图 7　角山 C 区古陶中稀土元素 PCA 分析
1：C 区大　B：C 区中　3：C 区小

A 区古陶元素组成数据与窑区边缘原生土的比较分析结果如图 8 所示，原生土的数据点独立分布在左下角的一个小区域，古陶数据点分布在右上角的一个区域，表明两者之间的关系不密切。B 区古陶样品与原生土的比较分析结果如图 9 所示，原生土的样品数据点也独立分布在一个小区域，仅有一个古陶数据点落在原生土的区域，表明 B 区古陶的原料与原生土之间存在差异。C 区古陶元素组成与原生土的比较分析结果如图 10 所示，古陶数据点分布在中间偏上且构成一个区域，原生土的样品数据点也独立分布在一个小区域且位于图下方，仅有一个古陶数据点落在原生土的区域，表明 C 区古陶的原料与原生土之间的关系也不密切。这些分析结果表明三区的古陶不是用邻近窑址的原生土作为制陶原材料，这个结果还要进一步研究。

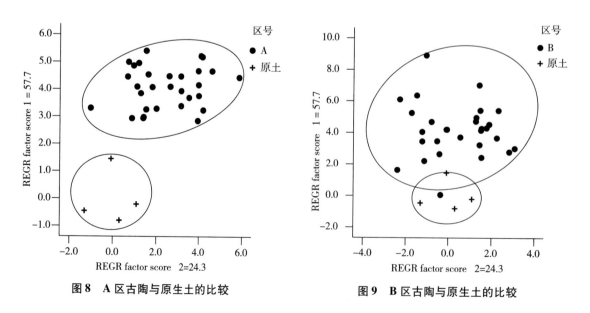

图 8　A 区古陶与原生土的比较

图 9　B 区古陶与原生土的比较

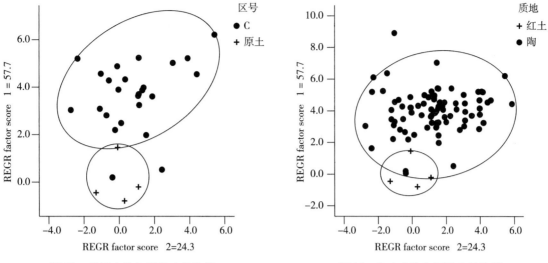

图 10 C 区古陶与原生土的比较　　　　　　**图 11 角山古陶与原生土的比较**

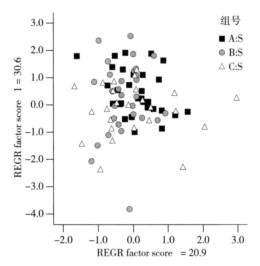

图 12 角山 A、B、C 三区古陶的比较分析

角山全部古陶元素组成与 4 个原生土样品的比较分析如图 11 所示，古陶器样品数据点分布在一个较大的区域，原生土分布在一个独立的小区域，只有 2 个古陶器样品数据点落在原生土的范围，进一步证明了前面的结果。三区的古陶元素组成的 PCA 分析结果如图 12 所示，样品数据点彼此交叉地分布在一个大区域，难以区分，表明所有古陶的原材料来源相近或相同。

三　结论

1. 角山窑址 A、B、C 三区大、中、小型古陶器物所用的原料元素组成无明显区别，是同种原材料；
2. 三区古陶的原料元素组成相似，可能采用了同一位置的原材料；
3. 依据现有数据，所分析的古陶样品原料与邻近窑址边缘的原生土无密切关系。

附表 角山窑址古陶元素组成的 NAA 分析数据（ppm）

样品号	分区	发掘号	时代	器型	质料	Ce	Eu	Tb	Yb	Lu	Hf	Ta	Th	Sc	Cr	Fe	Co	Rb	Zr	Sb	Cs	Ba
JXJS0001	A区	A1	商	大型	陶	114	1.60	0.76	2.26	0.49	8.46	1.84	20.3	18.5	82	38200	11.4	135	398	1.62	18.3	513
JXJS0002	A区	A2	商	大型	陶	100	1.44	1.01	2.85	0.50	9.50	2.10	18.6	17.9	95	29300	11.8	133	441	1.98	13.9	380
JXJS0003	A区	A3	商	大型	陶	125	2.27	0.95	3.08	0.70	10.10	1.47	15.9	26.5	56	62700	33.1	128	534	6.66	14.7	496
JXJS0004	A区	A4	商	大型	陶	110	1.89	1.25	3.20	0.59	8.44	1.68	18.5	20.0	99	38900	18.8	124	345	1.52	16.8	489
JXJS0005	A区	A5	商	大型	陶	144	1.53	1.39	3.56	0.46	9.10	1.81	17.4	17.1	85	31200	16.9	129	507	1.99	16.1	542
JXJS0006	A区	A6	商	大型	陶	117	1.99	1.14	3.00	0.57	7.99	2.05	18.8	21.8	110	40300	17.6	145	374	0.29	16.9	511
JXJS0007	A区	A7	商	大型	陶	90	1.16	0.89	2.29	0.49	8.87	2.34	18.8	19.2	107	32100	11.9	141	471	3.12	13.1	481
JXJS0008	A区	A8	商	大型	陶	108	1.85	0.89	2.85	0.64	8.66	1.90	18.6	20.4	110	36800	14.4	124	404	1.83	14.9	544
JXJS0009	A区	A9	商	大型	陶	103	1.73	1.19	4.34	0.58	7.20	1.62	18.6	20.4	107	29400	12.4	130	498	1.66	18.4	491
JXJS0010	A区	A10	商	大型	陶	100	1.42	0.72	2.08	0.50	6.98	1.86	17.1	20.3	106	48600	16.6	135	419	1.95	13.8	460
JXJS0011	A区	A11	商	中型	陶	101	1.64	1.04	3.76	0.54	7.30	1.46	17.5	19.3	97	25800	11.0	124	365	0.25	16.2	510
JXJS0012	A区	A12	商	中型	陶	88	1.35	0.80	2.64	0.44	9.28	1.83	19.7	17.3	98	29500	12.7	105	523	2.72	12.0	410
JXJS0013	A区	A13	商	中型	陶	83	1.59	0.98	2.81	0.42	6.13	1.77	19.3	22.3	108	30400	11.3	104	369	1.60	17.7	449
JXJS0014	A区	A14	商	中型	陶	119	2.00	1.27	4.08	0.64	8.03	1.84	18.5	22.8	119	32600	13.3	147	475	2.35	19.4	478
JXJS0015	A区	A15	商	中型	陶	91	1.67	0.88	3.26	0.58	6.97	1.69	15.7	17.9	90	29200	10.8	104	405	1.38	17.2	467
JXJS0016	A区	A16	商	中型	陶	116	2.09	1.67	3.58	0.55	6.71	1.75	17.9	20.7	97	34700	14.7	159	391	2.11	19.4	574
JXJS0017	A区	A17	商	中型	陶	90	1.32	1.02	2.52	0.49	9.37	2.20	19.0	18.7	107	40700	15.9	103	399	1.60	13.7	411
JXJS0018	A区	A18	商	中型	陶	103	2.04	1.22	3.44	0.51	6.95	1.52	17.9	19.7	90	33700	8.1	116	333	1.87	21.4	422
JXJS0019	A区	A19	商	中型	陶	100	1.61	1.15	3.22	0.59	7.56	1.72	18.0	19.0	107	27000	12.2	104	483	1.26	14.2	582
JXJS0020	A区	A20	商	中型	陶	121	1.87	1.22	3.10	0.64	8.27	1.52	18.4	19.4	93	29400	20.6	128	479	2.16	16.5	623
JXJS0021	A区	A21	商	小型	陶	83	1.48	0.83	3.40	0.51	8.19	1.88	15.9	17.5	97	22500	10.9	122	517	2.52	13.9	458
JXJS0022	A区	A22	商	小型	陶	119	1.94	1.28	3.19	0.55	6.70	1.84	16.8	19.9	101	26500	15.1	136	518	2.58	19.9	682
JXJS0023	A区	A23	商	小型	陶	90	1.70	1.02	3.31	0.50	6.26	1.81	17.2	19.5	108	26500	13.8	93	151	2.34	22.8	330
JXJS0024	A区	A24	商	小型	陶	94	1.65	0.91	2.36	0.66	7.32	1.96	17.5	18.8	97	38700	17.0	84	149	2.21	13.1	388
JXJS0025	A区	A25	商	小型	陶	100	1.53	1.05	2.91	0.40	6.45	1.84	17.1	18.7	91	35800	18.7	130	337	2.30	16.7	448
JXJS0026	A区	A26	商	小型	陶	88	1.44	0.70	2.61	0.44	7.68	1.85	15.8	16.8	83	34400	13.4	81	436	1.64	9.8	476
JXJS0027	A区	A27	商	小型	陶	115	2.44	1.25	2.69	0.72	8.06	1.23	13.9	23.4	42	61300	24.3	145	592	5.64	16.3	517
JXJS0028	A区	A28	商	小型	陶	98	1.37	1.03	2.39	0.50	7.69	1.64	17.9	17.4	86	31100	13.7	107	417	2.60	14.4	432
JXJS0029	A区	A29	商	小型	陶	96	1.71	1.06	2.38	0.48	7.72	1.80	18.0	19.0	95	42100	16.2	104	156	0.27	15.8	507
JXJS0030	A区	A30	商	小型	陶	85	1.37	0.90	2.50	0.51	7.22	1.89	17.9	18.1	103	43400	20.3	110	355	1.15	14.7	433
JXJS0031	B区	B1	商	大型	陶	69	1.03	0.70	2.49	0.39	6.83	1.33	13.4	13.4	76	25700	11.4	76	369	0.21	11.0	401

续附表

样品号	分区	发掘号	时代	器型	质料	Ce	Eu	Tb	Yb	Lu	Hf	Ta	Th	Sc	Cr	Fe	Co	Rb	Zr	Sb	Cs	Ba
JXJS0032	B区	B2	商	大型	陶	106	1.65	1.17	2.91	0.50	6.88	1.84	16.5	18.4	100	33600	15.7	99	490	1.22	14.0	508
JXJS0034	B区	B4	商	大型	陶	95	1.61	1.41	2.82	0.54	6.60	1.72	16.2	18.6	92	38600	11.2	160	153	2.22	21.2	678
JXJS0035	B区	B5	商	大型	陶	84	1.29	1.07	2.91	0.43	7.97	2.32	18.0	18.4	98	35900	17.4	103	449	2.46	16.3	462
JXJS0036	B区	B6	商	大型	陶	90	1.41	1.25	2.80	0.52	5.73	1.85	17.6	21.7	106	44400	14.9	125	167	2.76	20.4	745
JXJS0037	B区	B7	商	大型	陶	111	1.94	1.29	4.00	0.52	8.38	1.85	19.2	22.3	123	35700	13.8	154	453	2.24	19.8	646
JXJS0038	B区	B8	商	大型	陶	86	1.53	1.03	2.71	0.40	8.73	1.97	17.3	18.4	98	31900	10.2	107	150	1.56	17.2	459
JXJS0039	B区	B9	商	大型	陶	114	2.13	1.17	3.11	0.65	6.67	1.86	18.4	23.1	117	42600	20.1	153	449	2.89	25.6	747
JXJS0040	B区	B10	商	中型	陶	106	1.77	1.20	3.69	0.57	8.58	1.61	18.0	19.2	95	34000	14.7	139	538	0.26	17.4	625
JXJS0041	B区	B11	商	中型	陶	106	1.88	1.08	3.86	0.53	8.57	1.94	17.7	21.0	110	35500	11.6	156	156	1.91	20.7	617
JXJS0042	B区	B12	商	中型	陶	80	1.41	1.01	2.37	0.48	8.36	1.77	17.1	18.5	103	32600	15.5	88	578	1.45	13.7	382
JXJS0043	B区	B13	商	中型	陶	96	1.70	1.19	3.92	0.50	6.88	1.85	16.6	17.8	87	27400	10.5	116	314	2.82	14.7	405
JXJS0044	B区	B14	商	中型	陶	103	1.77	0.99	3.03	0.59	8.01	1.79	17.7	20.4	107	36700	13.0	160	439	2.09	17.3	586
JXJS0045	B区	B15	商	中型	陶	90	1.69	0.81	3.04	0.48	7.48	1.64	16.9	19.4	98	34800	12.5	134	433	1.62	17.1	600
JXJS0046	B区	B16	商	中型	陶	125	2.13	1.47	3.27	0.59	7.02	1.54	17.5	20.2	97	41000	20.2	164	449	2.79	19.6	931
JXJS0047	B区	B17	商	中型	陶	92	1.25	1.07	2.37	0.44	8.33	2.12	17.8	16.7	76	36700	14.4	164	391	1.10	15.9	618
JXJS0048	B区	B18	商	中型	陶	78	1.10	0.94	2.17	0.57	8.14	1.49	16.0	15.3	73	31800	13.7	99	295	1.76	12.1	526
JXJS0049	B区	B19	商	中型	陶	108	1.76	0.96	2.42	0.52	7.34	2.03	18.3	18.7	73	38100	13.5	177	341	1.22	19.7	765
JXJS0050	B区	B20	商	中型	陶	89	1.28	0.83	3.00	0.35	6.49	1.74	17.4	17.0	88	39300	11.7	102	145	1.54	14.1	412
JXJS0051	B区	B21	商	小型	陶	94	1.16	0.82	3.90	0.51	7.94	1.67	16.8	16.3	77	29000	13.0	111	320	1.81	13.5	378
JXJS0052	B区	B22	商	小型	陶	98	1.57	0.81	2.52	0.43	6.95	1.84	17.5	18.9	97	39800	14.7	93	152	1.98	14.6	488
JXJS0053	B区	B23	商	小型	陶	71	1.19	0.84	1.91	0.39	5.90	1.53	15.3	16.1	82	31600	8.9	107	461	1.99	15.8	359
JXJS0054	B区	B24	商	小型	陶	126	1.71	0.89	3.42	0.56	6.55	1.64	19.0	21.1	117	37500	43.7	120	161	2.25	19.0	733
JXJS0055	B区	B25	商	小型	陶	77	1.59	0.74	3.17	0.39	6.72	1.63	16.2	18.8	97	29700	10.2	98	330	1.59	18.4	482
JXJS0056	B区	B26	商	小型	陶	97	1.73	1.27	2.87	0.62	8.07	1.63	17.4	20.8	58	47400	12.8	141	571	4.90	14.7	454
JXJS0057	B区	B27	商	小型	陶	49	0.81	0.78	1.75	0.33	7.56	1.92	15.4	12.4	68	27500	3.2	40	268	3.54	4.0	184
JXJS0058	B区	B28	商	小型	陶	94	1.84	1.06	2.84	0.61	7.27	1.55	17.0	18.3	93	33700	13.0	112	585	1.88	16.7	595
JXJS0059	B区	B29	商	小型	陶	119	1.80	1.14	3.86	0.59	6.99	1.72	17.0	20.4	110	27600	11.6	166	372	2.58	21.0	690
JXJS0060	B区	B30	商	小型	陶	108	1.52	1.01	3.00	0.60	7.58	1.93	17.4	19.8	100	46100	15.6	159	366	2.82	16.4	587
JXJS0061	C区	C1	商	大型	陶	94	1.22	1.04	3.41	0.49	8.86	1.88	19.0	14.2	76	17400	5.9	111	474	1.00	12.5	474
JXJS0062	C区	C2	商	大型	陶	107	1.71	1.29	3.03	0.50	7.10	1.85	17.1	18.6	87	30000	20.5	120	339	1.07	24.6	471
JXJS0063	C区	C3	商	大型	陶	114	1.50	0.96	3.56	0.57	8.05	1.66	15.9	18.0	94	37300	16.9	133	148	2.31	14.2	631

续附表

样品号	分区	发掘号	时代	器型	质料	Ce	Eu	Tb	Yb	Lu	Hf	Ta	Th	Sc	Cr	Fe	Co	Rb	Zr	Sb	Cs	Ba
JXJS0064	C区	C4	商	大型	陶	101	1.78	1.16	3.36	0.50	8.27	1.70	18.4	19.0	94	30500	15.0	116	443	1.52	15.5	558
JXJS0065	C区	C5	商	大型	陶	107	1.44	0.89	3.56	0.46	8.93	1.81	18.5	16.9	97	35400	15.4	140	443	1.91	14.3	569
JXJS0066	C区	C6	商	大型	陶	110	1.86	0.87	2.95	0.48	8.04	1.73	17.2	19.5	99	36700	19.7	151	559	0.27	18.0	564
JXJS0067	C区	C7	商	大型	陶	110	1.86	0.87	2.95	0.48	8.04	1.73	17.2	19.5	99	36700	19.7	151	559	0.27	18.0	564
JXJS0068	C区	C8	商	大型	陶	110	1.86	0.87	2.95	0.48	8.04	1.73	17.2	19.5	99	36700	19.7	151	559	0.27	18.0	564
JXJS0069	C区	C9	商	大型	陶	110	1.86	0.87	2.95	0.48	8.04	1.73	17.2	19.5	99	36700	19.7	151	559	0.27	18.0	564
JXJS0070	C区	C10	商	大型	陶	110	1.86	0.87	2.95	0.48	8.04	1.73	17.2	19.5	99	36700	19.7	151	559	0.27	18.0	564
JXJS0071	C区	C11	商	大型	陶	110	1.86	0.87	2.95	0.48	8.04	1.73	17.2	19.5	99	36700	19.7	151	559	0.27	18.0	564
JXJS0072	C区	C12	商	中型	陶	101	1.65	1.22	3.49	0.51	5.75	1.40	15.3	17.3	80	28000	9.9	126	475	0.26	24.4	557
JXJS0073	C区	C13	商	中型	陶	77	1.16	0.58	2.25	0.42	8.24	1.52	14.6	15.8	86	35800	15.3	115	377	2.11	12.2	507
JXJS0074	C区	C14	商	中型	陶	103	1.62	0.98	2.80	0.45	6.21	1.74	18.0	19.2	98	37500	13.2	177	160	1.32	22.3	588
JXJS0075	C区	C15	商	中型	陶	79	1.44	0.83	2.33	0.51	8.77	1.58	13.8	14.9	87	35900	9.6	121	540	2.25	14.0	499
JXJS0076	C区	C16	商	中型	陶	114	2.04	0.98	3.74	0.52	7.01	2.03	17.0	20.6	108	48200	17.3	149	164	2.43	18.1	473
JXJS0077	C区	C17	商	中型	陶	55	1.03	0.65	2.05	0.35	8.29	1.99	20.0	15.3	105	42400	7.8	71	318	1.83	9.2	258
JXJS0078	C区	C18	商	中型	陶	91	1.58	0.85	2.43	0.43	7.40	1.38	14.2	15.2	76	21400	6.9	106	264	2.13	14.0	278
JXJS0079	C区	C19	商	中型	陶	100	1.59	0.81	2.63	0.49	7.27	1.87	18.5	16.8	90	37300	17.7	125	149	1.25	14.3	554
JXJS0080	C区	C20	商	中型	陶	85	1.43	1.13	2.67	0.37	7.95	1.87	16.9	17.6	93	31800	14.2	95	518	0.27	13.1	419
JXJS0081	C区	C21	商	小型	陶	58	1.11	0.83	1.80	0.47	7.86	1.48	13.4	14.3	77	27300	7.3	73	131	1.76	10.5	324
JXJS0082	C区	C22	商	小型	陶	99	1.60	0.88	3.66	0.45	8.37	1.43	16.3	16.6	87	26300	12.1	121	447	1.60	14.2	569
JXJS0083	C区	C23	商	小型	陶	96	1.61	0.89	2.93	0.47	6.81	1.70	17.6	18.5	89	37000	10.4	125	379	1.58	19.9	420
JXJS0084	C区	C24	商	小型	陶	61	1.26	0.74	2.44	0.54	8.58	2.16	18.7	18.5	142	34800	8.5	86	493	1.60	11.7	409
JXJS0085	C区	C25	商	小型	陶	100	1.46	1.17	3.04	0.50	7.18	1.50	15.9	16.2	79	26100	12.5	107	289	2.18	14.2	632
JXJS0086	C区	C26	商	小型	陶	92	1.43	0.88	1.45	0.42	6.95	1.70	17.0	16.8	84	44800	24.4	121	154	3.23	14.2	586
JXJS0087	C区	C27	商	小型	陶	127	1.55	1.14	1.90	0.53	9.35	1.84	18.4	18.3	114	45600	34.7	106	345	2.52	12.6	389
JXJS0088	C区	C28	商	小型	陶	98	1.33	1.09	3.12	0.53	9.85	1.55	18.5	17.2	93	30400	14.1	105	574	1.03	12.3	555
JXJS0089	C区	C29	商	小型	陶	94	1.51	1.22	3.40	0.49	11.20	2.36	22.3	20.6	111	33700	14.4	65	562	0.00	11.1	446
JXJS0090	C区	C30	商	小型	陶	77	1.24	0.98	3.35	0.46	8.23	1.82	20.8	17.1	107	39300	16.5	103	442	0.00	11.7	536
JXJS0091	窑址东				红土	58	0.99	0.85	2.94	0.41	10.40	1.67	11.9	9.1	58	21100	4.1	140	441	0.00	10.7	322
JXJS0092	窑址南				红土	55	0.74	0.69	2.67	0.36	10.30	1.67	12.7	9.1	53	23700	4.6	110	415	0.00	9.4	339
JXJS0093	窑址西				红土	62	0.69	0.81	2.80	0.35	9.91	1.81	15.6	12.1	70	31300	6.2	117	562	0.00	12.2	340
JXJS0094	窑址北				红土	65	0.80	0.88	2.58	0.41	10.70	1.73	13.6	9.9	61	22700	4.8	102	452	0.00	10.9	310

附录三　角山窑址原始瓷及印纹硬陶的化学成分分析报告

吴　瑞　　吴　隽

（上海硅酸盐研究所）

一　样品描述

此次我们共分析了角山窑址出土的原始瓷样品10件，印纹硬陶样品11件，年代均为商代中晚期，具体样品清单及描述参见表1。

表1　样品清单及描述

样品号	样品原编号	质地	器名	遗址分区	描述
J1	83角A：19	原始瓷	三足盘	D	胎灰白、釉青褐
J2	2000YJY10：5	原始瓷	三足盘	C	胎灰白、釉青褐
J3	2000YJH17：26	原始瓷	三足盘	C	胎灰白、釉酱黑
J4	2000YJH10：137	原始瓷	三足盘	A	胎灰白、釉青褐
J5	2000YJH10：136	原始瓷	罐口沿	A	胎灰白、釉青褐
J6	2000YJH10：127	原始瓷	釜口沿	A	胎灰白、釉青褐
J7	2000YJH10：59	原始瓷	釜	A	胎灰白、釉青褐
J8	2000YJH10：8	原始瓷	三足盘	A	胎灰白、釉青褐
J9	2000YJY6：137	原始瓷	三足盘	A	胎淡紫、釉酱黑
J10	2000YJY6：128	原始瓷	罐口沿	A	胎青灰、釉酱黑
J-T1	83角B：92	印纹硬陶	残片	C	胎紫红
J-T2	2000YJY1：47	印纹硬陶	罐口沿	C	胎青紫
J-T3	2000YJH7：72	印纹硬陶	三足盘足	C	胎淡紫红
J-T4	2000YJH7：71	印纹硬陶	罐肩部	C	胎青灰
J-T5	2000YJH7：70	印纹硬陶	罐肩部	C	胎青灰
J-T6	2000YJH30：10	印纹硬陶	罐肩部	C	胎灰白
J-T7	2000YJY2：3	印纹硬陶	罐口沿	B	胎青灰
J-T8	2000YJH10：135	印纹硬陶	罐口沿	A	胎青灰
J-T9	2000YJH10：134	印纹硬陶	罐口沿	A	胎青紫
J-T10	2000YJY6：146	印纹硬陶	器底	A	胎青灰
J-T11	2000YJY6：145	印纹硬陶	器底	A	胎青灰

二　实验方法

我们使用北京大学考古文博学院科技考古实验室的电感耦合等离子体发射光谱仪（ICP-

AES）测定了所有样品的化学组成。此仪器在配有液体进样系统的同时又配置了激光剥蚀进样系统（LA），既可以进行液体样品的测定，又可以进行固件样品的直接测量。具体设备参数和实验条件见表 2。

表 2　设备参数和实验条件

ICP-AES 型号：美国 Leeman 公司制造的 Prodigy High Dispersion ICP-AES	
高频发生器频率（RF generator）：40.82MHz	高频发生器功率（RF power）：1.1kW
载气（nebulizer gas）：1.4L/min	泵速：1.4ml/min
冷却气（coolant gas）：20L/min	辅助气（auxiliary gas）：0ml/min
雾化器压力（Nebulizer pressure）：0.2MPa	雾化器压力（激光剥蚀进样时）：0.3MPa
激光剥蚀系统：美国 New-Wave 公司的 UP-266 Marco	
激发晶体（Laser）：Nd-YAG	激发模式（Laser mode）：Q-switched
激光波长（Laser Wavelength）：266nm	能量输出（Output energy）：14±1mJ.
光斑直径（Facular aperture）：515μm	氦气流量（Helium flow rate）：1350ml/min

其中，采用微波消解酸溶法制样，测定了角山窑址出土原始瓷及印纹硬陶样品胎的化学元素组成。

微波消解酸溶法具体制样步骤如下：

所有陶瓷样品先用碳化钨牙钻磨去其内外表面，对瓷片则彻底清除釉层，再用毛刷和酒精清洗样品表面。每个样品取约 5g 用玛瑙研钵研磨至粉末状，准确称取 200mg 放入聚四氟乙烯微波消解罐，并加入 6ml 浓 HCl、2ml 浓 HNO_3、4ml 的 HF，然后置入微波消解仪中消解 45 分钟，等冷却后分别倒入聚四氟乙烯烧杯中，并用去离子水冲洗几次消解罐一并倒入烧杯，再加入 0.7ml 的 H_4ClO_4、1ml 的 H_2O_2，放电炉上蒸干至湿盐状，再加 5ml 浓 HCl、3~5 滴 H_2O_2 加热 10 分钟，然后冷却，稀释定溶至 100ml，待测。

其中，HCl、HNO_3 的作用主要是溶解大部分金属氧化物；HF 的作用是溶解 SiO_2；H_4ClO_4 的作用是为了驱赶可能剩余的 HF；H_2O_2 为溶解有机碳。以上所用化学试剂都为优级纯。

我们又利用国家土壤及岩石标准物质，对微波消解酸溶法测定的数据的准确度和精密度进行了分析检验，在保障分析结果可靠的前提下，保留 Al、Ca、Ni、Ti、Sc、Mn、Ce、Sr、Ba、K、Fe、Mg、Co、La、V、Y、Cr 等 17 种常微量元素。另外，Na 准确度欠佳，但因其为主量元素，也给予保留，以提供一定参考。

同时，我们也用激光剥蚀进样电感耦合等离子体发射光谱法（LA-ICP-AES）测定了部分角山窑址出土的原始瓷样品釉的化学元素组成。

激光剥蚀进样系统和 ICP 发射光谱联用技术兴起于 20 世纪 90 年代，这种技术的优点包括：无需制备溶液样品而直接分析块状固体样品；只需极微小样品即可同时获得主、微量元素的成分。它的这些优点对于分析文物样品来说至关重要。到目前为止，商用 LA-ICP-AES 已经是较为成熟的技术手段，但其面临的问题是所谓的"校正策略"的问题，即到目前为止，对于 LA-ICP-AES 来说，没有非常理想的可以和所有分析样品都能够基体匹配的统一的固体标准材料，因此如何校正分析结果目前仍是这种技术的一个问题[1]。

最近，我们使用了单固体标样、数据归一化处理的方法。即使用一个玻璃的国际固体标样，测量了其他五个玻璃固体国际标样，结果表明主量元素的分析结果和参考值在 ±5% 的相对偏差之内吻合；而微量元素（含量小于 0.1%）的分析结果和参考值的相对偏差也在 ±20% 之内。表明使用这种校正策略测量相对均一的玻璃比较准确。这种校正策略的基本步骤是：使用单一标准建立标准曲线，测量样品，得到样品各元素氧化物相对于标准中同一氧化物的含量（共分析 26 个元素，保证这些元素的氧化物总含量大于样品总质量的 99.5%），将测量得到的所有氧化物值进行归一化处理。得到其百分含量。上述样品釉的化学组成测定即用此校正策略。

三　实验结果

角山窑址原始瓷及印纹硬陶样品胎的化学元素组成见表 3，部分原始瓷样品釉的化学元素组成见表 4。

四　讨论

首先对角山窑址出土 21 件原始瓷及印纹硬陶样品测得的 17 种常微量元素含量作主成分分析。

图 1 为上述样品组进行主成分分析后使用第一和第二主成分为坐标的散点图。在 PCA 分析时，元素 Ti、Cr 因采样适宜度（MSA）低而被舍弃。上述样品组 PCA 分析的 KMO 值为 0.625，说明这套数据是适宜进行 PCA 分析的。KMO 是 Kaiser–Meyer–Olkin 采样适宜度的简写，是检验样本整体上是否适宜做主成分分析，一般要求大于 0.6，而元素 MSA 是检验单个元素是否适宜于主成分分析，一般要求大于 0.5[2]。第一和第二主成分分别能解释 PCA 分析总方差的 50.88% 和 16.57%，两者之和为 67.45%，从而保留了大部分的信息，因此，对样品组按第一和第二主成分来分析是合理的。

从图 1 上可以看到角山窑址的原始瓷和印纹硬陶的化学成分区分不开，其中印纹硬陶的样品点比较离散，而原始瓷的样品点则聚集在印纹硬陶样品范围内的一个小区域内。从总体上看角山窑址原始瓷和印纹硬陶的差异主要体现在第二主成分上。从上述 PCA 分析的因子负载矩阵（表 5）中可以看出，对第一主成分贡献较大的元素有 Mg、Ba、Sc、Sr、Ce、Al 等，对第二主成分贡献较大的元素有 Cr、Fe、Ti、Ni 等。现将角山窑址出土原始瓷和印纹硬陶样品各元素含量的平均值、标准偏差、最大值、最小值分别列于表 6 中，可以看出原始瓷跟印纹硬陶各元素含量的平均值、最大值、最小值差别都比较小，且基本属于瓷石质原料的范畴[3]，只是总体上印纹硬陶各元素含量的标准偏差及最大值与最小值之间的范围比原始瓷的更大一点，说明印纹硬陶各元素含量值比原始瓷的各元素含量值离散。如印纹硬陶 Fe_2O_3 含量的平均值为 5.56%，最大值、最小值分别为 7.54% 和 3.73%；原始瓷 Fe_2O_3 含量的平均值为 4.55%，最大值、最小值分别为 6.39% 和 3.68%，具体 Fe_2O_3 含量变化如图 2 所示。由此可以说，角山窑址出土的原始瓷和印纹硬陶在原料的种类上是没有本质的区别的，只是经过印纹硬陶的烧制，窑工们对于选择适合高温烧成、Fe 含量较低的瓷石质原料有了一定的经验，因而有意识地选择类似原料来烧制原始瓷，而不像在烧制印纹硬陶时完全处于摸索阶段。

---

① Richard E., Mao X., Liu H., *et. al.*, Laser ablation in analytical chemistry – a review, Talanta, 2002, 57

② 陈铁梅：《定量考古学》，北京大学出版社，2005 年。

③ 张福康：《中国古陶瓷的科学》，上海人民美术出版社，2000 年。

表 3　角山窑址出土原始瓷及印纹硬陶样品胎的化学元素组成

样品号	样品原编号	原地	SiO₂	Al₂O₃	Fe₂O₃	Na₂O	MgO	K₂O	CaO	Ba	Sr	Ce	Co	La	Mn	Ni	Sc	V	Ti	Y	Cr
J1	83角A:19	原始瓷	72.53	18.65	4.85	0.12	0.88	1.64	0.32	452	58	68	15.1	38	100	43.5	16.8	161	8360	24.7	109
J2	2000YJY10:5	原始瓷	71.35	20.55	3.93	0.06	0.86	1.90	0.35	495	60	80	13.2	43	109	37.3	16.1	152	7220	23.3	87
J3	2000YJH17:26	原始瓷	74.73	17.71	3.68	0.07	0.91	1.52	0.38	398	62	83	11.6	48	104	34.6	16.8	141	6677	27.1	87
J4	2000YJH10:137	原始瓷	74.95	16.73	4.88	0.08	0.73	1.31	0.31	321	46	62	11.9	35	90	34.0	14.4	141	6820	20.0	93
J5	2000YJH10:136	原始瓷	75.92	16.73	4.24	0.05	0.67	1.13	0.25	287	39	68	11.4	36	67	32.7	14.3	134	7031	19.0	94
J6	2000YJH10:127	原始瓷	73.89	18.54	3.94	0.07	0.85	1.33	0.38	343	62	75	13.1	40	117	34.8	16.3	149	7551	23.4	91
J7	2000YJH10:59	原始瓷	75.15	17.59	3.68	0.13	0.79	1.26	0.39	317	59	65	11.9	35	116	30.4	15.5	146	7377	21.5	88
J8	2000YJH10:8	原始瓷	76.63	16.03	4.44	0.07	0.65	0.88	0.30	249	38	49	11.2	29	76	32.9	13.2	115	7581	15.0	96
J9	2000YJY6:137	原始瓷	68.23	21.70	6.39	0.05	1.08	1.37	0.18	395	53	114	17.0	67	186	38.4	20.6	144	7950	35.1	102
J10	2000YJY6:128	原始瓷	71.53	19.00	5.53	0.12	0.96	1.51	0.35	482	69	67	16.1	36	201	41.8	16.1	162	7622	23.6	99
J-T1	83角B:92	印纹硬陶	68.19	20.61	6.12	0.11	1.42	2.09	0.47	588	87	96	17.8	46	233	46.9	20.6	202	7595	29.0	109
J-T2	2000YJY1:47	印纹硬陶	69.09	20.44	6.58	0.07	1.05	1.36	0.41	704	62	82	20.2	38	256	52.2	20.0	173	7758	24.6	171
J-T3	2000YJH7:72	印纹硬陶	69.76	21.24	4.91	0.07	1.06	1.54	0.42	447	69	91	13.9	50	100	43.7	19.5	146	7216	26.3	105
J-T4	2000YJH7:71	印纹硬陶	69.05	20.17	7.54	0.03	0.78	1.29	0.15	286	28	63	15.3	33	172	34.5	16.8	156	6936	16.8	106
J-T5	2000YJH7:70	印纹硬陶	72.53	19.13	5.13	0.05	0.83	1.11	0.23	371	45	61	18.9	28	99	48.0	17.4	153	8156	18.6	145
J-T6	2000YJH30:10	印纹硬陶	74.75	17.95	3.73	0.07	0.68	1.63	0.20	435	50	79	14.8	39	132	33.9	15.0	124	7082	19.8	91
J-T7	2000YJY2:3	印纹硬陶	72.01	18.44	5.05	0.08	1.14	1.97	0.30	500	62	95	18.7	49	245	42.3	17.0	171	7458	24.5	104
J-T8	2000YJH10:135	印纹硬陶	70.71	19.91	5.32	0.09	0.96	1.67	0.33	476	62	56	18.0	33	192	42.4	16.2	172	7601	19.4	94
J-T9	2000YJH10:134	印纹硬陶	75.05	16.46	5.74	0.07	0.63	0.92	0.14	252	27	41	14.3	18	74	43.4	12.9	127	7513	11.1	105
J-T10	2000YJY6:146	印纹硬陶	70.77	19.84	4.95	0.11	1.22	1.69	0.42	622	95	103	18.4	51	364	49.5	16.9	144	6331	26.8	95
J-T11	2000YJY6:145	印纹硬陶	69.54	20.25	6.10	0.11	1.13	1.49	0.37	562	79	136	38.7	46	611	49.5	17.5	173	7253	25.9	110

说明：SiO₂含量为100减去主要已测元素氧化物含量之和。

表 4　角山窑址出土原始瓷样品釉的化学元素组成

样品号	样品原编号	SiO₂	Al₂O₃	Fe₂O₃	MgO	CaO	Na₂O	K₂O	MnO	P₂O₅	TiO₂	Sb₂O₃	PbO	CuO	BaO	SrO	ZnO	B₂O₃	V₂O₅	NiO	ZrO₂
J1	83角A:19	56.09	16.21	3.97	3.62	13.58	0.39	3.11	0.6430	0.9288	0.8412	0.0047	0.0030	0.0141	0.2174	0.0617	0.0205	0.0000	0.0153	0.0065	0.0395
J3	2000YJH17:26	60.73	20.23	4.30	1.64	1.58	1.15	8.70	0.1953	0.0449	0.9100	0.0033	0.0000	0.0086	0.1638	0.0243	0.0065	0.0031	0.0177	0.0074	0.0322
J6	2000YJH10:127	55.68	15.17	3.35	4.16	15.90	0.36	1.97	0.6940	1.2482	0.6717	0.0044	0.0000	0.0169	0.3381	0.0951	0.0149	0.0564	0.0161	0.0066	0.0278
J7	2000YJH10:59	55.56	15.61	3.45	3.98	15.69	0.36	2.07	0.6816	1.1910	0.6653	0.0045	0.0000	0.0176	0.2986	0.0887	0.0156	0.0502	0.0157	0.0063	0.0325
J9	2000YJY6:137	60.97	19.36	5.68	1.73	0.98	0.93	8.80	0.0424	0.0330	0.8838	0.0035	0.0000	0.0139	0.1601	0.0207	0.0069	0.0000	0.0156	0.0085	0.0298

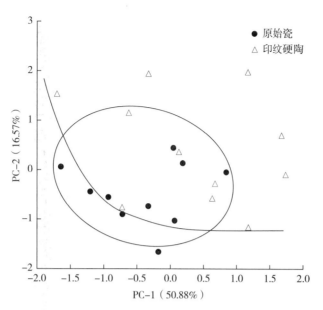

图1　角山窑址原始瓷及印纹硬陶样品化学组成 PCA 分析散点图
（图中椭圆和曲线不代表统计意义，仅表明数据分布的范围）

表5　PCA 分析因子负载矩阵

Component Matrixᵃ

	Component			
	1	2	3	4
MgO	.953	$-5.27E-02$	$-2.99E-02$	.113
Ba	.873	$3.184E-02$	$-.282$	$8.098E-02$
Sr	.847	$-.316$	$-.351$	$-9.40E-02$
Ce	.836	$-8.33E-02$	.244	$-.457$
Sc	.835	$-9.21E-03$	.358	.302
Y	.810	$-.404$	.343	$-5.40E-02$
Al_2O_3	.800	.109	.356	.244
V	.761	.207	$-.204$	.396
Mn	.735	.388	$-.162$	$-.491$
K_2O	.713	$-.349$	$-.147$	.205
La	.703	$-.454$	.483	$-.216$
Ni	.680	.492	$-.263$	.127
Co	.639	.572	$-.121$	$-.441$
CaO	.586	$-.425$	$-.551$	$7.741E-02$
Fe_2O_3	.370	.762	.338	.255

Extraction Method：Principal Component Analysis.

a. 4 components extracted.

表6　角山窑址原始瓷及印纹硬陶样品各元素含量的平均值、标准偏差、最大值、最小值

元素	印纹硬陶平均值	原始瓷平均值	印纹硬陶最大值	印纹硬陶最小值	原始瓷最大值	原始瓷最小值
SiO_2	71.04 ± 2.30	73.49 ± 2.57	75.05	68.19	76.63	68.23
Al_2O_3	19.49 ± 1.39	18.32 ± 1.77	21.24	16.46	21.7	16.03
Fe_2O_3	5.56 ± 1.01	4.55 ± 0.88	7.54	3.73	6.39	3.68

续表

元素	印纹硬陶平均值	原始瓷平均值	印纹硬陶最大值	印纹硬陶最小值	原始瓷最大值	原始瓷最小值
MgO	0.99 ± 0.24	0.84 ± 0.13	1.42	0.63	1.08	0.65
K_2O	1.52 ± 0.35	1.39 ± 0.28	2.09	0.92	1.90	0.88
CaO	0.31 ± 0.12	0.32 ± 0.07	0.47	0.14	0.39	0.18
Ba	477 ± 139	374 ± 84	704	252	495	249
Sr	60 ± 22	55 ± 10	95	27	69	38
Ce	82 ± 27	73 ± 17	136	41	114	49
Co	19 ± 7	13.2 ± 2.1	38.7	13.9	17	11.2
La	39.1 ± 10.5	40.8 ± 10.5	51.4	17.6	66.9	28.9
Mn	225 ± 154	117 ± 44	611	74	201	67
Ni	44.2 ± 5.9	36 ± 4	52.2	33.9	43.5	30.4
Sc	17.3 ± 2.2	16 ± 1.9	20.6	12.9	20.6	13.2
V	158 ± 23	145 ± 14	202	124	162	115
Ti	7354 ± 478	7419 ± 511	8156	6331	8360	6677
Y	22.1 ± 5.4	23.3 ± 5.3	29	11.1	35.1	15
Cr	112 ± 24	94 ± 7	171	91	109	87

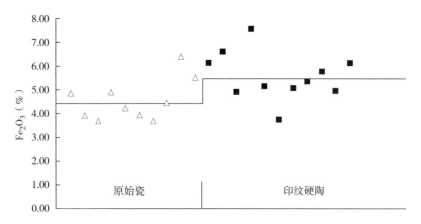

图 2　角山窑址原始瓷及印纹硬陶样品 Fe_2O_3 含量变化图

　　角山窑址为目前发现的我国最早的原始瓷窑址之一，根据对其中出土的原始瓷和印纹硬陶样品的成分分析对比，证实了"原始瓷都是在印纹硬陶开创的基础上发展起来的"[①] 的观点，同时我们的研究也表明原始瓷原料的选择要比印纹硬陶更加严格，说明在商代，窑工已经积累了一定的经验，在原始瓷选料方面更加精细。

　　由表 4 可以看出，角山窑址原始瓷釉可分为两类。

　　第 Ⅰ 类为低 Ca 高 K、Na 原始瓷釉，包括 J3 和 J9，釉中 CaO 含量分别为 1.58% 和 0.98%，而 K_2O 的含量分别为 8.7% 和 8.8%，Na_2O 的含量为 1.15% 和 0.93%，Fe_2O_3 含量也略高，分别为 4.30% 和 5.68%。且含有少量的 P_2O_5，一般认为我国古代高温釉中的 P_2O_5 基本上都来自草木

---

　　① 李家治：《中国科学技术史·陶瓷卷》，科学出版社，1998 年。

灰①。这类原始瓷釉目前只在江西地区的清江吴城、清江樊城堆、鹰潭角山等少数商代或商末周初的遗址中发现②。这类原始瓷釉的化学组成跟原始瓷胎化学组成比，Al_2O_3、Fe_2O_3 含量接近，MgO含量略高，Na_2O 含量较高，K_2O 含量则高很多，有学者认为这类原始瓷釉就是使用未经处理的瓷土作为釉料的③。而我们从张福康先生的《中国传统高温釉的起源》一文中看到有一种产于景德镇的小毛竹枝叶灰，其 Al_2O_3、Fe_2O_3 含量很低，均小于1%，CaO含量为5.9%左右，K_2O 含量很高，为25%左右，MgO含量为2.8%左右；另一种产于景德镇的苗竹灰，其 Al_2O_3、Fe_2O_3 含量分别为3.98%和3.66%，CaO含量为6.24%，K_2O 含量更高，为40.82%，MgO含量为4.76%，具体含量见表7。如果以作为角山原始瓷胎料的瓷土为主，配以一定量的小毛竹枝叶灰或苗竹灰是可以和原始瓷釉的化学组成相近的。如表7最后两行即为瓷土分别和小毛竹灰、苗竹灰以5:1配比所得到各主次量元素组成，可以说和J3、J9釉的元素组成是比较相近的。而江西省作为我国毛竹产量最大的省，在各地毛竹灰是比较容易获得的原料。所以我们推测，角山窑址的第Ⅰ类原始瓷釉的原料有可能是以制胎瓷土为主，并配以一定量的小毛竹枝叶灰或苗竹灰。

角山窑址第Ⅱ类原始釉的特征为高Ca低Fe、K、Na，包括J1、J6和J7，它们釉中CaO含量达到13.58%～15.90%，而Fe、K、Na含量则相对较低，同时它们的MnO、P_2O_5 含量相对较高，分别在0.6%和1%左右，这类原始瓷釉是最常见的一种的原始瓷釉，一般认为它们所用的原料可能是富含CaO的草木灰配以一定量的制胎瓷土。

至于为什么第Ⅰ类原始瓷釉只在少数江西早期遗址中发现，而第Ⅱ类原始瓷釉不论是在时间跨度上还是在分布范围上都比较广。我们发现，第Ⅰ类原始瓷釉中的 Fe_2O_3 含量相对较高，釉色以酱色为主；而第Ⅱ类釉的 Fe_2O_3 含量相对较低，釉色以青褐色为主。所以，会不会是因为当时的先民更喜欢青褐色而导致第Ⅱ类釉被更广泛地使用？这种可能性是存在的。另外，也有学者研究发现，草木灰的 K_2CO_3 易溶于水，制造成釉浆后会随水而流失，使釉的成分发生变化④。这就导致第Ⅰ类原始瓷釉物理化学性能的不稳定性比第Ⅱ类原始瓷釉大，使釉的熔融温度和质量更难控制，从而限制了第Ⅰ类原始瓷釉的广泛使用。

表7 角山窑址第Ⅰ类原始瓷釉及两种草木灰的化学组成

	Al_2O_3	Fe_2O_3	MgO	CaO	Na_2O	K_2O	P_2O_5
J9	19.36	5.68	1.73	0.98	0.93	8.80	0.033
J3	20.23	4.30	1.64	1.58	1.15	8.70	0.045
角山原始瓷胎平均值	18.32	4.55	0.84	0.32	—	1.39	—
苗竹灰（景德镇）	3.98	3.66	4.76	6.24	0.39	40.82	4.31
小毛竹枝叶灰（景德镇）	0.76	0.36	2.78	5.94	0.10	25.56	2.95
	0.76	0.36	0.80	5.98	0.10	25.72	0.97
瓷土:小毛竹枝叶灰＝5:1	15.40	3.85	1.17	1.26	—	5.45	0.49
瓷土:苗竹灰＝5:1	15.93	4.40	1.49	1.31	—	7.97	0.71

注：角山原始瓷胎 P_2O_5 含量以零计算。

---

① 张福康：《中国古陶瓷的科学》，上海人民美术出版社，2000年。
② 李家治主编：《中国科学技术史·陶瓷卷》，科学出版社，1998年。
③ 吴瑞、吴隽、邓泽群等：《鹰潭角山商代窑场出土原始瓷的科技研究》，郭景坤主编《'05古陶瓷科学技术国际讨论会论文集》，上海科学技术文献出版社，2005年。
④ 张福康：《中国古陶瓷的科学》，上海人民美术出版社，2000年。

五　结论

1. 角山窑址出土的原始瓷和印纹硬陶在原料的种类上是没有本质区别的，也证实了"原始瓷都是在印纹硬陶开创的基础上发展起来的"这一观点，同时我们的研究还表明原始瓷原料的选择要比印纹硬陶更加严格，说明在商代，窑工已经积累了一定的经验，在原始瓷的选料方面更加精细。

2. 角山窑址的原始瓷釉可分为两类：第 Ⅰ 类为低 Ca 高 K、Na 的原始瓷釉，第 Ⅱ 类为高 Ca 低 Fe、K、Na 的原始瓷釉。

拓 片

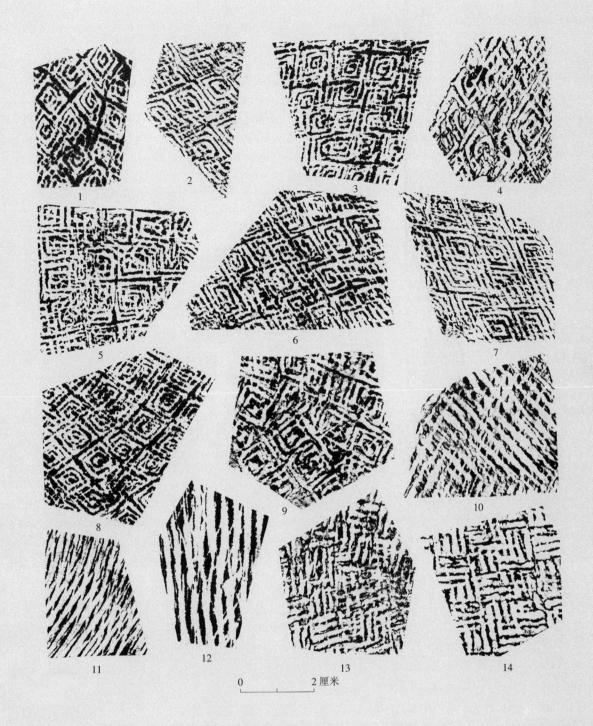

0   2厘米

1. 云雷纹（高领鼓肩罐 2000YJY6：2） 2. 云雷纹（盔形钵 2000YJY6：7） 3. 云雷纹（高领鼓肩罐 2000YJY6：11） 4. 云雷纹（垂腹罐 2000YJY6：14） 5. 云雷纹（盔形钵 2000YJY6：81） 6. 云雷纹（矮领鼓肩罐 2000YJY6：85） 7. 云雷纹（盔形钵 2000YJY6：93） 8. 云雷纹（高领鼓肩罐 2000YJY6：103） 9. 云雷纹（盔形钵 2000YJY6：110） 10. 篮纹（高领鼓肩罐 2000YJY6：3） 11. 篮纹（直腹罐 2000YJY6：15） 12. 篮纹（釜 2000YJY6：77） 13. 席纹（盔形钵 2000YJY6：80） 14. 席纹（盔形钵 2000YJY6：82）

拓片一 　A 区·Y6 陶器纹样

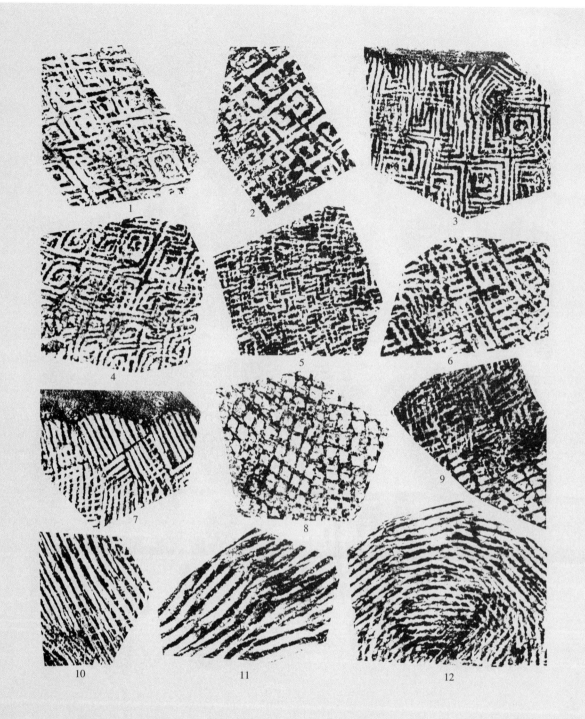

1. 云雷纹（2000YJY6：111） 2. 云雷纹（2000YJY6：112） 3. 云雷纹（2000YJY6：113） 4. 云雷纹（2000YJY6：126）
5. 席纹（2000YJY6：120） 6. 方格纹（2000YJY6：118） 7. 席纹（2000YJY6：116） 8. 方格纹（2000YJY6：115） 9. 席纹、
方格纹组合（2000YJY6：114） 10. 篮纹（2000YJY6：123） 11. 篮纹（2000YJY6：125） 12. 篮纹（2000YJY6：122）

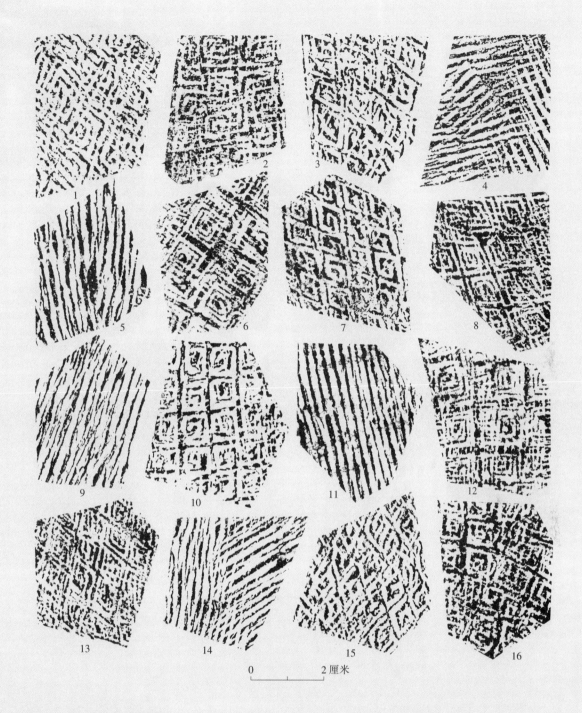

0   2厘米

1. 云雷纹（高领鼓肩罐 2000YJH10：13） 2. 云雷纹（高领鼓肩罐 2000YJH10：18） 3. 云雷纹（鼓腹罐 2000YJH10：19）

4. 篮纹（高领鼓肩罐 2000YJH10：20） 5. 篮纹（高领鼓肩罐 2000YJH10：25） 6. 云雷纹（高领鼓肩罐 2000YJH10：34）

7. 云雷纹（鼓腹罐 2000YJH10：37） 8. 云雷纹（瓮 2000YJH10：40） 9. 篮纹（直腹罐 2000YJH10：49） 10. 云雷纹（釜 2000YJH10：50） 11. 篮纹（坛 2000YJH10：51） 12. 云雷纹（垂腹罐 2000YJH10：54） 13. 云雷纹（盔形钵 2000YJH10：68） 14. 篮纹（高领鼓肩罐 2000YJH10：61） 15. 云雷纹（盔形钵 2000YJH10：69） 16. 云雷纹（瓮 2000YJH10：72）

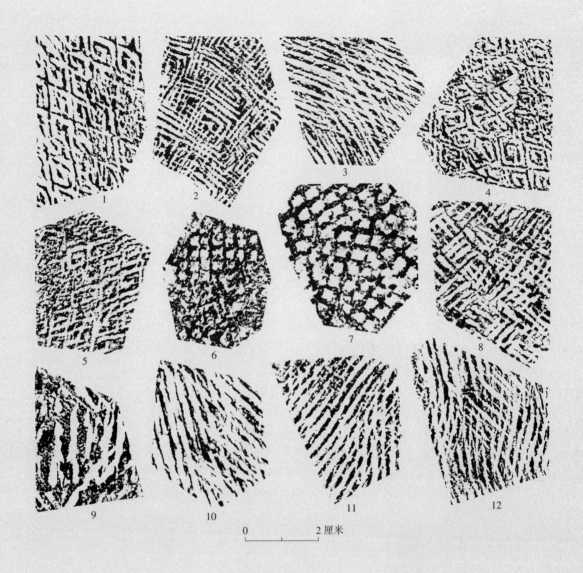

1. 云雷纹（垂腹罐2000YJH10：81） 2. 云雷纹（鼓腹罐2000YJH10：115） 3. 篮纹（盉形钵2000YJH10：116） 4. 云雷纹（釜2000YJH10：118） 5. 云雷纹（2000YJH10：119） 6. 方格纹（2000YJH10：120） 7. 方格纹（2000YJH10：121） 8. 席纹（2000YJH10：122） 9. 篮纹（2000YJH10：123） 10. 篮纹（2000YJH10：124） 11. 篮纹（2000YJH10：125） 12. 篮纹（2000YJH10：126）

拓片四　A区·H10陶器纹样

1. 云雷纹（2003YJH37：1） 2. 云雷纹（2003YJH37：2） 3. 篮纹（2003YJH37：3） 4. 篮纹（2003YJH37：4） 5. 席纹（2003YJH37：5）

拓片五　A区·H37 陶器纹样

0   2厘米

1. 云雷纹（釜 2000YJT0543①：1）　2. 篮纹（甋形器 2000YJT0644①：1）　3. 篮纹（直腹罐 2000YJT0644①：8）　4. 云雷纹（垂腹罐 2000YJT0645①：6）　5. 篮纹（釜 2000YJT0744①：11）　6. 篮纹（盉形钵 2000YJT0745①：1）　7. 云雷纹（直腹罐 2000YJT0745①：3）　8. 篮纹（直腹罐 2000YJ 采：1）　9. 篮纹（直腹罐 2000YJ 采：2）

1. 篮纹（直腹罐 2007YJT0544①：2） 2. 云雷纹（2007YJT0544①：4） 3. 云雷纹（2007YJT0544①：5） 4. 云雷纹
（2007YJT0544①：6） 5. 云雷纹（2007YJT0544①：7） 6. 云雷纹（2007YJT0544①：8） 7. 云雷纹（2007YJT0544①：
9） 8. 方格纹（2007YJT0544①：10） 9. 云雷纹（2007YJT0645①：9） 10. 云雷纹（2007YJT0645①：10） 11. 云雷纹
（2007YJT0645①：11） 12. 云雷纹（2007YJT0645①：12） 13. 篮纹（2007YJT0645①：13） 14. 篮纹（2007YJT0645①：14）
15. 篮纹（2007YJT0645①：15）

0　　　　　2厘米

1. 篮纹（缸2007YJT0644①：8） 2. 云雷纹（2007YJT0644①：13） 3. 云雷纹（2007YJT0644①：14） 4. 云雷纹（2007YJT0644①：15） 5. 云雷纹（2007YJT0644①：16） 6. 云雷纹（2007YJT0644①：17） 7. 云雷纹（2007YJT0644①：18） 8. 云雷纹（2007YJT0644①：19） 9. 云雷纹（2007YJT0644①：20） 10. 云雷纹（2007YJT0644①：21） 11. 云雷纹（2007YJT0644①：22） 12. 云雷纹（2007YJT0644①：23） 13. 云雷纹（2007YJT0644①：24） 14. 篮纹（2007YJT0644①：25） 15. 篮纹（2007YJT0644①：27） 16. 篮纹（2007YJT0644①：26）

拓片八　B区·地层出土陶器纹样

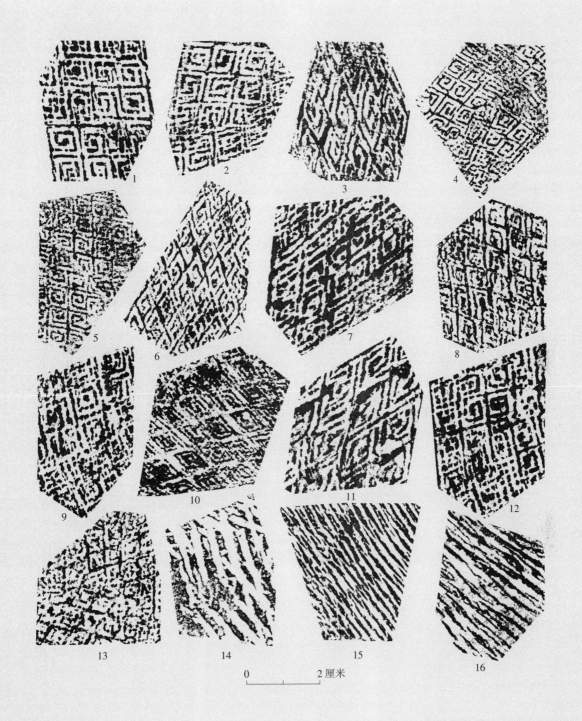

0   2 厘米

1. 云雷纹（2007YJT0743①：1）　2. 云雷纹（2007YJT0743①：2）　3. 云雷纹（2007YJT0743①：3）　4. 云雷纹（2007YJT0743①：4）　5. 云雷纹（2007YJT0743①：5）　6. 云雷纹（2007YJT0743①：6）　7. 云雷纹（2007YJT0743①：7）　8. 云雷纹（2007YJT0743①：8）　9. 云雷纹（2007YJT0743①：9）　10. 云雷纹（2007YJT0743①：10）　11. 云雷纹（2007YJT0743①：11）　12. 云雷纹（2007YJT0743①：12）　13. 云雷纹（2007YJT0743①：13）　14. 篮纹（2007YJT0743①：14）　15. 篮纹（2007YJT0743①：15）　16. 篮纹（2007YJT0743①：17）

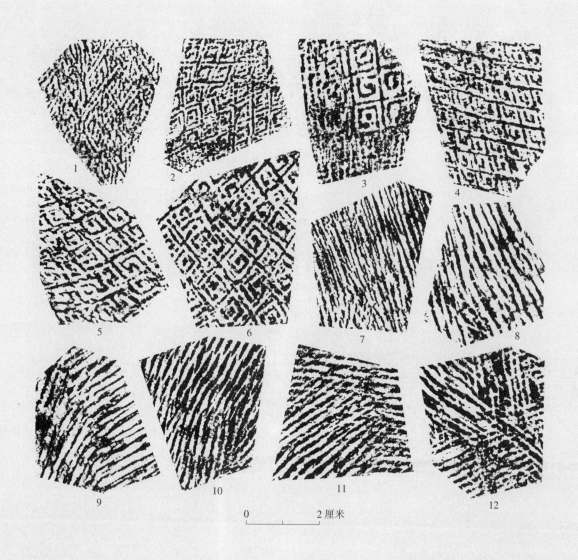

1. 云雷纹（2007YJT0744①：13） 2. 云雷纹（2007YJT0744①：14） 3. 云雷纹（2007YJT0744①：15） 4. 云雷纹（2007YJT0744①：16） 5. 云雷纹（2007YJT0744①：17） 6. 云雷纹（2007YJT0744①：18） 7. 篮纹（2007YJT0744①：19） 8. 篮纹（2007YJT0744①：20） 9. 篮纹（2007YJT0744①：21） 10. 篮纹（2007YJT0744①：22） 11. 篮纹（2007YJT0744①：23） 12. 篮纹（2007YJT0744①：24）

0   2 厘米

1. 云雷纹（2000YJY2：1＋）　2. 云雷纹（2000YJY2：2＋）　3. 云雷纹（2000YJY2：3）　4. 云雷纹（2000YJY2：4）　5. 云
雷纹（2000YJY2：5）　6. 云雷纹（2000YJY2：9）　7. 云雷纹（2000YJY2：10）　8. 云雷纹、篮纹组合（2000YJY2：13）　9. 篮纹
（2000YJY2：6）　10. 篮纹（2000YJY2：7）　11. 篮纹（2000YJY2：8）　12. 篮纹（2000YJY2：11）　13. 篮纹（2000YJY2：12）

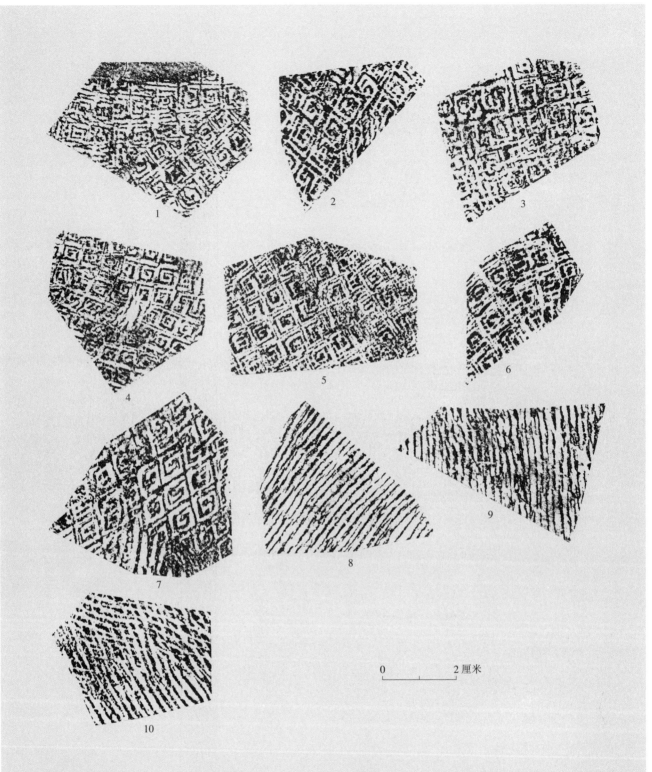

1. 云雷纹（2000YJY8：2） 2. 云雷纹（2000YJY8：5） 3. 云雷纹（2000YJY8：4） 4. 云雷纹（2000YJY8：11） 5. 云雷纹（2000YJY8：9） 6. 云雷纹（2000YJY8：6） 7. 云雷纹、篮纹组合（2000YJY8：10） 8. 篮纹（2000YJY8：7） 9. 篮纹（2000YJY8：8） 10. 篮纹（2000YJY8：12）

拓片一二 B区·Y8陶器纹样

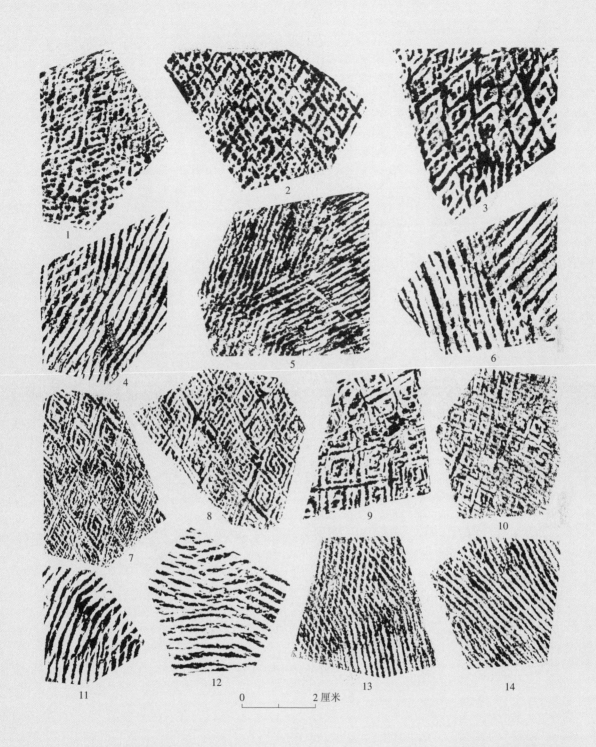

1. 云雷纹（高领鼓肩罐 2007YJY7：4） 2. 云雷纹（2000YJY7：7） 3. 云雷纹（2000YJY7：8） 4. 篮纹（2000YJY7：9）
5. 篮纹（2000YJY7：10） 6. 篮纹（2000YJY7：11） 7. 云雷纹（2000YJY7：1） 8. 云雷纹（2000YJY7：3） 9. 云雷纹
（2000YJY7：4） 10. 云雷纹（2000YJY7：6） 11. 篮纹（2000YJY7：9 +） 12. 篮纹（2000YJY7：12） 13. 篮纹
（2000YJY7：15） 14. 篮纹（2000YJY7：14）

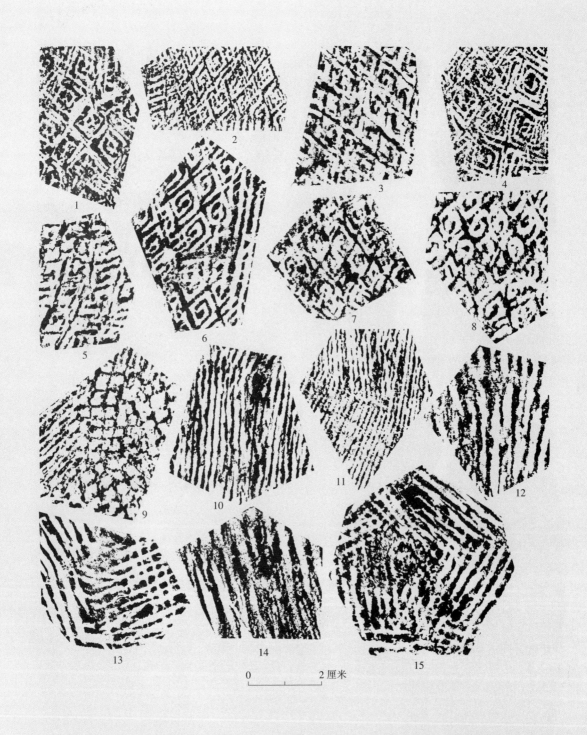

0   2 厘米

1. 云雷纹（釜 2003YJH40：2）　2. 云雷纹（高领鼓肩罐 2003YJH40：13）　3. 云雷纹（垂腹罐 2003YJH40：17）　4. 云雷纹（2003YJH40：18）　5. 云雷纹（2003YJH40：20）　6. 云雷纹（2003YJH40：19）　7. 云雷纹（2003YJH40：27）　8. 云雷纹（2003YJH40：26）　9. 方格纹、篮纹组合（2003YJH40：25）　10. 篮纹（2003YJH40：21）　11. 篮纹（2003YJH40：22）　12. 篮纹（2003YJH40：23）　13. 篮纹（2003YJH40：29）　14. 篮纹（2003YJH40：28）　15. 篮纹（2003YJH40：24）

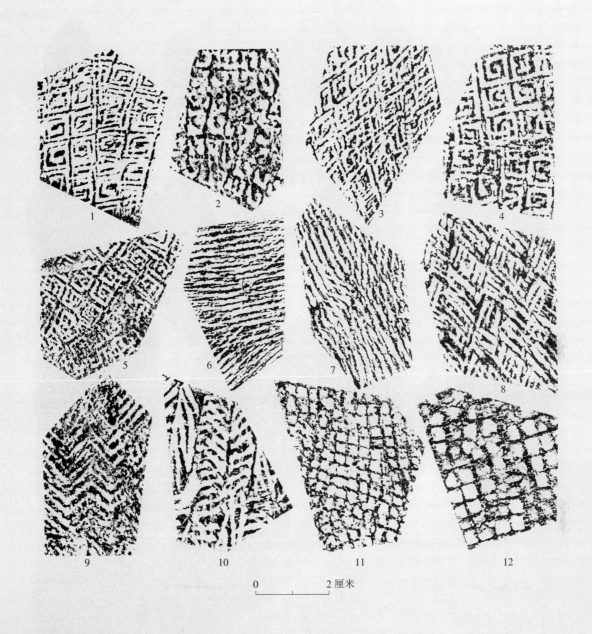

0   2 厘米

1. 云雷纹（2000YJH9：4） 2. 云雷纹（2000YJH9：5） 3. 云雷纹（2000YJH9：6） 4. 云雷纹（2000YJH9：8） 5. 云雷纹（2000YJH9：7） 6. 篮纹（2000YJH9：12） 7. 篮纹（2000YJH9：13） 8. 席纹（2000YJH9：14） 9. 曲折纹（2000YJH9：16）
10. 叶脉纹（2000YJH9：15） 11. 方格纹（2000YJH9：18） 12. 方格纹（2000YJH9：20）

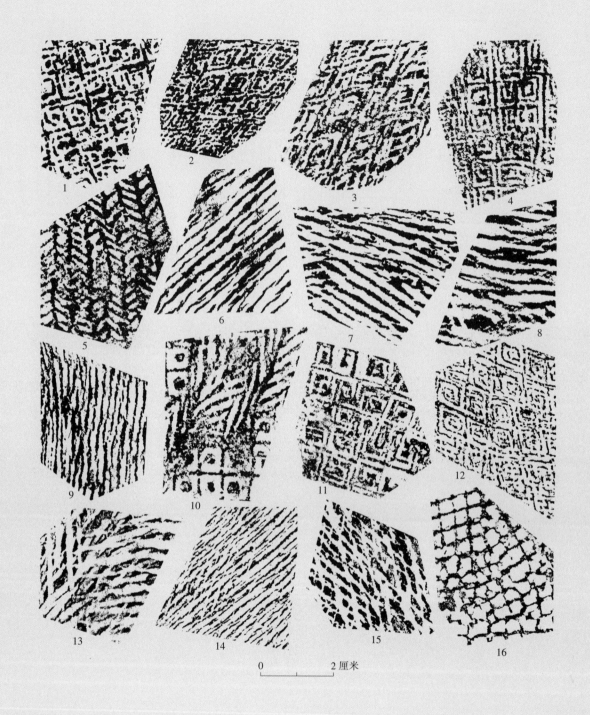

1. 云雷纹（2007YJH9：2）　2. 云雷纹（2007YJH9：3）　3. 云雷纹（2007YJH9：4）　4. 云雷纹（2007YJH9：10）　5. 叶脉
纹（2007YJH9：5）　6. 篮纹（2007YJH9：6）　7. 篮纹（2007YJH9：7）　8. 篮纹（2007YJH9：9）　9. 篮纹（2007YJH9：8）
10. 方格凸点纹、叶脉纹组合（2000YJH9：1）　11. 云雷纹（2000YJH9：2）　12. 云雷纹（2000YJH9：3）　13. 篮纹
（2000YJH9：9）　14. 篮纹（2000YJH9：10）　15. 篮纹（2000YJH9：11）　16. 方格纹（2000YJH9：19）

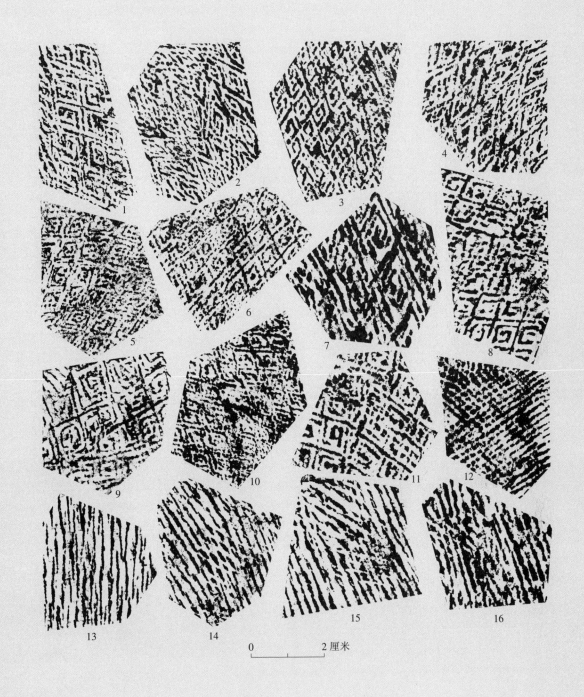

0   2 厘米

1. 云雷纹（高领鼓肩罐 2007YJH42①：2） 2. 云雷纹（2007YJH42①：4） 3. 云雷纹（2007YJH42①：5） 4. 云雷纹（2007YJH42①：6）

5. 云雷纹（2007YJH42①：7） 6. 云雷纹（2007YJH42①：8） 7. 云雷纹（2007YJH42①：9） 8. 云雷纹（2007YJH42①：10）

9. 云雷纹（2007YJH42①：11） 10. 云雷纹（2007YJH42①：12） 11. 云雷纹（2007YJH42①：13） 12. 篮纹（2007YJH42①：14）

13. 篮纹（2007YJH42①：15） 14. 篮纹（2007YJH42①：16） 15. 篮纹（2007YJH42①：17） 16. 篮纹（2007YJH42①：18）

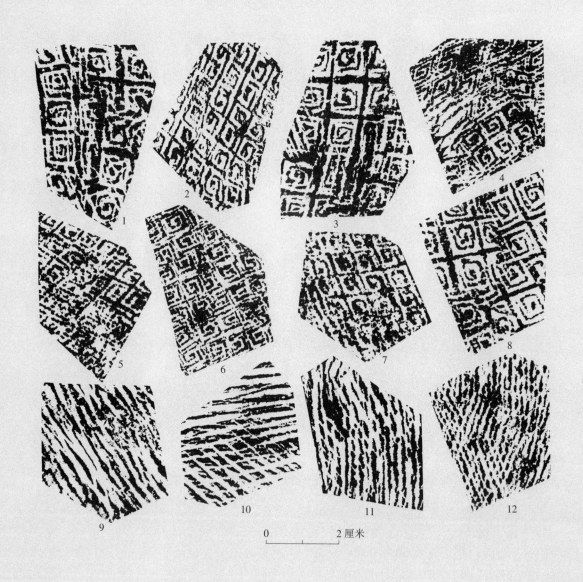

0   2 厘米

1. 云雷纹（2007YJH42②：4）　2. 云雷纹（2007YJH42②：5）　3. 云雷纹（2007YJH42②：6）　4. 云雷纹（2007YJH42②：7）
5. 云雷纹（2007YJH42②：8）　6. 云雷纹（2007YJH42②：9）　7. 云雷纹（2007YJH42②：10）　8. 云雷纹（2007YJH42②：11）
9. 篮纹（2007YJH42②：12）　10. 篮纹（2007YJH42②：13）　11. 篮纹（2007YJH42②：14）　12. 篮纹（2007YJH42②：15）

1. 云雷纹（2007YJF4：4）　2. 云雷纹（2007YJF4：5）　3. 云雷纹（2007YJF4：6）　4. 篮纹（2007YJF4：7）　5. 篮纹
（2007YJF4：8）　6. 篮纹（直腹罐 2007YJF4：1）

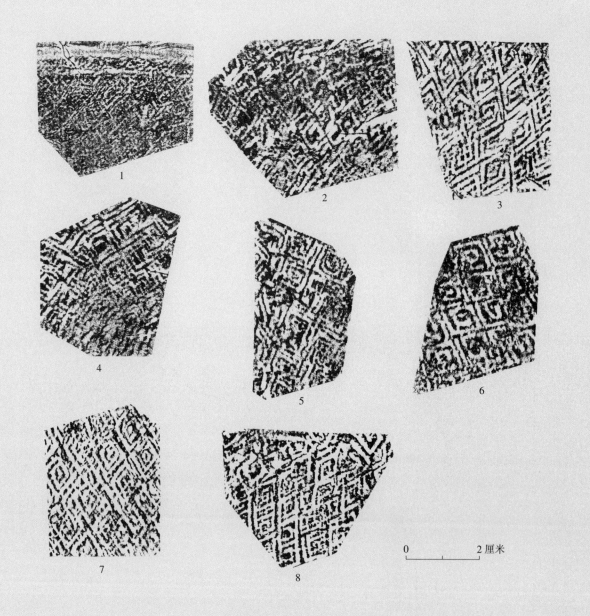

0   2厘米

1. 云雷纹（盔形钵83板T1∶2）　2. 云雷纹（鼓腹罐83板T1∶3）　3. 云雷纹（盔形钵83板T1∶5）　4. 云雷纹（盔形钵83板T1∶9）　5. 云雷纹（瓮83板T1∶21）　6. 云雷纹（矮领鼓肩罐83板T1∶22）　7. 云雷纹（釜83板T1∶24）　8. 云雷纹（垂腹罐83板T1∶25）

拓片二〇　C区·83板T1陶器纹样

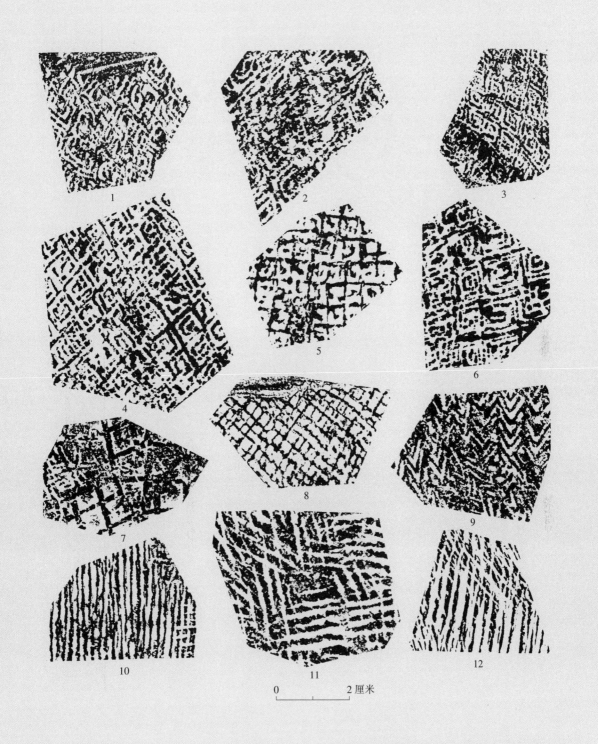

0   2 厘米

1. 云雷纹（直腹罐 2000YJY1：23）　2. 云雷纹（2000YJY1：36）　3. 云雷纹（2000YJY1：37）　4. 云雷纹（2000YJY1：39）
5. 云雷纹（2000YJY1：40）　6. 云雷纹（2000YJY1：41）　7. 云雷纹、方格纹组合（2000YJY1：44）　8. 方格纹（2000YJY1：45）
9. 曲折纹（2000YJY1：46）　10. 篮纹（尊 2000YJY1：26）　11. 篮纹（2000YJY1：38）　12. 篮纹（2000YJY1：42）

拓片二一　C 区·Y1 陶器纹样

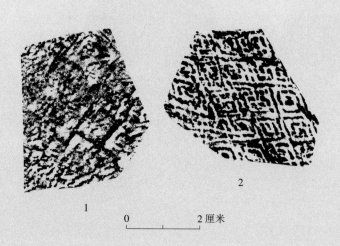

0　　　2厘米

1. 方格填斜线纹（釜 2000YJY3：3）　2. 云雷纹（盔形钵 2000YJY3：12）

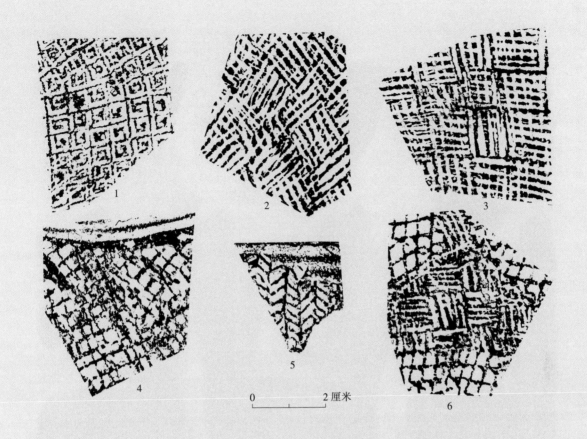

1. 云雷纹（2003YJY9：96）　2. 席纹（2003YJY9：97）　3. 席纹（2003YJY9：98）　4. 方格纹（2003YJY9：100）　5. 叶脉纹
（2003YJY9：99）　6. 方格纹、席纹组合（2003YJY9：101）

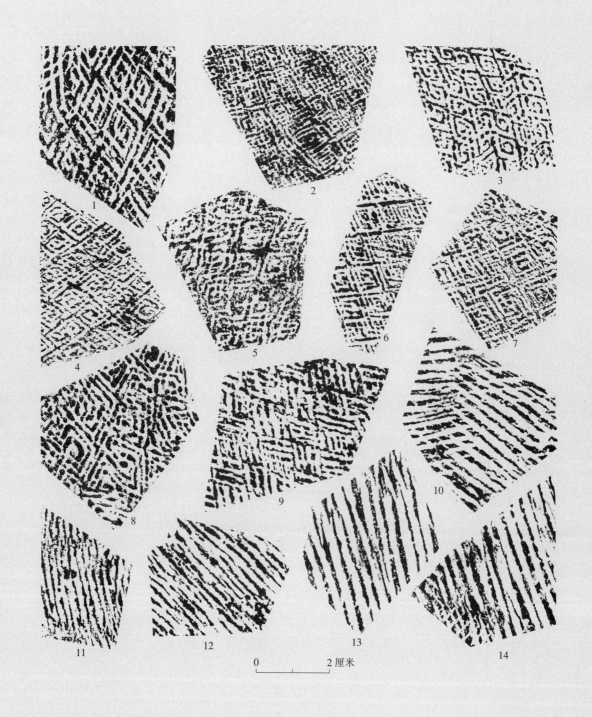

0   2厘米

1. 云雷纹（釜 2003YJY9：45） 2. 云雷纹（釜 2003YJY9：67） 3. 云雷纹（高领鼓肩罐 2003YJY9：76） 4. 云雷纹（高领鼓肩罐 2003YJY9：43） 5. 云雷纹（矮领鼓肩罐 2003YJY9：77） 6. 云雷纹（矮领鼓肩罐 2003YJY9：33） 7. 云雷纹（矮领鼓肩罐 2003YJY9：64） 8. 云雷纹（尊 2003YJY9：40） 9. 席纹（釜 2003YJY9：46） 10. 篮纹（瓿形器 2003YJY9：84） 11. 篮纹（瓿形器 2003YJY9：44） 12. 篮纹（釜 2003YJY9：95） 13. 篮纹（壶 2003YJY9：75） 14. 篮纹（尊 2003YJY9：62）

拓片二四 C区·Y9 陶器纹样

1. 云雷纹（釜 2003YJY10：3） 2. 云雷纹（矮领鼓肩罐 2003YJY10：10） 3. 云雷纹（瓮 2003YJY10：29） 4. 云雷纹（矮领鼓肩罐 2003YJY10：33） 5. 云雷纹（釜 2003YJY10：38） 6. 云雷纹（垂腹罐 2003YJY10：52） 7. 云雷纹（瓮 2003YJY10：81）
8. 云雷纹（高领鼓肩罐 2003YJY10：133） 9. 云雷纹（釜 2003YJY10：140） 10. 云雷纹（釜 2003YJY10：149） 11. 云雷纹（直腹罐 2003YJY10：151） 12. 席纹（高领鼓肩罐 2003YJY10：32） 13. 篮纹（缸 2003YJY10：31） 14. 篮纹（釜 2003YJY10：138）

拓片二五　C 区・Y10 陶器纹样

0   2厘米

1. 云雷纹（2003YJY10：155）　2. 云雷纹（2003YJY10：156）　3. 云雷纹（2003YJY10：161）　4. 席纹（2003YJY10：154）
5. 席纹（2003YJY10：159）　6. 席纹（2003YJY10：160）　7. 叶脉纹（2003YJY10：162）　8. 篮纹（2003YJY10：165）　9. 篮纹
（2003YJY10：163）　10. 篮纹（2003YJY10：164）　11. 篮纹（2003YJY10：157）　12. 附加堆纹（筒形器 2003YJY10：108）

1. 云雷纹（矮领鼓肩罐 2003YJH25：8） 2. 云雷纹（垂腹罐 2003YJH25：13） 3. 云雷纹（高领鼓肩罐 2003YJH25：14） 4. 云雷纹（盔形钵 2003YJH25：26） 5. 篮纹（盔形钵 2003YJH25：3） 6. 篮纹（壶 2003YJH25：10） 7. 篮纹（高领鼓肩罐 2003YJH25：16） 8. 席纹（2003YJH25：27） 9. 席纹（2003YJH25：28） 10. 云雷纹（2003YJH25：34） 11. 云雷纹（2003YJH25：35） 12. 云雷纹（2003YJH25：29） 13. 云雷纹（2003YJH25：30）

拓片二七　C区·H25 陶器纹样

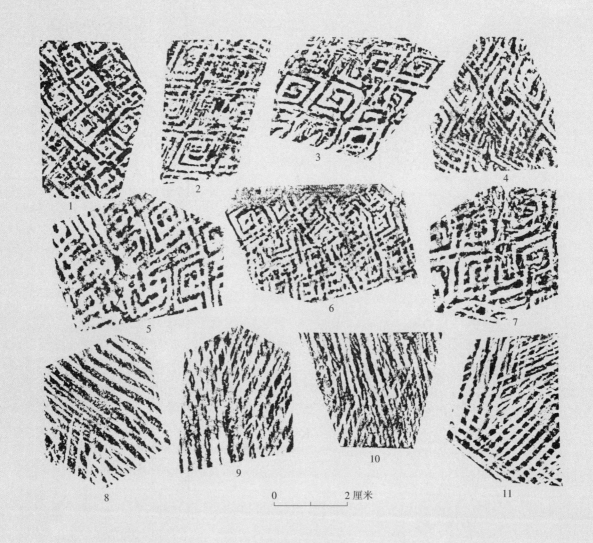

0   2 厘米

1. 云雷纹（提梁桶 2003YJH29：3）　2. 云雷纹（垂腹罐 2003YJH29：4）　3. 云雷纹（盉形钵 2003YJH29：5）　4. 云雷纹（2003YJH29：15）　5. 云雷纹（2003YJH29：14）　6. 云雷纹（2003YJH29：16）　7. 云雷纹（釜 2003YJH29：6）　8. 篮纹（盉形钵 2003YJH29：1）　9. 篮纹（直腹罐 2003YJH29：7）　10. 篮纹（2003YJH29：17）　11. 篮纹（2003YJH29：18）

0   2厘米

1. 云雷纹（垂腹小罐 2003YJH15：5）   2. 云雷纹（直腹罐 2003YJH15：11）   3. 云雷纹（瓮 2003YJH15：18）   4. 云雷纹（釜 2003YJH15：22）   5. 云雷纹（盉形钵 2003YJH15：29）   6. 云雷纹（盉形钵 2003YJH15：30）   7. 篮纹（釜 2003YJH15：12）   8. 篮纹（缸 2003YJH15：15）   9. 云雷纹（2003YJH15：31）   10. 云雷纹（2003YJH15：32）   11. 席纹（2003YJH15：33）   12. 席纹（2003YJH15：34）   13. 席纹（2003YJH15：35）   14. 方格填斜线纹（2003YJH15：36）   15. 篮纹（2003YJH15：37）   16. 篮纹（2003YJH15：39）

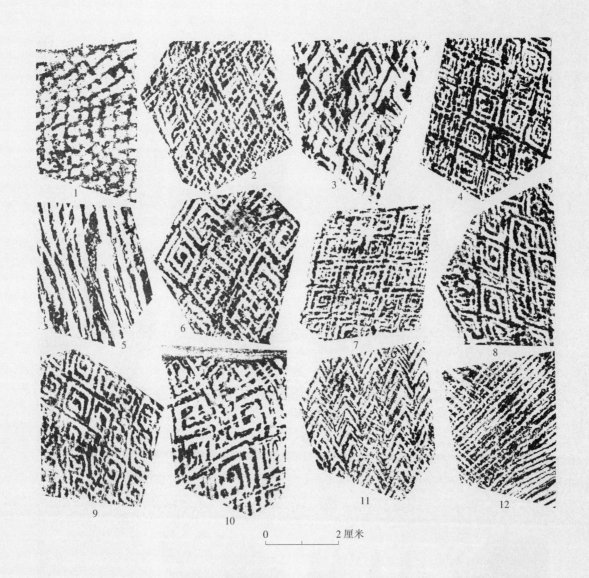

拓片三〇　C区·H19陶器纹样

1. 方格纹（垂腹罐 2003YJH19：8）　2. 云雷纹（高领鼓肩罐 2003YJH19：9）　3. 云雷纹（高领鼓肩罐 2003YJH19：10）
4. 云雷纹（瓮 2003YJH19：13）　5. 篮纹（釜 2003YJH19：15）　6. 云雷纹（2003YJH19：16）　7. 云雷纹（2003YJH19：17）
8. 云雷纹（2003YJH19：21）　9. 云雷纹（2003YJH19：22）　10. 云雷纹（2003YJH19：25）　11. 叶脉纹（2003YJH19：26）　12. 篮纹（2003YJH19：18）

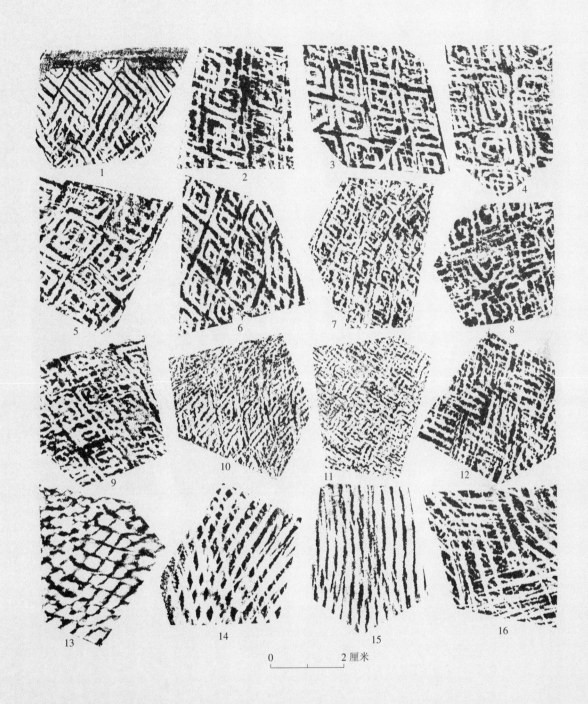

0   2 厘米

1. 席纹（盔形钵 2003YJH20：1） 2. 云雷纹（釜 2003YJH20：10） 3. 云雷纹（鼓腹罐 2003YJH20：21） 4. 云雷纹（瓮 2003YJH20：23） 5. 云雷纹（釜 2003YJH20：24） 6. 云雷纹（釜 2003YJH20：25） 7. 云雷纹（2003YJH20：29） 8. 云雷纹（2003YJH20：30） 9. 云雷纹（2003YJH20：31） 10. 云雷纹（2003YJH20：32） 11. 席纹（2003YJH20：33） 12. 席纹（2003YJH20：35） 13. 方格纹（2003YJH20：34） 14. 篮纹（2003YJH20：36） 15. 篮纹（2003YJH20：37） 16. 篮纹（2003YJH20：38）

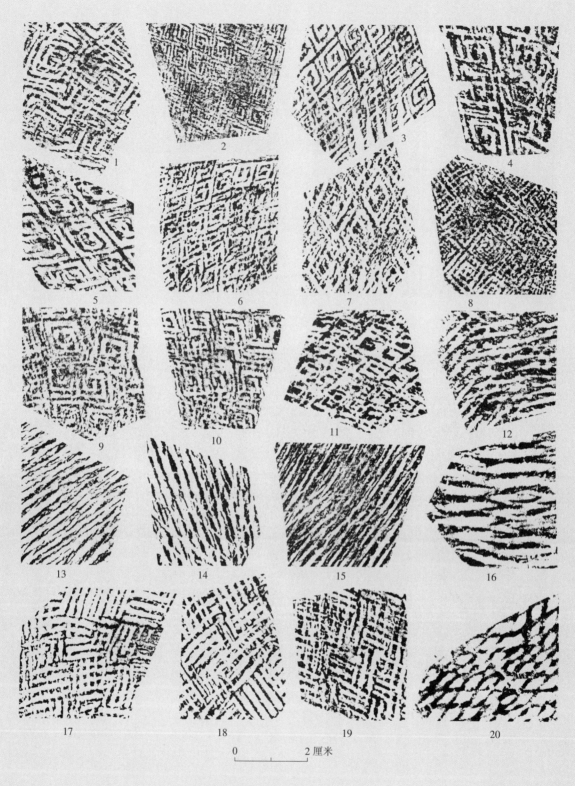

0   2 厘米

1. 云雷纹（釜 2003YJH11：10）　2. 云雷纹（背壶 2003YJH11：37）　3. 云雷纹（釜 2003YJH11：46）　4. 云雷纹（釜 2003YJH11：47）
5. 云雷纹（瓮 2003YJH11：56）　6. 云雷纹（垂腹罐 2003YJH11：59）　7. 云雷纹（坛 2003YJH11：66）　8. 云雷纹（鼓腹罐 2003YJH11：79）　9. 云雷纹（釜 2003YJH11：115）　10. 云雷纹（矮领鼓肩罐 2003YJH11：122）　11. 云雷纹（盔形钵 2003YJH11：123）　12. 篮纹（高领鼓肩罐 2003YJH11：30）　13. 篮纹（瓿形器 2003YJH11：31）　14. 篮纹（釜 2003YJH11：45）　15. 篮纹（壶 2003YJH11：105）　16. 篮纹（缸 2003YJH11：118）　17. 席纹（2003YJH11：125）　18. 席纹（2003YJH11：127）　19. 席纹（2003YJH11：126）　20. 网结纹（2003YJH11：124）

拓片三二　C 区·H11 陶器纹样

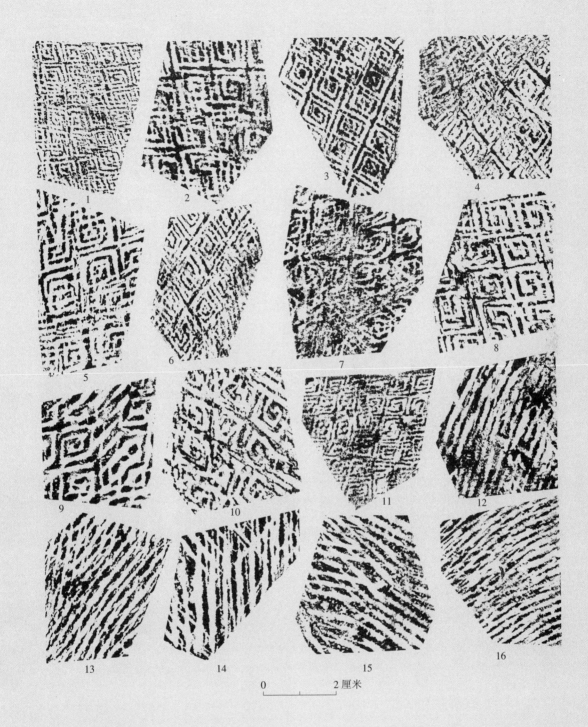

0　　　　2厘米

1. 云雷纹（尊 2003YJH13：6） 2. 云雷纹（釜 2003YJH13：13） 3. 云雷纹（釜 2003YJH13：20） 4. 云雷纹（高领鼓肩罐 2003YJH13：22） 5. 云雷纹（垂腹罐 2003YJH13：23） 6. 云雷纹（瓮 2003YJH13：25） 7. 云雷纹（釜 2003YJH13：26） 8. 云雷纹（釜 2003YJH13：35） 9. 云雷纹（2003YJH13：41） 10. 云雷纹（2003YJH13：42） 11. 云雷纹（2003YJH13：44） 12. 篮纹（釜 2003YJH13：10） 13. 篮纹（釜 2003YJH13：30） 14. 篮纹（釜 2003YJH13：32） 15. 篮纹（釜 2003YJH13：34） 16. 篮纹（2003YJH13：43）

拓片三三　C区·H13 陶器纹样

0   2厘米

1. 云雷纹（高领鼓肩罐83板H1：35）　2. 云雷纹（釜83板H1：36）　3. 云雷纹（瓮83板H1：45）　4. 云雷纹（盔形钵83板H1：37）　5. 云雷纹（高领鼓肩罐83板H1：47）　6. 云雷纹（鼓腹罐83板H1：51）　7. 云雷纹（鼓腹罐83板H1：52）　8. 云雷纹（83板H1：56）　9. 云雷纹（83板H1：57）　10. 云雷纹（83板H1：58）　11. 席纹（高领鼓肩罐83板H1：5）　12. 方格填斜线纹（83板H1：59）　13. 细方格纹（83板H1：60）　14. 篮纹（83板H1：61）　15. 篮纹（83板H1：62）　16. 篮纹（83板H1：63）

拓片三四　C区·83板H1陶器纹样

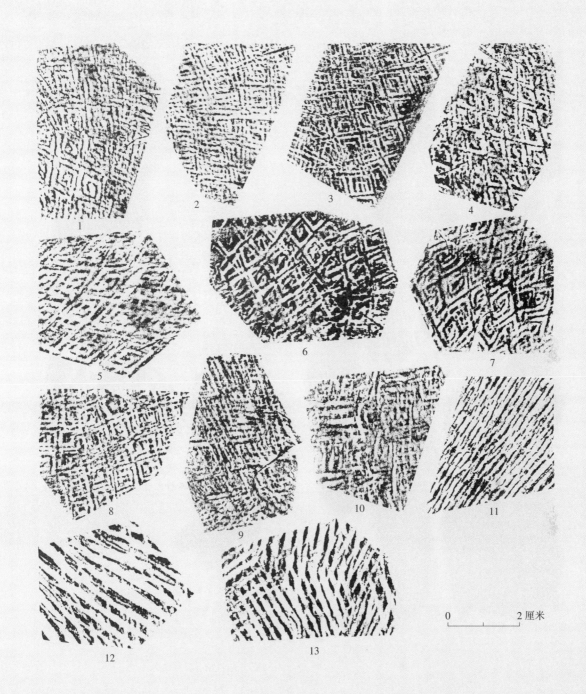

0   2 厘米

1. 云雷纹（高领鼓肩罐86板 H1：1）　2. 云雷纹（鼓腹罐86板 H1：29）　3. 云雷纹（盔形钵86板 H1：35）　4. 云雷纹（盔形钵86板 H1：42）　5. 云雷纹（高领鼓肩罐86板 H1：43）　6. 云雷纹（盔形钵86板 H1：55）　7. 云雷纹（高领鼓肩罐86板 H1：65）　8. 云雷纹（垂腹罐86板 H1：66）　9. 席纹（盔形钵86板 H1：51）　10. 云雷纹、席纹组合（高领鼓肩罐86板 H1：17）　11. 篮纹（垂腹罐86板 H1：33）　12. 篮纹（直腹罐86板 H1：37）　13. 篮纹（直腹罐86板 H1：44）

拓片三五　C区·86板 H1 陶器纹样

1. 云雷纹（甑 2000YJH7：8） 2. 云雷纹（尊 2000YJH7：18） 3. 云雷纹（矮领鼓肩罐 2000YJH7：26） 4. 斜方格纹
（2000YJH7：49＋） 5. 篮纹（直腹罐 2000YJH7：10） 6. 篮纹（直腹罐 2000YJH7：38） 7. 云雷纹（2000YJH7：56） 8. 云雷
纹（2000YJH7：57） 9. 云雷纹（2000YJH7：59） 10. 云雷纹（2000YJH7：63） 11. 曲折纹（2000YJH7：67） 12. 方格纹
（2000YJH7：68） 13. 方格纹（2000YJH7：69） 14. 篮纹（2000YJH7：61） 15. 篮纹（2000YJH7：65） 16. 篮纹（2000YJH7：66）

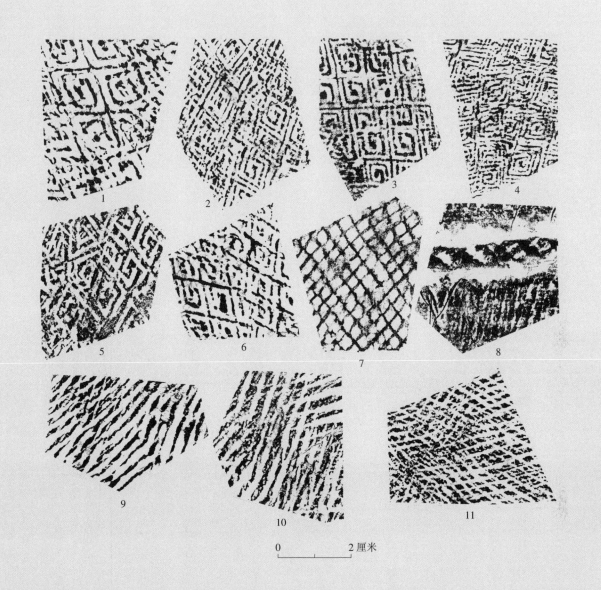

0   2 厘米

1. 云雷纹（瓮 2003YJH12：1）   2. 云雷纹（高领鼓肩罐 2003YJH12：3）   3. 云雷纹（2003YJH12：10）   4. 云雷纹
（2003YJH12：11）   5. 云雷纹（2003YJH12：12）   6. 云雷纹（2003YJH12：15）   7. 方格纹（2003YJH12：16）   8. 附加堆纹
（小型缸 2003YJH12：6）   9. 篮纹（直腹罐 2003YJH12：4）   10. 篮纹（2003YJH12：13）   11. 篮纹（釜 2003H12：5）

1. 云雷纹（釜 2003YJH14：5）　2. 云雷纹（高领鼓肩罐 2003YJH14：1）　3. 云雷纹（2003YJH14：7）　4. 云雷纹
（2003YJH14：8）　5. 篮纹（2003YJH14：9）　6. 篮纹（2003YJH14：10）　7. 篮纹（2003YJH14：11）

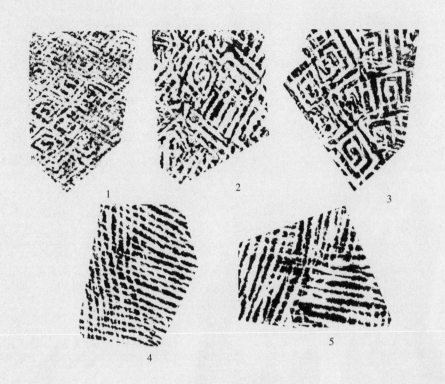

1. 云雷纹（尊2003YJH18：2） 2. 云雷纹（2003YJH18：4） 3. 云雷纹（2003YJH18：5） 4. 篮纹（2003YJH18：6） 5. 篮纹（2003YJH18：7）

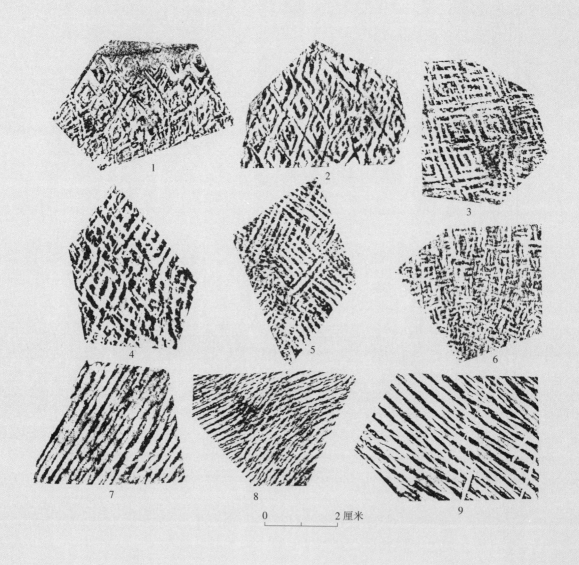

0   2厘米

1. 云雷纹（盔形钵 2003YJH21：2）　2. 云雷纹（器盖 2003YJH21：5）　3. 云雷纹（2003YJH21：13）　4. 云雷纹
（2003YJH21：14）　5. 席纹（2003YJH21：15）　6. 席纹（2003YJH21：16）　7. 篮纹（2003YJH21：17）　8. 篮纹
（2003YJH21：18）　9. 篮纹（2003YJH21：19）

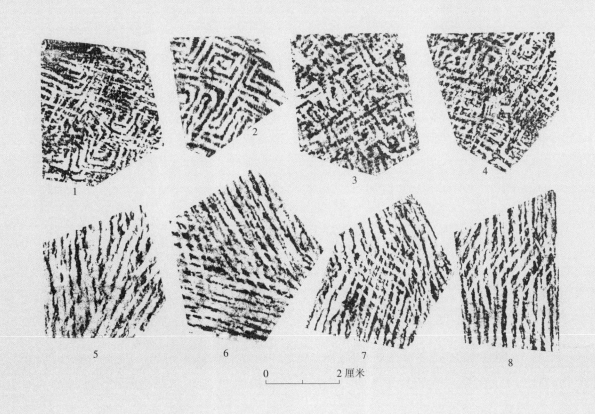

1. 云雷纹（2003YJH22：6） 2. 云雷纹（2003YJH22：7） 3. 云雷纹（2003YJH22：8） 4. 云雷纹（2003YJH22：9） 5. 篮纹（釜2003YJH22：1） 6. 篮纹（2003YJH22：10） 7. 篮纹（2003YJH22：11） 8. 篮纹（2003YJH22：12）

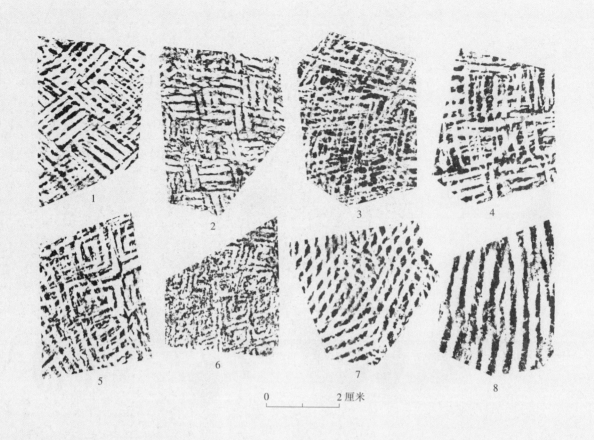

0   2厘米

1. 席纹（高领鼓肩罐 2003YJH23：2）　2. 席纹（釜 2003YJH23：3）　3. 云雷纹（瓮 2003YJH23：4）　4. 席纹（2003YJH23：6）　5. 云雷纹（2003YJH23：7）　6. 云雷纹（2003YJH23：8）　7. 篮纹（2003YJH23：9）　8. 篮纹（直腹罐 2003YJH23：1）

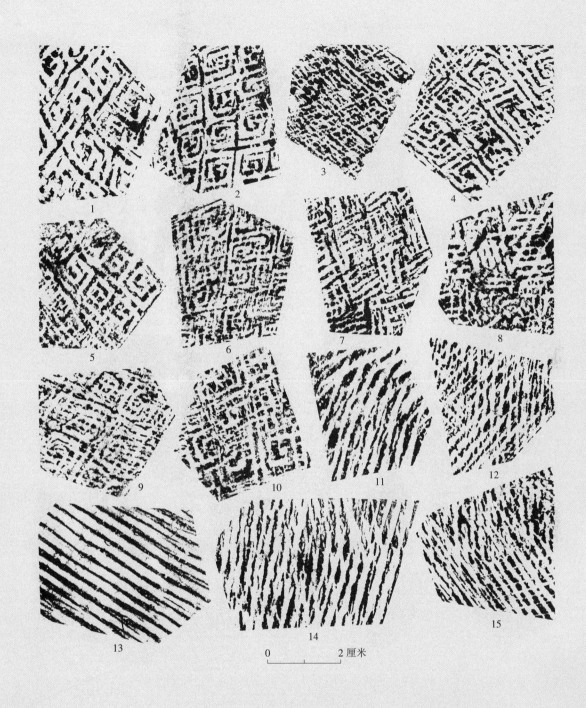

0   2 厘米

1. 云雷纹（2003YJH24：2） 2. 云雷纹（2003YJH24：4） 3. 云雷纹（2003YJH24：10） 4. 云雷纹（2003YJH24：11） 5. 云雷纹（2003YJH24：14） 6. 云雷纹（2003YJH24：15） 7. 席纹（2003YJH24：9） 8. 席纹（2003YJH24：12） 9. 云雷纹（2003YJH24：3） 10. 云雷纹（2003YJH24：13） 11. 篮纹（2003YJH24：7） 12. 篮纹（2003YJH24：8） 13. 篮纹（2003YJH24：16） 14. 篮纹（2003YJH24：5） 15. 篮纹（2003YJH24：6）

拓片四三　　C 区·H24 陶器纹样

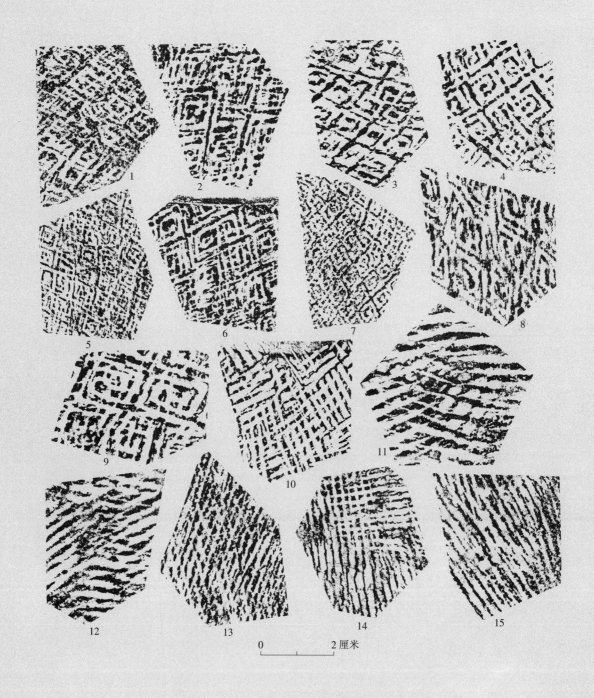

1. 云雷纹（矮领鼓肩罐 2003 YJH27：10） 2. 云雷纹（高领鼓肩罐 2003 YJH27：18） 3. 云雷纹（矮领鼓肩罐 2003 YJH27：33）
4. 云雷纹（2003 YJH27：34） 5. 云雷纹（2003 YJH27：35） 6. 云雷纹（2003 YJH27：40） 7. 云雷纹（2003 YJH27：36） 8. 云雷纹
（2003 YJH27：41） 9. 云雷纹（2003 YJH27：43） 10. 席纹（2003 YJH27：44） 11. 篮纹（釜 2003 YJH27：12） 12. 篮纹
（2003 YJH27：37） 13. 篮纹（2003 YJH27：38） 14. 篮纹（2003 YJH27：39） 15. 篮纹（2003 YJH27：42）

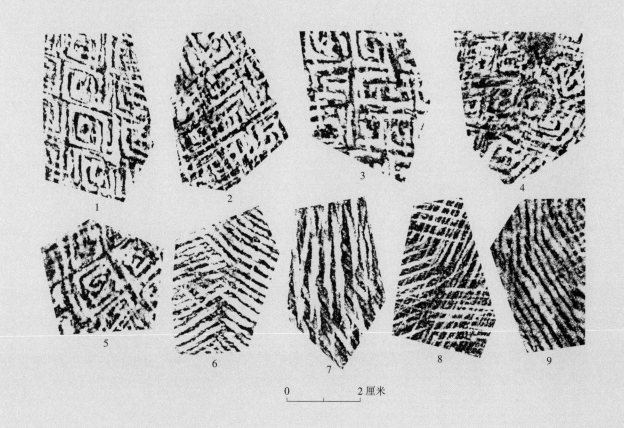

0   2 厘米

1. 云雷纹（高领鼓肩罐 2003YJH30：1）　2. 云雷纹（2003YJH30：5）　3. 云雷纹（2003YJH30：4）　4. 云雷纹（2003YJH30：6）　5. 云雷纹（2003YJH30：3）　6. 篮纹（直腹罐 2003YJH30：2）　7. 篮纹（2003YJH30：7）　8. 篮纹（2003YJH30：9）　9. 篮纹（2003YJH30：8）

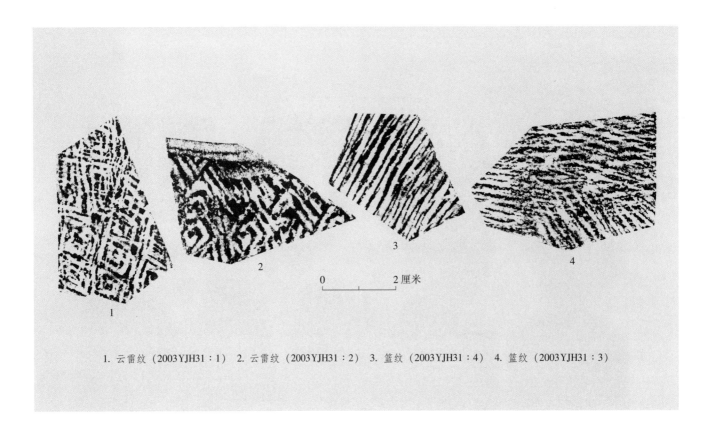

1. 云雷纹（2003YJH31：1）　2. 云雷纹（2003YJH31：2）　3. 篮纹（2003YJH31：4）　4. 篮纹（2003YJH31：3）

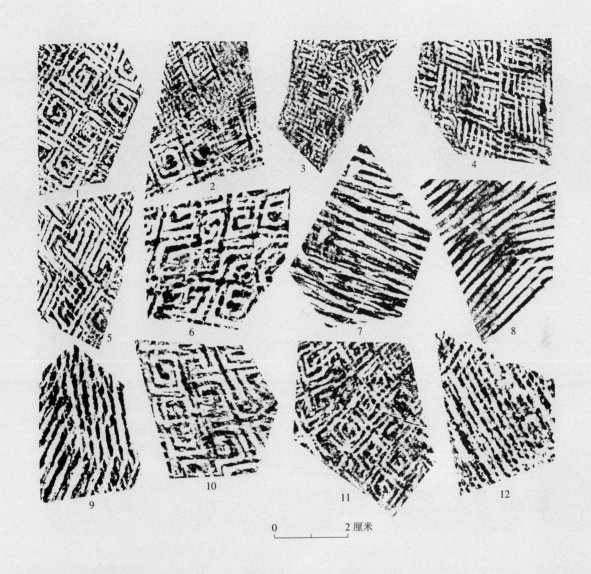

0 —————— 2 厘米

1. 云雷纹（盉形钵 2003YJH34：2） 2. 云雷纹（2003YJH34：4） 3. 席纹（2003YJH34：5） 4. 席纹（2003YJH34：6） 5. 云雷纹（2003YJH34：7） 6. 云雷纹（2003YJH34：8） 7. 篮纹（2003YJH34：9） 8. 篮纹（2003YJH34：10） 9. 篮纹（2003YJH34：11） 10. 云雷纹（2003YJH34：12） 11. 云雷纹（2003YJH34：13） 12. 篮纹（2003YJH34：14）

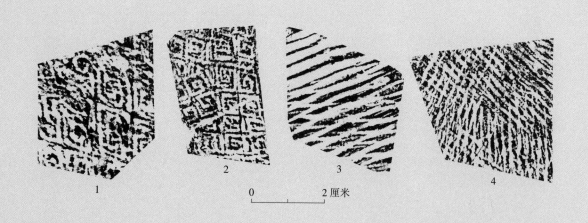

0   2 厘米

1. 云雷纹（2003YJH36：1） 2. 云雷纹（2003YJH36：2） 3. 篮纹（2003YJH36：3） 4. 篮纹（2003YJH36：4）

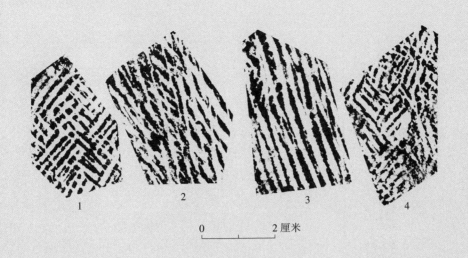

0　　　　　2厘米

1. 席纹（2003YJH41：1）　2. 篮纹（2003YJH41：2）　3. 篮纹（2003YJH41：3）　4. 席纹（2003YJH41：4）

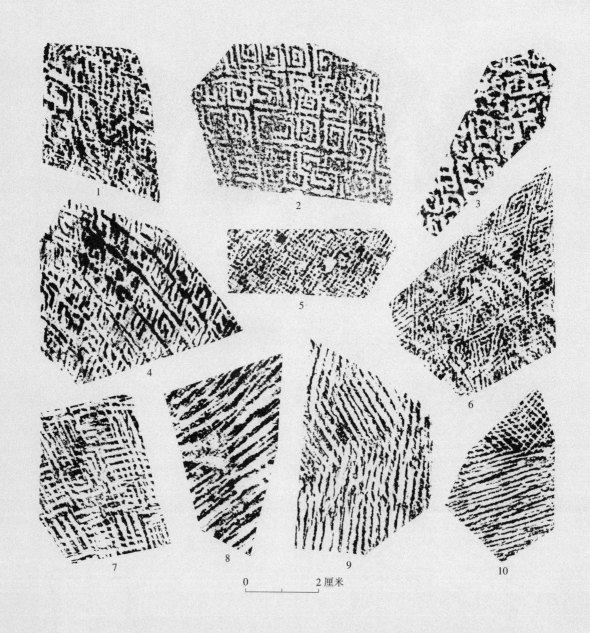

1. 云雷纹（瓮 2003YJG5∶5） 2. 云雷纹（釜 2003YJG5∶6） 3. 云雷纹（2003YJG5∶10） 4. 云雷纹（2003YJG5∶11） 5. 云雷纹（2003YJG5∶12） 6. 席纹（2003YJG5∶13） 7. 席纹（2003YJG5∶14） 8. 篮纹（2003YJG5∶15） 9. 篮纹（2003YJG5∶16） 10. 篮纹（2003YJG5∶17）

1. 云雷纹（盔形钵 2003YJF3：6） 2. 云雷纹（高领鼓肩罐 2003YJF3：8） 3. 云雷纹（2003YJF3：9） 4. 云雷纹（2003YJF3：10） 5. 云雷纹（2003YJF3：13） 6. 席纹（2003YJF3：15） 7. 席纹（2003YJF3：17） 8. 方格纹（2003YJF3：16） 9. 叶脉纹（2003YJF3：18） 10. 篮纹（2003YJF3：11） 11. 曲折纹（2003YJF3：19） 12. 篮纹（2003YJF3：12） 13. 篮纹（2003YJF3：14）

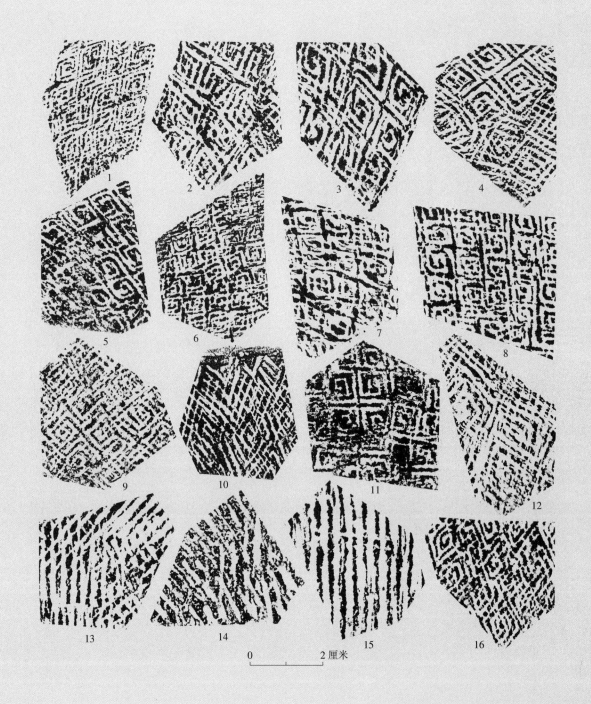

1. 云雷纹（盔形钵 83 角 A：10） 2. 云雷纹（盔形钵 83 角 A：11） 3. 云雷纹（鼓腹罐 83 角 A：18） 4. 云雷纹（高领鼓肩罐 83 角 A：21） 5. 云雷纹（釜 83 角 A：28） 6. 云雷纹（盔形钵 83 角 A：39） 7. 云雷纹（釜 83 角 A：40） 8. 云雷纹（釜 83 角 A：41） 9. 云雷纹（盔形钵 83 角 A：43） 10. 篮纹（盔形钵 83 角 A：46） 11. 云雷纹（高领鼓肩罐 83 角 A：57） 12. 云雷纹（垂腹罐 83 角 A：64） 13. 篮纹（釜 83 角 A：15） 14. 篮纹（直腹罐 83 角 A：31） 15. 篮纹（直腹罐 83 角 A：42） 16. 云雷纹（83 角 A：89）

拓片五二　D 区·83 角 A 陶器纹样

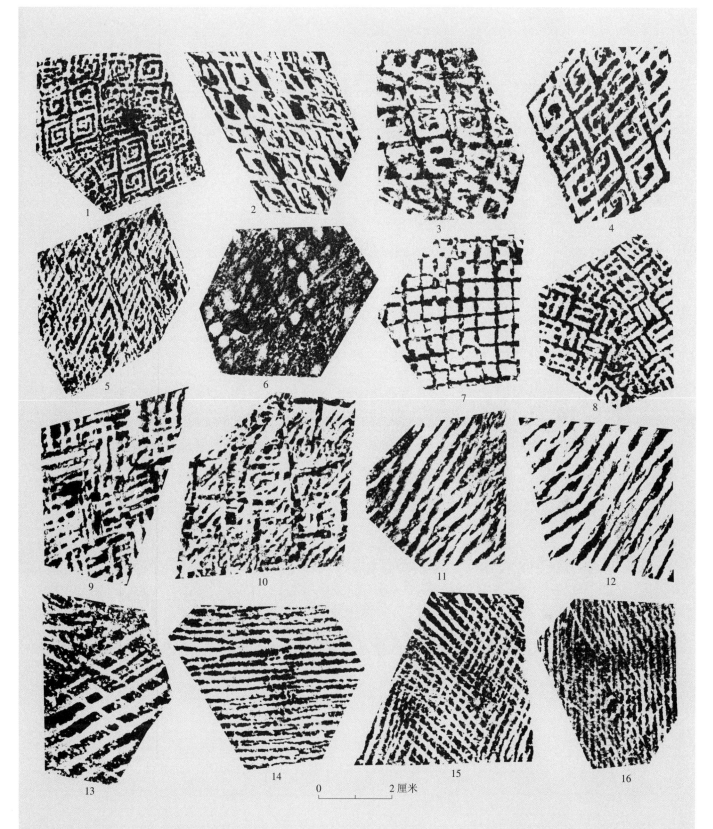

0   2厘米

1. 云雷纹（83角A∶90） 2. 云雷纹（83角A∶91） 3. 云雷纹（83角A∶92） 4. 云雷纹（83角A∶93） 5. 云雷纹（83角A∶94） 6. 方格纹（83角A∶95） 7. 方格纹（83角A∶96） 8. 席纹（83角A∶97） 9. 席纹（83角A∶98） 10. 方格填斜线纹（83角A∶99） 11. 篮纹（83角A∶100） 12. 篮纹（83角A∶101） 13. 篮纹（83角A∶102） 14. 篮纹（83角A∶103） 15. 篮纹（83角A∶104） 16. 篮纹（83角A∶105）

拓片五三　D区·83角A陶器纹样

0   2 厘米

1. 云雷纹（高领鼓肩罐 83 角 B：4）　2. 云雷纹（瓮 83 角 B：14）　3. 云雷纹（高领鼓肩罐 83 角 B：29）　4. 云雷纹（盔形钵 83 角 B：31）　5. 云雷纹（盔形钵 83 角 B：36）　6. 云雷纹（釜 83 角 B：47）　7. 云雷纹（瓮 83 角 B：56）　8. 云雷纹（鼓腹罐 83 角 B：57）　9. 云雷纹（釜 83 角 B：74）　10. 云雷纹（高领鼓肩罐 83 角 B：76）　11. 方格纹（鼓腹罐 83 角 B：23）　12. 席纹（高领鼓肩罐 83 角 B：45）　13. 篮纹（直腹罐 83 角 B：19）　14. 篮纹（尊 83 角 B：58）　15. 篮纹（直腹罐 83 角 B：71）

1. 叶脉纹、篮纹组合（83角B：81） 2. 云雷纹、方格纹组合（83角B：80） 3. 方格填斜线纹（83角B：87） 4. 方格
纹（83角B：82） 5. 细方格纹（83角B：83） 6. 席纹（83角B：86） 7. 曲折纹（83角B：85） 8. 曲折纹（83角B：84）
9. 篮纹（83角B：89） 10. 篮纹（83角B：78） 11. 圆涡纹（83角B：88）

拓片五五　D区·83角B陶器纹样

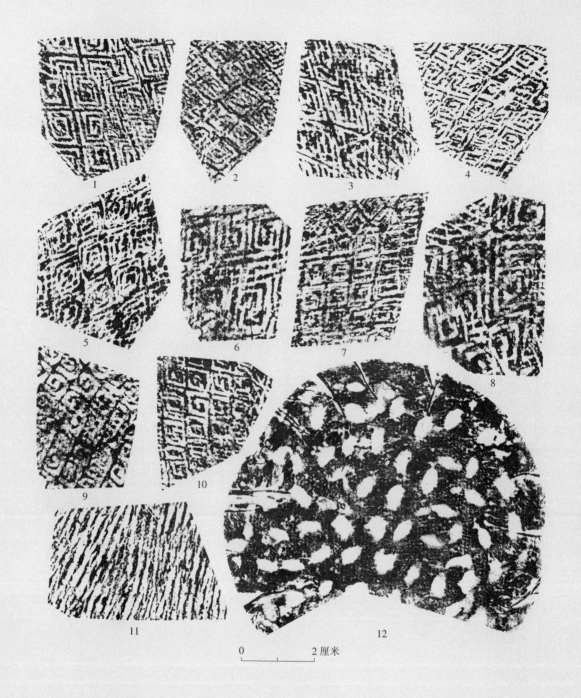

0   2 厘米

1. 云雷纹（盔形钵83角采：1）　2. 云雷纹（矮领鼓肩罐83角采：3）　3. 云雷纹（矮领鼓肩罐83角采：4）　4. 云雷纹（高领鼓肩罐
83角采：6）　5. 云雷纹（高领鼓肩罐83角采：9）　6. 云雷纹（盔形钵83角采：19）　7. 云雷纹（盔形钵83角采：27）　8. 云
雷纹（盔形钵83角采：28）　9. 云雷纹（釜83角采：44）　10. 云雷纹（盔形钵83角采：47）　11. 篮纹（直腹罐83角
采：18）　12. 莲蓬纹（不明器83角采：36）

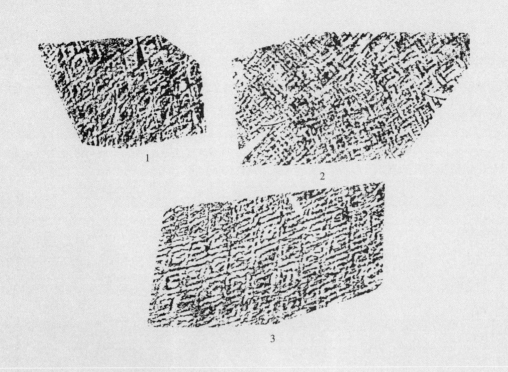

1. 云雷纹（盉形钵 86 角采：3）　2. 席纹（盉形钵 86 角采：6）　3. 云雷纹（釜 86 角采：10）

0   2厘米

1．A Ⅰ a：56（2003YJY10） 2．A Ⅰ a：96（2000YJY6） 3．A Ⅰ b：115（2000YJY6） 4．A Ⅰ b：126（2000YJT0744②） 5．A Ⅰ b：190（2003YJH34） 6．A Ⅰ b：191（83板T1） 7．A Ⅰ b：204（2000YJT6039①） 8．A Ⅰ b：210（83角B） 9．A Ⅰ b：213（2000YJT0644②） 10．A Ⅰ c：21（83角A） 11．A Ⅰ c：25（2000YJT0645②） 12．A Ⅰ c：51（2000YJT0644②） 13．A Ⅰ c：53（2000YJT5938②） 14．A Ⅰ c：59（2003YJH20） 15．A Ⅰ c：75（83角B） 16．A Ⅰ c：90（2000YJT5938④） 17．A Ⅰ c：99（83角B） 18．A Ⅰ c：109（83角B） 19．A Ⅰ c：115（角采） 20．A Ⅰ c：116（角采） 21．A Ⅰ c：117（83角A） 22．A Ⅰ d：1（2003YJG5） 23．A Ⅰ d：2（角采） 24．A Ⅰ d：8（2000YJG3） 25．A Ⅰ d：10（83角A） 26．A Ⅰ e：1（角采） 27．A Ⅰ e：6（2000YJY6） 28．A Ⅰ f：4（83角B） 29．A Ⅰ f：5（83角A） 30．A Ⅰ f：110（角采） 31．A Ⅰ f：112（角采） 32．A Ⅰ f：115（2000YJT0744②） 33．A Ⅰ f：119（角采）

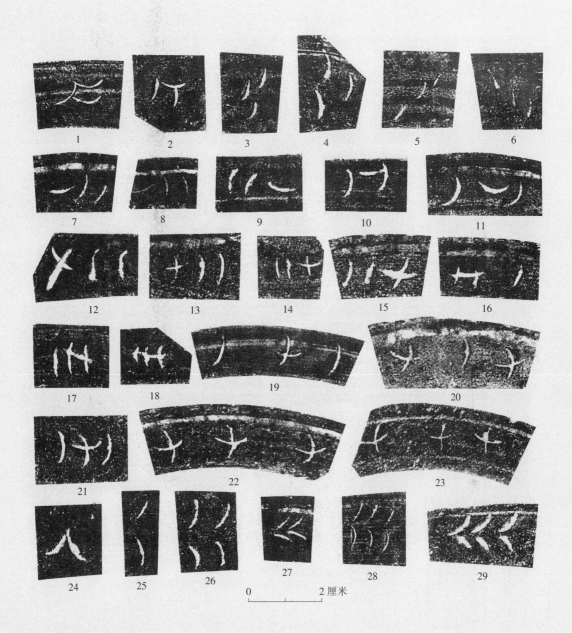

1. AⅠf：123（2000YJY6） 2. AⅠf：126（2003YJH17） 3. AⅠf：128（2003YJH11） 4. AⅠf：132（角采） 5. AⅠf：136
（2000YJT0645②） 6. AⅠf：137（角采） 7. AⅠg：5（83角B） 8. AⅠg：10（角采） 9. AⅠg：31（角采） 10. AⅠh：3
（2000YJY1） 11. AⅠh：4（83角B） 12. AⅠi：4（2000YJT0543②） 13. AⅠi：6（83角B） 14. AⅠi：19（83角B）
15. AⅠi：20（83角B） 16. AⅠi：21（2000YJT0744②） 17. AⅠi：22（83角B） 18. AⅠi：23（2000YJT0645②）
19. AⅠi：26（2003Y10） 20. AⅠi：32（83角B） 21. AⅠi：27（83角B） 22. AⅠi：36（角采） 23. AⅠi：37（83角B）
24. AⅠj：7（2003YJH17） 25. AⅠj：12（83角A） 26. AⅠj：33（角采） 27. AⅠj：36（角采） 28. AⅠj：42（角采）
29. AⅠj：49（83角B）

拓片五九　陶片典型刻符

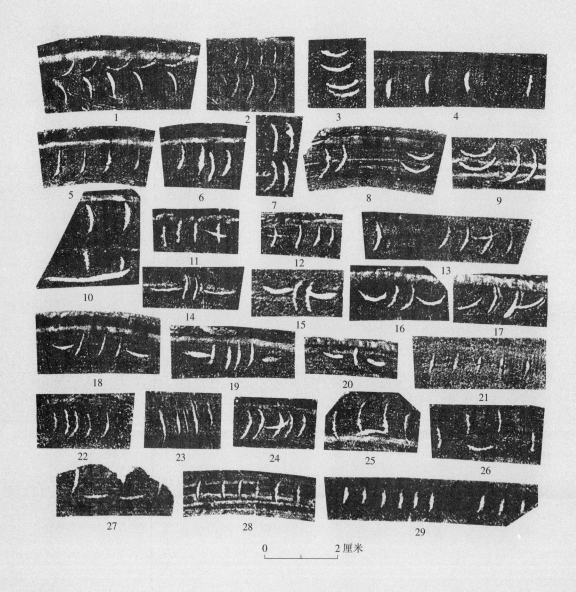

0 _____ 2厘米

1. AⅠj：51（2000YJY6） 2. AⅠj：57（2007YJ采） 3. AⅠk：4（2003YJH14） 4. AⅠk：9（角采） 5. AⅠk：13（83角 A） 6. AⅠk：18（2000YJT0643②） 7. AⅠl：1（2000YJT0544②） 8. AⅠl：10（角采） 9. AⅠl：12（2003YJY9） 10. AⅠl：4（2000YJT0644②） 11. AⅠm：1（2000YJ采） 12. AⅠm：2（83角B） 13. AⅠm：3（83板T1） 14. AⅠn：5（角采） 15. AⅠn：7（角采） 16. AⅠn：9（83角A） 17. AⅠn：10（角采） 18. AⅠn：35（2000YJT0645②） 19. AⅠn：34（2000YJT0644②） 20. AⅠn：36（2007YJT0544①） 21. AⅠo：4（角采） 22. AⅠo：3（2000YJT6039②） 23. AⅠo：5（角采） 24. AⅠo：13（83角B） 25. AⅠo：15（2000YJT0743②） 26. AⅠo：17（角采） 27. AⅠo：23（2007YJH9） 28. AⅠp：2（83角B） 29. AⅠp：5（角采）

拓片六〇　陶片典型刻符

1. AⅠp：3（角采） 2. AⅠp：6（2000YJY7） 3. AⅠp：7（2000YJT0645②） 4. AⅠq：2（2007YJT0544①） 5. AⅠq：1（83角B） 6. AⅠt：1（83角A） 7. AⅠr：6（2003YJG5） 8. AⅠr：2（角采） 9. AⅠs：2（2007YJT0744①） 10. AⅠs：1（83角B） 11. AⅠu：1（2003YJH11） 12. AⅠu：3（角采） 13. AⅠu：5（2003YJ采） 14. AⅠu：4（83板H3） 15. AⅠu：2（角采） 16. AⅠv：1（2003YJH12）

拓片六一　陶片典型刻符

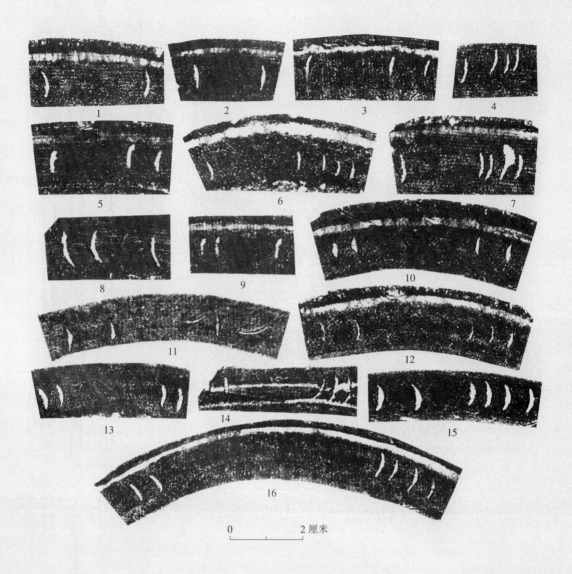

1

2

3

4

5

6

7

8

9

10

11

12

13

14

15

16

0   2 厘米

1. AⅡa：3（2000YJT0644②）　2. AⅡa：4（2000YJT0744②）　3. AⅡa：10（角采）　4. AⅡa：16（2000YJH7）　5. AⅡa：12（角采）　6. AⅡa：17（2000YJT0743②）　7. AⅡa：19（2000YJT5938⑥）　8. AⅡb：2（角采）　9. AⅡb：4（2000YJT0543②）　10. AⅡb：13（83 板 H1）　11. AⅡb：33（2007YJT0544①）　12. AⅡb：22（角采）　13. AⅢb：18（2000YJT0743②）　14. AⅢb：23（83 角 A）　15. AⅢb：26（2000YJT0744②）　16. AⅢb：25（2000YJT0644②）

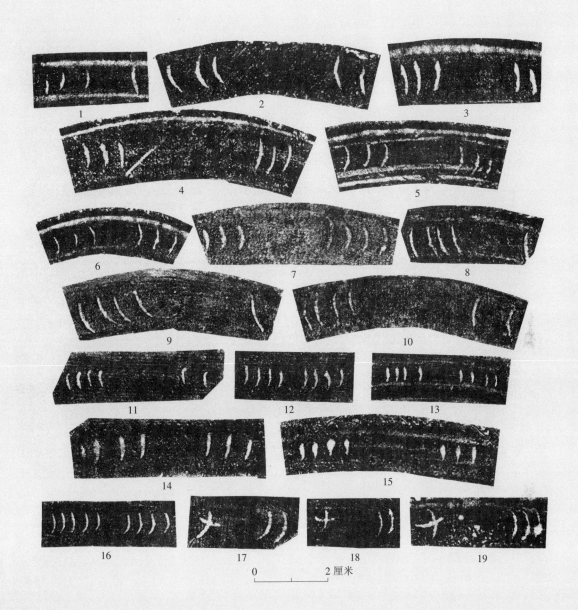

0   2厘米

1. AⅡc：1（2000YJ 采）2. AⅡc：2（2000YJT0744②）3. AⅡc：4（2000YJT0744②）4. AⅡc：13（2000YJT0543②）
5. AⅡc：21（角采）6. AⅡc：24（角采）7. AⅡc：28（2007YJ 采）8. AⅡd：2（2000YJT0643②）9. AⅡd：1
（2000YJT0643②）10. AⅡd：3（2000YJT0644②）11. AⅡd：8（2000YJT0744②）12. AⅡd：13（角采）13. AⅡd：14
（2003YJH17）14. AⅡd：10（2000YJT0743②）15. AⅡd：12（2000YJT5938②）16. AⅡe：1（83板T1）17. AⅡf：1（角
采）18. AⅡf：2（83角B）19. AⅡf：3（83角A）

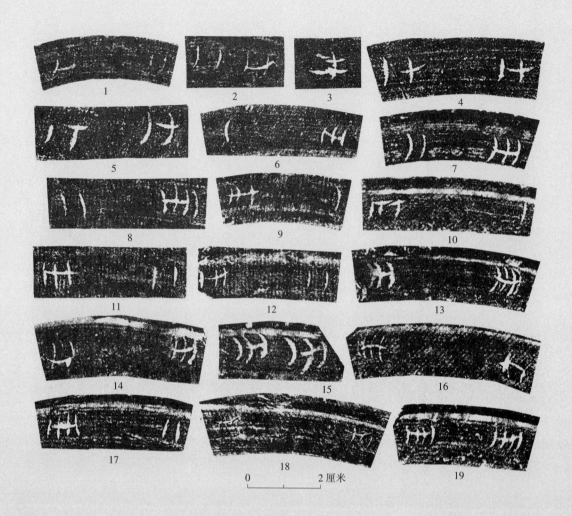

1. AⅡg：1（83 角B）　2. AⅡg：3（83 板 H1）　3. AⅡg：4（角采）　4. AⅡg：5（2000YJT0544②）　5. AⅡg：7（2000YJ 采）
6. AⅡh：1（2000YJT0644②）　7. AⅡh：2（角采）　8. AⅡh：5（角采）　9. AⅡi：1（2000YJT0743②）　10. AⅡi：2
（2000YJ 采）　11. AⅡi：4（83 角B）　12. AⅡi：6（2000YJT0644②）　13. AⅡi：7（角采）　14. AⅡi：10（83 角A）　15. A
Ⅱi：11（角采）　16. AⅡi：13（角采）　17. AⅡj：1（83 角B）　18. AⅡj：2（角采）　19. AⅡj：3（角采）

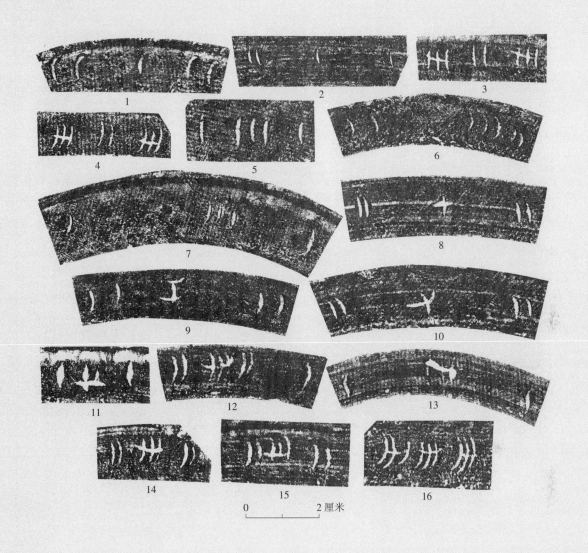

1. AⅢa：1（角采） 2. AⅢa：3（83角B） 3. AⅢb：2（2000YJ采） 4. AⅢb：4（2000YJT0743②） 5. AⅢc：3（83角B）
6. AⅢc：4（2000YJT0745②） 7. AⅢc：1（83角A） 8. AⅢd：2（角采） 9. AⅢe：2（2000YJ采） 10. AⅢd：1（角采）
11. AⅢe：1（2000YJY5） 12. AⅢf：1（角采） 13. AⅢf：13（2007YJT0644①） 14. AⅢf：2（角采） 15. AⅢf：4（角采）
16. AⅢf：12（角采）

拓片六五　陶片典型刻符

1. Ba：3（83 角 A）　2. Ba：4（83 角 B）　3. Ba：26（83 角 B）　4. Ba：41（角采）　5. Ba：42（2000YJT0645③）　6. Ba：43（83 角 B）　7. Ba：63（2000YJ 采）　8. Ba：64（83 角 A）　9. Ba：78（2000YJ 采）　10. Ba：74（83 角 B）　11. Ba：75（2000YJ 采）　12. Ba：80（83 角 B）　13. Bb：1（角采）　14. Bb：3（83 角 A）　15. Bb：7（角采）　16. Bb：34（2000YJT0644②）　17. Bb：46（角采）　18. Bb：51（2000YJY2）　19. Bc：4（角采）　20. Bc：26（2003YJH15）　21. Bc：6（2000YJ 采）　22. Bc：18（角采）　23. Bc：20（2000YJT0644②）　24. Bc：10（2000YJT0644②）

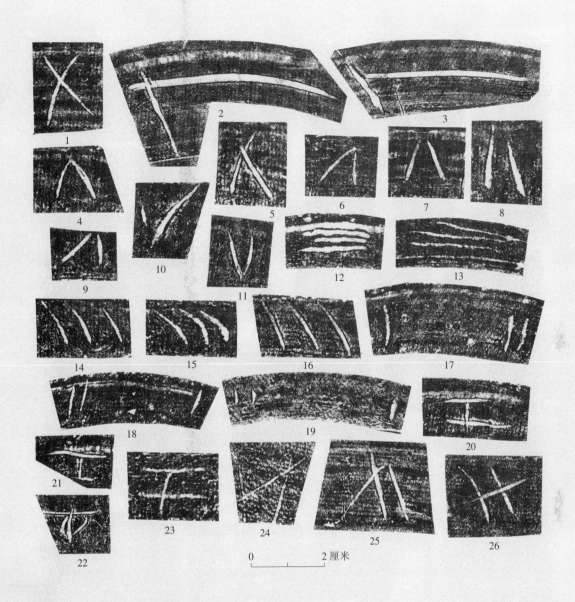

0   2厘米

1. Bc：27（83 角 A）　2. Bd：3（83 角 A）　3. Bd：2（83 角 B）　4. Be：1（2000YJ 采）　5. Be：2（2000YJT0645②）　6. Be：3（2000YJT0644②）　7. Be：21（2000YJT0644②）　8. Be：19（2000YJT0644①）　9. Be：20（2000YJT0543②）　10. Be：27（83 角 B）　11. Be：26（83 板 T1①）　12. Bf：1（角采）　13. Bf：2（83 角 B）　14. Bf：20（2000YJT0743②）　15. Bf：16（2000YJT0543②）　16. Bf：9（2000YJT0543②）　17. Bg：1（角采）　18. Bg：2（83 角 B）　19. Bg：3（2000YJ 采）　20. Bh：1（角采）　21. Bh：2（2003YJ 采）　22. Bh：5（2000YJT5938③）　23. Bh：3（2000YJT0645②）　24. Bh：6（2003YJH17）　25. Bh：7（2000YJT5937④）　26. Bh：10（2003YJH11）

拓片六七　陶片典型刻符

0   2 厘米

1. Bh：12（83 角 B）　2. Bh：14（83 角 A）　3. Bh：15（2000YJ 采）　4. Bh：13（2003YJH18）　5. Bh：16（2003YJH11）
6. Bh：18（2000YJT0644②）　7. Bh：22（2007YJH42①）　8. Bh：4（2003YJH11）　9. Bi：1（2000YJY6）　10、11. Bh：17
（2003YJH11）（对称组符）　12. Bi：10（角采）　13. Bi：7（83 角 A）　14. Bi：22（2007YJT0544 ①）　15. Bj：15
（2000YJT0744②）　16. Bj：1（2000YJH10）　17. Bj：19（角采）　18. Bj：18（2000YJT0643②）　19. Bk：1（角采）　20. Bk：2（角
采）　21. Bk：5（角采）　22. Bk：6（2003YJH20）

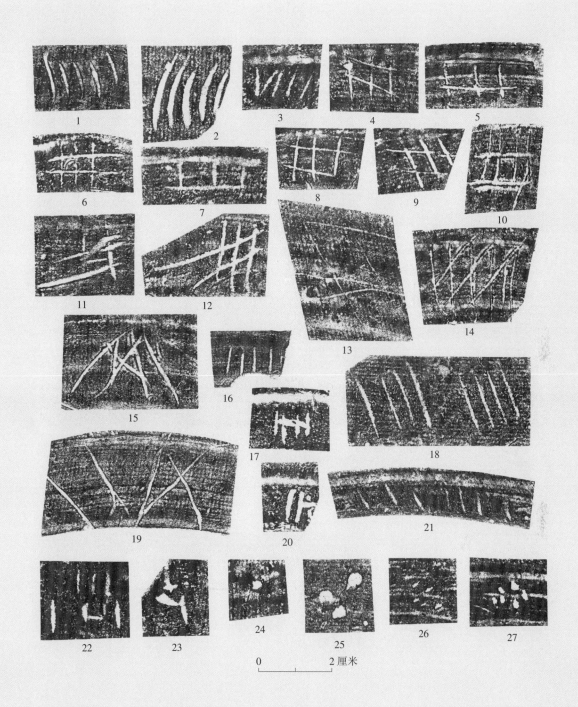

0 ⊢————⊣ 2 厘米

1. Bl：1（2003YJH15）　　2. Bl：2（2000YJT5938③）　　3. Bl：3（2000YJ 采）　　4. Bm：4（2000YJT0644②）　　5. Bm：7
（2000YJT0644②）　6. Bm：10（83 角采）　7. Bm：21（2000YJT0743②）　8. Bm：19（2000YJT0743②）　9. Bm：20（2000YJ
采）　10. Bm：22（83 角 A）　11. Bm：24（83 板 T1）　12. Bm：23（2000YJY6）　13. Bm：25（2000YJY6）　14. Bm：26
（2003YJH11）　15. Bo：2（2000YJY6）　16. Bn：3（2000YJT0543②）　17. Bn：2（83 角 B）　18. Bp：2（2003YJH17）
19. Bo：1（2000YJY6）　20. Bn：1（2000YJY6）　21. Bp：1（83 角 A）　22. Bq：2（2000YJ 采）　23. Bq：1（2000YJT0645②）
24. Br：1（83 角 B）　25. Br：2（83 角 A）　26Br：6（83 角 B）　27. Br：7（83 角 A）

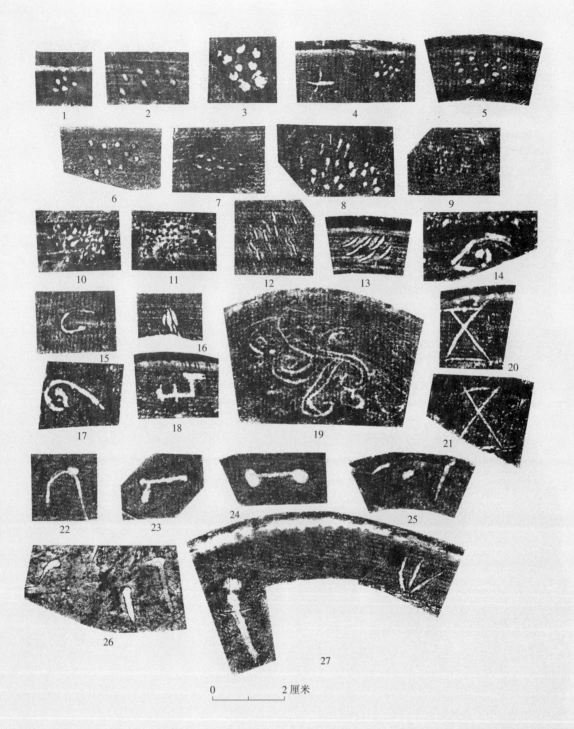

0   2厘米

1. Br：4（83角B） 2. Br：10（83角B） 3. Br：12（83角A） 4. Br：13（83角A） 5. Br：14（83角B） 6. Br：16（角采）
7. Br：18（83角B） 8. Br：19（83角A） 9. Br：20（角采） 10（外）、11（里）. Br：21（83角B）（里外对穿孔） 12. Bs：
2（角采） 13. Bs：6（83角B） 14. Bt：6（83角A） 15. Bt：3（2003YJY9） 16. Bt：7（83角A） 17. Bt：4（83角B）
18. Bu：3（角采） 19. Bt：5（2003YJH27） 20. Bu：1（角采） 21. Bu：2（83角A） 22. Bv：3（2003YJ采） 23. Bv：4
（83角B） 24. Bv：5（83角B） 25. Bv：2（83角B） 26. Bv：1（83角A） 27. Bv：6（2003YJ采）

拓片七〇　陶片典型刻符

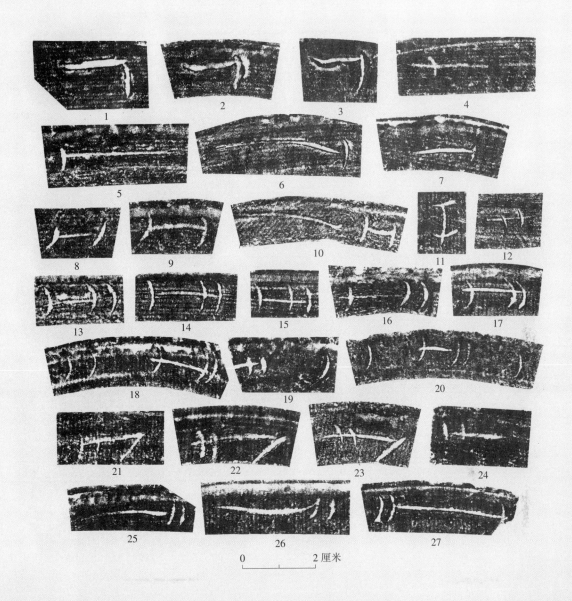

0   2 厘米

1. Ca：1（2000YJH10）　2. Ca：2（2000YJT5938②）　3. Ca：3（角采）　4. Ca：5（83 角 B）　5. Ca：7（角采）　6. Ca：9（角采）　7. Ca：10（83 角 A）　8. Cb：2（2000YJH7）　9. Cb：3（2000YJT0644②）　10. Cb：1（2000YJT0745②）　11. Cb：4（2000YJY7）　12. Cb：5（2000YJY6）　13. Cc：1（2000YJT0745②）　14. Cc：3（2003YJH19）　15. Cc：9（2000YJT0644②）　16. Cc：10（角采）　17. Cc：11（2000YJT0645②）　18. Cc：12（2000YJT0544②）　19. Cc：13（83 角 B）　20. Cc：21（2000YJT0544①）　21. Cd：9（2000YJT0744②）　22. Cd：10（2000YJT0645②）　23. Cd：11（2000YJ 采）　24. Ce：1（2000YJT0645②）　25. Ce：2（2000YJT0644②）　26. Ce：8（角采）　27. Cf：1（2000YJT0644②）

拓片七一　陶片典型刻符

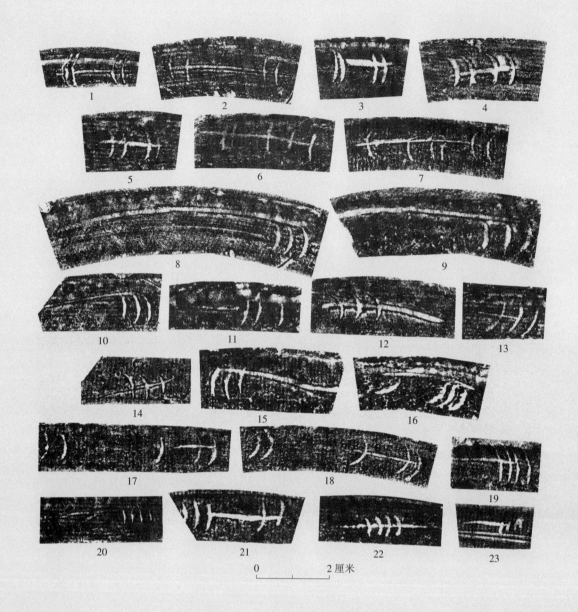

0   2厘米

1. Cg：1（2000YJ采）2. Cg：2（2000YJT0644②）3. Cg：3（角采）4. Cg：5（角采）5. Cg：7（角采）6. Cg：12（2000YJT0744②）7. Cg：13（2003YJY10）8. Ch：6（2000YJT0744②）9. Ch：23（2000YJT6039②）10. Ch：10（2000YJT0743②）11. Ch：11（角采）12. Ch：31（角采）13. Ch：36（2000YJT0743②）14. Ch：37（2000YJT0644②）15. Ch：30（2000YJT0744②）16. Ci：1（2000YJT6039①）17. Cj：6（2007T0544①）18. Cj：7（2007YJH42①）19. Ck：1（2000YJT0544②）20. Ck：2（2000YJ采）21. Cj：1（2000YJT0644②）22. Ck：4（2000YJT0745②）23. Ck：3（2000YJT0645②）

拓片七二　陶片典型刻符

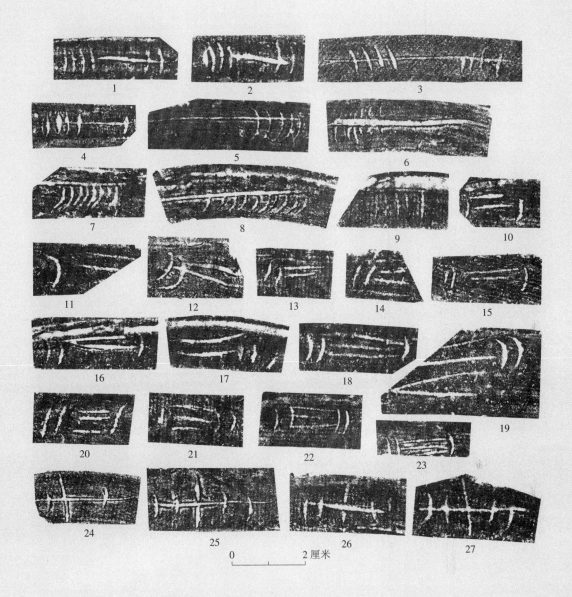

0   2厘米

1. Cl：2（2000YJT0645②）　2. Cl：3（2000YJT0645②）　3. Cl：4（83角A）　4. Cl：1（2003YJH40）　5. Cm：1（角采）
6. Cm：3（角采）　7. Cm：4（角采）　8. Cm：5（角采）　9. Cm：2（角采）　10. Cn：1（2000YJ采）　11. Cn：2（角采）
12. Cn：3（83角B）　13. Cn：4（83角B）　14. Cn：5（2000YJ采）　15. Cn：6（角采）　16. Cn：7（83角A）　17. Cn：8
（83角B）　18. Cn：10（83角B）　19. Cn：9（角采）　21. Cn：13（83角B）　22. Cn：14（2000YJ采）　23. Cn：12（83板
H1）　24. Co：1（2000YJG3）　25. Co：2（2003YJY10）　26. Co：6（2000YJ采）　27. Co：8（2000YJT0644②）

拓片七三　陶片典型刻符

0 _____ 2 厘米

1. Co：25（2007YJT0544①）　2. Co：15（2000YJT0744②）　3. Co：16（角采）　4. Cp：1（角采）　5. Cp：2（角采）　6. Cp：4（2000YJH10）　7. Cp：3（2000YJT0644②）　8. Co：23（2007YJ采）　9. Cp：5（2007YJT0544①）　10. Cq：1（角采）11. Cq：2（2000YJT0543②）　12. Cq：3（角采）　13. Cq：4（角采）　14. Cq：5（角采）　15. Cq：6（83角B）　16. Cq：7（2000YJ采）17. Cq：11（2007YJF5）　18. Cq：12（2003YJY9）　19. Cr：3（角采）　20. Cr：2（2003YJY9）　21. Cr：1（2000YJT0744②）22. Cr：4（角采）　23. Cr：5（83角B）　24. Cs：1（2000YJT0645②）　25. Cs：3（2000YJT0644②）　26. Cs：7（角采）27. Cs：8（2000YJ采）　28. Cs：9（2000YJY6）　29. Cs：10（2000YJY6）　30. Cs：11（83角B）　31. Cs：13（2000YJ采）

拓片七四　陶片典型刻符

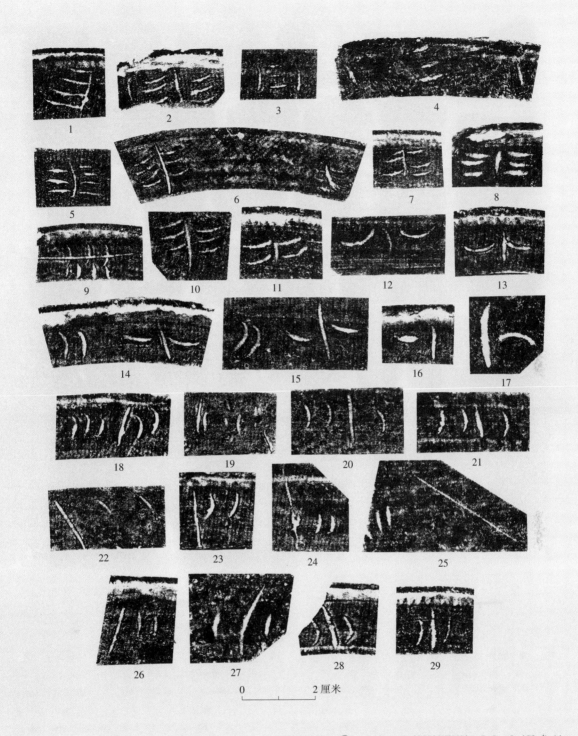

1. Cs：12（2000YJT0644②）　2. Cs：14（角采）　3. Cs：15（2000YJT0645②）　4. Cs：16（2003YJH40）　5. Ct：2（83 角 A）
6. Ct：1（2000YJY6）　7. Ct：4（角采）　8. Ct：5（角采）　9. Ct：3（角采）　10. Ct：6（2003YJH40）　11. Ct：7（2000YJ 采）
12. Ct：12（2000YJT5938②）　13. Ct：10（2000YJT5937②）　14. Ct：21（角采）　15. Ct：24（2000YJ 采）　16. Ct：25
（2003YJG5）　17. Ct：28（2000YJT5938①）　18. Cu：1（2000YJH10）　19. Cu：2（角采）　20. Cu：6（角采）　21. Cu：9
（2000YJH10）　22. Cu：13（角采）　23. Cu：14（角采）　24. Cu：15（2000YJT5938①）　25. Cu：16（2000YJH20）　26. Cu：
17（2000YJ 采）　27. Cu：20（2000YJH10）　28. Cu：21（2000YJ 采）　29. Cu：23（角采）

0   2厘米

1. AⅠa：124（2000YJY6：81） 2. AⅠa：127（2003YJY10：34） 3. AⅠb：291（2003YJH25：10） 4. AⅠb：284（2000YJY6：80）
5. AⅠb：292（2003YJH25：15） 6. AⅠc：124（86板H1：11） 7. AⅠc：128（2000YJH10：33） 8. AⅠc：131（2003YJH11：115）
9. AⅠc：137（2000YJY3：5） 10. AⅠc：139（2000YJY6：10） 11. AⅠd：15（2003YJY10：19） 12. AⅠe：13（86板H1：20）
13. AⅠc：141（86板H1：55） 14. AⅠf：152（86板H1：1） 15. AⅠf：153（86板H1：2） 16. AⅠf：155（86板H1：40）
17. AⅠf：157（83角采：20） 18. AⅠf：161（2003YJY10：17） 19. AⅠf：162（2003YJY10：20） 20. AⅠf：169（2003YJH11：
27） 21. AⅠf：171（2003YJH11：108） 22. AⅠf：173（2003YJH13：20） 23. AⅠg：33（86板H1：42） 24. AⅠg：34（83
板H1：19） 25. AⅠi：38（2003YJY10：1） 26. AⅠi：39（2000YJY3：2） 27. AⅠj：64（83板T1：10） 28. AⅠj：67
（2000YJH7：18） 29. AⅠj：69（2003YJH12：1） 30. AⅠk：40（2000YJH10：13） 31. AⅠm：4（2003YJY10：30） 32、
33. AⅠn：38（2000YJT0743①：1） 34. AⅠn：39（2000YJH7：43） 35. AⅠn：41（2003YJH11：75） 36. AⅠn：42
（2003YJH11：107） 37. AⅠn：43（2003YJH11：94） 38. AⅠp：9（2000YJT0744①：6） 39. AⅠq：4（83角A：3） 40. A
Ⅰr：10（2003YJY9：77）

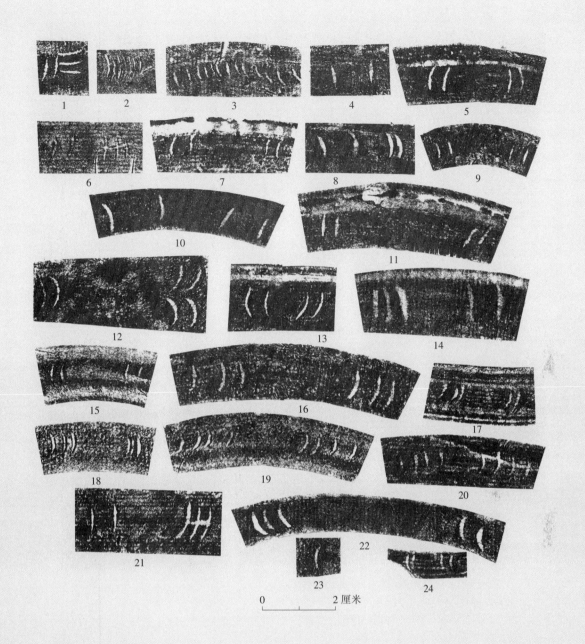

1. AⅠr：9（83板 H1：27） 2. AⅠs：3（2000YJH10：63） 3. AⅠu：6（83板 H1：42） 4. AⅡa：29（2003YJY9：72） 5. AⅡb：35（2003YJH15：12） 6. AⅡb：37（83角 A：54） 7. AⅡb：39（83角采：18） 8. AⅡb：40（2000YJY6：7） 9. AⅡb：45（2003YJY10：54） 10. AⅡb：44（2003YJY10：10） 11. AⅡb：49（2003YJH13：26） 12. AⅡb：41（2000YJH10：62） 13. AⅡb：50（2003YJH15：11） 14. AⅡc：30（2003YJY9：64） 15. AⅡb：51（83板 H1：43） 16. AⅡc：34（2003YJY9：40） 17. AⅡc：31（2000YJH10：35） 18. AⅡc：37（83板 H1：31） 19. AⅡe：2（2000YJH10：30） 20. AⅡd：21（2003YJH11：90） 21. AⅡh：8（83板 H1：35） 22. AⅡc：35（2003YJY9：45） 23. AⅡb：38（83角 B：31）（内腹） 24. AⅡb：38（83角 B：31）（口沿上）

拓片七七　完整器物典型刻符

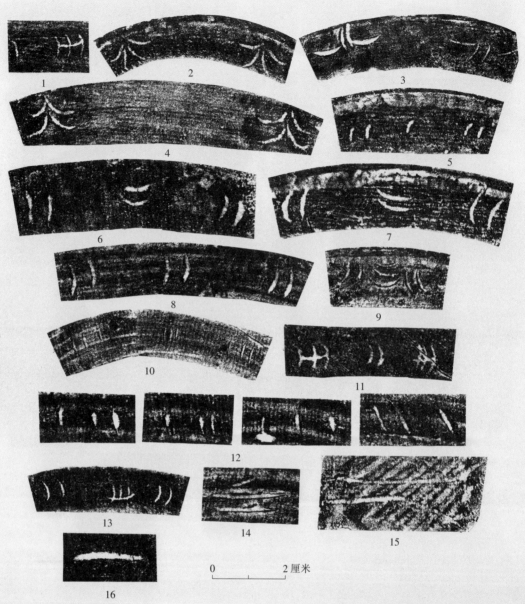

0   2厘米

1. AⅡh：9（2003YJH11：28） 2. AⅡk：1（83板H1：51） 3. AⅡl：1（2003YJH11：50） 4. AⅡk：2（86板H1：17）
5. AⅢa：8（2003YJY9：65） 6. AⅢb：5（2003YJH13：22） 7. AⅢb：6（2003YJH13：35） 8. AⅢb：9（2003YJY9：68）
9. AⅢc：11（2003YJY10：25） 10. AⅢc：13（2000YJY1：12） 11. AⅢf：20（2003YJY10：75） 12. AⅣa：1（2000YJT0744①：
8） 13. AⅢf：21（2003YJH13：8） 14. Bb：79（83角B：14） 15. Bb：82（2000YJH10：38） 16. Ba：102（86板H1：20）

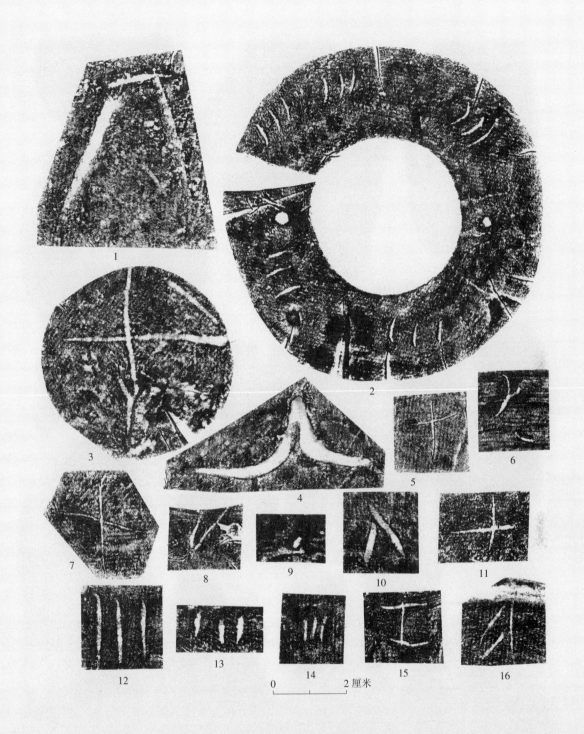

1. Bc：35（83 角 A：5）　2. AVa：1（83 板 H3：4）　3. Bc：36（83 角 A：23）　4. Be：65（86 角采：4）　5. Bc：37（83 角 A：
50）　6. Bc：39（2003YJH19：4）　7. Bc：42（86 板 H1：41）　8、9. Be：64（83 角 T1：17）（外沿下、内底）　10. Be：66
（2000YJT0644①：7）　11. Bc：41（2000YJT0645①：2）　12. Bf：48（2003YJY10：94）　13. Bf：49（2000YJH7：13）　14. Bf：
53（83 角采：16）　15. Bh：25（83 板 T1：12）　16. Bh：27（2003YJH13：17）

拓片八〇　完整器物典型刻符

1. Bf：46（2003YJH10：31）　2. Bh：26（2003YJY10：46）　3. Bi：23（83角A：36）　4. Bh：24（83角A：84）　5. Bh：29（2003YJY9：66）　6. Bh：28（2003YJH33：1）　7. Bi：24（83角A：32）　8. Bi：26（2003YJY10：67）　9. Bi：30（2003YJY10：60）　10. Bi：27（2003YJY10：65）　11. Bi：28（2003YJY10：28）　12. Bi：29（2003YJY10：61）

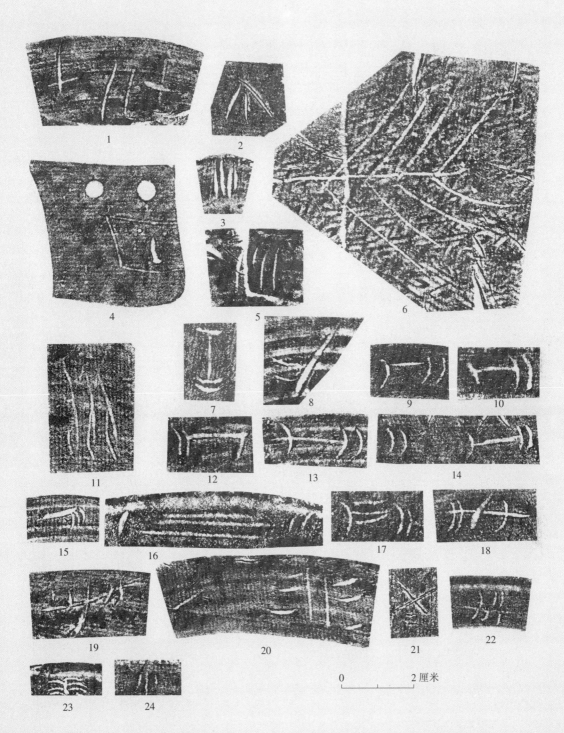

1. Bj：35（2000YJH7：33） 2. Bi：31（2003YJH19：1） 3. Bj：39（83角A：16） 4. Bt：10（2003YJH11：61） 5. Bj：36
（2003YJH27：2） 6. Bt：8（2003YJH11：59） 7. Cc：22（83板H1：50） 8. Cg：15（2003YJ采：5） 9. Cc：25
（2003YJY10：89） 10. Cc：28（2003YJH27：18） 11. Bt：9（2000YJT0644①：3） 12. Cd：32（2007YJT0645①：2） 13. Cc：26
（2003YJY10：38） 14. Cg：16（2007YJT0644①：1） 15. Ch：54（83角B：32） 16. Cn：21（83板H1：45） 17. Cn：22
（2007YJT0744①：2） 18. Co：28（2000YJT0645①：4） 19. Co：27（2007YJH42①：1） 20. Cs：20（2000YJH7：32）
21. Cq：13（2007YJH42②：2） 22. Ct：33（2003YJH11：95） 23. Ct：34（2003YJH29：4） 24. Ct：35（2000YJY1：15）

拓片八一 完整器物典型刻符

彩版

角山

1. 角山全景（南—北）

2. 角山全景（北—南）

彩版一　角山全景

童家镇

张家

角山

角山窑址

童家河

角山徐家

古河道

彩版二　角山窑址卫星图

彩版三　A区全景（东南—西北）

1. 网坠（2000YJT5937①：2）

2. 网坠（2000YJT6038②：5、1）

3. 石镞（2000YJT6038②：3）

4. Y4（东南—西北）

彩版四　A区·地层出土网坠、石镞及龙窑遗迹Y4

1. Y6（西南—东北）

2. Y6（南—北）

彩版五　A区·Y6

1. 2000YJY6：5

2. 2000YJY6：13

彩版六　A区・Y6出土瓿形器

1. 釜（2000YJY6：77）

2. 高领鼓肩罐（2000YJY6：103）

3. 高领鼓肩罐（2000YJY6：11）

4. 高领鼓肩罐（2000YJY6：3）

5. 高领鼓肩罐（2000YJY6：2）

6. 高领鼓肩罐（2000YJY6：88）

彩版七　A区·Y6出土釜、罐

1. 矮领鼓肩罐（2000YJY6：85）

2. 垂腹罐（2000YJY6：14）

3. 直腹罐（2000YJY6：15）

4. 器盖（2000YJY6：94）

5. 器盖（2000YJY6：96）

6. 盆（2000YJY6：17）

彩版八　A区·Y6出土罐、器盖、盆

1. 2000YJY6：104

2. 2000YJY6：83

3. 2000YJY6：105

4. 2000YJY6：90

5. 2000YJY6：9

彩版九　A区·Y6出土三足盘

1. 2000YJY6：110

2. 2000YJY6：7

3. 2000YJY6：93

4. 2000YJY6：89

5. 2000YJY6：82

6. 2000YJY6：81

彩版一〇　A区·Y6出土盔形钵

1. 2000YJY6：80

2. 2000YJY6：91

3. 2000YJY6：95

4. 2000YJY6：106

彩版一一　A区・Y6出土盔形钵

1. 带把钵（2000YJY6：84）

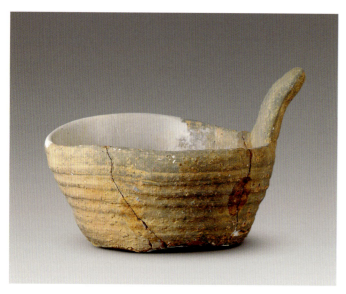

2. 带把钵（2000YJY6：98）

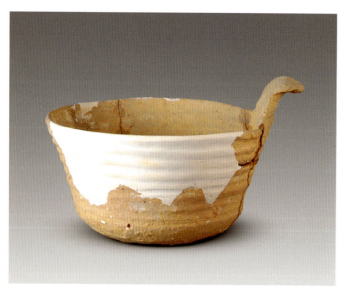

3. 带把钵（2000YJY6：79）

4. 平底钵（2000YJY6：1）

5. 平底钵（2000YJY6：10）

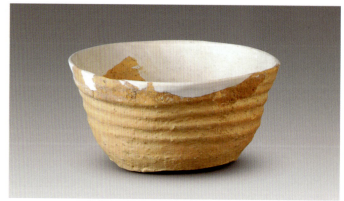

6. 平底钵（2000YJY6：86）

彩版一二　A区·Y6出土钵

1. 盉（2000YJY6：4）

2. 杯（2000YJY6：6）

3. 杯（2000YJY6：12）

4. 杯（2000YJY6：92）

5. 网坠（2000YJY6：16）

6. 陶垫（2000YJY6：97）

彩版一三　A区·Y6出土盉、杯、网坠、陶垫

1. 2000YJH10：16

3. 2000YJH10：53

2. 2000YJH10：52

4. 2000YJH10：23

彩版一四　A区・H10出土瓿形器

1. 釜（2000YJH10：50）

2. 釜（2000YJH10：59）

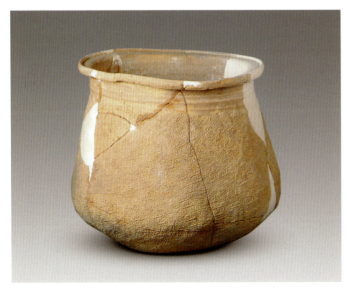

3. 釜（2000YJH10：118）

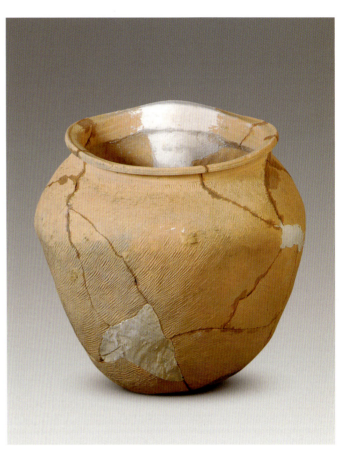

4. 瓮（2000YJH10：40）

5. 坛（2000YJH10：51）

彩版一五　A区·H10出土釜、瓮、坛

1. 高领鼓肩罐（2000YJH10∶13）

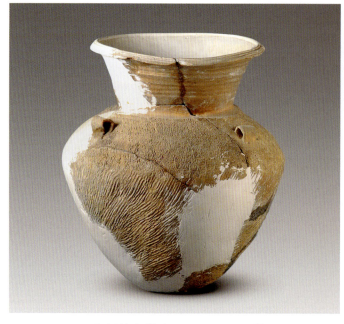

4. 高领鼓肩罐（2000YJH10∶18）

2. 高领鼓肩罐（2000YJH10∶25）

5. 高领鼓肩罐（2000YJH10∶61）

3. 高领鼓肩罐（2000YJH10∶20）

6. 鼓腹罐（2000YJH10∶113）

彩版一六　A区·H10出土罐

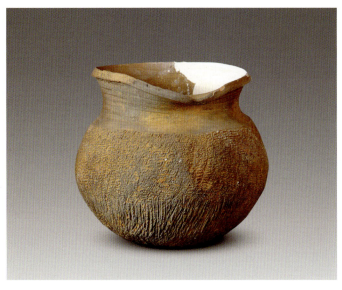

1. 鼓腹罐（2000YJH10：37）

4. 鼓腹罐（2000YJH10：115）

2. 鼓腹罐（2000YJH10：80）

5. 垂腹罐（2000YJH10：54）

3. 鼓腹罐（2000YJH10：19）

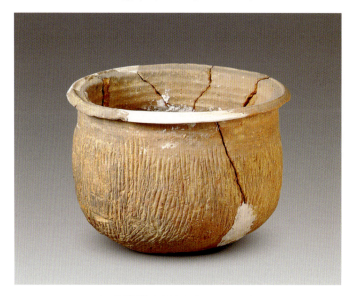

6. 直腹罐（2000YJH10：49）

彩版一七　A区·H10出土罐

1. 器盖（2000YJH10：67）

3. 三足盘（2000YJH10：65）

4. 三足盘（2000YJH10：7）

2. 三足盘（2000YJH10：36）

5. 三足盘（2000YJH10：8）

彩版一八　A区·H10出土器盖、三足盘

2. 三足盘（2000YJH10：11）

1. 三足盘（2000YJH10：55）

3. 三足盘（2000YJH10：26）

4. 三足盘（2000YJH10：66）

5. 三足盘（2000YJH10：29）

彩版一九　A区·H10出土三足盘

1. 2000YJH10：33

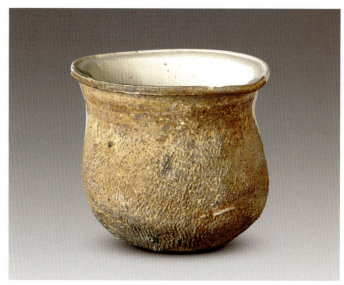

2. 2000YJH10：68

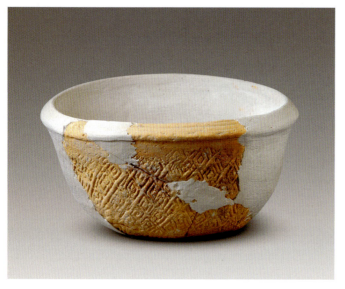

3. 2000YJH10：69

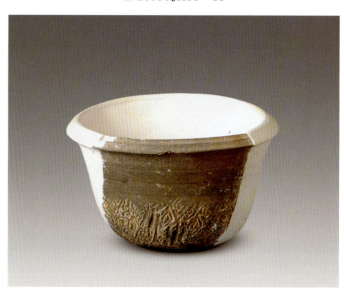

4. 2000YJH10：117

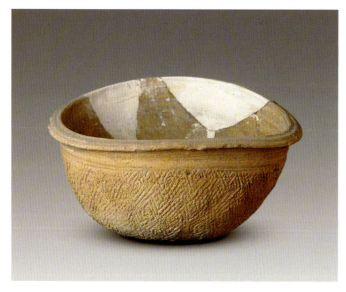

5. 2000YJH10：2

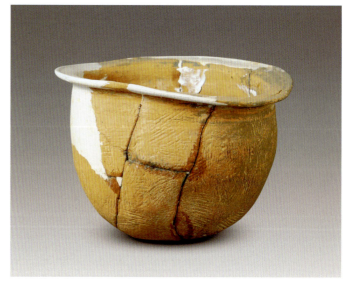

6. 2000YJH10：43

彩版二〇　A区・H10出土盔形钵

1. 盔形钵（2000YJH10：114）

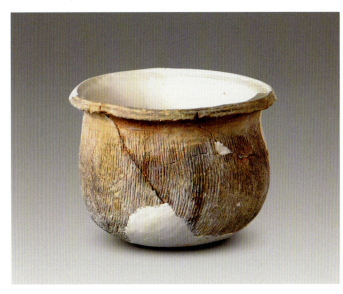

2. 盔形钵（2000YJH10：116）

3. 带把钵（2000YJH10：63）

4. 带把钵（2000YJH10：42）

5. 盂（2000YJH10：1）

6. 插座（2000YJH10：12）

彩版二一　A区·H10出土钵、盂、插座

1. 平底钵（2000YJH10：70）

3. 平底钵（2000YJH10：62）

2. 平底钵（2000YJH10：22）

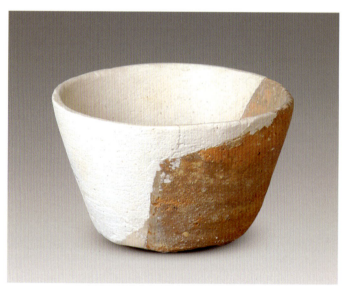

4. 平底钵（2000YJH10：64）

5. 鬶（2000YJH10：41）

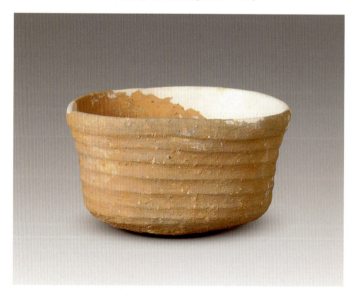

6. 平底钵（2000YJH10：39）

彩版二二　A区·H10出土平底钵、鬶

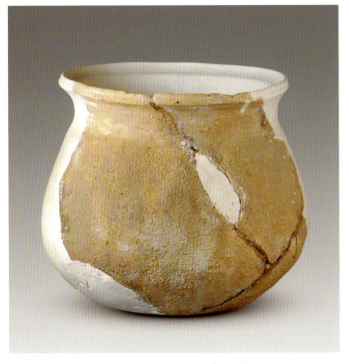

1. 釜（2000YJT0543①：1）

4. 甑形器（2000YJT0644①：1）

2. 直腹罐（2007YJT0544①：2）

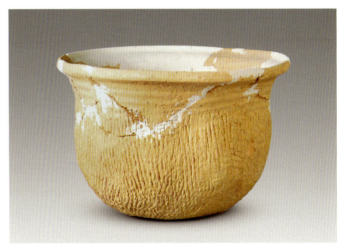

5. 直腹罐（2000YJT0644①：8）

3. 平底钵（2007YJT0544①：1）

6. 器盖（2000YJT0644①：3）

彩版二三　B区·地层出土釜、罐、平底钵、甑形器、器盖

1. 平底钵（2000YJT0644①：4）

2. 平底钵（2000YJT0644①：7）

3. 平底钵（2000YJT0644①：9）

4. 盂（2000YJT0644①：2）

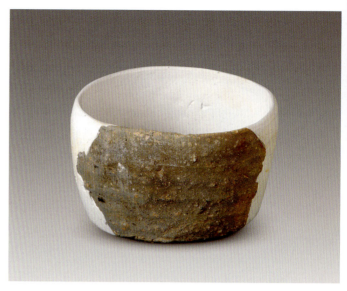

5. 平底钵（2007YJT0644①：7）

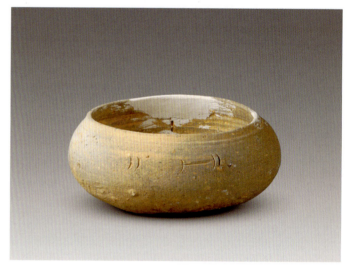

6. 平底钵（2007YJT0644①：1）

7. 三足盘（2007YJT0644①：12）

彩版二四　B区·地层出土平底钵、盂、三足盘

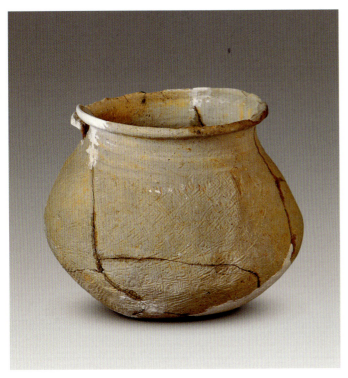

1. 垂腹罐（2000YJT0645①：6）

2. 斝（2000YJT0645①：5）

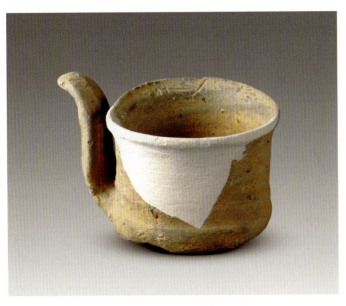

3. 盅（2000YJT0645①：13）

4. 陶垫（2000YJT0645①：9）

彩版二五　B区·地层出土垂腹罐、斝、盅、陶垫

1. 2000YJT0645①：7

5. 2000YJT0645①：1

2. 2000YJT0645①：10

6. 2000YJT0645①：4

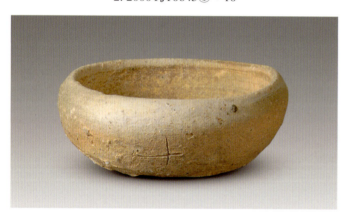

3. 2000YJT0645①：2

4. 2000YJT0645①：12

7. 2000YJT0645①：3

彩版二六　B区·地层出土平底钵

1. 三足盘（2007YJT0645①：1）

2. 三足盘（2007YJT0645①：2）

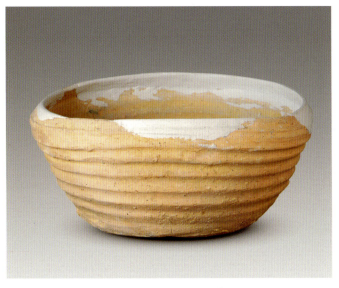

3. 平底钵（2007YJT0645①：3）

4. 觚形杯（2007YJT0645①：4）

5. 陶拍（2007YJT0645①：8）

6. 陶拍（2007YJT0645①：8）

彩版二七　B区·地层出土三足盘、平底钵、觚形杯、陶拍

1. 石锛（2000YJT0743①：3）

2. 石镞（2000YJT0744①：3）

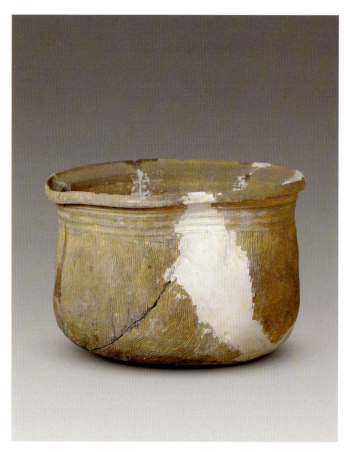

4. 釜（2000YJT0744①：11）

3. 甊形器（2000YJT0743①：2）

5. 支座（2000YJT0744①：13）

彩版二八　B区·地层出土石锛、镞，甊形器、釜、支座

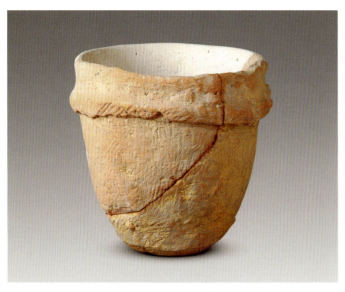

1. 缸（2000YJT0744①：5）

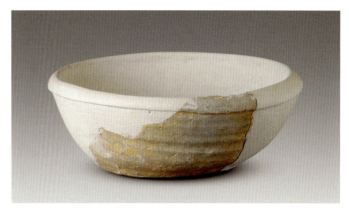

2. 平底钵（2000YJT0744①：2）

3. 平底钵（2000YJT0744①：6）

4. 平底钵（2000YJT0744①：8）

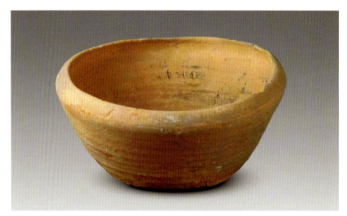

5. 平底钵（2000YJT0744①：7）

6. 盉（2000YJT0744①：9）

7. 盂（2000YJT0744①：4）

彩版二九　B区·地层出土缸、平底钵、盉、盂

1. 三足盘（2007YJT0744①：10）

3. 平底钵（2007YJT0744①：4）

2. 平底钵（2007YJT0744①：1）

4. 豆（2007YJT0744①：2）

5. 网坠（2007YJT0744①：7）

彩版三〇　B区·地层出土三足盘、平底钵、豆、网坠

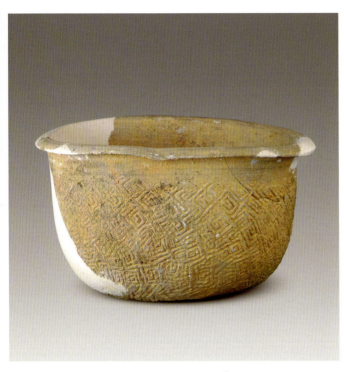

1. 直腹罐（2000YJT0745①：3）

3. 平底钵（2000YJT0745①：6）

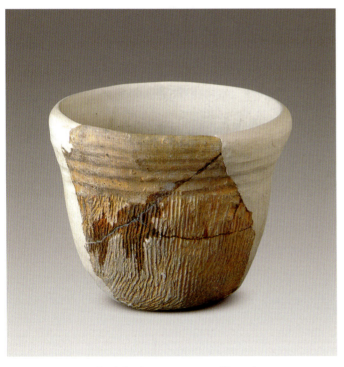

2. 盉形钵（2000YJT0745①：1）

4. 平底钵（2000YJT0745①：4）

5. 平底钵（2000YJT0745①：2）

彩版三一　B区·地层出土直腹罐、钵

1. 平底钵（2007YJY7：5）

2. 平底钵（2007YJH9：1）

3. H40坑底白泥（东北—西南）

彩版三二　B区·Y7、H9出土平底钵及H40坑底白泥

1. 甂形器（2003YJH40：4）

2. 斝（2003YJH40：9）

3. 纺轮（2003YJH40：10）

4. 刀（2003YJH40：14）

5. 刀（2003YJH40：15）

6. 陶垫（2003YJH40：7）

彩版三三　B区·H40出土甂形器、斝、纺轮、刀、陶垫

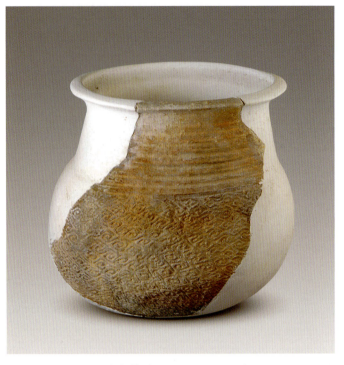

1. 垂腹罐（2003YJH40：17）

4. 豆（2003YJH40：16）

2. 平底钵（2003YJH40：5）

5. 盂（2003YJH40：11）

3. 平底钵（2003YJH40：8）

6. 杯（2003YJH40：12）

彩版三四　B区·H40出土垂腹罐、平底钵、豆、盂、杯

1. 2007YJTH42①：3

2. 2007YJTH42①：1

3. 2007YJH42②：1

4. 2007YJH42②：3

1. F4全景
（西北—东南）

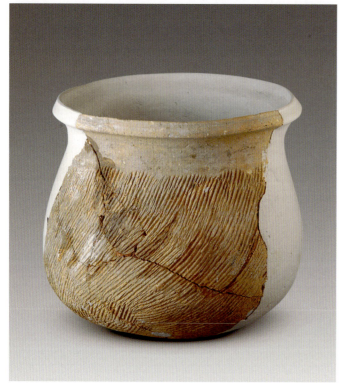

2. 直腹罐（2007YJF4：1）

3. 平底钵（2007YJF4：3）

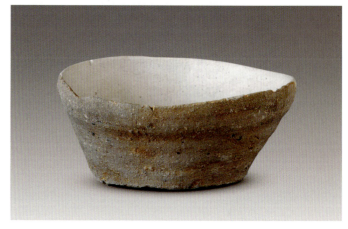

4. 平底钵（2007YJF4：2）

彩版三六　B区·F4全景及其出土直腹罐、平底钵

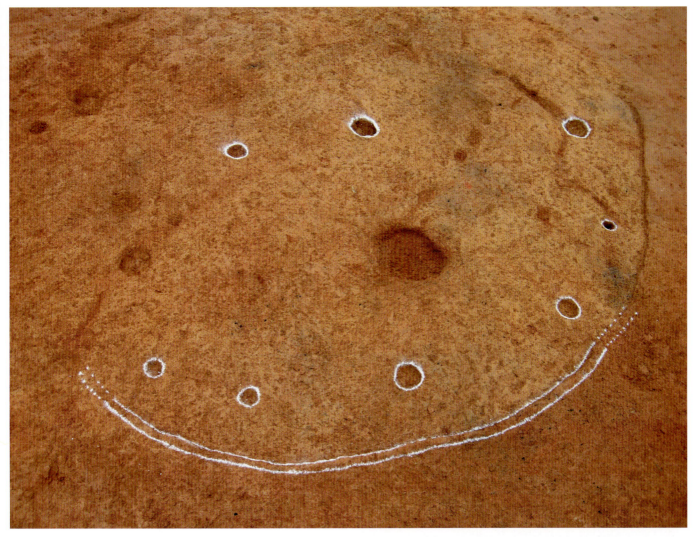

1. F6全景（东北—西南）

2. 石矛（2007YJF6∶1）

彩版三七　B区·F6全景及其出土石矛

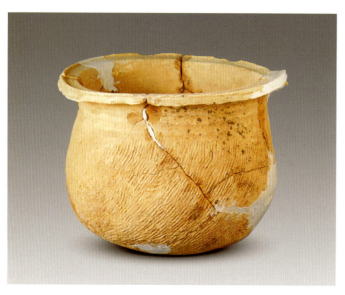

1. 直腹罐（2000YJ采：1）

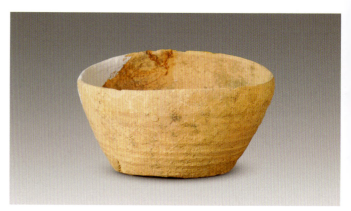

4. 平底钵（2000YJ采：3）

5. 平底钵（2000YJ采：4）

2. 直腹罐（2000YJ采：2）

6. 纺轮（2007YJ采：2）

3. 三足盘（2000YJ采：8）

7. 陶垫（2000YJ采：6）

彩版三八　B区·2000、2007年采集直腹罐、三足盘、平底钵、纺轮、陶垫

1. C I 区（东北—西南）

2. C II 区（西南—东北）

彩版三九　C区局部

1. 石锛（83板T1：1）

2. 石锛（83板T1：8）

3. 石锛（83板T1：7）

4. 网坠（83板T1：6）

5. 石坯料（2003YJT3523①：1）

6. 石镞（2000YJT4429②：1）

彩版四〇　C区·地层出土石锛、坯料、镞，网坠

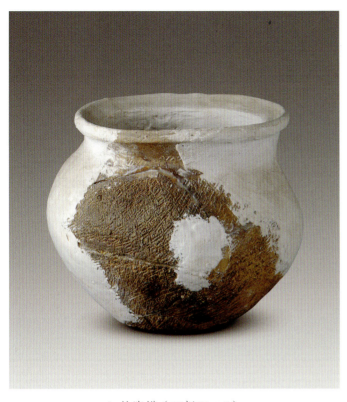

1. 鼓腹罐（83板T1：3）

2. 三足盘（83板T1：4）

3. 三足盘（83板T1：12）

4. 三足盘（83板T1：10）

彩版四一　C区·83板T1出土鼓腹罐、三足盘

1. 盔形钵（83板T1：9）

2. 盔形钵（83板T1：5）

3. 盔形钵（83板T1：2）

4. 盂（83板T1：17）

彩版四二　C区·83板T1出土盔形钵、盂

1. 2000YJY1：6   2. 2000YJY1：28   3. 2000YJY1：30

4. 2000YJY1：2   5. 2000YJY1：3   6. 2000YJY1：18

7. 2000YJY1：13   8. 2000YJY1：4

彩版四三　C区·Y1出土石镞

1. 垂腹小罐（2000YJY1：7）

4. 勺（2000YJY1：32）

2. 三足盘（2000YJY1：15）

5. 尊（2000YJY1：26）

3. 盂（2000YJY1：34）

彩版四四　C区·Y1出土垂腹小罐、三足盘、盂、勺、尊

1. 盔形钵（2000YJY1：27）

2. 平底钵（2000YJY1：12）

3. 平底钵（2000YJY1：14）

4. 平底钵（2000YJY1：33）

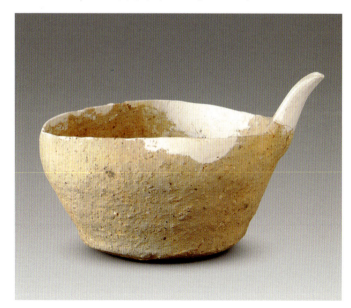

5. 带把钵（2000YJY1：19）

彩版四五　C区・Y1出土钵

1. 纺轮（2000YJY1：16）

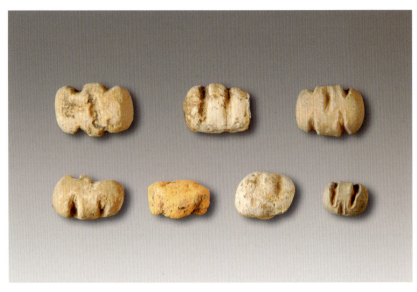

4. 网坠（2000YJY1：24、10、29［上］，22、21、11、8［下］）

2. 纺轮（2000YJY1：1）

3. 纺轮（2000YJY1：9）

5. 陶拍（2000YJY1：31）

1. 石镞（2000YJY3：11）

2. 砺石（2000YJY3：8）

3. 砺石（2000YJY3：13）

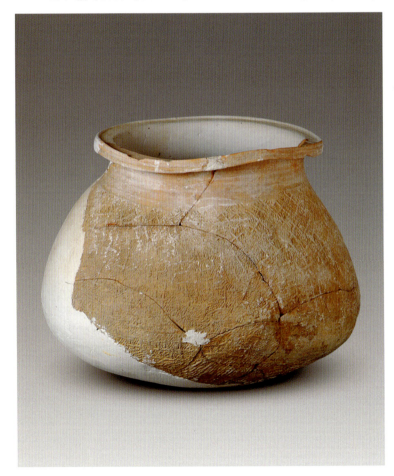

4. 釜（2000YJY3：3）

5. 器盖（2000YJY3：24）

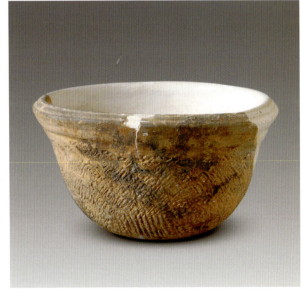

6. 盔形钵（2000YJY3：12）

彩版四七　C区·Y3出土石镞、砺石，釜、器盖、盔形钵

1. 网坠（2000YJY3：9、26［上］，18、10、1［中］，17、22、15［下］）

2. 网坠（2000YJY3：19、25、21［上］，6、20、23［中］，16、4［下］）

3. 陶垫（2000YJY3：5）

4. 陶垫（2000YJY3：14）

彩版四八　C区·Y3出土网坠、陶垫

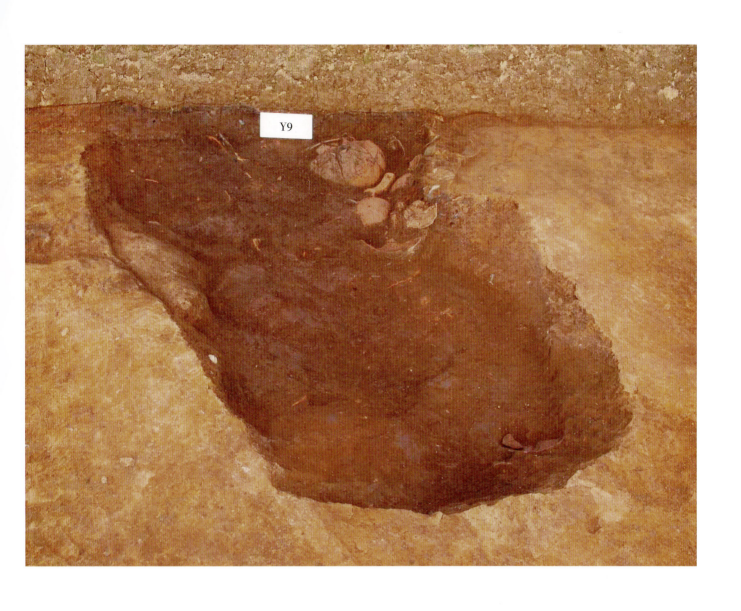

Y9

彩版四九　C区·Y9（西—东）

3. 石镞（2003YJY9：32）

4. 石凿（2003YJY9：2）

1. 石斧（2003YJY9：53） 　　2. 石镞（2003YJY9：27） 　　5. 石镞（2003YJY9：63、17、13）

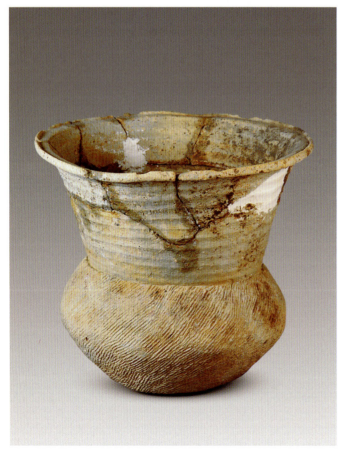

6. 甗形器（2003YJY9：44）

7. 甗形器（2003YJY9：84）

彩版五〇　C区·Y9出土石斧、镞、凿，甗形器

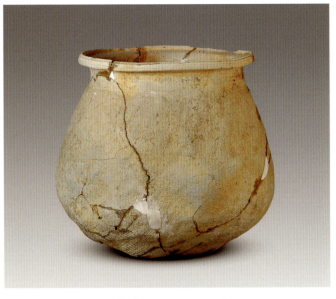

1. 釜（2003YJY9：45）

2. 釜（2003YJY9：67）

3. 釜（2003YJY9：95）

4. 支座（2003YJY9：7）

5. 鼓腹小罐（2003YJY9：49）

6. 直腹罐（2003YJY9：79）

彩版五一　C区・Y9出土釜、支座、罐

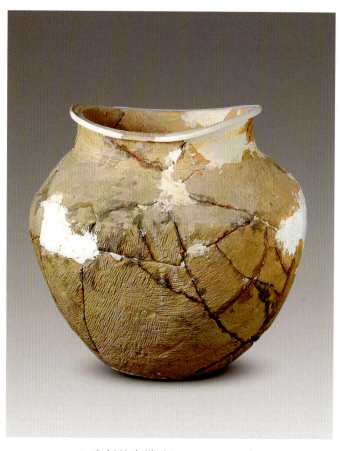

1. 高领鼓肩罐（2003YJY9：43）

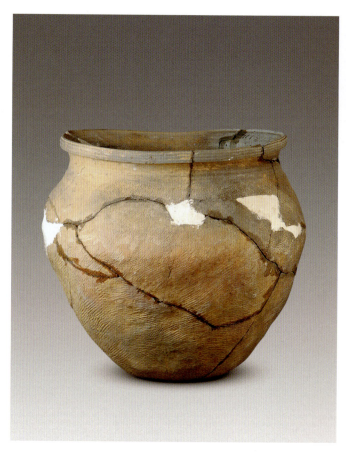

2. 矮领鼓肩罐（2003YJY9：77）

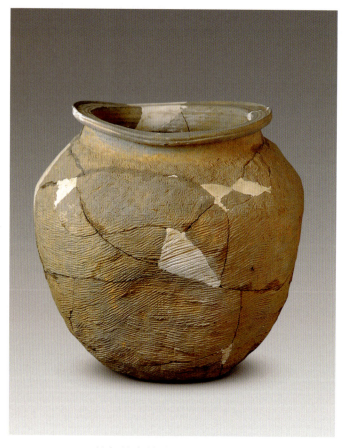

3. 矮领鼓肩罐（2003YJY9：33）

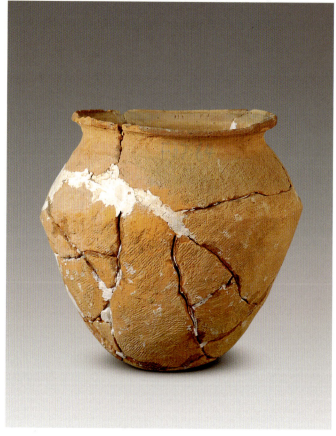

4. 矮领鼓肩罐（2003YJY9：64）

彩版五二　C区·Y9出土罐

1. 器盖（2003YJY9：56）

2. 器盖（2003YJY9：74）

3. 器盖（2003YJY9：69）

4. 器盖（2003YJY9：94）

5. 盖碗（2003YJY9：91）

6. 三足盘（2003YJY9：21）

彩版五三　C区·Y9出土器盖、盖碗、三足盘

1. 2003YJY9：57

2. 2003YJY9：31

3. 2003YJY9：65

4. 2003YJY9：38

5. 2003YJY9：55

6. 2003YJY9：8

彩版五四　C区·Y9出土三足盘

1. 2003YJY9：11

2. 2003YJY9：66

3. 2003YJY9：73

4. 2003YJY9：9

5. 2003YJY9：68

6. 2003YJY9：22

7. 2003YJY9：80

8. 2003YJY9：59

彩版五五　C区·Y9出土平底钵

1. 带把钵（2003YJY9：54）

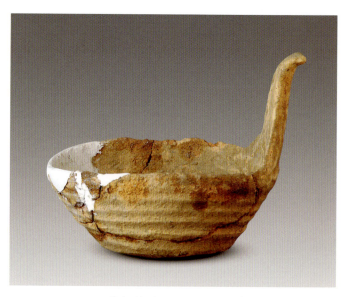

2. 带把钵（2003YJY9：23）

3. 豆（2003YJY9：25）

4. 壶（2003YJY9：75）

5. 豆（2003YJY9：20）

6. 豆（2003YJY9：83）

彩版五六　C区·Y9出土带把钵、豆、壶

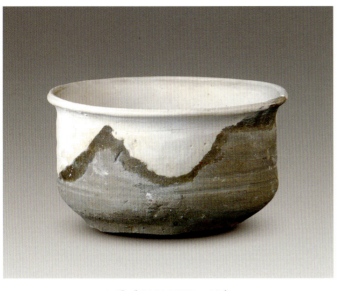

1. 盂（2003YJY9：30）

2. 盂（2003YJY9：82）

3. 盂（2003YJY9：5）

5. 尊（2003YJY9：40）

4. 杯（2003YJY9：86）

彩版五七　C区·Y9出土盂、杯、尊

1. 纺轮（2003YJY9：81）

2. 陶垫（2003YJY9：29）

3. 网坠（2003YJY9：58、1、78［上］，14、15、51［中］，52、18、88［下］）

4. 陶拍（2003YJY9：41）

5. 陶拍（2003YJY9：41）

彩版五八　C区·Y9出土纺轮、陶垫、网坠、陶拍

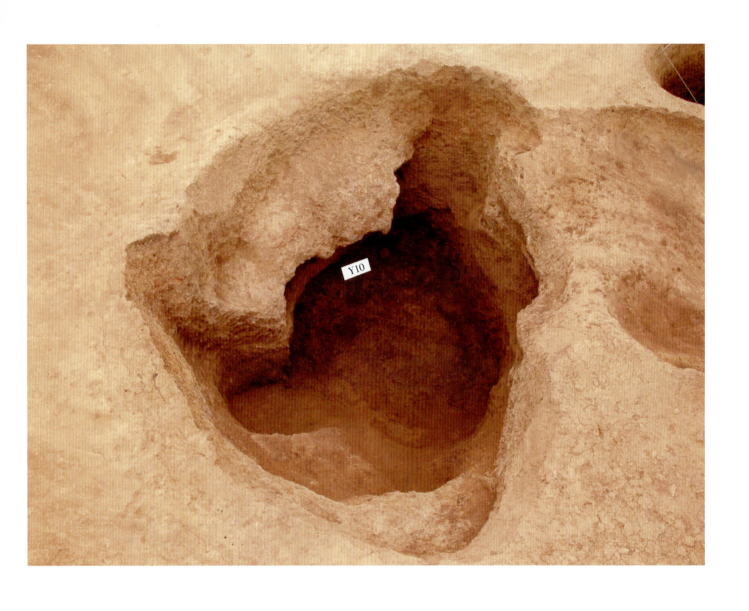

彩版五九　C区・Y10（北—南）

1. 石锛（2003YJY10：13）

2. 石镞（2003YJY10：102）

3. 石镞（2003YJY10：84）

4. 石镞（2003YJY10：95、101、87）

5. 石饼（2003YJY10：6）

6. 石饰件（2003YJY10：76）

彩版六〇　C区·Y10出土石锛、镞、饼、饰件

1. 2003YJY10：62

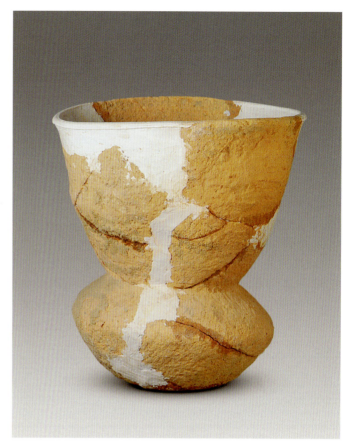

2. 2003YJY10：63

3. 2003YJY10：92

4. 2003YJY10：71

彩版六一　C区·Y10出土瓿形器

1. 2003YJY10：149

2. 2003YJY10：38

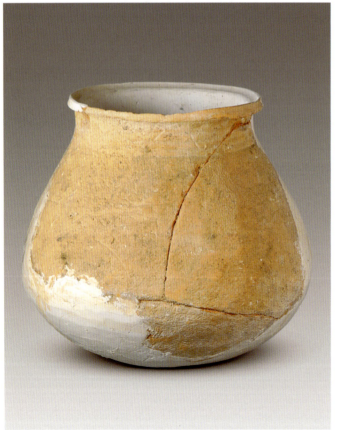

3. 2003YJY10：40

4. 2003YJY10：4

彩版六二　C区·Y10出土釜

1. 2003YJY10：112

2. 2003YJY10：114

3. 2003YJY10：116

4. 2003YJY10：115

5. 2003YJY10：113

6. 2003YJY10：85

彩版六三　C区・Y10出土支座

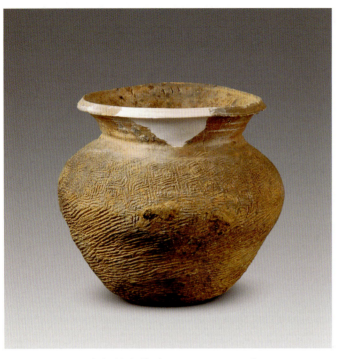

1. 高领鼓肩罐（2003YJY10：17）

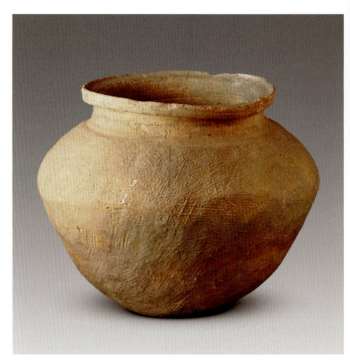

2. 矮领鼓肩罐（2003YJY10：33）

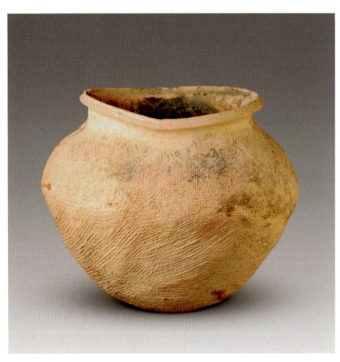

4. 矮领鼓肩罐（2003YJY10：144）

3. 矮领鼓肩罐（2003YJY10：10）

5. 矮领鼓肩罐（2003YJY10：143）

彩版六四　C区·Y10出土罐

1. 鼓腹罐（2003YJY10：27）

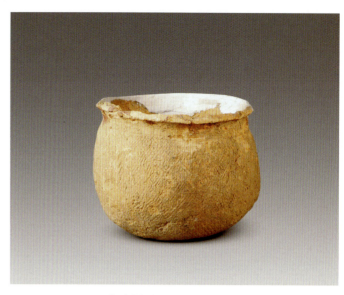

2. 鼓腹罐（2003YJY10：66）

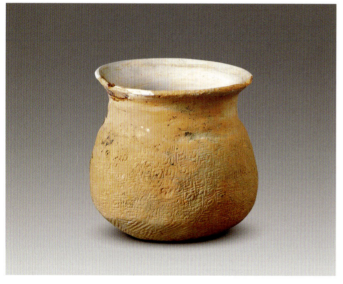

3. 垂腹罐（2003YJY10：52）

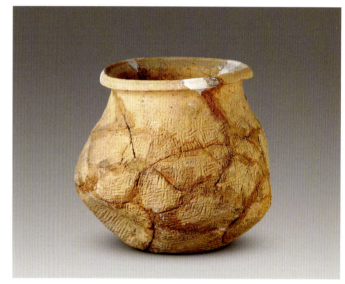

4. 垂腹罐（2003YJY10：22）

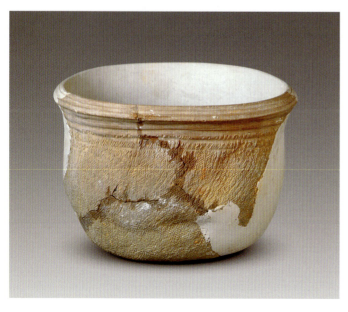

5. 直腹罐（2003YJY10：151）

彩版六五　C区·Y10出土罐

1. 器盖（2003YJY10：105）

2. 盘（2003YJY10：152）

3. 筒形器（2003YJY10：109）

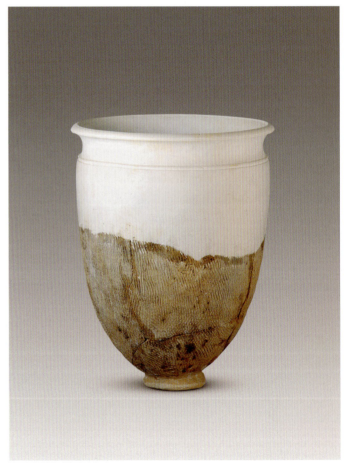

4. 缸（2003YJY10：31）

彩版六六　C区·Y10出土器盖、盘、筒形器、缸

1. 2003YJY10：34

2. 2003YJY10：46

3. 2003YJY10：48

4. 2003YJY10：67

5. 2003YJY10：91

6. 2003YJY10：89

彩版六七　C区·Y10出土三足盘

1. 三足盘（2003YJY10：54）

2. 三足盘（2003YJY10：28）

3. 三足盘（2003YJY10：79）

4. 三足盘（2003YJY10：47）

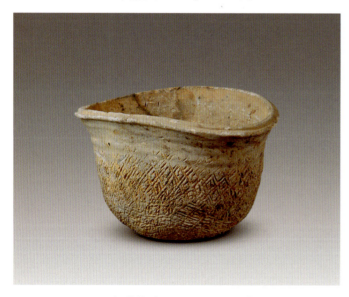

5. 盔形钵（2003YJY10：19）

6. 盔形钵（2003YJY10：16）

彩版六八　C区·Y10出土三足盘、盔形钵

1. 2003YJY10：99

2. 2003YJY10：80

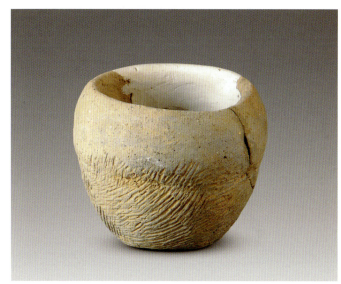

3. 2003YJY10：30

4. 2003YJY10：106

5. 2003YJY10：42

6. 2003YJY10：78

彩版六九　C区·Y10出土平底钵

1. 平底钵（2003YJY10：77）

2. 带把钵（2003YJY10：36）

3. 带把钵（2003YJY10：20）

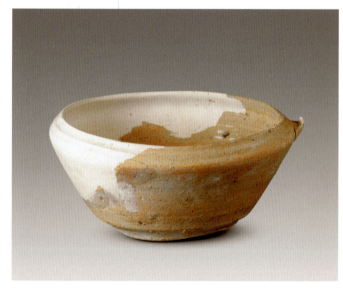

4. 带把钵（2003YJY10：100）

5. 带把钵（2003YJY10：60）

6. 带把钵（2003YJY10：61）

彩版七〇　C区·Y10出土钵

1. 豆 （2003YJY10：12）

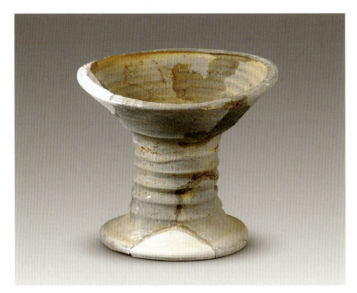

2. 豆 （2003YJY10：1）

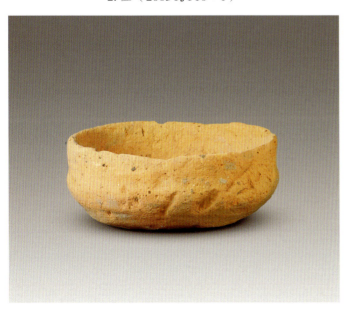

5. 盅 （2003YJY10：55）

3. 斝 （2003YJY10：69）

4. 斝 （2003YJY10：49）

彩版七一　C区・Y10出土豆、斝、盅

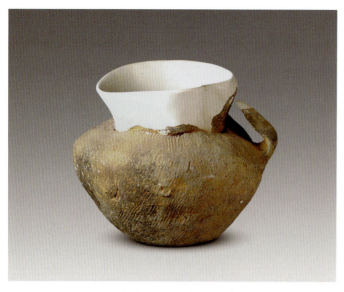

1. 壶（2003YJY10：93）

2. 壶（2003YJY10：50）

3. 盂（2003YJY10：110）

4. 水注（2003YJY10：96）

5. 支架（2003YJY10：117）

彩版七二　C区·Y10出土壶、盂、水注、支架

1. 勺（2003YJY10：53）

2. 勺（2003YJY10：51）

3. 纺轮（2003YJY10：7）

4. 纺轮（2003YJY10：11）

5. 网坠（2003YJY10：15、23、68［上］，
88、8、45［中］，103、90［下］）

6. 网坠（2003YJY10：21、98、86［上］，
24、41［中］，35［下］）

彩版七三　C区・Y10出土勺、纺轮、网坠

1. 坛（2003YJH16：21）

2. 凹底钵（2003YJH16：9）

3. 杯（2003YJH16：5）

1. 2003YJH16：20

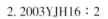

2. 2003YJH16：2

3. 2003YJH16：8

4. 2003YJH16：1

1. 2003YJH17（东北—西南）

2. 三足盘（2003YJH17：26）

3. 三足盘（2003YJH17：32）

4. 三足盘（2003YJH17：2）

彩版七六　C区·H17全景及其出土三足盘

1. 高领折肩小罐（2003YJH17：30）

2. 器盖（2003YJH17：5）

3. 器盖（2003YJH17：9）

4. 盔形钵（2003YJH17：4）

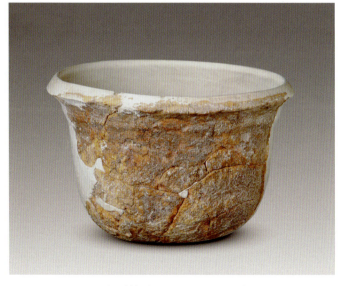

5. 盔形钵（2003YJH17：28）

6. 平底钵（2003YJH17：12）

彩版七七　C区·H17出土高领折肩小罐、器盖、钵

1. 盏（2003YJH17：27）

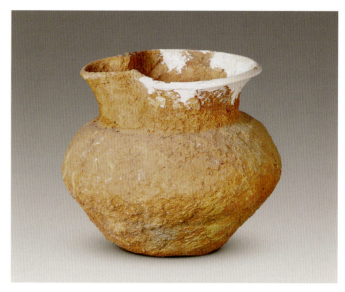

2. 壶（2003YJH17：29）

3. 盅（2003YJH17：1）

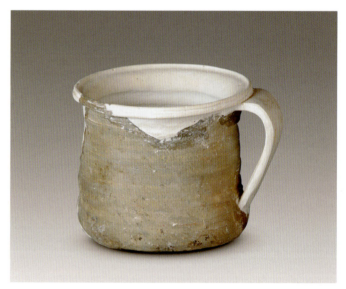

4. 盅（2003YJH17：10）

5. 杯（2003YJH17：11）

6. 尊（2003YJH17：6）

彩版七八　C区·H17出土盏、壶、盅、杯、尊

1. 甑形器（2003YJH25：9）

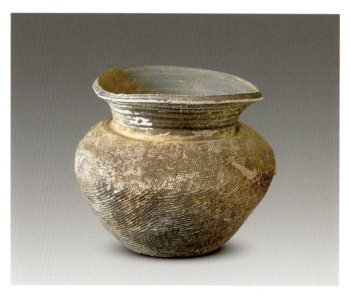

2. 高领鼓肩罐（2003YJH25：16）

4. 矮领鼓肩罐（2003YJH25：8）

3. 高领鼓肩罐（2003YJH25：14）

5. 垂腹罐（2003YJH25：13）

1. 三足盘（2003YJH25：2）

2. 三足盘（2003YJH25：19）

3. 盉形钵（2003YJH25：3）

4. 盉形钵（2003YJH25：15）

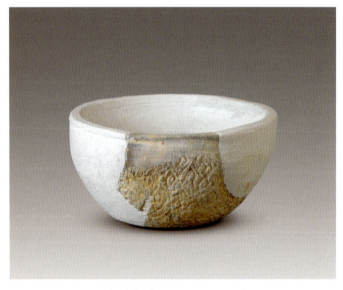

5. 盉形钵（2003YJH25：25）

6. 盉形钵（2003YJH25：26）

彩版八〇　C区·H25出土三足盘、盉形钵

1. 平底钵（2003YJH25：24）

2. 带把钵（2003YJH25：18）

3. 壶（2003YJH25：10）

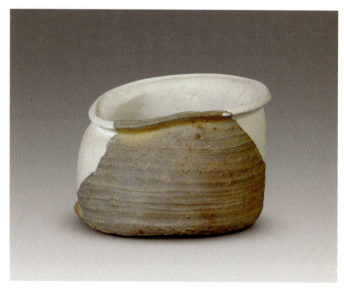

4. 盅（2003YJH25：11）

5. 盅（2003YJH25：12）

6. 网坠（2003YJH25：7、5）

1. 垂腹罐（2003YJH29：4）

2. 器盖（2003YJH29：12）

3. 提梁桶（2003YJH29：3）

4. 网坠（2003YJH29：9）

彩版八二　C区·H29出土垂腹罐、器盖、提梁桶、网坠

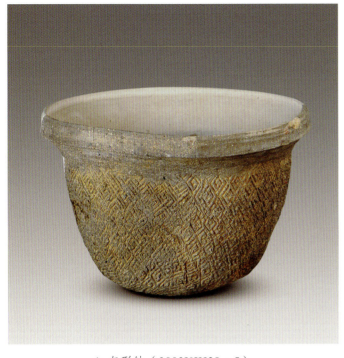

1. 盔形钵（2003YJH29：5）

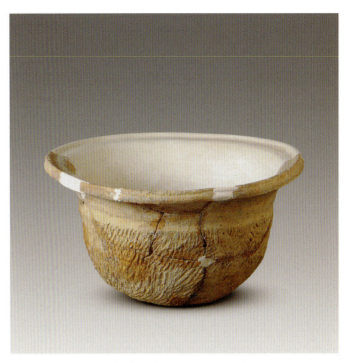

2. 盔形钵（2003YJH29：1）

3. 带把钵（2003YJH29：2）

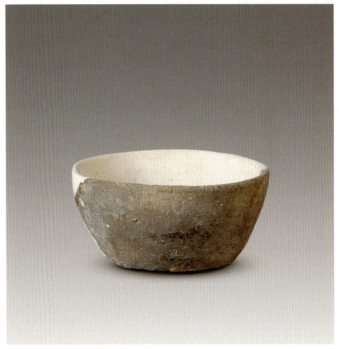

4. 杯（2003YJH29：8）

1. 釜（2003YJH15：12）

2. 小鼎（2003YJH15：9）

3. 直腹罐（2003YJH15：11）

4. 垂腹小罐（2003YJH15：5）

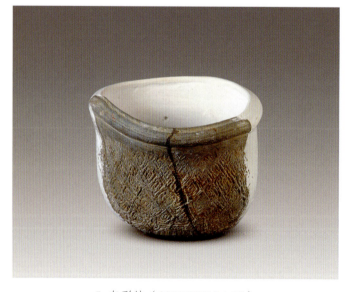

5. 盔形钵（2003YJH15：30）

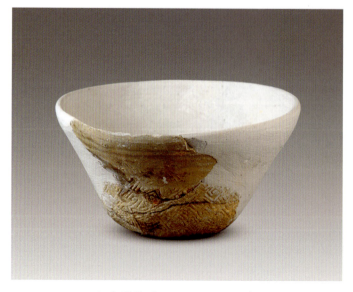

6. 盔形钵（2003YJH15：29）

彩版八四　C区·H15出土釜、小鼎、罐、盔形钵

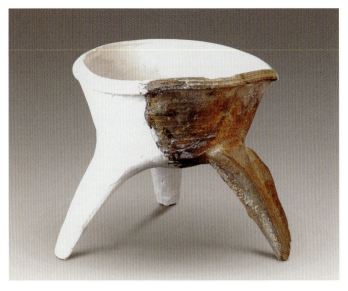

1. 三足盘（2003YJH15：15）

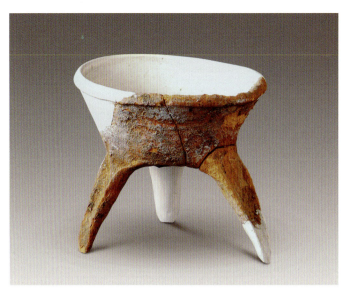

2. 三足盘（2003YJH15：6）

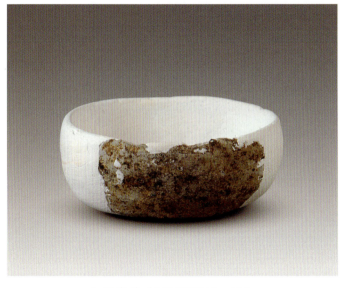

3. 平底钵（2003YJH15：17）

4. 带把钵（2003YJH15：10）

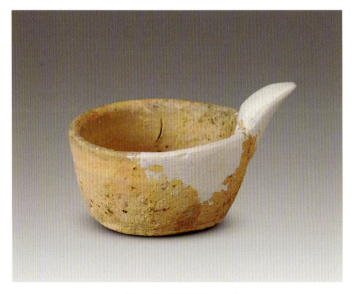

5. 杯（2003YJH15：8）

6. 觚（2003YJH15：7）

彩版八五　C区·H15出土三足盘、钵、杯、觚

1. H19（西南—东北）

2. 石镞（2003YJH19：7）

3. 网坠（2003YJH19：2）

4. 瓮（2003YJH19：13）

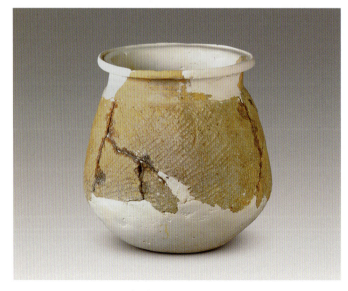

5. 垂腹罐（2003YJH19：8）

6. 三足盘（2003YJH19：4）

彩版八六　C区·H19全景及其出土石镞，网坠、瓮、垂腹罐、三足盘

1. 石锛（2003YJH20：19）

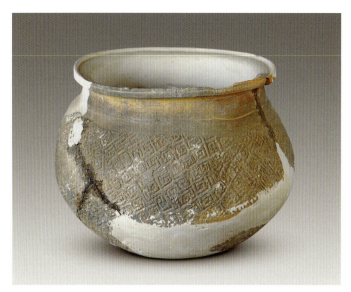

2. 鼓腹罐（2003YJH20：21）

3. 三足盘（2003YJH20：22）

4. 三足盘（2003YJH20：3）

5. 盔形钵（2003YJH20：1）

6. 盅（2003YJH20：4）

彩版八七　C区·H20出土石锛，鼓腹罐、三足盘、盔形钵、盅

1. 盏（2003YJH20：7）

2. 构件（2003YJH20：13）

3. 网坠（2003YJH20：18、5［上一］，
6、9、2［上二］，
11、12、14、16［上三］，15［下］）

4. 陶拍（2003YJH20：17）

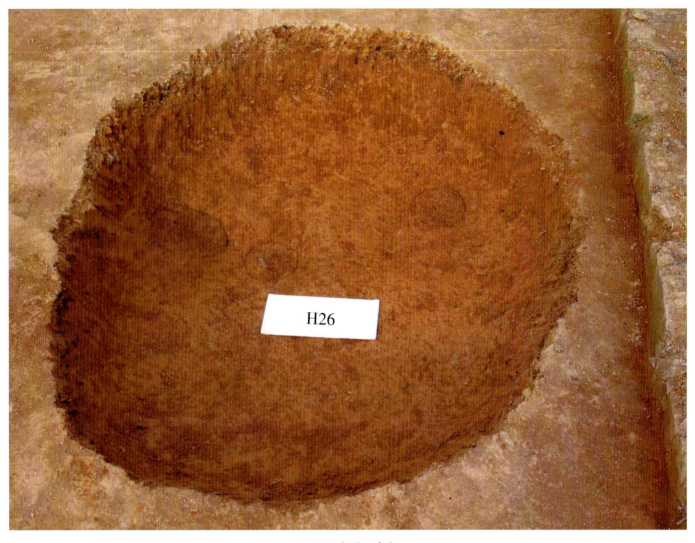

1. H26（西—东）

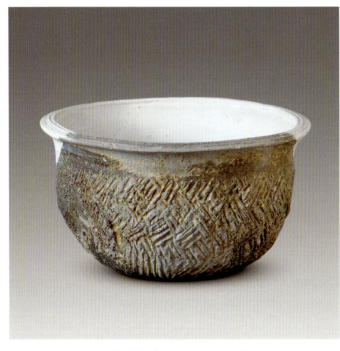

2. 盔形钵（2003YJH26：7）

3. 网坠（2003YJH26：1、3、2［上］，5、6、4［下］）

彩版八九　C区·H26全景及其出土盔形钵、网坠

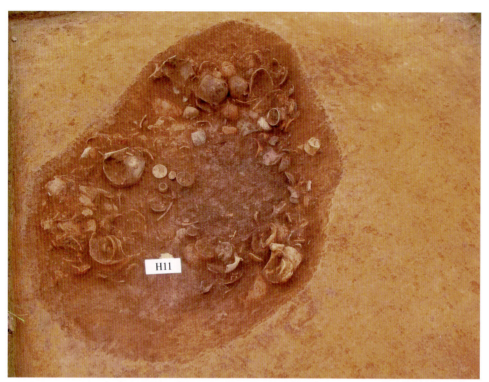

1. H11（西—东）

2. 石镞（2003YJH11：2、4、82）

3. 石锛（2003YJH11：1）

4. 石网坠（2003YJH11：55、81）

5. 石环（2003YJH11：76、97）

彩版九〇　C区·H11全景及其出土石镞、锛、网坠、环

1. 2003YJH11：114

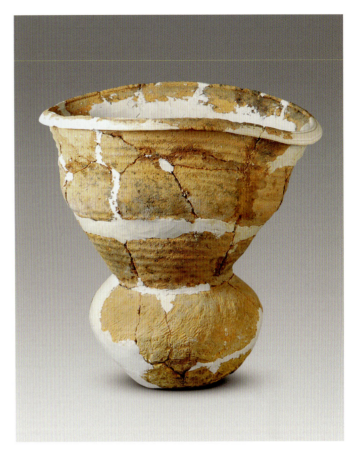

2. 2003YJH11：109

3. 2003YJH11：18

4. 2003YJH11：52

彩版九一　C区·H11出土瓿形器

1. 甂形器（2003YJH11：78）

2. 甂形器（2003YJH11：31）

4. 釜（2003YJH11：95）

3. 釜（2003YJH11：46）

5. 釜（2003YJH11：106）

彩版九二　C区・H11出土甂形器、釜

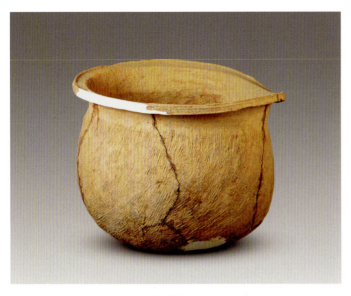

1. 2003YJH11：45

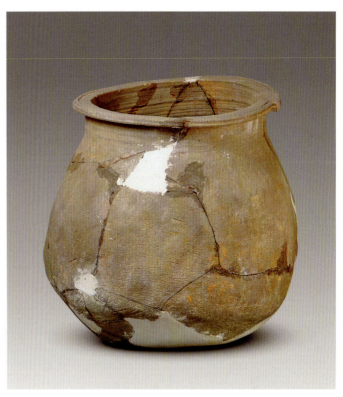

2. 2003YJH11：101

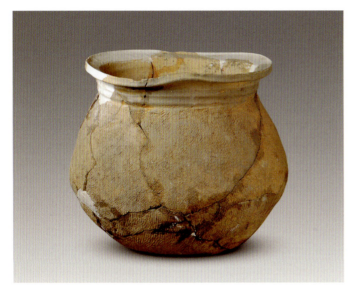

3. 2003YJH11：29

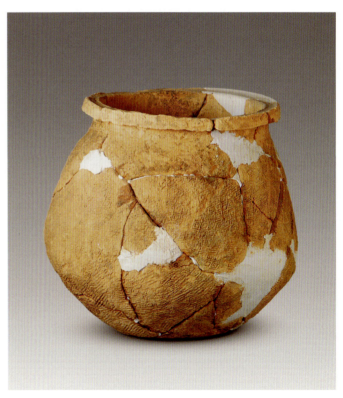

5. 2003YJH11：92

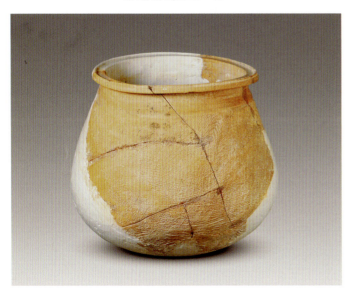

4. 2003YJH11：10

彩版九三　C区·H11出土釜

1. 釜（2003YJH11：47）

2. 釜（2003YJH11：111）

3. 釜（2003YJH11：94）

4. 釜（2003YJH11：115）

5. 釜（2003YJH11：91）

6. 小鼎（2003YJH11：17）

彩版九四　C区・H11出土釜、小鼎

1. 2003YJH11：42

2. 2003YJH11：70

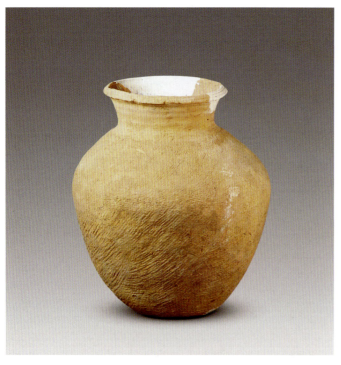

1. 高领鼓肩罐（2003YJH11：30）

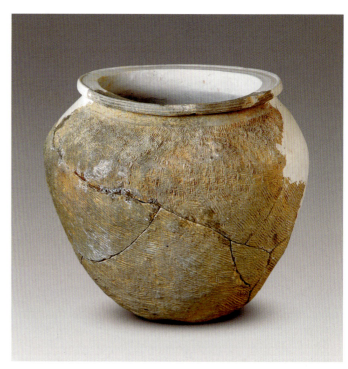

2. 矮领鼓肩罐（2003YJH11：122）

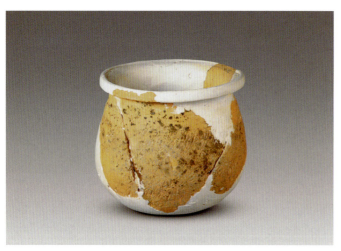

3. 鼓腹罐（2003YJH11：41）

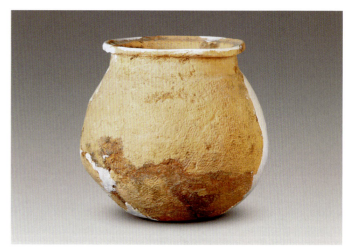

4. 鼓腹罐（2003YJH11：79）

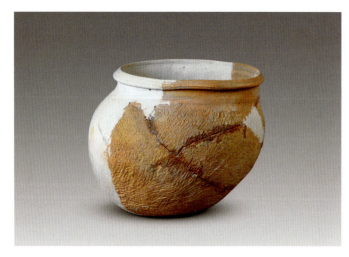

5. 鼓腹罐（2003YJH11：121）

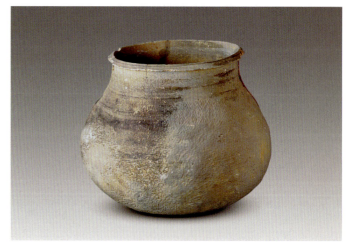

6. 垂腹罐（2003YJH11：59）

彩版九六　C区·H11出土罐

1. 2003YJH11：49

2. 2003YJH11：58

3. 2003YJH11：87

4. 2003YJH11：60

5. 2003YJH11：64

彩版九七　C区・H11出土器盖

1. 2003YJH11：69

2. 2003YJH11：75

3. 2003YJH11：108

4. 2003YJH11：50

5. 2003YJH11：107

6. 2003YJH11：26

彩版九八　C区・H11出土三足盘

1. 三足盘（2003YJH11：44）

4. 带把钵（2003YJH11：53）

2. 三足盘（2003YJH11：62）

5. 带把钵（2003YJH11：119）

3. 三足盘（2003YJH11：90）

6. 带把钵（2003YJH11：68）

1. 平底钵（2003YJH11：28）

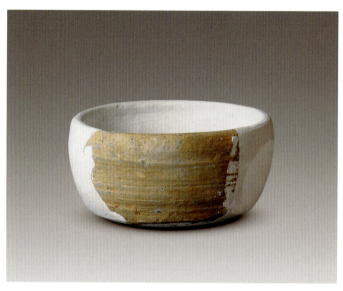

2. 平底钵（2003YJH11：25）

3. 平底钵（2003YJH11：57）

4. 平底钵（2003YJH11：120）

5. 盔形钵（2003YJH11：123）

6. 盔形钵（2003YJH11：103）

1. 背壶（2003YJH11：37）

2. 壶（2003YJH11：54）

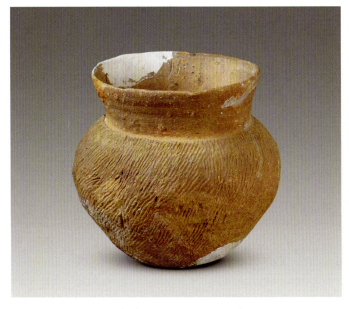

3. 壶（2003YJH11：105）

4. 盏（2003YJH11：3）

5. 盏（2003YJH11：36）

6. 盏（2003YJH11：16）

彩版一〇一　C区·H11出土背壶、壶、盏

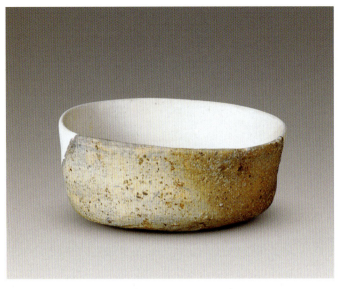

1. 盂（2003YJH11：15）

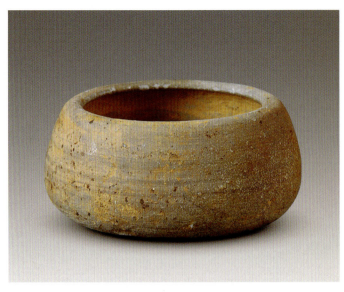

2. 盂（2003YJH11：88）

3. 盂（2003YJH11：5）

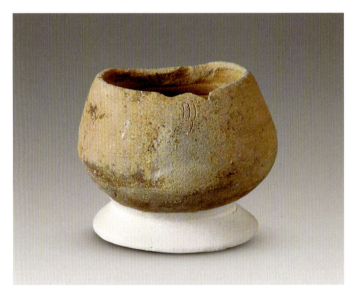

4. 杯（2003YJH11：27）

5. 豆（2003YJH11：73）

6. 豆（2003YJH11：65）

彩版一〇二　C区·H11出土盂、杯、豆

1. 构件（2003YJH11：113）

4. 网坠（2003YJH11：48、24、20 [上]，
86、83 [中]，9 [下]）

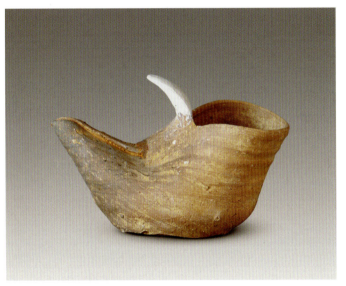

2. 水注（2003YJH11：98）

3. 刀（2003YJH11：61）

5. 陶拍（2003YJH11：8）

彩版一〇三　C区·H11出土构件、水注、刀、网坠、陶拍

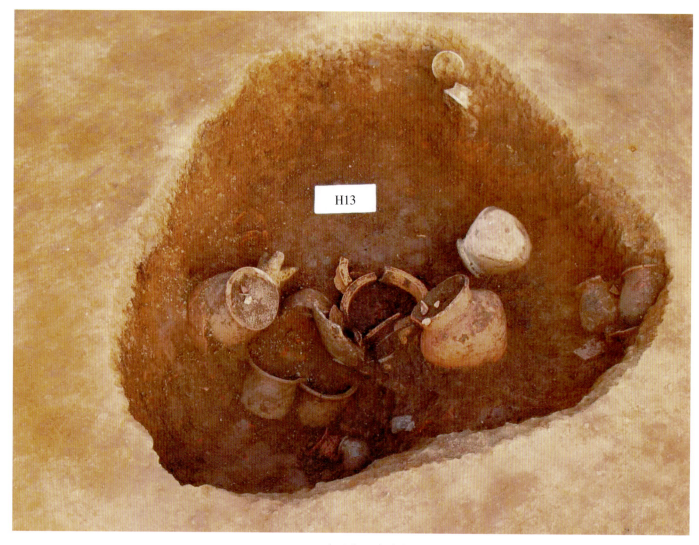

1. H13（西北—东南）

2. 石锛（2003YJH13：33）

3. 石锛（2003YJH13：38）

4. 石镞（2003YJH13：3）

彩版一〇四　C区·H13全景及其出土石锛、镞

1. 2003YJH13：20

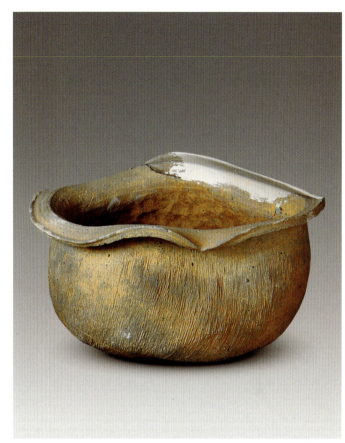

2. 2003YJH13：34

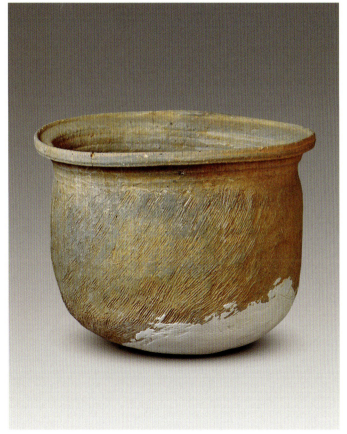

3. 2003YJH13：30

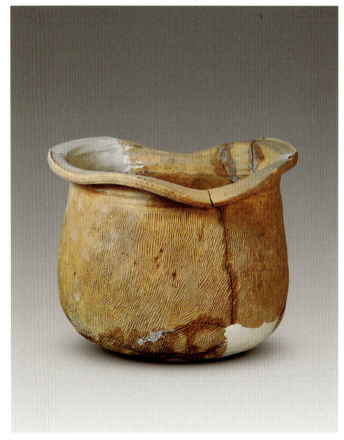

4. 2003YJH13：32

1. 釜（2003YJH13：35）

2. 釜（2003YJH13：26）

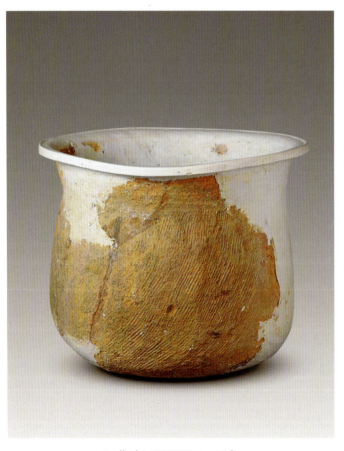

3. 釜（2003YJH13：10）

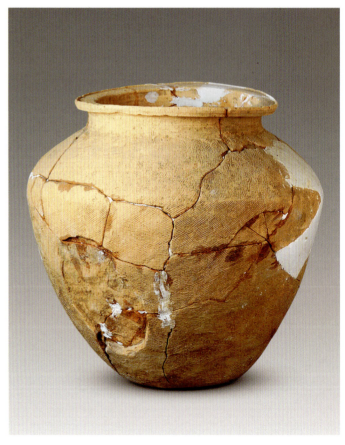

4. 瓮（2003YJH13：25）

彩版一〇六　C区·H13出土釜、瓮

1. 高领鼓肩罐 (2003YJH13：22)

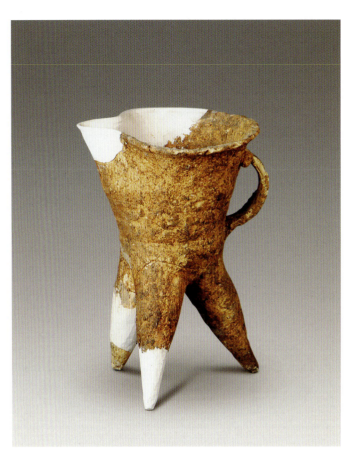

3. 斝 (2003YJH13：28)

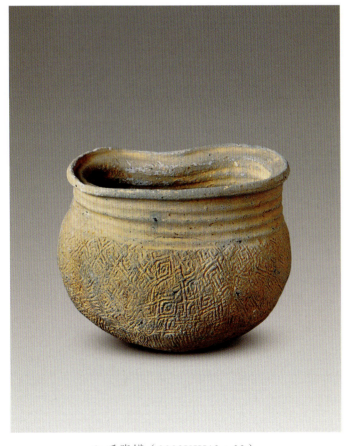

2. 垂腹罐 (2003YJH13：23)

4. 三足盘 (2003YJH13：21)

彩版一〇七　C区·H13出土罐、斝、三足盘

1. 平底钵（2003YJH13：36）

2. 平底钵（2003YJH13：9）

3. 平底钵（2003YJH13：31）

4. 平底钵（2003YJH13：7）

5. 平底钵（2003YJH13：40）

6. 平底钵（2003YJH13：4）

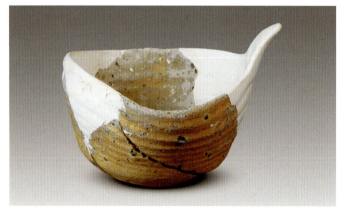

7. 带把钵（2003YJH13：12

8. 网坠（2003YJH13：24、1）

1. 石锛（83板H1：14）

2. 石锛（83板H1：28）

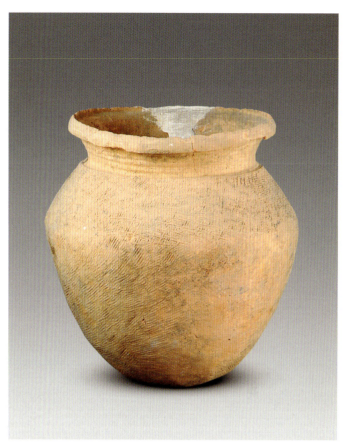

5. 高领鼓肩罐（83板H1：35）

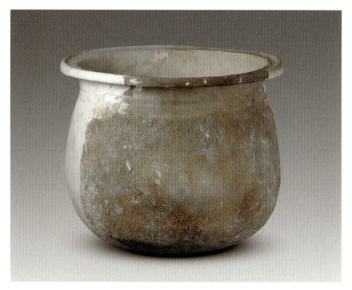

3. 釜（83板H1：36）

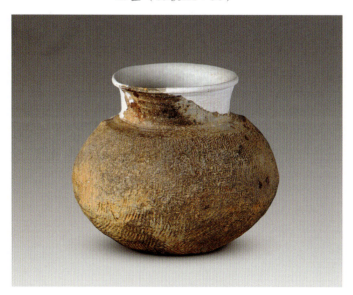

4. 高领鼓肩罐（83板H1：5）

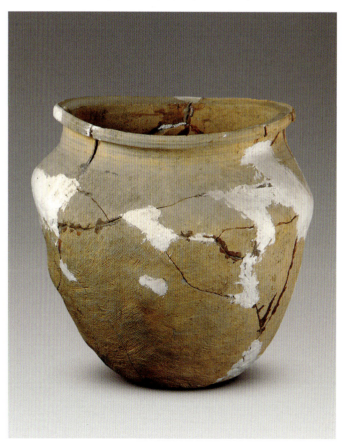

6. 瓮（83板H1：45）

彩版一〇九　C区·83板H1出土石锛，釜、高领鼓肩罐、瓮

1. 鼓腹罐（83板H1：51）

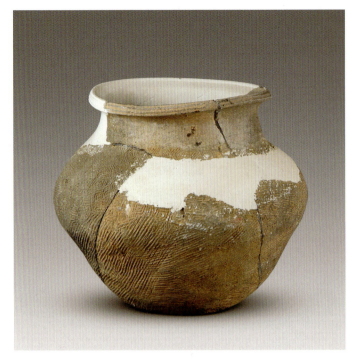

2. 鼓腹罐（83板H1：52）

3. 盔形钵（83板H1：34）

4. 盔形钵（83板H1：37）

1. 83板H1：18

2. 83板H1：16

3. 83板H1：32

4. 83板H1：39

5. 83板H1：30

6. 83板H1：41

彩版一一一　C区·83板H1出土三足盘

1.83板H1：42

2.83板H1：38

3.83板H1：21

4.83板H1：33

5.83板H1：43

6.83板H1：44

彩版一一二　C区·83板H1出土平底钵

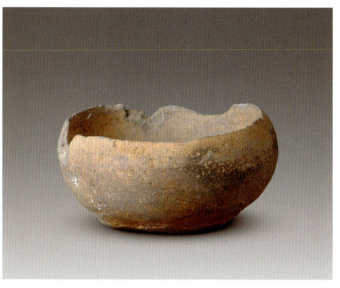

1. 平底钵（83板H1：19）

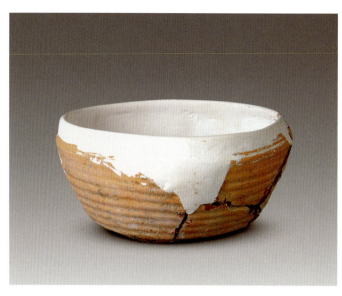

2. 平底钵（83板H1：25）

3. 平底钵（83板H1：26）

4. 平底钵（83板H1：29）

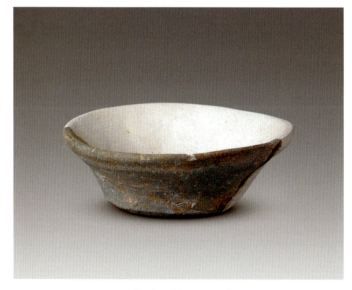

5. 盏（83板H1：22）

6. 盂（83板H1：55）

彩版一一三　C区·83板H1出土平底钵、盏、盂

1. 豆（83板H1：27）

3. 豆（83板H1：2）

4. 杯（83板H1：46）

2. 豆（83板H1：3）

5. 杯（83板H1：23）

彩版一一四　C区・83板H1出土豆、杯

1. 纺轮（83板H1：1）

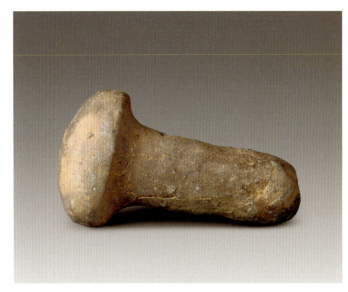

2. 陶垫（83板H1：9）

3. 陶垫（83板H1：7）

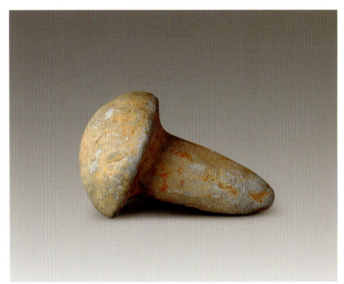

4. 陶垫（83板H1：8）

5. 梭形器（83板H1：11）

彩版一一五　C区·83板H1出土纺轮、陶垫、梭形器

1. 器盖（83板H3∶3）

2. 平底钵（83板H3∶1）

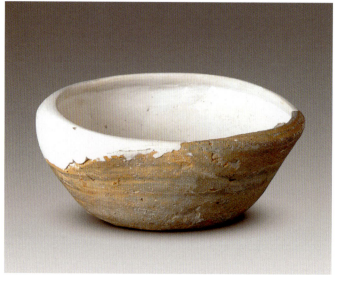

3. 平底钵（83板H3∶7）

4. 带把钵（83板H3∶6）

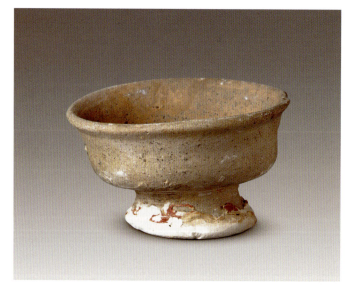

5. 豆（83板H3∶2）

6. 盂（83板H3∶4）

彩版一一六　C区·83板H3出土器盖、钵、豆、盂

1. 石镞（86板H1：60）

2. 石镞（86板H1：61）

3. 釜（86板H1：3）

6. 斝（86板H1：57）

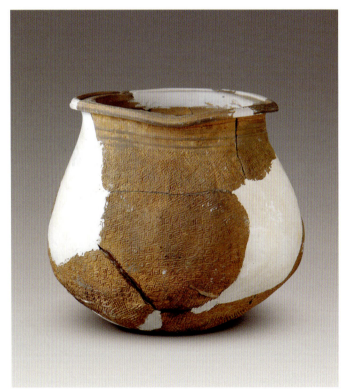

4. 釜（86板H1：12）

5. 釜（86板H1：16）

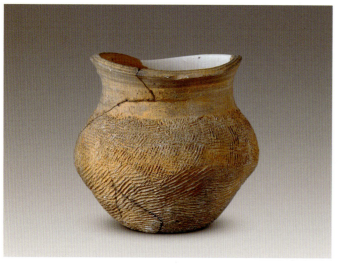

1. 86板H1：5

3. 86板H1：18

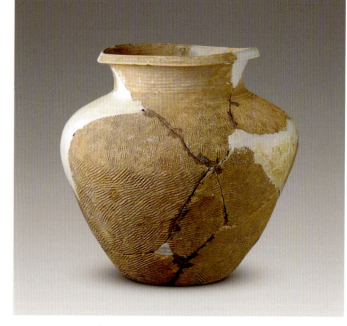

2. 86板H1：43

4. 86板H1：17

5. 86板H1：65

6. 86板H1：1

彩版一一八　C区・86板H1出土高领鼓肩罐

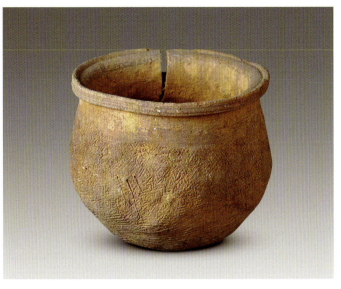

1. 鼓腹罐（86板H1：22）

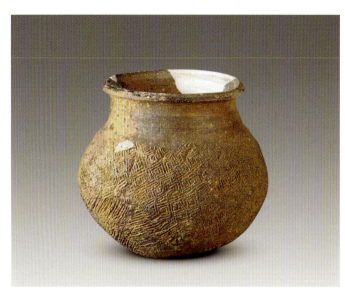

2. 鼓腹罐（86板H1：29）

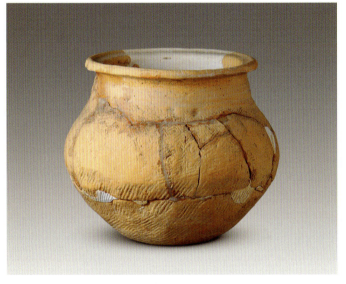

3. 鼓腹罐（86板H1：53）

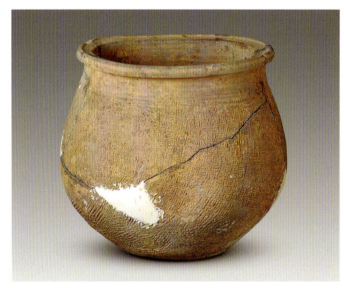

4. 垂腹罐（86板H1：66）

5. 垂腹罐（86板H1：33）

6. 直腹罐（86板H1：50）

彩版一一九　C区·86板H1出土罐

1. 直腹罐（86板H1：37）

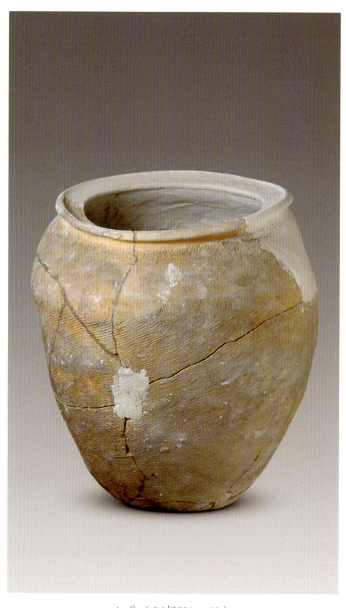

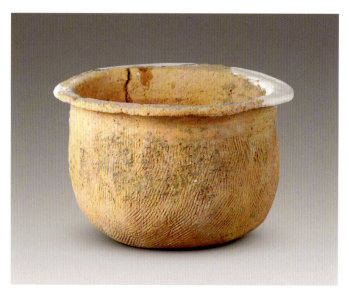

2. 直腹罐（86板H1：44）

4. 瓮（86板H1：63）

3. 器盖（86板H1：10）

5. 豆（86板H1：46）

彩版一二〇　C区・86板H1出土直腹罐、器盖、瓮、豆

1. 86板H1：8

2. 86板H1：32

3. 86板H1：45

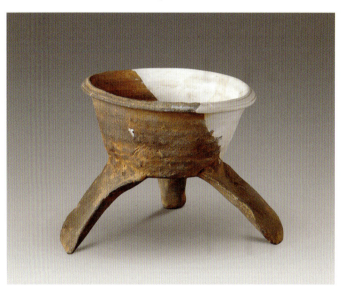

4. 86板H1：40

5. 86板H1：20

6. 86板H1：54

彩版一二一　　C区·86板H1出土三足盘

1. 86板H1：62

2. 86板H1：34

3. 86板H1：19

4. 86板H1：41

5. 86板H1：24

6. 86板H1：21

彩版一二二　C区·86板H1出土三足盘

1. 三足盘（86板H1：23）

2. 三足盘（86板H1：30）

3. 带把钵（86板H1：36）

4. 带把钵（86板H1：6）

彩版一二三　C区·86板H1出土三足盘、带把钵

1. 86板H1：49

2. 86板H1：2

3. 86板H1：4

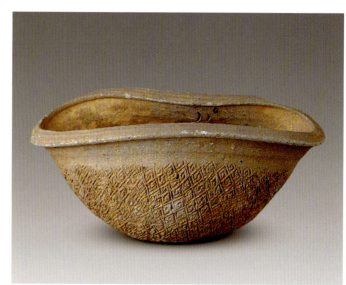

4. 86板H1：42

5. 86板H1：55

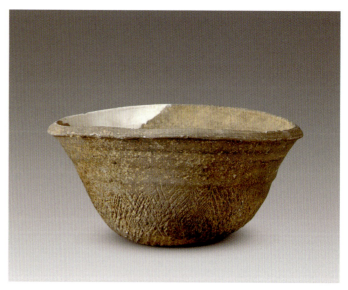

6. 86板H1：27

彩版一二四　C区·86板H1出土盔形钵

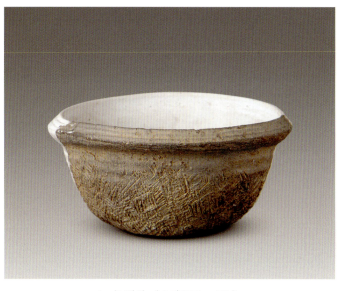

1. 盔形钵（86板 H1：51）

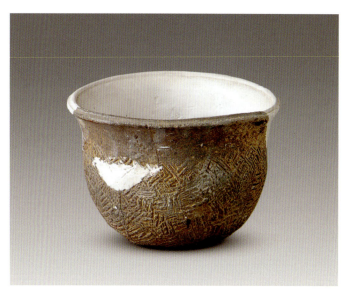

2. 盔形钵（86板 H1：26）

3. 盔形钵（86板 H1：35）

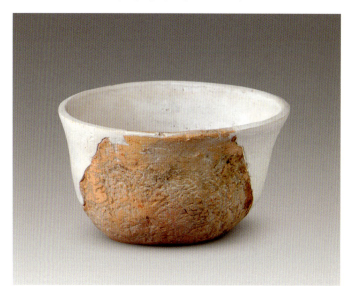

4. 盔形钵（86板 H1：48）

5. 平底钵（86板 H1：59）

6. 平底钵（86板 H1：39）

彩版一二五　C区·86板H1出土钵

1. 86板H1：47

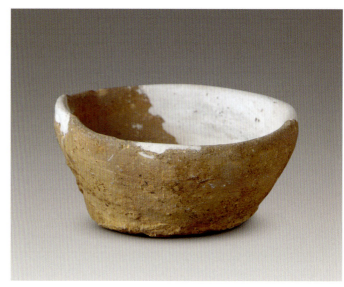

2. 86板H1：38

3. 86板H1：15

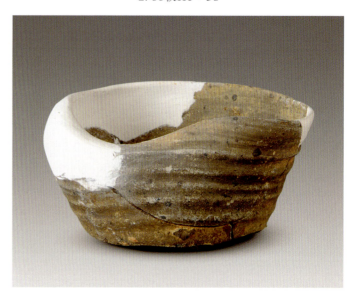

4. 86板H1：7

5. 86板H1：28

6. 86板H1：31

彩版一二六　C区·86板H1出土平底钵

1. 壶（86板H1：25）

2. 壶（86板H1：64）

3. 壶（86板H1：52）

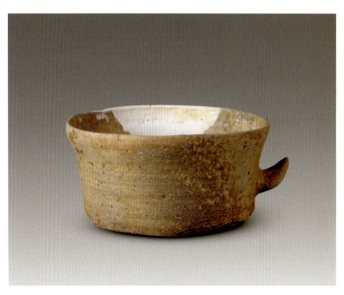

4. 杯（86板H1：56）

5. 觚（86板H1：58）

6. 陶垫（86板H1：13）

彩版一二七　C区·86板H1出土壶、杯、觚、陶垫

1. 石镞（2000YJH7：9）

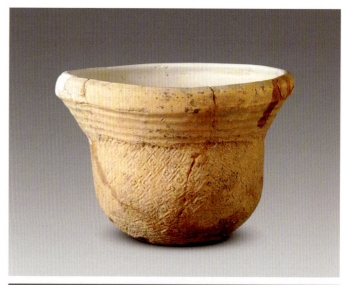

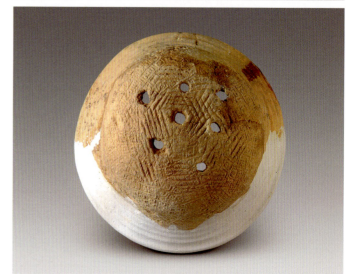

3. 甑（2000YJH7：8）

2. 石镞（2000YJH7：5）

4. 豆（2000YJH7：19）

5. 鬶（2000YJH7：1）

彩版一二八　C区·H7出土石镞，甑、豆、鬶

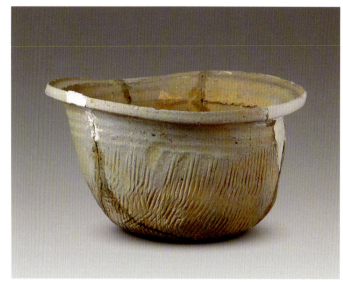

2. 直腹罐（2000YJH7：38）

1. 矮领鼓肩罐（2000YJH7：13）

3. 直腹罐（2000YJH7：10）

4. 三足盘（2000YJH7：53）

5. 三足盘（2000YJH7：31）

彩版一二九　C区·H7出土罐、三足盘

1. 带把杯（2000YJH7：14）

2. 盆（2000YJH7：12）

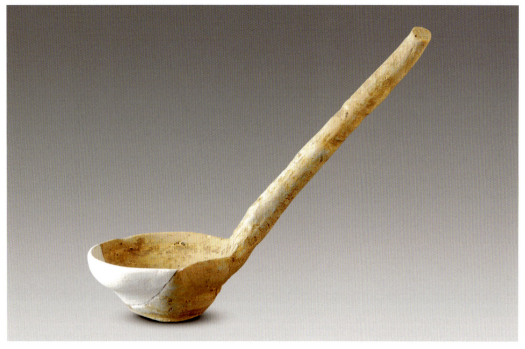

3. 勺（2000YJH7：20）

4. 尊（2000YJH7：7）

5. 尊（2000YJH7：18）

彩版一三〇　C区·H7出土带把杯、盆、勺、尊

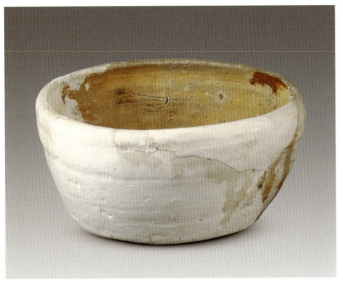

1. 2000YJH7：34

2. 2000YJH7：2

3. 2000YJH7：55

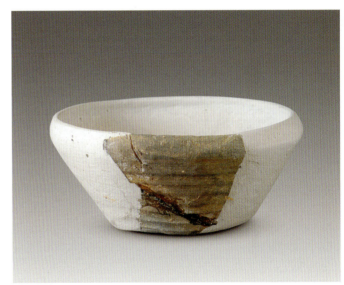

4. 2000YJH7：15

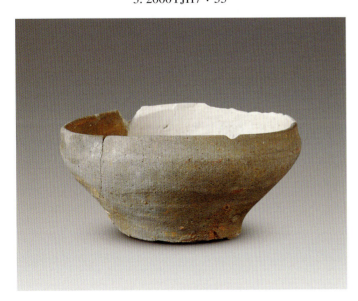

5. 2000YJH7：35

6. 2000YJH7：41

彩版一三一　C区·H7出土平底钵

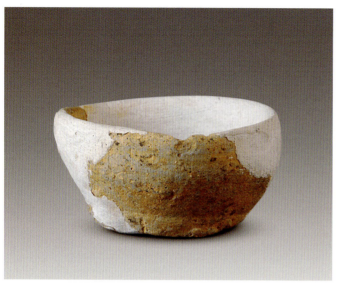

1. 平底钵（2000YJH7：3）

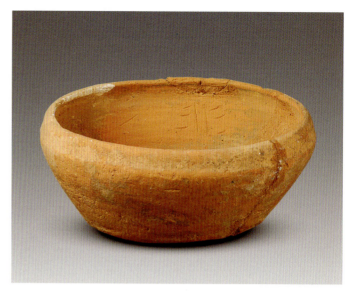

2. 平底钵（2000YJH7：32）

3. 带把钵（2000YJH7：27）

4. 带把钵（2000YJH7：33）

5. 网坠（2000YJH7：21、40、23、44［上一］，
48、30、28［上二］，54、36［上三］，24［下］）

6. 网坠（2000YJH7：25、45［上］，22、29、47［下］）

彩版一三二　C区·H7出土钵、网坠

1. 环（2000YJH7∶17、6）

2. 陶垫（2000YJH7∶39）

4. 陶拍（2000YJH7∶16）

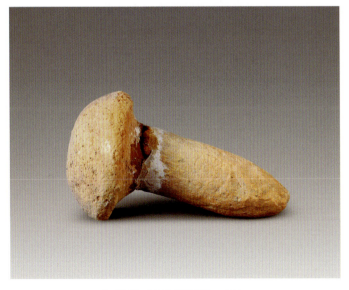

3. 陶垫（2000YJH7∶46）

5. 陶拍（2000YJH7∶42）

彩版一三三　C区·H7出土环、陶垫、陶拍

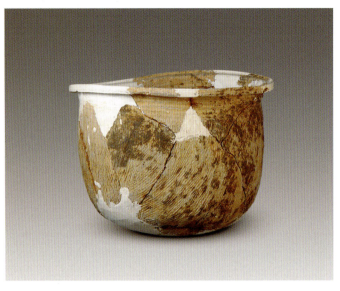

1. 釜（2003YJH12：5）

2. 高领鼓肩罐（2003YJH12：3）

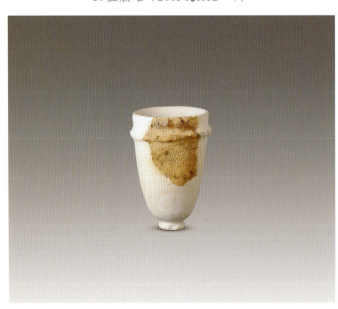

3. 直腹罐（2003YJH12：4）

5. 瓮（2003YJH12：1）

4. 小型缸（2003YJH12：6）

彩版一三四　C区·H12出土釜、罐、小型缸、瓮

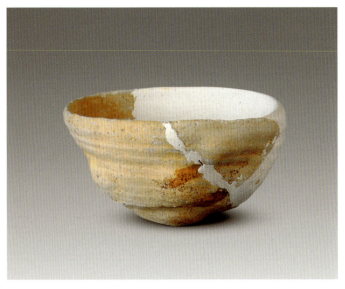

1. 平底钵（2003YJH12：9）

2. 陶垫（2003YJH12：7）

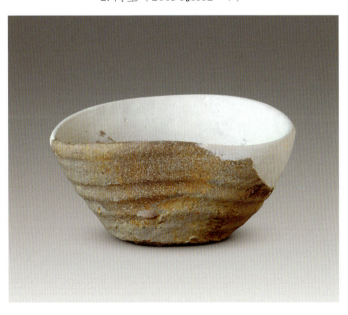

4. 平底钵（2003YJH22：5）

3. 带鋬尊（2003YJH18：2）

5. 三足盘（2003YJH24：1）

彩版一三五　C区·H12、H22出土平底钵、陶垫、带鋬尊、三足盘

1. 小鼎（2003YJH21：7）

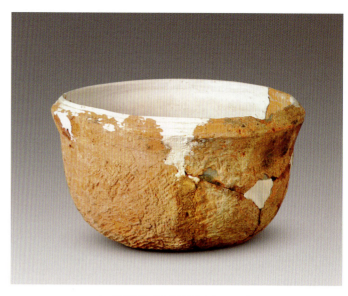

3. 盔形钵（2003YJH21：2）

2. 三足盘（2003YJH21：3）

4. 盂（2003YJH21：1）

5. 网坠（2003YJH21：4）

彩版一三六　C区·H21出土小鼎、三足盘、盔形钵、盂、网坠

1. 砺石（2003YJH27：16）

2. 釜（2003YJH27：12）

3. 支座（2003YJH27：1）

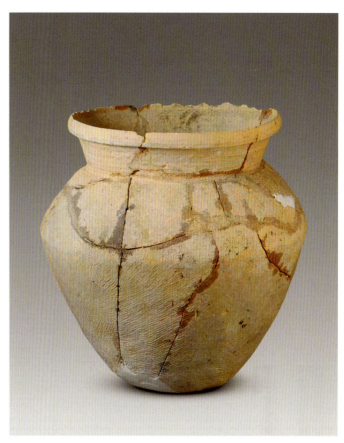

4. 高领鼓肩罐（2003YJH27：18）

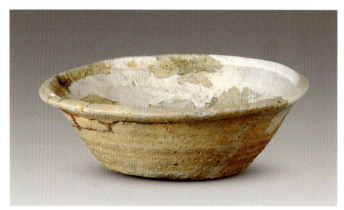

5. 盆（2003YJH27：17）

6. 网坠（2003YJH27：19）

彩版一三七　C区·H27出土砺石，釜、支座、高领鼓肩罐、盆、网坠

1. 平底钵（2003YJH27：24）

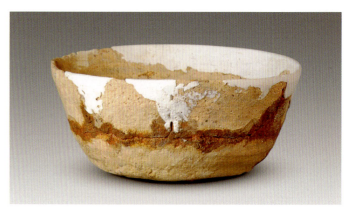

2. 平底钵（2003YJH27：6）

3. 平底钵（2003YJH27：11）

4. 平底钵（2003YJH27：22）

5. 平底钵（2003YJH27：15）

6. 平底钵（2003YJH27：3）

7. 平底钵（2003YJH27：2）

8. 盉（2003YJH27：4）

彩版一三八　C区·H27出土平底钵、盉

1. 高领鼓肩罐（2003YJH30：1）

2. 三足盘（2003YJH33：1）

3. 垂腹罐（2003YJH34：3）

4. 盔形钵（2003YJH34：2）

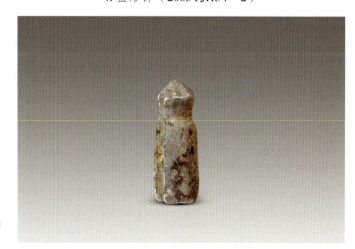

5. 网坠（2003YJH34：1）

彩版一三九　C区·H30、H33、H34出土罐、三足盘、盔形钵、网坠

1. 平底钵（2003YJG5：3）

2. 带把钵（2003YJG5：4）

3. 网坠（2003YJG5：1、2）

4. 石矛（2003YJ采：7）

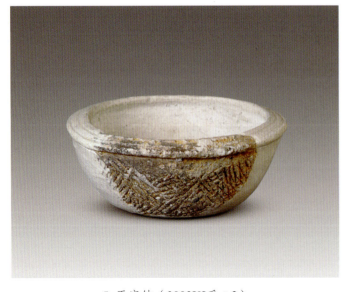

5. 平底钵（2003YJ采：2）

6. 盅（2003YJ采：3）

彩版一四〇　C区·G5出土及2003年采集钵、网坠、盅，石矛

1. F3全景（东北—西南）

2. 石镞（2003YJF3∶2）

3. 石拍（2003YJF3∶7）

4. 器盖（2003YJF3∶4）

5. 陶垫（2003YJF3∶3）

彩版一四一　C区·F3全景及其出土石镞、拍，器盖、陶垫

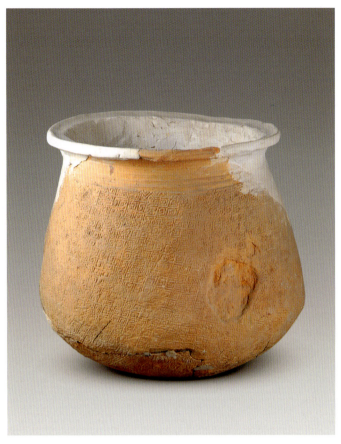

1. 釜（83角A：41）

2. 釜（83角A：40）

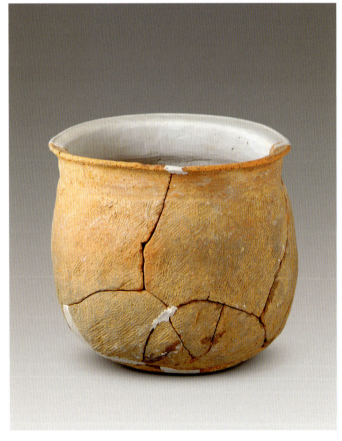

3. 釜（83角A：15）

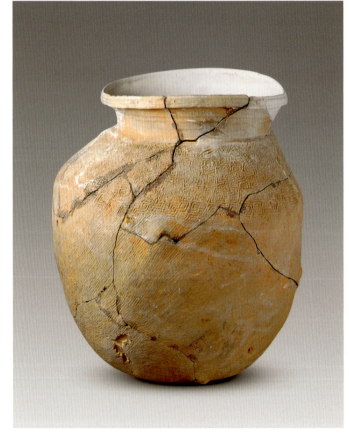

4. 高领鼓肩罐（83角A：21）

彩版一四二　D区・83角A出土釜、罐

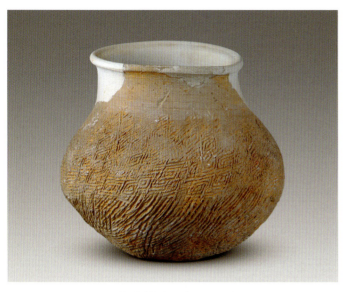

1. 鼓腹罐（83角A：18）

2. 直腹罐（83角A：31）

3. 直腹罐（83角A：42）

4. 矮领鼓肩小罐（83角A：32）

5. 器盖（83角A：14）

6. 盖碗（83角A：56）

彩版一四三　D区·83角A出土罐、器盖、盖碗

1.83角A：53

2.83角A：49

3.83角A：13

4.83角A：29

5.83角A：51

6.83角A：25

彩版一四四　D区·83角A出土三足盘

1. 83角A：52

2. 83角A：20

3. 83角A：4

4. 83角A：6

5. 83角A：37

6. 83角A：38

彩版一四五　D区・83角A出土三足盘

1. 三足盘（83角A：16）

2. 三足盘（83角A：50）

3. 盂（83角A：86）

4. 盂（83角A：33）

5. 盂（83角A：7）

6. 盂（83角A：35）

彩版一四六　D区·83角A出土三足盘、盂

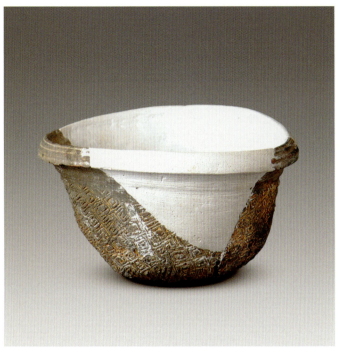

1. 83角A：10

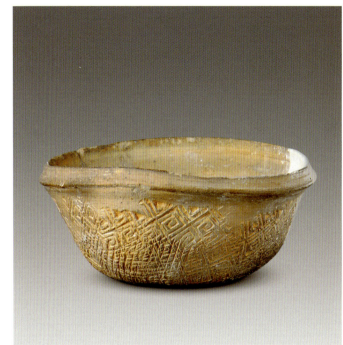

2. 83角A：46

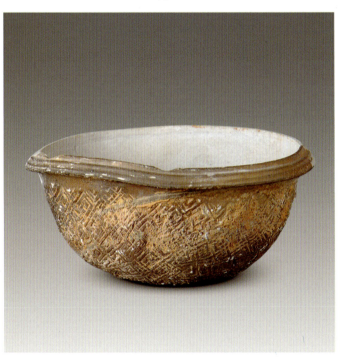

3. 83角A：43

4. 83角A：39

彩版一四七　　D区・83角A出土盔形钵

1. 83角A：5

2. 83角A：47

3. 83角A：9

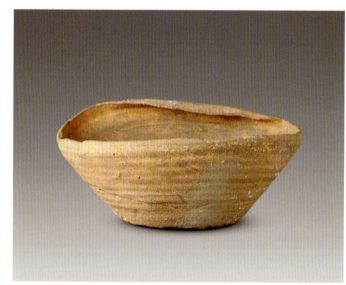

4. 83角A：84

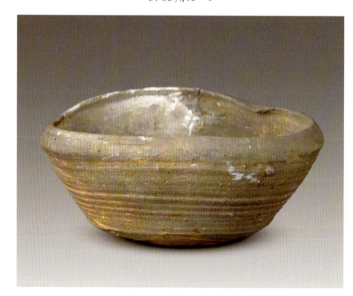

5. 83角A：44

6. 83角A：54

彩版一四八　D区·83角A出土平底钵

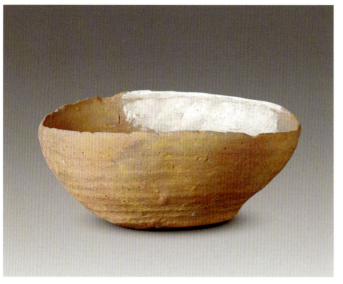

1. 83角A：45

2. 83角A：88

3. 83角A：81

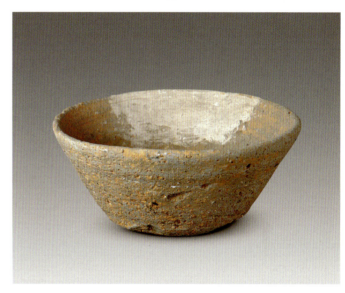

4. 83角A：55

5. 83角A：23

6. 83角A：8

彩版一四九　D区・83角A出土平底钵

1. 平底钵（83角A：1）

2. 平底钵（83角A：34）

3. 平底钵（83角A：48）

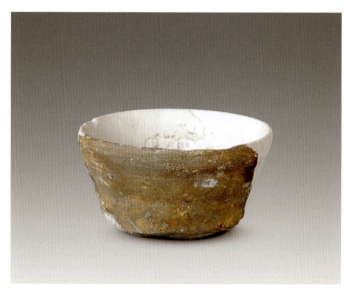

4. 杯（83角A：30）

5. 纺轮（83角A：2）

6. 陶垫（83角A：3）

彩版一五〇　D区·83角A出土平底钵、杯、纺轮、陶垫

1. 砺石（83角B：16）

3. 高领鼓肩罐（83角B：29）

2. 瓢形器（83角B：26）

4. 高领鼓肩罐（83角B：76）

5. 高领鼓肩罐（83角B：4）

彩版一五一　D区·83角B出土砺石，瓢形器、高领鼓肩罐

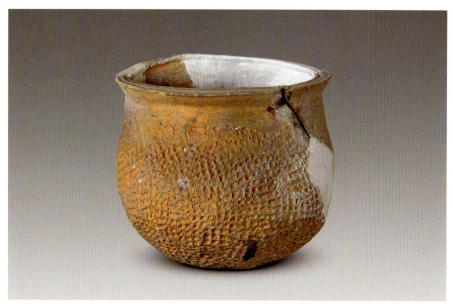

1. 鼓腹罐（83角B：23）

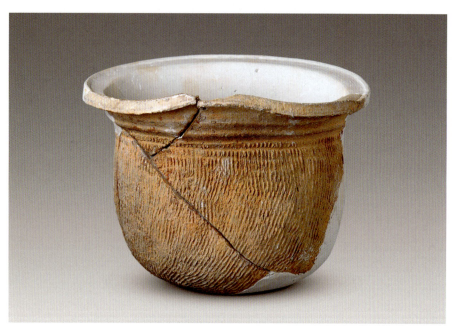

2. 直腹罐（83角B：19）

3. 鼓腹小罐（83角B：21）

彩版一五二　D区·83角B出土罐

1. 83角B：20

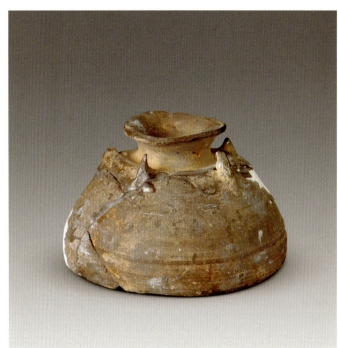

2. 83角B：5

3. 83角B：38

4. 83角B：39

彩版一五三　D区・83角B出土器盖

1. 83角B：13

2. 83角B：77

3. 83角B：34

4. 83角B：15

彩版一五四　D区・83角B出土三足盘

1. 带把钵（83角B：32）

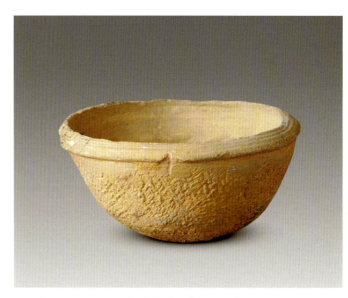

2. 盔形钵（83角B：31）

3. 盔形钵（83角B：27）

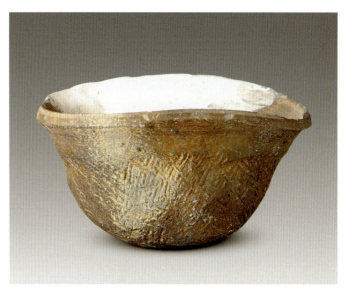

4. 盔形钵（83角B：36）

5. 盂（83角B：70）

6. 盂（83角B：6）

彩版一五五　D区·83角B出土钵、盂

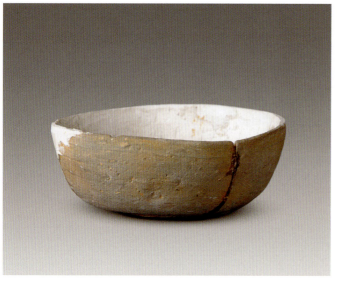

1. 83角B：9

2. 83角B：8

3. 83角B：22

4. 83角B：35

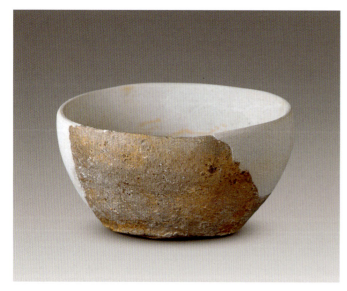

5. 83角B：3

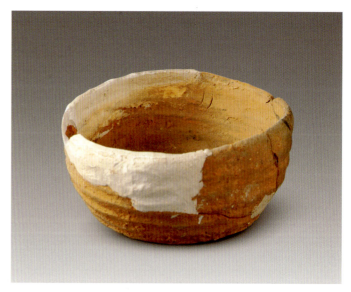

6. 83角B：33

彩版一五六　D区·83角B出土平底钵

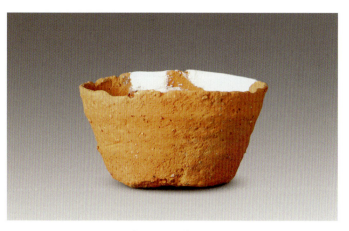

1. 平底钵（83角B：10）

4. 杯（83角B：73）

2. 鬶（83角B：12）

5. 纺轮（83角B：2）

6. 纺轮（83角B：1）

3. 壶（83角B：37）

7. 纺轮（83角B：24）

彩版一五七　D区·83角B出土平底钵、鬶、壶、杯、纺轮

1. 石锛（83角采：16）

2. 石锛（83角采：35）

3. 石锥（83角采：48）

4. 釜（83角采：26）

彩版一五八　D区·1983年采集石锛、锥，釜

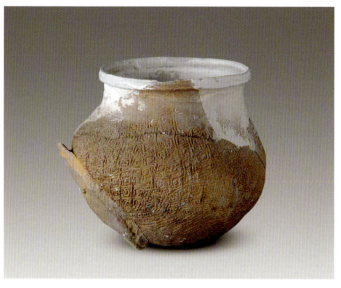

1. 高领鼓肩罐（83角采：9）

2. 高领鼓肩罐（83角采：6）

3. 高领鼓肩罐（83角采：46）

4. 矮领鼓肩罐（83角采：4）

5. 矮领鼓肩罐（83角采：3）

6. 直腹罐（83角采：18）

彩版一五九　D区·1983年采集罐

1. 器盖（83角采：23）

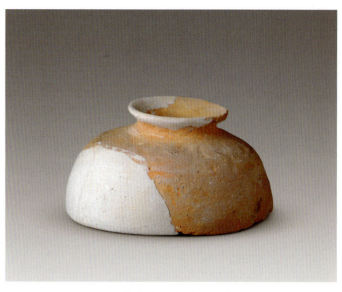

2. 盖碗（83角采：25）

3. 三足盘（83角采：2）

4. 三足盘（83角采：12）

5. 三足盘（83角采：53）

6. 三足盘（83角采：11）

彩版一六〇　D区·1983年采集器盖、盖碗、三足盘

1. 83角采：27

2. 83角采：57

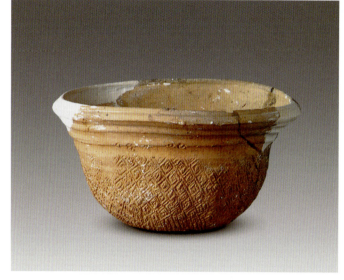

3. 83角采：19

4. 83角采：47

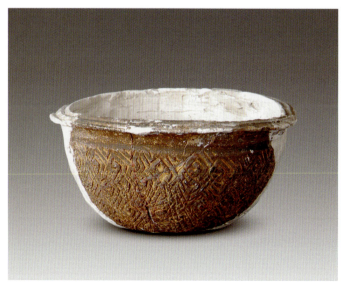

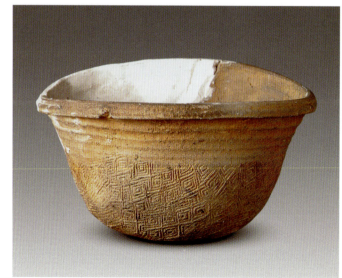

5. 83角采：28

6. 83角采：1

彩版一六一　D区·1983年采集盔形钵

1. 83角采：20

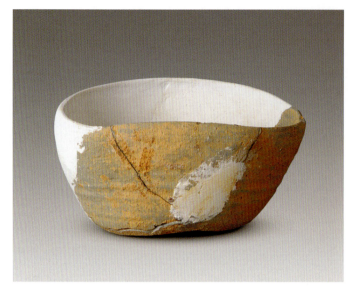

2. 83角采：43

3. 83角采：29

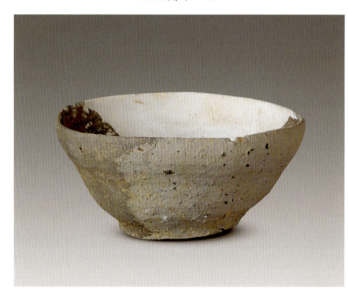

4. 83角采：45

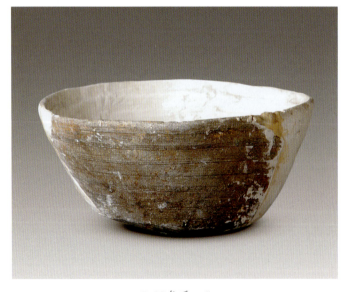

5. 83角采：5

6. 83角采：22

彩版一六二　D区·1983年采集平底钵

1. 平底钵（83角采：21）

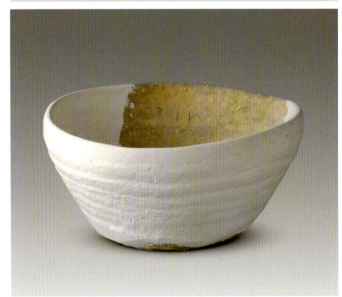

2. 平底钵（83角采：56）

4. 平底钵（83角采：8）

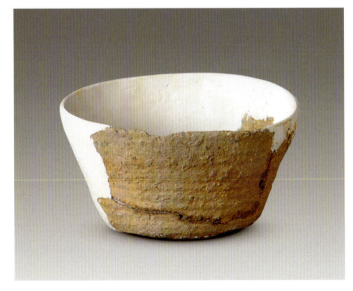

3. 平底钵（83角采：55）

5. 带把钵（83角采：17）

1. 盂（83角采：24）

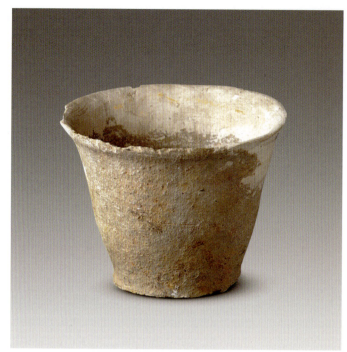

2. 杯（83角采：42）

3. 杯形器（83角采：14）

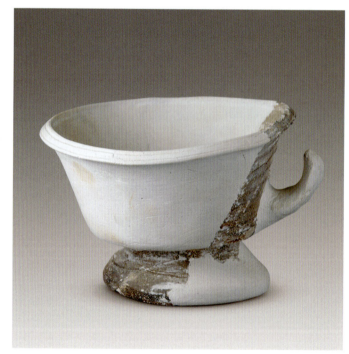

4. 尊（83角采：13）

5. 纺轮（83角采：34）

彩版一六四　D区·1983年采集盂、杯、杯形器、尊、纺轮

1. 83角采：37

2. 83角采：15

3. 83角采：7

4. 83角采：38

彩版一六五　D区・1983年采集陶垫

1. 石锛（86角采：8）

2. 釜（86角采：10）

3. 盔形钵（86角采：6）

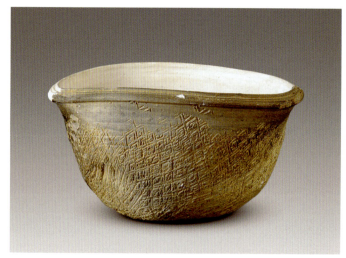

4. 盔形钵（86角采：3）

5. 平底钵（86角采：2）

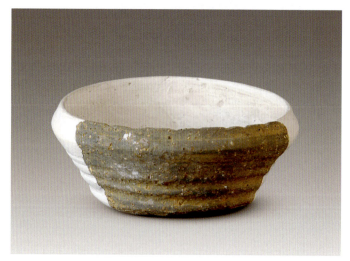

6. 平底钵（86角采：5）

彩版一六六　D区·1986年采集石锛，釜、钵　，

1. 三足盘（86角采：4）

2. 三足盘（86角采：7）

3. 纺轮（86角采：9）

4. 陶垫（86角采：1）

彩版一六七　　D区·1986年采集三足盘、纺轮、陶垫

1. A型石锛
（2000YJT0743①：3）

2. A型石锛（83板T1：1）

3. 石锛（83板T1：7）

4. A型石锛（83板T1：8）

5. A型石锛（83板H1：14）

6. A型石锛
（2003YJH13：33）

7. A型石锛
（2003YJH20：19）

8. A型石锛（83角采：16）

9. A型石锛（83角采：35）

10. B型石锛（2003YJY10：13）

11. B型石锛（83板H1：28）

12. B型石锛（2003YJH11：1）

13. B型石锛（2003YJH13：38）

14. B型石锛（86角采：8）

1. 石斧（2003YJY9：53）　　2. 石凿（2003YJY9：2）　　3. 石网坠　　　　　　4. 石锥（83角采：48）
（2003YJH11：81、55）

5. 石拍（2003YJF3：7）　　6. 砺石（2007YJT0744：9）　　7. 砺石　　　　　　8. 砺石
（2000YJY3：8）　　（2000YJY3：13）

9. 砺石（2003YJH27：16）　　10. 砺石（83角B：16）　　11. 石环　　　　　　12. 石环
（2003YJH11：76）　　（2003YJH11：97）

13. 石饼（2003YJY10：6）　　14. 石饰件（2003YJY10：76）　　15. 石坯料
（2003YJT3523①：1）

1~9. A 型石镞（2000YJT6030②：3，2000YJT0744①：3，2000YJT4421②：1，2000YJY1：2、6、28、30，2000YJY3：11，2003YJY9：13）

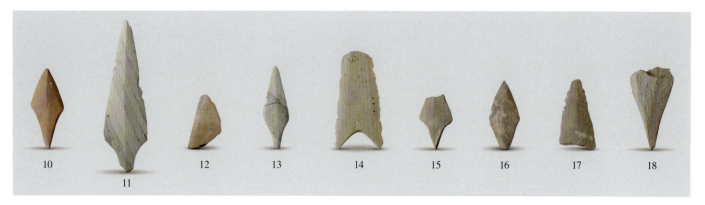

10~18. A 型石镞（2003YJY9：17、27、32、63，2003YJY10：84、87、95、101、102）

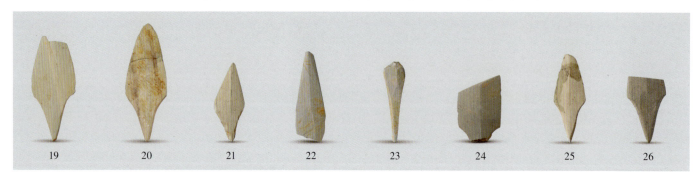

19~26. A 型石镞（86 板 H1：60、61，2000YJH7：9，2003YJH11：2、4、82，2003YJH13：3，2003YJH19：7）

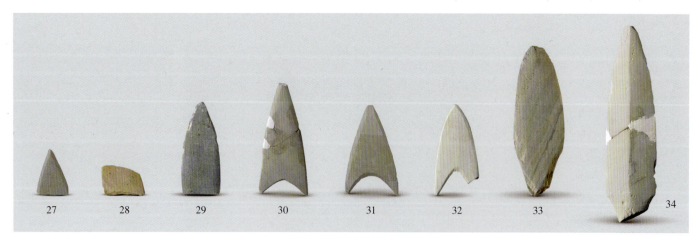

27~32. B 型石镞（2000YJY1：3，2000YJH7：5，2000YJY1：4、13、18，2003YJF3：2）　33、34. 石矛（2003YJ 采：7，2007YJF6：1）

1. 搭接（甑形器2000YJH10：132）

2. 搭接（瓮2000YJH10：133）

3. 搭接（甑形器2000YJY6：133）

4. 搭接（甑形器2000YJY8：13）

5. 搭接（甑形器2000YJY8：15）

6. 搭接（甑形器2000YJY8：16）

1. 搭接（尊2000YJY8：14）

2. 搭接（带把钵2007YJT0744①：25）

3. 搭接（罐2003YJY10：166）

4. 搭接（瓮2003YJF3：20）

5. 搭接（三足盘2003YJH11：129）

6. 搭接（豆2003YJH11：130）

7. 搭接（觚形器83角A：106）

1. 泥片贴筑（罐2000YJY6：130）　　　2. 加厚（瓮2000YJY6：132）　　　3. 加厚（罐2000YJY6：131）

4. 加厚（缸2000YJY6：135）　　　　　　　5. 加厚（罐2003YJH34：15）

6. 底部加厚（罐83角B：91）　　　　　　　7. 附加堆纹（缸2000YJY6：134）

彩版一七三　工艺标本

1. 抹泥（罐2000YJY8：17）

2. 抹泥（瓿形器2000YJY8：18）

3. 抹泥（瓿形器2000YJY8：19）

4. 抹泥（釜2000YJY2：2）

5. 抹泥（罐83角A：108）

6. 拍痕（罐2007YJT0744①：26）

彩版一七四　工艺标本

1. 支烧（罐2000YJY6：127）

2. 叠烧（罐2000YJY6：129）

3. 叠烧（罐2007YJT0644①：28）

4. 覆烧（罐2000YJH9：21）

5. 覆烧（罐2000YJH9：23）

6. 粘连（三足盘2000YJY4：1）

彩版一七五　工艺标本

1. 粘连（罐2000YJH9∶22）

2. 粘连（罐2000YJH10∶131）

3. 粘连（瓮2000YJH10∶128）

4. 粘连（瓮2000YJH10∶129）

5. 粘连（瓮2000YJH10∶130）

6. 粘连（罐83角B∶90）

彩版一七六　工艺标本

1. 釜（2000YJY6∶141）

2. 釜（2000YJH10∶59）

3. 高领鼓肩罐（2003YJY10∶167）

4. 矮领鼓肩罐（2000YJY6∶139）

5. 矮领鼓肩罐（2003YJY10∶143）

6. 矮领鼓肩罐（2003YJY10∶144）

1. 鼓腹罐（2000YJH10：80）

2. 鼓腹罐（2000YJY6：14）

3. 垂腹罐（2000YJY6：138）

4. 垂腹罐（2000YJY6：140）

5. 垂腹罐（2003YJH24：17）

6. 垂腹罐（2003YJH34：3）

1. 罐（2000YJH9：21）

4. A型三足盘（2000YJY6：83）

2. 罐（2000YJH9：23）

5. A型三足盘（2000YJY6：104）

3. 罐（2003YJT6038⑥：1）

6. 三足盘口沿（2000YJY6：9）

1. 三足盘（2000YJY6：142）

4. A型三足盘（2000YJH10：7）

2. 三足盘（2000YJY6：143）

5. A型三足盘（2000YJH10：8）

3. 三足盘（2000YJY6：144）

6. A型三足盘（2000YJH10：36）

1. A型三足盘（2000YJH10：11）

2. A型三足盘（2000YJH10：26）

3. A型三足盘（2000YJH10：55）

4. A型三足盘（2000YJH10：65）

5. A型三足盘（2003YJY10：34）

彩版一八一　原始瓷标本

1. 三足盘／弦纹（2003YJH11：131）

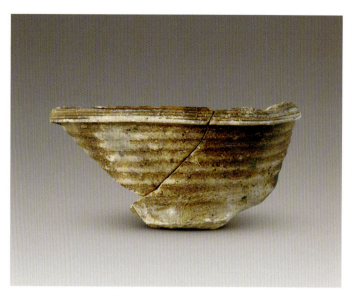

2. A型三足盘（2003YJH17：26）

3. A型三足盘（2003YJH17：32）

4. 三足盘（2003YJH17：52）

5. A型三足盘（2003YJH20：3）

6. A型三足盘（2003YJH20：22）

彩版一八二　原始瓷标本

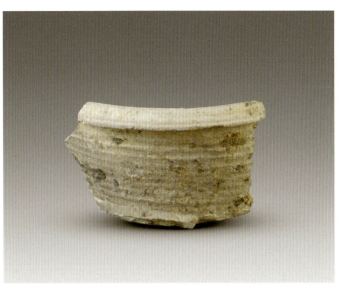

1. A型三足盘（2003YJH25：2）

2. A型三足盘（86板H1：21）

3. A型三足盘（86板H1：62）

4. A型三足盘（83角A：49）

5. A型三足盘（83角B：92）

6. A型三足盘（83角采：12）

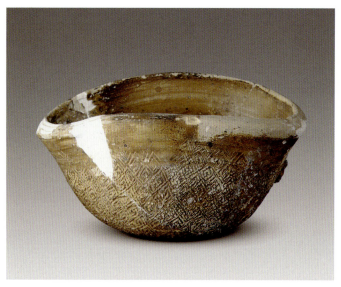

1. A型盉形钵（86板H1：49）

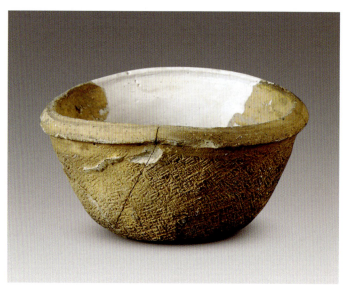

2. A型盉形钵（86角采：6）

3. B型带把钵（2003YJY10：36）

4. 瓮（2003YJH19：13）

5. C型盅（2003YJH20：4）

6. B型尊（83角采：13）

1. 席纹（2003YJH25：28）

2. 篮纹（2003YJH11：128）

3. 云雷纹（2003YJH15：31）

4. 云雷纹（2003YJH15：32）

5. 云雷纹（2003YJH29：14）

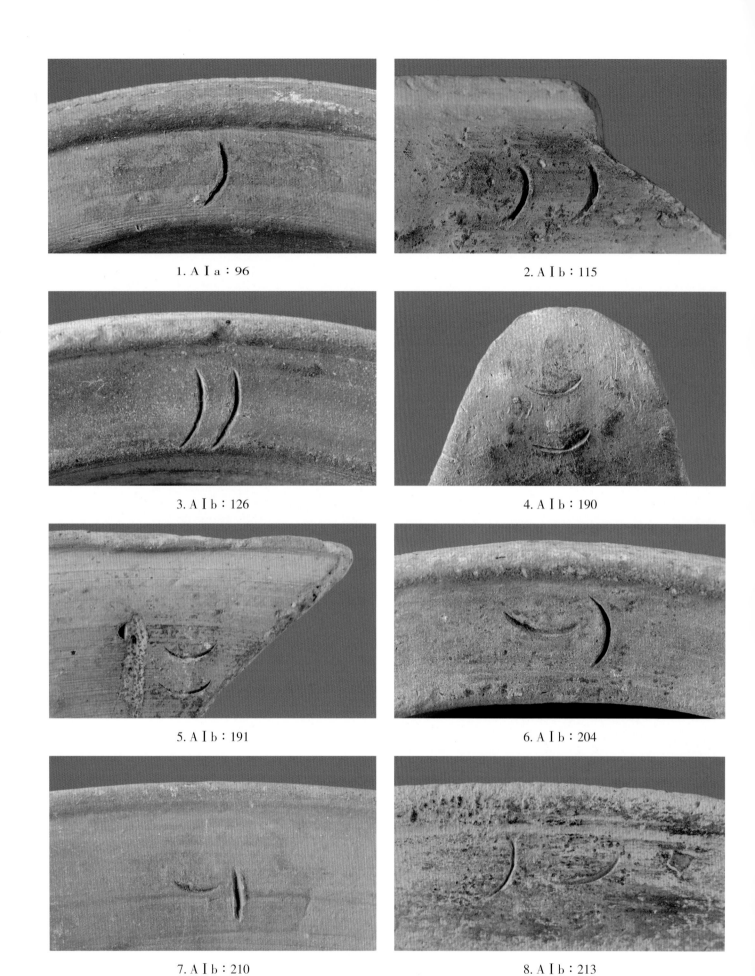

1. AⅠa：96

2. AⅠb：115

3. AⅠb：126

4. AⅠb：190

5. AⅠb：191

6. AⅠb：204

7. AⅠb：210

8. AⅠb：213

彩版一八六　陶片典型刻符标本

1. A Ⅰ c：21

2. A Ⅰ c：25

3. A Ⅰ c：51

4. A Ⅰ c：53

5. A Ⅰ c：59

6. A Ⅰ c：75

7. A Ⅰ c：90

8. A Ⅰ c：99

图版一八七　陶片典型刻符标本

1. A I c：109

2. A I c：115

3. A I c：116

4. A I c：117

5. A I d：1

6. A I d：2

7. A I d：8

8. A I d：10

彩版一八八　陶片典型刻符标本

1. A I e：1

2. A I e：6

3. A I f：4

4. A I f：5

5. A I f：110

6. A I f：112

7. A I f：115

8. A I f：119

图版一八九　陶片典型刻符标本

1. A I f：123

2. A I f：128

3. A I f：132

4. A I f：136

5. A I f：137

6. A I g：5

7. A I g：10

8. A I g：31

彩版一九〇　陶片典型刻符标本

1. A I h：3

2. A I h：4

3. A I i：4

4. A I i：6

5. A I i：19

6. A I i：20

7. A I i：21

8. A I i：22

图版一九一　陶片典型刻符标本

1. A Ⅰ i : 23

2. A Ⅰ i : 26

3. A Ⅰ i : 27

4. A Ⅰ i : 32

5. A Ⅰ i : 36

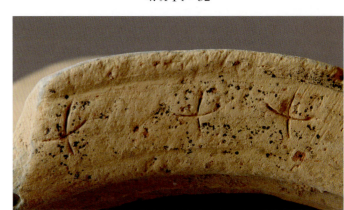

6. A Ⅰ i : 37

7. A Ⅰ j : 7

8. A Ⅰ j : 12

9. A Ⅰ j : 33

彩版一九二　陶片典型刻符标本

1. A I j：36

2. A I j：42

3. A I j：49

4. A I j：51

5. A I k：4

6. A I k：9

7. A I k：13

8. AIk：18

图版一九三　陶片典型刻符标本

1. A Ⅰ l：1

2. A Ⅰ l：4

3. A Ⅰ l：10

4. A Ⅰ l：12

5. A Ⅰ m：1

6. A Ⅰ m：2

7. A Ⅰ m：3

8. A Ⅰ n：5

1. A I n∶7

2. A I n∶9

3. A I n∶10

4. A I n∶34

5. A I n∶35

6. A I o∶3

7. A I o∶4

8. A I o∶5

图版一九五　陶片典型刻符标本

1. A I o：13

2. A I o：15

3. A I o：17

4. A I P：1

5. A I p：3

6. A I p：5

7. A I p：6

8. A I P：7

彩版一九六　陶片典型刻符标本

1. A I q : 1

2. A I r : 2

3. A I r : 6

4. A I s : 1

5. A I t : 1

6. A I u : 1

7. A I u : 2

8. A I u : 3

图版一九七　陶片典型刻符标本

1. A I u：4

2. A I v：1

3. A II a：3

4. A II a：4

5. A II a：10

6. A II a：12

7. A II a：16

8. A II a：17

彩版一九八　陶片典型刻符标本

1. AⅡa：19

2. AⅡb：2

3. AⅡb：4

4. AⅡb：13

5. AⅡb：18

6. AⅡb：22

7. AⅡb：23

8. AⅡb：25

图版一九九　陶片典型刻符标本

1. AⅡb：26

2. AⅡc：1

3. AⅡc：2

4. AⅡc：4

5. AⅡc：13

6. AⅡc：21

7. AⅡc：24

8. AⅡd：1

彩版二〇〇　陶片典型刻符标本

1. AⅡd：2

2. AⅡd：3

3. AⅡd：8

4. AⅡd：10

5. AⅡd：12

6. AⅡd：13

7. AⅡd：14

8. AⅡe：1

图版二〇一　陶片典型刻符标本

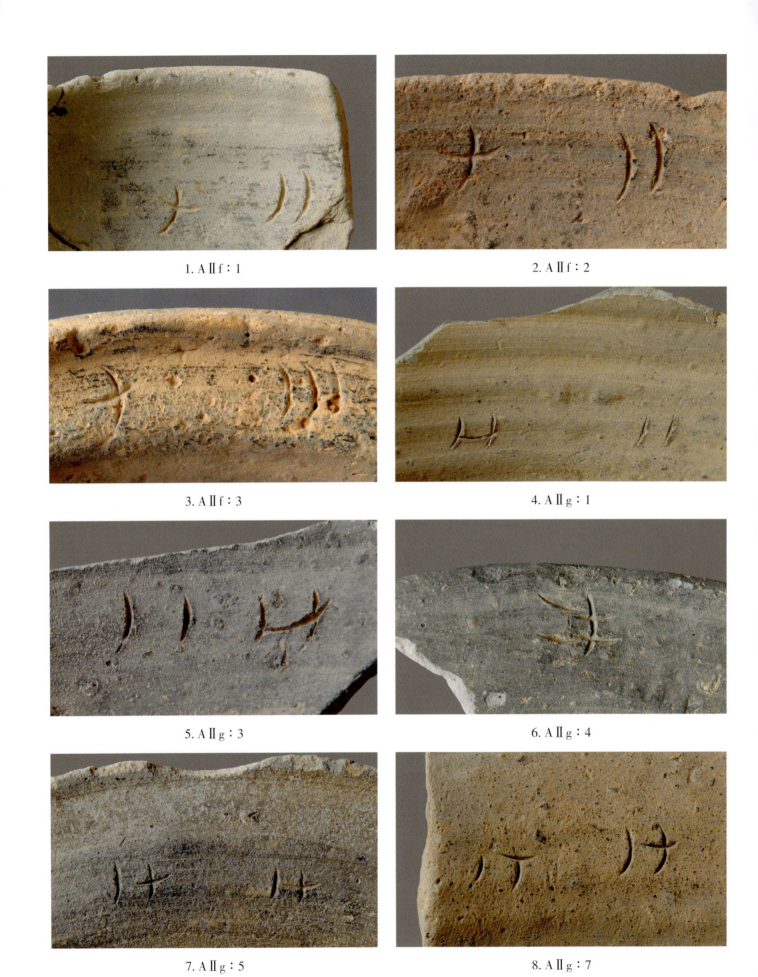

1. AⅡf：1

2. AⅡf：2

3. AⅡf：3

4. AⅡg：1

5. AⅡg：3

6. AⅡg：4

7. AⅡg：5

8. AⅡg：7

彩版二〇二　陶片典型刻符标本

1. AⅡh：1

2. AⅡh：2

3. AⅡh：5

4. AⅡi：1

5. AⅡi：2

6. AⅡi：4

7. AⅡi：6

8. AⅡi：7

图版二〇三　陶片典型刻符标本

1. AⅡi：10

2. AⅡi：11

3. AⅡi：13

4. AⅡj：1

5. AⅡj：2

6. AⅡj：3

7. AⅢa：1

8. AⅢa：3

彩版二〇四　陶片典型刻符标本

1. AⅢb：2

2. AⅢb：4

3. AⅢc：1

4. AⅢc：3

5. AⅢc：4

6. AⅢd：1

7. AⅢd：2

8. AⅢe：1

图版二〇五　陶片典型刻符标本

1. AⅢe：2

2. AⅢf：1

3. AⅢf：2

4. AⅢf：4

5. AⅢf：12

6. Ba：3

7. Ba：4

8. Ba：26

彩版二〇六　陶片典型刻符标本

1. Ba：41　　　　　　　2. Ba：42

3. Ba：43　　　　　　　4. Ba：63

5. Ba：64　　　　　　　6. Ba：74

7. Ba：75　　　　　　　8. Ba：78

图版二〇七　陶片典型刻符标本

1. Ba：80

2. Bb：1

3. Bb：3

4. Bb：7

5. Bb：34

6. Bb：46

7. Bb：51

8. Bc：4

1. Bc：6

2. Bc：10

3. Bc：18

4. Bc：20

5. Bc：26

6. Bc：27

7. Bd：2

8. Bd：3

图版二〇九　陶片典型刻符标本

1. Be：1

2. Be：2

3. Be：3

4. Be：4

5. Be：19

6. Be：20

7. Be：21

8. Be：26

彩版二一〇　陶片典型刻符标本

1. Be：27

2. Bf：1

3. Bf：2

4. Bf：9

5. Bf：16

6. Bf：20

7. Bg：1

8. Bg：2

图版二一一　陶片典型刻符标本

1. Bg：3

2. Bh：1

3. Bh：2

4. Bh：3

5. Bh：4

6. Bh：5

7. Bh：6

8. Bh：7

彩版二一二　陶片典型刻符标本

1. Bh：10

2. Bh：12

3. Bh：13

4. Bh：14

5. Bh：15

6. Bh：16

7. Bh：17

8. Bh：18

图版二一三　陶片典型刻符标本

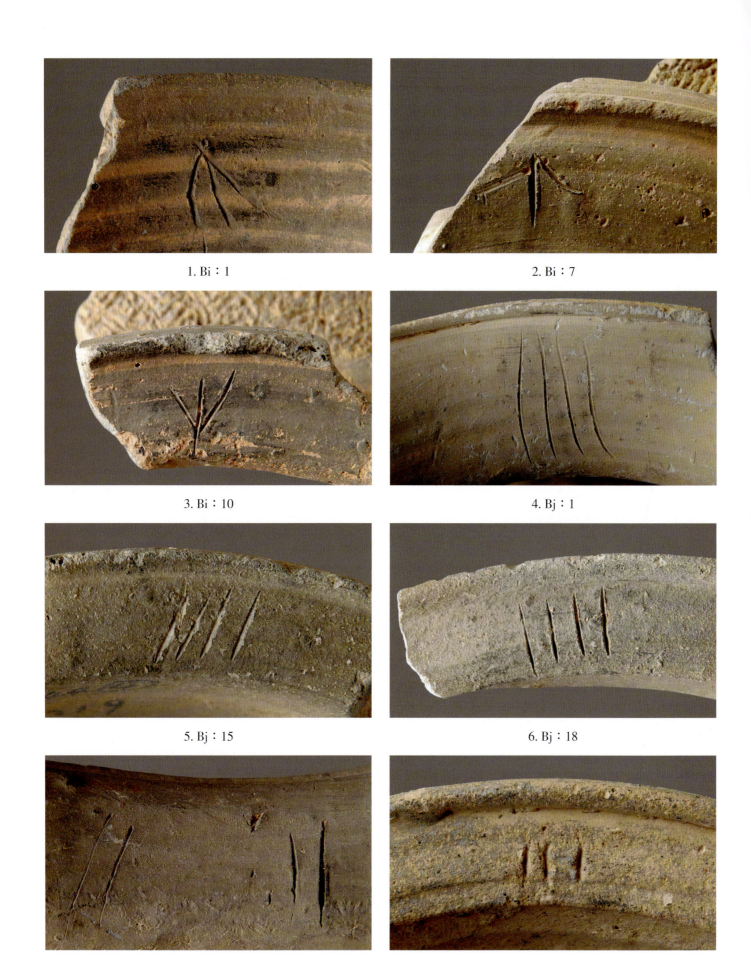

1. Bi：1

2. Bi：7

3. Bi：10

4. Bj：1

5. Bj：15

6. Bj：18

7. Bj：19

8. Bk：1

彩版二一四　陶片典型刻符标本

1. Bk：2　　　　　　　　　　　　2. Bk：5

3. Bk：6　　　　　　　　　　　　4. Bl：1

5. Bl：2　　　　　　　　　　　　6. Bl：3

7. Bm：4　　　　　　　　　　　　8. Bm：7

图版二一五　陶片典型刻符标本

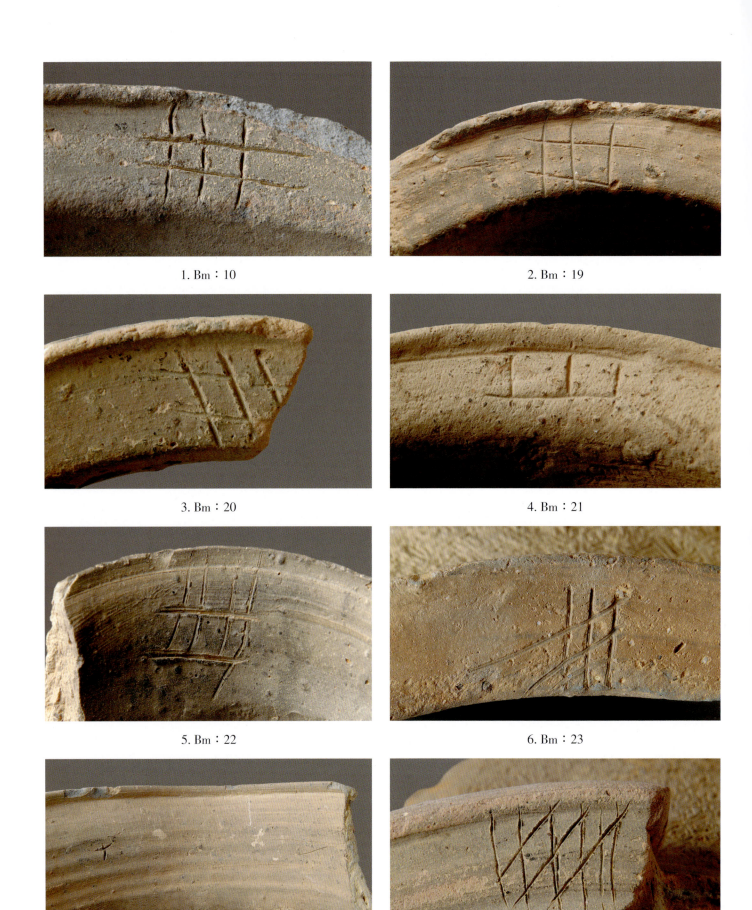

1. Bm：10　　　　　　　　　　2. Bm：19

3. Bm：20　　　　　　　　　　4. Bm：21

5. Bm：22　　　　　　　　　　6. Bm：23

7. Bm：25　　　　　　　　　　8. Bm：26

彩版二一六　陶片典型刻符标本

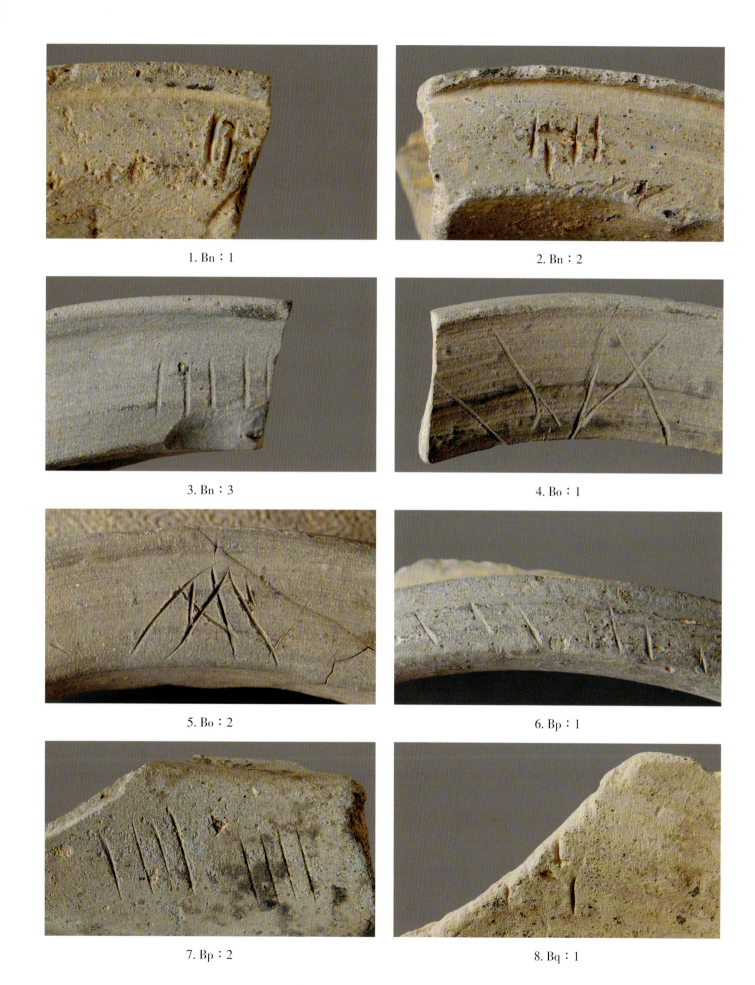

1. Bn：1

2. Bn：2

3. Bn：3

4. Bo：1

5. Bo：2

6. Bp：1

7. Bp：2

8. Bq：1

图版二一七　陶片典型刻符标本

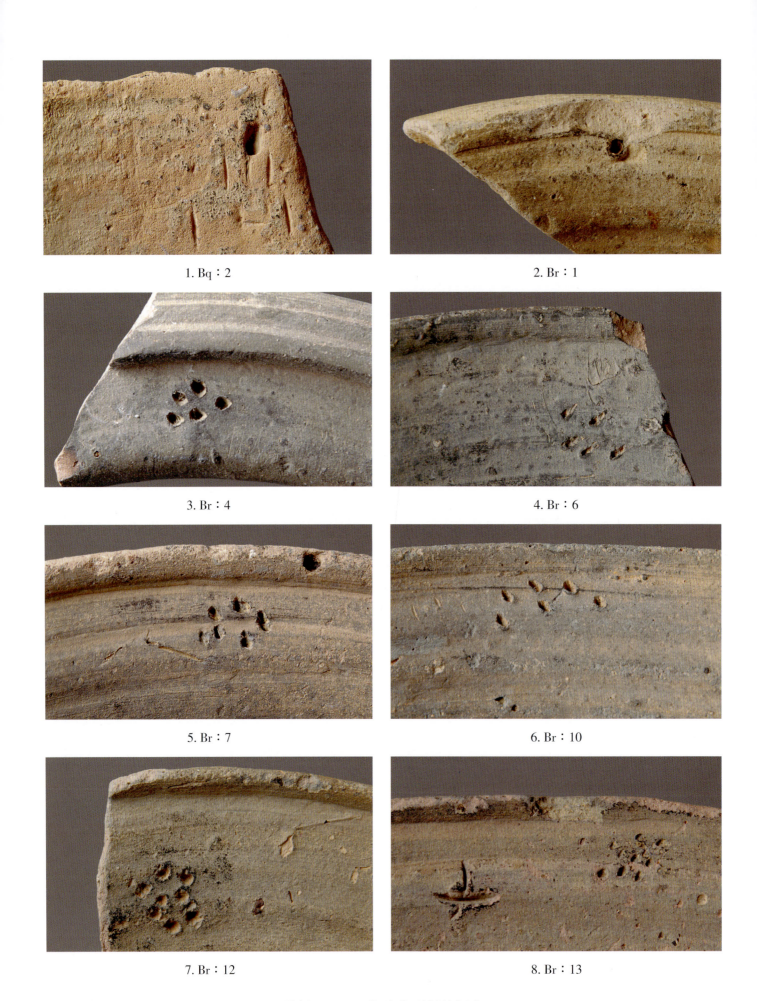

1. Bq：2

2. Br：1

3. Br：4

4. Br：6

5. Br：7

6. Br：10

7. Br：12

8. Br：13

彩版二一八　陶片典型刻符标本

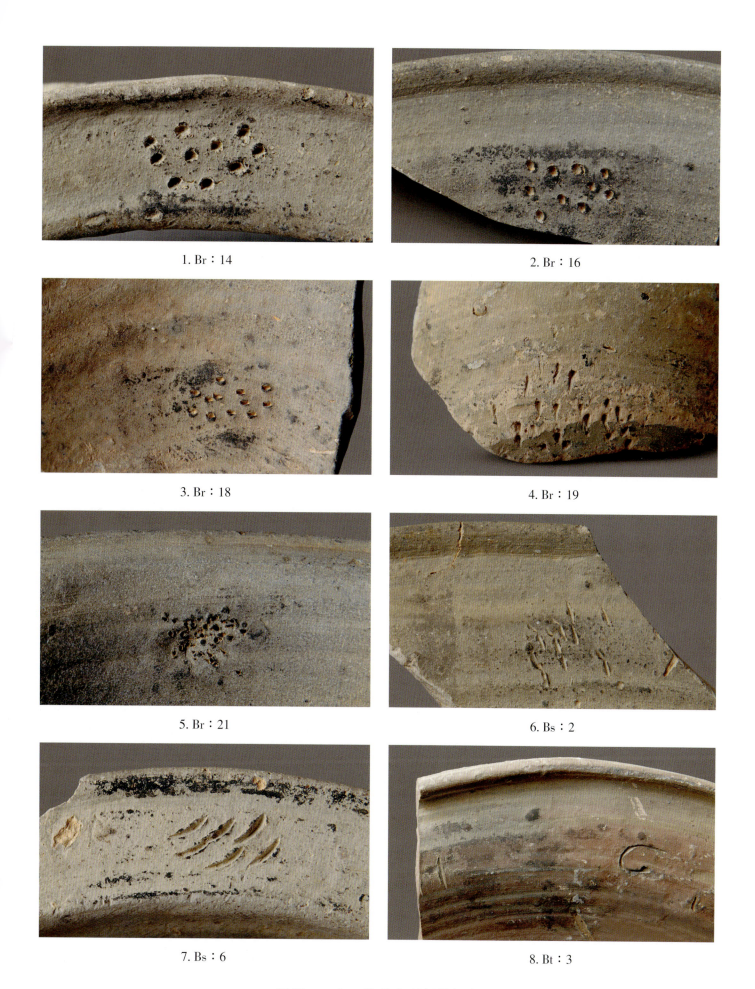

1. Br：14

2. Br：16

3. Br：18

4. Br：19

5. Br：21

6. Bs：2

7. Bs：6

8. Bt：3

图版二一九　陶片典型刻符标本

1. Bt：4

2. Bt：5

3. Bt：6

4. Bt：7

5. Bu：1

6. Bu：2

7. Bu：3

8. Bv：1

彩版二二〇　陶片典型刻符标本

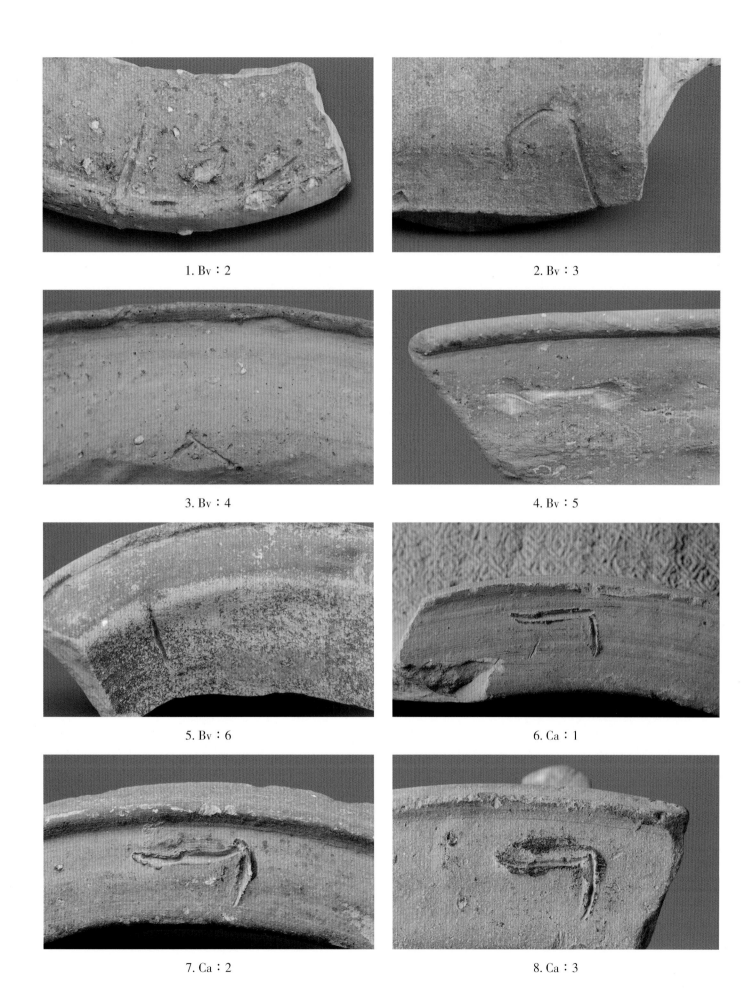

1. Bv：2

2. Bv：3

3. Bv：4

4. Bv：5

5. Bv：6

6. Ca：1

7. Ca：2

8. Ca：3

图版二二一　陶片典型刻符标本

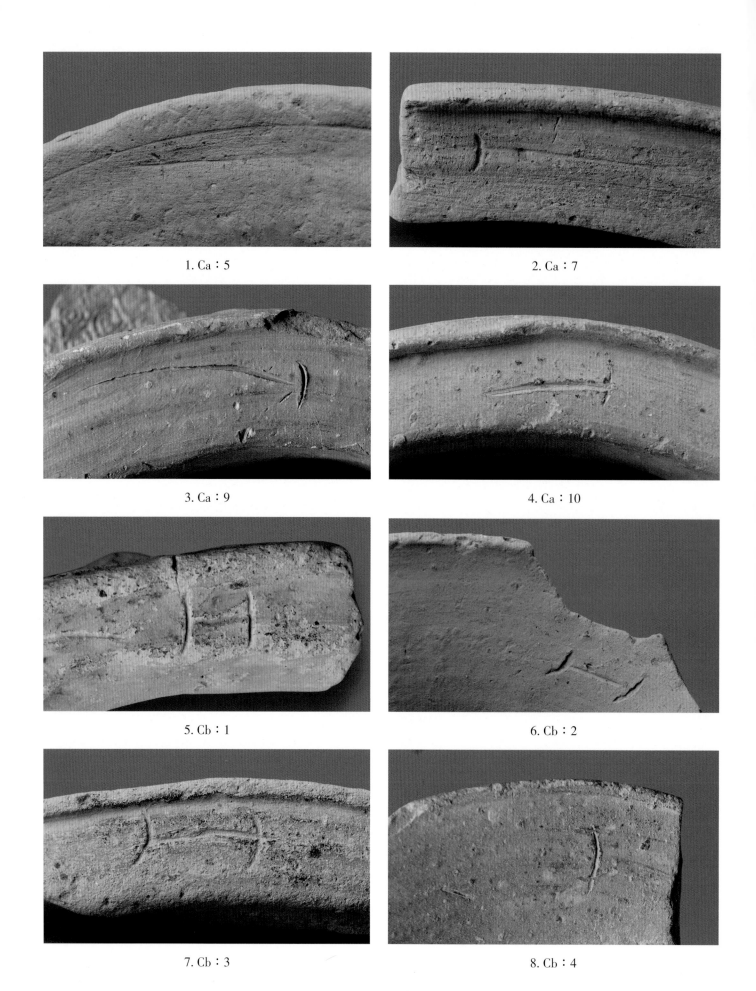

1. Ca：5

2. Ca：7

3. Ca：9

4. Ca：10

5. Cb：1

6. Cb：2

7. Cb：3

8. Cb：4

彩版二二二　陶片典型刻符标本

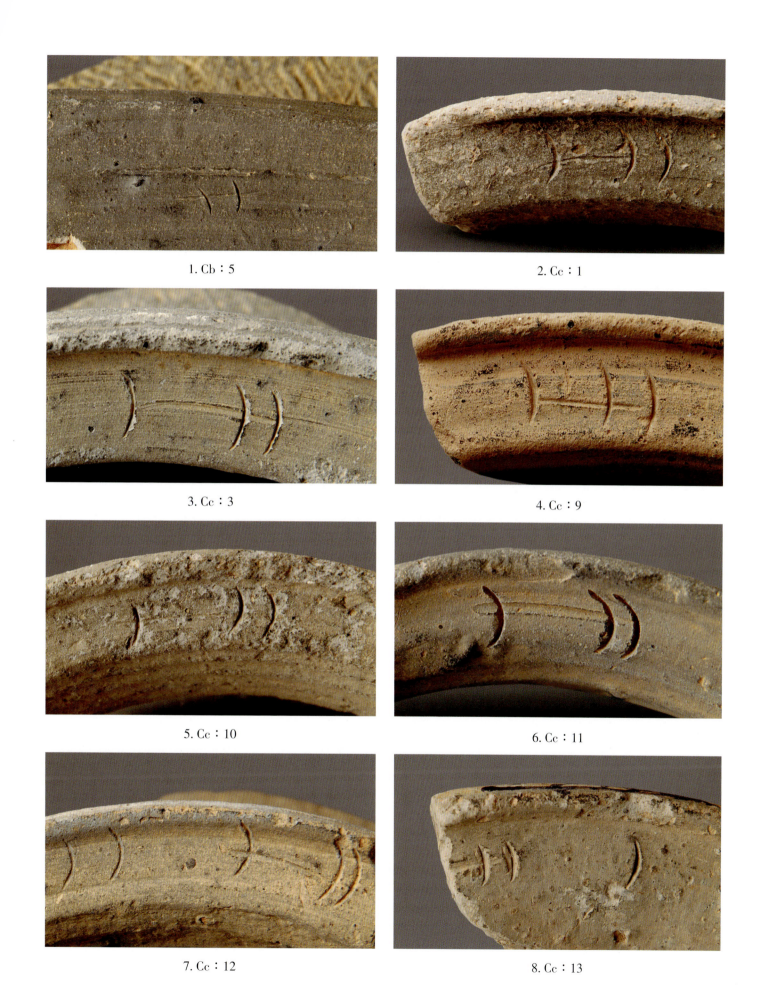

1. Cb：5

2. Cc：1

3. Cc：3

4. Cc：9

5. Cc：10

6. Cc：11

7. Cc：12

8. Cc：13

图版二二三　陶片典型刻符标本

1. Cd：9

2. Cd：10

3. Cd：11

4. Ce：1

5. Ce：2

6. Ce：8

7. Cf：1

8. Cg：1

彩版二二四　陶片典型刻符标本

1. Cg：2

2. Cg：3

3. Cg：5

4. Cg：7

5. Cg：12

6. Cg：13

7. Ch：6

8. Ch：10

图版二二五　陶片典型刻符标本

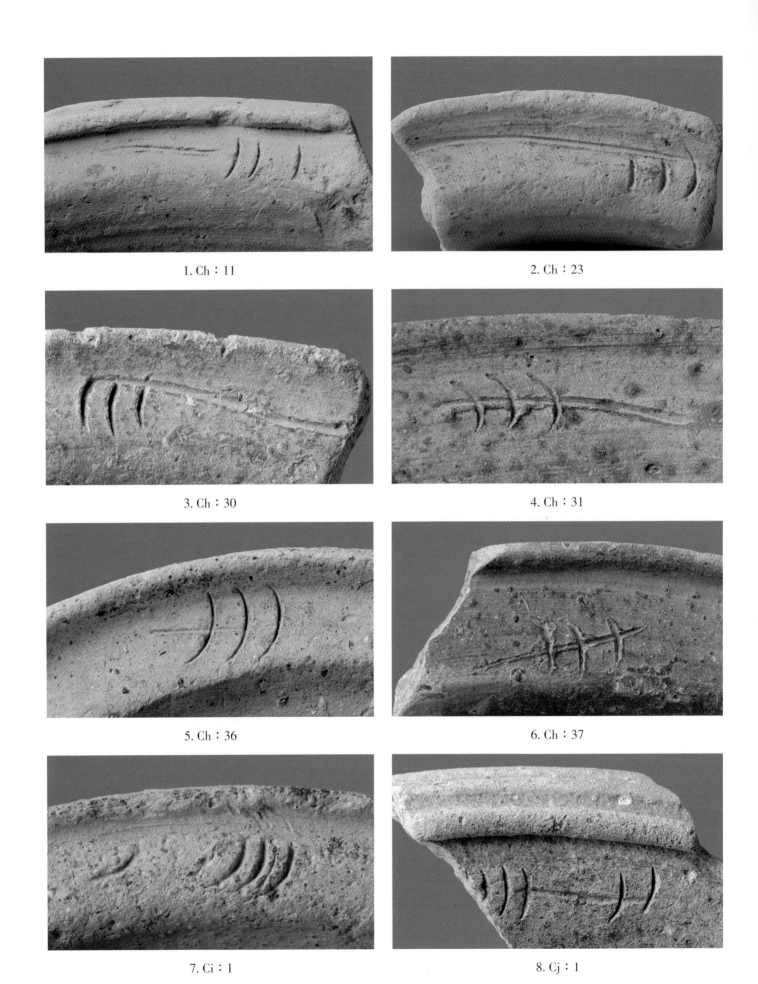

1. Ch：11

2. Ch：23

3. Ch：30

4. Ch：31

5. Ch：36

6. Ch：37

7. Ci：1

8. Cj：1

彩版二二六　陶片典型刻符标本

1. Ck：1

2. Ck：2

3. Ck：3

4. Cl：1

5. Cl：2

6. Cl：3

7. Cl：4

8. Cm：1

图版二二七　陶片典型刻符标本

1. Cm：2

2. Cm：3

3. Cm：4

4. Cm：5

5. Cn：1

6. Cn：2

7. Cn：3

8. Cn：4

彩版二二八　陶片典型刻符标本

1. Cn：5

2. Cn：6

3. Cn：7

4. Cn：8

5. Cn：9

6. Cn：10

7. Cn：11

8. Cn：12

图版二二九　陶片典型刻符标本

1. Cn：13

2. Cn：14

3. Co：1

4. Co：2

5. Co：6

6. Co：8

7. Co：15

8. Co：16

彩版二三〇　陶片典型刻符标本

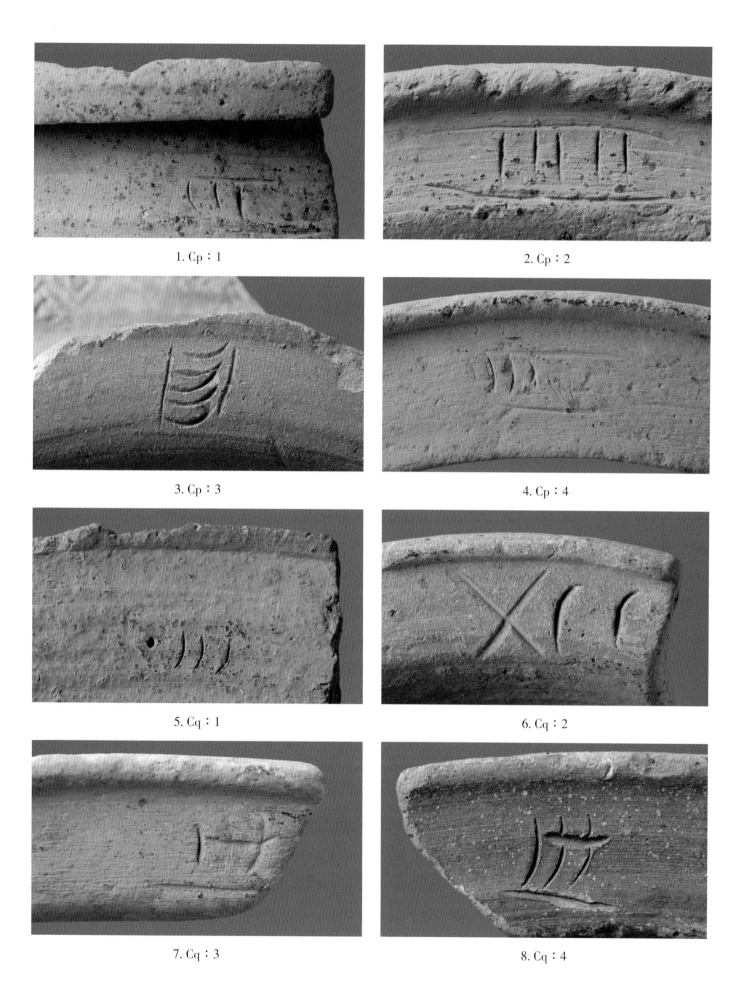

1. Cp：1

2. Cp：2

3. Cp：3

4. Cp：4

5. Cq：1

6. Cq：2

7. Cq：3

8. Cq：4

图版二三一　陶片典型刻符标本

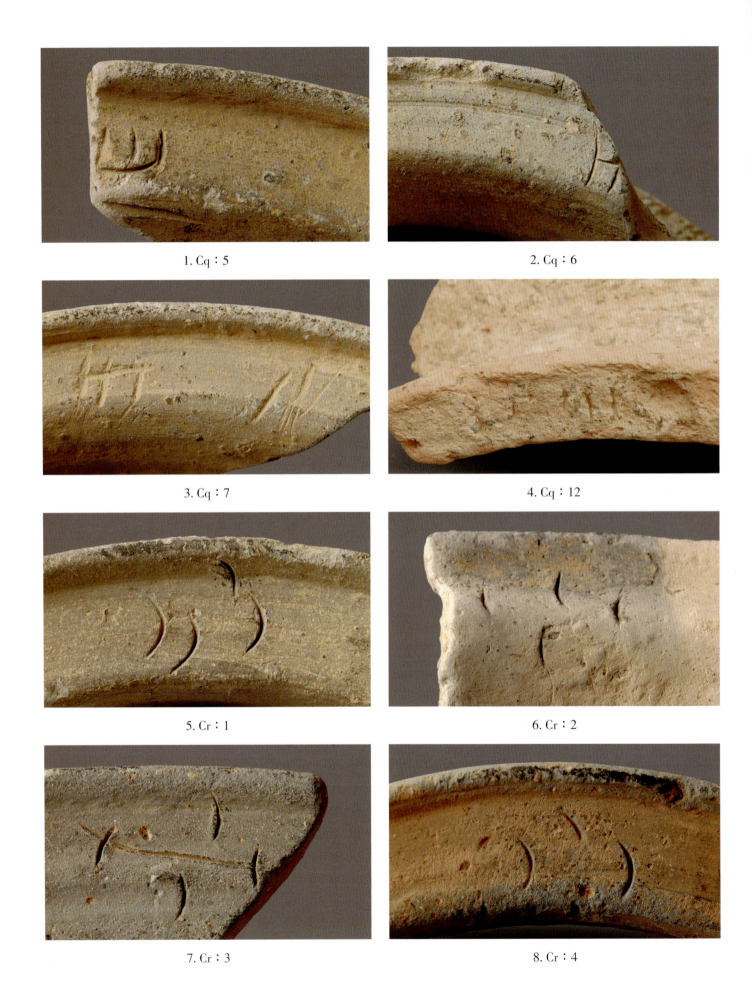

1. Cq：5

2. Cq：6

3. Cq：7

4. Cq：12

5. Cr：1

6. Cr：2

7. Cr：3

8. Cr：4

彩版二三二　陶片典型刻符标本

1. Cr：5

2. Cs：1

3. Cs：3

4. Cs：7

5. Cs：8

6. Cs：9

7. Cs：10

8. Cs：11

图版二三三　陶片典型刻符标本

1. Cs：12

2. Cs：13

3. Cs：14

4. Cs：15

5. Cs：16

6. Ct：1

7. Ct：2

8. Ct：3

彩版二三四　陶片典型刻符标本

1. Ct：4

2. Ct：5

3. Ct：6

4. Ct：7

5. Ct：10

6. Ct：12

7. Ct：21

8. Ct：24

彩版二三五　陶片典型刻符标本

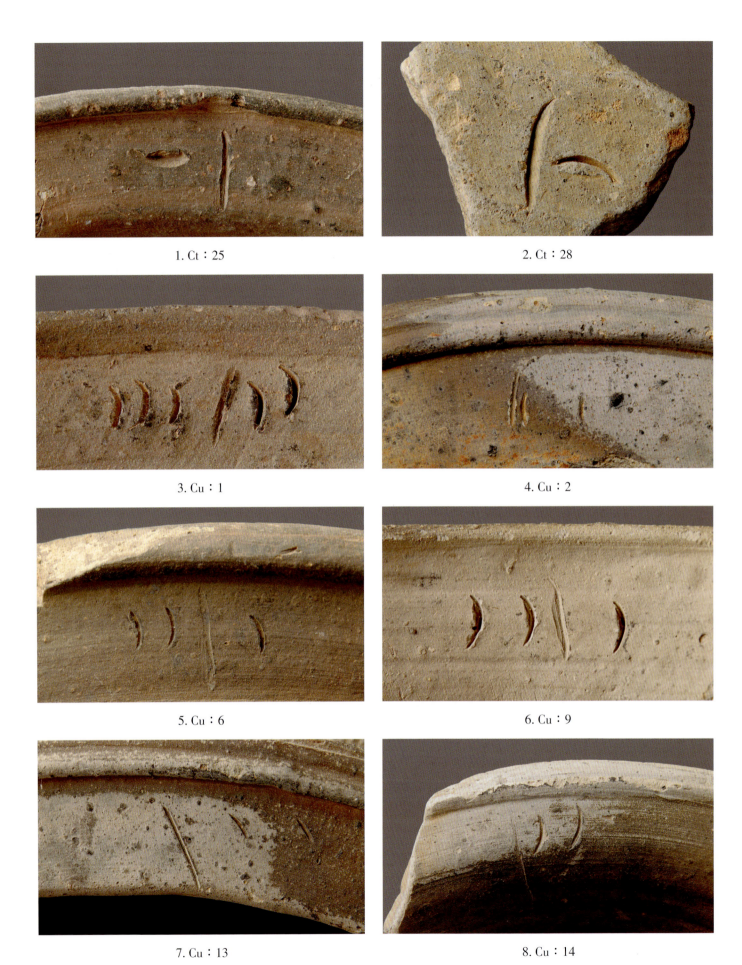

1. Ct：25

2. Ct：28

3. Cu：1

4. Cu：2

5. Cu：6

6. Cu：9

7. Cu：13

8. Cu：14

彩版二三六　陶片典型刻符标本

1. Cu：15

2. Cu：16

3. Cu：17

4. Cu：20

5. Cu：21

6. Cu：23

彩版二三七　陶片典型刻符标本

后　记

《角山窑址——1983～2007 年考古发掘报告》凝结着大家的汗水和心血，是集体智慧的结晶，是三代考古人发掘成果的阶段性总结。

报告的整理与编写工作启动于 2006 年 10 月，由李荣华主持。2007 年 5 月，李荣华调任江西省博物馆副馆长，报告整理与编写工作由赖祖龙主持。

报告的整理与编写工作得到了国家文物局、江西省文化厅、鹰潭市博物馆等单位的大力关怀和支持。国家文物局为报告整理编写提供了专项经费支持，鹰潭市博物馆为报告的整理提供了场地和人员支持。

在报告编写过程中，张忠培先生对报告的编写提出了许多宝贵的意见，初稿完成后，他亲自审阅了书稿，提出了许多修改意见，并在百忙中拨冗为报告作序。报告的学术顾问李家和先生对报告的编写一直十分关注，多次亲临报告整理现场指导工作，对后学的提携之情令人终身难忘。

角山窑址与福建西北部的商代遗址以及上海马桥文化有着密切的联系，在报告编写过程中，我们得到了福建省博物院栗建安先生、陈明忠先生、温松全先生和上海市博物馆宋健先生、陈杰博士等的悉心指导，受益匪浅。

正是有了诸位领导、专家的关心、支持和帮助，报告的整理与编写得以顺利完成。当然报告的最终完成，亦与报告全体编写人员的共同努力分不开。

器物的拼对、修复工作由余盛华、陈有根、何国良承担；绘图由赖祖龙、戴仪辉、刘晓春、余志忠完成，正式出版线图由戴仪辉绘就、排版；器物的纹饰、刻划符号拓本工作由余盛华承担；陶片统计工作由余盛华、江陵完成；器物照相由管永义负责；报告的文本打印工作由赵耀承担；地方关系协调由陈福云、王瑛负责。

本报告文字部分分工如下：

第一章由李荣华、赖祖龙撰写。

第二章由赖祖龙、胡胜、何财山撰写。

第三章由赖祖龙、胡胜、何财山撰写。

第四章由赖祖龙、胡胜、何财山撰写。

第五章由赖祖龙、胡胜、何财山撰写。

第六章由赖祖龙、黄晓赢、江凌撰写。

第七章由赖祖龙、余盛华撰写。

第八章第一节、第二节由赖祖龙、李荣华撰写；第三节由李荣华撰写。

赖祖龙负责报告的统稿，樊昌生负责报告的最后审定。

由于编者水平有限，难免存在一些错误与不足，希望广大学界同仁批评斧正。

值此报告出版之际，谨向关心和支持本报告编著出版的所有单位、个人致以诚挚的谢意！

编者

2009 年 9 月 20 日

Jiaoshan Kiln Site:

Archaeological Excavation Report from 1983 to 2007

(Abstract)

Jiaoshan Kiln is located north of Xujia Village at Jiaoshan Hill in Datang Incorporated Village, Tongjia Town, Yuehu District, Yingtan City, about seven kilometers from the downtown area. In 25 years from 1983 to 2007, Jiangxi Provincial Institute of Cultural Relics and Archaeology conducted five archaeological excavations and an extensive archaeological exploration at the site, among which the excavation of 2000 was ranked one of the "National Important Archaeological Discoveries of 2000". The total excavated area of the five archaeological excavations reached 1525 m². 64 remains were found, among which there were 14 workshop remains, along with septic tanks, tanks for making clay, tanks for storing clay, reservoirs, jigger bases, and pits for finished products. 9 kiln sites including burning pits, round, horseshoe and dragon-shaped kilns were remained. 41 living remains, including houses, pits, ditches, and pottery sherd accumulations, etc. Small pieces of artifacts unearthed reached the number of 2111, including 64 stone tools, 1946 pottery, 59 primitive porcelain, and 42 craft specimens. At the rims or bases of pottery, 2359 (groups of) symbols were found.

The present book comprises eight chapters, comprehensively reporting the excavations and findings at Jiaoshan Kiln Site from 1983 to 2007. Chapter 1 outlines the geographical location and history of Jiaoshan Hill, as well as the situation of excavation and excavated districts. The following four chapters from Chapter 2 to Chapter 5 introduce the stratigraphic accumulations by districts, while detailing the remains and unearthed objects by remain units. Chapter 6 makes a comprehensive study of the unearthed artifacts. Chapter 7 makes a classification of the carved symbols seen at the site. As an epilogue, Chapter 8 discusses the periodization, date, as well as cultural nature and distribution of Jiaoshan Kiln Site, and names this kind of remains as "Jiaoshan Culture". In addition, there are three appendixes as scientific analysis of the remains: AMS *Carbon* 14 *Test Report of Jiaoshan Kiln Site*, *Nuclear Analysis on the Shang Period Pottery of Jiaoshan Kiln Site*, and *Chemical Component Analysis Report on the Proto – porcelian and Stamped Hard Pottery from Jiaoshan Kiln Site*.

The relative date of the cultural remains in Jiaoshan Kiln Site was from the mid – late Xia Dynasty to the early Shang Dynasty, and the absolute date was from 2020 BC to 1410 BC, that is, 3970 to 3360 years from present. Possibly from the mid – late Xia Dynasty to the early Shang Dynasty, especially from the transition period of Xia and Shang Dynasty to the early Shang Dynasty, a relatively stable community living in Xinjiang River Basin at the northwest foot of Wuyi Mountains collectively created this archaeological culture. This ethnic group was probably "San Miao Shi" (*Miao* people), or the so called "*Xian Yue Ren*"

（Pre – Yue people）, who were influenced by the Xia Culture of Central Plains. Among the large number of carved symbols, there were not only divination records reflecting how the managers of the kilns in the early Shang Dynasty communicated between the Heaven and the people, but also simple notation symbols carved by kiln workers along with possible texts, and part of them perhaps characters

The excavation of Jiaoshan Kiln Site "enliven the bronze culture in the large area of Fujian and Jiangxi Provinces" (quoted Mr. Bingqi Su).

（Note：The original abstract is written in Chinese by Zulong Lai 赖祖龙 from Jiangxi Provincial Institute of Cultural Relics and Archaeology 江西省考古研究所, translated into English by Yin Wang 王音 from School of Archaeology and Museology, Peking University 北京大学考古文博学院, and revised by Nan Cao 曹楠 from the Institute of Archaeology, Chinese Academy of Social Sciences 中国社会科学院考古研究所．)